爨鄉驕子

陆良人才名录

“陆良人才名录”编委会
陆良县决策咨询委员会
中国新闻社云南分社

云南出版集团公司
云南科技出版社
·昆明·

图书在版编目（CIP）数据

爨乡骄子·陆良人才名录／《爨乡骄子·陆良人才名录》编委会编.—昆明：云南科技出版社，2008.12
ISBN 978-7-5416-3104-7

I.爨… II.爨… III.人名录－陆良县 IV.K820.874.4

中国版本图书馆 CIP 数据核字（2008）第 199425 号

云南出版集团公司
云南科技出版社出版发行
（昆明市环城西路 609 号云南新闻出版大楼　邮政编码：650034）
昆明富新春彩色印务有限公司印刷　全国新华书店经销
开本：787mm×1092mm　1/16　印张：40.5　字数：1000 千字
2009 年 9 月第 1 版　2009 年 9 月 第 1 次印刷
印数：1～10 000　　定价：168.00 元

《爨乡骄子·陆良人才名录》编辑委员会成员名录

编委会顾问：陈世俊　王学智　邵博文　杨守笃

编委会主任：王学智

编委会副主任：王国亮（常务）　方　孔（常务）张朝林　朱建义　骆小所　朱有勇　尹耀春　焦家良　郭学良　何祖训

委　　员：（按姓氏笔划为序）

太云生　王小生　王宝德　王建华　王家声　王　铮　计毅彪　他盛华　刘建明　朱昆良　朱德光　许玉才　孙树宏　张向前　张杰伟　张洪波　张登亮　张曙东　杨叶璇　杨和德　杨新书　苏一江　陈　洪　罗志明　郑学荣　皇宏建　赵建成　赵鸿翔　唐宝友　袁和荣　袁文周　袁自桥　梁晓茂　程宗尧　程富荣

主　　编：王国亮

副主编：杨新书　王家声　张曙东　梁晓茂　张洪波　高福堂　李吉明　李自华　宋贵生　张冲生

编　　委：姜硼昆　高　杨　李树惠　杨华生　李小勇　林勇跃　李占义　王毅峰　冯　梅　吴文荣　郭成林　张德生　资兴国　孟忠明　王富荣　孙红文　张国志　彭斌启　吴爱国　张家云　王　力　梅毅全　资玉国　彭胜文　郭谷权　李东华　潘志伟　孔坤林　夏　清　杨建乐

编　　务：张国权　袁宗全　亚红英　王芬琼　杨　丽　杨彦灵　胡爱民　栾　飞　方　林　王小芬　王见昆　王陆英　王梦丽　王一衡　左永林　付小冲　叶　勇　刘　玲　孙红松　保满良　许光尧　张爱昆　李建法　孟自文　保其坤　徐金华　敖俊元　钱小军　梁建顺　梁德先　梅宝富　黄　庆　马志强　董小万　戚　琳　王　毅　王怡海　刘全兵　杨自琼　太良华　杨贵良　刘路红　蒋黎伟　郭祖红　王见桃　吴　静

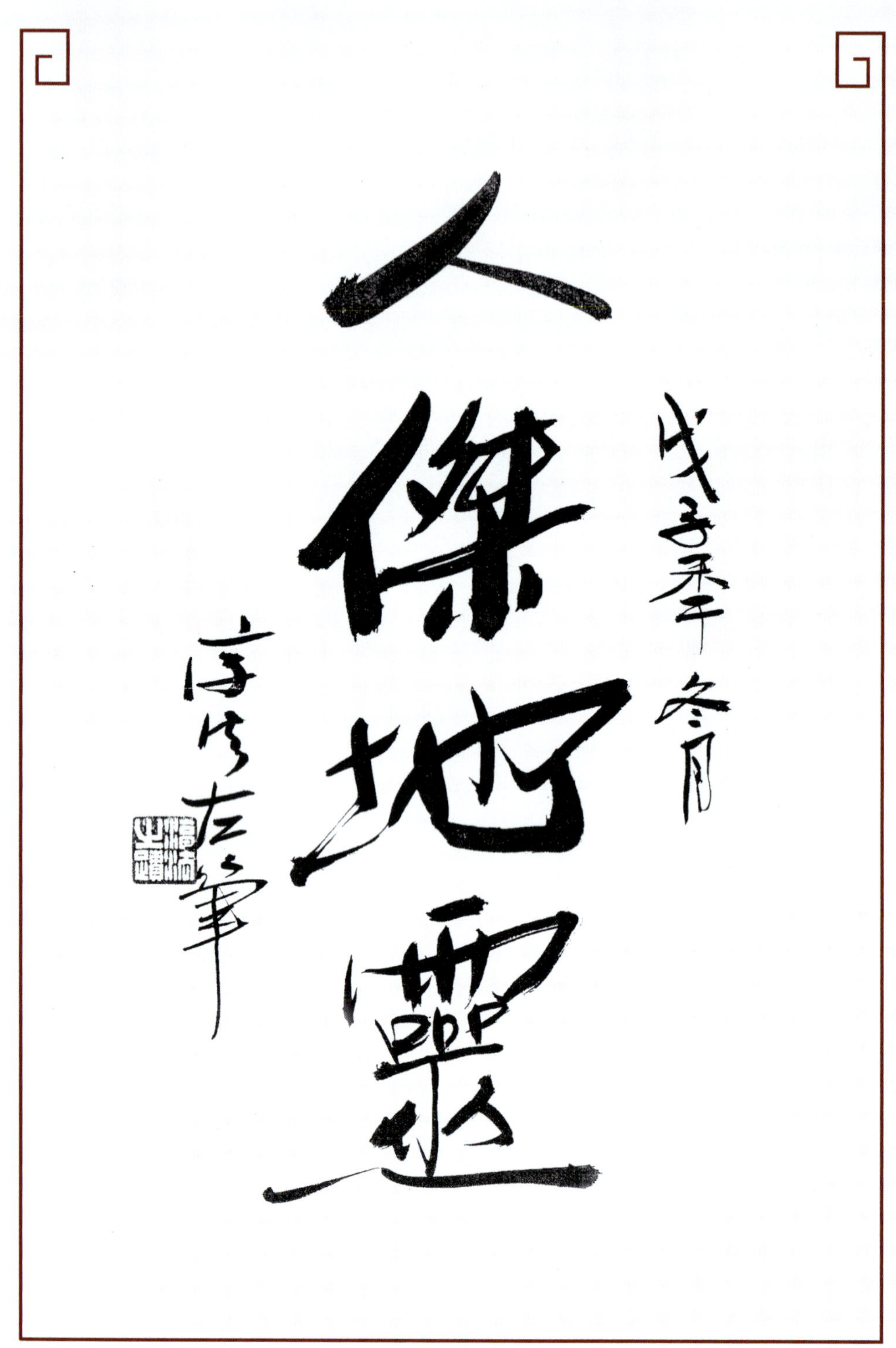
人傑地靈
戊子年冬月

《爨乡骄子·陆良人才名录》编委会全体会议剪影

编委会全体会议一

编委会全体会议二

编委会顾问、中共第十三届中央候补委员、全国政协委员、成都军区原副司令员陈世俊中将作重要讲话

编委会顾问、主任、云南省政协副主席王学智主持会议并作总结讲话

编委会顾问、广西自治区人大常委会副主任兼秘书长邵博文

编委会顾问、原边纵三支队司令员、昆明陆军学院副军职离休干部杨守笃

编委会常务副主任、主编，陆良县决策咨询委员会主任，云南省政府办公厅原副主任、信访局首任局长王国亮作编撰出版工作总体报告

编委会常务副主任，中国新闻社云南分社副总编方孔宣读相关材料

编委会副主任，曲靖市人大常委会原主任张朝林发言

编委会副主任，云南省公安厅常务副厅长兼云南警官学院党委第一书记朱建义

编委会副主任，云南省政协常委，云南师范大学原校长骆小所教授发言

编委会副主任，中共十七大代表、云南农业大学校长朱有勇教授致词

编委会副主任，中共陆良县委书记尹耀春发言

编委会副主任，全国政协委员、龙润集团董事局主席焦家良

编委会副主任，云南省政协委员、云南大地石业集团公司董事长郭学良发言

编委会副主任，云南省政协委员、云南神农集团公司董事长何祖训发言

副主编、云南科技出版社原社长杨新书编审作编辑出版说明

编委会全体人员合影

第一排（从左至右） 尹耀春 朱有勇 张朝林 陈世俊 王学智 王国亮 骆小所 赵建成

第二排（从左至右） 亚红英 黄 庆 王芬琼 栾 飞 张洪波 姜硼昆 程富荣 方 孔 杨新书 王家声 梁晓茂 张曙东 李自华

第三排（从左至右） 吴 静 李小勇 张冲生 朱昆良 郑学荣 李吉明 高福堂 郭学良 赵鸿翔

第四排（从左至右） 王陆英 吴爱国 刘涛洪 宋贵生 李建发 袁文周 太云生 何祖训 袁自桥 孙树宏 保其坤

编委会主编、副主编合影

编委会工作人员合影

序言

一部由陆良乡亲发起、众多人士支持，并由本书编委会负责编写的全景式记述陆良人物的大型专集《爨乡骄子·陆良人才名录》，迎着中华人民共和国诞生六十周年大庆到来之际，在滇东大地问世了。

爨乡，令人耳目一新的古老圣地，是中国五千年文明史自魏晋至唐天宝元年长达五百年间，爨氏治理南中大地（辖早期云南大部、广西、贵州、四川部分区域）所创造的历史文明的结晶。爨文化既是中原文化与滇文化的桥梁与纽带，也是中原文化与滇文化的融合。爨文化有源也有流，它既是盘江流域远古农牧业文化的积淀，更是滇东红土文化的弘扬。

陆良县置县始于西汉，是爨文化的发祥地。因《爨龙颜碑》为佐证而被誉为爨乡。这片古老的大地始称同劳县，寓意生活在这里的人们公道平等之民意；后又曾称同乐县，昭示着生活在这里的人们渴望世界和平和谐，人民同富同乐之美好愿望。《爨乡骄子·陆良人才名录》一书的撰写、编辑入选的二百多个人才人物，登录的三百多个人才名录名单，都是陆良籍的社会各界人士或是新中国建立前和后在陆良县任过职以及工作过的、为陆良解放事业和社会主义事业的建设与发展作出贡献的外省、外县籍人士，他们都把陆良视为自己的第二故乡，陆良人民也把他们作为自己的儿女、视他们为陆良人、爨乡骄子。

陆良是云南的第一大坝子，山川秀丽，人杰地灵，历史悠久。陆良这一方水土，养育了一代又一代志士仁人。展卷阅读入选《爨乡骄子·陆良人才名录》中的一篇篇华章，一个个鲜活可亲的面容映入眼帘；掩卷静思，不禁有“尚人文秉正气，社会方有和美”、“存以甘棠，去而益咏”之感。这就是陆良乡亲发起编辑出版《爨乡骄子·陆良人才名录》的良苦用心。爨文化之所以能源远流长，代代相续，也许就是人们常说的：尽管时代在变迁，社会在发展，但承载人类文明、推动社会前进的文化尚存，精神犹在。

爨文化哺育了一代代爨乡人，一代代爨乡人在耳濡目染中传承了爨文化，传承了中华文化和中华文明、中华精神。他们不论是在家乡，还是在祖国各地，也不论是位尊还是位卑，尽管社会在变、环境在变，但不变的是爨文化的传承和爨乡文明培育的爨乡人的精神和品质。

伟人毛泽东说："人总是要有一点精神的"。那爨乡人的精神和品质是什么？可谓仁者见仁，智者见智，难于用一、两句话表述。就入选《爨乡骄子•陆良人才名录》的众多人物来解读，可概括为：**穷则思变，贵当自强；吃苦耐劳，拼搏向上；知识为要，尊师重教；团结互助，携手并进；以德立业，奉献社会。**

其一，穷则思变，贵当自强

敢于战胜自我、善于掌握和改变自己命运的爨乡人自信"人活一口气"，坚信穷则思变，创新求变，自己能改变自己的命运，以"拿得起是聪明，放得下是智慧"的气魄，做敢为天下先的事。如在护国运动的发起和组织、领导的核心层中，有陆良人；为捍卫祖国的安宁和改革开放的顺利发展，从集团军军长晋升为大军区中将副司令员的有陆良人；荣获国际农业磋商组织（CGIAR）科学研究优秀奖和联合国粮农组织（FAO）科学一等奖并担任国家973计划项目首席科学家的有陆良人；中国《语言美学》的开创者、学科领军人是陆良人；在中央电视台、首次在《新闻联播》中成功推出大型系列报道《祖国大家庭》的全过程中敢于大手笔策划，被中央电视台授予"金点子奖"和颁发组织奖、作品奖，获此殊荣的是陆良人；白手起家靠智慧开创"盘龙云海"，打造排毒养颜胶囊知名品牌走向海内外的是陆良人；借天势凭勤奋创办大地石材、生态科技园、经济林木示范基地和神龙饲料，惠及千家万户为新农村建设作出突出贡献的也是陆良人；千方百计努力促成修通了对发展陆良经济至关重要的曲陆高速公路，把被设计在靠近邻县边境的南昆铁路陆良火车站变更设计建到了召夸，把已明令撤销的陆良烟草打叶复烤厂又争取省政府同意恢复建厂并发展壮大的还是陆良人……

过去的陆良是云南的"四大穷州"之一，既有自然因素，也有人为因素，但作为爨乡人，为了改变个人、家庭命运和改变家乡的贫穷落后面貌，陆良籍的有识之士，不甘贫穷，纷纷走上求学、从军、经商、办实业之路。留在家乡的人，信守"荒年饿不死手艺人"的祖训，因陋就简办起了手工业作坊。许多村寨和农家，农工、农商、工贸结合，离土不离乡，农忙时从农，农闲时从事其他经营服务。铁匠、木匠、铜匠、锡匠、银匠、皮匠、纺织、编织、马帮等民间加工业、制造业、运输业、种植业、养殖业、服务业迅速兴起，代代相传。并在县城所在的中枢镇及马街、三岔河、板桥、小百户、召夸等镇所在地形成了农村商贸交易集市。尤其是在党的十一届三中全会以后，一大批60年代后和部分50年代后出生的有志青年，他们离开家乡，在改革开放的经济大潮中寻找机遇，仅凭几百元、几千元、几万元的投资起家，走上了创办民营企业之路，成为改革开放的生力军、市场经济的弄潮儿。

历数陆良的社会各界人士，他们中，有从辛亥革命昆明“重九”起义、护国运动到红军长征、抗日战争、解放战争、抗美援朝为国立功的将军；有为谋求人民大众的解放抛弃荣华富贵、走出殷实家庭追求真理、投身革命或捐献家产支持革命做出贡献的边纵、地下党的前辈英雄。新中国成立后，陆良更是人才辈出。他们中有从士兵成长为将军级的高级将领；从知青、工人到省级领导；从农家子弟或孤儿家庭到厅局长、县处长和军警部队的各级军官；一大批陆良子弟，从乡间小路、农家茅屋或居民小院走向社会，到县城、到市府、到省城走上各级领导岗位，走进中学、大学、医疗卫生、新闻出版、科研设计院所乃至中国科学院的博士、博导、教师、教授、专家、学者、记者、编辑、律师、名医、科学家、教育家、研究员、高级工程师、农艺师、会计师、经济师等各行各业的专业人士尤多，从赤脚的小工、泥瓦匠、打工仔、奔走的推销员到施工组长、工段长、项目经理，再到身价亿万、富甲一方的大公司、大企业的总经理、董事长也不少，他们为社会、为国家创造了财富，做出了贡献。他们所处的职位、岗位虽不相同，但在他们身上体现了“穷则思变，贵当自强”的精神。

其二，吃苦耐劳，拼搏向上

吃大苦耐大劳，艰苦奋斗，拼搏向上，不甘落后，这是一代又一代爨乡人展示出的精神风貌。入选《爨乡骄子•陆良人才名录》的人物从各个不同的层面都体现着这种精神。在过去的沧桑岁月中，勤奋的爨乡人种完自己的田地后，又拎起锄头、镰刀跋山涉水到宜良、弥勒、竹园一带为人打短工，挖田种地砍甘蔗挣钱养家糊口；有手艺的农忙之后便挑着锡匠、银匠、补锅匠的担子或赶马帮闯荡黄草坝、百色、过上捺（老挝旧称）、下暹罗（泰国旧称），到石屏、临安（今建水）、过金平、元阳下安南（今越南），走村串寨，补铁锅，加工锡件、银件和做买卖，挣钱回来养家糊口和供子女读书求学；为在异国他乡安全行走，他们以超常的智慧创造了能在一个区域流行的语言——锡匠话；在二十世纪三、四十年代为抗日战争开辟驼峰航线，爨乡人在短短的时间内凭着勤劳的双手修建了当时东南亚最大的陆良军用飞机场，为抗日战争的胜利做出了贡献；在新中国建立初的五、六十年代，灾害频繁，陆良人饿着肚子，勒紧裤腰带筑水坝、修水库、疏沟渠、灌良田，年复一年坚持西桥炸滩和窑上截湾，彻底根治南盘江水患，以吃大苦耐大劳的顽强毅力硬是把一个贫瘠荒凉的穷州变成了粮仓！在动荡的六、七十年代，交通瘫痪，汽车、火车停开，陆良人为保大地的丰收推着木轮小车、赶着骡马拉着自己种出的粮食到百里之外的师宗换煤炭，又拉着煤炭赶往数百里外的开远解化厂换化肥，顶着烈日，流着汗水把化肥拉到陆良坝子肥田种地，保丰收支援国家建设；改革开放以来，陆良人这种精神得到了极大的发扬，凭着吃苦耐劳，勤奋拼搏，从普通的工人、农民、店员、学生、士兵、职员、干部中成长起来一大批将校军官、省部级、厅局长、县处级领导和学识渊博的专家、学者、教授；同时涌现出了一大批拥有百万、千万、亿万资产的企业家和参与管理社会的栋梁之才，为国家、为人民、为社会做出了不可磨灭的贡献。

其三，知识为要，尊师重教

“知识改变命运”，是时下流传极广的一句话。尊师重教，陆良之优良传统。许多农家，父母都以家中培养出能识“文”断“字”、有文化的后代为荣。就是在极左路线影响、经济建设遭到严重破坏、人民生活极其贫困的岁月，许多家庭忍饥挨饿也要想方设法供子女上学。有机会读书的学生，在吃不饱、穿不暖的情况下，十分珍惜来之不易的读书环境，刻苦攻读，不辜负父母的殷切希望。与此同时，县里大胆启用懂教育、会管理的人才担任小学、中学的校长等领导职务；并敢于排除干扰，大胆挑选确有真才实学的人才充实加强了中学、小学的教师队伍。从县里到学校、学生、学生家长以及社会都尊重他们，让他们大胆发挥自己的聪明才智。当时的陆良一中、陆良二中和几个镇的中心完小的教学质量普遍大幅提高。在高考中凡考上全国和省里的重点大学或考上飞行员的学子，县里和陆良一中都要进行大张旗鼓的宣传，并根据家庭经济状况给予适当经济补助，树立典型，以激励在校学生克服困难，学习成才。

“文革”后，特别是党的十一届三中全会以来，陆良兴起了以政府为主导的群众性办学热潮，从县城到各乡镇乃至村，最好的房屋建筑是学校。全县各级党政部门在抓好公办学校的同时，鼓励具备办学条件的人士创办民营学校，在陆良县境内基本实现了上小学不出村或办事处，在乡镇和县城即可完成初中、高中的学业；同时，还创办了职业技术学校、师范学校、教师进修学校和干部培训的党校。全县基本普及了九年义务教育，基本扫除青壮年文盲。陆良重视教育，得到了从中央到地方各级政府的充分肯定，新华社、《人民日报》、中央电视台、《光明日报》等中央新闻单位以及云南省的各主流媒体都作过大量报道。出身陆良农家和普通市民家庭的学生，之所以遍及全省乃至全国，并有部分走出国门、落户海外，是与陆良历来尊重知识、尊师重教、重视人才培养密不可分的。

新中国建立以后，陆良为国家培养输送了大批各类学有所成的人才，从中央到地方的党、政、军、警、群机关、团体、科研、教育、新闻出版、广播电视、文卫体、央企、国企、事业、民营等各行各业都有陆良籍人士。他们中，学士、硕士、博士、博士后占了很大的比例。他们凭自己的高学历、高职称、高素质、实际工作能力和业绩脱颖而出，成为各行各业的骨干和中坚力量，在国内行业或国际同行中均具有一定的知名度。在这些陆良籍人士中，有的荣获国家级或者省部级劳模称号，有的立功受奖，有的因作出突出贡献获国务院或者省政府授予的政府特殊津贴等。

许多陆良籍人士，不仅自己学有所成，而且十分重视对子女的教育培养，在陆良人的家庭中，有不少家庭的主要成员均为高级知识分子，有的一个家庭有几个大学生或研究生或博士生或获高级职称。不论是自己成才，还是全家都成才，他们都不会忘记“知识为要，尊师重教”的传统。“成才不忘恩师”。近年来，不论是在陆良或是在昆明等地举行同学聚会、陆良老乡聚会时，他们不是回母校拜访师长，就是特邀恩师参加聚会。为恩师举办寿辰活动，也是陆良学子看重的一件事。这些看似只是人间常情之事，却能让老一辈的教师得到心灵的慰藉，年轻一代甘当奠基石，为国家的教育事业、为培养人才乐于从教，为构建人才大厦增砖添瓦。“知识为要，尊师重教”在陆良已成为一个优良传统，这是陆良的未来和希望所在。

其四，团结互助，携手并进

团结就是力量，陆良人信守这一颠扑不破的真理。陆良人的父辈从小就给孩子讲：一个好汉三个帮，一个巴掌拍不响的道理，让他们从小就懂得团结才有力量，团结才出智慧，团结才得人心，团结才有真情。陆良人民十分重视团结互助提倡强者帮助弱者，智者引导拙者，富者扶持贫者，身强力壮者照顾老弱病残者。数百年来，陆良人民凭着这种精神在困难面前，心连心，手拉手，肩并肩，攻克艰难险阻，抵御雨雪霜冻、干旱水涝灾害，战天斗地，在爨乡大地谱写了一曲曲团结胜利的凯歌，创造了一个个人间奇迹。

勤劳善良的陆良人民就是在日常生活中，也十分注意团结一心，互相帮助，渡过了一次次难关。面对受灾家庭，有很多人会主动送来米面、被盖、柴禾等钱物。面对失去父母的孤儿，有人会主动收养，担起养育和监护重任。面对失学孩子，有人会送来学费，帮助其重返校园。面对鳏寡老人，有人会当作亲人，为其养老送终……

多少年来，水害一直威胁着陆良人民的生命安全，直接影响经济社会的发展。为了保卫家园，根治水患，全县干部群众团结一心，筑堤护岸，甚至跳进洪水堵漏打桩，手挽手抗击洪峰，战胜了一次次洪涝灾害。一九七六年百年未遇的洪水袭来，地处南盘江上游可以高枕无忧的板桥镇的老百姓顾全大局，积极响应党的号召，舍小家，顾大家，含着泪水勇敢地决堤把汹涌洪水引入自己的家园，保住了地处南盘江下游的马街、中枢、三岔河镇数十万同胞的生命财产安全。此情此景，日月可鉴，感天动地，可歌可泣，这就是陆良人们团结互助，舍己为人崇高精神的生动写照；为了彻底治理水患，1977年11月至1978年9月，陆良人民无论是身在山区，还是坝区，也无论是家住上游还是下游，全县人民不分彼此，不分南北东西，团结一致，众志成城，齐心协力，互相帮助，肩挑背驮，用锄头、铁锹开凿了横贯南北的长达25.3公里的“人工运河”——新盘江，彻底根除了水患，使昔日的穷州变成了粮仓。这是陆良人民治理并战胜水害的伟大创举，也是全县人民团结奋斗的一曲胜利凯歌。

多少年来，陆良人开办的会馆、会所和举办的陆良老乡联谊会、茶话会、座谈会、决策咨询会等，无论时代如何变化，但始终不变的是陆良人重乡情讲团结互助的思想和情怀！近一、二十年来在昆明采用不同形式举办的陆良老乡中秋国庆茶话会或春节座谈会，进一步倡导的团结互助、共谋发展、情系家乡、关爱陆良的思想深入人心。陆良老乡中秋国庆茶话会成了身处异地他乡陆良人的一张名片，吸引了众多陆良人从四面八方涌入昆明参加陆良老乡茶话会。从八、九十岁的德高望重的老师或长者到事业有成的中青年；从离退休的老干部到肩担重任的省地州市县乡的行政领导，从学富五车的教授、专家、博士到刚步入社会的青年学生，从拥有亿万财富的大企业家到普通的创业者，从省外到省内，从都市到乡镇，从机关到工矿，从商店到学校，从军营到科研院所，无数陆良人面带笑容，怀着激动，像久别重逢的亲人、朋友、战友那样，紧紧地握手，热情地拥抱，美好的祝愿，相互的鼓励，甜甜的乡音，浓浓的乡情，千言万语汇成一句话！团结起来，去迎接更美好的明天！

其五，以德立业，奉献社会

“性格决定命运”。入选《爨乡骄子·陆良人才名录》的几百位人物，鲜明地反映出“一方水土养育一方人、造就一方人”。读后使人深知，陆良在传承爨乡文明中培育了优良的传统人品性格：讲“德性”，重“德行”。在家庭与邻里之间，讲和睦、讲尊老爱幼，讲“君子爱财，取之有道”；在学校，品学兼优的学生，都会得到学校的肯定、老师的喜爱和同学的尊重；步入社会、走上工作岗位后，信守“先做人，后做事”和“做文先做人，人品、文品并重”；在“工作——家庭——社会”之间，懂得“真爱”的道理，凡是成功人士的背后，必然有一个良好的社会环境，有一个温馨的家庭作支撑。一个人只有懂得爱自己的父母和长辈、爱自己的家，才能做到爱岗敬业、热爱生活、珍惜社会给予的关爱和支持，事业有成，不忘家乡，不忘社会。他们动脑筋想办法争取上级领导和领导机关关注家乡，关心陆良；千方百计协调争取资金解决家乡山区人畜饮水工程、乡村道路修建、中小学校、乡村卫生院的修建改造，不少企业家直接拿出自己的巨额资金数十万、数百万帮助家乡修桥补路，建盖敬老院所和老年活动场所；有的企业人士拿出自己的资金定期或不定期地资助贫困学生读书深造，帮助农村五保户、鳏寡老人和残疾人的生活；有的民营企业家把在异地他乡艰苦创业积累的资金返回家乡建企业办实体，促进陆良经济发展，带动家乡父老乡亲致富奔小康……一代代爨乡骄子，他们无论身处何方，职位多高，学问多深，资产多大，在他们心中始终忘不了的是家乡养育之情，社会的关爱之恩；他们期盼的是家乡的繁荣，社会的发展，祝福的是家乡人民的幸福，念念不忘的是自己怎样为家乡、为社会的发展出一份力，尽一份心，这就是他们的德行、做人的准则。

这些都集中地体现了陆良人的个性特点：**自信而不失谦逊；自强而不失人情；踏实而不失机灵；勤奋而不失智慧；务实而不失远谋；敢闯而不失规矩；重乡情团结互助而不失海纳百川之包容，知恩感恩而施恩不图报；以德立业，懂得真诚奉献社会。**

在历史的长河中，爨乡骄子数不胜数，感人事迹枚不胜举，本集《爨乡骄子•陆良人才名录》的人物只是其中的一部分，他们性格迥异，但业绩耐人寻味，催人奋进。不论是从政还是从军，不论是从事各种专业技术还是从事行政管理，也不论是经商办企业搞实体还是从事新闻宣传意识形态工作，虽然各人的情况不一样，但都有一个共同点：大多都是来自农家或普通职员家庭，经受过艰苦磨练，他们一无所谓“有来头的后台”，二无所谓“有深厚的社会背景”，三无坚实的资金投入，而是靠“德行”，靠真才实学，靠自己的实力。一句话，“打铁全凭自身硬”。在事业有成之后，不忘是社会为自己提供了创业和展示聪明才智的平台，始终不渝地坚持“老老实实做人，踏踏实实做事”，并且懂得奉献社会。他们利用自己的知识、资源，为家乡、为社会、为国家的建设和发展作贡献，为普通老百姓做好事、做实事。

经过两年多的艰苦细致、紧张繁忙地工作，《爨乡骄子•陆良人才名录》一书终于面世了，这是陆良有史以来的第一部本土人物大型专集。无庸讳言，它不可避免地会存在不足，但毫不影响本书潜在的不可估量的社会价值！书中人才人物集中展示出来的爨乡精神，是可起到不忘前人，启发今人，激励后人之作用，这就是编辑出版《爨乡骄子•陆良人才名录》的旨意。

目录 CONTENTS

卷 一

卷 二

卷三

卷四

卷　一

爨乡大地，物华天宝，人杰地灵，三山四水，沃野千里，像一位慈母用自己博大的胸怀和甘甜的乳汁温暖和哺育了一代又一代陆良人，从这片热土上曾经走过了许多风云人物，今天这片红土地又成长起来了一批批杰出人才，无论他们身处何方，做啥工作，职位多高，财富多少，贡献多大，但在他们心中永远珍藏着的是故乡母亲哺育他们成长的那份真情，他们为祖国、为人民、为社会在自己从事的事业中创造了卓越的成就，作出了可喜的贡献，但一想到故乡人民和爨乡大地养育之情，就深深感到自己做的不够，贡献太少……

诚实做人，踏实做事，写好人生历史

——成都军区原副司令员陈世俊中将自述

1943年的冬天，也是临近春节的前几天，我出生在云南省陆良县阿油堡村一个普通的农民家庭。1959年12月在本县应征加入中国人民解放军，1964年8月加入中国共产党，在部队历任战士、文书、班长、排长、参谋、连长、营长、团参谋长、师副参谋长、师参谋长、师长、集团军军长、成都军区副司令员，1996年被授予中将军衔。曾当选中国共产党第十三届中央候补委员、十届全国人大代表和十届全国政协委员，现任十一届全国政协委员。

回顾部队工作的48年，风风雨雨，历历在目，总的感触就是:“出身不由己，人生靠自己；培养在组织，进步靠机遇；诚实做人，踏实做事；平安一生，共享和谐”。

家庭、学校和军队的教育是我人生观和价值观的形成基础

按家谱查证，我的家庭是明朝时期从北方来云南的屯垦部队的后裔，祖辈们秉承中国的传统观念，“万般皆下品，唯有读书高”，加之我是家里的长子，父亲也受过一定的教育，对我就寄予了很大的希望。每天除了在学校的学习，回到家，父亲还会严格监督我习书练字，并提出很高的学习要求。至今我脑海中还留有因为没听父亲的话，被挨打罚跪的印象。母亲是个慈祥和蔼的女人，对我疼爱有加，关乎我的学习也是非常在意。慢慢的，我开始懂得不上好学对不起父母的道理。所以从8岁上学起，在学校老师的亲切教导下，我的学习成绩一直都比较好，成立少先队时，我还担任过学校的大队委员。也因为学习优秀，我有幸成为被德格中心小学保送到陆良一中读初中的两个学生之一。在同村人的眼里，我是个好孩子，有文化、懂礼貌，长辈们都喜欢我，父母也希望我能学成后离开农村，出去做事。父母这种朴实的愿望对我的人生观多少有些影响，当时也确实成为我学习的目标和动力。但真正明白学习的目的，还得益于学校老师的培养和教育。担任过我初小和高小的三个班主任老师就是我一生中难忘的恩师，他们在教授我知识的同时，还教导我如何做人和做事，为人师表，关心学

生，培养我正确的为人处世品德，特别强调“为人诚实不说假话，与人相处不争强好胜，与人相见要有礼貌”，这些对我后来世界观的形成奠定了重要的思想意识基础。

参军之后，我先后经过了军区军政干校、四次国防大学、一次中央党校和函授本科、北京大学研究生班的培训深造，全面系统地学习了马克思主义基本理论、社会学知识，现代军事理论和现代科学知识，尤其是马克思主义的辩证唯物主义和历史唯物主义思想，对我世界观和价值观的形成起到了重要作用。回想自己的成长历史，深深体会到“性格决定命运，心态决定成败”。价值取向决定性格，事业追求造就性格；主客观环境条件影响心态，科学辩证的思维方式和思想方法决定成熟的心理状态。拥有健康而诚实的性格，才会拥有立身做人的品德，拥有胜不骄败不馁的心理素质，人才能成熟，并把握事业成功的机会。

注重学习与实践的结合，练就人生工作能力

因为早年参军，我的基础文化程度并不是很高，普通教育也就上过初中，但在50年代末，和周围的士兵相比，初中生也是属于读书较多的人群。入伍半年后我就被调到营部当文书，除了认真做好文书工作之外，在当时没有电脑、打字机也很少的条件下，我凭借一手好字，经常被机关领导叫去帮助抄写或复写材料，从而多方面接触部队的军事、政治、后勤工作。这是一段很好的学习机会，不仅让我了解很多信息，还学会了怎样认识问题和表述问题。不断的接触和实践，我的知识面不断扩展，口头和文字表达能力不断提高，综合素质不断增强，获得了领导和机关组织的肯定。提干后我就被直接分派到团司令部当作训参谋。部队作训参谋是一个从事作战和训练的军事专业岗位，有利于开阔眼界、扩大知识面、学习和实践部队的各种战术技术，并能锻炼提高组织指挥能力。虽然责任和工作量很大，却是部队指挥员最直接、最好的锻炼和实践场所。我先后在团、师司令部干过8年的作训参谋工作，这是我后来胜任各级指挥员的重要经历和能力来源。

随着不断地学习和实践，能力不断提升，上级组织和领导对我的工作也给予充分肯定。进入中高级领导岗位之后，我又开始学习领导的艺术，主要是学习利用和调动各级机关整体推动各项工作。在军队的管理体制中，不懂机关就很难管好、用好机关，各项工作也很难落到实处。一般人认为，当官很容易，无非用权办事，其实不然。多年的领导经历使我体会到，在军队，不同的角色需要有不同的干法。基层干部主要是当好排头兵，依据上级指示抓好工作落实；营职干部主要是依据上级指示抓好工作安排和协调，注重检查落实，当好二传手；团、师级领导主要是依据上级指示精神和部队的实际情况，找准主要工作的结合点，用重点带一般的工作方法，用好机关、抓好典型，利用典型推动工作。高级领导侧重抓调研、做决策；抓班子、用干部；抓协调干大事，创造性地完成各项工作任务，并保持部队稳定，确保一方平安。尤其是中高级主官，要学会利用马克思哲学的辩证法，“多想事，少管事，干大事，放小事”。什么事都管，有时不仅不利于调动其他人的积极性，还很容易造成内部矛

盾，影响工作效果，最终难成大事。记得80年代中后期，我任集团军军长期间，同时面临老山作战和拉萨戒严的紧张局面，各项工作都时间紧迫，千头万绪，我带领一班人分工合作，各司其职，做到事多人不乱，抓组织促落实。按照分工，充分调动各级领导的主观能动性，强调结合实际情况和总体目标原则，做到大胆负责，大胆工作，顺利完成了党和人民赋予的神圣使命和历史任务。正是那段时间的考验和磨炼，不仅锻炼了我军各级指挥员的组织指挥和工作能力，而且很好地完成了上级委派的各项任务，部队受到了军委的表彰和嘉奖。

回想我在军队工作的48年，虽然不是万事俱佳，但也算是一帆风顺，其间有过很多教训，也有很多难得的收获。归结起来，也正是因为我喜欢在工作中学习，在学习中实践，不断摸索，才使我能够较快适应各级岗位的角色转换，保持工作的稳定和顺利，并获得比同龄人更快的进步。

为人处世诚实，追求平安和谐

人生是个漫长的过程，要经历很多政治和社会环境的考验，要克服很多困难，排除很多风险。不管你从军、从政或从商，既要不断追求进步和发展，也要追求一生的平安与和谐。从科学的角度讲，安全是人的第一需要，政治命运和生命比什么都重要，对任何进步和发展的追求，都要在安全的前提下进行，放弃安全的任何追求，都是不能去做的。国家和社会的发展强调稳定和谐，这也从人的本质需求出发，精神和物质生活的提高都不能离开安全与和谐的前提。在战争年代当指挥员，要靠勇敢精神才能打胜仗；在相对和平条件下做领导干部，要靠人品官德凝聚军心，产生号召力。一直以来我都遵循诚实为人，踏实做事，依法依纪办事，力争创造平安与和谐。

要有健康的思想意识。不论做什么工作，都要与人相处，都要靠群体的力量才能把事情做好。因此，必须创造一个团结和谐的工作、生活环境。与人相交，要诚实，不能投机取巧；要虚心向别人学习，不能骄傲自大；与人相处，要多包容，相互理解、关心和支持，不能损人利己，只考虑个人得失；做任何事情，都要树立法纪意识，不能知法犯法，更不能不懂法。在我走过的人生历程中，始终坚持诚实为人处事，这是我做人的准则，也为我赢得了“正派人”的美誉。

要有很强的政治意识。我是从以阶级斗争为纲的那个年代走过来的人，经历了许多政治上的风风雨雨，一生中看到很多起起伏伏的人和事，这些人和事不断给我教育和启迪。担任领导干部之后，注重学习，不断提高观察认识问题的能力，把握宏观，认识微观，不断在宏观与微观上找结合点，尽量保持主观与客观相一致，始终遵循党和国家的大政方针，和上级保持思想上一致，工作上相协调，努力完成各项任务。担任高级领导职务之后，我注重用讲政治的标准严格要求自己，把握大势，保持政治上的清醒；注重学习，不断统一思想认识，保持领导团队思想认识上的一致；掌握思想信息，从思想政治上控制部队，坚持党对军队的绝对领导，把握部队建设的政治方向。几十年来，我领导过的部队，无论在什么情况下，始终是党绝对领导下的一支坚强战斗集体。大家都认为我是一个头脑清醒的人。

要有很强的法纪观念。党、国家和军队的法律、纪律和规章制度是军人的行为准则，一般人应该遵守，领导干部更要模范执行。在法制化的国家和军队里，人的思想言行不能昏昏然，做领导干部更不能稀里糊涂，要有高度的政治原则性和很强的政策观念，绝不能以言代法，以情代法。特别是在亲人和身边人的利益问题上，不能以感情代替政策，更不能搞感情照顾，要经得起原则和政策的检验，经得起群众的监督。在这方面我经得起各种考验，大家说我是一个老实的人。

要有很强的责任心。在行业分工很细，责任划分很明的现代国家和现代化军队里，无论从事什么专业，无论职务高低，都要有很强的工作责任心。只想当官不想负责的人，那是迟早要完蛋的。人的责任心主要表现在要热爱自己的事业，要热爱自己的岗位，要尽心尽责的工作，要认真负责地办好每一件事情。通过努力还办不好的事，要勇于承担责任。作为领导干部，要树立和坚持尽责工作的高标准，与时俱进，创造性地做好各项工作。取得工作成绩或出现失误之后，不能争功诿过，要有功共享，有责多担。在我的工作生涯中，有过许多成绩的喜悦，也遇到一些过失的责任担当，在祸与福面前，我坚持不争功，不诿过，与大家共享成绩的喜悦，按职责承担应有的责任。我认为我是一个负责任的人。

走过大约半个世纪的工作生涯，客观评说，我不是一个完人，按党和职责的要求，我也有许多不足之处，对我的认定评价，我无权自吹自擂，只希望对得起党和军队的培养教育，对得起群众的支持与肯定。现在虽然卸下了领导岗位的重担，但事业的道路还没有终结，还要坚持履行全国政协委员“政治协商，民主监督，参政议政”的职责，为国家的现代化建设献策尽责。我将坚持活到老，学到老，干到老，永远跟党走，永远保持一个老共产党员的本色。

陆良人民培养了我

——云南省政协副主席王学智自述

我的人生经历是充实的

在风雨兼程的人生路上，成熟的东西都在实践中。顺境时要有一颗平和的心。逆境是心灵的财富，磨难越多，财富越多，收获也就越大，失败一次，对成功的内涵便透彻一层，失误一次，对人生的醒悟便增添一阶。

我1969年1月至1971年9月作为首批知青在宜良九乡公社插队；1971年9月至1973年6月在宜良九乡供销社工作；1973年6月至1981年6月任宜良县九乡公社党委委员、党委副书记兼公安特派员、宜良县委候补委员；1981年6月至1990年8月在曲靖地委组织部工作，先后担任副科长、科长、副部长；1990年8月至1993年3月任陆良县委书记；1993年3月至1994年8月任曲靖地委委员、组织部长；1994年8月至1996年4月任曲靖地委副书记，组织部长；1996年4月至1997年10月任曲靖市委副书记；1997年10月曲靖撤地改市任曲靖市委副书记、市长；2001年5月至12月任市委书记、市长；2001年12月至2002年12月任曲靖市委书记；2002年12月至2008年3月任省委组织部常务副部长；2008年1月当选为省政协第十届副主席。

感谢党组织和人民群众给了我丰富多彩的人生经历。我人生的每一步都是坚实的，都是令人难忘的，我人生的每一个转折，对我来说都是一个全新课题。我始终遵循“为官从政，凭实实在在的政绩赢得信任，为人光明磊落，办事公道正派，为政清廉，为人民多做好事实事”的准则，认真履职。在我人生的旅途中，陆良工作的三年是我人生中最难忘的岁月之一。

在陆良工作的三年是难忘的

一、在总结经验教训中统一思想

“1989年8月，陆良县县长投案自首，在这场反腐倡廉斗争中，陆良县有46名干部受到刑事处分；90名干部受到党纪政纪处分，其中21名被开除党籍，21人被开除公职……”县委有关文件是这样记载的。

1990年8月曲靖地委任命我为陆良县委书记，当时我刚跨入不惑之年。来到陆良县，映入我眼帘的是这样的情景：“四班子”的大院冷冷清清，县委机关的招待所冷冷清清……，曾经以敢闯敢干名噪一时的改革县，像是被霜冻过一般，全县城乡到处是经过一场反腐倡廉斗争之后留下的教训和思考。

陆良县又一次“出名”了，这种“出名”给陆良的干部蒙上了耻辱，给陆良工作带来了令人难以想象的后患：首先是各地及社会的不理解，我们到省里争取项目，得到的答复是“少搞几次吃喝，项目资金不就有了吗？”其实情况不是这样的，陆良的干部群众自力更生、艰苦奋斗、自强不息的精神是令人佩服的。其次，本县部分干部群众则满肚子委屈，一些干部不理解，更多的干部则从反面吸取教训，该干的事不敢干了，该决定的问题不敢决定了。上面派人来工作，到了吃饭时间，不敢安排饭席，无人出面作陪，客人们受到冷落……面对这样的现状，我和县委的同志分头在城乡调研，在群众中带回了一个答案：现在不是争论是非的时候，应齐心合力深化改革，发展经济，重塑陆良形象。

痛定思痛，县“四班子”统一思想，首先从廉政建设入手，建设起一支过硬的能够带领全县人民奔小康的领导干部队伍。我在陆良的首场报告，题目是《机关党员要做全县的表率》，随后县委又制定下发了《关于加强县委自身建设的10项制度》，还认真抓了党员干部的理论培训；开展了全县党员和党组织参加的目标管理活动，大批干部深入群众组织奔小康的大讨论，用改革和发展统一思想，在干部群众中产生了强烈的共鸣。同时，县委对“89反腐”斗争中处理的干部，因当时调查事实不准确，处理失当的给予纠正；认识错误态度好，工作能力强的给予任用。并公开划清了公款吃喝与必要应酬之间的界限，经过全县上下的艰苦努力，全县干部的精神振作起来了，1992年1月在陆良经济技术开发区奠基、同乐市场的建成时，省市领导及一大批厅处级领导光临，陆良沸腾了，陆良雄风又重振了。

二、在深化对县情的认识中完善发展思路

陆良，是一个人杰地灵的地方，这里有全省最大的坝子，是全国商品粮基地、烤烟基地、生猪基地、蚕桑基地。在干部群众中蕴藏着尊重知识，艰苦奋斗，求真务实，开拓创新，争创一流的精神。我和县委的同志，在认真调研反复论证的基础上，确定了：围绕富民强县的目标，抓住云南全方位对外开放和南昆铁道、曲靖至石林高速路过境修建的两个机遇，充分发挥陆良的区位优势、产业优势、劳动者素质较高的三大优势，打好农业、教育、科技、交通、电力、市场建设六个基础，抓好粮、烟、桑、畜、建筑建材、机械化工六大支柱产业的经济发展思路。通过农业产业结构调整，工商企业转换经营机制，教育“三制”改革，全县经济实力进一步增强。1993年全县粮经结构由1990年的78∶22调整为65∶35，实现了三分之二的土地搞饭吃，三分之一的土地搞经济的结构调整目标，1993年财政收入在1990年3401万元的基础上翻了一番。

三、在解放思想中加快发展

小平同志“南巡讲话”发表后，县委及时组织了学习和贯彻落实，大家充分认识到，要加快陆良经济社会的发展，有很多工作要做，但首要的就是要在全县干部群众中，通过学习《讲话》，解决好部分干部中存在的“怕”、“满”、“难”等思想障碍，以“三个有利于”为标准，抓住机遇，加快陆良经济的发展。县委领导首先带头解放思想，我和常务副县长赵建成同志，利用在省委党校学习的机会，署名写体会文章，引导大家从纵向和横向的比较中思考问题，寻找差距，增强优患意识、机遇意识、加快发展的意识，做到领导推动思想解放。其次，组织县乡领导到经济发达的沿海地区参观学习，促进思想解放。三是针对1989年以后陆良乡镇企业发展不快的状况，在调研的基础上，县委制定了加快发展乡镇企业的35条规定，同时建立了陆良经济技术开发区，以实际成果支持思想解放。一个抓改革，促发展，见成效的局面很快在全县形成，陆良干部群众的精神振奋了，半年时间建成响水坝至西桥28.5公里柏油路；半年时间建成年复烤30万担烟叶的复烤厂；10个月时间建成占地47亩投资800万元的同乐市场；5个多月完成三岔河水泥厂8万吨水泥的技改项目等等，创造了陆良速度。大家群策群力，还争取了陆良火车站的定名和改址，曲陆高速路选向方案的确定。陆良人民又充分展示了开拓创新，求真务实的形象。

爨乡骄子我受之有愧

1993年3月中共云南省委任命我为曲靖地委委员、组织部长，离开陆良至今已15年了。在陆良工作的三年，至今还历历在目，记忆犹新，它给我留下了宝贵的精神财富。这里历史悠久，人杰地灵，历届党委政府和干部为人民做好事，做实事，奠定了良好的工作基础；这里区位优越，干部群众尊重知识，商品意识强，使我融入了发达的经济环境中，给了我一个更新观念，适应现代要求的环境；这里的干部素质高，给了我一个取人之长，补己之短的成长环境；陆良人民艰苦奋斗，艰苦创业的精神锤炼了我；陆良人民不甘落后，雷厉风行，争创一流的作风，给了我不竭的动力。我为陆良人民只是做了我该做的事，而且很多决策是县委、人大、政府、政协领导集体智慧的结晶，而陆良人民却给予了我很多很多，还接纳我为陆良人，我感到荣幸。特别值得一提的是陈世俊司令员、王国亮主任等一大批在外工作的陆良人心系家乡，关心家乡，支持家乡，以家乡发展为荣，为家乡作贡献的深厚感情，这是陆良发展的宝贵财富，这是不能忘记的。

长江后浪推前浪，一代新人胜旧人。从1993年到现在，又经历了5任县委书记，他们都干得比我好，现在陆良县又站在了一个新的历史起点上，我相信陆良人民以科学发展观为指导，在县委、政府的领导下，陆良的明天会更美好！

编后：不少有作为的年轻干部在回顾自己的成长过程时，都会念念不忘一个人，由于他的帮助和指点，他们才有今天……就是与做“官”没有多少缘分的上了年纪的乡村百姓也念念不忘他。因为他无论是在知青下乡向农民学习种田劳动的时候，还是在乡镇基层做干部与农民同甘共苦搞建设的时候；也无论是在县委书记的岗位上，还是市长、市委书记的重任上，或者是省委部门领导的要职上，在他的心中总是装着乡村老百姓的疾苦和普通干部群众的冷暖。记得从地方调省里工作时，他虽然离开县委书记岗位十多年了，但那里的老百姓听说他升调的消息后十分高兴，自发地组织了数千人准备到他要经过的地方欢送，他知道后十分动情地说：我在县委书记的岗位上只做了自己应该做的事还没有完全做好，群众却如此的厚爱我，真令人感动！后来，他悄悄地离开了地方到省里报到，县里按他的意见只好派了几名代表来送，未能为他送行的老百姓十分感慨。这个如此受群众欢迎的人，就是本文的主人公，曾先后担任陆良县委书记、曲靖市市长、市委书记、省委组织部常务副部长，2008年1月当选第十届云南省政协副主席的王学智同志。

当我们编完这篇文稿后心情久久不能平静，学智同志虽未出生于陆良，但曾在过去是陆良的九乡的地方锻炼成长，后来又在一种十分特殊和困难的环境下临危受命挑起陆良县委书记的重任，这虽然是党和人民事业的需要和人生轨迹运行的一种巧合，也或许是一种与陆良人民天生地造的一种难解难分的缘分。在那样一种政治环境十分复杂的时期来到陆良，又能扎根群众，带领广大干部群众走出困境，开拓创新，重振陆良雄风，深受广大干部群众爱戴，离开后又常为人民群众所怀念。学智同志离开陆良后在许多更加重要的领导岗位上为党的事业、为人民的利益勤奋工作，无私奉献，业绩的辉煌是不言而喻的，但他在总结自己人生经历时却总是把陆良视为自己的第二故乡，把自己的成长归功于陆良人民的培养，通篇文稿显得那样的谦和淡泊，字里行间闪烁着感恩的情怀，平易近人，关爱、尊重他人的高尚人品和情操，不能不令人敬佩。

为官一任 造福一方

——记广西壮族自治区人大常委会副主任兼秘书长邵博文

邵博文，1947年2月出生在云南陆良，1970年毕业于华南理工大学金属及热处理专业，被分配到广西贺县陶瓷机械厂工作。

贺县陶瓷机械厂是一家县级小厂，设备落后，技术人员少，工作环境艰苦。然而，邵博文却把这些看做是锻炼自己的极好机会。工作中，他勤于钻研，积极创新，建厂不久就提出按标准齿轮滚刀设计涡轮传动机械的计算方法，从而解决了当时厂里长期因无涡轮滚刀而无法加工涡轮的技术难题。他还设计了在普通车床上车削椭圆锥孔和外圆时的装置等多项技术革新。由于工作出色，几年后，他担任技术股长，挑起了全厂生产技术工作的重担。此后，他又先后独立完成了几项机械产品的整机设计，有的还获科技成果奖，参加了1982年广西首届科技成果交流展览，使该厂的陶瓷机械产品由2种发展到14种，产值、利润逐年增长，经济效益不断提高，从原来只能生产一些简单的农业机械而发展成为能够生产多种陶瓷机械配套设备和其他机械产品的广西区内唯一的陶瓷机械厂。由于工作成绩突出，他连续11年被评为先进工作者，6次出席“先代会”并受到表彰奖励。

1984年3月，邵博文被选调任县经委副主任。从搞技术工作到担任党政领导，虽然工作岗位变了，但他干一行，爱一行，尽职尽责做好本职工作。在任职期间，他认真抓领导班子建设，调整了经委系统所属的18个国营企业班子，使18个重点厂都超额完成了任务。同时，抓重点厂矿，以点带面，推动全县的工业生产。从1985年初起，邵博文又先后调任县委组织部副部长、县委整党办公室主任、县委常委。在这期间，他努力理顺各方面的关系，落实党的各项政策。由于工作成绩突出，他当选为中共广西壮族自治区委员会第五次代表大会代表。

1987年3月，邵博文被任命为中共贺州县县委副书记。他扎扎实实抓农村党支部建设，发展了村公所集体经济，增强了基层支部的活力，在贺县涌现出了一批受自治区和全国表彰的先进党支部。他先后在《广西党建》、《政策研究》等刊物发表了《农村基层建设的关键所在》和《贺县农村党支部班子建设的调整》等文章。为了抓好中心工作，掌握第一手资料，他经常带队下乡“蹲点”，无论是抓计划生育还是抓粮食入库工作，都能精心组织，妥善安排，周密布置，工作深入细致。此外，他还重点抓了贺县纸浆厂的筹建工作。这是当时国内最大的全漂白纸浆厂，建成该厂将填补国内生产全漂白纸浆的空白。为了尽快建成投产，他经常日夜兼程跑北京、上海，促使国家计委批准立项，终于在1988年得到了国务院特别批准，被列为广西和全国的重点建设项目，并已顺利建成投入生产。邵博文积极工作的精神，得到了组织和群众的充分肯定，使他在全县干部群众中享有较高的威望。1988年，他又当选为广西壮族自治区第七届人民代表大会代表。

1989年12月，邵博文被调到广西壮族自治区人事厅综合调配处任处长。他先后深入到融水等12个少数民族自治县进行干部情况调查，又对10个县（市）农村“八大员”情况进行调查。为了理顺干部计划调配工作的内外关系，他从抓制度建设入手，建立健全了人事计划管理制度，先后制定下发了广西干部计划、工资总额计划、工资基金管理等六个规定和实施办法。同时，他认真做好干部的调配工作，使人事计划管理从无到有，逐步走上了正轨，适应了经济建设和各项事业发展的需要。

1992年4月，邵博文被任命为广西壮族自治区人事厅副厅长。虽然职务发生了变化，但他仍然严于律己，以身作则，努力工作，廉洁奉公，勤政为民。在所分管的综合调配、工资福利、企事业人事、军转安置和办公室工作中，他既坚持政策原则，又做到工作不墨守成规，勇于改革开拓，创造性地开展各项工作。在负责组织进行的广西机关、事业单位工资制度改革工作中，严格执行中央的政策规定，做到不随便开“口子”，协调好各方面的关系，处理好方方面面的复杂情况。整个工改期间，工资套改实施顺利，全区社会稳定，工作秩序正常，自治区领导和国家人事部对此给予了充分肯定。此外，他在建立全区人事宏观调控机制，加强人事计划管理方面，也做了大量卓有成效的工作。针对广西干部总量偏少，但同时分布结构严重不合理，尤其是县以上党政机关普遍超编，而乡镇基层又急需干部的实际，他在深入调查论证的基础上，提出在中央下达计划内适量增加干部，重点充实乡镇基层和工农业生产第一线。从而既满足了基层工作的需要，又严格控制了县以上党政机关和行政性事业单位人员的盲目增长，使人事计划管理对促进广西的经济和各项事业的发展发挥了积极作用。

1996年2月，邵博文被任命为自治区编制办公室主任，同时仍担任自治区人事厅副厅长。邵博文主持编办工作期间，适逢广西两次机构改革。根据中央、自治区的部署和要求，广西于2000年开始进行区直党政机构改革，2001年启动市（地）县乡机构改革，到2002年全区各级机构改革全面完成。作为承担机构改革组织实施工作的部门主要负责人，邵博文带领机构编制部门的干部，全力以赴，主动为党委、政府领导当好参谋和助手，完成了大量的具体协调指导和组织实施工作，确保了改革顺利推进、平稳实施并取得实实在在的成效。通过这两次机构改革，自治区党委工作部门和部门管理机构13个，比改革前少了4个，减幅为23.5%；自治区人民政府工作部门、部门管理机构45个，比改革前减少了14个，减幅为23.7%；全区市（地）县乡三级党政工作部门、工作机构精简了8829个，平均精简31.2%。自治区直党群机关编制精简了20.2%，政府机关编制精简了47.5%，政法专项编制精简了10%。市地县乡党政群机关编制精简了20.2%，政法专项精简了5.8%，乡镇事业单位编制精简了30.1%，全区机关事业单位分流人员6万多人，清理清退了各类临时人员10万多人。在抓好机构改革的同时，邵博文切实加强了机构编制管理，打开了全区机构编制工作的新局面。邵博文卓有成效的工作，得到了中央编办、自治区党委、政府和编委领导的表扬，2002年被评为全国机构编制系统先进工作者、省部级劳动模范。

在主持好编办工作的同时，邵博文尽心尽力协助自治区人事厅厅长分管军转安置、引进国外智力、工资制度改革等工作，努力做到有所创新。在引进国外智力工作方面，1996年到2002年5年间，共聘请外国专家来桂工作753人，年均151人，比前5年年均增加3倍，其中有50位贡献突出的专家获自治区人民政府奖励，有4名专家获得国家"友谊奖"，受到国务院和中央领导的接见，广西聘请专家和派出培训项目获国家资助金额均跃居全国先进省（区）行列；出国培训工作有了突破性进展，尤其是向自治区政府争取建立了800万元基金，分别于2000年、2002年选派了两批（每批50名）青年干部赴美国、英国进行为期一年的中长期培训，得到了国家人事部和外国专家局的高度肯定。在军转安置工作方面，提出了"功绩制分配办法"和照顾边远海岛安置工作原则，并选调优秀团职转业干部到县级党政班子任职，得到了解放军总政治部、国务院军转办和广州军区的充分肯定，并在全国范围推广这一办法，自治区人事厅多次被评为全国军转安置工作先进单位。

2003年1月，在广西壮族自治区第十届人民代表大会第一次会议上，邵博文当选为自治区人大常委会秘书长。2007年1月，在广西壮族自治区第十届人民代表大会第五次会议上，被增选为自治区人大常委会副主任。面对新的岗位和新的挑战，邵博文深感责任重大，丝毫不敢懈怠。他始终保持奋发有为的精神状态，坚持以服务"三会"为中心，以民主法制建设为己任，励精图治，开拓创新，真抓实干，迎难而上，奋力开创自治区人大机关工作新局面，推进广西社会主义政治文明建设。"打铁首先要自身硬"。为了打开工作局面，邵博文首先选择机关自身建设为突破口，使机关干部职工的思想觉悟等发生了明显变化：他坚持以区情教育专题活动为载体，请进来，走出去，切实加强和改进机关思想政治工作，使机关干部职工的思想觉悟发生了明显变化；以实行规范化管理为抓手，制定了88项规章制度，全面加强作风效能建设，使机关干部职工的工作作风发生了明显变化；以拓宽选人用人渠道为切入点，先后拿出72个处级领导职位和非领导职位进行竞争上岗和公开选拔，大力推进干部人事制度改革，使机关干部职工的精神面貌发生了明显变化；以推进民心工程建设为重点，为干部群众办了近100件实事好事，使机关干部职工的工作生活条件发生了明显变化；以促进合作为目标，加强内外联络，加大宣传力度，使人大机关形象发生了明显变化。

在抓好机关自身建设的基础上，邵博文大胆创新机关日常工作：他成功组织举办了全区人大系统首届职工运动会，在展示人大机关的新风貌上实现了新突破；倡议承办了首次全国省级人大常委会秘书长座谈会，在创建省级人大机关的交流平台上实现了新突破；积极参与党委中心工作，在扶持县域经济发展和扶贫支教上实现了新突破；切实改进人大接待工作，在发挥其窗口作用上实现了新突破；投入近800万元加强信息化建设，在推进机关办公自动化上实现了新突破。

邵博文认为，加强机关自身建设也好，创新机关日常工作也好，最终要落实到为“三会”服务、为代表服务、为基层群众服务上来。为此，他提出了“代表大会年年开，服务工作要年年有创新”的要求，并先后筹措近1000万元更新广西人民会堂电子表决系统，完善了“三会”硬件服务设施，组织制定了“三会”工作程序，使机关“三会”服务工作水平明显提高；创新工作方式方法，增加代表活动经费，拓宽代表知政渠道，加大建议督办力度，使代表服务工作水平明显提高；大力加强信访工作，努力化解社会矛盾，促进社会和谐，使机关服务群众促进和谐工作水平明显提高；切实改进会务工作，成功协办了中美议会交流机制第三次会议、反洗钱法国际研讨会等，使机关重要会议和重要活动组织服务水平明显提高；切实加强对内对外联系，积极促进自治区人大机关与“一府两院”、与人大系统的合作与交流，使机关综合协调水平明显提高。

“功夫不负有心人”。由于工作成绩突出，邵博文得到了全国人大领导、各省区市人大领导的赞扬，也为自治区人大机关赢来了30多项荣誉和奖励，包括连续两年被评为自治区文明单位，连续两年荣获自治区“扶持县域经济发展突出贡献奖”，连续3年被评为“区直、驻邕中直单位定点帮扶贫困村先进单位”，连续3年荣获“区直支教工作突出贡献奖”等。他卓有成效的工作，为推进广西的社会主义民主政治建设，加快人民代表大会制度发展作出了积极的贡献！

出生入死 转战三迤

——昆明陆军学院副军职离休干部杨守笃自述

我于1923年7月25日出生于陆良县马街镇。马街小学毕业后，1936年随守沫大哥到罗平县读初中，接受进步思想，参加抗日救亡运动，在罗平师范这个红色摇篮里成长。罗平师范地下党员丁建华老师于1937年11月介绍我参加共产党的秘密外围组织“中华民族先锋队”（简称“民先”），我和张汝兴等同志分别担任“民先”小组组长。

1939年夏，罗平师范毕业后，我到昆明考取昆华中学，读了两年的高中，于1941年夏考取云南大学文史系。这时家庭已完全衰败，父亲无力供我上大学。我自食其力，半工半读。在几年的大学生活里，我饱受经济拮据之苦，一面读书一面干过苦力，当过报馆校对，在省公路管理局当过职员，后来又在昆华女中、求实中学教书。

半工半读的生活虽已使我苦不堪言，然而我仍挤出时间参加歌岗合唱团的抗日救亡活动。

抗日战争中的西南联大，通过各种活动，团结教育了昆明青年学生走向进步，掀起反蒋反内战的革命高潮。我在这个大环境中接受教育、参加斗争。

1944年，在学生运动中云大成立了“民主青年同盟”（简称“民青”），林培荣为书记，我和李艺群等同学为支部委员，由我和李艺群、林培荣起草“民青”组织章程。后经中共南方局批准，“民青”成为在共产党领导下的青年核心秘密组织。

1945年，震惊中外的昆明“一二·一”学生运动中，我在对敌斗争中进一步觉醒，政治上进一步成熟起来。

1946年秋，陆良县县长、地下党员熊从周同志被害，隐蔽在陆良中学的地下党员撤走。我奉组织之命，利用担任县教育局长四姑父俞崇哲的关系，从云大带高天鹏等一批地下工作者到陆良中学任教，我担任陆中训导主任，以恢复被破坏的进步活动。不久，我因筹建“昆北书店”之事，重返昆明。

国民党向解放区进攻，内战开始，白色恐怖笼罩春城，进步学生、民主人士相继被捕，新华书店、北门书屋被查封。为使进步书刊不中断发行，打通红色书刊的流通渠道，经组织批准，我在青云街开了个“昆北书店”，由谭其惠、李秀珍、高鹏云等同志出面经营。我参加武装斗争后，“昆北书店”成了“边纵”三支队在昆明的联络站。

经过长期考验，1947年初，我正式加入中国共产党。

20世纪40年代，陆良马街有个远近闻名的进步人士杨体元。共产党派地下党员长期在其身边工作。他得到当地人民群众的拥护和支持，曾以参议会副议长身份拥有几十人的常备武装力量，与县城的当权政府对抗。为使杨体元坚持反政府立场，掩护我党在农村发动群众，组织反蒋武装，以配合全国解放战争正面战场的斗争，组织上派我返回陆良马街做杨的统战工作。接着组织上派许南波同志来马街，组成特别支委会（后改为陆良中心县委），许任书记，我和谢敏、朱杰等同志为委员。在特支领导下，我们和杨签订了反蒋协议，即“谷雨协定”。

我们成功地利用杨体元的特殊身份作掩护，深入陆良龙海山区发动群众，做基层统战工作，组织革命武装，建立根据地。

1948年初，经特支决定，选拔以龙海山区贫苦农民为基础的联防队员成立100多人的一支小游击队，作为陆良一支脱产的游击武装。由我担任队长和分支书记。

我们的作战目标，首选国民党乡、保政府和地霸反动武装。我们在战争中学习战争，在实践中锻炼成长。

第一次夜袭丰华乡张保董的老巢林必木失败。虽然首战出师不利，但从失败中学到的东西更实在，更刻骨铭心。突围出来后，次日即在平彝（今富源县）的普冲消灭了沾益县的政警队，缴获了两支美式冲锋枪、一支半自动小卡宾枪，十余支步枪。这虽是一次小小的胜利，但因为它是第一次消灭敌人，缴获武器，所以记忆犹新，难以忘怀。

1948年春，党组织命我带150余人的队伍参加以朱家璧同志为首的云南人民讨蒋自救军主力部队。经过多次战斗，部队扩大整编为讨蒋自救军第一纵队，下辖3个支队，陆良武装编为第三支队，杨体元任支队长，下辖7、8、9三个大队，我任8大队大队长。

三支队攻打丘北县城后，上级命令，将一纵主力部队的大部分，调往广西边境，留下三支队8、9两个大队返回陆良坚持盘江两岸斗争。此时，敌军势力仍数倍于我。敌中央军、保安团、反动地霸武装，不断围追堵截，战斗十分频繁。为了适应形势的需要，提高战斗力，三支队把队伍精简到300多人，配齐军政干部，组成一支比较精干的战斗队伍。杨体元同志因年老体弱，行军作战不便，故留在龙海山游击区活动。自此，三支队领导仍由许南波同志负责，军事指挥则由我代理，兼任8大队大队长。

8月，上级命三支队北上接应滇东北武装起义。宣威宝山地区起义的700余人的武装组成第4大队，9月沾益播乐中学起义的武装编为第6大队。部队迅速扩大，战斗更加频繁。上级领导决定成立滇东临时工委，命我担任3支队副支队长，代理支队长。

1949年1月，中央军委决定把讨蒋自救军改编为滇桂黔边区纵队，1700余人的三支队编为“边纵”三支队。下辖23、25团。司令员由纵队参谋长黄景文兼任（未到职），我任副司令员、代司令员职权。1949年3月，“边纵”三支队的作战地区，以陆良为中心，扩展到马龙、曲靖、平彝（今富源）边境、罗平、师宗、石林、宜良以东一带。

4月，我野战军渡过长江，南京解放，敌虽大势已去，仍妄图以云南为最后基地，作垂死挣扎。同时云南境内广大地区已成为解放区或游击根据地，“边纵”部队发展壮大，成为敌人在云南建立反共基地的障碍。故以敌中央军二十六军为主，纠集十几个团的兵力，重点进攻滇东、滇东南地区，妄图为其负隅顽抗扫清道路。

为粉碎敌人的扫荡，纵队领导命我三支队跳出外线作战，把几个解放区连接起来。

为了加强主力部队的建设，不久，“边纵”一、三支队合编为一支队，下辖15、16、17团，林杰任司令员，我任副司令员。整编后的一支队首战拔除了潦浒石反动据点，消灭地霸海中鳌地方反动武装。

1949年9月下旬，中央军委命令“边纵”配合野战军阻敌外逃缅甸，纵队司令部作出派一支部队“西进南击”的决定，由“边纵”副司令员朱家璧同志和我率领“边纵”17团和6团组成“西进部队”，编为3、6团，朱兼任司令员，我任副司令员，打出纵队旗号，大张旗鼓，向滇西挺进，诱敌尾追，以调动敌军，打乱其部署。

我们牵着敌人的重兵向滇西行进，首先攻克滇缅公路边的“金库”元永井，缴获大批武器弹药和银币。接着连克牟定、姚安、大姚、盐丰各县。

经连续行军作战半月，10月18日进入滇西根据地鹤庆、剑川与“边纵”7支队会师。据可靠情报，敌军以17个团的兵力，在反动地霸武装的配合下，从东、南、西三面对我合围。北面虽无敌军，却有土司武装和滇藏边境的云岭雪山和金沙江上游的高山深谷等难以逾越的天险。敌扬言：将朱家璧消灭在金沙江畔！

我西进部队即沿澜沧江东岸南下，抢先从飞龙铁索桥过江，控制石门飞关隘口，并在过江后破桥，保障我军安全通过两江之间的险道。

部队从营盘街跨过澜沧江，出其不意地跳出敌尚未合拢的包围圈，沿两江之间的峡谷险道向南疾进，于11月4日到达云龙县的旧州。在这里兵分两路，朱司令率6团去保山以西，破坏怒江惠通桥，我率3团继续沿澜沧江南下，破坏功果桥。

3团经过一天一夜的激战，攻下功果桥，完成破桥任务，随后两日在瓦窑地区与敌保三团和保二团交战，战果不小，敌七十四军军长余建勋急电卢汉告急：“四面被围，情势险恶”。

接着，我们于急行军途中不断击退敌之阻击，破坏霁虹桥，连克昌宁、镇康、耿马、双江、临沧各县，于12月11日渡过澜沧江，进入思普地区，又转战滇西楚雄待命。

卢汉起义后，敌中央军进犯昆明，西进部队接上级指示速向昆明靠拢，参加昆明保卫战。12月30日，西进部队进入昆明。1950年1月，解放大军四兵团陈赓司令员命西进部队参加滇南战役，配合野战军围歼蒋军。在这全国一片大好形势下，全体指战员斗志昂扬，决心打好这最后一仗，当部队向扬武、青龙厂地区前进，准备切断元江铁索桥时，突接上级电催朱司令返回昆明，商议阻止胡宗南残部入滇，遂将部队交我指挥，继续向元江前进。

我部追敌至甘庄坝，将敌切成数段，边打边冲，毙敌一部，俘敌170师510团长左豪以下官兵300余人。先逃敌人继续向元江铁索桥狼狈逃窜，械弹物资遗弃遍地。

我3、6团急速猛插元江铁索桥，敌教导师一部占领江岸制高点二台坡，企图阻止我军向江桥前进，当我军向桥头猛扑，即将占领大桥之际，已过江之敌，遂不顾其尚未过江之后续部队，炸毁正在过桥之敌，连人带马，随桥索的倾塌坠入江中。我部对其未过江的后续部队进行搜剿围歼，战果颇丰。

1月23日，在二台坡战斗中，我们与野战军三十八师、三十七师的老大哥会师！我们胜利了！

云南全省解放了，全中国解放了，1950年2月，云南军区任命我担任楚雄军分区司令员。到任不久，楚雄地区土匪暴乱，在14军118团的配合下，经过8个月的战斗，剿匪任务结束，于3月9日楚雄军分区召开剿匪胜利庆功大会。

5月，我奉命调大理军分区担任副司令员。到1952年1月，调离云南赴南京总高级步兵学校学习。由于我已具备一定文化水平，到校不久就分配我留校工作。我在南京工作了8年，有几年在军事科学研究部和编辑出版部的编辑室当副主任。学校大量的军事教材都要在这里编辑出版，任务相当繁重。虽然劳累，但是精神饱满，心情舒畅，同志关系融洽。我在这里立功、受奖。

1952年我和王德彬同志在南京结婚。1956、1959年德彬相继生下长女红姗，次子红新。

1959年我调北京总参军训部，在张宗逊、孙毅等老将军领导下工作。我先后在经验研究处、步兵学校处、合同战术训练处担任副处长，我与处长刘祖靖、李刚等同志相处融洽，工作配合好，我向他们学到很多宝贵的东西，愉快地相处10多年。

五六十年代，人们的思想是“服从分配，工作第一，毫不利己，专门利人，勤勤恳恳做好本职工作……”我在南京、北京的20多年中，完全融入这种时代潮流，心情舒畅地工作和生活。

1969年，“文化大革命”中，我被调往河南明港总参五七干校劳动锻炼。在菜园班种菜一年多后于1970年调四川渡口国家建工三局“支左”。

1974年回到云南，参加了昆明军区组织的实战演习之后，被分配到昆明八公里军政干校担任军事大队副大队长。

1983年我已60岁，以副军职研究员的待遇办了离休手续。离休20多年，我似乎又回到年轻时代，充满生机的年月，每天的日程安排得紧紧凑凑，有时比在职时还紧张劳累。我的离休生活过得十分充实：参加党史二军史的撰写；参加筹拍有关反映云南地下党“边纵”革命斗争为题材的电视连续剧；尤其是参加省委组织的为“边纵”地下党平反冤假错案的工作使我终生难忘。

全国一解放，我就离开云南，22年后重返故乡，与在历次政治运动中幸存下来的战友相见，倍感亲切，但略有伤感。有的战友早在“文革”中含冤而去，在那场史无前例的、无人幸免的灾难中被活活打死整死；更多的战友带着沉重的精神枷锁幸存下来。特别是被整回农村的同志，处境更加艰难。他们有的衣衫褴褛，来到我家，声泪俱下地诉说冤情。我忍住同情的泪水，只能给他们一点精神上的安慰和经济上有限的帮助，但后来发现受冤屈的战友很多，面很广，个人的帮助只是杯水车薪，无济于事。好几年的时间，我参与了一些上层领导落实政策的活动，我为战友们呼吁、奔走。

在1978年十一届三中全会拨乱反正的大环境下，我不断地抓住点滴反映情况的时机，“不知趣”地顶撞过有的地方当权领导。不久，中央正式发出解决云南地下党和“边纵”历史遗留问题的文件，后来胡耀邦总书记亲自指定朱家璧同志负责落实政策的工作。省委和朱家璧同志要我负责曲靖、昭通、玉溪和昆明等地区的40多个县市的检查落实政策的工作。这是我求之不得的为老战友们服务的好机会，我义不容辞，义无反顾地干了好几年。1992年，因我在落实政策中成绩显著，被评为“先进个人”。

我在干休所的家里，种植各种花卉、果木，把室内外装扮起来，显得生机勃勃。我每天跑步锻炼身体，每周游泳……加上许多社会活动，我总感到每天有做不完的事。

我的母校云南大学，我在那里学知识、入党，涌入爱国民主运动的大潮，走向反蒋武装斗争。而今，到了晚年，心中经常涌动出对母校的难忘之情。这份激情，总驱使我想为她做点什么。

喜逢盛世，上个世纪90年代，在改革开放的政策下，我寻遍力所能及的渠道，找到一个香港老板，为母校校友会和云大老战友联谊会捐资130万元。我在云大校友会担任副会长多年，为校友会尽了点微薄之力，更加充实了我的离休生活。

我和云大老校友杨智勇、李艺群、胡新农、赵咏莲等同志发起组织“老战友联谊会”。我们同心协力，组织好每一次集会活动。10多年来，每年的“一二·一”运动纪念日，300多云大白发校友，从四面八方赶来昆明师大“四烈士”墓前祭奠，缅怀先烈，铭记烈士遗志，永世不忘。

为发扬革命传统，承前启后，以史育人，老战友们积极投稿。老战友联谊会编辑出版了四卷《云大风云》，12期《云大老战友》，得到各方面读者的好评。

我的晚年生活是幸福的！党和国家给离休干部各种优厚待遇，我们知足！

马占伦简介

（云南省政协办公厅原主任）

马占伦，1936年4月生，云南陆良人，回族，大专文化，中共党员，政协云南省委员会第七、八届委员。曾任省政协办公厅主任、政协党组成员，民族宗教委员会副主任、主任。50年代初毕业于云南民族学院，并于1952年10月随云南省人民政府民族工作队第二大队到西双版纳工作，曾任工作队员、工作组组长、分队长和西双版纳州委科长、州政府办公室副主任。在长达20多年的边疆民族工作中，为当地的民主建政、民族团结及社会经济发展作出了积极贡献。1978年调省里工作，先后在省革委、省政府、省委办公厅和省国家保密局从事文秘和领导工作。他有强烈的事业心和政治责任感，无论在什么岗位上都勤奋学习，尽职尽责，开拓创新，在省委办公厅工作期间，他所在的政治处被评为先进单位，个人被评为先进工作者、办公厅和省委机关党委优秀共产党员。1987~1993年他担任省保密委员会专职副主任兼省国家保密局局长，为云南的保密工作作出了重大贡献。他亲自撰写保密工作论文，编辑出版了保密工作论文集。策划并监制摄制了《沉沦的青春》、《境外来的恋人》和《保密案例片》等保密教育片，受到国家保密局和全国保密战线以及省委、省政府的好评。1992年省国家保密局被评为全国保密工作先进单位，他被评为先进工作者。到省政协工作以来，围绕省委、省政府的中心工作，特别是在民族散杂居地区的扶贫工作中，积极贯彻政协党组的决定，深入基层调查研究，做了大量卓有成效的工作。他与民宗委的同志一道，依靠全省各级政协开展了少数民族“百村社会经济调查”，由他负责主编。1988年编辑出版了《回族、苗族“百村”调查专辑》，2000年出版了“彝族、白族、哈尼族、傣族、瑶族”等5个民族的专题调查，受到社会各界的好评。

从孤儿到厅局长

——记云南省政府办公厅原副主任、省委省政府办公厅信访局首任局长王国亮

抗日战争胜利前的冬天是寒冷的，贫瘠的陆良大地显得更加寒冷。就在这动荡的岁月里，陆良一个偏僻的山村——大桥方家埂，一对贫穷的农村夫妇喜得一子。孩子的降临给这个饱受创伤的农家带来了一些温暖和喜悦，因为过去的岁月带给他们的苦难和悲伤实在太多太多。他们夫妇先后出生的那一年正是八国联军攻入北京烧杀抢掠的1900年，他们睁开双眼面对的就是一个苦难的世界，国破山河碎的苦难环境使本来就贫困的乡村更加贫穷。他们成家立业后在那愚昧的穷乡僻壤生育了十二个孩子都因家境的贫穷和生存环境的恶劣致使十一个孩子先后夭折，就在他们为失去的一个又一个孩子哭泣的时候，他们寄予厚望的长子王国卿*又在兵荒马乱的30年代中期失踪了，苦苦地寻找了七八年音讯全无。正当他们对未来生活失去信心的时候，上天又赐给了他们第十三个孩子，使他们枯竭的心田又燃起了希望的火苗。这个孩子就是本文要介绍的王国亮。农家再穷儿子也是宝贝，孩子的父亲王光明和母亲方官喜四处托人给孩子取了个名字叫石红，读小学二年级时他觉得自己的名字和失踪的大哥的名字不顺辈，就自己把名字改成王国亮，一直沿用下来。

黎明前出生的王国亮迎来了抗日战争的胜利和新中国的诞生，当他的家乡1951年春天飘起了五星红旗时他6岁多。深秋的一天他像往常一样提着粪箕在大桥寺旁的马路上捡粪时被从寺里出来的几个已上学的小伙伴看到了，不容分说把他生拉活扯地拖进了设在寺庙里的学校，送到老师的面前，七嘴八舌地说："老师，他叫王石红，这么大了，还不来上学，我们把他拖来了。"念老师看了看问道："你想上学读书吗？"他不知所措地点点头，念老师拿着戒尺的右手指指前排空着的座位叫他坐在那里，王国亮就这样成了大桥小学一年级的一名新生。上帝对人们往往是公平的，王国亮的家庭比许多人都贫穷，但他读书的兴趣和接受知识的敏锐比许多人强，成绩好，读起书来十分轻松、愉快，连星期天都不想回家。

当时的大桥小学条件很艰苦，小学虽有四个年级，只有用寺庙大殿隔成的两个教

室。全校两个老师，一位叫念学文负责一年级、四年级，混合在一个教室上课；一位叫牛国才负责二年级、三年级在一个教室混合上课。教的课程不多，有语文和算术两门主课。老师先给一个年级布置复习语文，尔后再给另一个年级讲解算术，过一阵，再倒过来进行，中间隔多少时间调换，上多少时间下课休息，全凭老师自己掌握。如果碰到哪位老师有事到不了学校，剩下来的那位老师就把一年级到四年级的学生全部集中起来教唱歌或到操场上玩耍（也称为上体育课）。冬天天气太冷的时候，老师就会在教室里燃起一塘火，大家围着火塘听老师读报纸讲形势，称为上时事课。王国亮就在这样的环境里读了四年，于1955年秋考入离家五里多的板桥小学住校读高小，每周日从家里背着米面和柴火，放学后自己烧火做饭，短短的两年时间，虽说艰苦但锻炼不小。1957年考入陆良一中，1963年由陆良一中高六班毕业考入云南大学中文系；1968年大学毕业后随着“知识青年上山下乡”的一声号令走入了军营，先后在解放军××军军直炮团二营二连，卧龙谷军后勤部农场学生四连担任副排长（排长以上干部由部队派现役军官担任），团支部副书记，被评为“五好学员”，出席过××军的“先代会”。1970年4月从军营走向兵工厂，先后在寻甸大山沟里的八七七〇厂、八七三〇厂和陆良张角冲的云南模具三厂跟工人师傅学习过车工、刨工、磨工、铣工和冲床工等工种，后在厂政工组负责宣传教育工作。1974年4月选调省级机关到了五华山，先后在云南省革委知青办、云南省委办公厅、省政府办公厅工作了30多年。于1981年加入中国共产党，在职学习法律并于1986年法律大专毕业，同年参加全国首届律师资格考试，成绩优秀取得执业律师资格证书，曾代理出庭100多次。在机关先后任干事、秘书组长（科长）、副处级秘书、主持工作的副处长、处长、党支部书记、办公厅纪委委员、办公厅维护稳定办公室主任、办公厅办公室主任、昆明仲裁委员会首席委员、办公厅副主任、厅党组成员、首任云南省委办公厅、云南省政府办公厅信访局局长、云南省政府办公厅巡视员。2004年退休后担任云南省律师协会会员、执业律师、企业法律顾问、大学客座教授、云南省政府法制办法律服务中心主任、云南省东南亚南亚经贸合作发展联合会副主席、陆良县决策咨询委员会主任、陆良老乡中秋国庆茶话会召集人。

王国亮幼年失去父亲，年迈的母亲带着他孤儿寡母挣扎在极度困难的环境中走上求学路，熬过了十二个春秋，以优异的成绩考上大学，成了新中国成立后贫穷落后山乡的第一个大学生，他艰苦求学的榜样作用曾激励了家乡一代代读书青年。大学三年级时他唯一的亲人母亲又因积劳成疾病逝了，他怀着悲痛的心情费尽千辛万苦一村一寨地给母亲寻觅借找棺木，最后找到离家几里路外的马长湖村，向一位好心的老乡借得一口棺木把母亲送上山安葬了。他返回学校后莫明其妙地病倒在床躺了一个多月，做了许多梦见慈母的梦，流了不少伤心的泪！王国亮从农村最底层的一个贫穷孩子发愤求学最终登上了云南大学的台阶，母亲病逝后孤身一人顽强地读完大学走向社会，在党和人民的关心培养下，一步一个脚印地从一个没有什么背景的普通办事员走上厅局长的岗位，他所付出的艰辛和努力是常人难以想象的！

生活的艰辛、辍学的悲伤至今留在记忆中。作为新中国刚翻身的农家子弟上学的王国亮，正沉浸在一年级期末考试名列第一的喜悦中，他的父亲却生病卧床不起。童年的他根本不知道父亲的病意味着什么，还是快快乐乐的度过了暑假，秋季新学期照常高高兴兴地进出学校。没过多久，父亲带着对他母子俩的无限牵挂离开了人间，他不得不含着眼泪离开了心爱的学校。没过几天学校里的两位老师约着农会负责人方寿明来到他家，对他母亲说："孩子的爹不在了，你老人家心里难过又很困难，我们都知道，让孩子不读书回家帮帮你也是在理的，但这孩子年幼体弱回家也帮不了多大的忙，而他生性聪明读书成绩好，你老人家已苦了大半辈子，再苦几年也是苦，这孩子不读书就会误他一生，太可惜了！"方寿明也说："孃孃，我们穷人就穷在没有文化，石红成绩好就照老师讲的继续去读书，家里的困难我们农会帮着点。"就这样他又回到了学校，儿时的那一阵喜悦至今还留在心中。不幸的是两年之后的1954年春天，一场大火把他家和十多户穷人分得的住房烧了。当年大火从四合院的大门头烧起来时，人们忙着冲进火海去抢救自家的财物，唯有他望着熊熊烈火不敢进去只站在大门外哭喊着："我的书啊，我的书啊！"惹得一些人说他是书呆子，他再一次辍学在家。还是两位好心的老师把他接到学校给他吃给他住，又把自己的教课书拿给他用，使他又再次回到学校（这场火灾留给他的悲伤终身难忘，在原地盖起的房子50年后又被大火烧了一次，他闻讯后带着当年火灾后的痛苦记忆和妻子庾润华一道去商店选购了新的棉被、救急食品和每户一百元现金赶到村里以一个普通党员的名义逐户地慰问灾民，并叮嘱他们的子女千万不能辍学，要坚持读书学知识）。他的第三次辍学是在"跑步进入共产主义"的大跃进年代，上课的时间越来越少，劳动的时间不断增加，课桌上摆着书本、钢笔、墨水；课桌下放着锄头、镰刀、粪箕。无论什么时候，只要学校一声令下，就拿起劳动工具奔赴支农战场。为消灭稻田里的三类苗，他和男同学们剃了光头把头发收集起来做肥料；为了增产粮食去围堰开发马街海；为了增加钢铁到深山里挖矿送上土高炉，拉风箱烧焦了头发眉毛；为了建"红专教学楼"到龙海山扛楼板，到高家村、大北山伐木抬树；为兴修水利到响水坝、永清河挑土筑坝……这一切他都和当年的同学们饿着肚子、咬紧牙关挺过去了，并且劳动干得很出色，常常被评为劳动模范，还加入了共青团。但是，三年自然灾害带来的学校助学金减少却是他难以应付的。他回到家中去找交学费的钱时，年已六旬的母亲身无分文，把珍藏多年他儿时戴过的一个银项圈拿到板桥供销社去卖，母亲心目中的宝贝只卖得六角三分钱！无助的母亲泪流满面地说："儿啊，妈实在没有能力了，你到学校找老师，没办法就回来盘田，那么多人盘田还不是要活下去。"母亲流着泪向北走回家，儿子流着泪向南走回学校。从此后王国亮咬咬牙跟随有经验的同学去找小工做，他发誓要用自己的双手勤工俭学把中学念完。他到过南门大街水果公司帮削水果做果脯，到南门小街大会处侧边的农用物资公司帮人家翻仓库、搬杂物，到西门街马车运输公司装车卸货，到城墙根挖土托土基（坯）卖，到大黑山挑栗炭到城里卖，到黄官营帮外运公司包装蜜香梨运香港，假期里帮农资公司挑货下乡搞销售……总之，他把自己的一切课余时间都用来做小工赚钱，维持最低的求学费用。正当他用自己脆弱的体力从事着勤工俭学的时候，日益加重的自然灾害袭卷了全国，饥饿使贫穷的陆良死了不少人，陆良一中也面临着断粮的危机，学校为生存着想请示上级领导把困难再一次转嫁到农村，要求每个农村户口的学生再交360斤粮食指标（转粮单）到学校，作为极度贫困而又想读书的他急得哭了。他想到家中年迈的母亲不要说360斤粮食，就是30斤粮食也没有，何况母亲是一个年已六旬的老人还要生存！没办法，学校的通知说交不了转粮单就不能注册上学，他只好无可奈何地去求生产队长，他非常幸运的是碰到了一个好心的共产党员生产队长王建明，他看了看学校的通知二话没讲就对生产队保管员说："上级的决定我们只有照着办，明天派三匹马驮360斤粮食去板桥粮管所卖，转粮单给石红拿去交学校，卖粮的钱保管员交队上就是了。"他从卖粮农民手中接过360斤转粮单揣在怀里时，就像揣着自己的希望那样，深深地向卖粮的农民鞠了一躬，从板桥街上几乎是小跑着到了陆良一中把转粮单交给了高总务长，兴奋地说："我可以继续读书了，我可以继续读书了！"就这样他艰难地坚持到1963年考取了云南大学。拿到入学录取通知书时他身上只有自己做小工积攒下来的27元钱，空着手买了车票就上昆明。有同学问："你连铺盖行李都没有，敢这样到昆明？"他说："我好不容易苦读寒窗十二年考上大学，不能因为没有铺盖就不去读书，我虽然从未到过昆明，但昆明也是人呆的地方，睡楼板我也要上昆明去读书。"还好，他在宜良到昆明的火车上认识了一位考取云大物理系的师宗同学戚德忠和他搭伴挤着住了三个月。云大中文系总支书记尤正发看到他申请补助铺盖的报告时说：解放这么多年，怎么还有这么穷的学生，没有盖的总得有个垫的嘛，怎么两样都没有？并告诉他学校规定最困难的学生只能补助一样，让他二者选一，他选要了被子，请一位中专刚毕业的同学郑崇义找来了一个8元钱的棉毯，买了几尺布打了一个垫单，读书12年来，他总算第一次拥有了一套完整的新铺盖。1983年他携妻与子返乡为父母扫墓归来在春城晚报上发表了《探亲》一文，公开向这些帮助过他的好心人表示了深深的谢意，此后20多年来他都借每年回乡为父母扫墓的机会尽自己之所能感谢这些恩人和乡村干部。

勤奋工作为人民。王国亮常说，没有党和人民的培养就没有他今天的一切。因此，他总是怀着一颗对党对人民的赤诚之心来对待每一项工作，无论在什么时间、什么地方、什么岗位都是兢兢业业、勤勤恳恳、任劳任怨，认真努力去做好每一件平凡的工作。

在省革委知青办的6年中，有4年半的时间深入边疆山寨、农村知青点，调查研究，处理纠纷，维护知青权益，力所能及地为知青户、知青点排忧解难办实事。"文革"结束，党的十一届三中全会后，多次被选调参加省委工作组，深入"文革"重灾区，宣传贯彻三中全会精神，开展拨乱反正工作。1979年又以省委落实政策工作组的身份配合中央赴云南落实政策工作组联合开展拨乱反正、平反冤假错案工作。3个多月的时间里直接接待听取了七百多位来访干部、群众的申诉和反映的问题，并依据当时党的政策协调相关单位和地方的领导大胆秉公办理，成效显著，受到好评；并于1980年被组织选调省委办公厅继续负责落实政策和处理群众来信来访工作，在省委领导和办公厅及处领导的关心指导下，分工负责承办省委书记（前期称谓为省委第一书记、第二书记、第三书记、副书记）、省委常委和省委秘书长对重要信访申诉案件的专题摘报和重要批示件的督查、协调办理工作，10年中先后接待过来访干部群众4000余人，直接为1000多名干部群众（其中也有陆良的干部群众）的冤假错案的复查、纠正、平反、昭雪做了大量的协调督办工作。原陆良板桥公社书记曹守章蒙冤错处被判刑投入劳改，托人到省委找到王国亮，他调阅了材料后给省委第一书记安平生写了专题摘报，经书记批示后，他按照程序督促相关部门抓紧复查，撤销了原判，宣告无罪，恢复了党籍和公职，安排到芳华镇担任人大主任工作到退休；大桥小学他的启蒙老师念学文错划右派的纠正、公职的恢复、工资的合理定级等问题他都遵循工作职责给予了关注过问和督促办理。最为难办的是他在板桥小学读书时的校长段光明的问题。段校长1957年被错划右派，“文革”中又因患重病住院为抢救生命变卖了家中留作药用的三两大烟被判重刑劳改，“文革”结束后多年申诉而得不到解决，后听人说板桥小学有个他的学生在省委做落实政策工作，他于1984年背着干粮到省委大门口找王国亮，此时王国亮作为秘书人员在华侨补校宾馆参加云南省委召开的全省经济工作会议不在家，他的爱人庾润华热情地把段光明接回家，看他那瘦弱、焦急的样子就安慰他说不要急，你是王国亮的老师，他一定会想办法给你办的。王国亮闻讯后赶回家中看到段校长的样子心里十分难过，由于他当时的住房只有二室一厅29平方米，家中有一个保姆，无法安排校长住宿就把他接到华侨补校。他认真看了所有材料，并听了校长的诉说，感到问题复杂，但他坚信自己的老师是无辜的。他一边安慰校长，一边把他安排在宾馆里住下。第二天一早他到房间里请校长去用早餐人不在，他急忙到外面去找，在一个墙角下看到校长蹲在那里，他赶忙去叫校长，并问为什么这么早就出来，段校长说，住这么好的房间睡到半夜都睡不着，怕有人来抓，就跑到外面来。他听了校长这么一说，一下子难过地流下了眼泪，他下决心要把段校长的问题搞清。他花了三天的时间为段光明的申诉整理了一份给省委书记安平生的专题摘报，提出了处理的建议，经安书记批示后转有关部门复查报结果，但报来的结果仍是维持原判。他针对基层报来的意见又提出了再复查的专题摘报。省委书记第二次作了批示，结果曲靖中级法院准备改判征求县委意见时，县委常委讨论不同意改判。到省里开会的曲靖中级法院院长在云南饭店对催办案件的王国亮说：王同志，县委不同意改判，我们没办法。之后，王国亮把两次专题摘报和基层的意见综合起来，并着重阐明段光明为挽救生命变卖了家中留作药用的少量大烟，与贩卖毒品有本质区别，并鉴于段早年参加边纵革命，解放后从事教育工作卓有成效，1957年错判右派带来了不幸，应给予撤销原判，宣告无罪，改正错划右派，全面落实政策。又鉴于基层一再坚持原来意见，拟请曲靖地委主要负责人督促办理。昆明军区第一政委、省委书记安平生同志第三次作了批示同意拟办意见。王国亮和处里另一位同志马上到连云宾馆三号楼给出席省委“三干”会的曲靖地委书记保永康同志汇报。保书记看了材料后说：材料我带回去由地委研究协调处理。在保书记的亲自过问督促下，不久曲靖中级法院撤销了原判，宣告段光明无罪。据此，王国亮与陆良县相关部门联系，改正了段光明错判右派问题，恢复了公职，安排到大马路小学任校长工作至退休。像曹守章、段光明这样一些受委屈的同志还有不少通过各种渠道找到王国亮的，他都依据相关政策，认认真真地尽力去协调办理，工作成效显著，受到省委领导和干部群众的称赞，被评为优秀党员，省委直属机关党委给予了表彰 。

1989年陆良查办案件伤害了不少人，王国亮在省委一号院的家几乎成了陆良干部群众的接待站。因此，他曾找许多省领导反映陆良的真实情况，借国庆四十周年撰写了《 穷州变粮仓 》的文章，刊登在“春城晚报”头版头条，正面肯定、歌颂广大的陆良各级干部带领人民群众艰苦奋斗改变家乡贫穷面貌的英雄业绩，为陆良广大的干部正了名，在当时的特殊情况下，极大地鼓舞了陆良的广大干部群众。许多人是通过这篇文章知道了王国亮。

1989年10月王国亮调省政府办公厅工作后的16年间，主要从事经济工作和社会稳定工作。曾先后负责七届、八届、九届省政府的会务、综合、督办、信息、文秘、每月大事录、今日快报、文件把关、总值班室、救灾、监察审计、接待、信访、保密、保卫、环境整治、驻外办事处和省政府领导内事活动的联系安排等工作。在省长、副省长和秘书长的直接领导下，他带领一班秘书工作者先后组织过省政府全会、省政府常务会、省长办公会、省政府文山、红河、昆明、楚雄、曲靖、玉溪、思茅、版纳 、保山、临沧、迪庆、丽江、大理等地州市和一些省级部门的现场办公会和省政府各类专题会议几百次，他们撰写和整理的这些会议的纪要和领导讲话，经省长或受委托的副省长签署下发后，为省政府领导全省经济工作，为“两烟” 、旅游、生物资源创新开发、矿业、水电等支柱产业的培育建设和经济、社会各项事业的发展都发挥了重要作用，使云南的经济进入了高速发展阶段，财政收入连续登上了一百亿、二百亿、三百亿、四百亿的台阶，云南省的财政收入由靠中央补贴变为向国家上交作贡献。和志强省长在《 二十世纪八九十年代云南经济发展宏观决策回顾 》一书的后记中，以“办公厅综合处王国亮等同志也完整记录了几百次省长办公会议的内容”给予了充分肯定。王国亮还参与组织多年的省委省政府的春节团拜会（每次出席的地方副厅、军队正师以上离退休老领导三千多人）、第三届中国艺术节、首届昆交会、中国’99昆明世博会等大型活动和负责接待工作。为迎接中国’99昆明世界园艺博览会，带领接待系统的同志改造、扩建、维修了震庄、连云、西园、温泉等国宾馆并使其成了昆明市生态环境的亮点，拆旧新建的震庄宾馆总统楼被老省长刘明辉誉为“云南第一楼”，连云宾馆礼堂受到了时任全国政协主席李瑞环同志的称赞。担任世博会组委会接待部长期间，认真组织接待了胡锦涛、江泽民、吴邦国、温家宝、曾庆红、黄菊、罗干和李鹏、朱镕基、李瑞环、尉健行、李岚清、宋平、刘华清等47位党和国家领导人，西哈努克国王等10多位外国元首，2300多位中外省部级官员和筹办了江泽民主席招待中外贵宾的千人国宴，均创云南接待史之最，办得成功，受到李岚清副总理的高度赞扬，为世博会成功举办作出了贡献，荣立二等功。

情系故乡爱陆良。王国亮同志离开陆良40多年了，但他的心时时刻刻都牵挂着家乡，他常说：“故乡的热土给予了我生命，哺育我成长，我是喝着南盘江的水长大成人走向远方，我永远忘不了我的家乡！”他是这么说的，也是这么做的。这么多年来，陆良县的同志无论是谁找到他，他都热情接待，在不违背原则的条件下，千方百计为他们联系沟通，协调办理；条件允许的情况下他还亲自陪着他们找省领导或到相关部门去登门拜访。为家乡的事他真正做到了不厌其烦，打破工作常规，千方百计去努力争取。特别是1989年陆良县因查办案件扩大化不仅伤害了陆良的广大干部，也影响了陆良县与省级一些职能部门的正常关系，那段时间陆良的同志到省级职能部门联系工作常常被拒之门外，他就陪着他们一家一家地去协调、沟通，化解误解，争取支持。一二十年过去了，一些县上的老同志对此至今记忆犹新。许多陆良的同志讲起王国亮来都夸他为陆良做了不少好事，说他在省政府工作这些年协助县上联系协调省级有关部门，为解决老区龙海山的人畜饮水工程，确定陆良工业园区、蚕桑、丝绸、生猪等基地县立项工作花了不少精力和心血，但他本人总觉得自己做得还不够。要说为家乡做了些事真令他感到欣慰的有三件：一是恢复保留了被撤销的陆良烟草打叶复烤厂；二是被设计在靠近师宗县边境的南昆铁路陆良火车站变更移到了召夸镇政府北侧；三是促成了曲陆高速路的修建。每当他讲起这些往事都会沉浸在幸福的回忆中。

1989年王国亮刚从省委办公厅到省政府办公厅工作不久，县里有领导找到他反映原为解决华侨农场困难而建的陆良打叶复烤厂因未经申报批准被下令撤销了，华侨职工反响很大，传到华侨亲属所在国影响不好，希望省政府作特殊情况给予保留。他调出一份文件一看大吃一惊！省政府通知写道：陆良……等三县未经申请报批擅自建打叶复烤厂，违反了国家“两烟”专管的政策规定，决定予以撤销……。王国亮感到很难办，但看到县里同志那急切的样子，又想到家乡年产几十万担烟叶没有先进的复烤厂也不行。他马上给省侨办的一位老领导打电话希望借助华侨职工的影响力来挽救复烤厂，省侨办的老领导很支持。经过认真准备，他把陆良县写的检查及保留复烤厂的申请和省侨办以维护农场华侨职工利益以减少华侨亲属所在国的负面影响的建议汇总后，提出了保留陆良打叶复烤厂没收归烟草公司管理的建议，找新到任的常务副省长汇报得到了支持。之后，玉溪烟厂厂长为保障玉溪烟厂原料储备到省政府请求把陆良烟叶由供曲靖烟厂划转供玉溪烟厂，在协调过程中曲靖地区的领导提出把师宗一块划转，厂长很高兴，除加大对两县烟区烟农的扶持资金力度外，还斥巨资扶持两县建设高标准的打叶复烤厂。陆良打叶复烤厂为有利于发展壮大，厂址由原在的华侨农场迁入开发区。竣工投产时王国亮又请了已升任省委常委的王学仁书记从昆明专程到陆良出席竣工典礼并为复烤厂投产剪彩祝贺。新世纪之初，有的年轻基层领导不了解这一历史，向省政府领导反映曲靖范围内的打叶复烤厂布局不合理，有些很大的市县没有复烤厂，陆良、师宗那么近却建了两个复烤厂，要求把陆良复烤厂的生产线拆一半到另一个县级市去建复烤厂，陆良县委新任书记张向前、县长李学勇又急匆匆到五华山找到王国亮，他又陪着他们去省委、省政府找相关领导汇报并得到了支持，使陆良县打叶复烤厂的生产线得以保留发展壮大。

1991年初，陆良县副县长许宝贵到省政府找到王国亮说，南昆铁路设计方案已通过很快要准备开工建设，但陆良火车站被设计在靠近师宗县边境的果河与山冲之间，站名叫山冲站，学智书记派我来找你帮助协调解决。王国亮马上与昆明铁路局及昆明铁路设计院领导联系，经多方努力，昆明铁路设计院同意陆良县的意见，把陆良火车站变更设计到铁路靠陆良县城较近的召夸镇附近，但要成都铁路局和成都铁路设计院同意才行。他很快又请省政府驻成都办事处的领导全力以赴配合陆良县的同志做协调工作，王学智书记又帮助铁路部门解决了许多地方上才能办得了的实际问题，最终铁道部门同意变更设计把车站设在召夸镇政府附近并更名为陆良站。因变更设计从陆良站到下一站线路加长、坡度增大，中间加了一个小站果河站。当时铁路部门要陆良县承担加站的资金800万元，经做工作最后免除了。后来的一些年轻人埋怨说“咋搞的，陆良火车站不建在西桥跑到召夸来建，当年那些领导太憨啦！”他听到后笑笑说：“不知历史不为过嘛！”

令他最难忘的是曲陆高速公路的建设。上世纪90年代初，省政府确定以昆明为中心的滇中地区二百公里范围内实现公路高等级化的战略，确定先后修建昆玉、昆楚、昆曲高速公路。昆曲高速路的走向两种方案，一是昆明过嵩明、马龙达曲靖，二是借用昆石路从石林过陆良达曲靖。对后者以王学智书记为首的陆良县委、县政府积极性高，闻风而动，最先把建议报告送到省政府办公厅综合处。综合处以此方案新修路线里程短、拆迁任务轻、地方积极性高的理由向和省长作了汇报，和省长原则表示同意，到曲靖开会时还专门从陆良线路走以作实地考察，后会议上因交通厅、地委行署的意见坚持第一走向，说这条线路属国道、省道交通部支持力度大，和省长会议总结时确定昆曲路由昆明，过嵩明、马龙达曲靖，并折转南行延伸到黄泥堡。王国亮清楚这是交通部门关于滇东北高等级公路环形圈的一个长远规划的一部分，黄泥堡之后修到罗平，过师宗直线接石林。这样的后果基本使陆良变成了滇东北高等级公路环形圈的死角。会议结束后陆良县的同志很着急再次找他想办法，但他也感到很为难，省长定了要变动一般是不可能的。但他答应再想想能否找到一个两全其美的办法。会务组当晚撰写好的会议纪要草稿王国亮未按往常的惯例及时呈送省长审批，而是带回了昆明。他坐在回昆明的车上一闭上眼睛就出现学智书记等同志那渴望曲陆路上马的恳切面容，他深深地被感动了，他们大都不是本地人，而对陆良的事业却那么上心，自己作为陆良人又在省长身边工作，如不能想点办法就太说不过去了。他基于和省长构建滇东北高等级公路环形圈的设想及原先也有从石林过陆良达曲靖的思考，他把会议纪要初稿拿出来再次推敲斟酌，决定把“并延伸到黄河堡”之后的句号改成了分号，再加了一段文字。即：关于昆曲高速路的走向，会议确定由昆明过嵩明、马龙达曲靖，并延伸到黄泥堡；在前段工程竣工后继续向前推进到陆良，接石林，在条件允许的情况下也可以同时开工，最终建成昆明、曲靖、石林环形高速公路圈，并为此专门给和省长写了一个说明附在纪要送审稿后面。很巧，当他送草稿去时和省长稍有空隙，他抓紧作了口头汇报。和省长听了他的汇报后说，也可以，这个环形高速公路圈迟早都是要修的，只是超前了资金会有困难，你们综合处给交通部门、曲靖地委行署、陆良县的领导讲一下，要多想点办法，后面那一段的资金也可以采取多方筹措的办法搞。省政府会议纪要下达后，交通厅有关领导有些疑惑，后王国亮亲自与他们沟通说明达成了共识。在王学智书记带领下的县委、县政府的积极推动下，在交通厅、计委和曲靖地委行署的支持下终于把曲陆高速公路建成通车了，并成了当时全省非国道、省道上的县与县之间一条高标准的高速路。曾在曲靖工作过的省委副书记王学仁同志在曲陆高速路通车后对陆良的同志讲：你们走在曲陆高速路上千万别忘了王国亮同志，不是他写的那份会议纪要曲陆高速路是修不成的。他听到后很感动地说：这是书记对我的鞭策和鼓励，这句话后面还应该加一句：如果没有王学智书记带领县委、县政府一班人的努力推进，曲陆高速路也是建不成的！

王国亮不仅对县上的事这么热心，他对家乡的普通群众也是怀有深厚的情谊。不管是村里的普通农民，还是工厂的普通工人，或是单位的普通员工，谁找到他，说什么事，他都认真听，并努力去办，办不了的都会给他们一个说明。他的爱人庾润华对来到家里的同志都作为自己的客人热情接待，数十年来从未出现过门难进、脸难看的情况，对老乡们来说的事有时王国亮忙了未能及时去处理，她就会不时地提醒催促。许多同志的事都不是他能直接办的，但他都认真地帮他们牵线搭桥领路奔走找人帮助，在他们的奔走协调帮助下，不少年轻同志的事能得以解决，许多老乡特别是年轻人都把他看作朋友，碰到什么事或有难处都会想到他讨个主意，想个办法，而他也坚持老乡的电话都接听，所提的问题都认真给予解答，为此，赢得了老乡们的好评。

王国亮无论在哪一个普通的工作岗位上都能以满腔的热情开拓的精神去认真对待，努力工作。在省委办公厅工作时为活跃厅里的文化生活，于1984年和另一位同志一道请了专业舞蹈老师晚上到省委大院教干部群众学跳交谊舞，这是“文革”结束后第一次把群众性的交谊舞活动引入省委大院门；1990年在省政府第一次把从事会务服务的男青年换成手脚灵巧的女青年，1991年第一次在省长办公会议室送上热毛巾，和志强省长高兴地说：我终于在自己的会议室享受到了星级宾馆的待遇；1989年第一次在报纸上写文章提出陆良是云南第一大坝子，虽引起不同的争论，他依据科学数据报上公开答复后得以认可；1996年，第一次在办公厅的工程招标中把厅纪委书记和监察室主任列入招投标领导小组成员，之后不少单位效仿，受到省纪委的充分肯定；在接待工作中于1995年第一次制作了标准、细则、附带首长视察点的名称及到住地的距离和大约所需时间的示意图，受到省委书记的高度赞扬，并把一本接待手册、一张地图、一本领导视察各地的影集相册规范为当时云南接待工作的三件宝；会务管理中创造了会议结束的当天夜里，加班加点整理出省长讲话录音和撰写好省政府会议纪要送审稿，于第二天上午呈省长签发后送印刷厂印制下发的高效运转的会务作风，至今令人叹服；1997年受和省长、杨秘书长委托，带领六处处长在相关部门的支持下，千方百计地成功拆除了多年想拆而未能拆除的严重影响机关正常工作的五华山广播电视塔，并同步在七公里外的眠山上为省广电厅建好了一座新的广播电视塔，受到了广大干部的称赞。在信访工作中他善于领会省委、省政府领导的意图，从长远的角度考虑问题，在不违背原则又不伤害群众的前提下，成功化解了昆明无线电厂职工进驻省经贸委两个多月的问题和中国水电十四局下关、曲靖、昆明1000多名职工代表强行进驻局机关大楼10多天的事件，妥善处理了云南电视机厂职工、东川矿务局工人、数十所科研院所改制引发的科技人员、全省民办老师代表数百人上千人多次围堵省委、省政府和云南商业职工医院划转卫生厅改建老年病医院的遗留问题引发的一批又一批群体性上访事件，受到了几位省长的好评。

王国亮在繁忙的公务之余还勤于笔耕，曾在省内外报刊上发表了诗歌《重返卧龙谷》、《泸沽湖傍的梦》，散文《故乡的瀑布》、《穷州变粮仓》、《金碧杂叙》，杂文《从“听说”说起》、《有功未必要赏官》，报告文学《春雨》、《省政府领导在基层》和工作论文《论我国律师的重要地位和作用》、《以“三个代表”重要思想为指导，切实做好新形势下的信访工作》等各类文章一百多篇。

回首往事，王国亮感到欣慰的是：在过去的岁月里没有因虚度年华而后悔，也没有因碌碌无为而伤感，过去的路自己是一步一个脚印走过来的。在每一个岗位上总是满怀激情，满腔热忱，积极努力，勤奋工作。在工作中虽也有过不少失误，存在不少缺点，但对于党，对于人民，对于社会，自己尽了心，出了力，作出了应有的贡献，无愧于自己所处的时代，无愧于自己的祖国。在人生的道路上他特别感到荣幸的是：1966年10月1日由学校组织赴京参加国庆大典在天安门城楼下金水桥旁看到了伟大领袖毛泽东主席和他的战友们，他即兴写下了一首抒发青年学生无限热爱领袖的激情诗《我见到了毛主席》；1999年2月5日有幸在昆明机场欢迎出访非洲胜利归来的胡锦涛总书记（时任中共中央政治局常委、中央书记处书记、国家副主席）；1999年5月3日在大理洱海杜鹃号船上受到了江泽民总书记的接见；他还跟随省委省政府领导先后陪同李鹏总理、朱镕基总理、李瑞环主席、刘华清上将和吴邦国委员长、温家宝总理等党和国家领导人在云南视察，昆明世博会十周年征文时他深情地写下了《领袖们给我留下的美好印象》的回忆文章。令他十分自豪的是有一批相处很好的同事、朋友和乡亲，赋闲之时常相聚，乡音浓浓，情意深深，快乐无限。他感到幸福的是自己拥有一个幸福美满的家庭：爱人庾润华是一位十分勤快能干的贤妻良母，长子王怡海是一位烟草战线上的农艺师，其爱人刘玲供职于省财政厅，次子王一衡是一名年轻的人民警察，每逢假日周末，家里亲朋好友团聚，欢声笑语，幸福满堂。他对未来的生活充满信心，总是说：明天会更好……

*注释

2003年春天王国亮为母亲重修坟墓竣工后传出他大哥王国卿的信息。他根据线索费尽千辛万苦历时半年终于在一个少数民族聚居地找到了改名为王家学的大哥王国卿。王国卿有两男两女四个孩子，孙辈众多，过着衣食无忧的生活。

王小生简介

（解放军技术五级高级工程师、大校）

王小生，男，1941年2月21日出生于陆良树达棚村，中国人民解放军总装备部第×××试验训练基地研究所高级工程师，技术五级大校。其简介如下：

1949年3月~1953年3月 在树达棚小学上学。

1953年3月~1954年8月 在马街小学上学。

1954年8月~1955年8月 在朱家堡小学上学。

1955年8月~1961年8月 在陆良一中上学。

1961年8月~1966年8月 在成都电讯工程学院上学。

1966年8月~1968年9月 “文化大革命”。

1968年10月至退休 在现中国人民解放军总装备部第×××试验训练基地研究所工作。

王小生所从事的主要工作及贡献：

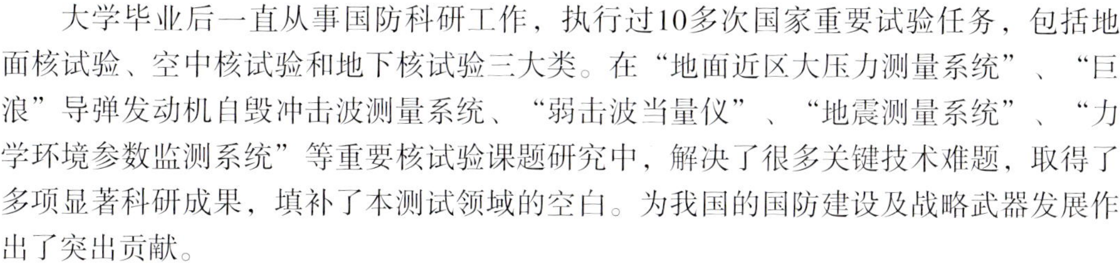

大学毕业后一直从事国防科研工作，执行过10多次国家重要试验任务，包括地面核试验、空中核试验和地下核试验三大类。在“地面近区大压力测量系统”、“巨浪”导弹发动机自毁冲击波测量系统、“弱击波当量仪”、“地震测量系统”、“力学环境参数监测系统”等重要核试验课题研究中，解决了很多关键技术难题，取得了多项显著科研成果，填补了本测试领域的空白。为我国的国防建设及战略武器发展作出了突出贡献。

在声定位技术研究中，曾担任过三类重要课题研究工作：一类是先后提供给海军、××基地、装甲兵、××基地、×××基地、南工、石家庄陆军学院、×××厂、×××厂等军内外大型武器试验靶场，分别用于地面、海上和空中各种现代武器试验的10多种测量系统；二类是提供给20基地和第二炮兵部队使用的导弹落点声定位测量系统；三类是提供给中央警卫局等8个省、市11个公安武警训练靶场使用的多靶位封闭靶自动测量系统。在用于我国“八五”、“九五”期间武器发展重点工程试验的上述三类测量系统研制中，作为重要研究成员和技术负责人，参加了全部项目的总体方案论证、制定和实施；提出并实施了许多创新方案，在软件及硬件等多项关键技术研究中取得了突破；主持了各测量系统的联调、模拟试验和现场试验。此三类具有国内和国际先进水平的测量系统研制成功并投入使用，解决了国家武器试验场亟待解决的多种测试技术难题，取得了多项重要研究成果，为我国的国防事业作出了突出贡献。

王小生所取得的主要科技成果：

曾荣获委级科技进步一等奖1项，二等奖3项，三等奖5项，四等奖4项。

从陆良山乡走出来的王小生，在党和人民的培养哺育下，勤奋学习，努力工作，刻苦钻研，不断成长，作出了上述突出的成绩，党和人民给予了他应有的奖励和荣誉：王小生被评为先进个人一次，荣立个人三等功一次，荣立集体二等功二次，荣立集体三等功三次；1992年荣获国务院政府特殊津贴专家称号；被授予大校军衔。

平凡的劳动者

——记云南省石化集团总经理他盛华

1990年3月29日，他盛华因长期饮食不规律，操劳过度，胃穿孔突发而昏倒在了云南磷肥厂技改工程现场。晚上22点45分，他被推进厂医院手术室进行胃穿孔修补手术。经过一个小时的抢救，医生把他从死亡线上拉了回来。就在他做手术的那一天，厂党委会通过决定，提升他为厂长助理。那一天，躺在手术台上的他盛华还并不知道自己已经是厂长助理了，命运在1990年3月29日为他设置了一个重大的交叉口。那一年，他盛华34岁。

34岁，一个人生命的壮年，他盛华却面对着这样一个问题：死亡，还是更大的责任？如果死去，别说厂长助理，一切的一切都只需要用泪水说明。但他盛华没有死，与其说是他的命大，不如说在生死交界的同一天被提拔为厂长助理的事实在冥冥中向人们昭示着这样的道理：他盛华此生还有更大的使命和责任，命运设置了交叉口，但时代和企业已经把这种责任交给了他，他不能死，他的责任和使命不允许他在这个时候放弃。

以1990年3月为新的起点，8个月后，他盛华被提升为云南磷肥厂副厂长。6年以后，他成为了云南磷肥厂的厂长，在他任厂长期间，云南磷肥厂实现了根本性的转变……10年后，他成为了云南石化集团的总经理，15年后，他盛华成为了国内最大的磷肥生产商——云天化集团的副董事长、党委副书记、总经理。

这个差一点因胃穿孔就在壮年倒下的男人废寝忘食的工作狂到底为了什么？又是什么在肯定着他的付出，给予了他更大的权力和责任？他盛华，到底是怎样一个人？

1956年，他盛华出生于云南陆良县马街。6岁上学前班，1974年高中毕业，这10年多的时间，构成了他盛华的少年时光。而这10年，他的世界的边界就是马街的边界。虽然生活在小小的天地里，老师说起他盛华，一致认为这是一个非常聪明的孩子，没见怎么用功，成绩总是很好，但老师总认为他很骄傲。他盛华努力想要谦虚一些，但身上始终有一种无法掩饰的自信，甚至是自负。用他自己的话说，“我只是觉得自己并不比别人差，总是不服输。”少年他盛华喜欢文艺，爱唱歌跳舞，初中体育非常好，还参加过曲靖地区的乒乓球比赛，甚至还参加过3个月的县文工队。但在父亲的反对下，他又回来继续读书了。他盛华的父亲觉得儿子必须读书，必须增长知识，这才是孩子成才的最佳道路。可是在他盛华读小学的时候“文革”开始了，高中毕业，他盛华没有继续读书也无法继续读书，他作为知识青年到小白户公社北山大队插队。插队期间他盛华受了一次伤。有一次坐手扶拖拉机，不想拖拉机翻倒了。全车的人都没事，就他一个人受了伤。受伤后他盛华得到了照顾，队里没有给他安排重活儿，但他不愿落于人后，还是主动找了一些力所能及的工作。一年零四个月的插队生活，给他盛华留下了难忘的回忆，但更让他难忘的是插队生活结束后他第一次离开了陆良，找到了人生的第一次工作。

1975年12月31日，他盛华到人生的第一个单位报到。通信地址是宜良县25号信箱。在那段日子，他盛华过得并不艰苦，工作上压力也不大。后来他得知恢复高考的消息，决定报名参加。经过精心复习和准备，他成功地成为了云南工学院的学生。

1978年2月，他盛华如愿以偿，来到云南工学院化工机械专业学习。他深知自己的幸运和它带来的期望，4年的学习时光，他把全部精力都用于学习，只在假期里，找一些勤工助学的机会，一方面锻炼自己，另一方面也可以减轻家里的负担。

1982年，他盛华大学毕业，分配到了云南磷肥厂。企业人事处的领导询问这名大学生：“到办公室工作还是下车间？”

“我去车间！”他盛华这样回答。

“好！”人事处的领导为遇到一位踏实肯干的年轻人感到喜出望外。

这份惊喜有一些令他盛华摸不着头脑。多年后他盛华回忆说，自己当时根本没有考虑能干什么工作，想干什么工种，只觉得大学毕业了又怎么样，对企业的各种生产实际仍然一无所知，也不认为自己有什么特殊，既然学的是化工机械，那就要到有化工机械的车间去，踏实工作，学以致用，不然岂不是白学了？他盛华的选择同时回答了这样一个问题：

“大学毕业后你想干什么？”

“我想脚踏实地工作，学以致用。”

这种踏实勤奋的精神，让他盛华在一个他并不了解的企业扎下了根。

一线工作意味着什么？对刚从大学毕业的他盛华来说，也许意味着艰苦和适应环境，但当他第一次接受一个任务时，他忽然明白，原来一线工作真正意味着一切从零开始，从最细微、最基础的工作开始。

一天，带他的师傅说：“小他，你去看看萃取磷酸工段二洗阀门，他们说装反了，你看看有没有装反。”

阀门还有正反之分？大学学了4年，居然不知道一个小小的阀门还有正反之分。他懵懵懂懂地去了。找到了阀门。研究了半天，居然真的不知道到底装反了没有。

经过这一次，他盛华真正领悟了踏踏实实工作的必要性。在接下来的工作中，他从打杂、跑腿、搬运设备等小事做起，不摆任何一点大学生的架子，始终把自己当作从零开始的新人。这种踏实工作必定有所收获，很快他就通过实践经验和自己的所学，能够对一些技术改进和设备控制提出自己的合理化建议，从一个小助手变成了一名能将所学所长用于实际工作的可造之材。

当然，更多的工作是极其辛苦的。很快他被提为工段长，一干就是半年。半年里上了3个月的夜班，而且不是现在8小时的夜班，而是一上就是10多个小时。在这半年里，最脏、最苦、最累的活他都干。就在这种艰苦的环境中，他盛华和所有云磷人一起，踏踏实实，勤勤恳恳，从点点滴滴做起，一心要把磷肥厂的生产经营搞好。用他的话说，那种踏实和勤恳就是没日没夜地忙，做了很多几乎没有人愿意去做的事情，也正是在那个时候，他落下了陈旧性腰肌劳损和严重的胃病。

这样一干，就是10年。用他盛华妻子潘黎的话总结，这10年里，他盛华一旦去上班，她不知道他什么时候会下班，最长的一次8天不见人，回家后整个人都变形了，头发胡子都长得让人认不出来；下班回家，她不知道他什么时候又要去上班，经常很晚回来，睡到半夜又出门了。

可以说，云南磷肥厂的技术改造、装置升级之路，也是他盛华从平凡工人成长为带头人和领路人的道路。由于工作能力突出，1984年至1990年，他盛华先后担任了重钙车间设备副主任、磷酸车间副主任、磷酸车间党支部书记、磷酸车间主任和工程技术科科长兼机械设备主任工程师。

他盛华感言，在工程科这个岗位上工作的日子给他留下了深刻印象。一个一个项目在自己手上建成，一个一个工程从蓝图变成现实。他盛华说，他最欣慰的，不是获得任何的奖励或表彰，更不是职位的升迁，而是看到一张蓝图，经过自己的手，经过自己和同志们日日夜夜的艰苦奋战，变成了活生生的现实。云南磷肥厂一次又一次的飞跃，一个又一个的成就，成为了他莫大的快慰和喜悦。这是一名真正的建设者的成就感和自豪感。在这个建设和成长的过程中，他盛华从一名普通工人走上了领导岗位，并凭借着出色的能力和赤诚的责任感不断领受组织交给的更重的担子。

1990年3月，他担任云南磷肥厂厂长助理，年底即被提拔为副厂长。1996年，他盛华成为了云南磷肥厂的掌舵者和领路人。

作为厂长，他看到了企业在发展过程中，自身实力不断增强，抵御了市场冲击，但与此同时，他更学会了观察市场、把握航向的能力。针对高浓度磷复肥的新兴势头和单一养分磷肥逐渐萎缩的市场趋势，云南磷肥厂在他盛华的带领下，主动采取行动应对市场变化，于1999年4月建成了年产12万吨的磷酸一铵装置，开启了产品结构调整的步伐。亚洲金融风暴的到来，使得磷肥市场更加变幻莫测，但正是他盛华为首的经营班子卓越的战略决策，使得云南磷肥厂的产品调整收到了惊人的效果。在重钙市场极度低迷的时刻，磷酸一枝独秀，占领了磷肥市场，成为了企业新的增长点。在磷化工全行业亏损的情况下，云南磷肥厂保持年年盈利，成为当时行业内的奇迹。

后来，他盛华带领云南磷肥厂于2001年与美国嘉吉化肥有限公司、中国化工进出口公司、烟台市农资公司，合资成立云南三环中化嘉吉化肥有限公司，共同建设60万吨/年全国最大的磷酸二铵装置。其所需磷酸由云南磷肥厂供给。

这一步对于他盛华掌舵的企业具有极其重要的意义，不但解决了云磷因高负债率而缺乏资金投建大项目的问题，更重要的是磷肥厂把参与市场竞争的产品外包给了合资公司，磷肥厂的产品调整为嘉吉公司的必要原料磷酸，直接保证了企业效益的稳定和增长。

因为磷肥工艺设备国外起步较早，我国较为落后，磷肥厂在后来的建设发展中不断需要与外方合作，提高自身的装置水平。于是，他盛华开始频繁地与外国人打起了交道。他盛华在担任副厂长、厂长期间，经历了许多次和外商洽谈购置技术改造设备和技术的谈判。在一次与奥地利公司的设备购置谈判中，他盛华带领他的团队，坚定地维护民族尊严，充满了建设者的自信，据理力争，没有让外国公司虚张的声势得逞，最后拿到的价格远远低于其他同行的价格，而且不论从采购设备的技术水平和制造品质来说在当时都是第一流。

这个谈判的过程今天他盛华已经记不清楚了，他只记得，当时参与此次合作的中国银行的一位代表说，经历了这次谈判，真是胜读十年书。这一次谈判，节约了国家的资金，同时提高了我们的装置水平，用最少的钱办了最多的事。他盛华回忆说，在谈判桌上，自己始终保持一种中国人的尊严和气节。

2000年，他盛华离开了工作生活了18年的云南磷肥厂。在这18年间，爱岗敬业的他盛华获得了许多荣誉。1986年被评为云南磷肥厂优秀共产党员，1990年被授予云南省化工科技先进工作者，1994年被授予云南省优秀大学毕业生，1996年被省化工厅授予优秀共产党员称号，享受1999年国家国务院特殊津贴。

离开了为之奋斗为之奉献了青春和热血的云南磷肥厂，服从组织的安排，领受更大的使命，到云南省石化集团任总经理。在磷肥厂的成功让他盛华看到，我们这个时代，是一个承前启后、继往开来的时代。我们正在从事的事业，是使得祖国繁荣富强的伟大历史进程中不可替代的一部分。我们会遇到很多历史遗留问题，也会面临很多新时期涌现的问题，一个人如此，一个企业也如此。云南磷肥厂从成立之日起可以说就重病缠身，但正是通过几十年的发展，历史问题不但得到了很好的解决，企业的前途也一片光明。新的岗位，新的责任，向他提出了新的要求。

发展，是企业经营改革的第一要务。在石化集团任职期间，他盛华找准了自己的定位，他要带领这个集团向前，向前，向前。为此他带领经营班子拓展视野，广开言路，精心组织，周密筹备，在短短几年间，为石化集团下属的各个企业做出了具备可持续性发展的战略布局和规划。后来，云南省进行了行业重组整合，石化集团分解了，一部分企业进入云天化集团，另一些成立了云南煤化工集团。他曾经不无自豪地说，煤化工集团今天成功发展的几个关键点和关键项目，正是当初自己带领班子一起敲定的，为石化集团的发展作出了应有的贡献。

2005年，云南省进行了第二轮行业整合，石化集团分解，2005年7月至今他盛华任云天化集团有限责任公司副董事长、总经理、党委副书记。

云天化集团是一个以云天化集团有限责任公司为母公司、控股一批生产经营型化工企业的产业集团。其前身是云南天然气化工厂，经过多年的发展和近年来的行业整合，现已成为云南省首屈一指的国有大型工业集团。目前已经拥有化肥、有机化工、玻纤新材料、盐及盐化工、磷矿采选和磷化工六大产业板块。他盛华任职以后，遵循董事会的决议，团结带领经营班子，贯彻落实科学发展观，始终围绕全面提高企业竞争力这一中心，不断完善现代企业制度，大力实施资产重组和内部整合，突出产业特长，增强竞争实力，全面推进云天化集团新型工业化进程。

在董事长和他盛华的带领下，云天化集团步入又好又快的发展时期。2005年，云天化集团实现销售收入104亿元，与上一年相比增长141%；这一年，云天化集团成为云南省省属企业销售收入第三家超百亿的企业。2006年，云天化集团继续奋进，销售收入达147亿元，增长34%；2007年，云天化集团就在2005年销售收入破百亿的基础上实现了销售收入翻一番，全年实现销售收入224亿元，同比增长48%；利润19亿元，增长32%；利税29亿元，增长33%；工业增加值54亿元，增长13%；创造了企业发展的又一历史性成就。与此同时，云天化集团各产业板块特长突出，具有比较优势。高浓度磷复肥生产能力全国第一、世界第二；合成氨、尿素单套生产能力全国第一；玻璃纤维生产能力全国第二；黄磷生产能力全国第一；磷矿采选能力全国第一。随着企业新型工业化进程的不断推进，集团的行业地位和知名度日益提升。2005年，云天化集团跻身中国石化行业销售收入和综合效益前10强；在中国企业500强中，2005年排名273位，2006年跃进25名，排名第249位。

云天化集团在董事长和他盛华的带领下，在新型工业化道路上一步一个脚印，正向着更高的目标进发。2007年，他盛华当选云南省劳动模范。这一殊荣当之无愧，他是一名真正杰出的劳动者，他用劳动创造了价值。而他却说，成就再大，也是属于企业，属于国家的。如果没有时代的机遇和集体的努力，个人是不会有任何成就的。他说："我只是一名平凡的劳动者。"

师建明简介

（武警云南省总队原副政委、大校）

师建明，武警云南省总队原副政委。1994年国务院、中央军委授予武警大校警衔。系云南省陆良县中枢镇南门街人。

父亲是一个性格刚毅、勤奋而简朴的技术工人，原在省水利厅施工三大队工作，曾参加过陆良麦子河水库、曲靖潇湘水库、独木水库、白浪水库、晋宁柴渝水库、金殿生物制药厂等工程建设，曾被授予水利英雄。

母亲是一个贤惠善良、节衣缩食的贤妻良母。父母艰难困苦扶养了五个儿女，上大学、高中、初中，都参加了工作。

师建明从小就读于陆良县文化小学、陆良一中。

于1968年参军，入伍到云南省军区独立师二团一营一连，开始了长达40年的军旅生涯。

在部队曾任过战士、班长、文书、营部书记、团组织干事、连指导员、营教导员，支队政治处副主任、支队副政委、政委、总队政治部主任、总队副政委。

回顾几十年的军旅生涯，走过了艰难困苦，团结、互助、进取、实干，带领部队圆满完成了长期担负的各项执勤任务。参加、组织指挥过大大小小多次抢险救灾、处置突发事件和助民活动、扶贫工作。所带连队两次被评为先进连队，所带团队连续五年被总队和武警总部评为先进支队，被区、市、省评为精神文明先进单位，法制教育先进集体，省公安厅给支队荣记集体三等功，个人也曾多次立功受奖。师建明，从一个工人的儿子，成长进步为一名部队的领导干部，每一步都凝聚着乡亲们的理解和帮助。

为了大地的丰收

——记云南农业大学校长朱有勇教授

朱有勇，云南省陆良县东门街人。1970年随父母从个旧市下放落户中枢镇窑上游虾洞村，并转学就读陆良一中。1971年初中毕业于陆良一中初70班，1973年高中毕业于高16班。1974年随家迁回个旧市卡房街，插队落户个旧市斗母阁荷街对门生产队当知识青年。1977年恢复高考，考上云南农业大学植物保护专业，1982年毕业获学士学位，1987年云南农业大学植物病理学研究生毕业获硕士学位。1996年从澳大利亚悉尼大学留学回国，任云南省重点实验室教授。2000年获中国农业大学博士学位。2002年任教育部重点实验室主任。2003年任国家农业生物多样性应用技术工程中心主任、博士生导师，并兼任英国Wolverhampton大学和荷兰Waginnige大学博士生导师。2004年任云南农业大学校长。2006年任国家973项目首席科学家。

朱有勇从小在农村长大，娴熟耕田耙地、插秧收稻，深晓种田的苦楚和艰辛。1977年恢复高考，因多年疏于学文读书，成绩平平，勉强就读于云南农业大学植物保护专业。摆脱繁重的体力劳作，安心读书是当时的最大渴望。大学四年，教室宿舍食堂三点一线，早起晚归，苦读苦记老师们传授的知识，渐渐地触摸到了农业科学的博大精深，反省了自己的粗识无知，自然而然地踏上了学农爱农的不归之路。20多年来，浓厚兴趣于变化莫测的科学试验和届届学生的刨根问底，醉心琢磨农业生物多样性间的相克相生。朱有勇认为自己幸运的是：自己的兴趣爱好与教学科研工作融为一体，乐在其中。

1982年朱有勇开始生物多样性控制植物病害的科学研究，1986年在田间发现水稻品种多样性控制稻瘟病的现象，随之开展了多年的小区试验验证，1997~1999年完成了7万余亩放大试验。通过18年一千多组试验研究，探明了生物多样性控制病害的基本效应、作用和规律，解析了遗传异质、稀释效应、物理阻隔、协同进化和微生态气象条件变化等控制病害的机理。回答了一个简单而又复杂的科学问题，即生物多样性是控制病害的基本要素之一。2000年研究结果在国际权威学术刊物《Nature》上作为封面文章发表，得到了国内外科学界的高度评价和普遍认可，单篇论文引用长期位于同类农业领域的前列。该研究2001年获国际农业磋商组织（CGCAR）优秀成果奖，2004年获联合国粮农组织（FAO）科学研究一等奖。

到2000年，朱有勇在18年对生物多样性控制病害机理研究的基础上，立足云南生物多样性资源优势，围绕国家和地方社会经济发展的重大需求，将该领域国际研究前沿与生产应用紧密结合，深入研发生物多样性时空优化配置增产控病的创新技术，形成了一系列促进粮食安全和农民增收的实用技术，并进行了大面积推广应用，产生了良好的社会、经济和生态效益。

2001年他发明了水稻品种多样性控制稻瘟病专利技术，该技术操作简便、增产控病效果显著，深受广大农民欢迎。短短几年，在云南、四川等十一省市和菲律宾、印度尼西亚、泰国、越南等大面积推广应用，累计应用数千万亩，产生了显著的经济和生态效益。更重要的是，随着该技术的推广，转变了单一品种大面积种植的观念，各地实现了水稻品种多样性优化布局和种植，有效地控制了稻瘟病的流行危害，促进了粮食安全。该研究2003年获云南省人民政府科技进步一等奖，2005年获中华人民共和国国务院技术发明二等奖。

2002年他发明了麦类与蚕豆、油菜与蚕豆多样性优化种植专利技术，该技术既能有效控制蚕豆病虫害流行危害，大幅度减少农药使用，保护农田生态环境，又能增加产量，促进农民增收，很快得到了大面积推广应用。随着技术的广泛应用，又发明了小麦品种多样性控制锈病的专利技术，为小麦锈病菌源区提供了控制病害的长效措施。该研究2005年获云南省人民政府科技进步一等奖。

2003年朱有勇深入研究了作物间栽传统技术存在的问题，试验了提升传统技术的模式和方法，探明了新方法控病增产的基本原理，构建了新技术参数和标准，发明玉米与马铃薯时空多样性优化种植专利技术。该技术通过时空上的优化组合，有效地减少马铃薯晚疫病和玉米大小斑病危害，大幅度提高产量，很多试验示范区实现了亩产超吨粮，被云南省政府作为农业重大研究成果广泛推广。2004年发明了玉米与魔芋时空优化控制病害技术。2005年发明了玉米与辣椒优化种植技术。由于这些技术操作简单，效益显著，农民易于推广，每年推广近千万亩，为地方经济发展作出了贡献，2007年获云南省自然科学研究一等奖。

2006年他又研发了烤烟与玉米时空优化配置技术，通过大面积多点试验证明，该技术在单位面积内，可提高产量和土地利用率百分之八十左右。同年又研发了烤烟与马铃薯优化种植的技术标准和规程，示范推广结果表明，与传统技术相比，单位面积提高产量和土地利用率百分之六十左右。2007年朱有勇研发了甘蔗与玉米，甘蔗与马铃薯时空优化栽培技术，与传统技术相比，单位面积提高产量和土地利用率百分之五十左右。这些技术的研发成功，受到国内外高度关注和评价，成为国际上利用生物多样性促进粮食安全的成功范例。

2008年，朱有勇发明的一系列作物多样性时空优化技术被云南省政府作为保障粮食安全的重要措施，在全省大力推广，三年内普及到适宜推广面积的百分之九十，为粮食增产发挥重要作用。除此之外，他还在葡萄、烟草、蔬菜等作物病害防治中做出突出成绩。目前正在进行元阳哈尼梯田的深入研究，可望近年有更大的发现。

朱有勇先后主持了国家973、863国家攻关、联合国粮农组织、亚洲发展银行及省部级项目20余项。在《Nature》等国内外学术刊物上发表论文百余篇，出版专著五部。发明技术专利20余项。曾获联合国粮农组织（FAO）科学研究一等奖，国际农业磋商组织（CGIAR）优秀成果奖，何梁何利科技进步奖，国家技术发明二等奖，云南省科技进步一等奖，云南省自然科学研究一等奖等国际、国家和省部级科技奖励10余项。曾被授予全国优秀共产党员、全国杰出专业技术人才、全国高校名师奖、全国模范教师、全国农业科技先进工作者、全国优秀留学回国人员、兴滇人才奖等荣誉。

人生五十余载回望

——云南省公安厅常务副厅长
兼云南警官学院党委第一书记朱建义自述

回忆往事，思绪难定。我生在新社会，长在红旗下，家庭和个人命运与祖国的发展变化息息相关。伴随着新中国成立后国家的发展以及改革开放后祖国的迅速繁荣，我体验了“三年自然灾害”的饥饿煎熬，经历了“文革”的社会动荡，亲身参与了改革开放的各项建设，感受到了国家发展进步给人民群众生产生活带来的巨大变化。历经风雨，饱经世事，从农村逐步走向城市，从普通农民成长为领导干部，从宁静的爨乡故土走进喧嚣的省会都市。时空在变，职位在变，但对在人生历程中给我帮助、关心、培养的领导、同事、朋友的感恩之心未变。对家乡的热爱依然如故，“穿百姓衣，吃百姓饭，来自百姓，服务百姓”的百姓情结永未消减。

出身贫寒

我于1950年12月出生在陆良县一户普通农民家中。我的祖辈世代以农为生，家境并不富裕，在当地只能算是中下水平。爷爷、奶奶在父亲年少时就已去世，父亲独自担负起家庭生活的重担，拉扯着三个年幼的妹妹，艰难度日。父亲虽无文化，但胸怀宽广，生性善良，为人厚道，忍辱负重，宁愿天下人负我、我不负天下人的品格是父亲一生的生动写照。父亲在我心中是一个勤劳节俭，从不会被困难压垮的男人，遇事不急不躁，家里家外、大事小事都能一一处理妥当，周围的人们遇事也总喜欢找父亲商量。父亲就像一座山，有了他，我们就有了安定的依靠。作为普通的农村妇女，母亲精明能干，默默操持家务，抚养我们，裁缝剪炊，远近颇有名气。虽然家庭并不宽裕，但母亲精打细算，有条不紊，日子还过得去。家里始终是穷而不乱，破而不脏，清清爽爽。父母从不强迫我们做什么，但我们几个孩子非常懂事，总是围着父母身旁，帮着做一些力所能及的事情。

父母亲虽然没有对我进行更多现代意义上的教育，但其言行举止，却给我树立了良好的榜样。父母的身教，潜移默化，对我的人格发展产生了重大影响，使我从小养成了同情贫弱、乐善好施、勤俭节约的良好品行，在日后的工作生活中形成了诚诚恳恳待人、踏踏实实做事、清清白白为官和淡泊名利、从容淡定、坦荡豁达、嫉恶如仇、同情弱势群体的为人标准和做人原则。

艰难求学

父母的教养对我少年时期的成长关系很大，而学校的教育则对我未来的发展产生了基础性影响。求学期间，正值我们党探索建设社会主义规律的艰难时期，党和国家的发展难免有失败挫折，自己的生活求学之路也曲折艰辛。国家平安、经济发展，家庭生活和个人发展也随之顺利，反之家庭生活窘迫甚至陷入失学的困难境地。在贫困的年代，在落后的农村，不是每一个孩子都有机会和条件进入学校学习的。但或许正是生活的穷困、信息的闭塞让我产生了对文化知识的强烈渴求。到了读书的年龄，我更迫切地渴望能进入学校，学到更多的东西，了解外面的世界，希望能够通过读书获取知识，为改善家庭生活、为改变家乡面貌出力。父母也深知读书的重要性，极力支持我。进入学校后，我就像进入了另一个天地，如鱼得水，饥渴地从课堂、书本、老师那里汲取各种知识的滋养，对“国家”、“人民”、“共产主义”、“社会主义”等有了朦胧的认识。当时，正逢人民公社化运动开始，紧接着遭遇“三年自然灾害”。虽然吃不饱穿不暖，虽然大人们满脸忧愁，但在我们这些孩子的脸上仍然充满着期盼即将进入共产主义的天真烂漫的微笑。小学毕业，我以优异的成绩被录取到离家30里的陆良一中重点班读书，父母亲既为我能进入全县最好的学校读书感到高兴和自豪，又为不能支付每月6元钱的伙食费而忧虑。当时，我可以选择在就近的一所中学读书，大大减少读书的费用，闲暇时还可以帮助家里干点活。但父母犹豫再三，还是决定让我进城求学，姐姐们则都辍学在家，帮助操持家务，挣取工分。家庭的困难、父辈的希望，使我倍加珍惜在学校的学习时光，更加努力地读书。随着年龄的增长、知识的丰富，自己对社会也有了更为深入的认识，开始思考个人与社会等深刻的问题。初中阶段，由于学习成绩突出、为人处世稳重，被推举担任本年级的团支部书记兼班主席，在人生中第一次锻炼了自己的组织协调能力。第一次远离家人在外求学，对亲人总是颇为挂念。不论阴晴寒暑、刮风下雨，每逢星期六下午放学，总是坚持步行30里回家，帮父母干点农活，唠两句家常，星期天又背着父母亲和姐姐为我准备的干粮匆匆返校。那时精力充沛，心情愉悦，丝毫不觉劳累，回校后仍能集中精力读书学习。

快乐的求学时光如此短暂。1966年“文化大革命”开始，那时的我不可能对这场突如其来的运动有所理解，抱着美好的愿望积极参加。没多久，高中部同学闹“革命”，我们初中部同学则停课回家，等待通知。随后，我和其他同时代的孩子一样终止了学业，回乡接受再教育。对农村的孩子来说，接受再教育也就是继续从事生产劳动，早出晚归，勤劳耕作。遗憾的是，没有机会继续学习，大学梦也付之东流。

动荡的年代、贫寒的家庭没有让我接受更多全面系统的先进教育。但少年时代的农村生活经历，让我饱尝了劳动人民的艰辛，培养了我勤俭朴素的作风和吃苦耐劳的坚韧性格，从生产实践中汲取了广大劳动人民的智慧，使我建立起与人民群众的深厚感情，对基层尤其是生活困难群众有了一种特殊的同情理解，为后来担任县委书记着力发展经济、改善群众生活的决心和行动奠定了思想基础。

参加工作

1971年，我被录用为陆良县庄上小学教师。这份工作来之不易，在那个年代能有一份工作，有固定的收入，也是非常令人羡慕的。父母对抚养我多年付出的心血得到了回报而感到宽慰。而我也非常认真地对待这份工作，每天与讲台书桌为伴，课下尽力从一切可能的渠道获取各种知识信息，认真备好每一堂课，努力把所知道的一切教给孩子们，详细讲解书本上的知识，介绍自己了解的新鲜事物，教给他们做人的道理。那时学校的条件比较艰苦，除了上课以外，还要带着学生们从事生产劳动，种树修房，维护修缮学校的一些基础设施。朝夕相处使我与天真无邪的孩子们结下了深厚的师生之情。看着他们一天天长大，开始学会独立思考，用课堂里学到的知识解决生产生活中的简单问题，我感受到了一种特有的“成就感”，心中充满了喜悦。而孩子们一双双渴求新知的眼神也在不断地激励着我。也就是那时，我对人生价值有了新的体会，对个人发展与社会的结合有了更深的思考。经庄上村老支书介绍，并经组织考核，我如愿加入了中国共产党。我把人生最美好的7年时光留在了小小讲台之上，也留下了一段美好的回忆。如今，虽不能说桃李满园，但每当回到家乡，有人亲切地叫我一声“老师”，深感亲切，仍为人生当中的这段从教经历感到自豪。

1978年，我调到陆良县文教局工作。党的十一届三中全会以后，拨乱反正工作开始。我和其他同志一起负责纠正陆良县错划右派工作。我查阅了大量反右期间的历史资料，对党的历史经验教训有了较全面的了解，对党的正确思想路线有了更深入的理解，感受到阶级斗争扩大化的严重后果。这对我后来工作中始终自觉贯彻执行我们党提出的以经济建设为中心、解放思想、实事求是的思想路线产生了重要影响。

1980年，我被调任陆良县委组织部副部长后又兼马街区区长。1984年，经中共曲靖地委选拔推荐，并经政治、文化考试，我以较优异的成绩进入中共云南省委党校中青年干部班脱产培训两年。期间，学习了大学的相关课程，特别是系统学习了马克思主义哲学、政治经济学。结合工作实践，对马克思历史唯物主义和辩证唯物主义有了更深的领会，为后来在领导岗位上能以客观、全面、发展、联系的观点分析和处理问题，科学驾驭全局工作奠定了理论基础。

受任“父母官”

1986年，我担任陆良县委常委兼组织部长，后又任县委副书记、县委书记。每个阶段都有不同的体验和感受，在实践中逐步确立了领导干部的职责必须是为民谋福祉的指导思想。

1993年初我受任陆良县委书记，担任一个50万人口大县的“父母官”，深感肩上担子的沉重。发展经济改变家乡面貌，让人民富裕起来成为我始终如一的工作目标。我继承和发扬历届县委亲民为民，深入实际调查研究的优良作风，带领班子成员走遍陆良的山山水水，观县情、察民情、寻资源、找项目，邀请专家谏言献策，群策群力，思考研究发展思路。

邓小平同志的“南巡”讲话打开了我的思路，拓展了我的视野。要发展就必须解放思想、大力改革。针对当时思想保守、固步自封的问题，及时组织了解放思想大讨论，突破“大坝子意识”（陆良县坝区面积772平方公里，为云南第一坝子），进行改革开放、招商引资，加快工业化进程，扩大城镇规模，培育支柱产业，形成经济圈等发展思路。

在推动陆良的各项建设中，我清醒地认识到，改革发展的关键之一是加强领导班子建设。大力改革干部人事制度，推行干部年轻化，不拘一格，任人唯贤，选拔了一批想干事、会干事、敢干事的年轻干部放到领导岗位上锤炼，全县形成你追我赶的局面。

为加快经济发展，在省、地委领导支持下，在上届县委县政府奠定的基础上，本届县委、政府领导班子成员每人负责一个项目，先后建成了粮食深加工、畜牧、建筑建材、皮革产品系列、茧丝绸一条龙、烤烟生产、水电火电等一批支柱产业，形成了相对配套的生产工业体系。泰国资金的引进，水电、火电站的建成发电，推动了造纸、化工、机械制造产业的发展；新加坡皮革加工工艺的引进，先进设备的投入使用，使得皮衣、皮鞋、手套、家具等轻工制造在省内独树一帜；年产百万吨的水泥、建材加工业的规模形成，推动了城镇农村基础设施建设，农村水泥建筑、乡乡镇镇通油路、田园化、乡村住宅等有了显著改观。针对陆良地势较为平坦，土壤、光照条件较好的特点，以农业为根本，大力发展烤烟生产和茧丝绸产业，增加农民收入。建成了万亩桑园，引进了一批江浙科技人员，促进了茧丝绸一条龙产业的形成，陆良的茧丝绸运销国内外，颇有名气；建成了25万亩的省级烤烟生产示范基地，从玉溪卷烟厂引进资金建成现代化的复烤厂，方便烟农就近销售烟叶，经加工后大大提升了烟叶生产附加值。连续三年，由玉溪卷烟厂出资5000万元，县财政出资3000万元，各乡镇出资2000万元，每年投入1亿元加强农田水利建设，大大改善了生产条件，有效地促进了农业增产丰收。针对国有企业在市场经济条件下的不适应问题，以县造纸厂股份合作制改革为突破口，努力推动国企机制、体制改革，摆脱了多年面临的困境，国企改革走在全省前列。

为扩大城镇人口，加快城镇化建设进程，拉动需求，增加财政收入，在县城实行“绿卡”制度，有固定住房且有稳定职业收入的均可获得城镇户口，鼓励富裕的群众到县城买房居住从业。同时，在县城统一规划，分别由职工、群众出资建起了工业、财贸、园丁、政法、党政等住宅园小区，切实解决群众住房问题。经过努力，城市面积迅速扩大，城镇人口猛增，一大批剩余劳动力进城入镇，推动了第三产业的发展和城市化的进程。三年时间，陆良县财政收入连续翻两番，综合实力进入全省10强县之列，群众生活逐步变得富裕起来，我也被云南省委授予优秀县委书记称号。往回看，成绩已成为历史，往前看，发展还需努力，任重道远。看到时任省委书记普朝柱、省长和志强“陆良的发展蒸蒸日上、日新月异”的肯定时，我内心满怀欣慰，但仍不敢止步，开始谋划陆良的新一轮发展。正当我“进入全省10强县的思考”已经成形，新的发展思路、新的奋斗目标即将实施之时，1996年5月，省委决定调任我为曲靖地委领导班子成员。

步入公安行列

到曲靖地委工作后，我兼任地委宣传部长。面对当时因各种复杂因素在宣传意识形态领域形成的不正常局面，我极力沟通协调，使大家及时端正了指导思想、调整了工作关系、理顺了工作情绪，逐渐使工作步入良性发展阶段。曲靖撤地设市后，针对政法战线队伍建设和业务工作的实际，我又被调整为曲靖市委常委兼政法委书记、市综治委主任、市公安局长，步入警察行列，开始了新的人生旅程。在认真分析当时的队伍状况后，决定突出工作重点，从资源整合、队伍形象树立创新工作机制抓起。通过一系列的措施，队伍建设迅速有了起色，政法干警士气高昂，奋发工作，社会治安明显好转，为曲靖市的经济发展创造了良好的法制、治安环境。

公安工作必须置于全党全国工作的大局中谋划，必须为社会稳定、经济发展服务，警察来自人民，必须为人民服务，必须亲民爱民。这是我进入政法系统后一直坚持的观点。实践证明这一坚持是正确的。

1999年11月，我被调入云南省公安厅任副厅长，此后逐步调任为党委副书记、常务副厅长兼云南警官学院党委第一书记之职，工作范围更广，接触面更宽，责任也更加重大。我加班加点，查阅资料、处理文件，以既谦虚谨慎又敢于直言，老老实实做人、踏踏实实干事，包容豁达的作风和态度，很快得到了省厅的接纳认可，受到省委、省政府领导的好评。

在整个公安工作中队伍建设是根本。警察的综合素质直接关系到国家赋予的权力能否正确行使，各项公安工作能否顺利完成，直接关系到党和国家以及公安机关的声誉。在公安领导岗位上，我始终坚持业务工作与队伍建设“两手抓，两手硬”，认真履行“一岗双责”，以抓队伍思想、业务素质和作风建设为着力点，全力推动公安队伍素质提高，激发队伍的凝聚力、创造力和战斗力，有效促进了公安工作发展。

公安院校是公安队伍教育训练的主阵地。在兼任云南警官学院党委第一书记期间，我千方百计争取支持，为学校升本（原为专科学校）、扩大办学基础设施创造条件。我坚持把学院工作置于全省公安工作全局中来谋划推进，针对学院存在一定程度的思想认识不统一问题，注重沟通协调，调动各个方面的积极性、主动性和创造性，端正了正确的办学方向，明确了科学的发展思路。针对学院面向实战开展教育训练的薄弱环节，努力推动教学模式改革，提高教师教学科研能力。学院教学条件显著改善，师资力量明显增强，专业学科建设有较大发展，在职民警培训能力有较大提高，许多方面走在全国前列，有一定影响。

我作为主持公安厅常务工作的副厅长，能顾全大局、摆正位置，服从领导、团结同志，化解矛盾、凝聚人心，坚持对上级负责和对人民群众负责的一致性。对上级的指示要求结合实际认真贯彻执行，对不切合实际的决定敢于直言，不盲目服从，更不会阿谀奉承。对基层和群众能换位思考，循循善诱，主动帮助解决实际困难和问题。工作中出现问题勇于承担责任，不蛮横指责。经常是夜以继日，认真处理好每一件小事，保证了全省公安工作的正常、健康发展。有时，虽不为人理解，但自己仍无怨无悔，决不因获得名誉而刻意渲染。

在公安战线工作多年，我多次参与和直接组织指挥了一些重大行动，出色地完成了各种任务，有的甚至直接关系到国家安危，由于保密需要并不为人知。但每当想起在前线与战友们并肩战斗的日日夜夜，想起我们为了国家和人民的利益，临危不惧，从容不迫，历尽艰险，与犯罪分子斗智斗勇的场景，我仍感欣慰。

一颗平常心

我从小生长在农村，没有富足的经济条件，没有显赫的家庭背景，是父母含辛茹苦把我抚育成人，是党和人民把我从一个懵懂的农村青年教育培养成为一名国家公务员，成为一名领导干部，对此我始终心怀感激。在短暂的人生历程中，我始终怀揣平常之心，做着平凡之事，尽自己的绵薄之力回馈给了我一切的党和人民、家乡和亲人。一路走来，能有所收获、有所感悟，已心满意足，不敢也不想有任何的奢望。淡泊名利、踏实干事一直是我做人的基调，也是领导干部最起码的职业道德。在历任各种领导职务期间，我认真履职，扑下身子，积极深入基层调查了解情况，从基层实际出发考虑问题，发动群众、依靠群众，沉着冷静应对问题，一步一个脚印，较好地完成了党和人民赋予的职责任务。工作中，我秉承共产党员的优良品质，廉洁自律，决不追求政策范围外的享受，不以权谋私，为人处世真诚，不论贵贱贫富，均以礼相待，嫉恶如仇，对不良作风深恶痛绝。工作中也取得不少成绩，但从不张扬、不求名利，虽多次有评优推先记功的机会，我均予婉拒。生活中，我秉承劳动人民的朴实本色，勤俭节约，粗茶淡饭早已成为生活习惯。

我对自己要求严格，对周围的人也一样。自己以身作则，言传身教，希望身边的工作人员能健康成长，希望亲属能勤奋努力有所作为。家人从不因为我担任一定领导职务而四处张扬，拨弄是非。两个女儿读书、就业全靠她们自己的努力，在县城读书时，人们甚至一直不知她们是县委书记的女儿。如今，看到身边的工作人员事业有成，看到女儿们自食其力倍感欣慰。

回忆往事，我不因碌碌无为而羞愧，不因小有成绩而自傲。在其位谋其政，人民公仆就应当全心全意为人民服务。唯有鞠躬尽瘁，才能回报党和人民对我的抚育和信任，实现个人的价值。

铁血铸军魂

——记重庆警备区原副参谋长刘怀森

刘怀森，曾用名刘怀生，陆良县三岔河镇黄家圩人，1944年12月生，大专文化，1964年12月入伍，历任战士、班长、排长、侦察参谋、连长、营长、副团长、团长、副师长、旅长、军分区副司令员、司令员、警备区副参谋长等职，大校军衔，2000年退休。

1964年，20岁的他参军当了侦察兵。别看他年纪不大，可资历并不浅。当兵前他已在生产队长、保管、会计等岗位上干了好几年了。当兵后，他经历了最艰苦的侦察兵岁月，射击、投弹、擒拿、格斗是基本素质，参军时正值全军开展大比武，谁英雄、谁好汉，训练场上比比看。凭着坚强的毅力和吃苦耐劳的品质，他很快斩露头角，成为了同龄兵中的佼佼者并当上了班长。1969年，他被任命为特务连侦察排长，迈出了他军旅生涯中的关键性一步。随后调任团侦察参谋，两个月后任步兵某团五连连长。此后，他的军事指挥才能得到充分展示，三年后先后任营长、副团长，并保送北京军事学院（现国防大学）学习深造。1979年，他在军事学院以全优的成绩毕业，回到某团任副团长。他一年后任团长，大胆推行训练改革，部队战斗力迅速提升，训练改革的经验名扬全军。

1983年，他调任西藏军区陆军某师副师长。当时的西藏条件十分艰苦，气候恶劣，交通不便，电话不通，与外界联系只能靠书信，遇到急事只能电报往来。面对人地生疏，情况复杂的环境，他不断加强学习，很快就打开了工作局面。进藏任职前，他奉命带队参加成都军区军事大比武，凭着顽强毅志和过人韬略，在参赛的陆军十个师级单位中，他所率的参赛队过关斩将，夺取了含金量最高、最能代表当时陆军训练水平的步兵班对抗赛的第一名及军事五项第二名，改写了该部队大比武中的记录。1984年，在西藏军区组织的比武中，他再次率队参赛，在十七个项目中又夺走了十一个第一。

1985年，部队精简整编，他所在的师撤编，组建中国第一支山地部队——山地步兵旅，他被任命为首任旅长。为此他倾注了大量的心血，部队很快就形成了战斗力。在反侵略、反分裂，维护国家主权及领土完整的斗争中，成为了一支让敌胆寒的雄师劲旅。1987年，为维护国家领土完整，西藏军区实施了军事演习。他率该部开进到预定区域待命数月。在此期间，他审时度势、严密组织，采取有效措施，加强部队高寒山地的战前适应性训练。同时注重战时政策，使部队始终保持高昂的斗志，圆满完成了预定任务。

昌都是西藏的东大门，距成都、拉萨均千余公里，1990年前未通航，是个相对独立的地区，维护边防及当地社会稳定任务较重。1988年，他调任昌都军分区副司令员，后任司令员。昌都十年，他注重调查研究，积极探索新时期做好边防和社会稳定工作新路子，足迹踏遍所有边防哨所、基层连队；他注重部队自身建设，特别是班子建设，抓风气、树正气，部队全面建设发生了很大变化。短短几年，他所带领的班子成员中先后产生了四个正师、四个副师职干部；他注重民族团结和军政军民团结，积极开展双拥工作，确保了昌都地区社会稳定和谐。1998年，上级领导考虑他在艰苦地区已连续工作了14年的实际，他被调任重庆警备区副参谋长。2000年正式退休。

专家型领导

——记高级工程师、巡视员杜瑞元

他“为中国工程技术专家争了气……”这是早在1983年，由当时的中国国家轻工业部专家组与德国专家组，对昆明三聚磷酸钠厂从德国引进的一套现代化工生产设备在安装试车中，经杜瑞元进行多项工艺设计修改取得一次性试车成功验收后，就杜瑞元在其中的特殊贡献所作的评价。

以化工专业见长的杜瑞元，不管是在昆明三聚磷酸钠厂担任第一副厂长兼总工程师期间，还是在昆明国家高新技术产业开发区管委会担任常务副主任兼工委副书记的工作中，他的儒雅、谦和给同事、属下感到亲切，愿与其合作共事。他对专业技术的科学态度，严谨、一丝不苟，让同事、属下平添几分敬意。因此，与他共过事的中外人士认为，杜瑞元既是一个专家型的领导，又是一个领导型的专家。这是与他的阅历、修养分不开的。

杜瑞元出生在陆良县城南大街的一个殷实家庭。在陆良县城完成了从小学到高中的学业后，于1962年考入昆明工学院（今昆明理工大学）化工系，从此就与化工专业结下了不解之缘。1988年1月被评聘为化工工艺高级工程师专业技术职务。从1992年10月起，获国务院颁发的“国家有突出贡献专家”证书，并享受国务院突出贡献专家特殊津贴。多次获省、部级和市级劳模、科技劳模和“火炬拓荒金牛奖”等荣誉称号。这是各级党组织和政府对杜瑞元为发展我国科学技术事业作出突出贡献的认可和肯定。

杜瑞元从专业技术人员走上领导岗位，在领导岗位不脱离专业技术的历程，并不是一帆风顺的。

20世纪60年代中期，在大学攻读了5年化工专业的杜瑞元，被分配到远离昆明的昭通地区（今昭通市）磷肥厂工作。昭通，地处滇东北金沙江畔的乌蒙山区，是云、贵、川三省的交汇点，重峦叠嶂、交通不便、信息不灵，工业基础十分薄弱，经济发展缓慢，人民生活十分贫困。杜瑞元自进厂报到之日起，就面临着“文化大革命”带来的种种困扰和“臭老九”这一另类人群要面对的社会现实及工作、生活处境。

当时的昭通，受云、贵、川三省各地的“文化大革命”影响，十分混乱。人们的生活主题就是“革命”、“造反”，导致农田荒废，学校停课，工厂停产，国家机器运转不正常。在这样一个动乱喧嚣的环境里，对于刚步入社会又涉世较浅的杜瑞元来讲，比受什么苦都难受。他本想以满腔热血投入国家的建设中，把所学知识贡献给国家和社会，但这一切都只是一个良好的愿望，可望而不可及。整天看到的是斗争、狂热和无序。“臭老九”被歧视和靠边，加之阶级斗争的唯成份论，他被人拒之狂热的政治之外，促使他游离于无聊的混乱潮流。这也使他因祸得福，让他唯一得到的安慰就是努力工作，工作的乐趣就是埋头学习。到生产实践中找寻解脱，与工人们打成一片，当好一名工人，结合所学理论，做力所能及的事，从而赢得了工人师傅们的默默支持和赞许。他就是这样靠埋头辛勤地工作、学习，使自己的内心和生活得到了充实。粉碎“四人帮”后，压在杜瑞元身上的政治包袱被彻底解脱，在昭通磷肥厂任技术员期间，在厂领导的支持下，他从这个厂的实际出发，抓住关键，对全厂的生产、工艺技术以及设备进行了多项设计和技术改造，使一个处于半瘫痪状况的工厂生产在短期内恢复元气，产量翻番，质量提高。当时的社会大环境，让杜瑞元有了用武之地，使他所学的专业知识在实践中得到了发挥，因此，他年年被评为厂里的先进，先后7次获得工厂及昭通地区的“先进生产者”称号。杜瑞元在当了半年的工人以后，逐步被提升为班长、技术员兼工长、车间负责人、厂生产技术负责人，他在各个岗位得到全面锻炼和成长。

1981年，杜瑞元被调到正在筹建的昆明三聚磷酸钠厂工作，时值国家百废待兴，迎来科学春天的大好时光。杜瑞元满怀信心投入到工厂的建设之中。当时，昆明三聚磷酸钠厂是国家引进的包括宝钢、云天化等13个大型国企之一。因此，又称为是当时国家引进的“十三匹大洋马”之一。昆明三聚磷酸钠厂的全套设备从德国引进，其工艺先进，技术一流，装备复杂。这个项目的引进，亦迎来了中国化工科技起飞的时代。在上万工人的建设工地上，杜瑞元置身于上千工程技术人员及专家的行列里（其中包括60多位西德专家），他既兴奋，又深感责任重大，许多专业技术知识还得从头学起，从而大大激发了他的求知欲。当时，杜瑞元在工作中要面对的工艺技术是世界一流的先进技术，远比国内水平先进20多年。同时，在他的工作室里存放的上万册资料图纸及全新的知识都是英语或德语资料，而杜瑞元从中学到大学所学的外语是俄语，派不上用场，语言、文字成了攻关的一大难题。然而，杜瑞元是一个勤奋好学，从不服输且有一定经验的工程师。面对语言、文字障碍，他变压力为动力，为了熟练掌握这些国际先进制磷技术，他以攻克外语为突破口，在紧张的工作之余，全身心地投入到学习外语之中。为了解决工作与攻克语言、文字关的矛盾，他每天都坚持写读书笔记，他一边通读引进的全部资料，一边做笔记，先后写下了数十万字的读书笔记，初步掌握了当代的制磷先进工艺技术。正是由于他的发奋，他在1981年得到了赴德国学习的机会，从而有效提高和拓展了他的专业知识。1982年回国从事工厂的建设工作，直接参与设备安装、技术会商、单机调试、联动试车、试生产等一系列技术工作。在赴德学习期间，他十分珍惜难得的机会，除努力学习专业技术知识外，还刻苦学习先进的管理，领悟日耳曼人认真严谨的工作作风。

昆明三聚磷酸钠厂作为国家的重点引进项目，其目的是为了迅速改变我国磷化工的落后面貌并提速我国追赶世界先进磷化工的步伐，同时解决市场急需而又必须进口磷化工产品的困境。当时国内没有这些技术和装置。昆明三聚磷酸钠厂的建成投产，把我国磷化工热法工艺提高和推进了20年。这是杜瑞元和参与这项建设的中国工程技术人员引以为自豪的一件事。

在昆明三聚磷酸钠厂的整个建设过程中，杜瑞元凭着他在学习和工作实践中积累的扎实理论功底，勇于实践和探索的精神，在工地上、在安装中、在技术会商的细微环节中，使他增长了当场解决问题的才干，并从上千名中方工程技术人员中脱颖而出，从一个普通工程师提升为中方仅有五人的对德专家对口代表，负责工厂工艺技术及设备安装工作。也正是有了这个展示聪明才智的平台，使杜瑞元所掌握的专业知识和技术本领得到了充分发挥，他配合德方60人组成的专家组对中方6个建安公司上万名建设者做好技术指导，做好现场安装及调试工作。建设中，杜瑞元查验和翻阅了大量资料，认真处理现场工作问题，并且大胆修改了德方的多项工艺设计，解决了多个技术难题，尤其是在联动试车中，因德方设计缺失造成工艺泄漏又找不到原因和解决方案时，在面对联动试车全线停止的关键时刻，他通过反复计算，现场核实，大胆提出修改工艺，改变设计方案。在德方专家既提不出解决方案又未表示赞成的情况下，建设指挥部默认了杜瑞元提出的方案，并加以实施，一举成功。从而得到了德国专家组的一致肯定和专业技术界的赞扬，国家轻工业部在表扬中称杜瑞元“为中国工程技术专家争了气……”杜瑞元也因此受到省、部建设指挥部和轻工业部的奖励，被评为科技劳模。

1984年，杜瑞元被国家轻工业部任命为昆明三聚磷酸钠厂副厅级生产副厂长兼总工程师，担任该厂的生产技术、干部人事等全面管理工作。1985年，杜瑞元作为中国磷化工赴德技术交流代表团团长，率团赴德国、荷兰、奥地利等国进行技术交流。后来，他还应聘担任了云南黄磷学会常务理事，中国洗涤剂协会副理事长。1989年晋升为高级工程师。1991年被国务院评选为“国家有突出贡献专家”，享受国务院有突出贡献专家政府津贴。杜瑞元是三聚磷酸钠厂第一个获轻工业部劳动模范荣誉称号的人，多年来，他数次被评为劳动模范和先进生产者。1991年至1992年初，他先后受到郝建秀和朱镕基总理的接见，并且汇报工作得到了肯定。

1992年，在改革开放的大潮中，全国各省市自治区相继创建开发区以适应高新技术产业化高速发展的需要。年底，杜瑞元被调到昆明国家高新技术产业开发区管委会担任常务副主任，全面主持开发区的开发建设工作。1994年又兼任开发区工委副书记。到昆明高新技术产业开发区任职，这对杜瑞元来讲，是进入了第三次艰苦创业。由中央企业领导到国家机关，就其领导管理而言，是一个根本的转变，他将面临着新的考验。

开发区的工作是一个没有先例又无模式的探索工作。开发区的建设是在现有政策基础上，以超越常规的科学发展模式来促进社会生产力的发展，提高效率，加速改革开放的步伐，这本身就要求有胆有识并具有前瞻性。在新的创业探索中，诸多条件均未具备。在创办初期开发区并不被人们认识与社会认同，银行不予贷款，只能依靠省市政府借给的220万元起家。在建立工作团队、征地、招商引资，开展各项基础设施建设等一系列工作中，所遇到的困难却是常人难于想象的。首先是不具备工作的基本条件。比如简单的办公室就先后三次靠租房子使用，征地以后因没有资金只好建盖临时性简易房办公，直到后来才建盖了正式的办公用房。在筹建过程中，仅因办公用房就搬迁过七次。另一方面，最大困难是资金的问题。仅征地和初期的基础设施就是上亿乃至10多亿的巨大数字。省市政府借给的220万元，与实际所需资金相差甚远，当时，唯一的依靠与优势就是国家的优惠政策和政府的支持。困难造成了人心思走，开发区的前途会是什么样？又如何发展下去？大家深入分析，杜瑞元带领大家首先以启动基础设施建设为重点，搞好三通乃至七通一平的工作。在此基础上，扩大招商引资，逐步使开发区的建设走向正常运转和良性发展。1996年，在昆明市政府的支持下建立了财政机制，昆明高新开发区从此逐年以健康、快速的发展势头引起了社会的关注，并取得骄人的成绩，截止到2006年，技工贸总收入突破1742亿元人民币。

如今，昆明国家高新技术开发区建设越来越引起社会关注，对国家的贡献引起了党和国家领导人的重视。胡锦涛主席、吴邦国委员长以及中纪委书记尉健行、国务委员宋健等，先后在到云南考察工作时，都到昆明高新技术开发区实地考察，听了管委会的工作汇报后，对昆明高新开发区建设给予了充分肯定。

在昆明国家高新技术开发区的筹建、建设、发展过程中，杜瑞元因工作出色，多次被评为“先进生产者”，并获得“作出突出贡献的先进个人”、“火炬拓荒金牛奖”等荣誉称号。

2003年，杜瑞元以巡视员退休，担任昆明市政府科学技术顾问，继续在为发展国家的科学技术事业耕耘，再谱一曲多彩的夕阳红！

李军简介

（云南省林业厅原厅长）

李军，男，汉族，大专学历，1967年3月参加工作，在陆良县云南燃料一厂工作了14年，历任工人、车间管理员、教师、厂办秘书、厂党委秘书兼团委副书记。1981年被选调到云南省国防工办工作，历任宣传处干事、办公室副主任兼党组秘书、办公室主任兼行政后勤管理处处长、边贸办主任等职，其间考入云南师范大学中文系就读毕业。1991年7月至1994年1月，响应省委号召，下派到大理州任中共宾川县委副书记（正处）。1994年1月回到省国防科工办任秘书处长。1994年7月又到陆良县云南包装厂任厂长兼党委书记。1995年1月省委决定调任怒江州人民政府副州长，主管全州工业与经济工作；1996年3月当选中共怒江州委常委、州人民政府常务副州长。1999年2月至2005年6月，先后任云南省林业厅党组成员、副厅长，党组书记、厅长。2005年6月，调任云南农垦集团公司党委副书记、副董事长、总经理。2008年1月当选为云南省政协委员。

李军出生于珠江源畔，就读于爨碑亭旁，长期工作在陆良，是爨乡的山水培育了他勤奋好学、坚毅乐观的性格，是党和人民的培养，使他从一名工人当上了厅长。他一生不忘党的培养，随时服从组织安排，时刻牢记权为民所用，情为民所系，忠于职守，廉洁自律，扎实工作，亲民爱民，素有“平民厅长”之称。

老检察长的回忆

——记云南省人民检察院原党组副书记、常务副检察长张泰礼

张泰礼，生于1935年12月，家住陆良县中枢镇南门街。1950年陆良县中学初中毕业，1950年12月县委决定他留校工作，任教务处教务员、青年团组织委员（因刚解放团组织尚未公开）。1951年3月至1951年12月调重庆西南革命大学检察班学习，1952年1月至3月在西南军政委员会云南清案工作团团部直属组工作，1952年5月至1957年底在云南省人民检察院先后任书记员、副科级助理检察员（其中1954年至1955年在西南政法学院读书）。1957年中央提出干部下放劳动锻炼的号召，他提出申请经批准与爱人刘芷梅（省高级人民法院工作人员）于1958年1月下放景洪农场劳动锻炼。1959年9月调思茅地区检察院工作到1968年底。1969年进思茅地区五七干校放牛放马和接受批判，1971年3月下放农村生产队劳动，1973年10月至1978年10月调思茅地区水泥厂任办事组组长，1979年至1990年9月在思茅地区检察院任科长、副检察长、检察长，其中，1983年和1989年先后两次在中共中央党校学习。1990年10月至1996年先后任云南省人民检察院副检察长兼反贪局长，党组副书记、常务副检察长（正厅级），高检院批准为一级高级检察官，第七届省政协委员、法制委员会委员。1999年1月退休。

除十年“文革”外，张泰礼一直在检察系统工作，历经各个阶段，遍尝酸甜苦辣。检察院是国家的法律监督机关，对公安机关的侦查活动实行监督，对公安机关提请批准逮捕、起诉的案件进行审查。决定是否逮捕、提起公诉，对人民法院的审判活动进行监督，对监管劳改场所进行监督检察。此外，还要负责对贪污、贿赂、挪用公款等经济犯罪，以及国家工作人员的其他渎职犯罪进行查办。公、检、法机关的工作，是既有分工又相互制约，既有配合又互有监督，公检法的工作关系到社会的安全稳定和经济建设的顺利进行，关系到公民的人身权利、民主权利。经过党和人民的长期培养教育，他要求自己心里要始终装着“人民”二字，要努力工作，廉洁从政，不畏权势，不徇私情，秉公执法，当官要为民做主。

身体力行办案，把好批捕起诉关

凡是他直接具体负责办理的案件他都要逐行逐字仔细阅看，对侦查所获的所有材料，重要的证据材料，他都要反复审查分析，仔细推敲，有无矛盾，特别重视犯罪嫌疑人的每一次审讯记录，认真鉴别开始和最后的口供是否一致，有无矛盾，有无刑讯逼供的蛛丝马迹。要求自己办理的每一件案件，无论材料多少，通过审查要离开卷宗，脑壳中要形成一副全貌、一条锁链，说得出犯罪的时间地点、有关人员、各种证据、口供等详细情况。为了达到这些目的，他经常深夜不能入眠，满脑子是案件材料。对重要和有疑点的证据，他亲自实地调查核实，交通不便的地方就跋山涉水徒步进行查证核实，对在押的犯罪嫌疑人都要亲自提审了解情况。

担任领导后，他不具体办案，但负责对案件作出最后审查决定。这些案件，承办人具体认真进行了办理，业务处进行了集体讨论，处长审查提了意见，但他也不是简单地在呈批表上签发意见，就是在案件很多的情况下，他也要加班加点的对每件案件的重要材料、证据、审讯笔录进行审查核对，对有疑点的案件，深入处室和大家共同研究，对少数重大疑难案件提请院检察委员会讨论决定，把案件办准、办实，办成铁案。

控告申诉又是检察院的一项重要工作。收到的控告申诉材料，他都逐件阅看批办。1994年省院检察长办公会议讨论决定在全省范围建立每月一次检察长亲自接待群众来访的制度，对于他负责的这一月，都坚持按时接待。他常说，我是常务副检察长，对于其他院领导因公在外不能接待的，我主动顶替。在接待中他不厌其烦地听取来访群众的申诉控告，事后逐件与陪同接待的处长研究处理办法，并要求逐件告知处理结果。经过复查调查，对个别确属原处理不当的案件，本着有错必纠的原则，提请检察委员会讨论，进行了纠正。

他经常给干警讲，我们平常讲逮捕、起诉、判刑、劳改已成口头语，但对一个具体涉案人来讲，是天大的事，他们上有老下有小，左邻右舍、亲戚朋友一大片，搞不好还要家破人亡，牵涉到很多人，我们的工作一定要认真细致，证据确凿的犯罪分子要坚决打击，具情处理，但决不能冤枉一个好人，对人的处理一定要慎之又慎，实事求是。对全省出现的个别错案，虽作了纠正，但他内心总是很不安。

反腐倡廉决心大，一线指挥立新功

查办贪污、贿赂等经济犯罪案件是检察机关的一项重要任务。1990年10月，经省委批准，他兼任省检察院第一任反贪局长。省院反贪局除了要领导指挥全省反贪工作外，还要直接查办厅级和重要处级干部的犯罪案件，任务非常繁重，责任重大。这些案件的一个重要特点，是多数人头上都有大大小小的官帽，有很深的关系网，情况错综复杂，难度很大。有的才开始初查，恶人就先告状，夸大其词地诬告办案人员，有的案件查处以后，当事人就密谋报复。全省反贪干警不断提高和解决思想认识问题，始终坚持一要坚决，二要慎重，务必搞准的原则，顶压力，抗威胁，不分白天黑夜，加班加点，查办了一大批案件。为了及时掌握工作进展，处置紧急情况，有些犯罪嫌疑人被省院反贪局传讯时，他不论白天深夜都及时赶到现场。反贪工作要坚决走群众路线，各级检察院先后成立了举报中心，对公民举报反映的每一件线索，都认真进行初查，分别不同情况进行处理。先后和西南、广西等省区建立了案件协查制度，成立了大要案协查指挥中心，定期开会研究，有效地加强了省与省之间的协查工作，这在全国还属首例。除互相协查外，还互相配合抓捕了一批外逃犯罪分子，1992年他领导的省院反贪局为上海抓捕了当时上海最大的一个外逃贪污犯。实践中他强调只抓打击还不够，必须一手抓打击一手抓预防，要两手抓，并成立了犯罪预防处，与有关部门建立了预防犯罪的制度。

重拳打假，促进发展

打击假冒商标的犯罪活动，维护云南经济建设是检察机关的职责。根据当时的案件管辖分工，假冒商标犯罪案件的侦查工作是由检察院负责。众所周知，烟草利税是云南财政的重要收入。当时假冒云南名烟的犯罪活动非常猖獗，严重损害云南名优卷烟的声誉，危害消费者的权益，破坏云南经济的建设。经他提请省院党组研究并报省委批准，全省检察院会同烟草、工商等部门在全省轰轰烈烈地开展了打假活动。从1991年开始，全省检察干警冒危险，战艰难，苦干实干，连续几年查办了一大批假冒商标的犯罪案件，当众销毁了大批假冒卷烟，查获的一起特大假冒云南名烟商标犯罪案，涉案金额1亿多元，涉及全国近十个省区。有一次，他率领反贪局干警星夜赶往外省某县捣毁其黑窝点，情况之复杂令人难以置信，为了不让犯罪团伙察觉，深夜各潜伏点才能集中碰头研究，潜伏点的同志白天顶烈日，深夜抗寒风，喝瓶水，啃面包，就是在这样异常艰苦的条件下工作，最后主犯被判处死刑。执行后的次日，最高人民法院即在北京召开了新闻发布会。陆良县有一起涉烟案件，他亲自安排查处，为县烟草公司挽回经济损失400多万元。

云南的打假工作成绩斐然，1993年最高人民检察院、国家工商总局、国家烟草总公司在昆明联合召开了全国打击假冒商标犯罪活动会议，三家主要领导亲临会议讲话，会议开得很成功。

回首50年的战斗历程和40多年的检察工作实践，他深深体会到：

——国家要发展，就必须坚持走依法治国的道路，不断加强社会主义民主和法制建设。只有这样，国家才能兴旺发达，欣欣向荣，人民才能安居乐业，社会才能和谐相处。

——要加强法制建设，就必须加强作为法律监督机关的检察制度建设，检察制度是社会主义法制的重要组成部分，检察工作与法制工作息息相关，同风雨共沧桑，没有法律监督的法制就是不健全的法制、真正的法制。

——人民检察院要始终坚持维护国家法律的统一正确贯彻实施，要始终坚持把维护最广大人民的根本利益放在首位，心系群众，始终坚持强化法律监督，检察为民，维护公平正义的主题，开展各项检察业务工作。检察院对贪污、贿赂、玩忽职守等渎职犯罪的侦查工作要不断加强，这是实施法律监督必不可少的重要手段。

——搞好检察工作的根本，是要建立一支高素质的检察官队伍，只有不断提高检察官的政治素质、业务素质，才能做到爱岗敬业，执法为民，公平正义。要始终注意培养维护国家法律的卫士形象，不畏权势，敢于秉公执法的包公形象，两袖清风、清正廉洁的清官形象，这样才能不辱使命。

——抓好检察官队伍建设的核心是要抓好各级检察院领导班子的建设。要选好配好领导班子，班子成员要作风民主，联系群众，钻研业务，深入基层，调查研究，带头办案，清正廉洁，一身正气，严于律己，要求干警做到的，自己首先要做到。

一个实实在在的人民公仆

——记曲靖市人大常委会原主任张朝林

张朝林，1941年出生在陆良县板桥镇马军堡村贫苦农民家庭。5岁时父亲病逝，母亲带着五个儿女度日维艰。张朝林排行最小，母亲、兄长、姐姐做事认真、吃苦耐劳、为人诚恳、善待他人的优秀品质，深深地铭刻在他幼小的心灵中。读书时担任过少先队大队长、团支部书记和校团委组织委员。

1962年6月，他响应党的号召，从陆良一中高二年级入伍，在红河州公安支队直属一中队当战士。由于他学习认真，工作积极，能吃苦耐劳，受到部队党组织的重视和培养，入伍第二年光荣地加入了中国共产党。从此，在部队党组织的培养教育下，他更加严格要求自己，刻苦学习、勤奋工作，在部队这所大熔炉、大学校里不断锻炼成长。曾先后任过副班长、班长、排长、云南省公安总队政治部秘书（1966年5月1日改称：中国人民解放军云南军区独立师）。在这期间曾6次被选送到云南省军区、昆明军区读书班接受马列主义、毛泽东思想教育，为他打下了较扎实的思想理论功底，奠定了较坚实的思想基础。曾多次被选为学习毛主席著作积极分子，出席部队召开的学代会。

1970年4月，张朝林调到曲靖军分区工作。曾任军分区政治部宣传科干事、政治部秘书、宣传科副科长、罗平县人武部副政委、军分区宣传科长、宣威县人武部政委、县委常委、军分区党委委员等职。

24年的军旅生涯，使他成为了一名忠于党、忠于人民、服从党的安排、听从党的指挥、勤勤恳恳工作、清清白白做人，紧密联系群众、平易近人、为民服务的领导干部。到地方工作仍然保持了这一良好的工作作风。

1986年5月，张朝林转业到地方任寻甸县委书记。上任后，他用两个月的时间跑遍了全县17个乡镇和部分村公所，深入基层调查研究、熟悉情况，拜访了一些离退休的老领导、老干部、老同志，请教工作思路，学习借鉴工作方法。在上级党委的坚强领导和广大干部群众的大力支持下，与县委领导班子成员团结奋进、齐抓共管，为寻甸的经济、社会发展做了许多看得见、摸得着的实事。特别是在水利建设上做了很大的努力。他到寻甸工作的当年，碰上8月低温冷冻灾害，粮食大减产。为了提前节令，避开8月低温冷冻，按照省、地委领导的要求，集中精力抓了水利建设。

他与有关领导一齐跑遍了全县小一、小二型水库视察，征求各方面的意见，召开县委常委会做出了两项决定：一是成立寻甸县水利工程建设指挥部；二是决定了由财政拿出80万元作当年兴修水利的经费，并决定今后每年按财政收入的6%投入水利建设。当年开工了10余项水利工程。12月底，曲靖行署在寻甸召开了水利建设现场会。一个轰轰烈烈兴修水利的热潮在寻甸掀起。两年后，这批兴修的水利工程逐步发挥了作用，蓄水量大大增加，达到了提前节令栽种的目的，保证了农业增产增收的实现。

这期间还稳定、完善了农村家庭联产承包责任制；烤烟生产上了一个新台阶；乡镇企业也向前发展，一大批专业户、重点户脱颖而出，寻甸的经济建设出现了一个蓬勃发展的局面。

为了使物质文明、精神文明同步发展，在建设文明城市上也下了功夫。

成立了县文明城市建设指挥组，请了一位专家做指导。他亲自带队到曲靖、陆良县参观考察，经过集体研究，制定了文明城市建设方案，在广大干部群众的共同努力下，整治了脏、乱、差，较好地改变了县城面貌，受到了曲靖地委、行署的表彰。

1989年9月，张朝林调东川任市委副书记。他仍然保持发扬朴实、踏实的工作作风。当时他分管工青妇、文教、卫生、机关党委、党校、农业等部门。为了认真履行职责，他深入到各个乡镇和相关部门调查研究，了解情况，积极主动向机关和矿务局老干部学习请教。经过一段时间的调查研究，张朝林对东川农村工作提出了自己的工作思路：既抓水，又修路，科技兴农是支柱，重要措施是植树，坚持下去必致富。这个工作思路得到市委、市政府的认可，他围绕这个发展思路为农村经济的发展做了大量的工作，有了一定的效果。

1993年初，他已在东川工作近4个年头，与东川干部群众结下了深厚的情谊。但是因为与家庭分居多年，而且家属多病，做了两次手术，孩子缺少照顾。因此，他两次向省委领导和组织部门反映了情况，请求调动。省委3月10日作出决定，将他调回曲靖工作，并于3月12日到东川宣布了调令。由于东川人民对他的信任，在当月召开的第十二届人代会上代表们联名将他提名为市长候选人，于3月22日选为市长，并当选为云南省第八届人大代表。东川人民的“挽留”，他只得“舍小家，顾大家”，刻苦学习钻研政府工作的业务知识，埋头苦干，带领人民群众完成省市委交给的各项任务，按照他的工作思路做了坝塘水库、小江公路、功新公路修建的前期工作。在铁路支线的改造、乡镇企业发展、城市管理等工作上付出了很大的辛劳。

当选市长以后，担子加重、压力加大，更是想人民所想，急人民所急，一心扑在工作上。上面安排出国考察，但几次都被他婉言谢绝了，他考虑到东川穷，有“三块巨石”压在心中：一是财政吃紧；二是贫困面大，三分之二的农户还未解决温饱问题；三是教育上投入不足，校舍危房面积大，不能再给财政增加负担。他把财政拨来出国的钱用在了农村文艺汇演和体育运动会等公益事业上。云南日报记者写了《张市长心中的三块巨石》的文章，登载于1994年6月10日的《云南日报》上。一篇题为《一个实实在在的人民公仆》的文章这样说，张朝林“他经常深入基层，为一厂想办法，为一村出主意，为一户办实事，为企业闯海借船，为农村致富找出路，为生活有困难的职工排忧解难。在日常工作中，生活中，无论何时何地，只要有群众来访，他都认真热情接待，不愧为人民信任、理解、支持的人民公仆。”

张朝林从部队工作到地方工作，先后调动了8次。由于他廉洁奉公、谦虚谨慎、平易近人，无论与部队干部战士还是地方干部群众都亲密无间，友谊深厚。每次调动大家都与他依依难舍，有的留影纪念，有的亲切握手话别、嘱咐，有的甚至流泪送别。在离开寻甸时，很多干部、群众登门话别、难舍难分、含泪相送，有的给他送来了大幅题词。在调离东川时，许多干部闻讯，自发前来欢送，特别是老干部，就连开会的市人大常委会，也停下会议参加欢送。大家不约而同地形成了夹道欢送之态，饱含着热泪，送别这位人民信任、支持、与人民同呼吸、共命运的“父母官”！正在一个接一个牵手叙别时，一个老干部大声朗诵自己编写的话别语：“一身正气，两袖清风；平易近人，没有官气；为民着想，政绩显著；任职未满，服从命令。您是人民的好战士！党的好儿女，我们的好朋友，东川的好市长。您调离东川，东川人民永远怀念您！”

1995年11月，张朝林调任曲靖地区人大工委主任。1997年10月，曲靖撤地设市，张朝林任曲靖市第一届人大常委会主任，省第九届、第十届人大代表，第九届省人大常委会委员。在人大工作期间，仍然保持了良好的工作作风，与人大常委会的全体同志一道认真履职、依法办事，为保护人民的合法权益，维护民主法制的权威做了许多工作，尤其是在个案监督方面做了很大努力。支持司法机关做好息诉的案件10件，纠正错案13件。其中一件错案揪出了贪赃枉法的法官一名，被新闻媒体报道，题为《天平倾斜后的较量》登载在《民主与法制》上，后与其他两个案子共三篇文章被全国人大常委会收入《为了人民的利益》一书，由人民出版社出版发行，受到社会好评。

2003年4月，张朝林从曲靖市人大常委会主任的岗位上退休。退休后，他依然保持了心系百姓的情感和服务人民的精神，服从组织安排，担任了市关心下一代工作委员会主任、市延安精神研究会会长等职务。不要津贴，力所能及献余热，尽心尽力作奉献，办了许多公益事业，特别是在修复三元宫爱国主义教育基地、解决希望学校的校址问题上，做了大量艰苦细致的工作，主动请示汇报，积极沟通协调，精心策划，狠抓落实，在市和区主要领导的重视和有关部门的大力支持下，圆满地办了这两件事，为青少年健康成长献了爱心。2005年，曲靖市关工委和张朝林个人都受到云南省关工委的表彰。2006年，在中共曲靖市第三届党代会上他被选为中共云南省第八届党代表。

回首过去的历程，张朝林说：我之所以能做一些工作，一是党的培养教育；二是干部群众的信任和支持；再是家庭的配合；我自己做了一定的努力。

党的忠诚卫士

——记中共云南省纪委原常务副书记陈开学

陈开学，1933年出生于陆良县板桥镇山底下村。1939年在后所云洪小学读书，1945年考入陆良玉山中学（后改为紫溪中学）就读，1947年因遭受伪乡保长抓兵的压迫，在潦浒伪镇公所冤狱43天，出狱后转入曲靖盘江中学读书。1948年参加盘江中学吴耀奎领导的学生革命运动。同年年底，因受盘踞在潦浒一带的反动地霸海中鳌残酷镇压革命而被迫停学，回到陆良洪武乡参加了陈梅冬领导的地下党活动。1949年2月上龙海山沙锅村，由张兴国带领找到地下党陆良临时政府负责人李钟猷，经李钟猷派人送往转长河，找到皇甫立本领导的陆良县游击大队，任政治战士。1949年秋，在地下党开办的黑木干部培训班学习。1949年11月，加入中国共产主义青年团，1949年12月受地下党组织派往曲靖潦浒镇，与何序堂一道接管潦浒伪镇公所。云南解放后，潦浒改为第四区。陈开学在曲靖四区区委会工作，任第二乡农会主席、剿匪委员会副主任。领导该乡减租退押、清匪反霸工作。1951年4月，调曲靖县武装部，先后任第一区、第四区武装参谋，1954年2月加入中国共产党。1955年，任曲靖县武装部科长。在武装部工作期间，参加了剿匪、镇反、土地改革、农业合作化等运动，担任过土改、农业合作化工作组组长。由于成绩显著，1951年和1953年被曲靖军分区授予三等功两次，1955年获物质奖励。1956年调曲靖军分区政治部从事组织干部工作，后任党委秘书。1956年至1964年，陈开学先后被曲靖军分区授予先进工作者二等奖，云南省军区、昆明军区授予先进工作者、学习毛主席著作积极分子、四好、五好先进工作者代表，曲靖军分区党委授予武装干部标兵，号召全区干部、战士向他学习。1965年7月调云南省军区政治部工作，任组织干事、省军区司令员秘书，1966年参加昆明市抗洪抢险斗争，被省军区授予防洪模范。

在“文化大革命”中陈开学遭受迫害。1968年在盘溪学习班被重点批斗，人身自由受到限制。1969年8月复员，带着妻子和儿女回到陆良洪武当农民。虽然政治上受到巨大打击，生活上十分困难，但他始终保持了共产党员的本色，坚信党的宗旨和信念。他以坚强的意志和满腔热情同社员一道薅秧、锄草、挑粪、割草，参加各种农业劳动。在回村之前，他自备了一套理发工具，休息时给农民理发。他还将自己积蓄的三千多元工资拿出来帮助洪武乡建了一个抽水站，给生产队买了七只羊，发展畜牧业生产，深受群众的好评。1971年，得到板桥区委及陆良县委的关心，抽调到板桥区公所和县委宣传部做临时工作，待遇是每月5元人民币，以农代干，半年之后定为29级，工资31元。在这段时间里，陈开学深入农村调查研究，参加农村工作，走遍了全县大部分村寨，总结群众经验，报道农村先进事迹。由于在农村工作中能深入群众，体察民情，扎实工作，1971年被陆良县委授予转业复员退伍军人先进代表，受到物质奖励。1975年，中央军委下发了纠正“文革”中错误处理营以上干部的文件规定，云南省军区党委于1976年2月给陈开学落实了政策，重新返回到云南省军区，后转业到云南省国防工办工作。

“四人帮”粉碎以后，陈开学先后任云南省国防工办揭批查办公室主任、组织处处长。1980年2月，调云南省第五机械工业局任副局长、党组成员、纪委书记。在这期间，他先后带领工作组对陆良包装厂、宣威铸造一厂、铸造二厂进行整顿，选拔配备领导班子，恢复生产，使工厂恢复了生机。1983年9月调云南省纪律检查委员会工作，任全省打击严重经济犯罪办公室副主任，负责大案要案的查处，指导全省的打击经济犯罪工作。1985年7月，在中共云南省第四次党代会上被选举为省纪委委员、常务委员。1987年10月调任云南省监察厅任副厅长。在省委和省政府领导下，他和副厅长李光祖同志一道，负责组建全省监察机构。在较短时间内，筹备组建了省监察厅，同时，指导组建了地州市监察局及128个县市监察局和省属厅局监察室，迅速在全省开展了行政监察工作。在监察厅工作期间，负责信访举报、宣传教育、案件查处等工作。全省共查处了涉及县处级以上的大案要案802件，涉及厅局级干部36人，县处级干部177人，分别给予了党纪政纪处分。1988年在北京召开的全国监察工作会议上，陈开学作了大会发言，对云南省查处大要案工作作了交流，受到监察部的表扬。1990年8月，在中共云南省第五次党代表大会上被选举为中共云南省纪委常务副书记，协助省纪委书记抓纪委的全面工作。工作中，他团结省纪委领导班子和广大纪检干部，坚决贯彻执行党中央和省委反腐倡廉的指示，在全省深入开展党风廉政建设和反腐败斗争，狠抓领导干部的廉洁自律，严肃党的纪律，认真查处违法违纪案件，抓住群众反映突出的热点问题，清理和纠正不正之风。1983年到1995年，陈开学在纪检监察工作期间，始终站在反腐倡廉的第一线，深入机关、工厂、农村，倾听群众意见，深入调查研究，顶住各种压力，排除各种干扰，查处了全省的大案要案，指导各级干部自查自纠各种不正之风，对于群众的举报和反映强烈的问题，坚持以对人民极端负责的精神，实事求是查清事实真相，对违法乱纪者，绳之以党纪国法；对诬告陷害他人者，严肃追究责任。对受诬陷诽谤的干部，澄清事实，还以清白，深受广大群众的好评，促进了云南的改革开放和经济建设的健康发展。

1993年，在政协云南省第七届委员会上当选为政协委员，陈开学认真履行委员职责，积极参与省政协视察考察工作，了解民情，反映民意。对反腐倡廉、党风政风进行调查研究，带领工作组对云南边疆民族地区在改革开放中反腐倡廉的政策指导进行了专题调查，撰写了《从边疆民族地区的实际情况出发开展反腐斗争的报告》在中纪委召开的边疆民族地区的研讨会上发言交流，获二等奖。1996年带领调研组对实行政务公开加强领导干部监督进行了调查研究，在全省政治协商全体会议上作了大会发言，对党政机关提出了廉政监督的建议。1998年，陈开学从领导岗位上退休之后，仍然坚持深入农村、工厂调查研究，反映社情民意，给省纪委提出反腐倡廉的建议。受云南省委委派，陈开学参加省委三讲教育，担任督导巡视组长，先后到省级厅局和德宏、楚雄、红河等地州及所属县市进行三讲教育的巡视督导工作。1999年之后，陈开学被选举为省纪委监察厅老干支部书记、老年体育协会主席，组织老干部开展文艺体育等健康有益的活动，开展精神文明建设。从2001年到2007年间，先后有5年被评为优秀共产党员、优秀党务工作者。2002年，在云南省委组织部、省老干局召开的全省表彰会上，被授予全省老有所为先进个人。2004年，昆明市委、市政府授予他昆明市优秀文明市民称号。2005年在中共云南省纪委全会上，省纪委、省监察厅授予陈开学“党的忠诚卫士”荣誉奖章。

为建广厦千万间

——记陕西省原建材工业局局长、党组书记邵严国

邵严国，男，高级经济师，1932年出生于云南陆良马街镇老马街村一贫苦人家。1947年参加革命，1948年入伍，1949年2月入党。

参加工作后，先后任解放军滇桂黔边区纵队第三支队宣传员、保卫班长。继之，又先后在纵队司令部机要科、罗盘地委、昆明地下电台、云南楚雄军分区、剿匪部队、志愿军三兵团司令部机要处、西南军分区气象处机要科任译电员、秘书。1954年转业（副连级），同年11月在国家气象局机要处任科员。1959年8月调西安国营847厂，任党委办公室秘书、副主任。1961年3月调陕西省委国防工业委员会办公室任秘书。1965年1月调省军区国防工业工作部任办公室副主任，第二次穿上军装（副团）。1966年8月，又转业回省委国防工委。1969年12月，调陕西省基建指挥部后勤组建材组任干事、组长、后勤组副组长兼建材组长等。1973年5月调陕西省建材工业局，任副局长、党组成员，局长、党组书记。1993年局改为陕西省建材工业总公司（正厅级）任总经理、党委书记，兼任省硅酸盐协会理事长，国家建材局政策研究中心特约研究员，中国建材技术经济和管理现代研究会一、二、三、四届理事等。业余爱好写作和摄影，1958年加入中国作家协会西安分会，1995年10月离休后，加入陕西省和西安市摄影家协会，并任陕西省老年摄影协会副会长、陕西省老干部活动中心“夕阳红”摄影协会会长等。

邵严国少年时代就读的钟灵中心小学和创建在马街街上的萃山中学是革命摇篮。他的校长、老师有皇甫立本、朱杰、杨晓、肖鹏、左向等一批地下党员，主管这两所学校的是后来举行马街“七·二四”武装起义和担任云南讨蒋自救军三支队长杨体元。学校不但给学生传授文化知识而且进行了大量的革命思想启蒙教育。萃山中学建立了奖学制度，为家庭贫穷学习好的学生创造就学机会。在邵严国面临失学的危难时刻，得到了校长皇甫立本的救助。二是对学生进行勤劳、吃苦教育。种水稻、上山拉运沙子，修厕所，砌围墙、理发、刻章、刻印木刻年画。三是多方面对学生进行革命思想教育。设图书室两间房，备有国民党查禁的进步书籍供学生阅读。其中有延安解放区出版的《吕梁英雄传》和翻译出版的苏联革命作品《战争与和平》等。利用美术

课，教学生画革命宣传画，还有反“三征”，反压迫剥削，反国民党的讽刺漫画。邵严国刻印了版画列宁头像、进步作家罗曼·罗兰等头像和“反苏大游行”漫画（现已收藏马街学校文物馆）。第三，教学生写针砭时弊的革命文章。他在以《街子天》为题的作文中写道：“街子天，街子天是富人的乐园……；街子天，街子天是穷人正着急做一天，卖了一整街（七天）的苦工，工资不过二千元（相当现在2角钱）……这未免太不公平了，我们一定要打倒地主贪官污吏，使大家一样平等。”再是教唱革命歌曲：“这日子真像在水火里”，“要在黑暗中向着黎明猛冲”，“挽起手来打破牢笼”，“恨今日奸贼满朝”以及直指蒋介石的《你这个坏东西》。马街学校的这一些革命思想教育，为打响云南解放战争反蒋第一仗马街“七·二四”武装起义和创建云南人民讨蒋自救军第三支队，打下了良好的思想基础。

这些活动之所以能够真实再现历史，邵严国在《母校革命教育的回忆》一文中写道：“我非常感谢我勤劳、善良的父亲。在我上山打游击后，国民党反动派五次抄我的家，关押我的舅父，逼死我的祖母……父亲在东躲西藏自身难保的情况下，还把我读书时的作文、日记、木刻、画页完好的保存下来。每当想到这些，我就会情不自禁地热泪盈眶！”是的，他的父亲邵金堂不仅勤劳、善良，而且精于木工活计，作文《街子天》中的穷人正是对父亲的写照。

邵严国还写了革命回忆录解放战争中的《艰难的历程》一文收录在他的文集《为建广厦千万间》中，重点记述了进昆明设地下电台的前前后后。

邵严国的主要业绩：参加革命后，无论在地下工作、游击战争、地下电台、抗美援朝、工业建设等工作中，从来不怕艰苦困难，服从组织调动，干一行、爱一行，学一行、钻一行，特别是在“文化大革命”那个特殊年代，从陕西省国防工委的一个副处级干部，调到管建材工业的部门做一般干部，抛弃个人的恩怨得失，深入建材企业学习调查，向专业技术干部请教，看专业书，逐渐从外行变为内行，并十分热爱为社会主义建设最实际的添砖加瓦的建材工业。在陕西省从事建材工业领导部门工作27年（任副局长、局长、总经理共计23年），为陕西省建材工业的发展作出贡献，并不断针对工作中存在的问题，特别是经济效益和环境保护方面，刻苦钻研，撰写了10余篇论文，在国家和省级多处报刊发表，不少篇收入国家建材局汇编的论文专集。出版有《邵严国建材文集》（中国建材工业出版社1991年）、《为建广厦千万间》（中国建材工业出版社2002年）。主要论文有《试论“集中煅烧熟料，分散磨制水泥”的经济效果》（在中国第一个系统提出），国家建材部《调查研究》、陕西省委《调查资料》、新华社《国内动态清样》（胡耀邦总书记作过重要批示）、《内部参考》、《中国建材》等报刊先后摘要刊登，1987年获中国建材工业技术经济和管理现代化研究会优秀论文二等奖；《关于提高经济效益的几个问题》发表于《人民日报》、陕西省委《调查资料》、中国建材工业会计学会《建材财会通讯》等；《陕西周原出土文物证明三千年前我国已生产使用砖瓦》，做出了“中国砖瓦发源地在陕西省周原，已有3100年历史，在砖瓦的发展史中，先有瓦后有砖3个新的结论。”此论述的相关文章曾发表于《昆明报》、《中国建材》、《人民建材报》、中国硅酸盐协会《硅酸盐通报》、《砖瓦》等报刊；《大力推广混凝土空心小砌块，保护耕地，节约能源，一举多得》，发表于国家建材局《建材政策研究》、中国建筑砌块工业协会《建筑砌块与砌块建筑》、《陕西建材》等。1994年获陕西省职工自学成才一等奖。

离休后，仍为“水泥企业的收尘”等环保问题而奔波，并对如何减少对大气层排放的二氧化碳，缓解人类面临地球变暖的威胁做了不少研究。还酷爱摄影，出版有《邵严国风光摄影作品选集》及《泰国风光》、《凝固的诗》等挂历，在昆明、西安五次举办个人摄影展，颂扬祖国的壮丽河山。2000年8月，不顾68岁高龄，自费到西藏拍摄风光，10月在西安举办“中国西部风光摄影展”；2003年4月、9月两次回故乡拍摄风光，12月在西安举办《云南奇特新景观摄影展》（展有世界罕见的彩色沙林、世界首创的彩色沙雕及昆明九乡溶洞等照片116幅），这些展览都受到参观者的热情赞扬。2004年5月、9月先后到井冈山、延安拍摄革命圣地新面貌，在《陕西画报》等报刊刊登照片和感想文章。近些年仍年年外出摄影。

赵加寿自述

（曲靖军分区原政治委员）

我是云南省陆良县旧州村人。1934年4月出生，1949年7月入伍，1956年10月入党，1989年离职休养，高小文化，历任战士、班长、排长、县人民武装部参谋、军分区参谋、人民武装部副政委、人民武装部政委、军分区副政委、军分区政委等职。党内曾任党支部书记、人民武装部党委书记、军分区党委委员、军分区党委书记、省军区党委委员、曲靖地委常委等职。

我出生于一个贫苦的农民家庭，3岁时母亲病故，13岁时父亲去世，随继母及哥嫂生活。小学毕业后因家境贫寒，辍学在家。1948年7月，时年14岁，南盘江决堤，洪水淹没了农田、村庄，农作物颗粒无收，房屋倒塌。因生活所迫，大哥借钱买了两匹马，叫我跟随本村一生意人到宜良、曲靖、弥勒等地驮运大米、红糖等到家乡出售，本想通过自己的劳动来贴补家用，但因年幼无知，不懂经营，结果事与愿违，生意一亏再亏。无奈之下，只好弃商在家务农。1949年7月，当地游击队的同学梁永生回家探亲，在他的动员下便随同他一起参加了游击队，从此走上了革命道路。

1949年7月，正式加入陆良县西区游击大队。入伍后，在师宗与陆良县交界的龙海山及陆良县西山区一带活动。主要任务是堵截国民党残部向南逃窜、打击当地土豪劣绅，宣传和组织群众做好新生人民政府成立前的筹备工作等。1949年9月西区游击队编入边纵护乡二团，担负守卫县城和"迎军"任务。1950年初，所在部队整编为宜良军分区基干第八团，奉命到贵州省兴义县剿灭当地暴乱的土匪。1950年下半年，云南部分地区地主武装相继暴乱，基干八团被调回云南，我所在连队奉命在师宗、泸西、路南等地承担剿匪平乱任务。在这期间，我曾先后参加了10多次围追堵截国民党部队及剿灭土匪的战斗。

1952年5月，所在基干团整编，我带一班调到师宗县公安局。到任后恰逢师宗五洛河（今五龙乡）一带地主武装暴乱，结伙上山成匪。当即奉命前往剿匪长达一年有余，因地形复杂，土匪顽固，剿匪任务十分艰苦。由于军队和地方政府指挥领导有方，以及当地武工队的主动配合，我们上高山、下河流、钻草丛、搜山洞、进出原始森林，共歼灭土匪30余人，有力地打击了土匪的嚣张气焰，保卫了人民政权，促使当地土地改革工作顺利进行。

1955年，我奉命调师宗县人民武装部工作，时任参谋，分管高良乡民兵工作。由于该乡六鲁、鲁朋村一带7个不法分子不服改造，上山为匪，扰乱社会治安，破坏人民群众的生产、生活。我与公安队的干部、战士一道，再次担负起剿匪任务。在长达一年多的时间里，白天搜山，夜里堵卡，终于圆满地完成了剿匪任务，取得击毙土匪1人，其余6人投案自首的战果，使当地政府和人民群众有了一个安宁的生产、生活环境。土匪肃清后，社会秩序恢复正常，我又回到县武装部工作，带领民兵完成政府交给的急、难、险、重任务，组织民兵开展军事训练，参加军事大比武等。我在工作中兢兢业业、任劳任怨，由于成绩突出，1956年至1960年，先后三次被县人民武装部评为民兵工作积极分子，分别出席了曲靖军分区、云南省军区、昆明军区召开的积极分子表彰大会，并受到各级的表彰奖励。

1961年3月，由于勤奋好学，业务熟练，被调任曲靖军分区司令部组训科参谋，负责本科内勤工作。我在工作中上进好学，很快熟练掌握了高层机关的工作业务，并做到上情下达，下情上报，圆满地完成了上级交给的各项任务。1965年3月，随分区首长到原曲靖县（今麒麟区）五联乡参加“四清运动”的试点工作，完成了工作组安排的一个生产队的试点任务。

1966年3月，调寻甸县武装部任副政治委员，先后参加了寻甸县的“四清运动”和“文化大革命”。1967年初，“四清运动”刚结束，在上海“一月风暴”的影响下，“造反派”夺取了县委、县政府的领导大权，进而演变成夺取党、政、财、文大权的风暴，使党政机关处于瘫痪状态。时下，军队奉命执行“支左、支工、支农和军管、军训”的任务，我作为当地驻军的负责人，坚决贯彻党中央“抓革命、促生产”的指示，与其他同志一道出色地完成了上级赋予的艰巨任务。

1968年，毛泽东主席决定接见全军团以上干部代表。当年9月，我有幸被通知到北京解放军政治学院学习，边学习边等候毛主席的接见，10月1日还参加了北京天安门广场的国庆观礼。次年2月的一天，毛主席及党和国家领导人在北京体育馆亲切接见了我们。当晚，我怀着兴奋的心情乘专列离京返曲。回到分区后，随即参加了云南省军区在盘溪举办的“划线站队”学习班，在学习班里， 自己坚持原则，实事求是地讲清了问题。1965年5月，学习班结束，回到曲靖军分区参加整党、建党学习。同年7月，又到云南省军区“五七”干校劳动锻炼。直到1969年10月，劳动锻炼结束，回曲靖军分区机关帮助工作。当年，被“五七”干校评为“五好学员”。

1970年12月，组织任命我为罗平县人民武装部副政治委员，1977年晋升政治委员。初到罗平时，“四人帮”势力横行，武斗、游街及批判大会随处可见，部分专职武装干部被免职批斗。为保证他们的人身安全，我将这些人员集中到县武装部学习劳动，使其免受游街和批斗的皮肉之苦，事后这些干部对我十分感激。在“文革”期间的特殊年代里，民兵工作根本无法正常开展，无奈之下，我就带领人民武装部机关干部到民族地区八达河村围滩造田，力所能及地做些有利于群众的好事。1973年，“四人帮”猖狂时，地方一些追随者强迫武装部给民兵发枪，“命令”武装部组织民兵进城保卫所谓的“红色政权”，由于我在武装部党委会上坚决反对，使其计谋没能得逞，避免了一场武斗灾难。1976年，“四人帮”反革命集团被粉碎后，全县人民兴高采烈，召开万人大会庆贺。在万人大会上我第一个发言，摆事实，讲道理，义正词严地批判了当地一伙“四人帮”追随者的丑恶言行。

1981年，我被提拔为曲靖军分区副政治委员，1983年晋升为政治委员。任职期间，注重加强军分区党委班子建设，在大家的共同努力下，圆满地完成了军队赋予的各项工作任务。随着党改革开放政策的不断深入，军队建设也逐步走向正规，先后筹集资金60余万元，对分区机关、教导队和分区民兵武器库进行了改造、整治和加固，使其规范、合理、适用。在任军分区政委期间，同时担任曲靖地区地委常委，参加地委工作，接受“双重领导”。工作中，注重维护班子团结，充分发挥桥梁纽带作用，不断改善军政、军民关系，最大限度地消除因“文化大革命”在军政、军民团结方面造成的不良影响。与此同时，按照民兵工作“三落实”的要求，在抓好国防后备力量建设的基础上，协调和组织驻军及民兵预备役人员积极参加地方经济建设，投身改革开放的伟大事业，完成急、难、险、重任务。任职期间，还先后多次代表地委对部分地方县级领导班子进行考察调整配备。期间，也曾因工作成绩突出，多次受到了云南省军区的表彰奖励。

1989年，组织决定我离职休养。离休后，为充分发挥自己的余热，先后担任干休所老干部党支部书记、干休所党委委员及干休所老干部管理工作委员会主任等职。期间，注重发挥自身优势，先后协调军地支援资金数十万元，用于解决老同志的实际困难和弥补干休所工作经费不足。2003年至2006年，全程参与了干休所党委统抓的拆旧建新工程的决策与实施，不仅为老干部和遗孀解决了一套属于自己的住房，而且使干休所的面貌焕然一新。与此同时，还分别担任曲靖市老年网球协会和钓鱼协会主席、云南省老年钓鱼协会理事等职。10多年来，不论是政治学习，还是业余生活，不论参加地方活动，还是参与军队建设，自己都能够始终保持乐观向上的态度，积极参加市委、市政府安排的集体活动，热心参与社会公益事业，积极发表个人的意见和建议，尽到了一个老共产党员应尽的责任，曾先后10余次被评为“优秀共产党员”和“先进离休干部”。特别是担任曲靖市网球协会主席和钓鱼协会主席的10多年间，从克服组建初期经费难筹措、活动难开展的种种矛盾和压力，协调地方各部门的关系，筹措资金220余万元，在曲靖市老年大学修建了4块高规格的室内塑胶网球场，经历了无数的曲折和艰苦，终于使曲靖市的老年网球事业步入快速发展的快车道，并两次在曲靖市成功地举办了“全国十城市老年网球协作赛”，受到了各方好评，离退休老同志平时的网球锻炼及赛事活动也逐步走向正规，先后获得全国和全省奖项20余个。在主持老年钓鱼协会工作的15年间，无论困难有多大，都坚持每年组织一至两次全市钓鱼比赛，积极参加云南省钓鱼协会历年组织的省级比赛，曲靖市代表队先后多次获得名次和奖励。同时还在曲靖成功地组织了两届云南省钓鱼协会举办的钓鱼大赛，受到了各地、州、市钓鱼爱好者的好评。由于个人在组织开展群众体育工作中取得了一定的成绩，被云南省体育局授予2002~2005年度“云南省群众体育运动先进个人”荣誉称号。

回眸戎马一生的军旅生涯，自己从一个贫寒家庭走出来的苦孩子，能一步一个脚印地成长为一名中国人民解放军正师职干部，这都得益于党的教育和培养，得益于各级领导和各位战友的教诲和帮助。在此，谨向我的老领导及各位战友表示衷心的感谢！

我的人生路

——曲靖市政协原副主席赵建成自述

1944年3月1日，我出生于陆良县马街镇三堡村一个农民家庭，父亲赵映志，母亲徐翠兰都是地道的农民，一字不识，凭着勤劳的双手，维持着一家四口的生活。父亲除做农活外，家中只有六亩多的土地，在农闲时还到城里打工（水泥工）。哥哥赵有臣读完小学，先在家帮做农活，之后就参加了共产党领导的革命队伍，参加过清匪反霸等工作。临近解放时，哥哥成了家，生有一女，家中有六人。土改时，我家划为中农，土改后复查，依然如故。父亲参加过互助组、初级社，后又进入高级社。1953年哥哥因病去世，家中发生了重大变化，父母因考虑要留下幼小的孙女，便将嫂子招亲，女婿是共青团员，家中也是中农，但个性耿直，在高级社中冲撞了社干部。为达到整垮我家的目的，在“左”的路线下，个别干部借“改造落后社”之名，1955年就把一个既没有出租过一分土地，又没有雇过一个长工的中农家庭硬是划为“地主”，没收了财产，家庭十分困难。时值我正在陆良盘江小学读高小（父亲因农闲常到城里打工，1954年郭家村初小毕业就带我到县城盘江小学接着读书）我的高小，初中（陆良一中初33班），高中（陆良一中高四班，后高三班）学习生活，都是在极端贫困中度过的。幸亏老师的同情帮助、国家的扶持，得以继续就学。我从小就养成了艰苦朴素、奋发向上的良好作风。虽然个子瘦小，身体单薄，但干体力劳动比其他同学卖劲，学习成绩也一直比较优秀。升入高中学习，高一仅读了一年，就跳级升入高三，在陆良一中校长、老师的教育下，1961年以优异成绩考入云南大学数学系（听校长老师讲，数学考了满分）。在那个唯成分论的年代，出身“地主”家庭，能考入云大，就十分难得了。

在大学期间，我刻苦学习，成绩优异，曾担任过学习委员、小班长等，但因为家庭成分的原因，一直没能加入共青团组织，更不用说加入共产党组织了。1966年大学临毕业，曾参与华罗庚组织推广的统筹法试点工作，到过工厂两个月。随后，“文化大革命”开始，毕业分配延期到1968年9月。

在“文化大革命”时期，知识分子是“臭老九”得靠边站，只有中小学还需要教师。1968年10月，我被分配到临沧地区凤庆县第二中学教书。

在“文化大革命”和凤庆县教书的头几年，我有充分的时间看书。《毛泽东选集》、《马恩选集》、《列宁选集》都看，《资本论》三卷都认真阅读过并详细作过读书笔记，写了一些感想，这些对后来从事行政经济工作都有很大帮助，同时在这期间还学习了一些工农业实用知识。

在“文化大革命”期间“教书”什么都要会。我除教数学外，还教体育，也干过图书管理、伙食会计等。

由于我看了不少马列的书，看了阶级分析的政策，对家庭和社会的情况有了一些认识，为加入共产党组织，如实汇报了家庭成分情况。这一来，就不得了啦。在“文革”反击翻案风之时，我曾几次被强加上“顽固坚持地主立场，为地主翻案”之罪名，后被定性为“不可教育的子女”而开除公职。1977年9月，回到了陆良老家三堡村当农民。

在当农民期间，我学过木匠也学过裁缝，参加了整治盘江河的劳动，受到好评之后，大队叫我当民办教师，负责数理化教学，一人顶两人用，民办补贴也给我双份（其他人每月6元，我每月补助12元）。由于大家公认我“会教书”，“教得好”，公社又把我抽去辅导全公社附属高中班学生的复习课。陆良一中、陆良二中的领导先后提出要我。随后，由于高考的恢复，教育的复兴，大量需要人才。临沧地区教育局局长得知我的情况后，向地委汇报，并亲自到凤庆县鲁史做我爱人巫绍美和我岳母的工作，后几次来电要落实我的政策，叫我回临沧师专任教（那时临沧想办师专）。

1978年10月，陆良县的领导知道我的情况后，不让我回临沧，马上落实了政策，恢复了家庭中农成分，恢复了我的公职，安排我到陆良一中任教，后担任教导主任。由于我忠诚党的教育事业，任劳任怨，踏实工作，1983年光荣地成为了一名中共预备党员（1984年7月转为正式党员）。

在从事教育工作期间，由于自己业务熟悉，勤奋工作，认真负责，受到曲靖地区教育局，陆良广大师生家长及社会各界的广泛好评。

1983年，我国处于干部人事制度的重大改革时期，“四化”（干部革命化、年轻化、知识化、专业化）成为选拔配备领导班子的要求。在这一时代背景下，当时的地委书记保永康亲自找我谈话做工作，把我选拔到陆良县常务副县长的位子上，从此离开我热爱的教育岗位，走上了行政道路。

带着强烈的责任感和要为家乡父老做点事的愿望，我上任履行常务副县长的职责，虽然分管部门多（科教文卫、计划生育、劳动人事、城建等），情况及政策工作方法都不熟悉，但由于坚持深入基层向实践和群众学习，向书本学习，向老干部学习，这样，逐步适应了行政工作。1986年7月至1987年8月，上级又送我到中央党校培训部学习，结识了不少地方同志，学到了不少知识，还重点研究了经济问题，各方面素质都得到提高。从1983年到1992年9月，在担任副县长的几年中，参与了“部署和筹划教育普六、普九工作”及全省四个教育综合改革试点县的工作，全县的教育事业有了新的进展；计划生育工作逐步走上正轨；体育卫生工作有了新的进步；指挥了南盘江决堤的抢险工作，并取得初步成效；为全县经济社会发展和社会稳定做了应做的工作，认真履行了工作职责。

这里提两件事：一是1989年陆良反腐倡廉工作由于领导中存在的个别问题，导致了陆良从1990年到1992年间工作的被动，我协助书记、县长做了大量有关协调关系，理顺情绪，调动各方面积极性，改善陆良内外发展环境的工作，并取得了明显成效。另一件是1991年的“五·二六”事件，我负责前沿工作，分别深入马军营、旧州等村寨，认真细致做好群众的劝说工作，为社会的稳定、事件的妥善处理做了大量工作。

1992年10月，我被任命为代县长（1993年3月选为县长），县委书记是王学智同志。县委班子和政府班子根据小平同志“南巡”讲话的精神，结合陆良实际，坚持改革开放，除调动广大群众的致富积极性外，我们还规划建设了一个开发区，修建了一条当时全省首条县级60米宽的同乐大道，并开辟了同乐市场。在开发区的奠基仪式上，尹俊、保永康、梁林等省级领导到会祝贺。《云南日报》记者写了“重振陆良雄风”的报道。

1993年6月，王学智同志调任为曲靖地委委员组织部长，朱建义同志任县委书记，我继续担任县长。1996年朱建义同志调走后，我担任县委书记。从1993年到1997年期间，我们抓住了陆良发展中的一系列机遇，同时也应对了一系列挑战，克服各种困难，促进了陆良经济社会发展，老百姓的收入明显增加，全县粮烟桑建筑建材五大支柱产业基本形成，县城经济实力明显增强：一是抓住了与玉溪烟厂建立烟叶基地的机遇，烤烟栽培面积由10万亩扩大到20万亩，烤烟产值由1亿元增加到4亿元，到1997年农民人均纯收入已居全地区首位，财政收入突破2亿元，达到2.89亿元（1993年仅6000万元），预算外收入5000多万元，农田水利建设，农村道路建设得到极大发展，新建了现代化的复烤厂，带动了工业经济的发展；二是抓住了烤烟机遇，适时免征农村订购粮，这一举措，既有利于农村产业结构调整，又为农民减轻了2600多万元的负担；三是面临着全国毁桑的形势，为保护陆良蚕丝绸产业，考虑农民的长远利益，果断决策：首先，不准压低蚕茧收购价格，价格要略高于从前及周边价；其次是为减轻丝绸公司负担，对其税收予以返还；然后是对丝绸厂给予税收和其他方面的照顾，扶持其生产，发挥好丝绸产业的带头作用；最后是桑地仍照烟草一样，安排水浇地经费补助，这样使陆良的丝绸产业得以保全，农民的利益得到了有效保障收入有了明显提高。这一举措，云南电视台曾做过专题报道。四是在1993年至1994年间，陆良财政十分困难，干部职工住房很紧张，不少干部职工住招待所，针对这一情况，我们不花财政一分钱，出台了集资建房规定，解决了广大干部职工的住房问题，获得了社会的广泛称赞；五是针对陆良电力十分紧张，是经济社会发展的瓶颈的局面，为解决这一问题，我们通过招商引资，与泰国协联建立关系。第一届昆交会期间，我陪同泰国前总理阿南（协联董事长），实地对陆良进行考察，最后合作办了电厂。电厂竣工后，请省委省政府领导出面，协调上网问题。发电投产后，取得了明显的经济社会效益。

在时任县长期间，一方面大幅度增加农民收入，另一方面千方百计减轻农民负担，政府办公条件很差，中央监察部一司长下来检查工作，看了我的办公室后说：“我跑了全国很多地方，有贫困县也有富裕县，你的办公室是最差的。”时任中共中央书记处书记的温家宝同志在中南海主持召开减轻农民负担座谈会，我荣幸地参加了仅有11人的座谈会（县长仅我一人）。

根据我在陆良培育支柱产业的体会，省《创造》杂志特邀我写了《培育支柱产业应解决的问题》，发表在1997年第8期的《创造》杂志上。

在任县长期间，还与中科院一道，搞了全国首个县级可持续发展规划。

在任县长县委书记期间，由于我对建设县武装部的重视和所做的工作，得到了省委省政府的充分肯定，授予我“党管武装好书记”荣誉称号。

1997年10月，曲靖地改市，我是市第一届的党代表，第一届市委委员，第一届人大代表，第一届政协委员，在政协全会上被选为市政协副主席。到市政协一个月后，市委又任命我兼任市委统战部部长。从1997年11月到2003年期间，我参与了政协的一系列调研活动，特别是对非公经济的调研，并写出的报告，受到了市委、市政府的高度重视，并采纳了一些建议。在这期间，我跟省委统战部各地州的统战部门加强紧密联系，也加强了各县统战部之间的联系，与市直相关部门的联系，与民主党派非党人士的联系，上下左右关系非常协调，获得了大家的广泛赞许。加强了民主党派工商联的建设，民主党派工商联参政议政的作用得到了更大的发挥，成立了民革、民建、民盟农工市委，民主政治上了一个台阶。着力培养选拔党外干部，在2003年全市的换届工作中，市人大有党外干部，市政协班子达到了中央、省的要求，市政协常委也达到了中央和省市委的要求，民主政治有了相当的进步，我领导的市委统战部被省委评为先进集体，受到省委的表彰。

2002年9月，省委任命我为市政协巡视员。市委也要求我继续抓好换届前的工作。2003年3月，市政协二届会议后，我退出市政协领导班子。2004年6月退休。在退休期间，市委政府领导要我继续工作，市里成立农村劳动力资源开发促进会，要我担任会长，为农民做点实事，为党委政府决策做好参谋，我欣然接受了这一任务。几年来，促进会搞了一些调研考察，提了一些宝贵意见和建议，促进了曲靖市农民的培训转移输出工作。促进会被评为“全国创业之星”，受到了表彰。退休后，业余爱好是桥牌，我是市桥牌协会的名誉主席，为曲靖市也为陆良的桥牌运动贡献了一些力量，受到桥牌爱好者的肯定。

我的一生，经历过若干个岗位，无论是农民、教师、副县长、县长、县委书记、市政协副主席兼统战部部长，任巡视员，还是退休做点社会公益事业，我都尽心尽力，争取用一流的成绩来回报社会和人民。

回顾我的人生道路，虽然坎坷，但却十分充实、幸福。

人民的忠诚卫士

——记云南省警卫局政委皇宏建大校

皇宏建，现任云南省警卫局政委（正师职）、武警大校警衔，研究生学历。

皇宏建于1960年出生在陆良县马街镇皇家村一个普通的农民家庭，家乡的土地哺育了他的成长，家乡的山水陪伴他度过了灿烂的中小学时光。

1979年12月，皇宏建应征入伍，光荣地成为一名武警战士。入伍后，他被分配到武警德宏支队瑞丽中队当战士。在火热的警营里，他服从命令、听从指挥、尊重领导、团结同志，对工作兢兢业业、任劳任怨，各方面得到全面发展，深受领导和同志们的好评。1981年7月，他光荣地加入中国共产党，成为了一名共产党员。1983年8月，被提升为干部，并被调入武警云南总队德宏边防支队司令部任正排职参谋。1984年12月，调任武警德宏边防支队勐弄边防工作站任正连职站长。1986年12月调武警德宏边防支队司令部警务股任参谋（正连职）。1987年11月任警务股副股长（正连职），1988年11月任警务股股长（副营职），武警上尉警衔。1991年2月调武警德宏边防支队瑞丽边防大队副大队长（正营职），武警少校警衔。1994年1月调武警德宏边防支队任参谋长（副团职），1996年7月任支队副支队长兼参谋长，武警中校警衔。1997年7月任武警德宏边防支队支队长（正团职），武警上校警衔。2000年12月任云南省公安边防总队政治部主任（副师职），武警大校警衔。2004年4月任云南省公安边防总队副政委兼政治部主任。2007年6月调云南省警卫局任副局长，2007年12月任云南省警卫局政委，武警大校警衔。

皇宏建从一个不懂事的青年学生成为一名光荣的共产党员，从一名普通的士兵成长为部队的正师职领导干部，是党和人民、部队各级领导和战友们精心培育和关心帮助的结果，部队党组织曾多次送他到教导大队、省委党校进修学习。通过多年自身的努力，分别取得了大专、本科和研究生学历，经过多年的学习，极大地提高了自己的政治理论水平、军事技能和科学文化知识，为完成党和人民赋予的各项边防保卫任务打下了坚实的基础。

入伍以来，他始终坚定不移地忠于党、忠于祖国、忠于人民，热爱社会主义，认真学习马列主义、毛泽东思想、邓小平理论、“三个代表”重要思想和科学发展观。锐意进取、与时俱进，坚信共产主义的远大理想和信念，永葆共产党员的先进性，永远跟党走。无论是当战士还是做领导工作，他都谦虚谨慎、戒骄戒躁，对工作认真负责、任劳任怨、牢记宗旨、全心全意为人民服务。特别是走上领导岗位以后，他时刻用党的纪律、国家的法律法规、部队的条令条例和各项规章制度规范和约束自己的言行，坚决执行党的路线、方针和政策；在政治上、思想上、行动上同党中央保持高度一致，保证党对军队的绝对领导；在工作中严格要求自己，清正廉洁、大公无私、以身作则、率先垂范、尊干爱兵，带领部队出色地完成了一次又一次的执勤和边防保卫、警卫任务。

1995年以来皇宏建先后带领部队出色地完成了“95・11”、“8・17”、“10・24”等边境突发事件的处置任务。1997年2月，他带领边防武警官兵，不畏艰难困苦、不怕流血牺牲，围追堵截、丛林搜捕，在72个小时内不费一枪一弹，成功地将瑞丽“2・3”抢枪杀人案罪犯潘战兵抓捕归案，向党和人民交上了一份满意的答卷。在边防保卫斗争中，他无数次率领官兵开展边防执勤和缉枪缉毒斗争，与境内外各种凶狡异常、诡计多端、形形色色的贩毒分子进行针锋相对的殊死斗争，将一大批贩毒分子绳之于法，缴获了一大批毒品，捍卫了国家尊严，维护了边境地区的治安稳定、保卫了改革开放。所带部队多次受到上级党委、地方各级党委、政府的表彰，赢得了人民群众的广泛赞誉。特别是在德宏工作期间，为木康公安边防检查站的部队建设和边防执勤工作倾注了大量心血，成功打造了木康“缉毒先锋站”这一全国缉毒先进典型，在全国公安边防部队的历史上写下了光辉的一页。

在长期的边防保卫斗争中，由于工作成绩突出，部队党委先后4次给皇宏建荣记三等功，多次受到上级表彰。2001年9月，皇宏建率领木康英模代表团光荣出席了国务院、中央军委在人民大会堂授予木康公安边防检查站“缉毒先锋站”荣誉称号命名大会，受到了时任中央政治局常委、书记处书记、国务委员、中央政法委书记罗干以及公安部部长贾春旺等领导的亲切接见。

2007年6月，调入警卫部队后，他多次带领部队完成了党和国家领导人在云南视察期间的安全警卫和省里的重要会议、省领导的重要活动的安全警卫工作，受到了各级领导的好评。

时光如水、生命如歌。回忆往事，皇宏建说：“我无怨无悔，对青春无悔，对生命无悔。为了党和人民的崇高事业，为了祖国的繁荣富强，为了边关的安宁稳定，我甘愿抛洒青春和热血。”入伍以来，他志在边关，情系边防、情系国家的警卫事业。无愧于党和人民的培养教育；无愧于边疆和各族人民；无愧于家乡的父老乡亲；无愧于家乡的那片热土！

人民的忠诚卫士皇宏建，愿将毕生的精力奉献给党和人民。

语言学理论的深化与超越

——记云南师范大学原校长骆小所教授的语言学研究

骆小所，1948年生，云南陆良县人。1974年毕业于昆明师范学院中文系，1992年破格晋升为教授，1993年被国务院学位委员会批准为硕士生导师，1994年被授予“云南省有突出贡献中青年专家”称号，1996年被授予“国家有突出贡献专家”称号，1997年获教育部曾宪梓基金二等奖，2001年被评为全国师德先进个人。2007年泰国皇室授予南邦皇家大学荣誉博士学位。1998年至2007年任云南师范大学副校长、校长、教授、博士生导师。现为云南师范大学教授，省政协常委，教科文卫体委员会副主任、中国修辞学会副会长、华中师大博士生导师、云南省社科联合会副主席、云南省语言学会会长。

骆小所从70年代末开始，一直致力于语言学的研究，出版了在语言学界影响较大的《实用修辞》、《修辞探究》、《艺术语言学》、《现代修辞学》、《语言美学论稿》、《修辞学导论》、《艺术语言再探索》等7部个人专著，主编合著出版了《汉语言专题研究》等21部（套）书，在《语言文字应用》、《修辞学习》、《学术探索》、《汉语学报》等学术刊物发表了语言学研究论文近200篇，被人大复印资料全文转载17篇。他的《艺术语言学》、《现代修辞学》、《语言美学论稿》被专节写进了郑子瑜等主编的《中国修辞学通史》和《二十世纪的汉语修辞学》等著作中，日本出版的京都外国语大学《研究论丛》中的《论中国现代修辞学发展嬗变之历程》一文也专节作了评介，《修辞学习》、《学术探索》、《语言文字应用》等学术刊物发表了28篇评论文章对他的研究论著进行了评论，在国内外产生了较大的影响。

骆小所的《修辞探究》获云南省1979~1989年社科优秀成果二等奖；《艺术语言学》获云南省1990~1992年社科优秀成果一等奖；《现代汉语》（合著）1992年获国家优秀教材二等奖；《现代修辞学》获云南省1993~1995年社科优秀成果二等奖；《语言美学论稿》获云南省高校人文社会科学研究成果一等奖，云南省1996~1998年社科优秀成果二等奖；《现代语言学理论》获云南省1996~1998年社科优秀成果三等奖；《修辞学导论》获云南省1999~2000年社科优秀成果三等奖；《艺术语言再探索》获云南省2003~2004年社科优秀成果三等奖。他主持的“汉语言文学专业面向21世纪语言课程体系建设”2001年获国家级优秀教学成果二等奖；他主持的“国外汉语人才联合培养模式探索”2004年获云南省优秀教学成果一等奖。骆小所长期以来坚持以变异语言为研究方向，其开拓意义不局限于修辞学研究本身，而是涉及到了语言学研究中的难点问题。他提出的一系列系统的理论，对冲破逻辑、语法樊笼，有较强的艺术表现力的所谓“不规范”的变异语言进行了科学的阐释，填补了语言学研究中的一些理论空白。他提出以普通语言学和艺术语言学作为语言学研究的两翼，建构新的、更符合言语活动实际的现代语言学理论体系的构想，并在理论研究和教学实践中进行了大胆的探索，取得了令人瞩目的成就。现在，他又把目光投射到云南这座语言的金山上，在云南少数民族语言与汉语的交汇及比较研究、民族地区汉语教学研究、云南语言地理研究等方面进行了积极的探索。骆小所的语言学研究历程，可以从以下几个方面加以概括。

对传统语言学的深刻反思

追溯骆小所的语言学研究历程，不能不提到一篇重要的文章，那就是发表于1989年的《论语言学的危机和“再生”》（载于《社会科学探索（第一辑）》，云南人民出版社）。这篇文章在骆小所的语言学研究中具有纲领性的意义，表现了他在语言学研究初期就具有的恢弘的理论视野、深刻的反思意识和敏锐的学术洞察力。这篇文章中对语言学危机的深刻反思，为他以后的语言学研究在思想上、方法上奠定了坚实的基础，也为他在语言学研究的不断深化与超越过程中指明了方向。在骆小所取得辉煌学术成就的今天，我们回过头来看这篇发表于17年前的带有“学术宣言”或“研究纲领”性质的文章，就能明白骆小所多年来坚定的学术方向从何而来，他的研究为何起于修辞而又不止于修辞，他为何对传统语言学进行深入批判而又不与之决裂等，换句话说，就是为什么他能成为语言学家，而不仅仅是修辞学家。

在《论语言学的危机和“再生”》中，骆小所从传统语言学对语言的定义开始质疑，通过反证法的严密论证，指出传统语言学对语言的定义，不仅缺乏科学性，而且缺乏整体性。文章对中国语言学研究进行回顾并指出，到了19世纪，在西方结构主义描写语言学的影响下，中国语言学由对字和词作静态分析发展到对汉语结构系统内部各要素开展专门的静态分析和描写。这种研究方法来自西洋语法，特别是索绪尔的语言理论。索绪尔区分了语言和言语，强调了对语言的研究，把言语研究排斥于语言学研究之外。他又区分了语言的内部要素和外部要素，提出内部语言学和外部语言学，强调内部语言学的研究，把外部语言学排斥于语言学研究之外。长期以来，传统语言学就是在这种理论指导下对语言进行静态的分析，却忽视了语言作为交际工具的本质属性。把许多富有表现力、但不符合语法逻辑规范的语言作为“病句”而加以排斥，导致了传统语言学研究脱离语言交际和文学创作的实际，使语言学研究陷入了困境。

骆小所在对传统语言学进行深刻反思的基础上，指出传统语言学的局限性表现在：强调语言，忽视言语；强调语言结构，忽视语言功能；强调内部语言，忽视外部语言。他提出要把语言作为一个开放的整体，置于整个科学的背景下来考察。反对语言工作者局限在定势的学术圈里，做孤芳自赏式的采集标本工作。认为语言工作者应该不断开拓自己的思维空间，密切地注视世界范围内的语言科学研究的各种新动向和整个人类科学发展的总趋势，把语言研究汇入世界理论改革的大潮，以便在广阔的文化背景上对语言、特别是汉语进行理论总结和整体把握。

在语言研究方法上，骆小所提出，语言是个整体，要认识它的庐山真面目，不能只管分析，不管综合；只管静态分析，不管动态描述。而要纵横交错地多层次、多角度、多侧面对它进行研究。以多因多果的因果网络代替单因单果的因果链条；以动态开放的系统代替静态封闭的结构分析；以多种学科交叉、多功能选择、宏观微观并进的整体化的学术发展，取代长期以来汉语研究单科孤立的谱系式的学术沿革，才能拓宽研究思路，跟上时代前进的步伐。

骆小所对语言学危机进行了深刻的反思，提出语言学的“再生”之路，并在以后的研究工作中努力实践这些思考并取得了丰硕的成果。

修辞学研究

骆小所通过对传统语言学的深刻反思，在传统语言学停滞的地方，开始了他的语言学研究。他选择修辞学作为理论上的突破口。出版的代表著作有《实用修辞》、《修辞探究》和《现代修辞学》。从上世纪80年代直到今天，很多人还把修辞学放在传统语言学的框架内进行研究，热衷于对规范的、符合语法逻辑的修辞现象做静态的分析和描写，把修辞学作为语法学的补充研究，致使修辞学的学术品位难以得到提升。骆小所的修辞学研究，由于有自觉的理论意识，一开始就表现出与众不同的特色。

说到骆小所的修辞学研究，现在很少有人提到他在1986年出版的第一本学术专著《实用修辞》。今天我们回顾他的整个学术研究历程，却发现这是一本不容忽视的学术著作。它有两点特别值得关注：1．作者采用新的研究方法，从修辞的内部联系和外部联系总结和探究修辞规律。尤其是该书用模糊语言理论和心理学理论分析了部分修辞手法，这在当时修辞学界是不多见的，开拓了修辞学研究的新境界。2．作者从大学时代开始，就注意收集各种修辞现象语料。该书从大量的修辞现象入手，总结出70余种修辞方式，在分析各种修辞现象时注意了“同中之异”和“异中之同”。这些扎实的基础工作为他提出深层修辞理论打下了基础。

1988年出版的《修辞探究》，是骆小所修辞学研究的成名之作，他也由此被修辞学界公认为深层修辞理论的鼻祖。

传统语言学认为，语言是“思维的工具，是思想的直接现实”，强调语言和思维的一致性，把语法、逻辑作为修辞的基础，凡是不符合语法、逻辑框套的，就被认为是“不规范”的语言而加以排斥。骆小所通过对心理学语言学的研究发现，语言和思维并不总是一致的，它们之间有时存在着矛盾。这就从根本上动摇了传统语言学的理论基石。在众多的修辞格式当中，他发现有的修辞格，如设问、反问、摹状、排比、层递、对偶、迭现、相反相成等，辞面和辞里完全一致，它所运用的词语能直接表达概念、判断、推理。但也有的修辞格，如比喻、拟人、夸张、跳脱、反饰、移就、双关、反语等，辞面和辞里不一致，具有离异性，这些修辞格的语言往往不符合语法或逻辑规范，但却有很强的艺术表现力。骆小所受语法学中表层结构和深层结构理论的启发，在《修辞探究》中第一次提出了表层修辞和深层修辞的理论，他把辞面和辞里完全一致的修辞格称为表层修辞，把辞面和辞里不一致的修辞格称为深层修辞。

传统语言学理论指导下的修辞学研究，对表层修辞现象做了大量细致深入的描写分析，但对深层修辞现象缺乏理论解释力，把很多深层修辞现象简单地当作病句处理。骆小所敏锐地捕捉到这一学术契机，把深层修辞作为语言学研究的突破口和理论生长点，对其进行了深入的挖掘和探索。《修辞探究》用大量篇幅从变异艺术、词的动态使用性、使用深层修辞时心理的非自觉性以及使用深层修辞时的情感冲动、主体的超越性和心理控制等方面进行了深入的探讨。指出，深层修辞具有特殊的交际功能。一般语言的基本功能是表述功能，深层修辞的功能不同，它的基本功能是表情功能。深层修辞利用词的特殊组合即反常组合来实现。它把人们的意识从常识的樊笼中解放出来，它具有对语法规范的偏离性，即冲破语法、逻辑的框框。它是一种“无理而妙”的美感语言。

从《实用修辞》到《修辞探究》，骆小所在研究方法上不是沿袭以往的从修辞学本身研究修辞学的正向思维方法，而是借用了侧向的思维方法。他认为修辞学同美学、心理学、文艺学、精神现象学、语义学、社会学、符号学等众多学科有十分重要的联系。我们只有借助这些学科的理论，才能对修辞学进行全方位的考察，寻找到新的突破口。研究方法的创新往往是理论创新的前奏，这正是骆小所的修辞学研究给我们的一个重要启示。

1994年出版的《现代修辞学》，被著名修辞学家、华东师范大学濮侃教授称赞为“体现了九十年代的研究水平，完善了现代修辞学的学术体系”，可以说是骆小所修辞学研究的一部总结性著作。它的特点表现在以下几个方面：1. 它溶进了骆小所80年代研究的一些内容和理论，更溶进了90年代以来的一些新见解，为现代修辞学建构了一个较为完备的理论体系和学科体系。2. 它把修辞看做是社会化言语交际的艺术，把其研究扩展到现代社会口语和书面语交际的各个领域。从词语、句式、叙述方法的选择和准语言的运用，修辞选择的角度和语言风格等方面进行了全面论述。较好地体现了修辞学的实用性。3. 它着重从汉语动态使用性的角度研究修辞，把语境作为整个现代修辞学的理论基石，强调修辞义就是语境义，从而揭示了修辞言语的多样性和灵活性。弥补了传统语言学强调语言，忽视言语的局限性。

艺术语言学、语言美学研究

1992年9月，由云南人民出版社出版的骆小所的《艺术语言学》，成为学术界第一部研究艺术语言的专著。该书荣获云南省1990~1992年哲学社会科学优秀成果一等奖。

艺术语言指的是对语法偏离的语言。艺术语言表现思想和感情往往通过各种语项的超常设置来实现，它表面是悖理、病句、用词不当、句子不完整，但它深层却深藏着更特殊的含义。它往往不以语法规范为据，追求的是更高的社会规范，表达的是难以言说之义。换句话说，艺术语言是艺术化的变异语言。它被广泛应用于文学创作实践当中。

以索绪尔为鼻祖的结构主义语言学，强调研究纯而又纯的语言，而排斥对言语的研究。把语言研究的重点放在对语言结构的分析上，把语言看作一个封闭的系统。传统语言学在这种理论指导下对语言进行静态的分析，忽视了语言作为交际工具的本质属性。在这种背景下，艺术语言成为语言学研究的真空地带，成为“无人区”。长期以来，语言学界把艺术语言作为一种不规范的语言而加以排斥，导致了语言研究脱离言语交际和文学创作的实际，对艺术语言缺乏有力的理论解释。

骆小所敢为天下先，第一个进入“无人区”拓荒。《艺术语言学》率先跨出了系统研究艺术语言的第一步，对冲破逻辑、语法樊笼，有较强的艺术表现力的所谓“不规范”的变异语言进行了科学、系统的阐释，填补了艺术语言研究的空白。该书的出版，标志着艺术语言学这门崭新的语言学分支学科的创立，也是骆小所的语言学研究从单纯的修辞学研究向更深更广领域拓展的新起点。它的开拓意义在于，其研究对象已不局限于深层修辞现象，而是以言语的动态使用性（尤其是艺术化使用言语）为主要考察对象，实质上已触及到了语言学研究中的难点问题。

动态研究和功能研究是《艺术语言学》在研究方法上的突出特色。骆小所2001年出版的《艺术语言再探索》进一步充实、完善了艺术语言学的理论体系和学科体系，对科学语言和艺术语言进行功能比较是该书在理论上、方法上的一个新特点。

应该说，由于修辞学学科性质的特殊性，使修辞学研究在语言学界处于一种边缘地位。一个单纯研究修辞的学者，很难令人信服地被称为语言学家。《艺术语言学》的成功，不仅填补了语言学研究中的一些理论空白，也使骆小所实现了从一个修辞学家向语言学家的跨越。

1996年12月，由云南人民出版社出版的骆小所的《语言美学论稿》，从美学的角度全面探讨了语言的美学功能和交际功能，并以话语交际的美学功能为支撑点，从深层面上探讨了语言美学在话语交际领域的应用、语言美和社会角色、语言美的言语外形的变异性以及形式美和内容美相结合的修辞方式等问题。从根本上超越了把“就语言和为语言而研究的语言”作为语言学唯一的研究对象的传统模式，把言辞和文辞作为审美对象进行考察，全方位、多角度地探讨了艺术语言形式美和内容美的问题。这样的研究，不再停留在语言的表层进行定势化的归纳总结，而是深入到语言的深层挖掘其丰富的内涵，因而具有较强的理论穿透力和阐释力。

可以说，《语言美学论稿》是骆小所艺术语言学研究的补充、完善，是艺术语言学理论体系和学科体系基本成熟的重要标志。

构建新的语言学理论体系和教学体系

如果说《艺术语言学》使骆小所实现了从一个修辞学家向语言学家的跨越，那么，将他10多年来取得的理论成果进行总结，并与传统语言学丰硕的成果相结合，这便是他20年前对传统语言学进行深刻反思所期望实现的语言学的“再生”之路。

骆小所提出以普通语言学和艺术语言学作为语言学研究的两翼，建构新的、更符合言语活动实际的现代语言学理论体系的构想。他提出以语言规范和语言变异双向互动的理论为基础的新的语言课程体系建设的具体目标，并组织云南师大语言研究所的同志，发挥群体优势，对现行的语言课程进行大胆的改革，主持编写了《现代语言学理论》、《现代汉语引论》、《修辞学导论》、《公关语言学教程》等教材和《常见病句辨析》、《常见成语误用辨析》、《标点符号用法正误辨析》、《词语流行病辨析》、《容易混淆的字词辨析》等语言学普及读物。这些著作出版后，以其独特的理论体系和语言学新视野受到了学生的欢迎和语言学界专家的好评。骆小所主持的“汉语言文学专业面向21世纪语言课程体系建设”项目获2001年国家级优秀教学成果二等奖；他主持的“国外汉语人才联合培养模式探索”2004年获云南省优秀教学成果一等奖。

这些成就的取得，使骆小所当之无愧地进入我国当代语言学家的行列。

用心开采云南语言金山

早在20世纪40年代，西南联大的语言研究者就发现了云南得天独厚的语言资源，开始了云南方言和云南少数民族语言的研究工作。这些学者通过大量细致深入的调查，得出了许多让人兴奋的、前所未有的结论。

如今，骆小所把目光投射到云南这座语言的金山上，继承西南联大语言研究的优良传统——用现代语言学的理论和方法来研究云南方言和云南少数民族语言。他利用云南语言的条件，开展汉语与非汉语、类型学与汉语史相结合的比较研究，从非汉语历史演变的规律中证明汉语演变的可靠性，又从非汉语的显性特点中发掘汉语的隐性特点，研究汉语中的非汉语成分，从而深化对汉语的认识。

近年来，他主持完成了云南省哲学社会科学规划项目“云南少数民族语言与汉语的交汇及比较研究”、教育部语言应用规划项目“西南少数民族地区汉语教学研究”、全国哲学社会科学规划项目“云南语言地理学研究”等科研课题。骆小所教授在云南这座语言的金山上将发掘出更多的金矿！

一生勤耕耘 平实却隽永

——记正厅级干部殷德荣

回望岁月，殷德荣说："我是农民的儿子，小时候就从父母的言传身教中知道，一分汗水，一分耕耘，一分收获。"这一朴素的哲理和日后接受的教育，引导着他耕耘人生，从一个农家孩子成长为正厅级干部，把他造就成一个平实无华，却隽永深邃的人。

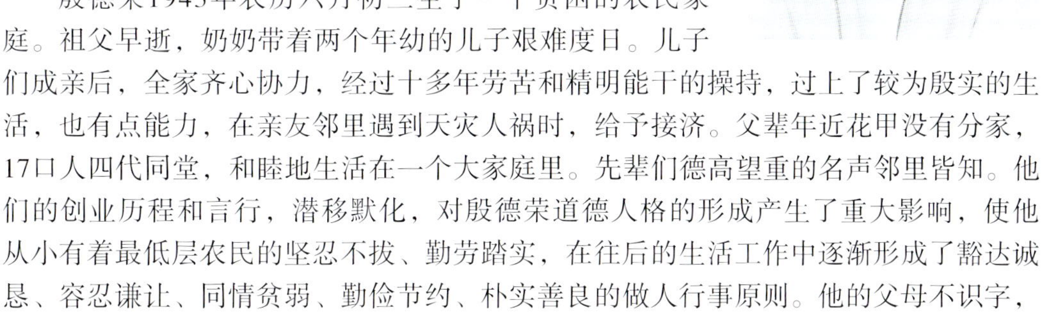

博览群书

殷德荣1943年农历六月初三生于一个贫困的农民家庭。祖父早逝，奶奶带着两个年幼的儿子艰难度日。儿子们成亲后，全家齐心协力，经过十多年劳苦和精明能干的操持，过上了较为殷实的生活，也有点能力，在亲友邻里遇到天灾人祸时，给予接济。父辈年近花甲没有分家，17口人四代同堂，和睦地生活在一个大家庭里。先辈们德高望重的名声邻里皆知。他们的创业历程和言行，潜移默化，对殷德荣道德人格的形成产生了重大影响，使他从小有着最低层农民的坚忍不拔、勤劳踏实，在往后的生活工作中逐渐形成了豁达诚恳、容忍谦让、同情贫弱、勤俭节约、朴实善良的做人行事原则。他的父母不识字，却一心巴望儿子读书成材。

1953年，上朱家堡小学，任班长、少先队大队长；1958年，以毕业考全部考试科目满分的成绩，保送陆良二中上初中，任班长；1961年，以优异成绩考入陆良一中上高中，任班长、校团委宣传委员，曾作为团代表出席县团代会。高中三年级上学期期末考试后，被学校张榜表扬，表扬名单前面的导言上写着："殷德荣等42名高、初中同学品学兼优，……特予表扬。"整个学生时代，他的成绩一直名列前茅，且多在前三名。中小学教育使他学到了一些基本知识，初步懂得了青年人要有理想抱负，将来要用知识为家乡、为国家效力。和在上世纪60年代上学的许多农村孩子一样，经历了人民公社化运动，遭遇了"三年自然灾害"，天灾人祸，吃不饱，穿不暖，几次差点因没有粮食带到学校而失学。七年寒窗苦读，并非虚话。

天有不测风云。1964年高考，他以全县文科类考试成绩最高分"名落孙山"。此遭遇源起于他初生牛犊不怕虎，不谙世事，为别的同学的事当众顶撞了学校个别当权者。多年后，他明白了，他的不幸具有时代的因素。他不怨任何人，仍然感恩他的母校和所有教过他的老师。高考未中后，父亲也突发疾病西去。希望通过上大学，当个记者、编辑或作家的梦想破灭了，他理智地走上了漫长的自学道路。他自学了大学本科政治经济、中文专业的大部分教材。45岁时，经自学考试取得云南师范学院发给的大学毕业证书。所有考试科目一次过关，其中汉语、诗词、文学史考试成绩为第一名。

他从小勤奋好学。参加工作后，读书占去他工作之余的大部分时间，有时甚至通宵达旦、废寝忘食。

他通读了马、恩、列、斯、毛泽东选集，按照组织上的安排和工作需要，悉心研究了其中很多篇章。通过学习，他更加深信，只有共产党才能使中国强大起来，下决心要为祖国的繁荣昌盛奋斗一生。在云南省出版办公室时，他以一个年龄未及“而立”，仅有中学生学历的身份，给省级出版、印刷、发行系统的县团级以上干部和编辑以上专业人员上课，讲授恩格斯的《反杜林论》中的哲学、政治经济学、社会主义部分，他深感担子沉重。为了讲好课，他参阅了10多部数百万字的专著，并向专家学者请教，整理了30多万字的资料和讲课提纲。他的讲课获得了好评，但他也因过于疲劳，两次深夜昏倒在从办公室回宿舍的路上。其严谨勤勉的治学态度令人佩服。

1990年后，国家机关逐步实行考试录用制。他应邀给多所大学、中专院校的考生讲授必考的写作课。2001年8月，省委决定公开考试选拔部分厅局级干部，他受指派参加出考试题。为了讲好课，出好考试题，他阅读了许多相关书籍、资料和文件。

他阅读了中国近现代大量文学作品，阅读了苏俄、欧美、亚洲、拉丁美洲许多著名作家的名著，小说、诗歌、散文、戏剧、科技等诸多体裁的作品，可谓无所不读。

他通读二十四史，爱看楚辞离骚、唐诗宋词、古典名著。经常研读以韩愈、苏东坡为代表的“唐宋八大家”的散文、政论，认为“不读这些作品，岂知什么叫千古文章”！

他奉行“读万卷书，行万里路”。到过除台湾以外的全国各省、市、自治区，访问了美国、澳大利亚、东南亚和欧洲诸国，到欧洲奥地利联邦中央行政学院学习。每到一地，除完成所负使命外，他都尽可能用心考察当地风土人情、社会风貌，努力汲取优秀的文化知识。

虽然阴差阳错，他未能走上文学之路，但他的博闻强记充实了头脑，开阔了眼界，为他搞好工作，写作公文讲稿奠定了基础。

踏实前行

高中毕业后，一位恩师推荐他到文化街小学当代课教师。他认真备课、讲课，教学效果得到认可。但代课不久，被校方惋惜地告知：“你来教书的时间虽短，但已受到师生们的欢迎。现在，你已不可能继续教书了。不是学校不要你，望你能够谅解。”他感叹命途多舛，不让上大学，连当个代课老师都容不得。他含着泪水，上完最后一课，告别了他喜爱的孩子们。没想到，短期接触的老师、学生，有些人日后成了他一生的挚友。很多年后，当听到有人叫他一声“殷老师”时，他会倍感亲切。

1964年12月16日，他在日记上写着：“雨夜。寒气逼人。此刻，我不能预知将来人生。重要的是，不能就此消沉，一定要执著地终生追求希望和光明。日后，无论做什么都要努力做好。立住了，是个人！”

他回到家乡，立志学习回乡知青董加耕，献身农村、农业。由于从小给乡亲们的良好印象，加之不怨天尤人，辛勤劳动，很快被安排协助农村基层干部做些事情，继而当选为公社共青团书记，被评为优秀基层干部。1965年夏，县委组织部吸收他参加“四清”工作队，随即跟随县委组织部的老同志开展工作。一个月后，送他到曲靖地委党校学习，任党校团委宣传委员、陆良支部书记。学习不久，跟随老同志到曲靖地委组织部工作。从此，他走上了从政的道路。天道酬勤，他上学深造的那扇门关闭了，另一扇未曾企盼过的门却为他开启了。

1965年10月15日，在“培养千百万无产阶级革命事业接班人”的大背景下，经曲靖地委组织部筛选并报省委组织部和共青团云南省委批准，他被送到云南省团校学习，任第二中队中队长。当年底，到团省委办公室工作。

1968年秋，随省委机关干部到弥勒云南省第一“五七”干校。第二年春，到省毛主席著作出版办公室，后改为省出版办公室、省出版局，任党的核心小组成员，主持政治处工作。1975年以后的8年间，三进三出省委宣传部，在省出版局、省科教办、省委办公厅秘书一处、省委科学教育部几个部门之间频繁调动，任副处级秘书、综合处副处长、机关党支部书记、局党组成员等。党的十一届三中全会后，省委宣传部设立纠正错划右派落实政策工作办公室，他任办公室负责人，具体从事宣传大口各部厅局、各大学纠正错划右派工作。1983年省级机关进行机构改革，省委副书记高治国、副省长马文东负责文教大口各厅局的机构改革和领导班子配备工作，下设工作小组，他任小组负责人。

1983年8月，到省劳动人事厅，任政策研究室主任、厅机关总支宣传委员、党支部书记。1987年8月，到省人事厅任综合计划与政策法规处处长、干部调配处处长、厅机关党委组织委员、支部书记、厅党组授权对省人才交流中心进行政策业务指导。

1996年10月30日，省委常委会决定，任云南中医学院党委常委、纪委书记，后为正厅级巡视员。

他受聘担任过多种职务。如，1981年8月1日，被省委组织部聘为《云南组工通讯》通讯员；1987年2月18日，被国家劳动人事部聘为特约调研员；1992年6月，受聘担任省人民政府经济技术研究中心特约研究员。

他曾经多次作为工作组负责人到工厂、农村工作。1976年，担任文山州德厚公社党委副书记、省里派遣的工作队副队长、队长，亲自蹲点抓工作，写了《乐龙大队的干部干起来了》，此文被省委副书记李文批示转发全省。1975年，到绥江县，任省委绥江工作组组长，参加县委常委工作。他跑遍了该县的山山水水，吃住在高寒贫瘠的中坝大队调研指导工作，冒着“否定大好形势”的风险，如实上报农民因饥荒四处找粮谋生，少数基层干部贪占集体财产，人心涣散，严重影响生产等问题，迅速争取到国家返销粮，大力组织生产自救，很快扭转了生产进度落后于县上其他地方的局面。随后又住到经济较为发达的大沙大队，白天和农民一道挖田栽秧，晚上研究进一步加快发展经济的计划。他帮助总结的两个大队的经验在面上得到推广，两个大队当年获得丰收。他带领工作队返回昆明时，很多农民和基层干部老远赶到金沙江边码头送别。几位老农拉着他的手说：“我们明年不会饿肚子了。殷队长，你一定要再来。”他感动落泪，也深受教育。

他从事过多个岗位多种新的工作，每变动一次，他都虚心从头学起，尽力履行职责。其经历表明，他做到了一步一个脚印。

参与决策

1991年3月12日晚，在和省人事厅厅长参加全国人事工作会议期间，临时受命，要云南代表边疆民族省区，第二天向李鹏总理及财政部长王丙乾等中央有关部门领导汇报，汇报内容是：边疆民族地区干部构成概况；机关事业单位工资福利水平；希望中央解决的问题。汇报时间在五六分钟左右。此外，还要准备回答中央领导可能提出的问题，必须随问随答。事关广大干部职工的切身利益，厅长和他彻夜未眠，做了充分准备。第二天到中南海做了汇报，受到领导的肯定，反映的意见得到中央采纳。其他边疆民族省区的同志认为汇报也表达了他们的心声，云南做了一件好事。会后，《人民日报》做了报道。汇报的成功，可以说是他长期经验、资料的积累和勤于思考的结果，甘苦唯自知。

他为多位省委、省政府领导和厅级领导起草过大量讲话和报告稿，执笔或参与起草了大量文件。这些讲稿和文件，自然融入了执笔者的观念、学识和决策思想。

在省委科教部工作时，负责组织整理新中国成立以来我省第一份翔实的文教体卫系统各类专业技术人才资料，和有关部门共同调查研究，起草了关于落实知识分子政策，解决知识分子后顾之忧，调动知识分子积极性的意见，由部领导向省委常委作了汇报，受到省委第一书记安平生的肯定，有些内容形成文件下达执行。

在他担任计划处长、干部调配处长期间，负责全省干部统计；全省机关事业单位人员和工资计划的编制下达；省级国家机关各委办厅局、省属企事业单位和中央驻滇单位干部的调配；受省人事厅党组委托负责对省人才交流中心进行政策业务指导。在省级多个部门的协同下，使我省工资福利有所增长，工资水平连续几年位居全国中上水平。1993年，国务院批准进行工资制度改革，次年初，他住在北京40多天，频繁往来于昆明、北京之间，终于使云南的调资人数和工资指标获得国家人事部的认可，保证了我省调资工作的顺利实施。

1986年9月，在贯彻国务院关于用工制度改革的决定时，他到多家厂矿及其主管部门调查研究，执笔起草了由省政府印发的云南省用工制度改革的主要文件和配套政策措施、说明文件，为省领导起草了在全省用工制度改革会议上的讲话。1995年，具体负责组织起草《云南省人才市场条例》，经省政府同意后，上报省人大于1995年9月27日审议通过，发布执行。这是深化改革，实现人才社会化管理的重大举措。

1996年，他到云南中医学院负责纪委工作，制定了符合学院实际的工作计划，对新形势下大学在党风廉政建设方面的新问题及其对策进行了深入的探讨。他给申请入党的教师、学生上党课，鼓励他们严于律己，刻苦学习，精益求精，悬壶济世、服务黎民。他关心帮助家庭极其贫困的学生。

在人们眼中，纪检工作出力不得好。但他不尽然，认为纪检工作难做是事实，但关键是领导者自身要“处事待人诚而信，为官清正廉且明”，纪检工作才能得到干部群众的支持。2000年3月，按省委组织部的布置，学院召开处级干部和教授开会，对学院厅级党政领导按优秀、称职、基本称职、不称职四档进行不记名评议，他得到的优秀票最多，优秀和称职票数合计占投票总数的91.83%，过90%者，仅他一人。2001年6月，被评为优秀党务工作者，中共云南省委高校工委于2001年7月1日颁发了“优秀党务工作者证书”。2002年3月，被评为“全省教育系统纪检监察审计工作先进工作者”。2005年12月，省纪委、省监察厅给他颁发了“党的忠诚卫士”纪念章。

他在处、厅级岗位上工作了31年，做了一些参谋性的事，参与了一些决策工作。组织上和干部群众肯定了他的业绩。他被列入国家人事部委托《中国人才辞典》编委会编撰的《中国人才辞典》。他自感受之有愧，别无他求。

舞笔弄墨

上世纪70年代，在省出版办公室，负责主编《云南出版通讯》。80年代，在省委科教部，负责主编《科教动态》。在劳动人事厅，负责主编《云南劳动人事》。在省人事厅，任《云南人事》杂志编委。在筹划编辑上述刊物时，他撰写了大量文稿。此外，他还参与编写或组织出版了一些书籍。参加中国人事出版社出版的《机关事业单位工资基金管理》一书的编写，撰写了计划管理等部分。参加了一些政策法规性文集的编辑出版工作。1993年10月，他受聘担任省人事厅人事志编撰委员会成员，次年执笔完成了人事志计划部分的编写。他被列入《云南志坛人物谱》。

他参加过一些较高层次的学术交流会和专题座谈会。1987年10月，他撰写的《行政机构编制改革要走出膨胀精简，再膨胀再精简的怪圈》、《人事计划应纳入法制轨道》先后被推荐在庐山、武汉有关会议上做了发言。他的一些发言演讲稿被收入会议材料选编，有的被收入相关论文集。1988年5月，他和省里其他三位同志参加了在北京京西宾馆召开的高层次政治体制改革座谈会，他从中进一步了解了国内外政治体制的运作情况。

在报刊上发表的部分有代表性的文章有：《领导者要作自我批评的模范》。此文系按省委副书记高治国的思路写的，1985年1月刊于中共中央主办的《红旗》杂志。为高治国撰写了他抗日战争时期在山西“青年抗敌决死队”、解放战争时期在挺进大别山时的回忆录。《干部流动调配工作要在大局下行动，在改革中发展》，1996年3月刊于《云南人事》杂志。《我们是如何开展支部工作的》，1983年10月收入《省委机关表彰大会材料选编》一书。《干部人事制度的回顾与思考》，1988年4月刊于《学习与工作》杂志。《共产党员必须永远保持共产主义的纯洁性》，1982年7月刊于省委宣传部主办的《支部生活》杂志。他和光明日报主任记者合写的《昆明××研究所科技人员外流情况调查报告》，1982年7月刊于《科教动态》，被省委副书记李启明批示印发省委工作会议。《云南麻醉学与重危医学的开拓者》、《才情横溢系南疆》，收于《云南科技英才》一书。《新形势下高等学校党风廉政建设的新问题及其对策初探》，1999年1月，在大学领导干部学习邓小平教育理论论文评选活动中，获中共云南省委高校工委、云南省教委颁发的优秀论文奖。《新形势下如何搞好高等学校党风廉政建设》，2000年10月刊于《创造》杂志。

他没有专职担任过编辑写作工作，编写多是在完成主要职责任务之外的时间里进行的，他为之倾注了许多心血。文章艰难事，甘苦寸心知。

情系家乡

1992年秋，因公务较急，他和曲靖地区人事局的领导同志一起，星夜从宣威赶往陆良。途中他突然感到眼前视野一片开阔，四周苍山峰峦隐现，空气新鲜，月亮格外明亮。他自言自语：“这是什么地方，好美！”随行人员告诉他已经进入陆良地界了。离故乡越近，感触越浓烈，于是有感而吟诵：“明月故乡清风，游子他乡心通。今夜不知何处，犹在思乡梦中”。他对故乡一往情深，万般眷恋之情溢于言表，跃然纸上。

陆良，是他祖祖辈辈休养生息的地方，他就出生在这块热土上。

陆良，是他唯一在正规学校上学，完成中小学学业，为他日后继续学习奠定了坚实基础的殿堂。他“深情常愿母校好，浅梦唯念导师恩”。

陆良，是他在田野里劳作耕耘，当过真正意义上的农民，享受过春华秋实的快乐的地方。

更难忘的是，陆良的父老乡亲养育了他，家乡大大小小的父母官栽培了他，是他们送他一路走到昆明，进入省级机关。没有他们，就没有他的今天。他无论走到哪里，都以是陆良人为荣。无论在哪个工作岗位上，只要有可能，总会在不违背政策的前提下，尽自己的微薄之力，做点力所能及的事回报家乡。比如，根据陆良的需要，力主从省计经委、省交通厅选派干部到陆良当科技副县长。向省计委力争，给陆良县技工学校划拨经费。这是省计委给县级自办技校迄今为止唯一的一次拨款。在他负责全省机关事业单位人员和工资计划管理，担任干部调配处处长期间，在政策允许的范围内，在指标下达时尽可能照顾家乡；帮助不少大中专毕业生、军队转业干部就业；解决了一些干部夫妻分居的困难，帮助部分干部调到更能发挥其专长的地方工作；亲自到曲靖、陆良调查研究，拨给专项指标，解决了全地区公安、交警、文化、教育部门部分以工代干、以工代警、代课教师的录用问题。在研究制定事关全省的政策规定时，多次到陆良调研，进行可行性论证，希望家乡能够得到政策、计划带来的好处。

无论工作如何繁忙，凡有家乡人找他，不管是官是民，贫穷富贵，熟悉不熟悉，他都热情接待。他为人低调，从不张扬，事情能否办成不拍胸脯说大话，但他总是尽力而为，尽可能帮助解决。“不求人人满意，但愿无愧我心”。他特别关注弱势群体。1987年秋，中午下班回家，家住陆良飞机场坝岩上附近的一个农民在家中等着，说是陆良一中的老师叫他来昆明找殷德荣，反映其受错处下放回家的事，希望帮助落实政策，解决生活费问题。虽然他不认识这个人，但仍很客气地招待吃饭。因下午要去省委组织部开会，就给信访处处长王灿打电话说，有一个远道而来的来访者，是自己老家的亲戚，满头蓬垢、脚穿破旧带泥的布鞋，可能省政府警卫不让进大门，请王处长下午上班时到省政府大门口接来访者进去，听听来访者的诉求，力争帮其解决问题。两三个月后，王处长告诉他，你那个亲戚的问题解决了，但费了不少周折。他深表谢意。

岁月回望

往事如烟，岁月流年。回望六十多年的人生旅程，他感慨万千！他不因虚度年华而悔恨，也不因有点滴成就而自傲。

他生长在普通农民家庭，一路走来，实在不易。他始终怀着一颗感恩的心，奉行“堂堂正正做人，实实在在干事，清清白白为官”的原则，以强烈的责任心，刻苦学习，勤奋工作，努力完成自己承担的职责任务，回报给了他一切的党和人民、家乡亲人和所有给过他关心帮助的人们。他没有辜负父母对他的期望。

他感恩磨难。寒窗苦读，父亲突逝，加上那些不堪回首的往事，使他懂得，什么是艰苦，什么是磨难，从而磨练了他不畏惧任何艰难困苦的意志。这是一份极其珍贵的财富。

他看重人品。认为好人不见得是好干部，但好干部必须首先是正派的有道德的好人。在市场经济条件下，干部，特别是领导干部要做到“心不动于微利之诱”，“目不眩于五色之惑”，见权不争，见钱不贪，见色不迷，一身正气，两袖清风，率先垂范，给党的形象增光添彩。他这样认识，也这样努力实践着。他生活简朴，满足于粗茶淡饭，从不追求政策范围外的享受。他憎恨阿谀奉承、尔虞我诈、玩弄权术、陷害忠良、贪污腐化、祸国殃民的恶行。他恪守“诚信”，对作假、欺骗恨之入骨。

他淡泊名利，诚恳待人。在评优获奖方面机会甚多，但他总是婉拒，把荣誉让给同事和下属。他不争功，不诿过，取得成绩是大家的，出现失误按职责承担应负的责任。他牢记高治国写给他的诸葛亮的名言：“勿以宠而傲，勿以才而恃”。对误会和中伤，他以“行止无愧天地，褒贬自有春秋”的气度，淡然处之。正因为如此，他获得了人们的信任和尊重，一些人说他是一个德高望重的人。

对身边的人和诚恳求教求助于他的人，他也是从严要求，言传身教，语重心长，循循善诱。看到他们事业有成，有些人成为专业人才，有些人走上科、处、厅级领导岗位，他为之高兴。

他治家甚严。重视修身齐家，尊老爱幼。信奉《易经》所言“积善之家，必有馀庆”。教育子女多是晓之以理，动之以情，身教重于言教。要求他们一要学会做人，二要学会读书做事。看到儿女们大学毕业，继续攻读双学士学位、硕士学位、出国留学深造，品行端正，事业有望，发妻贤淑，四代同堂共享天伦之乐，他倍感欣慰。

他期盼民族复兴，民富国强。“居庙堂之高则忧其民，处江湖之远则忧其君”。他现在仍然在做一些公益事情。闲暇之余，他“闲情寄墨趣，逸致品书香”，平静地过着与世无争的退休生活。

他不是完人，有不足之处，也有遗憾：“藏书万卷，文稿等身，未能著书立说；呕心沥血，忠心报国，没有大的建树”。他说：“假我以时日，我当重磨砚台，再握秃笔，圆我失去的文人梦。”

还是用殷德荣自己的心声——《自题六十生日小照》来表达他真切的情怀吧：

忧乐成亏我心知，虚名有愧花甲时。
泥泞未阻前行志，霜雪还吟激越诗。
天道有情沐雨露，耕耘无憾逢盛世。
远望滇池垂暮色，夕阳红破西天际。

高中德简介

（楚雄州政协原主席）

高中德，陆良县三岔河镇水阁办事处人，生于1929年8月，初中文化，1948年11月参加革命，1949年11月加入中国新民主主义青年团，1952年6月加入中国共产党。

1948年11月在云南人民讨蒋自救军三支队二大队三中队当战士，不久调三支队司令部供给处当通信员。1949年4月“自救军”奉命整编为中国人民解放军滇桂黔边纵队三支队，调三支队二十三团二营营部当通信员，不久调团部当团长李成华同志的通信员，1949年9月二十三团整编为西进部队三团，李成华同志牺牲后，当三团政委王健同志的通信员，1950年3月王健同志奉命调任武定县工委书记，随王健同志转业到武定县工委，仍当通信员。1950年6月参加武定行政干部训练班学习，回来后在县农协工作队工作。1950年9月在武定县追城镇搞征粮、减租、退押、镇反、土改，任工作组组员、副组长、组长。1952年6月参加武定地委山区土改工作队训练班学习。1952年7月到武定县插自区七棵树点（共4个小乡）搞土改，任点长。1952年12月任武定县高桥区农协主席。1953年3月到省委党校学习，1953年8月任武定县红边区区工委书记。1954年8月任武定县县委委员、组织部长，1956年3月任武定县副书记。1964年3月任武定县县委书记兼县武装部第一政委。1966年“文化大革命”开始后，接受批判审查，下放“五七”干校劳动。1971年1月调南华县任县革委政工组副组长、县革委副主任，县委常委，县委副书记。1973年3月到省委党校学习。同年8月调任双柏县县委书记，县革委主任。1977年3月调任永仁县县委书记、县革委主任、县武装部第一政委。1980年3月到省委党校学习，同年8月调任楚雄州纪委代理书记。1982年3月任楚雄州委常委、组织部长。1984年3月任楚雄纪委书记，省纪委委员。1987年3月任楚雄州政协主席，省政协委员。1992年11月离休。

高鹏云简介

（云南省政府原副秘书长）

高鹏云，男，汉族，1922年6月22日生于云南省陆良县三岔河镇赵家沟村。1928年到1940年在家乡读小学、初中，1941年到1948年7月在昆明耀龙电力公司做外勤和收电费工作，业余到中华职业实习学校学习文化和簿记、会计四年多，受到进步教师和同学的教育启发，产生抗日爱国思想，反对蒋介石国民党消极抗战、积极反共的反动言行，进而坚定了拥共反蒋的决心。1945年上半年秘密参加中国共产党的外围组织新民主主义者青年联盟（简称“新联”），在耀龙电力公司开展抗日爱国反蒋反内战的工人运动，并与杨守笃等进步青年于1947年4月在昆明创办昆北书店，出售进步书刊，下半年经李培伦、杨守笃介绍加入中国共产党。后来担任云南地下党省工委委员侯方岳、云南人民讨蒋自救军三支队和中共陆良县委秘密交通联络员，曾多次护送人员和文件到陆良。1948年昆明“七·一五”学生运动后的第三天，立即撤离昆明，护送边纵三支队政委许南波回部队，留三支队负责后勤工作。同年6月任陆良县副县长。1950年陆良解放进县城负责接管和建政工作，分管财经。因张霞县长工作变动，高鹏云接任陆良县长至1951年4月。

1951年，调到昆明，在省人民政府监察委员会任财经监察处副处长和“三反”、“五反”运动工作队队长。1953年3月调任省统计局综合科科长。1956年5月调省计划委员会任长期计划处、综合计划处处长。1963年调到成都任中共中央西南局计委综合局任综合处处长。1972年12月调任云南省计委负责人，1976年5月至1978年5月任省计委副主任。1979年1月调任省革委、省政府副秘书长、后任咨询委员会主任（正厅级）。1986年任省经济研究中心副总干事。1988年离休，任中华职业教育社云南分社副主任、主任。1993年1月离职休息。

高鹏云诚恳表示：自己在陆良工作两年多，时间不长，成效不明显，有负党组织和全县人民的培养和希望，感到抱歉。1945年6月参加革命到1992年底离休共47年，其中搞计划经济近26年，秘书工作10年，咨询和研究工作10多年，做的都是些具体工作，没有做出什么大的成就来报答党和人民对自己的教育和培养，深感不安。工作中的缺点、错误，请批评指正。

一门两“厅级”的程氏兄弟简介

程宗尧（兄），程宗舜（弟）出生于陆良县中枢镇一农民家庭。

程宗尧，1934年10月出生，1953年4月参加工作，1954年12月加入中国共产党。1953年4月至1968年11月，在贵州省农业厅先后任机要员、机要秘书，办公室厅资料室组长；1968年至1972年在省“五七”干校，学员、副指导员；1973年至1978年，任贵州省农业局农牧场负责人；1978年至1981年，在贵州省农业厅任国营农场管理处长；1981年6月至1992年2月，在贵州省农业厅任副厅长、党组成员、党组副书记（其间先后到西南农学院、中央党校学习）；1992年3月至1993年5月，任贵州省农业厅厅长、党组书记；1993年3月至1998年3月，任贵州省人大常务委员会委员、农业农村经济委员会常务副主任。

1998年10月退休。贵州省委对程宗尧同志的评价是：学习努力，工作勤奋，思想敏锐。

程宗舜，组织认定大专文化并评为高级经济师。1936年10月出生，1952年参加工作，1956年2月加入中国共产党。1952年5月至1963年2月，在陆良县税务局先后任税务员、统计股长、税收股长、秘书股长、副局长；1963年3月调中共陆良县委组织部工作；1965年至1969年先后任陆良县财委秘书、县政府办公室副主任；1970年至1973年任县革委政工大组副组长；1973年至1979年任县委宣传部副部长；1980年至1983年10月任中共陆良县委常委，先后兼任小百户公社党委书记、三岔河公社党委书记、县经委党委书记；1983年11月调任马龙县，任县委副书记、县长；1985年9月任曲靖地区税务局长、党组书记；1994年任云南省国家税务局副厅级巡视员兼曲靖地区国家税务局党组书记、局长；1993年3月在云南省国税局退休。

程宗舜同志善于思考问题，勤奋学习，干哪行就认真学哪行，并能认真把任内的事情办好。他所工作过的地方，都留下了深深的脚印，当公社党委书记和县长时，办了许多实事，深受群众称道。

医学教育战线48年回顾

——昆明医学院原副院长王子灿自述

我出生于陆良一个医学世家，父亲在马街行医，我小时在马街小学上学。后毕业于云南大学医学院，1951年开始从事医学教育，已过去48年。1955年我有幸跟随一位苏联知名专家费奥特罗夫进修病理生理学，这是一个治学严谨、知识渊博，有严格科学作风的病理生理学专家，这次学习奠定了我比较坚实的病理生理学基础，为进行教学和科研作了准备。以后直到我离休以前，一直作为这个学科带头人、教授主持学科的教学和研究。48年来这门学科为上万名医学生开设病理生理学课程，1979年这门学科成为昆明医学院第一批获得硕士授予权单位，我负责培养了十一届硕士研究生，昆医病理生理不论在教学、科研上都做出显著成绩，为我国病理生理学的发展作出贡献。我参与了《病理生理学丛书》、《病理生理学进展》的编写工作。从全国病理生理学会建立，我一直担任学会理事、中国病理生理学杂志编委，多年担任心血管病理生理学专业委员会委员，国际心脏研究会（ISHR）中国分会委员，国际病理生理学会员，我在学术上的成就可分为两个阶段，早期主要是在辐射损伤的研究方面，先后获卫生部科学大会，省人民政府奖励，发了奖状，与中国医学科学院放射所合作进行的放射损伤防治的研究，得到了国家医药总局的重大科技成果奖，接受军委卫生部委托猕猴辐射损伤的研究也取得重要结果。在这一领域先后发表论文20余篇，由人民卫生出版社出版了《辐射损伤病理学》一书，由于以上贡献本人获得全国文化、教育、卫生、体育方面先进单位、先进个人代表大会授予的全国先进工作者称号。

后期主要集中在脑缺血损伤的研究。“文革”后，1981年我去法国进修考察，在里昂克劳德贝尔纳大学医学院做访问学者，在日耳曼及德沙凡尼教授领导的实验室做前列环素和血栓烷在缺性脑损伤发病中作用的研究。同时在这段时间我也曾有机会在里昂巴斯坦研究院考察学习。1982年回国后，我们工作的重点根据国家要求转到脑缺血的研究，从1983年起4次得到国家自然科学基金及3次省应用基础基金的资助，引进了一些80年代新技术，取得一些成果。10多年来我们进行了三个方面的研究，包括：一、脑缺血再灌损伤发病机理方面的研究。二、短暂性脑缺血继发损伤的发病机理及防治的研究。三、局部脑缺血防治的研究，发表了论文30余篇，获得国内外专家的好评。工作中我本人培养了14名研究生，我们学科共三人获国务院政府特殊津贴，获省科技进步奖二等奖二项、三等奖二项、自然科学奖一项，14名研究生中不少人在国外或国内获博士学位，有不少成就，有的已经是博士生导师、教授；有的在国外有名研究机构继续取得重要成果。

在医学教育战线的40多年中，我一直担任双重任务，有党的工作，有业务工作。回顾自己的一生，欣慰自己走一条与民族同命运共呼吸的人生道路。从青年学生时代起加入“民青”，以后又加入中国共产党，投身于民族解放和社会主义建设事业，学生时代担任过医学院学生班联合主席，毕业参加工作后，从担任云大教师团支部书记，一直是医学院党支部书记党总支委员。行政方面，从1956年担任教研室主任，1980年兼任科研处副处长，1984年起至离休担任医学院副院长，在7年半的时间中开始我分管科研、学生工作，以后同时又分管教学工作，为昆明医学院的建设和发展作了一定贡献。

在科研方面建立了20多个研究室，通过各学科的努力，争取了一批国家及省的多种基金项目、重点学科项目，“七五”、“八五”期间取得了一定数量的科研成果，在当时各大学中名列前茅。在为科研创造条件方面，根据80年代国外医学及生物技术水平，争取进口了大量设备，在我离任以前中心实验室的装备，已能适应80年代医学生物科学发展水平的需要。在研究生工作方面，先后组织了几批硕士点申报，在我工作期间昆医增加了17个硕士授予点，在当时高校中属领先的。

在教学方面，在我分管期间，重视师资队伍建设，注意学科建设，建立学科评估要求，重视实验室和实习基地建设，改善了形态学科标本室的条件。

就在我离休从行政上退下来以后，我仍继续为学院组织申请并获批准成立了云南省天然药物重点实验室并为实验室建立做了些筹备工作，协助进行验收前的各项工作。

在学生工作方面，在党委领导下，重视学生政治思想教育，注意严格管理，在学生中树立先进，弘扬正气，我负责的7年招生、毕业分配能坚持民主和公开、坚持公平、公正按党的原则办事。

1993年离休后，我先后四次到美国，加拿大。借探视的机会（我儿子、儿媳、女儿、女婿四人，三人获美国医学博士学位，一人获加拿大理科博士学位，继续传承医学世家，为医学事业作贡献），考察了美国多所高等医学院校。回国后在学校返聘我担任教学指导委员会副主任期间，继续为学校教学改革师资队伍建设、学科建设做一些工作，争取晚年竭尽绵薄之力，多做一点对学校、社会有益的事。

王吉生简介

（云南省投资公司工会主席）

王吉生，男，汉族，大学本科，工程师，注册造价师，现任云南省投资控股集团有限公司总裁助理，办公室主任、工会主席（副厅级）。

1954年10月7日，他出生在陆良县中枢镇大泼树办事处。1971年入团。1972年应征入伍到中国人民解放军某部当战士，从事地下工程的水电安装工作，经过一年多的努力，能够独立完成给排水、通风空调、低压电器安装和配件加工制作，掌握了安装技术和一定的理论知识，被评为优秀士兵。

1974年，考入南京工程兵学院地下工程系。上学三年，学了较扎实的理论知识。在实习中将理论与实际相结合，较好地完成了从设计到施 工的项目，受到了部队学院领导的好评，被系评为优秀学员，给予嘉奖一次。

1978年任排长时，带领全排较好地完成了某阵地指挥坑道的给排水、通风空调的安装任务，被评为优良工程，所在排被评为先进集体，本人受技术营嘉奖一次。

1979年调到某工程的给排水、通风空调的设计和组织施工部队施工，在单位充分发挥自己的专业技术特长，积极与其他专业和技术人员配合，较好地完成了某阵地三条坑道的设计、施工任务，因工作成绩突出部队给予提升晋职。

1985年调到某基地主要从事部队的营房设计、施工、计划、概预算工作。参与和组织建设完成的各类营房（办公用房、医院、住宅、宿舍、专业用房、车马库房）约10万m^2，其设计、施工、造价、质量都受到上级机关和部队官兵的好评，优良率均达到８０％　以上，受到二炮的通报表扬，其中五三三医院综合门诊大楼被评为二炮优良工程一等奖，全军优质工程一等奖。由于王吉生的踏实工作，从士兵升为排长、参谋助理员，营建办副主任（副团）、财务处处长、营建处处长（正团）等职。

1994年王吉生转业到省计划委员会担任办公室副主任负责基建工作，在负责完成近3000m^2的职工住房中，经常深入工地与设计、施工单位研究解决一些技术问题，对一些布局和结构上的修改，受到了设计，施工单位的肯定，其质量优良。

1997年调到省开发投资公司，主要从事项目的评估，建设监督、经营管理工作。

在先锋65万吨/年露天煤矿建设中，担任工程技术总监，经常深入施工现场，与设计、施工单位研究设计优化方案，解决施工上出现的技术问题。该项目14个合同工程，施工验收后均经煤炭质检站评定为全优工程，为项目的总体验收打下良好的基础。由于在工作中能充分发挥技术专长，立足于深入实际调查研究，所分管的项目和企业都有明显效益和好转，曾两次被公司党委授予先进工作者和优秀党员称号。

特别是现在他负责着云南磷复合肥基地国产化示范项目建设的工程管理工作，更是要以全新的姿态、全新的知识投入到工程建设中去，使该项目真正建设成为国家的示范项目。

由于王吉生勤奋的工作，厚道的人品，突出的工作业绩得到了公司领导和广大职工的认可。2008年12月集团公司党委将其作为选拔优秀干部对象报经中共云南省委组织部考核同意，云南省国资委党委讨论同意推荐为副厅级集团公司工会主席候选人，随即按工会法组织程序高票当选云南省投资控股集团公司工会主席，同时担任集团公司党委委员、董事会董事。

王吉生在新的工作岗位上，正在谋划集团公司发展的总体利益和维护广大职工权益的最佳结合点上，积极努力，开拓进取，开创新的工作业绩。

王宝德简介

（曲靖市政协党组副书记、副主席）

王宝德，男，汉族，1954年9月生，云南省陆良县人，1975年5月加入中国共产党，1971年2月参加工作，大学文化，现任曲靖市政协党组副书记、副主席。1971年2月~1975年9月在陆良县商业局工作；1975年9月~1980年9月任陆良县小百户公社团委书记；1980年9月~1985年9月在陆良县人事局工作；1985年9月~1989年7月任陆良县芳华镇党委书记；1989年7月~1993年3月任陆良县工商管理局局长、书记；1993年3月~1998年1月任陆良县副县长（其间：1995年9月~1997年8月云南省委党校本科班经济管理专业学习）；1998年1月~1998年3月任中共罗平县委副书记、副县长、代理县长；1998年3月~2000年10月任中共罗平县委副书记、县长；2000年10月~2003年3月任曲靖市水务局党委书记、局长；2003年3月~2007年6月任曲靖市政协党组成员、副主席、市水务局党委书记、局长；2007年6月~2008年4月任曲靖市政协党组成员、副主席；2008年4月至今任曲靖市政协党组副书记、副主席。

妙笔书写“石头”史诗

——记中共云南省委办公厅副主任王建华

有人说，建筑是凝固的音乐，是无形的诗歌。也有人说，建筑是时代的一面镜子，它以独特的艺术语言熔铸、反映出一个时代、一个民族的审美追求。当人们置身于或浪漫温馨，或庄重严肃，或动感时尚的建筑中时，心情也会随着建筑所营造出来的氛围而变得或舒心，或沉静，或激情澎湃。这就是建筑的魅力。不过，比建筑本身更有魅力的要数这些建筑的设计师和建设者。王建华就是这样一个富有魅力的建设者，一位云南建筑行业的佼佼者。近年来，由他参与指挥或直接指挥的昆明世界园艺博览园、昆明国贸中心改扩建工程、云南省委机关办公大楼等重大建设项目，攻克了众多建筑技术难题，出色完成施工任务，在云南乃至中国的建筑史上都留下了浓重的一笔。

1955年，王建华出生在云南陆良县一个普通的农民家庭。高中毕业时，王建华与许许多多毕业生一样，没机会考大学，而是响应祖国的号召“回乡接受再教育”。一次偶然的机会，让王建华结缘建筑业，从此走向了建筑职业生涯。

1973年，正值陆良大兴水利工程建设，莲花田水库工程正在紧张施工中，急需大量的施工人员。刚毕业回乡的王建华知道后，二话不说就要求参加工程建设。每天挥锤打孔、填药爆破、装土拉运、铺路筑坝，干得得心应手。领导看着他一大早就出门，天黑才带着满脸尘土归来，时常关切地问：“小王累不累，能坚持吗？”他笑了笑说“没关系，能坚持”。

王建华是一个“大脑一根筋”的人，认准了的事情就会尽自己最大的努力去做，并且每一个细节都千方百计，全心全意，一直坚持到事情完成为止。或许，正是因为他这种犟脾气，才使得他在以后的事业道路上，不管遇到什么困难都能顽强攻克，顺利完成任务。

王建华是个高中毕业生，在浩浩荡荡的筑坝大军中算是文化程度比较高的一个，所以领导很快交给他一项特殊的任务——收验运往大坝的土方量。勤学好问再加上仔细谨慎，王建华出色完成每一天的任务。与此同时，一个学习建筑，做专业建筑工程师的想法也在他心中萌生。

在紧张繁忙的建设工地，王建华作为回乡青年积极分子受到了工程建设指挥部的表扬，名字还登在了云南日报上。在那个激情因为祖国需要就会火热燃烧的年代，看着自己的名字被印成铅字登在报纸上，王建华心里比喝了蜜还甜。他觉得那段在水库建设工地上挥洒汗水的日子，再辛苦也值！1974年5月，王建华光荣地加入了中国共产党。机会总是眷顾那些勤奋积极的人。第二年，王建华被推荐到重庆建筑工程学院地下建筑专业学习，从此走上了一条专业建筑设计之路。

大学毕业，王建华被分配到云南省设计院，专门从事工业与民用建筑设计工作。要做就做最好！王建华把自己的犟脾气一股脑儿都放在工作上。一分耕耘一分收获，自参加工作后，他多次圆满地完成了设计任务，工作能力受到了上级领导的重视。1983年1月，工作表现出色的王建华被调入云南省建设委员会工作，次年被选派到同济大学进修建筑结构抗震专业。之后不久，他便担任云南省城乡建设委员会村镇建设处副处长（主持工作）。再后来，王建华肩上的担子更重了，担任云南省建设综合服务中心主任。

1997年5月的一个下午，昆明天气酷热。王建华突然接到通知去厅长办公室，领导深切地注视着王建华，语重心长地说，建华同志，从今天开始，你手头上的事情都交给别人做了。

啊？为什么？王建华迷糊了，一脸茫然。

省委、省政府领导已经同意省园艺博览局的请求，把你“借”过去当局长助理，负责世博园场馆建设工作！什么？王建华一下子就激动了，心就像被窗外的骄阳点燃，火辣辣的热。

要知道，世界园艺博览园场馆建设工程是一项世界级的大型建筑工程，也是一次中国面向全球展示精品园艺建筑工程的大好机会。能参与这样的工程建设是一个建筑人的荣耀与骄傲！

当然，这项工程质量要求之高也是可想而知。该项工程必须达到国际水准，只能、只准出精品工程！弄不好，丢的是中国人的脸啊。所以，这样的工程当然要挑选业务素质高、德才兼备、严谨仔细的人来指挥。

或许园艺博览局点名要借调王建华，就是冲着他那股“要就不做，要做就做最好”的犟劲。

从厅长办公室走出来的时候，被委以重任的王建华感觉到自己的手心微微出了点汗。

局长助理的工作就像一个大管家。王建华分管总工室、基建处、园艺处、园艺公司和监理公司组成的现场指挥部，具体负责世博会场馆建设。这时，离1999年开园不到两年时间，却要完成如此浩大的工程任务，责任重、压力大。

为了保证每一项工程的质量，王建华事无巨细都要亲自过问。不管是阴风细雨，还是酷日当空，王建华都会奔赴工地，就像一只上了发条的陀螺连轴转。上午和下午要到工地检查督促；中午，处理应急问题；晚饭后，召集各个部门负责人开协调会，及时解决施工中出现的问题；晚上离开办公室时，还不忘把要审核修改的工程合同和有关文件带回家处理。“假日”二字，在王建华的字典里渐渐模糊甚至消失。

在世博园场馆建设中，有两件事情让王建华至今记忆犹新。

中国馆建设中，已经实施安装完毕的展馆屋面网架结构不时出现部分杆件弯曲变形和断裂现象，负责安装工程的江苏施工队一时慌了手脚。听到消息，局领导和王建华都急了。拆除重建，耗费资金和工时，直接影响整个工程进度。不拆，万一屋盖垮塌，后果不堪设想。专家小组对此事也是各持己见，不断进行理论分析和论证，虽然提出几个处理方案和合理的建议，但选择哪个方案付诸实施，就需要指挥部领导的果断决策。

既然网架结构已出现安全隐患，何不直接试验一下它到底会不会在正常荷载作用下垮塌？往往最简单最直接的想法就是最好的办法。王建华立即组织拟订方案进行堆载试验。

在王建华的指挥下，专家周密计算屋面网架结构合理承载力，施工人员对弯曲杆件校正调直，断裂杆件更换，每个节点松动螺帽拧紧，并准备好相应重量的沙袋。然后，由武警部队把沙袋依次铺在屋面托板上。偌大的中国展馆，几天内，整个屋面铺满了沙袋。

结果，这个“又土又笨”的办法，却最真实地显示出网架结构的承载能力。试验结果充分证明，出现弯曲或断裂的杆件，系施工人员安装不规范所致，整个层盖网架结构在正常荷载作用下是安全的，用不着改变结构形式和拆除整个屋面。一场虚惊终告落幕。

另一件事则让王建华至今颇为得意。

在处理场馆大环境和园艺布展时，现场指挥部遇到一件棘手的事情。原来，征地建世博园的时候，一座使用多年的采石场也征进来了。之前，采石场为了采石，把一座山脸面炸得面目全非，就像一个长满浓密头发的后脑勺被剃去一大块头发，留下一块光秃秃的伤疤。

怎么美化这块伤疤，使其与周围的环境相协调，一时变成了大家的心病。不断出台方案，不断被否决。每当看到那块伤疤时，大家恨不得买来一大罐颜料直接把它涂成绿色。

自然，协调。协调，自然。王建华不知多少次站立对面构思、遐想，有时晚上睡觉还在神经似地念叨“治疗伤疤”。终究，功夫不负有心人，在对断崖进行钢筋混凝土锚杆加固的基础上，王建华决策采用人工塑石进行装饰美化，将伤疤就势改建成大型断崖塑石！这个方案既能体现出中国园林艺术特色，又能巧妙地掩饰原来被人工破坏的痕迹。

如今，当大家在世博园看到巨大的雕刻着’99世博标识的断崖石雕时，有谁能想到这幅令人叹为观止的人工雕塑作品竟然是“伤疤”改制！这就是建筑人的马良神笔之作，浪漫而巧妙！

多位国家领导人和国际友人参观世博园，了解到断崖塑石的来历时，不仅惊叹道，妙，实在是妙。

历时两年，这场浩大的园艺工程终于完成，创下了占地面积、建设速度、植物种类、植物移栽、园林园艺精品、断崖人工塑石等8项“世界吉尼斯之最”，为世界增添了一幅人与自然和谐相处的优美画卷。王建华因为出色的指挥和工作表现荣获省委、省政府一等功。2000年3月，借调过去的王建华被留在世博集团，任集团公司董事、副总经理。

之后，他的任务更加繁重，2000年12月省政府决定，由他担任昆明国贸中心大修和改扩建工程建设指挥部指挥长。

此次改扩建工程是为了筹备2001年11月8日至12日在昆明举办的2001年中国国际旅游交易会，满足“旅交会”特装布展和其他大型会展活动对场馆面积、空间高度及其他硬件设施的要求而进行的，必须在9个月的时间内完成施工。工期短、任务重、难度大，又成为摆在王建华面前的一大难题。

让王建华感到最为头疼的莫过于其中的一个改造项目。即把原昆明国贸中心科技馆冰球场改造为满足“旅交会”容纳2000人的大型宴会和今后举办其他大型活动需要的多功能厅。这个新增加的建设项目3月26日才批准实施，此时，距“旅交会”不到8个月的时间。

比工期更让人觉得紧张的是冰球馆的自身条件。经过技术人员检测，发现该球场存在众多安全隐患：屋面网架结构有不同程度的下垂变形现象，最大挠度20多厘米，多根钢筋混凝土承重柱偏移，最严重的偏移达到18厘米，主要受力承重结构均超过国家建筑结构设计规范、标准。

这样的检测结果让所有人员大吃一惊。因为改建该球场等于在加工一个存在严重安全隐患的危险建筑物，危于垒卵。这可是要举行国际性展会的场所，能容纳两千人的大型宴会厅，安全保障必须是放在第一位，不得有半点马虎。一时间，施工无法进行，改建工作陷入僵局。

面对困境，王建华首先想到了聘请专家解决。随后，北京、上海等地的建筑专家飞至昆明。不过，让王建华懊恼的是，这些专家对冰球场煞费功夫的分析论证，都是从理论到理论，都不便提出具有实际操作性的处理方案。

这时距旅交会仅仅剩下3个月，没时间再给专家理论下去了。心急如焚的王建华只得把专家们一一送走。

夜，弥漫的黑如同墨迹在广袤的天空散开，染黑了整个世界。王建华心里异常沉重，常常陷入沉思。孤灯相伴，他度过一个又一个不眠之夜……

就不相信，过不了这道坎。王建华的犟脾气又来了，这时他想起了在世博园中国馆施工时做试验的事情。又一个大胆的想法顿时在他脑海中闪现，让专家论证，还不如做试验证明！

王建华果断决策委托省设计院拟定网架堆载试验方案，同时聘请了省内几位知名专家做技术顾问。

这毕竟与中国馆的试验不一样，那次仅仅是屋面网架部分杆件出现了问题，而现在是整个冰球馆从柱子到屋面都存在严重问题。在有安全隐患的结构上再加载，弄不好整个馆都会坍塌下来，后果不堪设想！起初，所有人都捏一把汗，但是，事到如今只能破釜沉舟大胆一试了。为了保证试验安全，王建华和他的团队想出了许多办法，如：试验请部队官兵操作，他们听从指挥、动作整齐、反应快速；设置了疏散通道，专门布置了安全避险处，柱子进行了必要的临时加固措施……

试验如期进行，600吨沙袋分别加载，持续36小时后再卸载，试验效果良好，精确测出了网架各个节点以及柱子承重的数据，为改造加固处理提供了重要依据。

这样实用而有效的测试试验在中国建筑史上可以说是一种大胆尝试。

在充分论证和精确计算的基础上，专家组提出了一是钢结构加固，二是钢筋混凝土加固。为安全起见，王建华决定两套方案一起实施，将变形的网架节点以及偏移的柱子全都进行了加固处理。一个存在严重安全隐患的建筑物经过结构加固处理后很快被装修成一个色彩明亮、气势恢宏的现代化宴会厅。这个高难度的改建工程，终于又被王建华及领导的团队攻克。

10月20日，在"旅交会"来临之前，所有改扩建工程顺利完成，向省委、省政府交出了一份满意的答卷。

几年来，该宴会厅已经承办过"中国旅游商品交易会"、"昆交会"、"云南省第八次党代会"、"云南省人民代表大会"等多次大型展会活动，成为云南省及昆明市举办大型活动的重要场地。

不过，王建华对美好建筑的追求是永无止境的，一个又一个的辉煌，相继在他的手中诞生。2008年8月，王建华参与指挥建设的省委机关新办公区竣工并交付使用。这个建在地质条件很差，软土地基上的主、群楼工程，经过多项技术攻关，取得巨大成功。如今，走在新省委机关办公区，我们看到的是一个花园式、高科技、现代化、外观简朴、内涵时尚的办公建筑群。

成绩是属于过去的，王建华似乎已经忘记往日的辉煌。年过知天命的他仍在建筑工程的世界里展翅翱翔，乐此不疲。淡定如初，犟劲如初的王建华曾用丹青妙笔，写下了一部部"石头"史书，如今又将用它描绘更加美好的未来……

王树华自述

（重庆市江北区人大常委会党组副书记、副主任）

王树华，男，汉族，1955年5月生于云南省陆良县中枢镇四河乡王河头村一个贫苦的家庭。1973年9月在环城区粮管所做合同工，1974年12月入伍，1976年6月入党，大学文化。历任连队文书、人武部干事、参谋，重庆警备区政治部干事、办公室主任，中国人民解放军重庆市江北区人民武装部政治委员、中共重庆市江北区委常委，江北区纪委副书记、江北区监察局局长，江北区人大常委会办公室主任、党组成员，现任重庆市江北区人大常委会副主任、党组副书记。

一、童年回忆。1962年9月在本乡和盘江小学读书，1969年9月至1973年7月在陆良一中读初中（71班）、高中（31班）。1971年8月加入共产主义青年团，1973年9月被县环城区粮管所招收为合同工。11年的学涯生活，使我学到了文化知识，陶冶了思想情操，受到了良好教育，明白了如何做人做事，为后来的工作和生活奠定了较好基础。读初中时还担任生产队业余记分员，高中毕业后参加过大队武装基干民兵，初步向人生的道路迈进。

二、工作经历。1974年12月，我怀着激动的心情，在家乡自愿报名入伍。两个月的新兵集训结束后，我被分到四川省军区独立一团三营九连炮班当战士，三个月后当连队通信员，半年后当连队文书和团支部副书记，本年度受到三次队前嘉奖。1976年6月我光荣地加入了中国共产党。值得骄傲和自豪的是我是本县四百多名一起入伍战士中第一个入党，也是全团同年入伍战士中第一个入党。1976年10月调到中国人民解放军重庆市江北区人民武装部工作，1979年3月提升为人武部政工科正排职干事，1980年3月晋升为该部副连职秘书，1982年4月至7月，参加了成都军区举办的高炮营团指挥集训，受到大队嘉奖一次。1983年2月至8月，参加了总参防化部举办的防化训练，1983年4月提升为人武部正连职参谋。1983年7月被重庆警备区政治部借调工作，1984年1月正式命令为重庆警备区政治部正连职干事，1987年11月晋升为副营职干事，1990年11月晋升为正营职干事，1993年11月晋升为副团职干事，1993年12月任政治部组织办公室主任。自1983年7月到1996年2月一直从事组织、党务、纪检等工作，这些工作对于我的进步大有裨益，无论在政治理论水平、解决问题能力，还是业务水平、组织工作能力都有了不同程度提高，是我工作的黄金时期。撰写的论文和经验材料都被两级军区转发。1989年10月自学毕业于四川省高等教育党政干部基础专科。1996年3月提升为中国人民解放军重庆市江北区人民武装部政治委员、中共重庆市江北区委常委。1999年9月转业到江北区纪委任副书记、江北区监察局局长。1997年12月获中央党校经济学本科学历，2000年6月于重庆西南师范大学研究生班毕业。2003年4月任江北区人大常委会办公室主任、党组成员，2005年3月任江北区人大常委会副主任，2007年3月又任党组副书记。

三、37年回顾。不远千里从云南陆良只身踏入重庆，使我深深体会到从战士到干部，从一般干部到领导干部，一步一个脚印，脚踏实地，任劳任怨，勤奋工作，受到了各方面的锻炼和提高，逐步走向了成熟。这些都是各级党组织、首长、老乡和同志们的培养、帮助和支持的结果。36年来受连、营、团、师嘉奖13次，被成都军区、四川省军区、重庆军分区、重庆警备区、重庆市人大、重庆市江北区评为先进个人9次，优秀共产党员6次，荣立三等功2次。回顾自己工作历程，尤其是26年部队生活，我能为党和人民做出自己应该做的事，其根本动力是自己对党的信赖，对人民军队的忠诚，对伟大祖国的热爱，没有忘记一名军人的品质和风格，没有忘记一个党员的党性和本色。在转业地方工作后，我更加注重政治理论学习，认真履行工作职责，团结同志，尊重领导，秉公办事，公道正派，创新工作，出色完成各项工作任务。在地方竞争激烈的情况下，我凭自己的魅力、能力和品德，从正处级提升为副厅级领导干部。可以说，在我们同年入伍、同年工作、同班同学中，我一个在重庆工作的外地人没有任何关系，奋斗到今天这一步，还是来之不易，感到很欣慰和骄傲，许多认识我的老乡、战友、同事、朋友都为我喝彩。当然，这些进步都离不开父母、爱人、女儿、弟妹和老乡、战友、同志们的关爱和帮助。

四、人生感言。一是要有一个明确的努力方向和前进的目标；二是要坚持一种信念，也就是不畏艰险，勇于攀登，一定要达到光辉顶点的不屈精神；三是要思路要好、方法得当、创新跟上，任务完成出色；四是做人必须像人，当官不可像官，先做人，再做官；五是怕吃苦的人注定要吃苦一辈子，不怕苦的人只吃半辈子的苦；六是人的生命是短暂的，而学习是无限的。学的东西多了，人的精神境界就高了，精神境界一高，人也愉快了；七是知足者常乐，前人骑马我骑驴，后面还有推车的。永远不知满足就永远生活在痛苦中，所以只有知道满足的人才会得到人生乐趣；八是有一得就有一失，有一利就有一弊，天下事往往是利弊相随；九是修身养性，做好自我，就是起点，得不必喜，失不足忧，尽其在我，听其自然；十是家庭永远是家庭，把旅馆、饭店、音乐厅等加起来绝对不等于家庭。

五、保持晚节。一是注重时事政策学习，活到老，学到老；二是注意锻炼身体，休息好，运动好，心态好；三是加强子女教育，家庭和睦，邻里和谐；四是遵守法律法规，严格要求，严于律己；五是加强党性修养，保持党员的先进性。

文化活动策划人

——记中国新闻社云南分社副总编兼中国新闻社云南新闻网网络中心主任方孔

方孔，曾用名彭外先，笔名方鹏，现任中国新闻社云南分社副总编兼中国新闻社云南新闻网络中心主任、资深新闻人、文化活动策划专家。

1986年，方孔考入北京大学中文系。从陆良县马街镇刘家办事处来到首都，他第一次感受到外面世界的缤纷精彩。1990年大学毕业，品学兼优的他进入《中国开发报》报社工作，成为一名新闻记者。迎着晨曦朝霞，目送日落星辰，他乐此不疲，很快就展现出自己的才干，不到一年就担任主任记者。1991年3月，崭露头角的他被报社委以重任，派驻云南工作，成为驻云南记者站首席记者。同年12月，《云南乡镇企业》杂志新鲜出炉，主要策划及创始人便是方孔。如今，经多批新闻人的努力，《云南乡镇企业》（现改名为《纳税》）已发展成为云南乃至国内的一本知名杂志。回眸创刊历史，大家对方孔的独到眼光倍加称赞。

牛刀小试后，一系列对云南乃至全国都有影响力的书刊、画册以及各类大型文化活动在方孔手中一一呈现，如花绽放。当人们问及方孔曾成功策划过哪些文化活动时，他一脸的茫然和孩子般天真的笑，让人忍俊不禁。不是他记不清楚，而是他策划并实施的文化活动太多，如果要细数这十几年来的策划事例，那么足以编成一本厚厚的书。例如：编撰《云南明星企业１００强》、《云南第三产业百强》大型对外宣传画册，策划云南大学７０周年校庆，创办《购物指南》周报，创办《国际经贸》（现更名为《风光》）杂志），策划《辉煌十五年——云南改革开放纪实》大型对外宣传系列画册，策划并实施第五届中国金鸡百花电影节，策划并实施首届中国少数民族酒文化节大型社会活动……

作过策划尤其是大型文化活动策划的人，其中艰辛不言自明。从撰写活动创意方案，到活动实施完毕，短则需数十天，长则需要半年甚至一年的时间，期间还要协调政府、企业、媒体等多方面的关系，调度多种行业人予以配合，这对策划人的脑力和体力都是一个极致的考验。不过，对于方孔来说，这样的考验他已习以为常。1995年初《邓小平图片展》在北京、上海、广州等大城市掀起一阵热潮。方孔心动了，立即着手策划筹备图片展，积极奔走于省政府办公厅、省委宣传部、交通银行昆明分行等单位之间。当年10月12日上午10点，《邓小平大型图片展》在昆明胜利堂如期开展，人群涌动，观者如潮。身着二十五个少数民族服饰的云南各族代表，省党政军领导，州、市、县（区）党政部门代表以及驻昆部队代表均莅临现场参观展览。此次展览，是邓小平图片展在全国开展以来，规模最大、图片最多的一次，共展出了316幅图片，其中有邓小平视察昆明机床厂、昆钢、昆十四中等图片。很多珍贵图片是第一次和观众见面。这次展览盛况空前，《云南日报》头版，中央电视台、云南电视台、云南人民广播电台等省内外多家媒体均给予了报道。开展第一天，中央电视台新闻30分、新闻联播还进行了特别报道。

此后，方孔的出色策划才能受到相关部门领导重视，1997年被调至省对外文化交流协会工作。接着，他积极策划组织省委、省政府系统相关领导奔赴国外进行各种对外文化交流活动。1998年，他全面策划并实施“CLFF第二十九届世界年会暨亚洲民间艺术节”。这是中国在1993年加入国际民间艺术节后承办的第一个洲际艺术节，直接关系到国家形象。方孔绷紧了神经，政府部门、企业又开始出现了他忙碌的身影，结果他向大家交出了一张令人满意的答卷。

1999年10月31日昆明世界园艺博览会顺利闭幕。为了贯彻李岚清副总理和省委、省政府领导关于运用灵活方式继续做好世博园的宣传的指示，方孔接到任务后苦思冥想，一招妙棋成竹在胸：面向全球举办“记住世博”大型知识竞赛系列活动。于是一场由省政府新闻办，省园艺博览局主办，由云南红河卷烟厂以及《参考消息》、香港《文汇报》、云南新闻网等省内外多家媒体协办，由上海、天津、重庆、西安等多家政府新闻办联办的知识竞赛活动，面向全球轰轰烈烈开展。此次竞赛题目全部登载在《云南日报》、香港《文汇报》、《大公报》、云南新闻网、新华社主办的《参考消息》等国内外众多新闻媒体上，现场竞赛暨颁奖晚会则由云南卫视向海内外现场直播。此次活动整合了政府、企业多方资源，利用了纸媒、电视、电台、网络等多种现代传媒手段，全方位强势铺开，引发轰动效应，获得空前成功。方孔被省政府新闻办授予“特别贡献奖”。

每一次成功只不过代表着一个新的起点，接踵而来的各类策划活动，让他没有太多时间去回味成功，回忆过去的辉煌，他又开始忙了：着手《云南映象》推广、筹备“华夏龙情星光灿烂”演唱会……在这个繁杂的为社会公众提供文化、娱乐产品和服务活动的文化产业阵地中，他总是冲在最前面，是最活跃的那个。

行者常至，不断的追求，才有不断的成功。

对此，方孔说：“路就在脚下，我将一如既往。”

从乡间小路到省府五华山

——记云南省财政厅副厅长兼非税管理局局长计毅彪

2007年3月6日，中共云南省委组织部到省财政厅召开厅机关副处级以上干部大会，宣布省委、省政府决定：计毅彪任云南省财政厅党组成员、副厅长兼非税收入管理局局长。在随后的讲话中，计毅彪饱含深情地说："我是一个踏着泥泞的乡间小道、从希望的田野上走过来的农家子弟。没有党和人民的培养，没有各位领导和同仁的信任、支持，我就不可能走到今天的岗位上来！对此，我将永远铭记在心并不断鞭策自己，勤奋工作，诚恳待人，不负党的培养、不负人民的重托！"。

1957年8月他出生于陆良县板桥镇岳家湾村。父亲计彦曾参加过抗美援朝，后响应党的号召在60年代的"精减下放"中回家务农，是当地的"知识分子"和能工巧匠。母亲徐玉华，安徽省安庆市人，出身于书香门第，为人和蔼可亲，是一位知书达理、深受当地人敬重的女性。他的成长与父母亲的知书达理、重视学习教育有着不可分割的渊源关系。每谈及父母亲培养孩子的艰辛、执著和艰难困苦的大半生时，情到深处，他都会情不自禁，潸然泪下。计毅彪所走过的50年，恰好以一个普通农村孩子的经历反映了我国50年来的发展变化：他生于困难时期，长于动乱时期，成长、发展于改革开放时期，先后在马军堡小学、板桥小学，陆良五中、三中学习；1976年高中毕业后在马军堡小学担任附设初中班教师、班主任；1977年考入云南师范大学（原昆明师范学院）中文系学习；1982年大学毕业后分配到陆良县第一中学任教；1985年调玉溪地区财贸学校任教，1987年调玉溪地区行政公署办公室工作，1992年底调云南省财政厅工作，历任财政部驻云南省财政监察专员办事处综合组组长、省财政厅办公室秘书（主任科员）、税政法规处副处长、综合处处长和厅办公室主任、新闻发言人等职。1996年获中央财经大学经济学硕士学位。2000年以来，连续多年被省财政厅评为"优秀公务员"、"优秀党员"、"优秀党务工作者"。

2006年2月被省人事厅、省财政厅授予云南省财政系统先进工作者，荣立三等功。

"己所不欲，勿施于人"、"没有最好，但我们追求更好"，这是他经常引用的两句名言，也是他做人做事的准则。参加工作20多年来，无论身居何处，无论在什么岗位，他都没有放弃过这种准则和追求。正是凭着这种精神和做人做事的准则，他踏着泥泞的乡间小道，从希望的田野走进了大学殿堂，从乡村教师成为国家公务员，从文学学士成为经济学硕士；正是凭着这种精神和做人做事的准则，他团结同志，踏实苦干，不断开拓创新，在多种岗位上都留下了丰硕的成果。

追求创新 崇尚务实

创新是一个人的思想和灵魂，也体现着一个人的精神风貌和工作态度。参加工作20多年来，他在多个岗位上工作过。无论在什么岗位，都以一种强烈的创新意识要求和激励着自己，不断思考、探索，不断开创工作新局面。在税政法规处工作期间，他积极提议，建立了厅机关规范性文件备案、汇编等制度，采取多种形式适时开展法制宣传教育，并针对一些部门通过立法形式肢解财政职能、固化部门利益的问题提出了许多建设性的意见和建议，受到省人大领导和有关部门的高度重视，改变了以往在地方性法规立法中对财政支出定比例、定支出数额或返还比例等肢解财政职能的现象。在综合处工作期间，深入调查研究，创造性地贯彻落实了省委、省政府和省财政厅党组有关财政改革与发展的精神，以全新的思路和视野组织编写了《云南财政“十五”发展计划》，提出了加强国有土地有偿使用收入管理的思路和对策，积极推进企业“债转股”、省级机关事业单位住房分配货币化改革、农村税费改革试点工作，理顺彩票管理关系，大力支持彩票发行销售工作，不断加强宏观经济预测分析和重大课题研究。在厅办公室工作不久，就提出了围绕一个中心（以厅党组、厅领导工作重点为中心），树立两个意识（服务意识、大局意识），抓住三个环节（制订计划、加强协调、注重落实），突出四个重点（财政增收与节支、改革与发展、督办与宣传、基础与制度建设），采取五项措施（订计划、抓落实，打基础、建制度，以人为本、合理分工，团结协作、奖勤罚懒，加强学习、提高素质），参好政、管好事、服好务的工作思路，并制定了若干具体措施，有效地发挥了办公室的职能作用，促进了机关建设，推动了全省财政改革与发展。

只有思想火花和创新灵感，而不脚踏实地地去干、去实践，那就是空谈。多年来，无论在什么岗位，从事什么工作，他都特别强调思想、理念和工作方式的创新，同时身体力行，真抓实干。他常说：凡事决策前要慎重、慎重、再慎重，三思而行，但一旦决定了的事就要雷厉风行，狠抓落实。否则，再好的计划，再好的决策也等于零。2000年8月，他调综合处主持工作。到任之时，正值省政府和财政部要求上报“十五”计划和启动农村税费改革试点工作、改革彩票发行销售管理制度，以及省政府限期启动省级机关事业单位职工住房补贴等重大改革，工作任务极为繁重，而且各项工作政策性都非常强，业务范围跨度大，涉及面广，协调难度大，加之机构改革后，处内人员变动大，许多同志面临的都是一些全新的业务。在此情况下，他不仅担起处内的组织、协调、领导任务，同时身体力行、加班加点，执笔完成了《云南财政“十五”发展计划》，起草、审核了住房、土地、彩票、农村税费改革、清理规范行政事业性收费项目、加强预算外资金管理以及实施财政借款“债转股”等一系列文件和省、厅领导在有关会议上的重要讲话。担任厅办公室主任后，任务更加繁重，不仅要参与政务、管理事务，还要做好综合服务。办公室作为领导的参谋、助手和联系上下左右的桥梁、纽带，其工作状态直接关系着厅机关的形象和工作效率。为此，他深感责任重大，以高度的政治敏锐性和强烈的责任心，领好头，带好队，扎扎实实做好每一件具体工作。几年来，他积极组织、精心筹备了如全省财税工作、全省财政工作等多项重要会议，参与或组织安排了多次重要接待活动，起草了若干重要文稿，完成每一项工作。有时，为了一个数据、一个细节，他不厌其烦，查资料，找依据，看现场，务求真实准确。短短几年，他添了许多白发，感受了更多沧桑，但无怨无悔，追求创新、崇尚务实的精神和工作作风依然如旧。

学而不已 学以致用

与他共事的同志都深切地感到：计毅彪工作思路清晰，善于分析问题并将复杂的问题深入浅出地表达出来，业务工作有的放矢。他大学学的不是经济专业更不是财政专业，而是中文。但他凭着“学不可以已”的精神和毅力，出色地完成了多业务和多岗位的转换，并于1996年取得了中央财经大学经济学硕士学位。多年来，他不停地在学习、充电，并紧盯一些前沿性理论不断学习研究和改革实践。他常说，厚积方能薄发，首先要“举轻若重”才能做到“举重若轻”。担任厅办公室主任后，根据职能和任务特点，他曾建议：秘书人员用二三年的时间，系统地研读一下经济学领域的具有里程碑地位的五部教材：亚当·斯密的《国富论》，约翰·穆勒的《政治经济学原理》，阿尔弗里德·马歇尔的《经济学原理》，保罗·萨缪尔森的《经济学》和约瑟夫·E·斯蒂格里茨的《经济学》，并要求秘书人员将工作重点从办文、办事转到调查研究、参与政务上来。在他的带动和倡导下，他所在处室学习蔚然成风，有的同志完成了在职研究生学历，有的以优异成绩取得了硕士学位。

学习不是用来装点门面，而是用于增加和更新知识，开阔视野，明晰思路，更好地分析问题和解决问题。多年来，计毅彪坚持理论联系实际，学以致用，先后撰写和发表了《关于云南财源建设的思考》、《对进一步提高地方性法规立法质量的思考和建议》、《变革所有制形式突破国企改革瓶颈》、《云南省县乡财政困难成因分析及对策建议》、《德国和法国中期财政计划编制与管理的经验及几点启示》、《对我省国有土地有偿使用管理问题的思考》、《与时俱进开拓创新加快推进预算外资金向非税收管理的转变》、《理清思路突出重点努力开创办公室工作新局面》、《用发展的观点和思路做好财政工作》等论文和文章，这些文章的许多观点和对策建议，已经成为厅领导决策和制定相关政策的依据。主编和组织编写出版了《云南50年财政统计》、《云南省财政预算与财政政策》，为宣传云南财政和研究制定有关政策发挥了积极的作用。

淡泊名利 严于律己

工作20多年来，无论是在三尺讲台，还是在政府部门工作，无论是坐“冷板凳”，还是身处热门岗位，计毅彪都能平静地对待每一份工作，不以物喜，不以己悲，自觉地履行义务。他常说：平平淡淡总是真，平安、健康、自由是人生最重要的东西；在大是大非面前绝不能含糊，否则“一失足成千古恨”！他还常说：权力和义务是对等的，行使权力就必须承担相应的义务和责任。因此，多年来，无论在什么岗位，他不谋权、不揽权、不越权，常怀律己之心，常修从政之德，常思贪欲之害，常弃非分之想，廉洁奉公，洁身自好。担任办公室主任和分管厅机关财务、接待工作以来，他没有利用手中权力为亲朋好友谋过非法之利、不义之财，也没忘了自己的责任和使命。除了正常的接待任务之外，他严格约束自己，不参加各种可能影响正常公务的请吃、应酬活动。

无规矩，不成方圆。在加强自身修养，严格约束自己的同时，他一直重视和强调制度建设。担任厅办公室主任以来，先后组织拟定了《云南省财政厅工作规则》、《云南省财政厅机关财务管理办法》、《云南省财政厅办公室岗位职责》等一系列重要规章制度，形成了内靠自身修养、外靠制度约束的依法从政、廉洁从政机制。多年来，其所领导的处室从未发生过违纪违法问题，在有关考核评比中多次得到有关领导和上级部门的肯定与奖励，成为财政厅一扇明亮的“窗口”。

一分耕耘一分收获。多年来的不懈追求、勤奋工作、无私奉献和不断学习进取，使他成为云南财政战线上一名勤于思考，善于协调，勇于开拓，能打硬仗的优秀战士，连续多年被评为省财政厅优秀公务员、优秀党员、优秀党务工作者。其所领导的团队，也多次被评为先进党支部、先进集体。

历经磨难非寻常 春华秋实写人生

——原中共思茅地委纪委书记平富昌自述

1928年2月22日，我出生在陆良县小百户镇北山办事处邵庄子村。6岁进入一所私塾接受教育，后进陆良城读初中，1947年秋到昆明读中专，1948年参加“中国民主青年同盟”，1949年加入中国共产党。

掐指算来，我是1945年参加革命的。1945年，我在陆良读初中时，地下党老师黄知廉、董大成把我们11位同学组织成“星火社”秘密读书会，秘密传阅《大众哲学》、《中华民族解放运动》、《新民主主义论》、《论联合政府》、《整风文献》、《新华日报》、朱总司令《论解放区战场》，以及《联共党史简明教程》、《马列主义问题》等文刊，并定期组织讨论。除读书外，我们还组织文艺活动，到街头宣传革命真理，在校内出壁报，宣传抗日。

1947年7月，我离开陆良到昆明昆华高级工业学校读书，1948年，经同学左星光介绍，参加“民青”，任48、49班主席、昆工学生自治委员会学习委员、“二声合唱团”委员会委员、学校膳食委员会主席。参加了“7·15”反美抗日运动，上街游行示威，贴标语搞宣传。1949年7月，地下党昆明市委西区领导梁微娟同志介绍我加入中国共产党，派我到思普区工作（现普洱市）。那时昆明还没有解放，由地下党联络员带领我们从昆明徒步走到宁洱，历时27天。到宁洱后，普洱地委派我到地委宣传部工作。

1956年，我被调到西盟县工作，任中共西盟县委副书记、书记。西盟是佤族自治县，佤族社会解放前尚处原始社会向阶级社会过渡的发展时期，社会情况极为复杂，还有砍人头祭谷等陈规陋俗，县城距离边境线仅有15公里。境外有逃往缅甸北部的李弥残部，在缅北成立了所谓的“云南人民反共志愿军”，其兵力有9000余人，在靠近西盟边境的营盘街成立了“西盟军区”，经常派小股武装土匪到境内进行干扰破坏活动，西盟的安全随时受到威胁。其头目柳元麟派其参谋长马竣国，于1957年率30余人便衣武装，携10余驮枪支弹药，到境内煽动策划头人，在1958年9月发生了叛乱，参与叛乱的武装有2000余人。叛乱从9月2日开始，在我驻西盟解放军以及地方武装力量的有力配合下，10天之内很快就予平息，保卫了地方政府和人民群众的安全。

1965年9月，我被组织上调到澜沧县任县委书记，在澜沧工作了一年时间。为了发展经济，造福人民，我发动群众、机关干部及驻澜沧的人民解放军官兵，上山开垦土地种了1000多亩的茶树。在这一年里，发生了澜沧监狱犯人在夜间，由值班民警萧循生打开监狱大门，让被关押的犯人向境外逃跑的恶性重大事件。凌晨接到消息后，我立即与武装部长刘全忠及驻军五团杜格斗副团长一起率领军民追缉逃犯，很快就把逃跑的犯人及萧循生活捉，及时维护了边境地区安全稳定。

1966年“文化大革命”开始，我成了被批斗的对象。造反派把我拉到街上游街批斗，受尽了非人折磨。虽然被整天批斗，但我还是坚定理想信念，坚信革命真理，对造反派提出的种种错误言论，义正词严，极力反驳。造反派把我收拾不下来，就在县城召开万人大会，把我定为“死不悔改的走资派”，宣布开除我的党籍，开除我的公职，监督劳动。那时，白天劳动，晚上接受批判，这样的生活过了6年，令人胆寒。这期间有两次差点要了我的命，一次是一个下雨天叫我上山砍树。抬木头时，在我前面的那个人突然滑倒在地，木头猛然砸在我头上，当时就不省人事，幸好与我一起的一位拉祜族干部，他用民间偏方，撬开我的嘴，撒了一泡尿从嘴里灌进去，后又立即用手推车把我送进医院，才把我救活。另一次是一个造反派，抬起手腕粗的木棒向我头上砸来，幸好旁边的一位同志，眼疾手快在木棒下落的瞬间给挡住了，我才幸免于难。回味往事，直到如今我还十分感激这两位救了我的好同志。那个年代我们这些被批斗的对象，不知什么时候就会毫无征兆地来一场暴风骤雨般的批斗。1968年的一天晚上，军代表通知我到北京学习。军代表刚走，造反派立马揪我去批斗，把我软禁在澜沧一中不准回家，不准与外界接触，有一个多月的时间。在这段时间里，我通读了《毛泽东选集》一至四卷。见我读书，看守我的红卫兵骂道“你这个走资派，还读毛主席著作。”我说“学习毛主席著作，改造思想嘛。你们也要好好学学。”这个红卫兵不屑一顾，下哨后跟他的同伴说“今天真倒霉，被走资派骂了。”在遭到不公正待遇的这几年中，上午劳动，下午劳动，中午逼我戴着高帽子敲着锣游街，敲一声锣要我高喊一声“我是死不悔改的走资派。”真是滑稽到了极点。刚开始还有人围观，可是过了一段时间人们就把这个事看淡了，不再有人围观了，押我的红卫兵也不见了踪影。不过，午饭过后我还是照样一个人去游街，这样过了一个月的样子，造反派就偃旗息鼓不再让我游街了。

造反派在边疆搞什么政治边防，把边疆都搞乱了，人心极不稳定。省革委准备要解决边疆问题，派工作组下去开展调查，派到思茅的工作组负责人是省革委的梁文英同志。梁到思茅后要从当地抽调干部组成工作组配合他们一起工作，地革委的领导说没有干部，梁文英说“澜沧的平富昌为什么不叫他出来？”看上面领导点了名，地革委领导也就默许了，我一同随省上的工作组到西盟开展调查。在西盟调查了一个月，调查组叫我到思茅汇报，我把调查了解的情况据实汇报后，地革委核心领导小组组长、原地委书记陈杰同志对我说“你不要回去了，就留在思茅工作。”我说“我还没有解放呢！”他说“现在就是对你解放了。”这样我才结束了长达6年的煎熬。

重返工作岗位后，在地革委的领导下，我主抓落实边境政策，纠正被造反派颠倒了的大是大非，从内地抽调干部组织工作队，建立民兵武装，发展党员建立健全基层政权，抓生产等工作。由于工作路线正确，逐步呈现边境稳定，民族团结，生产发展，社会安宁的良好局面。

1973年，我被调镇沅县担任县委书记、县革委主任。到镇沅后着重抓了两项工作，一是抓干部政策的落实。二是抓生产。在抓干部政策落实方面，被造反派打倒的老干部一一给他们恢复名誉，安排他们重新走上工作岗位。被迫害致死的县委书记唐继武同志，为他平反昭雪，把清白还给他，使他安心于九泉之下。在抓生产方面，针对过去被破坏了的生产现状，我以点带面，到农村蹲点，推广新品种，使生产逐年增产，农民生活有所改善，农民的生产积极性也有了很大提高。但是，就在形势有所好转的时候，1974年在全国开展的批林批孔，反击右倾翻案风运动，对镇沅又造成了极大冲击，整个县城政治气氛骤然紧张，到处贴满了大字报，攻击我是"'还乡团'，走资派还在走"。针对这种情况，我顶住压力，立即召开县级机关各部委办局领导会议，规定各级抓革命促生产、不准拉帮结派等十项措施。会后，与会同志把会议精神进行了全面传达，受到广大干部群众的热烈拥护。此后，街上的大字报少了，人们的工作秩序、生活秩序、生产秩序恢复了正常。

当时的边境地区交通不畅，信息闭塞，内地发生的重大事件要十天半月才能传到下面，往往造成工作被动，甚至闹出笑话。1976年10月，古城公社党委汇报，说他们那里有个铁匠在收音机里听到北京粉碎了"四人帮"，他还把这个消息在群众中进行了传播，请示我们如何办。我召开县委常委会讨论，有的委员说这是反革命谣言，是现行反革命，要把这个铁匠抓起来，我没有同意。隔了几天，从昆明开往镇沅的长途客车上，贴满了令人鼓舞的热烈庆祝粉碎"四人帮"的大红标语。这时云南省革委也下发通知，通报了这个消息，要求开展揭、批、查运动。从这时起整个中国才结束了"文化大革命"的十年浩劫。

历经磨难非寻常，春华秋实写人生。1977年底，我被调回思茅任计委主任，1978年撤销革委会，恢复"文革"前的建制。1978年，我被任命为思茅地委常委、思茅行政专署副专员兼计委主任。我在地委的领导下，做了一些实际工作很受群众欢迎。1983年，我被任命为思茅地区纪律检查委员会书记，查处了一些大案要案。1988年，年龄到限光荣离休。离休后，我一天三件事：栽花、下棋、看电视，无忧无虑心情很舒畅。但子女们还是怕我有失落感，担心我的身体，为了打消他们的顾虑，我写了一首打油诗赠予他们："离休生活两年多，栽花根雕老有乐，身体尚好勿忧虑，只望儿女有作为。"

我虽然离休多年，但党和政府始终没有忘记我。1992年，中共思茅地委、地区行政公署给我颁发"在边疆民族地区工作三十五年以上，作出积极贡献荣誉证书"；中共云南省纪委授予我"党的忠诚卫士"奖章。同时，思茅地区纪委、市纪委多次评我为优秀党员。

军校朱祖荣大校简介

朱祖荣，1955年10月25日出生在陆良县马街镇寺耳堡村，父亲为县机关干部，母亲务农。1962年起在寺耳堡学校上小学、中学，1972年加入共青团，1973年7月高中毕业回乡务农，同年12月应征入伍到原昆明军区翻译训练大队（解放军国际关系学院昆明分院前身）服役，任大队通信员，1975年被选派泰国语班学习，1976年加入共产党；1978年大专学历毕业留校工作，先后担任助教、参谋、学员队副队长、队长、训练处长、讲师等职；2001年到南京解放军国际关系学院进修；2003年结业取得大学本科学历，现为解放军国际关系学院昆明分院副教授，专业技术6级（师职），大校军衔。

从1978年毕业留校以来，他一直从事教学和教学管理工作，不断强化事业心和责任感，兢兢业业、踏实工作，为部队的边防情报和地方外语专业人才的培养，为部队院校的教育事业作出了积极的贡献。他通过现代技术知识培训，通过不断的在职自学，通过在教学过程中与同事交流探讨，互帮互学，取长补短，教学相长，使业务素质、教学能力有了很大提高，教学经验得到进一步丰富。在领导岗位上，他做到勤政廉洁，坦荡为人，公道处事，正确用权，在教员岗位上，做到了淡泊名利、埋头工作、刻苦钻研，认真履行职责，不擅离职守，不敷衍塞责。课堂上，因人施教，耐心讲授，坚持把育人贯穿于教书的全过程，注意学员全面素质的提高，特别是学员的思想政治、道德品质素质的提高。教学中积极探索教学规律，不断总结教学经验，从而提高教学效果。注意自己的言行举止和形象，为人师表，通过勤奋工作作风和行为影响和带动学员刻苦学习，培养学员勤奋的人格品质，善于寓严格要求、严格管理于教员自己的表率作用之中，真正达到教书育人的目的。同时，注意关心年轻教员的成长，以身作则做好传、帮、带。

他在担任训练处长期间，大队先后毕业三届学员共×××名，其中军队学员××名，地方代培学员310名；参与建立确定教员选配的总体思路，制定了教员在职培训的三年规划；组织探讨大队专业学科发展设想，草拟制定代培生本科教学计划及各科目教学大纲；参与部分专业教材编写修改审定工作；参与教学楼、阅览室、多媒体教室、专业卫星电视接收设施的规划建设工作； 先后两次带泰、老、缅语学员前往版纳、瑞丽方向圆满完成对口实习任务。在此期间，每年都完成了100学时以上的授课任务。此外，还翻译了一些资料，撰写发表了论文。2001年利用空余时间翻译泰国驻昆领事馆提供的题为《卫星远程教学，科技终生教育》等泰文资料，为大队首长处理涉外事宜提供了决策参考依据。2002年，国际关系学院《南亚东南亚语言文化研究》第二卷编刊了学术论文《泰语词组教授法的新思维》。

他担任教员以来参加了×届共×××名军队和地方代培泰语学员的教学工作。主要承担泰语语音、精读、泛读、听力、语法等课程的授课工作，完成课时量达2000多学时。每上一门课程，都能认认真真备好课，孜孜不倦地向学员传授知识，深受学员爱戴。教学过程中，坚持把育人贯穿于教书的全过程，注意学员全面素质的提高。教学中积极探索教学规律，不断总结教学经验，从而提高教学效果。在课堂教学和日常生活中，注意自己的言行举止，随时随地以共产党员的标准严格要求，真正做到为人师表，通过自己的言行影响和教育学员，达到教书育人的目的。同时完成了各科《课程》标准的编写工作，完成了本大队《泰语教程》第一、二册和南京国际关系学院《泰语军政文选》的校对审阅工作，参与完成《泰语教程》第三册的编写审校工作。另外，积极参与教学科研工作，翻译很多泰文资料，撰写了多篇学术论文。2003年，《浅析泰语的用法及翻译》在国际关系学院《南亚东南亚语言文化研究》第3卷上发表；2004年，《浅析泰语的用法与翻译》在国际关系学院《南亚东南亚语言文化研究》第4卷上发表；2005年，《浅谈东南亚语言教学和外语交际能力提高问题》在《科技创新与新军事变革》上发表；2006年《泰语入门课教学小议》在第十一届全国非通用语学术研讨会论文集上发表；2007年，《信息化条件下军事人才素质探析》在《科技创新与新军事变革》上发表并获优秀论文奖；《浅析泰语的用法与翻译》在国际关系学院《南亚东南亚语言文化研究》第6卷上发表。

30多年来，他为军队的外交翻译工作和教学培训事业及国际建设工作作出了积极贡献，特别是学术方面卓有成效，参与了《老挝汉语大词典》编写出版的领导工作，参加编写了《泰语》教材，先后撰写发表了《泰语语法讲授的新思维》、《浅谈东南亚语言教学和外语交际能力提高问题》、《泰语入门课教学小议》、《特种部队外语训练的构想》、《信息化条件下军事人才素质探析》等多篇论文。

回顾过去，他说自己取得了一定的成绩，应该归功于领导的培养，归功于同志们的帮助，今后将更加努力地学习和工作。他对家乡怀有深厚的感情，他写道“树有根，水有源，我与根源永相连。我的身体与灵魂永远靠珠江源头爨乡——‘陆良’母乳的滋养！”

朱德光简介

（中共曲靖市委常委、市委秘书长）

朱德光，男，汉族，1961年5月出生，云南省陆良县人，党员，1978年10月参加工作，研究生学历。1978年10月~1987年11月在陆良县科委、地震办工作，期间于1985年9月~1987年7月在云南大学地球物理系读书；1987年12月~1990年2月在陆良县人民政府办公室工作，任领导秘书、办公室副主任；1990年2月~1994年2月在曲靖地区行署办公室工作，任行署主要领导秘书、秘书一科科长；1994年2月~1997年11月任曲靖地区行署办公室副主任，期间于1996年10月~1997年10月任原曲靖市（县级市）第三批村建工作队队长；1997年11月~2000年9月任曲靖市人民政府办公室副主任、政府副秘书长、办公室主任；2000年9月~2002年12月任中共罗平县委副书记、县政府副县长、代县长、县长；2002年12月~2007年12月任中共罗平县委书记，期间于2004年9月~2005年1月到中央党校学习，2005年1月~2007年2月在中央党校经济学专业研究生班读书；2007年12月至今任中共曲靖市委常委、市委秘书长。

朱德光自幼读书、学习和参加工作以来，在父母、老师、同事、乡亲及各级组织、各位领导的培育、教导、关心、帮助和支持下，一直奉行和坚持“堂堂正正做人、勤勤勉勉学习、认认真真办事、兢兢业业工作、清清白白从政、勤勤恳恳为民、真真诚诚待人”的理念，并在工作、学习、生活中践行。

刘建明简介

（广西壮族自治区石油公司总经理）

刘建明，男，汉族，1963年5月出生，1984年10月加入中国共产党，1985年7月毕业于西南石油学院地质专业，本科学历，工学学士，1996年获高级经济师专业技术职务。大学毕业后，先后在滇黔桂油田第二钻探公司32756地质队、局办公室、局党办、局（经理、党委）办公室工作，历任地质队技术员、队长，局（党）办秘书、副科长、副主任、主任等职；2001年8月任滇黔桂石油勘探局石油天然气销售总公司总经理、党委副书记；2003年5月~2005年5月，任滇黔桂石油勘探局组织人事处处长；2005年5月18日任中国石油西南销售公司党委书记、副总经理，2009年调任广西壮族自治区石油公司任总经理至今。

大学毕业20多年来，刘建明从基层干起，经历了不同岗位的锻炼，从一名普通的大学生成长为一名厅（局）级领导干部，具有企业基层、机关等不同层面丰富的管理经验。尤其是在担任滇黔桂石油局销售总公司总经理期间，他结合市场实际，明确提出了“抓两头，促中间”的经营思路，快速提升了资源的保障力度和零售市场的开拓力度；他从经营实际出发，推行经营指标和工作岗位“双竞”机制，形成责权利明晰的工作运作机制、内部监督机制和内部经营考核机制。为扩大液化气终端销售，他还提出了“以信息技术手段提升LPG客户终端服务水平”的思路，大力推行液化气配送上门服务业务，赢得了用户的好评，争得了较多新用户；同时，又开发了取代乙炔的新型燃料，使液化气附加值成倍增长，公司的销售利润得到大幅提高。在担任滇黔桂石油勘探局组织人事处处长期间，他在完成了集团公司高级管理人才培训班的学习任务后，充分利用学到的国外先进的人力资源管理理念，积极推动干部人事制度改革，组织中层干部分流方案的调研、编制，在广泛、深入调研的基础上，编写了《滇黔桂石油勘探局专业技术岗位竞聘实施办法》、《滇黔桂石油勘探局定岗定员实施办法》、《滇黔桂石油勘探局全员竞聘上岗实施办法》。工作中，刘建明注意吸收现代人力资源开发与管理理念，制定了《滇黔桂石油勘探局人才开发规划》、《滇黔桂石油勘探局人才引进办法》等，为勘探局干部队伍建设提出了新的思路。自担任中国石油西南销售公司党委书记、副总经理以来，他结合企业新、体制新、队伍新、市场化员工多的特点，按照“围绕中心抓党建，加强党建促发展”的工作思路，坚持抓班子、带队伍、促发展，努力探索与区外销售企业相适应的基层党组织设置、管理模式和党的建设、基层建设的方式方法，使党的基层组织建设、思想作风建设与营销网络的延伸同步跟进，有效发挥了各级党组织的政治核心作用、战斗堡垒作用和广大党员的先锋模范作用。与此同时，他坚持积极推动干部人事制度改革，在公司建立了副处级以上领导干部全员公开竞聘的常态机制。在公司建立了以管理人性化、考核全方位、控制多角度的360度绩效管理考核体系。同时，严格执行领导班子议事规则和决策程序，在班子内充分发扬民主，推动了公司各项决策的科学化、民主化，确保了党和国家的路线、方针、政策贯彻落实，确保了公司的发展战略、工作思路和工作方针的有效实施，确保了公司物质文明、精神文明、政治文明建设的协调发展。刘建明的工作绩效，得到了广大职工的认同，受到了上级组织的高度评价。

李红简介

（云南煤化工集团公司副总经理）

李红，1956年6月出生于陆良，1974年6月~1976年5月下乡在陆良大莫古当知青；1976年5月~1986年9月在云南沾益化工厂当工人，任车间副主任、主任；1986年9月~1988年7月在云南省经济干部管理学校读书；1988年8月~2001年9月在云南沾益化工厂任生产科科长、副厂长；2001年9月~2004年9月任云南沾益化工公司总经理、党委副书记；2002年5月任曲靖市大为焦化公司董事长；2003年9月任云维集团有限公司党委副书记；2004年7月~2007年12月任云维集团有限公司总经理、党委副书记；2008年1月起任云南煤化工集团有限公司副总经理。

许玉才简介

（中共曲靖市委常委、宣威市委书记）

许玉才，1965年1月出生，陆良人，1982年9至1984年7月在楚雄农业学校蚕桑专业读书；

1984年7月~1988年9月在陆良县蚕丝绸公司蚕桑站工作；

1988年9月~1990年10月在曲靖地委党校大专班政治理论专业读书；

1990年7月~1990年10月任陆良县蚕丝绸公司蚕桑站副站长；

1990年10月~1992年12月在陆良县委组织部工作；

1992年12月~1994年12月任陆良县小百户乡党委副书记；

1994年12月~1997年11月任陆良县三岔河镇党委副书记、镇长（其间：1997年8月~1999年12月在中央党校函授学院 本科班党政管理专业学习）；

1997年11月~2001年7月任曲靖市委组织部副处级组织员兼干部二科科长；

2001年7月~2002年3月任曲靖市委组织部副部长兼干部二科科长；

2002年3月~2006年8月任麒麟区委书记；

2006年8月~2007年3月任曲靖市委常委；

2007年3月~2008年2月任曲靖市委常委、曲靖职教中心管委会主任；

2008年2月起任曲靖市委常委、宣威市委书记。

2005年8月被云南省人事厅表彰为“全省民族团结进步模范个人”；

2005年10月被中央文明委、国家人事部表彰为“全国精神文明建设先进工作者”。

李小平简介

（武警大校）

李小平，男，汉族，1966年随父母三线建设定居陆良县境内的云南模具二厂。1980年10月应征入伍，1983年8月加入中国共产党，中国社会科学院应用社会学研究生毕业。现任武警云南省边防总队保山市边防支队支队长，副师职，武警大校警衔。

1980年11月~1983年3月，任云南省军区独立一团一连战士、副班长；

1983年4月~1986年4月，任武警云南省总队直属一支队一中队班长、排长；

1986年5月~1988年8月，任武警云南省边防局训练处参谋；

1988年9月~1990年7月，在中国人民武装警察部队学院边防系边境管理专业学习，任学员队班长、副连职学员。1988年12月，被中国人民武装警察部队学院党委授予武警中尉警衔；

1990年8月~1992年5月，任武警云南省边防总队司令部训练处参谋；

1992年6月~1993年3月，任武警云南省边防总队警卫中队中队长。1992年6月，被武警云南省边防总队政治部晋升为武警上尉警衔；

1993年4月~1999年11月，任武警云南省边防总队司令部训练处参谋、副处长、处长。1994年7月，被武警云南省边防总队党委晋升为武警少校警衔，1998年7月，被武警云南省边防总队党委晋升为武警中校警衔；

1999年12月~2000年10月，任武警云南省边防总队司令部警务处处长；

2000年11月~2002年11月，任武警云南省边防总队景洪港边防检查站站长；

2002年7月，被公安部晋升为武警上校警衔；2002年12月~2005年4月，任武警云南边防总队昆明边防检查站站长；

2005年5月至今，任武警云南省边防总队保山市边防支队副师职支队长；保山市第二届政协委员；2006年7月，被公安部授予武警大校警衔。

在二十八载的军旅生涯中，李小平多次带领部队参加全省及全国军事汇报表演和军事业务比武。1992年参加了云南平远地区“严打”战斗，战斗中，带领突击分队，抓捕以武力抗拒的贩毒分子，身负重任，1992年12月，被公安部授予“攻坚英雄”荣誉称号。因工作成绩突出，先后4次荣立三等功，多次被评为“优秀共产党员”。1983年5月，参加了全国武警边防部队英模事迹报告团，到全国21个省、市、区边防部队作巡回报告。1999年9月作为英模代表，参加了在北京举行的“全国公安保卫战线英雄模范、立功集体代表”大会，在人民大会堂受到党和国家领导人的亲切接见。

知识产权女专家杨叶璇

杨叶璇，女，汉族，1947年出生于陆良马街。祖父杨体元于1947年发起马街起义，率领边纵三支队上龙海山打游击，她因此随母亲、祖母被国民党反动派软禁。父亲杨德光和母亲万泽琳于1949年参加解放军，1954年杨叶璇随父母到了北京，后在北京学习和工作。

自1978年起，她进入国家工商行政管理系统从事商标工作已30年，先后从事商标行政执法、全国性商标社团、商标行政确权等多项工作，曾任国家工商行政管理总局商标评审委员会副巡视员，现为中国知识产权战略研究专家库专家之一、北京大学知识产权学院和中央财政金融大学法学院硕士生导师、中国知识产权研究会理事、《知识产权》杂志编委，中国绿色食品协会常务理事、专家委员会委员、北京康信知识产权代理公司高级顾问。

在国家工商行政管理总局工作期间，杨叶璇曾任商标局综合处处长、管理处处长，早期参加了国家优质产品质量奖评审办公室的工作，其后主要负责政策法规的调研和宣传，对外交流以及指导地方工商局查办商标违法案件和培训基层工商局商标管理队伍，参与了商标法及其实施细则、产品质量法、药品管理法、烟草专卖法等法律法规的制定和修改的有关活动，负责承办了整顿“大前门”卷烟商标、整顿酒类商品商标、清理内外销商品两本账商标、查处侵犯“长城”罐头、“船牌”床单、IBM计算机、M&M’S糖果等国内外商标专用权的大要案件，进行了关于“绿色食品”商标、“两面针”牙膏商标、“小肥羊”餐饮商标、“美极”酱油瓶立体商标等新型商标的调研及可注册性的判断，以及组织试点建立商标事务所、由商标行政核转制改革为商标代理制等工作，两次访问日本，进行关于AIPPI（国际工业产权保护委员会）等方面的交流，并参加了世界知识产权组织在斯里兰卡举办的发展中国家知识产权官员培训班。

1994年负责承办建立中华商标协会事宜、执笔起草协会章程，担任该协会专职副秘书长6年（副厅局级），其间创办《中华商标》杂志，任主编；建立了该协会与国际商标协会、法国制造商联合会等的合作关系，与国际商标协会在北京联合举办了《商标法律与实务国际研讨会》。率团赴美国考察国际商标协会及其年会，撰写并发表了有关的考察报告。

2000年调任国家工商行政管理总局商标评审委员会任副巡视员，先后主管综合、案件形式审查和法律事务，参与了修改《商标法》、《商标评审规则》等事宜，主管商标司法审查的应诉、负责与法院的协调与沟通，参加了最高人民法院的“知识产权保护机制改革调研课题”，牵头完成了商标子课题的调研报告；先后率团和随团三次访问欧洲，对商标行政复审及司法审查制度进行考察，执笔和参与完成了数项考察报告。2007年随中国商标代表团出访瑞士，在世界知识产权组织参加了中国签署《商标法条约新加坡文本》的签约仪式，并参加了世界第三次反假冒大会；她多次在有关的国际、国内知识产权研讨会上作为发言人或主持人、点评人等；在全国性的多家报刊上发表了数十篇学术论文和文章，其中《开智慧之源、走富国之路》、《论未注册驰名商标保护的法律依据及其意义》、《商标行政执法中的反不正当竞争》、《论商标窃权行为及其惩治》、《修改我国商标法亟需解决的三个重要问题》等文章产生了一定的影响，并获得一些奖项。多次应邀在人民法院、有关部委、地方政府、协会、高等院校等举办的会议或培训班上讲课，并在第六届海峡两岸知识产权学术交流研讨会上发表了论文和演讲，曾多次应邀担任全国知识产权优秀论文评选活动的专家。

杨和德自述

（中国海军北海舰队副师级离休干部）

我于1929年12月，出生在陆良县东门街一个贫困家庭。从上小学读书认真刻苦。报考陆良中学初中十二班时，全县考第一名。1946年5月4日参加党领导的“青光读书会”，成员有宋其信、郑文光、杨守华、师惠如、申惠英、岳桂森、王筱宝、杨和德。组织分配给的任务是杨守华、杨和德负责收集反动军队孙玉山部和伪县政府的情报，交王建邦和朱平老师。读书会其他同学也分配任务。以后朱唤然老师（后改名朱平）介绍我和杨守华同学参加了“民青”组织，初中毕业后于1948年12月初，经地下党员王建邦老师介绍，参军到敌后游击队，到马街镇后找到了地下党的联络站杨晓同志，随后把我和杨守华同学介绍到龙海山区根据地，参加了我党领导的云南人民讨蒋自救军。1949年3月，中央军委正式命名为中国人民解放军滇、桂、黔边纵队第三支队。在武装部队，我曾任战士、排政治服务员、连政治指导员。1949年3月入党，并任机关党支部书记和党委委员。

在西进南击作战中，我被手榴弹炸伤一次，参加的大小战斗15次之多，最大的一次是滇南战役（即元江战役）围歼国民党反动军队第八兵团主力。在敌后游击队时和解放后陆军时期，受过表扬和物质奖励。

1950年8月由云南军区选调中国人民解放军海军鱼雷快艇学校第一期艇长班学习，成绩优良，毕业后分配到海军快艇21大队3号艇任艇长。后被调到海军快艇第一纵队司令部当业务长，所属部队快艇31大队，于1954年冬在浙江沿海击沉国民党海军“太平号”舰，我随纵队司令员陈绍海到东海舰队、南海舰队，首长作战例报告，并参加了在上海举行的庆功大会。

在海军由于自己积极努力工作，能完成组织上交给的任务，1956年参加了快艇第一纵队积极分子大会，并于1957年选举我为代表出席海军青岛基地积极分子及先进工作者大会。1958年由于工作成绩优异，受海军青岛基地奖励，司令员、政委亲自颁发奖状给我。后为北海舰队副师级干部离休。

我的家庭情况介绍如下：爱人：王华，云南石林县人，曾参加我党领导的路南圭山区敌后武工队，后参加中国人民解放军滇、桂、黔边纵队，新中国成立后在云南军区楚雄军分区工作，转业后到中国人民大学学习，毕业后分配到青岛市人民银行工作，时任党委副书记、副行长，后调到中国农业银行青岛分行任党委书记、行长。曾被评为青岛市劳动模范，首届“青岛市十大优秀母亲”，副厅级，已离休。儿子：杨军，曾被评为山东省十大杰出青年，在职北京大学博士生毕业，曾任青岛市副市长、市委常委、山东省日照市市长，现任日照市市委书记（山东省委委员），全国人大代表。儿媳：王建华，处级干部。女婿：徐镇绥，曾任青岛市市南区区长，市财政局局长（市委委员），现任青岛市市长助理。女儿：杨玲，科级干部。

何光汉简介

（云南省监狱管理局原副局长）

何光汉，生于1943年，家住陆良县板桥镇大桥办事处王家坡村。1958年读书时，因生活困难去修路，当民工、通信员；1959年加入共青团，1962年回家务农，任公社团支部书记、生产队记分员。1964年被共青团陆良县评为优秀团干部。1966年应招到云南省中安监狱当工人，先后做过电工、钳工、管教以及教育科、狱政科、办公室、行政办公室、清放办公室、清查办公室负责人。1983年转干任政治处主任，1987年任中安监狱党委书记、政治委员，1989年被司法部评为廉洁奉公先进工作者，期间自学获中专文凭。1994年调云南省监狱管理局任副局长，2004年以副厅级退休。

为人民利益勇往直前

——记原中共曲靖地委委员、公安处处长杨建有

杨建有，1934年9月1日生于陆良县马街镇，1942年入马街小学读书。他深知读书机会难得，体谅母亲的艰难，勤奋学习，舍不得浪费一点时间、一页纸，受到老师的好评。1947年小学毕业，因家庭贫寒，过早地失去求学的欢乐。他是“遗腹子”，父亲逝世后三个月才出生，母亲一手把他拉扯大。穷人的孩子早懂事，不能继续升学，便跟着母亲在家干农活，糊口度日，为母亲分担一点苦难。1947年，革命志士杨体元在中共地下党组织的支持下武装反抗国民党的黑暗统治，举行“七·二四”武装起义。同时，马街组织“兄弟会”、“儿童团”。杨建有积极参加群众组织活动，童心受到革命的洗礼。1951年参加农民协会及民兵组织，投身土地改革。1952年6月参加新民主主义青年团。8月，经团县委培训后，怀着豪情走上工作岗位，伴随着心中的热血奔向芳华区山前乡搞建团工作。他决心永远跟党走，再苦再累不动摇。同年12月建团结束，杨建有调陆良县公安局中枢镇派出所工作。1955年调回县公安局先后任政保、刑侦副股长、股长、副局长、局长、县委常委。

公安工作关系国家、社会、人民群众的安危，面对复杂的社会和繁重的工作担子，感到压力非常沉重。公仆的责任心和使命感，使他夜难就寝，食不甘味，如饥似渴地学习毛主席著作，学习党的方针政策，研究如何做好公安工作。他对自己遵守一个“平”字，平稳做人、平易近人、平等待人，把自己摆在平凡的位置上。走上领导岗位后，他坚守一个原则，用规范的专政方式和政策手段，坚决而又灵活地正确区分和处理两类不同性质的矛盾。他在局机关着重抓“三个建设”：队伍建设、作风建设、制度建设。首先，他严于律己，以身作则，清正廉洁，敬业爱民，吃苦在先，一心扑在工作上。下乡搞侦破工作，不少年轻同志都会被他的快节奏推着走。在他的带领下，全局上下坚定一个信念，奔向一个目标，保卫国家人民的利益，凝成一个特别能战斗的群体。每当发生重大案件，他都亲自参加侦破。如召夸松林桥村购销店被盗案，他带领干警步行60华里赶到现场。罪犯从泸西白水镇集木村逃窜，为了及时追捕，连夜步行30公里到泸西白水镇抓到案犯，查获全部赃物，查清案情，追回赃款、

赃物。他们一行两天一夜没睡觉，精力疲惫，但他说，“这次破了案，你们都放心去休息，犯人由我看管。”陆良板桥镇70年代初农行营业所被盗现金人民币7万多元的特大案件，他认真勘察现场深入调查，及时破获了案件，被盗现金全部追回，罪犯受到惩处。

还有召夸大北山、马街桃园村、大莫古等多起被杀无名尸体案。人命关天，案件一上手就不松手，为了查清案情，他带领干警踏遍沟沟坎坎，汗水洒遍村村寨寨，夜以继日，脚不停步地艰苦细致工作，使嫌疑人落网，一一受到法律的惩处。

杨建有十分注意创新工作方法，发动群众，依靠群众，不搞神秘主义。实行群防群治，全县124个公社全部建起治保会，选配好治保主任。做到防范在先，坚持疏导，全县发案率逐年下降。在干警中开展强有力的思想政治工作，评选先进，树立典型，比有对象，学有榜样，全体干警工作积极性得到大调动，每年破案率均在90%以上，县公安局多次被省地评为先进集体。杨建有付出的是智慧和汗水，收获的是社会的安宁和有价值的人生。

“疾风知劲草”，在逆境危难中最能检验一个人的人格、意志和品质。杨建有顺而不骄，逆而不屈。

1966年5月10日，杨建有担任县委常委兼公安局长。这一年的4月西南局在成都召开云、贵、川、藏四省（区）县处级以上干部学习毛主席著作积极分子代表大会。云南省出席会议有40多人，其中公安局长有4人，杨建有是代表之一。闭幕时，西南局第一书记李井泉和李大章、郭沫若等领导接见全体代表。这是杨建有平生第一次出席这样高规格会议，第一次来到大城市见到大领导，内心万分激动。

中共中央发出“5·16”通知，在全国开展“无产阶级文化大革命”，风云突变。随之红卫兵大串连，毛主席在天安门城楼先后8次接见1100多万红卫兵“革命小将”。陆良县造反派无中生有地追问西南局召开的学习《毛选》积极分子代表大会是不是布置应变的黑会，李井泉是不是要大抓革命造反派。杨建有始终坚持说真话，不按“造反派”的诬陷抓人，以致他被诬为包庇现行反革命破坏“文化大革命”的现行反革命。未经省“三长”调查核实，就被押到省公安厅看守所监禁半年。于1967年7月30日宣布无罪释放。

1969年，杨建有下放“五七干校”劳动。1970年参加筹建陆良氮肥厂。1971年调县拖拉机内燃机配件厂任厂长兼党支部书记。1972年回县公安局任人保组副组长。杨建有穿上警服，再上征途。1973年3月调曲靖地区公安处任副处长。

1977年7月，杨建有从曲靖公安处调任寻甸回族彝族自治县任县委书记。该县是云南25个贫困县之一，全县1635个生产队中有82个生产队长期“吃粮靠返销，生活靠救济，生产靠贷款”。全县绝大多数公社群众长期是“手脚捆着，土地闲着，肚子饿着”，处于饥饿、半饥饿状态。为此，很多人四处逃荒、讨饭讨到省政府五华山。该县在“文革”中是重灾区，县委书记、公社党委书记等人被批斗整死达36人，干部和党员被批斗7350多人，打伤致残940多人。杨建有一到任，立即深入调查摸底，掌握了上述情况。首先开展“揭、批、查”，对“文革”中的坏头头和打砸抢分子，依法惩处。继后落实干部政策，平反、纠正了历次政治运动中错判、错处、错划的人员，给予平反昭雪。恢复名誉和待遇，并安排工作。还落实了民族和宗教政策。如1965年，寻甸鸡街白洋箐基督教“内地会”和“循道公会”中的反动分子进行暴乱，杀害鸡街区委书记、公安干警和干部群众共23人。省公安厅直接领导平息了暴乱，严惩了首恶。但在事后的“四清运动”中，一些民族上层宗教人士牧师、阿訇受株连错处，在这次政策落实中都恢复了名誉，得到安抚。这些工作，把各方面的积极性都初步调动起来了。现实最严峻、最棘手的是发展生产、解决温饱的问题。寻甸县信奉伊斯兰教的群众人数众多，交通不便，流通不畅，历尽生活的折磨，世世代代都渴望过上富裕日子。杨建有说：“我是人民的公仆，农民的儿子，不能看着农民饿肚子。”1979年春，他带着县委办公室的几个同志到联合、鸡街、板桥、牛街金源、金所等公社的边远山区生产队进行调研，听取群众的意见，决定在26个生产大队、650个生产小队建立各种形式的生产责任制，还放开“小自由”，自留地、饲料地可占总耕地10%~15%，把房前屋后果木树共17300棵退还给农户。当年，这些生产队的粮食、油料、烤烟都获得丰收，家畜家禽也快速增长，大多数农民过了个欢乐年。杨建有高兴极了，他把农民的欢乐藏在自己的记忆里。《云南画报》第一期《新长征路上的共产党员专栏》发表文章赞扬他，以《他和群众心连心》7幅照片占了《画报》两个版面。1981年初，他接受安徽、四川等地经验，带工作组到阿旺、联合、鸡街、板桥、羊街、河口等公社，一步到位搞包产到组到户的生产责任制。还把一发田地和二荒地借给群众耕种，县委其他常委也分片领导搞各种形式的承包责任制，全县农村干得热火朝天，生产积极性空前高涨，迎来了大面积的丰收。11月，地委在宜良召开全区地、县、公社三级干部会。会上，地委有的领导同志讲话中公开指责寻甸“乱搞”。一下子气氛变了，有惊有呆，有疑有怕，寻甸参会干部更受压抑，有的想打退堂鼓。这时，杨建有挺直腰杆对寻甸干部说：“我们有新华社‘内参’的借鉴，有人民日报《你走你的阳光道，我过我的独木桥》文章的启示，农业体制改革的大方向没有错，已经推行的责任制不能停！如果上面追查责任，我和县委承担，为了广大人民的利益，丢了这顶乌纱帽也值得。”几句铿锵有力的话，稳住了阵脚。1982年春，地委副书记孔德璜带工作组到寻甸考察，实地查看并听了群众的意见，肯定了所做工作符合中央指示精神。3月下旬，地委召开县书会议，要杨建有作交流发言，杨建有以《纠正“左”的错误，改变贫困面貌》为题作了发言。

1983年8月，杨建有调任曲靖地委常委兼地区公安处处长，工作担子更重。他始终把公安处的工作置于地委领导之下，建立了向地委请示汇报制度。杨建有是从在苦水里泡大的穷孩子成长为一名共产党员，是亲民、爱民、为民的公仆，跟公安工作结下不解之缘，他的大半生都献给了祖国的公安事业，他感到无限幸福。

1991年5月26日，陆良县板桥镇马军营发生一起严重的打砸抢烧违法犯罪事件，省委、地委领导高度重视，分别作出了批示，并派出了工作组。杨建有同志作为地委、行署主管政治和社会安全的领导受命赶往现场参与组织指挥处置这一突发恶性事件。他遵照省委、地委的指示精神，与陆良县委、县政府领导共同研究，采取果断措施，在较短的时间内有效地平息了事件，严格按照政策依法惩办了犯罪分子，伸张了正义，严肃了法纪，教育了很多法盲，团结了广大人民群众。更为重要的是，曲靖地区这次捍卫人民利益坚决果断的执法行为，在当时滇中、滇南、滇东发生了很大的震动及影响，为后来对社会的整治创造了条件，取得了经验。省公安厅给杨建有记了三等功。

1992年9月，国务院总理李鹏授予杨建有二级警监警衔。

1994年，杨建有退休了。大家推选杨建有当警察学会会长。他不负重托，一干就是15年，热情依旧，珍惜夕阳的每一寸时光，书写晚年人生的精彩，奉献再奉献，付出再付出。开展政策研究、咨询、理论研讨、下乡调查、建言献策等活动。1994年9月还向省申办汽车驾驶培训学校（站），经过近15年的苦心经营，没有要财政一分钱，白手起家，现拥有上百辆大小教练车，建盖了教室、学员宿舍和办公室，为社会提供140个就业岗位，培训了35000多名驾驶员，为发展经济作出了贡献。现有固定资产近千万元。因成效显著，曲靖警察学会多次被评为全省先进学会，两次被全国社科联推荐为“全国大中城市先进学会”，并获组织建设奖、理论征文活动组织奖、警力资源开发创办经济实体奖。杨建有被公安部及中国警察学会评为警察学会优秀工作者、被市委评为曲靖优秀社团工作干部，先后7次评为优秀共产党员。古稀之年，忙忙碌碌，虽然累得很，但他心里却热乎乎的，觉得活得有价值，活得充实而有意义，始终守住心中一片净土。

杨建有靠自己努力奋斗成才，在党旗下成熟，在实际工作磨砺爱民之心，他为国家、为人民做了许多有益的实事、好事，受到肯定和赞誉。他是一位讲奉献、负责任、诚实、朴实、踏实的警务工作者。勤政廉洁，清茶淡饭，一辈子过着寻常百姓生活。身为公安处长、国家二级警监，至今仍然住在25年前建盖的预制块建筑的老房子里，不讲排场，不摆阔气，赢得了人们的好评。恩师肖鹏为记述杨建有事迹的《滇东足迹》一书写序，说：“那是一串鲜明的足印，字里行间响着历史回声。那足印有与时俱进、大步流星之势，那回声则夹杂着碰撞，有一种深沉之感。”这是对他的高度评价。

我的革命人生历程

——副厅级干部张霞自述

我原名张觐宸。读高中、大学时因戴近视眼镜，同学们戏称“张瞎”。1949年反蒋武装斗争中，我是陆良县委委员、县长兼边纵解护二团党委书记、副政委（政委由县委书记挂名兼任），主持部队工作。县委书记是我的老同学，经常相互称诨名。但是，因为工作需要以县长名义出布告，又不便使用真实姓名，以免遭国民党反动派迫害家庭，而我随部队走，不在县委机关，县委书记即改名没商量，改“瞎”与“霞”出了布告。从此，延续至今。

我于1921年出生在罗平县富乐镇，曾祖是陆良县人。家庭情况我们不详知，只听说曾祖是家庭受灾生活无着，从赶马卖工到自己赶马经商当小贩、当“马哥头”，再在富乐镇挂牌开“万盛昌”号逐步创业兴家的。富乐镇在当年是滇黔物资交流的一个“旱码头”。曾祖死后，按他的遗嘱：送葬陆良。

祖父幼小读“私塾”浙溪书院，没取得“功名”。通过自学有一定文化，能写一手好字。他崇尚迷信，也热心公益，参与当地小学的创办，县府曾授给“乐育英才”的匾额。

祖父有两个儿子，都没当过什么官，是个所谓“土地主”。常被土豪劣绅借故敲诈。特别是军阀混战，抗日战争时期，国民党发动内战，抓兵、派款、征粮日益增多，百姓苦不堪言。我们家的摊派当然都是头等，沉重难担。祖父，包括我的父辈，都是应酬不完的保甲长催款接待，为求情，跪不完的“保董”镇长家门。这些活动，我也常为之传烟筒、倒茶水，或做伴在一旁倾听大人们诉苦求情的话。那时，当然还不能透过多如牛毛的抓兵、派款、征粮来理解深层次的社会问题。

我父亲张宝珍是长子，在我们家算是一个比较有才华的人了。他虽然只读过当时的高级小学，但他勤学苦钻，擅长诗、词、书、棋。张冲将军曾两次约他参军，都因祖父阻止未成。张将军为超度悼念跟随他的阵亡将士，曾邀父亲在斗阁庙为他书写落款张冲名字“敬立”的圆形匾额4块，上书“中天斗阁”4个斗大的字。可惜在“文革”中被毁坏了。1992年张冲夫人惠国芒从北京到富乐镇时，还因欲寻此匾没结果而叹息。

父亲有志未遂死于非命，仅仅活了27岁。他是1924年在参加地方政府组织的剿灭土匪尹开吉的战斗中牺牲的。当时的县政府授予烈士称号并颁“舍生取义”匾额。

父亲写的古体诗词手抄线装书有厚厚的4卷，已因家遭大火毁去。但在亲朋中仍有心记流传至今的。在他写的信中有不少言志的，但他的外出之志，良机受阻，亲朋说他常把自己比作“珍珠埋土中”。我常想，如果他能不错过良机，能跟随从旧军人逐步转向革命、光荣成为共产党人的张冲将军去工作和战斗，他又会是一种什么前景呢?

良机不可失啊!

遵命屈从的传统孝心，是不可取的。

我是独儿子，有一个妹妹是“遗腹子”，20多岁就死了。父亲死后，祖父祖母、叔父叔母都对我关心爱护。无微不至的还是我年轻守寡的妈妈。这里只想说一件事：在外读书，每年传统的中秋节，未能在家团圆过，“每逢佳节倍思亲”，不是我这个为人之子的游者，倍思家长，特别是孀居守寡的母亲，而是母亲倍思自己唯一的生命寄托者——在外读书的儿子。我第一年寒假回家，她拿出了为我留下已经发霉的月饼，我还领会不了妈妈的一片心意，她枉费心意留下吃不成的饼子。但是，直到我读完了高中，每年寒假她仍年年为我留下那充满慈母之情的发了霉的月饼。为此，我流泪了，雨水侵蚀的是月饼，侵蚀不了的是妈的爱子之心，思念之情。1943年冬，长期守寡，忧郁成疾的妈妈去世，年仅48岁。

家里都望我读书成人，开始读私塾，读的是《百家姓》、《三字经》、《四书》之类。1934年开始读“新学”——公立富乐两级小学。

——在小学参加过销毁菩萨的活动，这虽说是一种幼稚行为，但在当时对我破除迷信，不信鬼神的传统思想有作用。

——第一次听老师讲满清政府腐败。1840年鸦片战争，国门被打开，英法等帝国主义先后入侵，“九·一八”事件、日本侵略等，使我萌生反帝爱国思想。

——第一次听了老师讲了云南的光荣史：如1911年的“光复起义”、1915年的“护国起义”等。

——第一次听说了全国，主要是云南军阀间的争权混战。

就我后来所知，在我的小学老师中，在我们那偏僻的山区小镇里，那时能够听到一些反封建、民主、爱国历史故事，真是很不错了。

我小学毕业时，年仅13岁。

在曲靖读中学是我思想的启蒙和世界观基本定型的重要阶段。

1935年我读罗平县师范学校。4～5月间，中国工农红军一方面军，在毛泽东、周恩来、朱德的领导下，经平彝（今富源）、沾益、曲靖进入云南。虽没过罗平县境，校长怕闹事，怕出事，把我们提前放暑假，放回家了。在罗平师范读书的时间不长，但使我难忘的有两件事：一件是尹兰冰老师讲的一句话：“我们理想的祖国还在镜子里”；另一件事是第一次知道中国还有个共产党。

1935年秋，我考取就读曲靖中学。次年3～4月间，贺龙、任弼时等领导的中国工农红军二方面六军团又经平彝、沾益、曲靖进入云南，并都胜利渡过金沙江北上。

经过红军的两次过滇宣传，我虽没亲眼见过红军，课堂上也没哪个老师评论，但红军过境的事实，却在同学间流传。澄清了所谓“共产”、“共妻”、“杀人放火”的胡说。知晓了红军北上与反“围剿”和“北上抗日”的主张。

经过红军长征宣传的洗礼，我进一步认识了共产党，拥护共产党的主张。

1936年冬，通过同学间的传闻、图书馆的报纸得知“西安事变”的概况。同“张、杨兵谏”的“结束内战，团结抗日”的主张。

1937年7月7日，日寇发动卢沟桥事变，在共产党的推动下，促成全民抗日。曲中地下党组织抗日工作团，通过贴报刊、出壁报、街头农村演剧、演讲、歌唱等进行抗日宣传。这些活动我大都参加了。

1939年秋初中毕业，随即考取就读曲中高二班。

国民党不断发动反共冲突，1941年制造了骇人听闻的“皖南事变”。曲中地下党随之实施“隐避”方针，曲中的抗日宣传活动沉寂下来。

然而，一些有爱国思想觉悟，要求进步，主张抗日的学生，包括我在内都转入了另一种活动：广泛学习课外进步书刊。有的还组织学习小组，出壁报。高中时期，可以说是我读课外进步书刊较多的时期，这对提高我的思想觉悟起了积极的作用。

我们喜欢读进步书刊并常在一起讨论的同学，组织成立了“热潮社”，并决定出刊《热潮》壁报，半月出一期。这个社团组织（18人）有章程，有常务理事会，我是常务理事之一。

我们的壁报不仅图文并茂，而且内容进步思想鲜明，愿看的人多。特别突出的是敢于面对现实，据理直言。《热潮》曾为一个受诬告被错处的同学发表“事实不符，处理不当”言论，促使学校作了改正；1941年秋，一位新来的音乐老师，在民族危亡的情况下竟大教学生唱粉饰太平的歌曲，《热潮》为此敢于发表评论，“热潮社”并组织去唱救亡歌曲。

“热潮社”不仅敢于在壁报上批评公开宣传崇拜法西斯希特勒的老师，而且公开组织同学罢他所教的英语课，并最后赶走了他。

“热潮社”还为适应同学们的爱好，分别与别班同学组织歌咏队、球队，开展球赛和歌咏活动。“五四”青年节，还组织话剧演出。这些活动，我都是积极参加者。

1942年6月高中毕业后，经过说服，家长同意我暂不谋职、报考大学的要求，先考读中法大学文史系。1943年冬，母亲去世回家奔丧，祖父、叔叔不让续读，无奈，通过同学关系，邀约了几个同学一起到罗平中学教书。

在这里进行教书的同时，我们还组织课外活动，传播进步思想。

1943年秋，返回昆明，转学云大政治系。家长虽说不同意，但也不能不多少给一点钱。当然，数量不多。为此，我不能不自找收入——做家庭教师，直到1946年秋。

地下党正处“隐蔽精干”时期，没有大的公开活动。但是学生间组织读进步书刊，出壁报，议论抗日形势和国民党贪官腐败、消极抗日、积极反共等的“宿社论坛”、“茶馆论坛”还是火热的。我和我们高中时的一批人也是积极的参加者。

1944年“五四”纪念活动开始，云南地下党领导的爱国民主运动新高潮兴起。我从当年10月“双十节”保卫大西南群众大会开始，直到1945年“一二·一”的各次群众大会都 参加了。当然，我都 拥护党的主张。

“一二·一”学运中，我还是云大《人民墙报》、学联《学生报》的编辑之一。自1945年“一二·一”学运后，直到1948年黎明前的学运大潮——“反美抗日”的“七·一五”爱国学运的三年间，几乎每年都有一至二次具体内容不同的爱国民主、反蒋的学运。在“七·一五”学运中我还被捕坐了牢。审干结论是：“没有供出党的组织，坚持了党的原则，表现是好的。”

1946年8月，我按云南地下党支部负责人学联党组成员之一陆琼辉同志的动员和安排，辞去家教和编辑工作，来到离城六七公里的私立金江小学，先任训导主任，以后改任教导主任、校务主任、代行校长职权等。同时还兼任一个班导师，授8节课。那时，我已是云大三、四年级学生，每周有10多节课。教和学，忙工作，忙跑路，相当辛苦。但是，我坚决按动员的要求，决心和同志们一起办好金江中学，使之成为革命的摇篮，并以此为我们金江革命理想，我把我张觐宸的名字化名为张憬成，意即理想变成现实。我在这里和同志们奋斗了两年，理想基本实现。我在1946年冬光荣加入了共产党。

1948年9月，我的亲戚利用社会关系，行贿送礼，使我从狱中获得保释。出狱后，为处理一些公（金江中学）私（爱人要流产，要向家里找点钱、借活动费等等）问题，延误了一段时间。为安排孩子，经组织同意，我和爱人一起回家乡罗平参加武装斗争。

孩子寄养在爱人的舅舅家。我们夫妇俩在罗平西区参加武装斗争的工作。不久，我被调往陆良马街（陆良县解放委员会所在地）主持开办干部培训班。有来自陆良东区、罗平西区，城市学运中涌现的积极分子以及农村小知识分子，共40多人。这个班办在坝区靠龙海山根据地的大龙潭的一个旧庙里，学员们说这是在敌人的大门口办培训班！学习内容有《中国革命和中国共产党》、《目前形势和党的任务》、《十大军事原则》、“十六字诀”和党章，并教跳一些革命歌舞等。

为适应斗争形势的需要，陆良县委按上级指示，于4月9日在龙海山鲁衣村宣布成立陆良县游击团。同年8月被授予“中国人民解放军滇　桂黔边纵队乡第二团”（简称护二团）称号。人数从初期的400多人发展到900人左右。另外，还有一个独立活动营和连。我被任命为团党委书记、副政委兼政治部主任，主持部队工作。7月，我被决定为县委委员、县长兼团党委书记、副政委，主持部队工作。就此职务，就纯军事的观点来说，我还是新手，是外行。但是，我的主要任务是依靠毛主席的游击斗争的理论，依靠县委、依靠部队领导集体和群众来当政委。后来的实践证明，我没有辜负党的希望!

同年10月，我还兼任了迎接大军过陆良的主任。同时又兼任了县委组织部长、统战部长和部队工作，更加繁忙。

1949年12月26日，我们胜利进入陆良县城。首要任务是迎军。总的说，迎军真正做到了热情、热闹、切实、安全。受到过境解放军的好评，说是“又回到解放区了！”

接着，我们比较好地完成好补征上年的公粮任务。

1950年7月，我按宜良地委的安排，到新成立的省委党校学习。主要解决对阶级斗争的认识问题、本地外来干部的团结问题。学习结束约11月，我即调到弥勒县任代理书记兼县长。

我在弥勒只做三件事：一是解决弥阳镇民兵组织不纯的问题。二是镇反。三是开展减租退押。这些工作尚未结束，8月即奉调前往省委学校参加整党学习。

1952年1月整党结束。2月1日起，经两天多的汽车颠簸，到达当时的大理地委、行署所在地下关市。初期我任地委宣传部科长、副部长。1953～1955年调任大理县委代理书记、书记。1955～1959年先后任州供销社、州财办副主任，1959年冬起任副州长、州人委党组成员、兼财办、财委党组书记、主任。“文革”中被打倒。恢复工作后，任州人大代表、州政府委员、州财物办副主任、党的核心小组副组长、党组成员、学大寨工作团党委书记、团长等职。

我到大理县时，已是土改复查的最后阶段。以后相继参加了农业合作化的“互助组”、“初级社”及“高级社”的试点。我在大理县工作近两年的时间，以县委书记的头衔，在《云南日报》发表过5篇文章。有的还被编辑加了长篇按语。

自1955年调回地区（州）直到“文革”（1967年）的长时间里，经历了“一化三改造”，完成了生产资料私有制的社会主义改造，初步建立了社会主义制度。紧接着“肃反”、“反右派”、“反右倾”、人民公社化、“大跃进”等“左倾”的政治运动接踵而来。“左”风越刮越大，造成大批干部遭错处，工农业生产遭严重破坏，市场物资供应紧缺，农村因征“过头粮”而出现肿病死人！而不少干部，特别是农村基层干部，反被加给“强超命令”的“罪名”遭整。我虽没受到什么处分，但却为党的事业受损，为基层干部遭殃而痛苦。当时也还没能提到“左”祸的高度来认识，只觉得这几年“颠簸太大了”！

调整州工作后，我向电台、报刊（包括省委机关刊物《创造》写稿）约90多篇15万字左右。

1966年“文革”开始后，我被扣上“大理州财贸战线最大走资派”的帽子被纠斗不断。被抄家、毒打、游街，到“五七干校”隔离审查，搞生产劳动达5年之久！1973年“解放”复职，但被降职使用。

1980年8月，我调到省委党校任理论研究室、学术委员会主任。办有每学期1～2期的理论期刊《理论学习》，周报《学习报》，还有图书馆阅览室的管理等，工作还很紧张。在这里，我写了有学习针对性的6篇理论性文章约6500多字。

1983年3月调省政府经济技术研究中心（现称研究室）任副厅级常务干事、党组成员，以后又被评为研究员。说年龄到限，职务不落实，但职级落实了。而且，也算是这个厅级单位的领导成员之一了。

我分管政工人事，但主要精力仍是为省委、省政府领导的决策、要求、措施，做课题研究。1990年离休，年68岁。实际离开工作岗位是70岁。

我在职期间，由我承担课题组长的课题有13项；由我组织研究的经济《内参》、

《动态》共10多个，我参与研究的有3个。离休后参与或主持研究的课题也有3个。

由我主持或参与研究的课题近三分之一被省政府及有关部门采纳，有7个获本单位二、三等奖。

在职期间，我还在省级报刊发表了几篇论文，同时还受聘担任外单位的一些职务：如省体改委委员、省财政学会理事、省金融学会第二届理事会顾问、昆明市政府顾问委员会副主任、省社科研究系列专业高级职务评审委员会副主任等。

我的离休生活比较充实，一是读报刊不少，前些年订阅六报四刊，现减至四报一刊。二是坚持锻炼，上十年老年大学，直到80岁，学交谊舞，每天还晨练。三是参编《云大风云》四卷，180多万字；主编《金江激流》二卷20余万字；写回忆录《岁月留痕》21万字；学写古体诗300多首，出版诗集《从头越诗选》。数十首古体诗在一些诗刊发表、受奖。

朴实从政 心系陆良

——记中共曲靖市委党校党委书记、常务副校长（副厅级）张向前

张向前，生于1961年5月，研究生毕业（中央党校经济学专业），1978年10月参加工作，1984年7月加入中国共产党，历任富源县中安镇党委副书记、中共曲靖地委组织部干部科科长、曲靖地区外经委副主任、曲靖市外经局副局长、曲靖市粮食局局长、陆良县代县长、中共陆良县委书记、中共曲靖市委副秘书长、市委办公室主任、曲靖市委党校党委书记、常务副校长。

两下基层，接受锻炼

1978年10月，年仅17岁的张向前告别父母，打起行装，下乡到富源县原城关公社四屯大队第四生产队当知青。下到生产队以后，他不言苦、不怕累，虚心向当地群众学习农业生产知识。艰苦的劳动，给他留下刻骨铭心的记忆，也让他深切体会到农民生活的艰辛。1979年9月，他到曲靖地区粮食局工作，从事粮食仓库、厂房的设计施工和粮食存贮调运。1984年4月，担任地区粮食局储运科科长，每年都超额完成贮粮任务，粮食调配井然有序。1988年2月，他再次被组织派到基层工作，担任富源县中安镇党委副书记。期间，他走村串户，深入基层，深入群众办实事、办好事，受到当地干部群众的好评。两年之后，原地委组织部在考察干部中发现张向前在基层勤奋敬业，是个敢干事能干事会干事的好干部，于1990年2月调入地委组织部工作，先后任正科级组织员、干部科科长、部务委员。

多岗交流，打牢基础

到新的工作岗位后，他虚心向领导和同事们学习干部考察选拔方法，公道正派、任人唯贤，坚持干部德才兼备原则搞好本职工作。4年多的组织干部工作经历，使他在政治上越来越成熟。1994年8月，他出任原曲靖地区外经委党组成员、副主任，分管

外资、外经、外协以及秘书、人事、财务工作。频繁的经贸活动，使他与外界的接触越来越广泛，进一步开阔了视野、提高了工作能力。2000年6月，张向前被中央三部委（中组部、统战部、民委）外派到浙江省任湖州市计委主任助理，学习沿海开放城市的先进管理经验。在湖州期间，他接受了许多新思想新观念，也结识了沿海经贸界的许多新朋友。在从事外经贸工作6年的时间里，他与国际、国内的经济组织、跨国公司进行过多次谈判、洽谈，促进了全市全方位、多层次、宽领域对外开放格局的形成。2000年11月，张向前出任曲靖市粮食局党组书记、局长。当时的粮食部门，已经失去了粮食统购年代的紧俏与辉煌，粮食市场全面放开，企业步履维艰，面临着极大的困难。可以说是受命于危难之际。张向前到任后，在最短的时间内掌握了粮食系统的家底，明确提出了“以改制求生存，以创新求发展”的工作思路，立即着手在全市粮食系统推开改制，创新粮食系统体制机制，一年时间就实现了增收1亿元、减亏1亿元的佳绩，粮食系统焕发出新的活力与生机。这一可喜成绩引起了市委领导的高度关注。2001年12月，张向前被委以重任，调往陆良任县委副书记、代理县长，2002年3月任中共陆良县委书记。

朴实从政，心系陆良

从到陆良工作的那一天，张向前就把自己作为陆良人，心系陆良，全身心投入到陆良的发展事业之中。担任陆良县委书记后，张向前感到更多的是压力和责任。面对新的岗位和新的情况，他没有急于发指示、做决定，而是静下心来，扑下身子，深入农村、企业和机关走访干部群众，虚心向县级四套班子成员和老干部请教，勤下基层搞调研，总结历届县委县政府的成功经验，从陆良实际出发，确定了围绕建设现代工业强县、绿色经济强县、旅游文化大县三大目标，实施开放兴县、科教兴县、可持续发展三大战略，扎实推进工业化、农业产业化、城镇化和非公有制经济大发展四项进程，着力巩固和壮大烟草、生物资源开发创新、化工、造纸印刷、建筑建材、旅游服务六大支柱产业的发展思路。几年来的实践证明，这个工作思路完全符合科学发展观的要求，切合陆良实际。在全县干部群众共同努力下，全县经济快速发展，城市面貌焕然一新，社会各项事业取得明显成效，人民群众生活水平明显提高。主要表现在：

经济快速发展。从2002年到2005年，主要经济指标年均二位数增长：生产总值年均增长17.94%；财政总收入年均增长16.48%，其中地方一般预算收入年均增长13.28%；固定资产投资年均增长51.21%，综合经济实力明显增强，被省委、省政府列为全省县域经济发展重点扶持县。工业强县步伐加快，工业产值年均增长24.52%，形成了生物资源加工、造纸印刷、建材、化工等工业支柱产业，被列为全省重点扶持发展的40个新型工业化强县之一。农业产业化步伐加快，粮、烟、桑、畜、蔬菜等支柱产业形成优势，水产、经济林果、花卉等后续特色产业发展步伐加快，农业龙头企业培育和引进力度不断加大，劳务输出成为农民增收新亮点，农业总产值年均增长15.87%。

城市面貌焕然一新。他提出“一江三城”总体构想，委托上海同济大学完成了县城的总体规划修编工作，多渠道筹集资金对县城20多条破损街、断头路进行彻底改造和绿化、美化、亮化、净化；采用开发三条步行街盘活资产存量的市场运作方式筹集资金建成了全省县级最大的城市森林公园——爨文化公园，成为陆良“城市之肺”，为人民群众提供了一个休闲娱乐的好场所，大幅提升了陆良城市的档次，城市面貌焕然一新。同时启动建设8公里长、50米宽的326国道改道工程，盘江西响路建设也获得了国家、省的批准。

改革开放取得突破。针对企业机制和体制存在的问题，在全市率先启动以产权制度改革为核心的改革改制工作，称为“壮士断腕式”重大变革，67户国有集体企业进行了产权制度改革，实现了企业机制和体制的创新，增强了发展的活力和潜力。实施开放兴县战略，投资软硬环境进一步优化，招商引资取得突破。从2002年到2005年，引进国内县外资金年均增长66.22%，引进国外资金年均增长40%，外贸进出口年均增长88.67%。

社会各项事业成效明显。高度重视教育工作，教育教学质量不断提高，高考升学率逐年提高。挖掘地方历史文化，被文化部命名为“中国民间特色艺术之乡”暨“中国书法艺术之乡”，被省委、省政府确定为全省10个特色文化产业建设试点县。成功举办了四届“中国陆良国际彩色沙雕节暨沙雕大赛”和三届“白水塘荷花旅游活动月”，提升了陆良知名度，促进了第三产业的发展。党的建设、精神文明建设和民主法制建设都取得了新的成绩。

2006年6月，第九届陆良县委届满，张向前被组织调任中共曲靖市委副秘书长、市委办公室主任。在2006年6月15日召开的陆良县领导干部会议上，张向前深情地说：“我到陆良工作转眼已有四年半的时间。在这四年半的时间里，我和陆良干部群众结下了深厚的友谊，深深爱上了陆良这块热土和这块热土上的人民群众。记得刚到陆良工作一段时间后，我和班子成员向全县人民承诺，要使陆良一年一个样，三年大变样。四年半过去了，我们没有虚度光阴，谨记组织和陆良干部群众的重托，全身心地投入到陆良发展与创新的事业之中。当看到陆良在一天天绿起来、亮起来、发展起来的时候，我感到很欣慰，因为我心中最大的愿望就是要把自己热爱的家乡——陆良建设得更加美好。”会场响起了长久的掌声，许多同志和张向前都流下了热泪。

张向前依依不舍地离开了陆良，到新的岗位上开始了新的奋斗征程，但他的心里永远不会忘记在陆良辛勤工作的日日月月，永远不会忘记陆良人民的深情厚谊。

我的学习和成长轨迹

——成都飞机设计研究所所长助理、高级工程师张杰伟自述

张杰伟，祖籍云南陆良县召夸镇。北京航空航天大学工学学士、西北工业大学管理科学与工程硕士、华东政法大学国际法学研究生。历任中国航空工业成都飞机设计研究所设计员、团委书记、技术开发处副处长、办公室主任，现任研究所所长助理。荣获歼十飞机首飞、歼十飞机设计定型、枭龙飞机首飞、歼十双座飞机设计定型部级三等功。主编《龙行天下》（中国航空文学系列丛书），主编《风雨同舟》（中国航空文学系列丛书），副主编《创新文化建设案例选编》（航空报国丛书文化卷之五）。主要兼职：中国航空工业管理创新成果评审专家、四川省高技术认定管理专家、四川省企业文化研究会副理事长、四川省企业管理咨询委员会常务理事、成都市项目管理研究会副会长、全国管理咨询师。

陆良印痕

1958年11月19日我出生在云南个旧锡矿一个普通工人的家庭。我是长子，有两个姐姐，一个弟弟，一个妹妹。

父亲张绍云是解放前夕从陆良到的个旧。刚开始干的是背荒、挑荒的苦力活，后来很长时间干翻砂工，其实这也是一项既脏又累的体力活，但多少有了一些技术含量，不用在露天下风吹雨淋。母亲王关琼也是陆良人，与父亲同乡。母亲是解放后到的个旧，她经常给我们回忆解放初期陆良土改的一些往事。母亲没有上过学不识字，但她被推举参加村里的土改工作，每次到县城开会带回来的土改政策，完全是凭记忆，然后组织乡亲们去做、去贯彻落实。我们还很小的时候，父亲就教我们识字，给我们讲一些陆良的故事，比如薛仁贵与薛官堡的石碑之类的传说，也有杨守笃打仗的民间故事。

爷爷家在召跨小镇是一个大家族，解放前曾经红极一时。爷爷那辈弟兄四个，爷爷排行老三，张家老三在当地知名度很高。我回到召夸乡下，经常被人介绍这是张老三家的大孙子。爷爷家早期在镇上开有酿酒作坊、铸犁头作坊，还会制作加工银器，

是当地较早的手工业者，盛极时家产需要用枪支守护，家庭财富非同一般。后来因为一次偶然灾祸，家道日渐衰落，解放前夕已经是一贫如洗，土改被划定为贫农。

到了父亲这一辈，有兄弟三人，一个妹妹，都比较有出息。父亲在个旧工作，姑姑在单位上班，在以农耕为生的当地是令人羡慕的。大叔张保贵在家里务农，靠着他的手艺维持着一家人的生活，改革开放初期成了远近闻名的万元户。小叔张绍才当民办教师，后来转为了正式教师。两个叔叔家在当地也都算是日子过得还可以的人家。

上世纪60年代中期，全国物质极度匮乏，城市粮油副食品实行定量供应，对几个正在长身体的半大小孩，口粮的紧张可想而知。父母想了很多办法也无法从根本上解决问题。在我10岁左右，父母为了减轻家庭日益加大的生活压力，把我送回陆良召夸老家，寄养在爷爷家里。

乡下生活对我来说，一方面让我更多、更早地感受到长辈的亲情，一方面也让我更早、更真实地体会到农村生活的艰辛。在农村生活了一年，我回到了个旧。没想到不久后，我们兄弟姊妹随母亲疏散下放又回陆良，又踏上了故乡的土地。

在召夸读完小学后，我顺利升入初中。一年后大姐也重新回到了学校，与我同班。二姐更晚一些，回到了学校插班读了一个多学期的书。农村学校经常放农忙假，我们回到生产队参加劳动，学会了插秧、除草、收割、打场等等许多农活。那时初中学制两年，教材也很简单。读初中的两年，我几乎没有学到什么知识，但是参加了学校组织的一些很有意义的活动。有一次是去陆良县城参观，背着简单的行李整整走了半天，路过陆良机场。做梦也没想到，30年后我所在单位设计的战机，首批装备部队竟然就在这个机场。

1972年邓小平复出后开始对教育战线大刀阔斧的整顿，初中毕业必须升学考试。当时升高中名额有限，竞争激烈不亚于现在的高考。班上四五十个同学，考上师范学校的只有两个人，考上高中的只有六个人。我和大姐分别被高中和师范学校录取，我到了陆良二中高三班就读。我在陆良二中上了一年学后，国家调整“疏散下放政策”，我们家得以返回个旧。我是怀着一种说不清的心境离开陆良二中、离开家乡的。二中让我回忆的除全体师长外，就是校园很有读书的氛围，一幢教学大楼，一个图书馆，还有实验室，行政办公是在一个四合院内。我们在这个四合院的天井里听语文老师讲如何读书，听郭举正老师讲华罗庚的优选法，算是那个年代的讲座，所以印象很深。

陆良在我的童年和少年的记忆里，留下的深深印痕是永远也难以抹去的。故乡山清水秀的景色，房前屋后的树木、四季变幻的田野、小桥流水的人家，晨暮中的袅袅炊烟，带给我们极大的新奇，也带给我们无限的灵气。当然也还有艰苦生活的磨砺，人情世故的沧桑。

北上求学

1974年春天新学期开学，我正式转入个旧一中学习。当时个旧一中在云南省内是数一数二的名校，师资力量强。这年春夏之交，批林批孔运动席卷而来，在政治的一片喧嚣声和朗朗的读书声中，我的高中时代就这样匆匆结束了。那时我不满16周岁，按规定不能当知识青年下乡，我回到云锡子弟学校代课，准备和下一届的毕业生一同下乡。代课期间，我先后教过初中物理、化学、数学，教过高中物理。在我的学生中，有不少是我小学的同班同学，因为疏散下放辍学，回城后才又重新学习，有的年龄也比我大一两岁。

当老师的阅历，迫使我深入系统地钻研教材的内容，扩充一些新的知识，也让我养成了不断学习的习惯。特别是那两年陆续分来了几位富有朝气的新教师，都比我年长，能力也很强，我们相处很愉快。这一个阶段对我的成长和成熟无疑具有积极作用。

1977年9月新学期开学，传闻要恢复高考制度，大家半信半疑。到了10月份，一些学校开始办补习班，我所在的学校也要求我们给即将参加高考的学生作辅导，我基本上是边工作边备考。我的高考还比较顺利，考分为红河州的第一名。春节过后，收到了北航的录取通知书，学习有翼导弹专业，成为“文革”后恢复高考制度的首届大学生。

1978年3月，我背着简单的行李出发了。父亲把我送到开远上的列车，记得在临开车前父亲掏出一包金沙江牌香烟给我，说路途遥远拿着吧。在此之前父亲反对我抽烟，理由是他三十多岁才抽烟，大概是认为我已经可以独立了。到昆明后住在大舅家，他们也很高兴，帮着我换签了昆明到北京的车票，大舅带我去昆明圆通山公园看樱花，“三八”节前后正是春城樱花盛开的时节，人潮如海。舅舅给我拍了一些照片，我头发长长的、土里土气，与周围环境形成强烈的反差。

我是第一次离开云南，路途上都是那么新奇。列车一路北上，过南京长江大桥，过郑州黄河大桥都让我激动不已。到丰台车站，同车厢的乘客纷纷取下行李添加衣服，而我的身上仅仅有一件单衣。到了北京站，出来便看到了北航迎接新生的巨大横幅。第一个见到的北航同学问我为什么不多穿点衣服，我说云南四季如春，在那里有这么多就足够了。3月份的北京气温很低，学校很快给我们添置了军大衣，白天穿着上课，晚上盖在被子上增加一点厚度保暖。

1978年春天，是科学的春天（郭沫若语）

全国科技大会在北京召开，压抑多年的知识分子迸发出强烈的事业热忱。我就是在这种大背景下，开始了接受高等教育的洗礼。进入大学校门后，我很快就体会到了什么叫学无止境，什么是书山，什么叫知识的海洋。大学期间，我们这一代人如饥似渴地学习，教室、宿舍、食堂三点一线的生活充实而快乐。那时，北航教学区还有解放军站岗，看着同龄人为我们服务，更是觉得肩上的使命沉甸甸的。

我所在的北航五系名师云集。校长沈元是空气动力学专家，当时徐迟写了一篇很著名的报告文学《歌德巴赫猜想》，其中提到数学家陈景润的一位启蒙老师就是沈元，我记得上空气动力学课时沈元校长还来班上听过课。著名科学家钱学森老前辈也到学校接见过我们，至今我还清晰地记得他讲话的内容，沈元校长介绍说钱老是我国航空界的老前辈，钱老接过话："我现在已经不搞航空了，跑到大气层外去了（意思是搞航天），老前辈就意味着落伍了，寄希望于你们年轻人"。钱老一席话让我热血沸腾。

到北京不久，我利用周末或节假日去了天安门、故宫、颐和园、天坛等地游览，我见识了不少闻所未闻的事情。这年五一节，大舅王家声到北京出差，利用假期带着我去了八达岭长城，站在烽火台上，迎着北方吹来的冷风，遥望崇山峻岭之上的雄伟长城，吟诵着毛主席"不到长城非好汉"的诗句，感慨万千。到了居庸关，亲眼看到詹天佑设计的"之"字形铁路杰作，我在詹天佑铜像前留影纪念，并暗暗发誓要像他一样，做一名优秀的工程师！

1978年末，中央召开了著名的十一届三中全会。党的最高层开始了对"文化大革命" 的拨乱反正，做出了全党把工作重心转移到经济建设上来的战略决策。"真理标准大讨论"，对"两个凡是"进行彻底否定，打破了禁锢在人们思想上的枷锁，拉开了解放思想、改革开放的序幕，作为身处北京这个政治中心的青年学子，应当说我思想受到的震撼和洗礼深深影响着我的成长和追求。

当时国家已经有搞载人飞船的计划（后来演变为"神舟号"飞船），北航要培养为宇航员提供生命保障的专业人才。经学校同意，我由原来的"有翼导弹"专业调整为"环境控制和生命保障工程"。在专业课程方面，当时刚刚从德国亚琛工业大学回来的袁修干老师，在座舱环境模拟控制方面带给我们许多新的思想；教过我的王俊老师，后来当选为中国工程院院士；从莫斯科航空学院回来的秦刚老师是曾任共产党总书记博古同志的儿子。在校时我与这几位老师建立了良好的关系，毕业后我都在成都接待过他们。

大学期间，我还大量阅读了古今中外的一些文学作品，特别是王蒙、刘心武、蒋子龙、陈建功等当代作家的作品。那时，北航的人文讲座很多，几乎每周都有北京大学、清华大学、中央音乐学院的著名教授应邀来校举办讲座，内容包括中国古代文学史、现代文学史、中外音乐欣赏等系列，凡是有机会我都会积极参加，这些活动开阔了我的视野，弥补了我中学时代人文知识不足的缺憾，对我后来从事的工作有很大的帮助。四年大学北航给我的不仅仅是航空工程的科学，还有丰富的人文知识，我感谢北航。

1983年仲夏，在大学毕业前夕，我加入了光荣的中国共产党。这一年，我正好满25周岁。怀着一种对社会的感激之情，开始了我的职业生涯。

职业生涯

大学毕业，我分配到航空工业部成都飞机设计研究所工作。这是我国歼击机设计研究的重要基地。我喜欢这里的一切：一是专业对口，可以从事我向往的飞机设计研究工作，有利于发挥一己之长；二是研究所的工作性质介于大学和工厂之间，学习氛围较好。

刚刚工作是当设计员，参加一个试验室的组建，一边建设一边承担了歼7C飞机首飞前的系统试验工作。每天晚上我们都到试验室里工作或者看资料，渐渐地养成了晚上必到办公室的习惯，直到现在也是如此。期间，到成都科技大学短期进修计算机模拟控制技术，担任班长。1984年5月研究所党委要我出任研究所的团委书记。当时所里年轻人很多，并且大部分是著名高校的毕业生，对团委的活动要求很高。在团委工作期间，组织了许多有影响的大型活动，记得有一年的中秋节晚上我们把成都市人民公园全部包了，组织全所团员青年划船比赛。

1985年2月我被抽调到成都市委参加第二期整党工作，几乎跑遍了成都市大型国防企业和研究所，主要是清理“文革”期间的“三种人”，同时考察领导班子、选拔“第三梯队”干部。整党结束后市委希望我留下来工作，我觉得还是从事专业技术更符合自己的初衷和特长，于是回到了研究所。

1988年7月，成都市首批从部分国有大型企业、研究所、高校选拔优秀科技人员到基层挂职，经研究所党委推荐，市委考察后委派到金堂县任县长助理，协助县长工作。三个月后分管工业口的常务副县长调成都市任职，于是让我分管计委、经委、交通局、城建局、物价局、技术监督局、乡镇企业局、二轻局等众多部门。这时候恰逢成都市计划单列，财税实行“分灶吃饭”，工业企业全面推行承包经营责任制，全县的道路基础设施也亟待改善，这些任务对我来说都是一个又一个的挑战，忙得不亦乐乎。我一边工作一边学习，很快承担起了工作重担，也经历了一些磨炼，更重要的是我在一个较高的平台上建立了良好的人脉关系。

两年后，我结束了挂职锻炼回到研究所办公室工作。初到办公室的几年里，工作任务一直很饱满，除日常行政工作外，我参与了歼×飞机研制高峰期的工作。为了提高我的科研管理能力，1992年春天所里安排我去浙江大学进修三个月，每天下午在西湖边捧书阅读的感觉真好，在那里我系统学习了科研管理的主要课程。现任中国科学院院长的路甬祥院士，当时是浙大的校长，与我们研究所还有技术方面的合作。

也就是在这一个春天，中国改革开放的总设计师邓小平南巡。这是一件足以影响中国历史进程的大事，全国上下加快了改革开放的步伐，也影响了我后来的一段职业生涯。我从浙大进修回来不久，正在准备换一个新的管理岗位时，接到成都市政府办公厅的通知，成都市筹备台商开发区，急需要抽调力量。那时我34岁，有地方政府工作经历，被认为是较为合适的人选。这一次我没有犹豫，马上就答应了。整个开发区占地9000亩，一次规划，分期建设，我参与了开发区选址、商务谈判、前期规划和部分招商工作。由四川省委副书记聂荣贵牵线搭桥，合作对方是包括台湾统一集团在内的一个财团。开发区选址比较顺利，几个地方都在争取，最后定在温江金马河边，距离成都17公里，地势平坦，交通方便；征地手续也办的很顺利；谈判则比较艰苦，我们没有更多的经验，双方都聘请了律师，每天谈判的进展向市委书记报告。谈判成功后，市政府在锦江宾馆举行隆重签字仪式，省市政要和台湾方面准备进入开发区的主要投资商家出席签字仪式。签字仪式结束后，我的主要任务转入开发区的规划编制和前期建设，与温江县政府和成都市规划局打交道，开发区进展顺利，已经开始三通一平基础设施的建设。

1992年底，所要我回单位上班，我报告了开发区的领导，市政府希望正式调我到开发区工作，所里不同意，我也只好作罢。回所后，生活并没有平静下来，我在研究所技术开发处任副处长，参加筹建了所里与台商合资的一家公司，由于观念上的差异，进展并不顺利。后来又组建了一家航空电脑公司，任副总经理，带有一些军转民的性质。1995年，由于工作需要，我回到办公室工作，折腾了一圈又回到了原来起点。办公室主任这项工作对我的挑战性不大，做起来得心应手。

2001年我如愿以偿参加西北工业大学管理科学与工程研究生学习，2004年我的研究生论文“航空歼击机研究所发展战略研究” 通过答辩，获得硕士学位。我根据自己在论文写作过程中积累的资料，完成了《歼击机设计研究所发展战略研究的背景知识和若干方法论》的撰写，这项成果在研究所“十五”发展规划中起到了指导作用。

2003年，我到中央党校学习三个月，有机会在党的最高学府里进行深造，使我对一些理论问题和社会问题的认识再次得到升华。我担任班长，组织学员开展理论研讨和社会实践活动。

2004年担任研究所所长助理，使我有机会在更高层面上参与地方的一些重大活动。2006年，国务院决策要搞大型客机，四川省政府组成专门班子论证，我被一位副省长点名参加，在大量研究工作的基础上，给国务院和国家发改委写了报告，提交了论证方案。到北京去进行游说，策划了以四川省全国人大代表和全国政协委员给两会的提案，还组织媒体开展了有影响力的宣传攻势。在此之前，参加了四川省科技顾问团关于发展四川民用航空产业发展课题的工作，该项建议被纳入四川省“十一五”社会经济发展规划。2008年初，国家发改委正式批复同意“成都民用航空产业基地”建设，给这项工作画上了一个圆满的句号。

在所内，我分管管理提升和创新、企业文化建设和法律事务。在文化建设方面，2006年研究所荣获全国企业文化先进单位，2008年我个人荣获“改革开放30年全国企业文化先进工作者”称号。在管理创新方面，2007年我主要参与完成的“提高飞机自主研发能力的敏捷管理”荣获国家级企业管理创新一等奖（第一名），“信息化打造精益设计与敏捷管理的先进飞行器研发平台” 荣获中国航空工业企业管理创新一等奖。

学无止境

2006年由于工作需要，我参加了华东政法大学国际法学研究生班课程学习，两年来从未间断过学习。2008年4月份在上海完成了最后一期学习，已经取得了华东政法大学国际法学研究生毕业证书，11月份通过了全国管理咨询师职业水平考试。这是我给自己的50周岁生日订下的两份礼物。

回顾我的学习和成长历程，自己虽然幸运，却也平淡。可以用八个字概括：“学无止境，一路走来”。孩提时代，在陆良打下的烙印深深地影响着我的一生；青年时期，北上求学的熏染开阔了视野，提升了我的素养；职业生涯中，不同的岗位的历练和角色转换，丰富了自己的多彩人生。

参加工作26年，我主要是从事科研工作、政务管理和行政管理。由于工作需要，我涉足自然科学、工程技术、管理科学等学科领域，不断学习汲取前人智慧。做了一些实事，比较多地介入了地方和研究所的一些决策，也对一些人或事情产生过不同程度的影响。我认为，一个人接受的教育愈多，就意味着他承担着愈来愈重的社会责任。

最近，华东政法大学罗培新博士送我一本他的新作，在书的扉页上题写了“选择远方，风雨兼程”，我很感动。他或许不知道我已是“知天命”的人了，“风雨兼程”是肯定的，但我只能选择“前方”。令我感到高兴的是我的女儿大学毕业，应聘到中国科学院成都光电研究所工作，“远方”属于他们年轻的一代。

心静如水，厚积薄发，常怀感恩之心，砥砺自己，善待他人，回馈于社会。我的感受是两句话：学无止境，多想想不足；一路顺风，多找找差距。

张登亮简介

（中共昭通市委副书记）

张登亮，男，汉族，中共党员，1956年11月出生于云南省马龙县，大学学历。

1974年9月~1977年7月，曲靖师范学校读书；

1977年8月~1980年12月，曲靖地区马龙县月望小学任教；

1980年12月~1989年1月，曲靖地区马龙县文教局工作，其中：1983年12月任副局长，1987年7月任局长；

1989年1月~1990年3月，任曲靖地区马龙县月望乡党委书记；

1990年3月~1993年2月，任曲靖地区马龙县副县长；

1993年2月~1994年8月，任中共马龙县委常委、副县长；

1994年8月~1996年9月，任曲靖行署体委党组书记、主任、体育运动学校校长；

1996年9月~1997年3月，任中共陆良县委副书记、代理县长；

1997年3月~1997年12月，任中共陆良县委副书记、县长；

1997年12月~2002年4月，任中共陆良县委书记；

2002年4月~2004年1月，任曲靖市政府副市长；

2004年1月至今，任中共昭通市委副书记。

卫生医药战线的尖兵

——记云南省食品药品监督管理局副局长陈洪

陈洪，1959年2月出生于云南省陆良县板桥镇大桥办事处。

1979年9月，高中毕业后考入昆明医学院首届公共卫生专业学习。1984年8月毕业，以优异的成绩获学士学位。

这期间，陈洪以昆明医学院学生会主席、省学生联合会副主席及全国学生联合会代表的身份，出席全国学生联合会第二十次代表大会，在人民大会堂受到党和国家领导人的亲切接见。

陈洪大学毕业时被省委组织部列为青年干部培养对象，安排到大理州卫生防疫站工作，并于次年担任站长；1986年12月，被大理州委直属机关工作委员会授予"优秀共产党员"称号；1987年，破格晋升流行病学主管医师职称。

1987年7月，陈洪调省卫生防疫站办公室工作后，随即被任命为副站长。1990年8月调往云南省卫生厅担任防疫处副处长。1996年7月，任省卫生厅国外贷款项目办公室主任。1997年3月，参加省委组织的厅级干部公选，以优秀的成绩、良好的政绩顺利通过笔试、面试和综合素质考评，被任命为卫生厅党组成员、副厅长。

在卫生系统工作的20年，陈洪一直从事公共卫生管理和重大突发公共卫生事件的处置，其深厚的专业功底、较高的组织领导才能和踏实的工作作风，得到了各级领导的肯定和广大群众的好评，为保障边疆人民的身体健康、社会稳定和经济发展贡献了青春年华。

走上领导岗位后的陈洪仍像从前一样，孜孜不倦地忘我工作和学习。1998年和2003年，他先后获得了昆明理工大学经济管理专业和昆明医学院与澳大利亚LaTrobe大学联合举办的卫生管理与卫生政策在职硕士研究生毕业证书；2007年毕业于澳门科技大学高级工商管理专业，获MBA硕士学位。同时还被省委组织部选送参加中央党校举办的西部领导干部培训班及复旦大学公共管理核心课程培训班学习。

2003年至今，陈洪被昆明医学院聘为客座教授。他多年来刻苦钻研，博览群书，坚持写作，先后出版了《云南省重点传染病防治指南》、《云南省食物中毒防治手册》、《学习与思考》等著作，在医药学界获得好评。

陈洪把自己人生中最美好的20年的青春年华奉献给了医疗卫生事业，也成就了他事业的辉煌。正是这20年，让他有了施展自己才华的舞台；是他经受锻炼的20年，是他学会做人做事的20年，是他感受最深的20年，是他与党和国家的医疗卫生事业有缘有爱的20年。

1987年7月初，陈洪调任省卫生防疫站任副站长，上任伊始正值该站开始实行站长负责制、岗位责任制、专业技术人员聘用制及职称改革的起步阶段，也是云南省全面实现儿童计划免疫目标，控制重点传染病的关键时刻。

面对复杂的卫生防疫形势，陈洪敏锐地认识到这第一步必须走好，就得拿出过硬的措施方案，并付诸行动。于是陈洪从舆论入手，亲自出马，很快恢复了《卫生防疫简报》和《卫生防疫》资料汇编的编辑工作，两本刊物的编辑和副主编由陈洪担任。先后编辑简报及大量的业务论文，将该站新的改革举措、业务工作动态及相关信息及时传递交流到国家卫生部防疫司、省卫生厅防疫处及其他省市同行和地州防疫站，有效搭建起了更广泛的信息交流渠道。

在陈洪的参与下，省卫生防疫站连续两年顺利完成目标责任制，首次职改评聘及精神文明建设顺利通过卫生厅组织的验收；他带领防疫人员赴澜沧、耿马参加抗震救灾，强化防疫站日常管理，加强与各地州县卫生局及防疫站的联系与业务指导，并按照《传染病防治法》的有关规定，严格执行疫情的逐级报告制度。到基层“下得去”，“沉得住”，对重大调查研究课题也“拿得出”，在开拓创新方面“点子多”，“路子宽”，“得人心”，彻底改变了卫生防疫站工作的被动局面。

陈洪严谨的工作作风，扎实的专业基础，丰富的实践经验和对医疗卫生事业的无限热爱，给有关领导留下了较深的印象，加之又有基层管理经历，1990年9月，被调任省卫生厅防疫处担任副处长，从业务技术工作转向行政管理工作。

1978年以来，全国范围大规模开展了针对白喉、百日咳、破伤风、麻疹、结核、脊髓灰质炎的计划免疫工作。这几种疾病在云南省均有报告，个别地方还较为严重，按照卫生部和国家消灭脊灰证实准备工作委员会要求，云南省成立了由陈洪担任组长的云南省证实消灭脊髓灰质炎工作准备小组，他带领组员们长时间深入边疆山区，翻山越岭，走村串寨，足迹遍布全省，把党的卫生工作方针贯彻落实到千家万户。经过两年多扎实有效的计划免疫工作，经国家卫生部评审，云南省如期实现第一个85%的免疫目标。到2000年云南省通过国家无脊髓灰质炎委员会证实，与全国同步实现无脊髓灰质炎目标。

由于工作业绩突出，1993年11月陈洪被国家卫生部、铁道部、总后勤部表彰为全国卫生防疫工作先进个人；1998年4月被昆明市人民政府授予“卫生防疫先进个人”一等奖荣誉；2001年被国家卫生部授予“全国消灭脊髓灰质炎先进个人”称号；2003年4月被省卫生厅授予“优秀共产党员”称号；2003年10月被省卫生厅评为省级卫生系统档案目标管理工作先进个人。

与此同时，在领导组织全省卫生防疫人员加强对鼠疫、霍乱、艾滋病、疟疾、血吸虫、腹泻等传染病防治工作中，陈洪果敢决断，尽心尽责，做出了突出的成绩。2000年3月，被省人事厅、卫生厅联合授予“八五”至“九五”期间云南省传染病，地方病防治工作者称号；2001年8月，被国家卫生部、农业部、水利部授予“全国血吸虫病防治先进个人”荣誉称号。

面对严峻的形势，在卫生厅党组的统一领导下，陈洪作为主管全省公共卫生的领导干部，并兼任云南省艾滋病防治领导小组办公室主任，毫不犹豫地站出来，积极组织监测和调查研究、探索防治模式，争取政府和国际组织支持开展艾滋病防治工作。2003年1月，他带领着由省卫生、公安、财政、发改和省政府研究室一行7人组成的调研小组奔赴德宏、保山、大理、楚雄等艾滋病发病重灾区进行调研，与当地政府官员、卫生人员、目标人群、艾滋病孤儿等进行座谈讨论，听取他们的意见和想法，了解防艾工作进展及存在的困难和问题，并及时形成了《德宏、保山、楚雄、大理等州市艾滋病流行及防治工作情况调查报告》，上报省政府以供领导决策参考。并领导、组织了“云南省防治艾滋病一办法六工程”的起草工作。在陈洪的积极努力和多方奔走下，2000年以来先后引进了中英、中澳国际合作项目，与联合国儿基会、世界卫生组织、联合国艾滋病规划署等数十个国际组织、NGO组织、社会团体合作在云南积极开展艾滋病防治工作。据不完全统计，到2004年止，全省共引进国外合作项目资金达8000多万元，加强国际交流与合作成为云南省防治工作的重要策略。

在陈洪的倡导组织下，云南省还培养出一大批适应工作需要的专家和工作人员，为全省防艾工作储备了广泛的人才队伍，并把社会学、行为学、人类学、法学、伦理学、医学等多学科引入到艾滋病防治工作中，为政府科学决策提供了多学科的研究支撑。从此，云南省艾滋病防治与国际接轨的机制逐渐形成。

2000年12月，陈洪被省卫生厅、省公安厅、省教育厅、省广播电视局联合授予“云南省预防与控制艾滋病先进个人”称号。世界银行贷款“卫七”项目，作为疾病预防控制项目，是世界银行为中国提供的用于支持计划免疫工作的一项无息贷款项目。在陈洪的积极争取下，项目于1996~2003年在云南省实施，为控制乙肝、破伤风、白喉、麻疹、结核等疾病在云南的流行，起到了十分重要的作用，极大地提高了全省各族儿童的健康水平。

担任云南省卫生厅副厅长期间，陈洪敏锐地意识到：面对公共卫生事业相对薄弱的省情，必须多谋善断，抢抓机遇，凝聚内力，巧借外力，果敢地迈步向前。于是他高度重视国际合作项目的争取和管理，亲自负责项目的组织领导、参与业务指导、监督，并按照项目计划组织实施。云南省共完成世界银行贷款额度5525.59万元。他坚持对项目执行和完成情况定期进行检查、督导，确保了云南省卫七项目的顺利实施。

在项目实施的整个过程中，陈洪上下奔走，全身心投入，定方案、抓培训、抓评价活动，他立下了汗马功劳。卫七项目的实施给云南省的卫生工作，特别是传染病防治工作带来了有利的契机。2004年1月，陈洪被评为云南省实施世行贷款卫七项目先进个人。

陈洪担任省卫生厅副厅长期间还分管云南省地方病防治研究所和云南省寄生虫病防治所。在他的积极努力下，“地病所”第一次争取到了国际合作项目，与美国疾控中心联合开展鼠疫防治研究。“寄防所”先后实施了湄公河遏制疟疾项目、中英高等教育交流项目和全球基金疟疾项目，加入亚洲疟疾培训网络。这些项目的实施，促进了全省地方病和寄生虫病防治事业的快速发展，取得了显著的成绩。

陈洪自从他从事卫生防疫工作那天起，就注定了他要经常冒着生命危险，战斗在各种传染病疫情和自然灾害的一线现场。

1988年11月6日，云南的澜沧、耿马发生强烈地震，大灾后为防止有可能出现的瘟疫，受领导委托，陈洪连夜带领抗震救灾防疫队奔赴澜沧、耿马灾区参加抗震救灾工作。行进途中救护车水箱发热，为给救护车的水箱降温，在伸手不见五指的深夜，他去打水，没想到救护车停靠在滚滚滔滔的澜沧江边，他一不小心双脚踩到一棵弯斜大树干上，往下一滑，幸好双腿叉开跨到树干上，才避免落入江里，又一次与死神擦肩而过。

陈洪带领救护队赶到灾区后，很快对灾区的饮用水水源进行了检测、消毒、管理，加强对灾民医疗队聚居地的环境卫生、食品卫生监督、检测，动员当地防疫部门的力量组织预防接种等，有效地防止了食物中毒的发生和传染病流行，确保了灾区无大疫目标的实现。

1989年7月25日至8月30日，在耿马县孟定镇6个办事处，9个自然村发生霍乱疫情。接到疫情报告后，陈洪立即带队，携防治药械，星夜兼程赶赴疫区，和当地防疫、医疗部门共同开展病原学、流行病学调查、落实各项防疫措施。

在处理疫情的过程中，当他得知一个边远山村发现疫情，既不通路，又不通电；既没有通信联系，又没有医疗队，那里的村民正面临着霍乱病的严重威胁，陈洪带领7人小组，从早晨8时步行至下午5时赶到疫区，进行了逐户调查核实、采集标本、看望患者，由于缺医少药，为组织有效的救治，陈洪部署完工作后，又率队急忙返回，突遇瓢泼大雨，山洪引发泥石流，他们要赶时间抢渡一公里半的江河。陈洪带着队员沿河滩沙石涉足前进，由于水流湍急，几次被洪水冲倒。这一切他毫不在意，只有一个念头：尽快派医疗队到疫区把疫情控制，确保人民群众的生命安全得到保障。

正是陈洪英勇无畏的精神，激励了同事们，省、市、县卫生防疫人员齐心协力，不畏艰辛与危险，在短时间内迅速采集疫区人群粪便、饮用水和食品标本1188份，检出阳性菌14株，经鉴定为埃尔托霍乱弧菌小川血清型。经调查，霍乱流行由缅甸传入。在他的指挥带领下，及时有效地控制了疫情的蔓延。

1994年8月，接贵州省的霍乱疫情通报，与云南省毗邻的六盘水、安顺霍乱流行尤为严重。为此，陈洪立即向各地防疫部门下发了关于霍乱疫情通报，多次电告宣威、富源加强防范。9月元谋发生霍乱暴发流行，共发病111例，死亡2例。得知信息后，陈洪立即与省、市、县卫生主管部门和防疫站的同志们一起迅速奔赴疫区，参与疫区处理。由于防治措施得力，疫情得到有效控制，未造成扩散及发生二代病人。使云南的霍乱疫情控制在最小范围，损失降到最低程度，受到卫生部和省级领导的好评。

1995年11月至1996年1月，云南省德宏州先后发现两例脊灰野病毒输入性病例，由缅甸输入。疫情发生后，省政府高度重视，在卫生部、世界卫生组织及日本JICA的支持和帮助下，陈洪于1996年3月10日、4月10日分别组织在德宏、保山、临沧、思茅、西双版纳、昭通、曲靖7个地（州、市）39个县进行局部强化服苗，两轮服苗率分别为95.9%、98.0%。同年10月，世界卫生组织在缅甸仰光召开中缅两国消灭脊灰的联防会上，对云南省实现消灭脊灰目标所取得的显著成绩给予充分肯定和高度赞扬："云南为全球最终消灭脊灰做出了不懈努力和显著贡献"。

1996年2月3日，丽江发生强烈地震。灾情就是命令，陈洪遵照省政府的统一部署和要求，紧急组织防疫组，带领卫生专业技术人员携带药械奔赴丽江抗震救灾。在灾区，采取了对饮用水消毒，杀灭害虫，预防接种流脑疫苗2万余人、狂犬疫苗500余人，加强食品卫生监督管理等措施，连续奋战在灾区30多个昼夜，圆满完成救灾防病任务，确保了省政府大灾之后无大疫目标的实现。

1997年宜良县发生重大鼠疫疫情，面临国际和国内的社会压力，特别是"99昆明世博会"召开在即，省委、省政府要求要把疫情就地控制，确保昆明世博会如期召开。陈洪带领专家驻扎现场，亲自指挥，科学决策，采取了有效的措施迅速扑灭了疫情，受到了国务院、国家卫生部、云南省委、省政府的高度评价。

云南省由于缺水和饮用不清洁水等问题严重，严重危害着各族人民的身体健康，为解决全省缺水地区农村饮水问题，云南省于1988年向全国爱卫会申请世行贷款第11期农村供水与环境卫生项目。并于1992年7月23日生效，在曲靖、楚雄、保山及巧家、弥勒、巍山、云县7个州、市、县实施。

在项目执行关键时期的1995年，陈洪被任命为云南省农村供水项目办公室主任。上任后，陈洪细致了解项目的执行情况，深入各项目县调研，很快掌握了整个项目的进展情况。在担任项目办主任期间，陈洪用热情、严谨、扎实的工作作风，带动了项目工作人员的积极性，保证了项目按程序规范执行。

该项目经过5年的实施，在7个项目点共建成349座水厂／站、32752个水窖和手动泵，132万农民群众饮上了安全卫生水，并建设完成了9个环境卫生示范村、2360座户厕、33座公厕，32座校厕。项目总投资19224.94万元人民币。

2003年春，当一场突如其来的非典型肺炎（非典）席卷中华大地，举国震惊，全球震动。作为分管云南省传染病防治工作的主要领导，陈洪带领全省防疫系统专家24小时内制定出全省防治非典的预案和实施方案，并被省委、省政府抗击非典指挥部采用。在抗击非典的过程中，他既是组织者、又是执行者，哪里有疫情，哪里就是战场，哪里就有陈洪的身影，他重心下移、靠前指挥，认真落实各项防治措施，为云南全省夺取抗击非典最后胜利作出了贡献。正是由于陈洪及广大医护人员的严防死守，使云南省成为全国没有非典疫情的少数省区之一。

在组织参与处置上述疫情和灾情工作中，陈洪先后于1989年11月被省卫生厅授予"抗震救护先进个人"称号；1996年6月被云南省委、省政府授予"丽江地震救灾应急抢险先进个人"称号；1999年5月因在中国99昆明世界园艺博览会筹备工作暨开幕式系列活动中成绩显著，被中共云南省委、省人民政府嘉奖；2003年7月至8月分别获得"全国抗击非典先进科技工作者"称号和"云南省防治非典型肺炎先进工作者"称号。

2004年2月，陈洪调往新组建的云南省食品药品监督管理局担任党组成员、副局长，为保障公众饮食用药安全新的历史使命而开始了新的人生跨越。

陈洪先后分管过办公室、计划财务处、对外宣传、药品生产、流通、人事教育、食品药品检验等工作，目前主要分管干部人事、药品注册、医疗器械、执业药师注册等工作并兼任云南省执业药师协会会长和云南省预防医学会会长。

与卫生部门的“预防为主”、“救死扶伤”相比，食品药品安全同样关系到广大人民群众的身体健康和生命安全，关系经济发展和社会稳定，关系党和政府的形象。面对千头万绪的业务工作，陈洪敏锐地向局党组提建议、当参谋、出实招，首先加强干部队伍建设及基础设施建设，并从源头和过程控制食品药品质量，确保人民群众饮食用药安全。

在局党组的正确领导下，经多方争取和协调，在4年多时间里，陈洪尽职尽责，为食品药品监管事业的可持续发展作出了积极贡献。目前，全省食品药品监管系统已先后组建省、市、县三级行政执法、技术检验机构168个，省局内设机构达16个，比2003年新增8个；系统人员编制3072人，到岗人数2770人，分别比2003年增加951人和1149人。围绕“建一流班子，带一流队伍、创一流业绩”的目标，干部人事工作不断拓展工作新思路，着力在提高领导班子执政能力，加强干部整体素质上狠下功夫。在干部任用上，严格把关，配齐、配强了16个州市局及直属单位领导班子。

由于各级领导班子配备得力，各州市局的基本建设也取得重大进展，行政管理体系、技术监督体系、信息监管体系建设也全面推进，执法保障能力明显增强。4年多来累计上报基本建设、技术支撑、能力建设资金近5亿多元，入账固定资产达3.56亿元，比2003年增加2.5亿元。由于第一批获得“国家加强西部食品药品基础设施建设”国债资金支撑，全系统已有85个机构完成了办公业务用房建设与收购，69个正在建设，总建筑面积达20余万平方米，彻底改变了全省食品药品监管系统组建之初普遍借用、租用办公用房的现状。

为保障广大人民群众用药安全，陈洪连续多年亲自组织指挥开展了整顿和规范药品市场的专项行动，全省先后出动执法人员48万余人次，查处假劣药械案件2.33万余件，涉案货值5600余万元。

尤其是在全国性的“齐二药”、“欣弗”、“人血白蛋白”等药害事件发生后，遵照省政府的要求陈洪积极主动，沉着应对，组织执法人员深入一线，调查取证，依法成功处置了涉及多公司、多地州、多品种的药害事件，维护了法律的尊严和人民群众的健康权益。

在他分管的工作中，为从源头上确保药品质量，对生产企业还普遍加大跟踪检查与飞行检查力度，推行了驻厂监督员和质量授权人制度。对流通领域，全面加强了农村药品“两网建设”和定点配送制度，及医院“规范药房建设”，加大了药品抽验工作、药品连锁零销药店监管和违法药品广告检测力度，并在全国率先推出对违法药品广告实行下架暂停销售的措施。同时，还率先在全国颁布了药品管理地方性法规《云南省药品管理条例》，制定了《云南省中药饮片管理暂行办法》、《云南省医疗器械使用质量管理规范》。

为进一步从源头上控制药品质量，促进云药产业的发展，一切从云南的实际出发，陈洪亲自组织并启动了“药材标准”工程，先后组织制定并颁布了《云南省中药材标准》、《云南省中药饮片标准》和彝族、傣族药材标准等，使云南省在药材标准化建设及民族药保护与开发利用上，走在了全国的前列，为云药产业发展和经济建设作出了应有的贡献。

作为用药安全保障的执业药师队伍建设也取得重大进展。陈洪作为执业药师协会会长，高度重视执业药师队伍建设，目前，全省注册职业药师达2700多人，在全国范围内率先推行的药师协理员已达16700多人，执业药师协会已有多种会员1400多人。

由于工作业绩突出，陈洪于2005年6月在保持共产党员先进性教育活动中，被评选为“优秀共产党员”，并在2007年全省“两会”换届中，当选为云南省政协委员。他始终把“生命的意义在于健康，健康的价值高于财富，我们的责任重于泰山”作为从政的价值追求。

有领导在评价陈洪时，用了几句哲学理念的语言说，“他留给同事的是尊重，留给朋友的是安全，留给组织的是信任，留给家人的是可靠，留给自己的是无怨无悔。”这就是陈洪为人处世、创业立本的人生哲学。

是党和人民军队培养了我

——成都军区第三通信总站副师职干部陈绍先自述

我是成都军区第三通信总站副师级工程师，上校军衔。陆良县马街镇海界乡人。1959年9月出生，在姐弟中排行老四。父母为人朴实，勤劳善良，祖祖辈辈以农为生，是地地道道的庄稼人。1975年7月就读于原马街公社海界中学，初中毕业后回家务农。

在那个特殊的年代里，生产力还没有完全得到解放，生产方式比较滞后，农村条件异常艰苦，生产基本依靠体力劳动，强度很大，生产队实行吃“大锅饭”式的集体劳作。在我们村，干一天活，成人记10分，妇女记7分，青年记6分，少年记3分。当时我们家境比较贫困，从小学一年级到初中毕业的七年时间里，小小年纪就一直坚持“半读半农”，就是上半天读书，下午到生产队参加集体劳动，为的是帮助家里挣3分工分。由于从小就进行艰苦的劳动锻炼，到青年时代，劳动力就超过许多同龄人，每项农活干得又好又快，经常受到大队广播站的表扬，是村里出了名的“劳动能手”。

回忆往事，昨日岁月历历在目；抚看今朝，奋斗足迹步步弥珍。不知不觉中当兵已经30余年，提及当年应征入伍的事，还是那样清晰可见。

当时，农村信息闭塞，文化落后，农民群众文化生活非常有限，有时只能看看本村或本大队自编自演的文艺节目。若是听到放电映，犹如过年一般兴奋不已，要是知道别的村子放电影，不论路程多远，就是不吃饭也一定要跑去看。《英雄儿女》、《董存瑞》、《渡江侦察记》等当时红遍了大江南北的影片，我们百看不怨。看一遍，英雄们的英勇事迹便在脑海里留下一次深深地烙印。特别是每当看到英雄战士王成身背电台，双手紧握爆破筒高呼“向我开炮，向我开炮”的英雄壮举，一次次打动着我儿时的心灵。时常梦想有朝一日能像电影中的英雄一样，为保卫祖国安全而奉献自己的青春和热血。于是，“我要当兵”的念头油然而生。

1978年，这个具有划时代意义的历史性时刻，中国向全世界发出了改革开放的信号。自此，中国改革开放的巨轮从这里起航，承载着中华民族伟大复兴的雄心，使向光辉灿烂的未来。我有幸乘着这艘巨轮的春风，经过严格的政审体检，于这年的3月2日，如愿接到入伍通知，光荣地成为共和国军队的一名军人，实现了我的梦想。

通过新兵三个月的严格集训，我的政治、军事、条例条令和通信专业等基础知识课程，均取得优异成绩，被分配到原昆明军区通信总站服役。从新兵训练结束，到下连队开始，我顺利实现了从一名普通老百姓到一个合格军人的转变。分到连队后，我发扬农家子弟特别能吃苦耐劳的优秀品质，发奋学习，努力工作，积极进取。业务不懂就虚心请教老兵和技师，从点滴入手，从小事做起，积累知识，增长才干。平时严格遵守纪律，服从命令听从指挥，团结战友乐于奉献。下连队不久，由于工作表现突出，业务技能过硬，在战士中具有很强的榜样作用，经常受到连队表扬和嘉奖。

1979年，中越自卫还击作战打响，我主动请缨参加通信线路架设。执行任务中，不怕艰难困苦，不怕流血牺牲，忘我工作，一直战斗在架设线路的最前沿，圆满完成作战通信线路架设和保障任务，受到军区通令嘉奖。

通信兵在军中是一个十分特殊的兵种，没有文化知识，就难于胜任本职，难于为首长提供优质服务。我针对自己文化基础薄弱的实际，轮战间隙积极参加原昆明军区组织的高中文化补习，顺利取得高中毕业证。知识丰富人生。文化基础的改善对我的工作有了很大帮助。

在部队这个温暖的大家庭里，我越干心里越欢，越干越有使不完的劲，以锲而不舍地执著努力，脱颖而出成为骨干，受到组织和领导的关注。1980年3月至1981年8月被连队选送到原昆明军区陆军学院进行通信业务系统培训，获中专毕业证书。学习结束，从战士提升为连队线路排长。之后，又于1984年被推荐到西安通信技术学院深造。通过不断地进修深造，使我的业务技能有了长足进步，一年后圆满完成学业，回到部队被提升为副连职分队长。在新的工作岗位上，我默默无闻，兢兢业业，任劳任怨，将所学理论知识与实际工作融会贯通，成为通信战线上的业务尖子。领导看我业务技能强，工作认真负责，又安排我担任通信业务教员，给士兵作辅导。我发挥自己专长，从理论到实践，一点一滴言传身教带战士。经过不懈努力，我们连队通信业务有了质的飞跃，多次在年终考评中勇夺第一。

光阴荏苒，岁月葱葱，转眼间已当兵10年。1988年被成都军区第三通信总站任命为一营一连政治指导员。任职期间，我对照政治指导员职责要求，扎实加强军队政治理论基础和党的创新理论知识学习，苦练基本功，不断提高胜任本职工作的能力。作为连队政工主官，我认真执行上级指示决议，围绕通信专业这个中心，突出抓好思想政治建设、组织建设、作风建设和骨干队伍建设，积极组织开展形式多样的政治思想工作，确保了全连官兵政治思想合格，军事技术过硬，作风纪律优良，通信保障有力。任政治指导员四年，连队荣立三等功1次，2次被总站党委评为落实“基层建设纲要”先进单位，我本人荣立三等功2次，被军区直工部评为“优秀党务工作者”。

在我的成长过程中，我深深地感到，是知识给予了我力量，是勤奋成就了我的人生。在过去学习的基础上，1994年9月至1997年7月，我参加了昆明陆军学院“政治理论”大专班函授学习。1998年9月至2001年7月，参加了中央党校“经济管理”本科班函授学习。在我尽职尽责，努力学习，努力工作的时候，组织和领导没有忘记我，始终关心着我。从1992年到2009年，我的行政职务被任命为解放军第三通信总站程控交换站营职、团职、副师职干部，授予上校军衔；技术职称被任命为技师、助理工程师、工程师；多次被总站党委评为“优秀技术干部”，受到军区直工部嘉奖。

回顾自己30余年的军旅生涯，我为能够有幸多次参加军队“跨越式”重大通信工程建设，成为部队首长运筹帷幄，决胜千里的“顺风耳”，而倍感骄傲和自豪。

从一个入伍时的初中生到成长为一名军队通信工程师，从一个农村青年到成长为一名副师职干部。这一步步跨越，是党和人民军队培养了我。我真诚地感谢党！感谢人民军队！

罗志明简介

（中共红河州委常委、组织部长）

罗志明，男，汉族，1960年1月生，云南省陆良县人，大学学历，中共党员，1975年8月参加工作，1984年6月加入中国共产党，现任红河哈尼族彝族自治州州委常委、组织部部长。

1973年9月~1975年8月在罗平县第一中学高中学习；

1975年8月~1977年12月在罗平县板桥公社当知青；

1977年12月~1988年8月在云南包装厂工作，历任宣传部副部长、部长、政工办副主任；

1988年8月~1991年7月在曲靖地区监察局工作，其间，1989年12月~1991年7月任办公室副主任；

1991年7月~1993年6月在曲靖地委党校行政管理专业大专班脱产学习；

1993年6月~1994年10月任曲靖地区纪委办公室副主任（正科级）；

1994年10月~1997年10月在中共曲靖地委组织部工作，历任主任科员、干部科副科长、干审科科长；

1997年10月~1998年4月任中共曲靖市麒麟区委常委、区筹备领导小组成员、区委组织部负责人；

1998年4月~2001年7月任中共曲靖市麒麟区委常委、组织部部长；

2001年7月~2002年6月任中共曲靖市麒麟区委副书记；

2002年6月~2002年12月任中共曲靖市委组织部副部长；

2002年12月~2006年8月任中共会泽县委书记，其间，2001年8月~2003年12月在中央党校函授学院法律专业本科班学习；2003年9月至2004年1月在中央党校学习；2003年2月当选为曲靖市委委员；

2006年8月~2007年6月任中共曲靖市委常委、会泽县委书记；

2007年6月~2007年12月任中共曲靖市委常委、统战部部长；

2007年12月至今任中共红河哈尼族彝族自治州州委常委、组织部部长。

他是这样做人做事

——记曲靖市扶贫办原主任孟晓富

1946年8月孟晓富出生在陆良朱家堡一个农民家庭，曾在陆良、昆明、师宗、曲靖工作，从曲靖市政府扶贫开发办公室主任职位退休，享受副厅级待遇。

10岁那年，在朱家堡小学读书的他，由于家庭困难，小学未毕业就回家务农。

从1957年冬季开始，11岁的他被生产队先后派到西冲水库（现彩色沙林）、麦子河水库、五峰山水库、卫星坝水库、聚兴坝水库、黄梁子煤矿、大白山炼钢、中源泽开挖、西桥炸滩等参加工程建设。在这期间，受到组织的关怀和培养，1962年加入共产主义青年团，成为生产骨干，先后担任过生产队的记分员、保管、队长、公社共青团书记。1968年10月至1970年2月，被选为朱家堡公社革委会副主任、朱家堡中心学校管理委员会主任，1970年2月至1972年底，陆良组建为陆良民兵营，派出1000余民兵到昆明参加大三级建设（代号719信箱），组织任命他为陆良民兵四连副连长，曾荣获学习毛主席著作先进个人的荣誉称号。

1972年1月从719信箱回陆良工作，安排在县贸易公司负责全县四坊加工管理，并转为国家干部，同年7月加入中国共产党，1973年到1975年3月任陆良贸易公司副经理、书记等职，在商业战线的几年间学到了许多社会知识和管理知识；1975年至1976年12月调任县商业局副局长，1976年4月首次参加了国家在南方八省市开展的多种经营管理班学习，参加了在上海、江苏、浙江、湖南等省市的现场培训。

1976年至1978年8月，他在县供销合作社工作，任副主任、副书记。在此期间，大部分时间被县委抽调去农村搞社教、农业学大寨等工作，先后在小百户、龙海、召夸等公社任工作队长。1977年陆良大战南盘江他一直是在指挥部任后勤组长，负责物资调运和管理。1978年8月调任板桥公社党委副书记、革会委副主任、机关支部书记，公社管理委员会主任，兼任南盘江板桥指挥部指挥长等职。1980年10月，调陆良环城公社工作，先后任公社党委副书记、管委会主任、环城区委书记，中枢镇党委书记，陆良县委委员。在中枢镇工作8年，与街道居委会、村社干部，群众建立了深厚的工作情谊，多次被评为先进，1985年光荣的出席了云南省第四次党代表大会。

1987年4月至1991年12月被选为陆良县人民政府副县长（1987年9月至1988年2月在西南农业大学读书）。他一心一意为陆良的经济发展奔忙，为农业生产和各项事业做了一些有益于人民的事情，对分管的“三农”工作尽职尽责。计划生育、烟草、民兵、民政、土地、侨务、妇联等工作进行协调管理，并兼任县民委主任等职。他自己再苦再累，也毫无怨言。他常说：“人民需要你，才把你选上去，在任期内，要尽力为人民扮演好角色，让人民看你的表演要舒服、要放心、不要刺眼。”他始终告诫自己要苦干硬干，不要贪懒，才不辜负人民的期望。

他分管三农工作，多次受到上级表彰，个人也获得了多个荣誉，先后受到地、省和农业部、水电部、烟草总公司授予先进个人光荣称号。

1991年底上级要调他到外地工作。当时他不想去，认为自己土生土长在陆良，熟悉这里的山山水水、一草一木。特别是自己直接在6个乡镇工作过，与家乡的干部群众有着深厚的情谊。他一度向上级表达不愿外调的想法。经上级主要领导推心置腹的思想开导，他思想开了窍，服从组织安排。1992年1月，他任师宗县委副书记，主持师宗县政府工作。

师宗县是一个少数民族县，属亚热带又同属立体气候的一个山多、平地少的林区县，以农为主，资源丰富。多年来，由于改革创新的力度不大，发展不快，特别是县城设施相对较差，当时，正值小平同志南巡，改革开放的浪潮席卷祖国大地，改革开放形势逼人。他心里压力很大，要师宗人民认可，没有出色政绩是不可能的。从1992年3月起，师宗十一届、十二届人代会上，他都被选为县长。他不负党和人民重托，深入基层，了解县情，认真做好各项工作。他向下请教，向老同志和基层干部请教，很快适应了工作环境。从南昆铁路的启动，城市的改扩建，使全县各项工作取得较大进步，从单一的以林养林、以农养农发展成为工、农、商、贸、水、煤、电、建筑、建材、林业的多元经济结构，人民群众的生产生活也随之得到改善，师宗发生了变化，得到了上级肯定和老百姓赞扬。虽然有了发展变化，纵比有进步，但横比还有差距，他与县委政府一班人，想方设法使师宗发展得更快一些。针对师宗烟草行业的生产水平一直滞后，烟叶质量难与市场竞争，烟农听天由命的实际情况，在上级的帮助指导下，他们争取到玉溪烟厂的支持，扩建了较为先进的打叶复烤厂，带动了烟叶发展，提高了烟农收益，促进了全县农工相互带动和经济发展，社会进步。1992年到1997年，师宗因南昆铁路建设成绩显著，被铁道部授予“先进县”的光荣称号，他受到李鹏总理的亲切接见。师宗的发展变化是改革开放的结晶，是历届县委、政府和全县人民共同努力的结果，他希望师宗人民能更好跟上时代的步伐，发展、建设自己的美好家园。

1998年，他调任市扶贫开发领导小组办公室主任、书记，市政府小额信贷办主任，市农村工作部副部长。他继续深入基层，深入实际，走遍全市各乡镇和上千个村社，目睹了广大的农村、部分群众的生产生活现状，尤其是冷凉山区的群众生产生活，还停留在非常落后的生存状态，多数山区的群众连吃水都困难，一幕幕贫穷景象撞击着这个出身农家的扶贫办主任的心，他更觉责任重大，下决心要尽可能地为困难地方多办实事。针对山区财力的实际，他想办法争取上级和国家支持，使许多地方的人民群众能尽快得到生存条件的基本改善，能跟上时代发展的步伐，早日过上美好的生活。

退出领导岗位后，他仍然服从组织安排，参加监察部门对土地管理和信息系统协调、共产党员先进性教育督导。

他说：自己的成长，是党和人民培养的结果，没有改革开放，社会发展就不可能有现在的大好形势，也不可能有自己的今天。他工作任劳任怨，不怕苦不怕累，办事果断，认真负责，从不轻言别人；他对人关怀体贴，坦诚相待，与人为善，与世无争；他知足常乐，终身不辱，坚持“为人敬，首先尊敬别人；为人尊，首先尊重别人”。这是他为人的坐标。

赵鸿年简介

（曲靖市政协副主席兼市工商联主席）

赵鸿年，男，1954年8月生于陆良县马街镇，1970年12月参加工作，毕业于昆明工学院化工系基本有机合成专业，高级工程师，现任曲靖市政协副主席兼曲靖市工商业联合会主席，商会会长。

先后在陆良化肥厂，陆良造纸厂（现银河纸业公司）、陆良县经委、经贸局、安监局、陆良县政协，曲靖市政协，曲靖市工商业联合会工作。

先后担任陆良化肥厂团支部书记，陆良造纸厂团委副书记，厂检验科长、生产技术科长、厂长、董事长，陆良政协副主席兼陆良造纸厂厂长、董事长、县政府经委主任、经济局长、安监局长；曲靖市政协经济建设委员会主任；云南省第八、九、十届人大代表，曲靖市政协第二、三届常委，陆良县第十三届人大常委，陆良县政协第十二届常委、副主席等职务。

主持开发了胶印书刊纸、水松纸、铝箔衬纸、炸药卷纸等产品，主持完成了全桑条造纸工艺及设备攻关，磷酸酯淀粉生产及应用开发，蒸煮漂白助剂研制，蒸煮装料器设计等课题，提高了企业的自主创新能力，为陆良造纸厂的生存、发展、壮大奠定了坚实的基础。

率先推进企业改革，使陆良造纸厂成为曲靖地区唯一进入云南省32户现代企业制度试点企业，改革成效得到肯定，全省中小企业改革现场会在陆良召开。陆良造纸厂被列为云南省100户重点骨干企业，多年是陆良利税大户。

先后获省科技成果三等奖2项，市、县科技成果一、二、三等奖16项，获云南省造纸行业优秀工程技术人员、曲靖突出贡献专业人才、陆良县“九五”期间突出贡献，优秀主任奖各一次，获陆良县第五届劳动模范、云南省职工信任的好厂长称号。

先后撰写了有关经济、技术、经营、管理、改革、发展、调研、考察、视察等方面的文章100余篇，有36篇在《中国造纸》、《纸和造纸》、《云南造纸》、《云南日报》、《曲靖日报》、《曲靖政协》等刊物和会议上发表，有3件提案被评定为优秀和重点提案。

烟草名人俞瑞方

俞瑞方，1953年10月10日生于云南省陆良县城。

1973年陆良一中高中毕业后到陆良县小百户公社兴仁大队四生产队插队落户当知青，1975年7月招入曲靖卷烟厂当工人，1983年加入中国共产党，提干后自1988年至今先后担任曲靖卷烟厂工会主席、厂党委副书记、第一副厂长、厂长兼党委书记、红云集团副总裁、红云红河集团巡视员。

任职期间，勤奋学习，努力工作，坚持改革发展，民主管理，技术领先，实施名牌战略，狠抓企业创新，与时俱进带领企业不断向前，经过艰苦的努力和工作，先后顺利完成曲靖市“三合一”体制分设并实现平稳过渡；顺利完成与会泽卷烟厂的联合重组和与内蒙古乌兰浩特卷烟厂的兼并重组，使企业不断发展壮大，规模突破110万箱，税利突破50亿元大关，企业综合竞争实力大大增强，为国家和地方经济发展及经济建设作出了重要贡献。2005年又积极与昆明卷烟厂实行联合重组，率先在全行业实行强强联合，使企业成为国家的龙头企业，企业的综合竞争实力得到进一步加强。在曲靖卷烟厂、云南红云集团和红云红河集团的发展壮大过程中，都倾注着俞瑞方的心血和汗水，他为云南“两烟”再创辉煌作出了应有的贡献，受到了党和人民的好评，曾荣获云南省劳动模范和云南省优秀共产党员的称号，并光荣地当选为云南省第十届人大代表。

牛头山人徐晓健

（中共云南省委办公厅副巡视员）

徐晓健，1947年6月17日生于陆良县小百户镇牛头山东麓小堡子村（因兴建水库移民，原址在现永清河水库堤坝内西侧，距现坝埂约300米）一个普通农民家庭，弟妹6人，排行老大。妻子朱菊英陆良县城盘江街人，是陆良洞经音乐传人朱光之女。育有一子徐源，大学毕业后从军，退役后考入省级机关工作。祖父是个小知识分子，信奉道教。父辈兄妹4人，以农耕为生。由于祖父英年早逝，伯父又被抓去当兵，父亲徐育芳12岁便开始挑起家庭重担。因此，父亲一生是辛苦忙碌的一生，也练就了他当农民的一身好功夫。犁田、耙地，选种、育苗，农作物的栽培管理，病虫害防治，大牲畜饲养，生产生活用具的制作，可以说样样精通。曾多次被评为生产能手、劳动模范。为了一家人的生活，父亲经常是起早贪黑地劳作。在人民公社时代，白天按生产队的安排干活，早晚在自留地里劳作，常常是天不亮就起床，天不黑不回家，从不懈怠。每逢街天，要去卖柴卖炭都是头天晚上就做好准备，当日天还没亮就出发，走出十里八里东方才泛白是常有的事。记得有一次，天降大雪，地上积了半尺多厚的雪，为了一担柴能比平时多卖1元钱，全村只有他一人选择挑柴上路。晚上回家时，冻得满面通红，全身发抖。他这种吃苦耐劳的精神，深深地影响着儿女们。母亲王云兰（已86岁高龄尚健在）主要是操持家务，在扶养子女乃至孙辈上，任劳任怨，倾注了全部心血。

据说，祖上是由陆良县城北门外迁去的。小堡子，村庄不大，至1958年搬迁时只有18户人家，70多人，但环境优美。三山环抱，背靠青山，东临永清河（南盘江的一条支流，属珠江水系，常年流水不断，清澈见底）。村头一片原始森林，村的东面开阔平坦，稻田千顷，沿河岸南北并向东展开。出生老宅，坐西向东，虽然简朴，但自成院落。正堂三间房屋一字排开，房前一矩形庭院。房屋的右侧、后面是自家的菜园。庭院的右前方是成丁字形的两幢房屋，住着两户徐姓家族的人。房屋的左侧是火灾后留下的废墟，荆棘丛生。房屋的左前方是张姓家族的院落及菜园。东出大门，一条曲径通向村的主干道。房前屋后，古树参天（上千年的古树有5株，直径2~3米，高30~50米）。右园、后园，除了大片的菜地、坡地，还有成片的竹林及山楂树、软枣树、拐枣树、花椒树、香椿树、梨树、桃树、核桃树、葛根、地茎莲等多种经济林果；园边地角，有杜鹃花、山茶花、金桂花、金银花、迎春花、苦刺花、青皮香花、白鹤花、牡丹花、丁香花、水仙花、牵牛花及多种菊花，自然生长，竞相开放。园埂之外便是山林。村前村后，绿水青山，鸟语花香，一派田园风光。

徐晓健初小在陆良县大仁坟小学、永清小学就读，高小在陆良县中坝小学就读，初中、高中在陆良一中就读。工作调离陆良县后，三次上大学深造。先后就读中央团校政治理论、云南师范大学中文系中文秘书、中央党校经济管理等专业。

1968年10月，在陆良县参加工作。在陆良工作期间，曾任陆良一中革委会副主任（主持工作）兼任校民兵营营长，陆良县革委会宣传组干事，共青团陆良县委副书记。

1973年11月到中共云南省委党校学习，1974年4月学习结业后，于1974年5月调共青团云南省委工作。在共青团云南省委工作期间，曾任组织部干事，青农部副部长，城青部副部长，城青部代部长兼省发明协会常委、副秘书长和省质量管理协会理事。

1986年10月，调中共云南省委办公厅工作。在省委办公厅工作期间，曾任政治处副处长、第一副处长，兼任厅机关党委委员、处党支部书记、厅工会主席、厅精神文明建设指导委员会常务副主任、厅保密领导小组常务副组长、厅安全保卫领导小组常务副组长；厅信访处处长兼厅工会主席；厅工会主席兼省总工会委员、省级机关工会副主席、省职工体协常务理事；省委办公厅副巡视员。

徐晓健在省级领导机关工作达35年之久，曾到过亚洲、欧洲、拉丁美洲、澳洲近20个国家和全国所有的省、市（区）及香港、台湾地区学习考察，调查研究、检查指导工作的足迹遍布云南省各州（市）及各县、（市）区，同学、朋友遍及全国。对党的路线方针政策，中国的基层和机关情况都比较了解，对西方的社会管理体制及经济制度也有所学习和研究，是资深的党政工作者。从少年时代起，他就逐步养成了爱学习、肯钻研的良好习惯。博览群书，广交朋友，阅历丰富，人缘较好。艰苦奋斗，自强不息。最崇拜的领袖人物是毛泽东。

徐晓健感到一生难以忘却的是，读书时遇上了一些好老师及同窗好友，工作时遇上了一些好领导。如上小学时的袁忠义、饶正禹老师，上中学时的谢楚、姜立昌、王平、戴秀莲、李炽、李汝英、华莹、计公谟、余蕴琳、李琪珍、陈自金、王承龙老师，上大学时的李至伦、王日广、胡荣枢、朱秉淳、李启佑、姚律仁老师等；在中学时代结下特别情谊的同学、校友，如谢怀森、邹维政、左云昌、钱荣生、田玉芝、朱金美、杨德志、高福堂、冯国柱、李汉金、谢富民、朱寿斌、罗福生、袁福生、万宝国、郑德华、谢荣顺、李吉生、王树祥、王甲生、姜春祥、满建忠、王明建、赵学才、骆小所、李吉明、严玉有、袁根云、王兵、邵毅民、李寸德、魏自荣、郭立文、唐元功、许琼华、曹乔生等；在县里工作时的张忠堂、郭永祥、刘保斌、张登高、王家兴等，在省里工作时的余幼清、段复广、赵敦志、杨宗贤、李文、张希平、何玉林、陈卫、梁林、李景林、刘大明、黄天明、李祖荫、陆启余、戈里、谭政书、江泉、王学仁、李树基、吴光范、和铁良等。他们给了徐晓健知识、智慧和力量，是徐晓健学习的榜样，工作的积极支持者，对一个农家孩子能由大山里走入大城市并成长为厅级领导干部影响很大。

殷世耕简介

（云南省机械厅原副厅长）

殷世耕，1928年10月生，云南陆良县马街镇良迪村人。1943年毕业于陆良县立初级中学第六班，因家境贫寒，无力继续求学，于1945年到马街小学当教员。1947年10月，加入中国共产党，同时调赴龙海山区在杨守笃同志领导下开展武装斗争。

1948年4月，国民党军进攻马街，杨体元及党组织率领马街地区的民兵武装，到弥勒与朱家璧部会合后，组成云南人民讨蒋自救军第一纵队，陆良去的武装编为八、九两大队，与罗平任学源部编成的七大队，合组为第三支队，杨体元任支队长。殷世耕是九大队的一名政治战士。自救军纵队编成后，于1948年5月端午节攻打邱北县城。随后，朱家璧率一、二支队及任学源的七大队南下，杨体元、杨守笃率八、九两大队，返回盘江北岸以陆良为中心开展活动。

1948年8月初，杨守笃率八、九两个大队（仍称三支队）到罗平中山乡休整、整编，安排殷世耕为通讯队长，负责通讯联络。随后杨守笃、许南波率三支队北上沾益、宣威，接应播乐中学及宣威宝山的起义。1948年中秋节返回龙海山区。10月，三支队在陆良与罗平交界处的小发召进行总结整顿，并安排家在马街附近的朱杰、皇立本、杨晓、殷世耕、肖鹏等同志，随后返回马街，在马街地区开展工作。1949年旧历五月端午节前一天，国民党军围攻马街，中共陆良县委决定，以良迪村民兵中队为主，以及马街、朱家堡、小龙潭小学的部分教师，组成武工队，殷世耕任队长，由肖鹏、李明德、殷世耕组成党支部，肖鹏任支部书记，李明德为组织委员，殷世耕为民运委员。端午节头晚，按县委指示武工队突围转移至牛头山区活动。到中秋节前后，接县委通知，殷世耕带领全部武装加入陆良解放护乡第二团，编入第一营，殷世耕为第一营副教导员兼第二连指导员。

1950年陆良解放以后，离开护二团到地方工作。最先是创建马街区聚贤乡临时人民政府，任临时人民政府主席，后调任县民政科长，兼县卫生院长。在担任民政科长期间，于1950年12月带领陆良县人民代表出席临时人民代表大会，作为宜良专区代表团的一个小组。

1951年3月，调泸西县工作，在第五区任区长。1952年土地改革时，任第六工作队队长。工作期间，吐血，肺病发作，赴昆明医治，住省委疗养所。1953年秋，病愈回泸西，任文教科长兼卫生防疫站指导员。1953年底，参加省教育厅组织的全省小学教育整顿试点工作组，到宜良县山竹里小学搞整顿小学教育的试点工作。1954年4月，调任第一区区委书记，担任区委书记期间，主要搞农业社会主义改造，在全区组织农业生产合作社。

1956年初到省委党校理论教员训练班学习，主要学习马克思主义哲学，学习一年后留省委党校工作。1957年初，正式调入省委党校，先在省委高级干部自修班做辅导员，后到哲学教研室，搞中级班、师训班的教学工作，1960年4月任校党委秘书。1964年，参加省委组织的大理四清工作团，在大理搞四清工作，大理四清工作结束后，接着参加下关市四清工作团，被任命为团办公室主任。

1966年4月，调省文革小组办公室。1969年到省第一“五七”干校搞“斗、批、改”，1970年5月，和爱人一道被安排到弥勒县猴街大队梅子哨插队落户，三个小孩也随同到梅子哨生活。

1972年5月，被调回昆明，到省机械工业局（后改机械厅）工作。从1978年起，先后担任机械工业厅政治处主任，厅党组成员，副厅长，1983年退居二线。退居二线后，正值全省开展地州市的机构改革工作，省委给各地州市派出工作组，被指定为迪庆州工作组的副组长，到迪庆主要做州委领导班子和各处的正副处长调整工作。1984年至1986年到省委党校为校级研究员，因病重仍回机械工业厅，主编《云南机械工业志》，并参与编写《当代中国——云南》。1989年离休。

资立安简介

（曲靖师范高等专科学校原校长）

资立安，是曲靖地区有一定影响和贡献的教育工作者。1949年7月离校参加革命，加入了中共云南地下党领导的“云南民主青年同盟”，并积极开展活动。1956年、1957年在北京中央教育行政学院学习。1953年任陆良一中校长，县教育局局长，1978年到1979年8月任中共陆良县委常委、宣传部长，云南省第三届高教学会常务理事。

1979年9月至1989年5月出任曲靖师范高等专科学校校长。

资立安对中国古典戏曲有一定研究，曾编写过剧本并为地方剧团所上演，发表过这方面的论文7篇，其中一篇被中国人民大学全文复印。任职期间，兼授过中文系中国古典文学戏曲部分课程。

资立安任曲靖师专校长期间，正值学校初建，办学条件较差，尤其是接受了招收中文、数学、物理、化学四个本科班学生的任务，困难则更大。但他兢兢业业，勇于挑起重担，并积极带领和团结广大教师，勤奋工作，圆满完成了教学任务，不少毕业生相继考 入了全国重点大学攻读硕士或博士学位。

资红喜大校简述

（武警成都指挥学院副政委）

资红喜，男，汉族，1956年出生，云南陆良县人，大学本科学历，法学学士学位。1974年12月入伍，1976年7月入党，历任战士、司务长、排长、干事、教员、参谋、科长、政治部副主任、主任等职，现任武警成都指挥学院副政治委员，大校警衔。

勤奋刻苦，因学习好，品行好而受誉乡里

1956年10月11日，资红喜出生于云南省陆良县龙海公社（现活水乡）黑木大队黑木村一个半工半农家庭。黑木村地处偏僻山区，距县城50多公里，交通不便，经济贫穷，文化落后。资红喜的父亲资存安系解放前参加革命的中共党员，先后在区、乡负责组织、武装、司法等工作，母亲金菊花，则在村中务农，操持家务。在资红喜出生后的十余年里，他的5个弟妹也相继降世，使这个本不宽裕的家庭更显拮据，全家人仅靠父亲微薄的工资和母亲辛勤的劳作来维持生计。因此，作为家中的长子，资红喜很早就懂得替父母分担家庭的责任，帮助父母照顾弟妹，初尝到了生活的艰辛。

1963年秋，时年7岁的资红喜进入本村小学读书。1966年，史无前例的“文化大革命”开始了，校园的平静生活被打破，直到1969年才断断续续上完了小学。同年9月，资红喜升入龙海公社中学读初中，1971年入陆良县第三中学读高中。期间加入共青团。

资红喜的中小学生活是伴随着“文革”的喧嚣而开始的。在连续不断的政治运动中，他一方面时常面临学校停课，难以安心读书的困境，另一方面又因父亲被打为“走资派”而备受他人的歧视，使少年时代的他内心经常感受到惶恐与忧虑，甚觉世态炎凉、人生艰难。

就是在这样的成长环境中，资红喜仍然没有受到外界的过多干扰。无论学校因何种原因停课，他都立即回到家里参加劳动，以减轻父母的些许重负，也借以躲开那些他当时年龄还无法理解的种种政治纷扰和名目繁多的组织派别。劳作之余，资红喜并没有丢下书本，他的学习成绩从小学到高中一直在全校名列第一。而身为老党员的父

亲则从立身做人上给他以言传身教，母亲的勤劳善良更在他心中打下了深深的烙印。父母的影响和早年的经历，赋予资红喜吃苦勤奋、诚实自信、宽厚大度的良好品行，使他常常受誉于乡里，成为弟妹的榜样。

应征入伍，成为光荣的人民子弟兵

1974年冬，在高中毕业回乡劳动两年之后，时年18岁的资红喜由于品学兼优，得到了一个被推荐上医学院的机会，这对于一个农村孩子而言意味着从此将脱离农民的身份，成为一个体面的医务工作者。而就在同时，当年的征兵工作也开始了。是读书还是当兵？资红喜面临着人生的第一次选择。最终，保卫祖国的口号深深激励了他，他毅然选择了从军报国这条道路。这年冬天，资红喜完成了他人生的一个根本转折。

入伍后，资红喜来到四川省军区独立一团。在这里，他对自己严格要求，努力上进，很快适应了艰苦紧张的军营生活，从一个地方青年成为一名合格的军人。新兵分下连队三个月后，他就被选送到团里参加骨干集训，打牢了他军事、政治等各方面的素质基础。由于资红喜同志有文化，做事爱动脑，又被安排负责连队训练器材的革新工作，当年底受到连队的嘉奖。

1976年，资红喜入伍后的第二年，被连队任命为给养员，同年7月经张远清、马云达两名同志介绍加入中国共产党。由于当时连队没有司务长，党支部决定由资红喜代理司务长职务，这对一个战士而言是莫大的信任，而且得到了营、团首长的一致认可。担任司务长后，资红喜一个人干着两人的活，不仅要安排好全连的伙食，而且要管好连队的账目，当好战士的“红管家”。每次上街买菜，他都是自己肩挑背扛，或者拉着板车到生产班去收菜，一次曾累倒在地头。在他代理司务长近一年的时间里，不仅理清了账目，还能够坚持原则，堵塞漏洞，抓好生产，开源节流，使官兵的伙食大为改善，得到了全连上下的高度好评，受到营、连嘉奖各一次。

入伍第三年，资红喜又改任连队的文书兼军械员，并被选为党支部唯一的战士委员。除了协助指导员做好党务和文书工作外，他还努力钻研军械业务，管理好武器弹药，在团里举办的军械员比赛中获得优胜奖。

四年的战士生活，站岗执勤、带兵训练、生产喂猪、买菜做饭，资红喜几乎把连队的工作干了个遍。他干一行、爱一行、钻一行、精一行，在每个岗位上都出色地完成了工作任务，并养成了埋头苦干、不计得失的品质。

沐浴改革春风，踏上崭新历程

1978年，对于中国人民来说是一个不同寻常的年份，十年浩劫的结束，十一届三中全会的召开，全国高考的恢复，历史翻开了崭新的一页。改革的春风同样吹进了军营，这一年，资红喜因工作突出，被组织上确定为预提干部对象，并参加了“文革”

结束后首届全国高等院校统一招生考试，幸运地被西南师范大学录取，成为时代骄子——“穿军装的大学生”。

告别课堂整整6年，资红喜再次走进教室拿起了书本，他非常珍惜这来之不易的机会。在西南师范大学政治系学习的四年里，资红喜同志主攻哲学专业，他如饥似渴地学习求知，对社会、对历史、对人生也有了更加深刻地认识。学习期间，资红喜也像在部队那样，积极参加学校的各项活动，热心帮助同学，认真履行团支部书记的职责，年年被评为“三好学生”。四年大学生活，极大地丰富了资红喜的知识储备，也提高了他的思想水平和工作能力，由内而外完成了从士兵到知识型军官的转变。

1982年，大学毕业时，资红喜放弃了他人梦寐以求的留校工作和攻读硕士研究生的机会，选择再次回到部队，在四川省军区独立十团一营二连担任了一名排长。半年后，被调到团政治处任宣传干事，负责政治、文化、教育工作。期间，他针对部队官兵普遍知识层次偏低的情况，主办了一期文化教员培训班和一期干部文化补习班，受到干部的普遍好评。这段不长的政治机关工作经历，初步奠定了资红喜机关业务的基础。

1983年，中央决定在各省军区独立团的基础上，重新组建武警部队，资红喜随部队一道转隶武警四川总队，成为一名武警警官。当年10月，为了给筹备中的指挥学校做准备，作为当时部队为数不多的大学生干部，资红喜被借调到新组建的武警四川总队教导大队任哲学教员，担负了首期骨干集训哲学教学任务。1984年初，又受总队指派，到山西省夏县武警专科学校参加“队改校”集训，系统学习了教学管理等方面的知识。

1984年5月，武警四川总队教导大队正式更名为武警成都指挥学校，资红喜被任命为政法教研室教员。学校位于成都市南郊华阳镇河池村，一个被当地人称做“河心岛”的小岛之上。组建之初，诸事不备，百废待兴，资红喜和其他干部教员一道，栖身于简陋的校舍里，在一无教材、二无经验的情况下，以拓荒牛的精神积极探索，大胆实践，废寝忘食地工作，初步建立起了比较规范的教学体系。因当时没有心理学教员，组织上派遣资红喜到中国政法大学进修犯罪心理学、社会心理学等课程。1985年2月学成返校后，他便独立担负起了心理学教学工作，直至1988年8月。

在从事教学工作5年时间里，资红喜认真钻研专业理论，努力提高教学水平，先后讲授过马克思主义哲学、犯罪心理学、社会心理学、管理心理学、武警心理学等课程，并积极面向学员和部队官兵开展讲座，普及心理学知识，发表学术论文15篇，1987年编写出39万余字的《武装警察心理学》教材，供院校教学和基层官兵阅读，为武警院校心理学教学研究趟出了路子，奠定了基础。

由于学校刚刚组建，人手严重不足，资红喜在完成好教学任务之外，还积极帮助机关完成好一些临时性任务， 自1985年起，兼任训练处党委秘书，协助处领导处理党务文书，起草教学、行政、党务方面的重大材料。因工作成绩突出，先后被学校、总队和省公安厅评为“优秀共产党员”、“优秀教员”，并荣立三等功。

1988年，军队进行重大改革，同年9月，全军和武警部队院校也进行了大规模的落实调整编制。编制调整后，资红喜离开教学岗位，改任训练处教务科参谋，负责教研教改，兼管训练处党务。同年12月评任讲师，首次授衔为武警专业技术上尉警衔。1990年被任命为教务科副科长，晋升为武警少校警衔。教务科工作的经历，使资红喜对教学工作的特点规律有了更加深入地了解，他主持起草了学校《教学工作章程》，使学校的教学工作走上了规范化的道路。1991年2月至4月中旬，资红喜借调到武警总部院校部，参与筹备广州院校建设现场会并起草主报告。

1992年，资红喜重新回到政治机关，担任学校政治处组织科科长，期间正值总部首长来校检查“广州会议”精神贯彻落实情况，他起草的《全面加强学校建设，努力培养合格人才》一文，入选《武警教育》杂志首次好文章评选一等奖。在他的主持下，创作了传唱至今的《校训》、《校歌》，感召哺育了一代代指挥学校官兵，化为他们献身使命、报效国家的精神动力。

1993年3月，资红喜被任命为政治处副主任，他积极协助主任抓好机关建设和学校的思想政治工作，认真研究新形势下思想政治建设的新情况、新问题，大力推进思想政治改革，多篇文章在军内外期刊上发表。1994年2月，资红喜晋升武警中校警衔。

走上领导岗位，成为“学者型”院校领导干部

1996年7月，资红喜出任学校政治部主任、校党委常委，同年2月晋升为武警上校警衔。任主任期间，资红喜面对新的历史时期思想政治建设面临的一系列严峻考验，以高度的政治责任感、使命感、紧迫感投入工作，严格按照《政治工作条例》规范学院政治工作，充分发挥自己熟悉教学工作、理论功底扎实的优势，创造性地贯彻落实上级机关和校党委首长的决心意图，牢牢把握思想政治建设的正确方向，充分发挥政治工作的服务保证作用，将政治工作全面贯穿渗透到培养合格人才之中，确保了学校的集中统一和官兵思想的纯洁巩固。

1998年4月至7月，资红喜到总部院校部，帮助筹备武警部队院校“按照江泽民主席‘五句话’总要求，改革教学工作会议”。这次会议是武警部队院校建设史上的一次里程碑式的会议，开启了武警院校教学改革的新篇章。在京期间，资红喜同志参与审定和修改了武警部队院校教学大纲、计划和文化理论教材，亲自执笔统稿了《我军优良作风》教材，为院校教学作出了新的贡献。

1998年12月，资红喜被提拔为学校副政治委员，分管招生、纪检、政法等工作。面对新军事变革浪潮和新一轮武警院校编制体制改革的挑战，他和校党委“一班人”一道，紧紧抓住历史机遇，瞄准“建设一流初级指挥院校”的目标，励精图治，突破资金、人才、土地等方面的瓶颈，使学校在院校改革的激烈竞争中成功突围，2000年顺利由校改院，升格为正师级单位。资红喜由正团晋升为副师，授武警大校警衔。

任学院副政委期间，资红喜坚持立党为公，公道用权，积极解放思想，紧密结合国际国内政治军事形势来谋划学院思想政治建设，认真指导政治机关抓好政治工作，热情关心政治理论、政治工作教研室的教学研究。2002年3月，他主持编写了《按照江

泽民武警部队建设的重要论述实施工作指导要则》宣讲提纲，对江泽民主席关于武警部队建设重要论述进行了系统全面地阐述。2003年5月，到武警总部参与起草武警院校教学工作法规文件。2004年，撰写的《信息化条件下反恐斗争中的舆论战》一文，在全军政治工作信息化建设研讨会上获二等奖。2005年4月至6月，再次到武警总部参与筹备院校改革座谈会，起草重要文件。与此同时，资红喜认真履行好学院纪委书记的职责，加强纪委的监督监察职能，狠抓干部队伍建设，狠刹不正之风，加强领导干部廉洁自律的监督，强化官兵的政治意识，筑牢拒腐防变的制度防线，使学院多次被上级表彰为党风廉政建设先进单位。

率部维稳处突、抗震救灾，在血与火的考验中实现军人价值

2008年，是中华民族发展史上极不平凡的一年。3月份，拉萨“3·14”事件发生后，资红喜临危受命，担任学院前指和梯队领导。率领官兵踏冰破雪，长途机动，千里挺进至甘孜藏区。先后在炉霍、色达等地驻训，执行维稳任务。有效处置了藏独分子制造的骚乱事件和颠覆基层政权活动。

在驻守藏区的日子里，资红喜狠抓部队的思想教育，亲自为官兵讲课作动员，经常深入到险点、重点执勤哨位检查指导工作，看望慰问官兵，使官兵始终保持高昂的斗志。为加强政治攻心，资红喜组织政工组克服困难，创造条件开展法律战、舆论战、心理战，发挥政治工作的作战功能，组织部队开展爱民助民活动，展示了武警部队文明之师、威武之师、胜利之师的良好形象。动员部队开展军事民主，集中官兵智慧，加强战法演练，有效提高了部队的战斗力，为维护国家安全、维护藏区社会稳定、捍卫民族团结作出了突出贡献。作为一名有着35年军龄的老军人，资红喜处处身先士卒、深情关爱部属，与官兵们一同睡地铺、啃干粮，哪里有危险就冲向哪里，深受部属和地方干部的尊敬与爱戴。

部队刚刚撤离藏区，“5·12”汶川特大地震突然发生。资红喜闻令而动，立即投身艰苦卓绝的抗震救灾战场。作为学院第四梯队和驻都江堰片区领导，他既当指挥员又当战斗员，始终与一线官兵一起，冒着余震不断、山石飞滚的危险，奋战在抗震救灾的最前线。先后组织官兵在都江堰市的新建小学、中医院、聚源中学、向峨乡等受灾最严重、被埋人员最多的地方展开生命营救。特别是面对惨烈的灾情和缺乏机械工程的困难，资红喜亲自带领官兵钻入残垣断壁，制订救援方案，现场指挥作业，争分夺秒地抢救生命，在废墟下救出了100多名幸存者，使1000多名重伤员得到及时救治。

抗震救灾进入到清理废墟阶段后，资红喜带领部队逐个、逐片地清理废墟，挖掘遗体近千具，清理上交现金、存折及贵重物品约300余万元。在进村入户中，资红喜亲自率领官兵翻山越岭深入到10余个乡镇实地调查了解灾情，帮助灾区群众开展灾后重建，受到了地方党委政府和人民群众的高度赞扬。根据上级命令，救灾部队转入维稳任务后，资红喜又组织两万多人次的兵力，对都江堰城区实施昼夜武装巡逻和设卡检

查，配合公安机关抓获盗窃嫌疑人200多人，查获毒品50克、仿真六四式手枪一支、子弹4发，并圆满完成了中央首长到灾区视察的3次警卫任务。在搜寻失事直升机的过程中，资红喜严密组织官兵对30余座高山峡谷实施了地毯式搜索，派出6人特别行动小组，连续3天参加四川总队搜救专项行动。圆满完成了本责任片区的搜寻任务，并确保了官兵的绝对安全。为保障震中映秀的后勤补给，资红喜还经常冒着山体滑坡的危险，到紫坪铺水库大坝上亲自组织物资输送，确保了水陆"生命线"的畅通。

与此同时，资红喜作为前指领导，一方面抓好部队组织指挥管理，另一方面，把思想政治建设贯穿到抗震救灾的始终，坚持把上级的指示精神贯彻到第一线，把思想鼓动开展到第一线，把心理疏导延伸到第一线，成立党员突击队、青年突击队，积极开展"智力互补、体力互助、心灵互通、精神互慰、意志互励"的"五互"活动，强化官兵的战斗精神，加强党团组织的作战功能，充分发挥新闻媒体的作用，为夺取抗震救灾的胜利奠定了坚实基础。

在感天动地的抗震救灾中，资红喜和他所带领的官兵一道，经受住了血与火、生与死的考验。在国家需要、人民危亡的关键时刻，奋不顾身、英勇无畏地践行了军人的使命和责任，向党和人民交出了合格的答卷。资红喜个人荣立三等功，学院被上级表彰为抗震救灾模范集体，荣立集体二等功。

淳法法师简介

（昆明圆通禅寺方丈）

释淳法，字豁亭，号净尘，陆良西小街肖氏子，1964年生。淳法法师1981年出家于昆明西山华亭寺，1982~1986年就读北京中国佛学院。现任中国佛教协会常务理事、海外联谊工作委员会委员、云南省政协民宗委委员、云南省佛教协会副会长、云南省汉传佛教工作委员会主任、云南省反邪教协会理事、昆明佛学研究会导师，曹洞正宗第四十七代禅人、沩仰宗第十二代禅人、昆明圆通禅寺方丈。除主持省佛协教务工作和圆通寺法务外，致力于佛教教理的弘扬，多次在各大专院校开设讲座，尤热衷于传统文化研习，对佛教典籍版本也颇有研究。法师不仅深通佛理，亦精于对书画金石及哲学的探索研究，是一位修学并臻的法师，他的左右手并能的书法作品被许多书法爱好者收藏。主编有《圆通禅寺》、《云南佛教图鉴》、《古滇释子诗钞》、《佛教与心理健康》、《山居闲话》、《禅语物咏名句印痕》、《淳法上人别署印谱》等。

情系“三农”谋发展

——云南省政府热区办原主任程浩自述

我是云南省陆良县人，家住县城西门小街。1929年10月出生，1949年6月参加革命工作，1949年10月加入中国共产党，1990年12月在云南省农业厅离休。离休时的职务：云南省人民政府开发热带经济作物领导小组办公室主任（副厅级）。

解放前父亲在陆良县从事教育工作，任小学教师20余年，1936年我跟随父亲在陆良读初小4年，1941年在县城中心小学读高小2年，1943年在县立初级中学八班读初中3年，1946年6月上昆明考入云南省立昆华中学（现昆明一中）读高中。

在读初中和高中期间，由于爱国革命先进思想的启发和影响，我参加了昆明学生民主爱国运动的一些活动，如反美扶日、反饥饿、反迫害、反内战、求和平等学生运动，1949年6月经介绍，参加了“民青”组织，后经组织介绍，1949年7月我和昆华中学的5个同学离开了昆明，下乡参加了中共地下党领导的“边纵”。

我参加革命工作的42年间，一直在省内各级党委和政府中工作。历任：富源县中安乡总支书记兼乡长、区委副书记、县委宣传部长、富源县人民政府县长、县委副书记、县委第二书记，中共嵩明县委副书记，中共宜良县委书记，中共曲靖地委组织部长、地委副书记，中共文山州委副书记，玉溪地区副专员，云南省人民政府热区开发办公室主任（副厅级）。1991年1月离休。

“三农”问题，从老一辈革命家毛泽东、邓小平到江泽民、胡锦涛等党中央历届领导集体都高度重视，也是各级党委、政府的头等大事，是各项工作的重中之重。在各个不同时期，解放思想，实事求是，从实际出发，都要采取各种政策措施，不断解放和发展农村社会生产力，大力促进农业增产，农民增收，农村经济社会全面繁荣发展。

从我参加工作到离休的42年时间里，绝大部分时间和主要精力都是搞农业，做农村工作。从基层的乡、镇、区、到地、州、省，工作单位尽管变动多次，但领导班子成员中对我的分工始终没有变，我都是分工主管农业和农村工作。在不同时期，工作条件千差万别，困难重重，但在各级党委的统一领导下，在广大干部和群众的大力支持帮助下，我始终坚定信念、积极努力、认真负责、艰苦奋斗，在自己的工作岗位上，努力把“三农”工作做好。

一、1950~1952年，在富源县盛德乡、付村区任职期间里，完成的工作有：宣传政策、征收公粮、减租退押、减息；领导和完成两个乡的土地改革和土地改革复查任务，以土地、耕畜为主的生产资料所有制进行根本性的改革广大农民群众在政治上、经济上获得翻身解放；宣传群众，开展了清匪反霸斗争，恢复发展农业生产。

二、1954~1972年，在富源、嵩明、宜良等县任职期间，用主要时间和主要精力，做好农业和农村工作：宣传和组织农民参加互助合作生产运动，“农业学大寨”以及人民公社时期的队为基础集体经济的经营管理工作；主持和参加完成了一批农田水利基础建设工程项目的任务；按照“农业八字宪法”，从实际出发，实行科学种田，提高单产，增加总产。

三、1973~1986年在曲靖、文山、玉溪等地州任职期间，在党委统一领导下，分工我主管农业，包括粮食生产、农田水利建设、畜牧业、林业、乡镇企业、水产业等做了大量的工作。比如，在文山州工作的5年时间里：

一是认真组织，反复抓好农村多项经济政策的落实。特别是1978年党的三中全会以后，1980年解放思想，冲破禁区，坚持从实际出发，实事求是，将集体土地实行多种形式的承包责任制，实行包产到户，包提留到户的作法。经过两年多的工作，极大地调动了广大农民的生产积极性，解放了生产力，农业生产特别是粮食生产有了较快的恢复和发展，全州每年吃调进口粮逐年减少，农民生活一年比一年改善，温饱问题得到了基本解决。

二是抓好科学种田的试验、示范和实用技术的推广。从良种繁育、推广、扩大复种指数，到栽培技术的提高方面下功夫。1978~1980年每年在大小春收割前都在全州及时召开水稻、包谷、小春作物的科学种田现场经验交流会。州上连续三年每年召开一次农业生产先进代表会，总结交流经验，表扬奖励先进，大大促进了农业生产各方面的发展。

三是由我亲自主持、指挥，完成了一批有突破性的重大科技攻关工程。如文山州杂交水稻制种、示范、推广，获得大面积成功，90%的适宜区都得到推广，单产、总产大幅增长。我在玉溪地区分管农业期间，1982~1983年在新平县的大开门、峨山县的化念农场也进行杂交水稻100多亩的制种试验、示范，也取得了成功，成为当时省内制种单产最高的地区之一。

四是抓了保护和发展林业、落实林业方面的经济政策，实行承包责任制，林木生产也有较大的发展。当时，文山州的杉木林基地就发展到百万亩以上。

四、从1987年初到1990年12月，我在云南省热区开发办公室任职期间，在省委、省政府的领导下，由我领导并主持对云南省热带、亚热带经济作物的开发研究做了一些工作，完成的主要任务有：

一是充分运用国家扶持的热作贷款，落实了一批热作开发项目。当时，在48个县市建立了商品生产基地约15万亩，36个热作产品加工厂。引进繁育了一部分热作良种基地和丰产示范经验。

二是领导和组织完成了一批热区开发前的基础性工作。主要有：一部分地州县的热区开发规划和一部分开发项目的评估论证工作；完成了《云南省热区农业气候、土地资源分布图》的研究，并有使用说明书，已报送省委、省政府领导参阅，研究编制了热作《云南省七五发展规划》，参与编著出版《云南省科学技术中长期发展纲要热带作物背景材料》的研究报告。

三是在调查研究的基础上，主要由我亲自执笔写出了一些研究报告或总结报告，报送省委、省政府领导和有关部门决策时参考。完成的报告有：《关于开发云南省热区对策与措施的几个问题》，载入1990年云南人民出版社出版的《云南热区宝地开发》一书；《云南省热区2000年热作开发总体设想》，载入1989年云南人民出版社出版的《澜沧江——小太阳》一书；《热区开发，热作基地初具规模》，编入省委政策研究室编辑的《1988年的云南》一书中；《云南省发展咖啡商品生产的意见》，这份报告省热区办以正式材料报送省府领导参阅；《云南热区——大有开发潜力的宝地》，在1990年省体改委编的《中国改革大观——云南专辑》中登载；《关于1987~1989年热作专项贷款执行情况总结报告》，1990年省热区办作为正式文件上报；《关于加强使用热作专项贷款及发展南亚热作项目的管理意见》，1990年省人民银行、省热区开发办以正式文件上报下发；《关于开发热区资源脱贫致富1/2个政策措施的研究》，1988年以正式材料送省扶贫办参阅。

四是亲自参加了一些有关农业、热区开发课题的研究，指导工作：参加了由省农研中心主持完成的《云南亚热带丘陵山地经济开发研究》的研究工作，该报告已由云南人民出版社出版；参加了云南省社科院（农经所）主持完成的《滇西南热区资源开发实施方案研究》的研究工作，并应聘为课题组的课题指导，该报告于1992年4月省政府决策咨询研究课题管理小组组织的专家组作为科研成果验收通过；参加了由云南大学（经济学）主持完成的《元谋县总体发展规划系统工程》的研究工作，应聘为课题顾问，该课题1988年4月经专家组鉴定通过；多次应邀参加了省政府经济技术研究中心和一些地州县主持的开发开放发展战略研究的论证会；如滇西南区地州，曲靖、文山州以及元江、华宁、富源等县，我都在会上发表了自己的见解，一些建议受到了主办单位的采纳。

由于自己长时期的工作成果，1993年经云南省高级职称评审委员会评审通过我为高级农业经济师，并发给了资格证书。

无悔的选择

——解放军空军某部原副师长程富荣大校自述

我爱军队，我崇拜军人。我从小就渴望长大后能成为一名军人。在陆良县一个偏远的农村，觉得这个梦想离我太遥远，不敢去奢望。当1974年秋天部队到我们村去征兵，我居然不敢报名，没有信心，觉得自己不符合标准，觉得比自己优秀的人太多，这样的好事不会轮到自己头上。是我们村党支部书记鼓励我，让我报名参军。还记得当时党支部书记这么跟我说："部队能锻炼人，能学到很多知识，当兵去吧，这对你有好处。"我怀着忐忑不安的心情来到部队，被分配到营部当通信员。3个月后，因为我懂拖拉机驾驶技术，又被分配到营部开拖拉机。

一年半的陆军生活，我始终抱着锻炼提高，多学点知识的目的，多学多看，长见识，开眼界。我从不违反纪律，一切服从命令，听从领导的教育和安排，积极参加各种学习和活动。农村人，吃惯苦了，有一把子力气，多干点活也不觉得累，什么脏活、累活都抢着干，受到了支部的嘉奖，被评为营部学习毛主席著作的积极分子，还列为了党支部党员发展的对象。

严格的军营生活，党组织的培养教育，确实使我从思想、作风、纪律、知识等方面得到了很大的提高，也成就了我人生道路上的一个重大转折。我懂得了不少革命的道理和做人的方法，对军人的崇拜，也从儿童时期的盲目转变为真正理解了军人的全部涵义。一个军人对祖国和人民的赤诚忠心，战友之间的博大无私的挚爱，使我真正懂得了军人所肩负的神圣而崇高的职责。

在陆军的第二年，空军到我们部队招收飞行员，听到这一消息，既是高兴，又是担心。我喜欢飞行员这个职业，又担心身体不合格。部队参加选飞的人，都是一些人高马大的同志，结果都不合格，我作为第二批后补梯队参加选飞，没想到我居然被选上了，而且整个部队只选中了我一个，当时的心情真是又激动，又高兴。

1976年8月，我进入了空军第二航空预备学校（现称空军第二飞行基础学院）读书。预校是飞行学员打基础的地方，既有部队战斗生活的特点、又有学校读书学习的浓厚气氛。从政治思想、文化知识、身体素质、军事技术全面培养。各方面要求都很严格、很规范，对于体验过部队生活的我，这一切并不陌生，我很快就适应了预校的生活，较好地完成了各项任务。特别是身体素质、军事技术提高较大，曾参加了中队军事示范小组。预校生活结束后，我被分配到空军第六航空学校（现称第六飞行学院）继续读书。开始先学习航空理论，由于文化基础差，在学习中遇到很大的困难。我虽然是“文革”期间的初中毕业生，但由于我们村没有中学，只有一个小学附设初中班，因此并没有经过规范的学习，连ABCD我都认不完整。而航空理论包含了各种大学才能学到的知识（如高等数学、空气动力学、气象学、物理学甚至哲学等），我要在短短的一年内完成航空理论学习，同时又要补齐初中、高中、大学的基础课程，其难度可想而知有多大。我本着“先天不足，后天补”的原则，尽管学习任务很繁重，但我不怕，因为我能吃苦，绝对不能放过这么好的学习机会。军营里晚上休息要求熄灯，我就躲在卫生间里学习，炎热的夏天，蚊子多，身上被咬起一个一个的疮；寒冷的冬天手指头冻得红肿，膝盖以下全部麻木，我全然不顾。加班熬夜后，第二天照常参加其他训练。一分耕耘一分收获，在教员和学友的帮助下，通过自己的刻苦努力，毕业考试时，我取得了第三名的好成绩，除了受到学校的表扬外，也顺利通过了理论学习这一难关。

理论课程学完后，我被分配到一团一大队学习飞行，萦绕在心中的愿望就要变成现实，终于能够实现我梦寐以求的理想：驾驶银灰色的战鹰翱翔在祖国的蓝天！心情是非常激动的。同时，我意识到自己是一个农村青年，能够有这么好的机会来学习飞行很不容易，继续下苦功夫练好本领，掌握技术才是我应该去做的，我一定要飞出来，决不辜负组织和领导对我的期望，也要给家乡父老以及个人争口气。记得第一次感觉飞行时，教员带我飞上了蓝天，当飞机升上高空后，看到了与地面完全不同的景色，祖国的大好河山，脑海里已不知道该想什么了，激动得竟丢掉了驾驶杆，只顾去大饱眼福。后来，进入了正规的起落航线，特技训练，由于身体不适，空中恶心、呕吐，一度差点被淘汰，后来在教员的帮助下，加大地面体能训练量。腿上绑上沙袋长跑，练习耐力；打羽毛球，练习反应能力；打旋梯、滚轮，重点加强了平衡技能的训练，经过一段时间的训练，全面提高了身体素质，适应了空中生活，以较好的成绩完成了初级教练机的训练，受到了大队的嘉奖，顺利转入了高级教练机飞行团，继续学习高级教练机飞行。高强度的训练、快节奏的生活、严格的纪律、还有我坚忍不拔的吃苦精神，终于圆满地完成了学业，以优异的成绩毕业。

告别了军校，我来到了军营，成为了一名名副其实的军人，一名真正的战斗机飞行员。我深知，要当好一名名副其实的军人、一名技术过硬的飞行员，是要付出常人难以付出的努力或许才能达到。“飞行是探险者的事业”，探险精神是人生最宝贵的品格。在航校我就想过，毕业后到部队去当一名优秀的战斗飞行员，亲自驾驶战鹰保卫祖国的领空。部队生活又不同于航校，主要特点是飞行要有自我准备的能力，日常要有自我管理的能力，而且又要有紧张的战斗作风。我注意了这些特点，从点滴做起，注意培养和提高自己的能力和作风。飞行前认真准备，飞行时集中精力，飞行后认真总结，使自己逐步接近于一个战斗员的要求。基础提纲飞完后，调到另一个新机场改装歼六，在改装歼六过程中，我根据自己的特点，加强准备，顺利地掌握了歼六飞机的飞行技术，按期完成了歼六改装大纲。

每个人的身后都有一条走过的道路，每个人的脚下都有一片未来的期冀和正在行走的路径；把握自己，开创未来，永远不要迷失前进的方向。我为自己能在部队这所特殊的大学里得到锻炼成长而感到幸运。

几年之后，当我走上了领导岗位，身上的担子更重了。我首先对自己严格要求，以身作则，对工作大胆管理，对飞行员从政治上、生活上关心照顾他们，从作风纪律、飞行准备上严格要求他们，在完成各项工作的同时，更深层次的理解体会到军人的情操、气质和军人的胸怀、风采。

1984年，我所在的部队奉中央军委的命令，奔赴广西前线作战。我随部队来到了边疆。一年的作战生活，使我在很多方面都有一定程度的提高，特别是经过东北到西南这样长距离的转场飞行，使我在领航方面得到了锻炼，在前线以对方空军为背景，进行了多次战斗演练，使我在战术技能上又有了许多新的经验，经过努力，我所在的部队圆满完成了军委赋予的战斗任务。

当兵30多年，我获益匪浅。从一个农村青年成长为一名合格的军人，感谢党，感谢人民。我所驾驶过的飞机：从前苏联的米格型到我国生产的歼五型、歼六型、歼七型等；我所飞过的天气，从昼间飞到夜间，达到了全天候；我所掌握的技术，从简单到复杂，从低级到高级；从普通飞行员到特级飞行员；从机长到飞行教员、飞行指挥员；并从一名普通士兵成长为一名飞行中队长到飞行大队长、飞行团长、副师长等。我所待过的部门，从基层到机关；我所住过的地方，从繁华的大城市到条件艰苦的边远山区；从冰雪寒冷的东北到气候炎热的南方。我所得到的荣誉，从优秀士兵到先进工作者、优秀党员、荣立二等功、三等功。我的人生很简单，也很精彩。我的父母生育了我，南盘江的江水养育了我，部队的大熔炉锻炼培养了我。简单的经历，精彩的人生，使我更深深地懂得了飞行员蓝天般的胸怀和单纯质朴的情感，就像歌里唱的一样，生命里有了当兵的历史，一辈子也不会感到后悔。

优秀的人千千万，可是能选上飞行员的却只有万分之一。也许是缘分吧，世上能有什么缘分比与蓝天有缘更幸运。醉过的人才知酒浓，爱过的人才懂得情重。是党和人民给了我这个神圣的缘分和情意，把我培养成一名真正的军人和一名师级领导干部，我非常自豪和荣幸，这30多年虽然没有惊天动地的贡献，但走过的路是正确的，因为我分享了勇士对蓝天的忠诚，如果问我这一生最值得骄傲的是什么——我是一名军人，一名真正的战斗机飞行员。无悔的选择，永远的无悔。

卷 二

改革开放的春风吹绿了神州大地，爨乡的人们，特别是创办民营企业的爨乡人沐浴着这春天里的雨露阳光，就像一颗颗具有顽强生命力的种子破土而出，茁壮成长。三十年改革开放的滚滚洪流大浪淘沙，许多怀揣理想抱负的年轻人以超人的才华，睿智的眼光，迎接挑战抢抓机遇，在惊涛骇浪的商海中拼搏向前，尤如一颗颗露出泥土的宝石在阳光下闪闪发光。他们用自己的智慧和勤劳为社会创造了巨大的财富，为祖国的富强，为人民的幸福作出了自己的贡献，不仅为自己的人生谱写了壮丽的篇章，也为故乡增光添彩，我们这里编录的只是他们中的一小部分，他们不仅是商界名人，也是爨乡骄子，社会尊重他们，人民尊重他们，爨乡人民永远会记住他们。

磐石之质建广厦

——记红河州建筑安装公司六分公司经理太加兴

刚踏入太加兴的办公室的时候，迎接我们的不是他，而是几尊造型精美别致的奖杯，赫然入目的是“一等奖”、“特等奖”等鲜红亮丽的字眼。奖项有“云南省建筑工程公司承建的云南师范大学第三试验楼获2006年度‘春城杯’市优质工程特等奖”、“云南省第二建筑公司承建的西南联大旧址保护及纪念馆整修工程荣获2005年度‘春城杯’市优质工程一等奖”等等。

办公室负责人告诉我们，太总太忙了，原来说好今天回来的，但是因为工地上有事，又奔赴工地视察去了。类似这样的事情，大家已经习以为常。其实，他是不必这么忙的，协助他管理工程的工程师还有好几个，但是出于对工程的完美追求，使得他甘愿做一只劳燕，不知疲倦的在各个工地上飞来飞去。

成功的花朵不会无缘无故地悄然绽放，而是在辛勤的汗水浇灌下浴火盛开。从一名小建筑工到指挥千号人的优秀建筑工程师，施工产值过亿元的红河州建筑安装公司六分公司经理，太加兴并非平步青云，而是走过了20多年风雨兼程之路。

1964年，太加兴出生在陆良三岔河镇太家头村一户普通的农民家庭。“凉拌蚕豆叶”，让年少时的太加兴曾经吃怕过。那时做的“凉拌蚕豆叶”，只是用开水烫过，没有半点油星，连盐都放得很少。贫穷，让饥肠辘辘的村民为了生存而发明了这道小菜充饥。初中毕业，年仅15岁的太加兴就急着外出打工。离开村子，太加兴的第一个梦想就是以后不用吃“凉拌蚕豆叶”。

昆明，这座四季飘香的春城，是多少人梦寐以求的居住城市。但是，对于初来乍到的太加兴而言，一切的美好离他太遥远。没有什么特殊技能，太加兴只得加入到老乡的建筑施工队中。挑砖块，搬水泥，截钢筋，搭架子……太加兴的青春年华在沉重与艰辛中打磨。

泡在尘土飞扬的建筑工地，乐观的太加兴总能在辛劳中寻找乐趣。甚至，他常常为自己能参与建筑大楼而感到自豪。太加兴干活的兴奋还来自于施工图纸。

第一次看到师傅手中的施工图时，只读过初中的太加兴就愣住了。在他的印象中，图形仅仅限于数学课本中的三角形、四边形等。但是施工图可远远没有那么简单，都是好几大张，一整套的。图纸上面横横竖竖，密密麻麻的线条一大堆，还细分为平面图、立面图等，完全没有画出大楼的半点模样。在太加兴心中，师傅能按照这么复杂的图纸，指挥大家建成一座大楼，真是了不起。他暗下决心，决定从学看施工图开始学习建筑知识。

之后在工地上，常看到这样的太加兴。干起活来勤快得像蜜蜂一样，乐于给师傅跑腿，经常为师傅端茶送水，递烟盛饭。当然，最重要的是不忘记请教师傅怎么看施工图。精诚所至，金石为开。师傅被太加兴所感动，只要有空都不厌其烦的教他。

从看懂第一张建筑施工图开始，太加兴就明确了自己未来要走专业建筑道路。几年后，对建筑施工的每一个环节都了如指掌的太加兴决定自己带队独立闯天下。刚二十出头，太加兴便拉了十几号人马，成为一位年轻的包工队队长。机遇往往垂青那些有准备的人。一次偶然的机会送到了太加兴的面前，从此“太加兴”三个字在红河建筑界如雷贯耳，并且和坚若磐石的优质工程紧密相连。

1987年5月的一天，太加兴正在为寻找建筑工程而发愁。毕竟这队长并不是那么好当，在干着手头上的活时，就得想着下一个工程在哪里。对于建筑工程队来说，有工程做才意味着有饭吃。碰巧，这时太加兴的一个老乡向他求助。原来该老乡在红河州接手了一个建砖厂、砖瓦窑的工程，由于其管理不善，该工程悬在半空，上不去，下不来，陷入了僵局。他无心打理，便想转交给太加兴管理。初生牛犊不怕虎。年轻气盛的太加兴爽快地答应了老乡的请求，不久便带队前往红河接管该工程。

事情远远比太加兴想象的困难。建砖厂、砖瓦窑与他之前建楼房有一定的区别。特别是砌窑洞对工人技术要求很高，弄不好，将会影响砖的生产质量。太加兴不敢怠慢，经过一番观察和思考，他果断采取了相应的措施。例如对整个工程施工人员进行了严格分工，让每个人明确自己的责任；对施工的每一步骤都严格按照图纸进行；分项检测工程质量，坚持不合格的分项工程不进入下道工序，如此等等。

井然有序的安排，严格规范的管理模式，让工程得以顺利的推进。结果，红河州砖厂、砖瓦窑工程如期竣工，太加兴漂亮地打响了红河第一战。

接下来的事情似乎都变得顺理成章，在红河建筑界崭露头角的太加兴接管了一系列的建筑工程，其中包括红河弥勒底打水电站、个旧市变压器厂职工住宅、个旧市宾馆、红河州公安局综合楼、个旧市环湖截污工程、个旧市通和商住楼等等。这些工程都以优质的施工质量得到了客户的认可，并且受到专家的好评。从1987年到2000年10多年间，太加兴接管了数十项大型建筑工程，他本人也由一个建筑工程游击队队长荣升为云南省红河州建筑安装公司第六分公司经理。

2002年，名声在外的太加兴接到了一个非常富有挑战意义的工程，即云南师范大学第三试验楼施工工程。该工程是日元贷款建盖，施工过程由日方派人监管，而日方监管人员历来以要求严格甚至于苛刻著称。

不过，太加兴非常乐于接受这样的挑战。从成功完成红河州砖厂、砖瓦窑施工任务开始，他的成功就在于“只做优质工程”。现在接管这样的工程是挑战，也是一次检验。他的工程“优质”之名是否名副其实，从此可见一斑。

无规矩，不成方圆。要出优质工程，必须有一套行之有效的管理方法。汇总自己数十年的施工经验，太加兴将各个施工管理细节悉数理了一遍，并将它用于此次工程的管理之中。

“在项目管理上，树立施工项目管理规范化框架体系，管理层与作业层分离，实行项目经理责任制和项目成本核算制，实施‘四控制、三管理’的原则。组建项目经理部，分工明确，责任到位。实施‘文明施工地标准’、‘项目施工合同管理’、‘项目施工信息管理’、‘项目竣工考核与评价管理’、‘项目保修回访管理’等制度。”

“在对工程的实施过程中。搞好技术交底，严格按照施工图施工。施工中组织强有力的领导班子。施工中经建设、监理、质监等单位工程师对每个分项工程都严格进行检查验收等。”“在工程质量的管理上，每道工序都严格按照国家建筑施工规范、标准、强制性条文及施工图施工，坚持工程质量‘三检制’，坚持不合格的分项工程不进入下道工序，坚持材料检验试验，坚持分部分项工程、隐蔽工程的验收、签证，坚持定期和不定期的检查，对检查出的质量问题及时整改，每道工序完工后严格检查验收，对不合格的工序一律返工处理至达到合格要求等等。”

“在安全生产、文明施工方面。按照公司的操作制度、施工现场安全防范等管理制度，禁止违章指挥、违章作业等等。”

这些细致而严格的管理措施就是太加兴的法宝。当云南师范大学第三试验楼进入施工的第一天开始，太加兴亲自督战，他所制定出来的这些规矩只能、只准严格施行，任何人不得有半点疏忽。

几乎所有的员工都害怕陪同太加兴一起去视察工地，因为他“太细致，太认真”。视察时，太加兴习惯性把安全帽往脑门一扣，大踏步就往工地走。“安全生产”是太加兴带队以来始终坚持的原则，如果工地上谁脑袋上没有安全帽，那就等着受罚。如果发现员工生病，他是不允许其带病工作的，立即派车送医院。他说：连自己的生命都不爱惜，怎么能建造出对他人生命负责任的优质工程?

工地所有的角落不亲自看一遍太加兴是不罢休的，“如果建的楼有10层，他决不只看到9楼，他甚至还会爬到10楼楼顶看看”。连一条小小的排水沟都逃不过他的双眼，只要发现有丝毫让他感觉不对的问题，他立即让相关负责人去解决。

往往一次视察完毕，大家眼前站着的哪里还是“太总”，满脸尘土一身泥味的他俨然是一个出土文物。

即便视察后坐在餐桌上就餐的时候，大家也不敢大意，因为“餐厅内禁止大声喧哗，文明就餐，就餐人员不得擅自到厨房煮食品”等条文就挂在墙上。对每一位员工，餐厅管理制度同样需要很好的遵守。

细节决定成败。太加兴用自己缜密的思维构建出工程管理的一个个细致规范。在太加兴心中，每一方面按细致的规范要求去完美执行就能收获优质工程。

汗水浇开成功花。当日方监管人员来到工地不住地点头，连称“很好、很好”时，太加兴露出了幸福的微笑。后来，经过昆明市建设局和昆明建筑业联合会的评定，云南师范大学第三试验楼获得了2006年度“春城杯”优质工程特等奖。

在接管云南师范大学第三试验楼工程时候，太加兴的大名已经被越来越多的工程业主所熟知，他们纷纷慕名邀请太加兴参与投标、建设工程。2003年，太加兴接管了个旧市游泳馆工程，个旧市青少年校外活动中心；2004年，他又接管了金秋大厦等工程。这些工程都已经竣工，合格率达100%，没有一例重大安全事故发生，其中个旧市游泳馆工程还荣获省、州2005年度优质工程奖。

2004年，太加兴成立了昆明东乐房地产开发有限公司，此后他的建筑事业又踏上一个新台阶。近几年，太加兴接管的工程源源不断，2006年承建陆良县供电局综合大楼工程，2007年承建云南师范大学呈贡校区图文信息中心，2008年承建海埂会议中心商务别墅项目工程，承建陆良县中医院工程，2008年10月承建云南师范大学艺术及体育学院工程……目前，多项工程正在紧张地施工中。如今，太加兴几乎每天都要奔赴好几个工地视察。

时过境迁，当多年前那个梦想不用吃“凉拌蚕豆叶”的懵懂少年成为身价千万的“太总”时，太加兴却变得异常的怀旧，他特地让自己的厨师学做“凉拌蚕豆叶”，以便经常可以品尝。忆苦思甜，这是一种对家乡的眷念，也是一份对家乡深深的爱。位卑不忘忧国，富足心系家乡。近年来，太加兴捐资逾百万为村里修水泥路，修建小学，赞助老年活动中心。2006年他还获曲靖市委、市政府颁发的“2005年度捐资三村四化新农村建设铜质勋章”。他以一颗拳拳之心，为家乡发展献出自己一份力量。

想起自己初为建筑小工的艰辛，太加兴更懂得农民工生活的不易，自他接手工程以来，从不拖欠农民工工资。而看不懂施工图的经历，让太加兴倍感学习知识文化的重要，他经常鼓励员工好好学习，还自掏腰包让员工到大学进修或者参加各种培训。而他自己也深知“活到老，学到老”的道理，在百忙中还抽空到武汉理工大学进修，目前已经以优异的成绩获得了大专文凭。另外，他本人还考上了工程师职称，还获得2006年度全国工程建设优秀项目经理称号。

“太总太忙了”是员工们嘴里常念叨的一句话。现在，公司所有的员工都希望他能闲一会，歇一歇，因为“只要他一有空就会带大家到处去游玩，疯得像个小孩!”。

男人四十一枝花。今年刚四十出头的太加兴，带着爽朗的笑，用自己独特的魅力带领着员工为优质工程而战，正从一个辉煌走向另一个辉煌……

自强不息挑战自己

——记云南庞展建筑工程有限公司董事长、总经理朱昆良

公元2006年1月7日，春城昆明。

这是一个春光明媚的日子，位于滇池之滨的昆明，在腊梅花、山茶花还未卸下浓妆之时，报春花、迎春花又捷足登场，含苞待放……

就是在这样一个百花争艳、竞相绽放的春天，云南民营建筑行业的又一枝初露尖尖角的小荷——云南庞展建筑工程有限公司在昆明隆重揭牌宣告成立。

在欢庆的锣鼓声、鞭炮声与嘉宾、来宾、亲朋好友的祝贺声以及公司上下员工的相互祝福声中，公司董事长兼总经理朱昆良并没有沉浸在欢庆的喜悦之中。对于朱昆良而言，庞展公司的成立，在未来的事业发展中，这仅仅是一个新的开端，一个新的起步，要走的路更长，肩上的担子更重，责任更大，可谓“任重而道远”。因为他明白：这一天来得真不容易。一些知情的亲朋好友也是这样说的。

庞展公司的成立，它记录着创业者朱昆良以自己仅有的300元钱起家，在14个年头的5110个日日夜夜所付出的艰辛与操劳，带给他的酸甜与苦辣、欢乐与悲伤、幸运与挫折、喜悦的泪水与艰苦的汗水……它留下了朱昆良在创业历程中一个个难于忘怀的足印。

庞展公司的成立，它既印证了朱昆良多年深藏在心底的志向：“我为什么不能自己寻求自己的发展道路”?诠释了他的理想不是梦!同时，也承载着庞展人的多少希望与未来。

朱昆良有其自律的价值取向：“先做人，再做事”。在人类社会中，友谊对人生是不可缺少的，“如果没有友情，生活就不会有悦耳的和音”。“先做人，再做事”，它昭示庞展，这一民营企业与社会的和谐共进。

时不我待求自强

机遇，对于社会的每一个人都是公平的，但在瞬息万变的社会生活中，有的人能慧眼识珠，及时抓住机遇并乘势而上；而有的人，却常常是让机遇擦肩而过，悔恨终生；还有的人，则是以守株待兔的心理坐等机遇上门，而收获的是一声叹息；也有的

人，虽能及时抓住机遇，但因胸无大志，而又失去来之不易的机遇……凡此种种，人间百态，大凡成功者，均有一个共同点：有坚定的理想、信念、目标，以自强不息的信念，实事求是，从实际出发，既能抓住机遇，又能用好机遇，并能再创机遇。

1964年出生的朱昆良，与60后的一代一样，在告别少年，进入青年时的岁月，正是封闭的中国迈步走向改革开放的崭新时代。新的时代，新的风貌，为朱昆良走向社会，在市场经济大潮中锻炼成长注入了新鲜血液，烙下了深深的时代印记。

朱昆良是陆良三岔河万清虾子沟人，幼年时，父亲是建筑工人，母亲在家务农，在这个家庭中，朱昆良是长子，下有两个弟弟和两个妹妹，既没有好的社会背景，也没有好的经济条件，但父母亲的诚实、勤劳、坚忍不拔的毅力和自强不息的品格，给予了朱昆良深深的启示和潜移默化的影响，他富有男子汉敢创一片属于自己天地的勇气和魄力。为减轻父母支撑一个家的生活压力，他在初中毕业后于1981年走上了建筑行业，先后在省建、市建等建筑行业，做过泥工、砖工、粉刷工，并以自己的实力，任过建筑行业的班长，工段长，项目经理。由于他勤奋好学，上进心强，对各道工序都能熟练操作又懂管理，深得用人单位喜爱，一直被视为骨干培养和使用，前程充满了光明。但朱昆良却不满足于这些所得。因为中国改革开放的大潮，始终激荡着朱昆良要闯出属于自己的天地的理想。

“我为什么不能自己寻求自己的发展道路?”“我为什么不能自己创办一个有中国特色的民营企业?”他坚信：“一个人，不管做什么事，只要他用心去做，成功率就会高。”这是朱昆良为挑战自我所暗下的决心和提示自己的誓言。

开办民营企业，这在中国的沿海地区和经济发达地区早已不是什么新鲜事，可在朱昆良工作生活的环境中，“什么民营企业，不就是私有经济小个体户嘛!”“国营保险，私营危险”等社会舆论还在深深影响着、困扰着一些有志青年寻找机遇实现自我发展的志向。

然而，朱昆良却不是一个甘愿揣着“金饭碗”守贫困的人。1992年底，时年不满29岁的他，在“而立”之年前放弃了等待，毅然决然辞职，用自己仅有的300元积蓄租了一个小铺面，从头做起，走上了自主创业之路。

人们常说：“金钱不是万能的，但没有钱却是万万不能的”。朱昆良认为，机遇就是钱，抓住了机遇就抓住了金钱。当时，朱昆良就凭着三条搞创业：一是他看准了当时一些单位、个人的旧房维修补漏在昆明是一个很大的市场，这是做原始资金积累的重要财源渠道，前景广阔；二是自己具有这方面的经验和技艺，可驾轻就熟，有自信心；三是凭自己的为人，所做的事能让顾客认为“物有所值”，人缘、人气就是一种难寻的财源。

就凭这三条，他选择了一些力所能及的项目，从几千元到几万元，再到十多万元，几十万元，上百万元的项目，从小到大，一步一个脚印求发展。以下是一组纪录着朱昆良和他的企业在发展中逐年增长的年产值数据：

1993年 300元起步当年产值为100多万元

1998年 年产值1500多万元

2000年 年产值2000多万元

2003年 年产值3000多万元

2004年 年产值4000多万元

2006年 年产值6000多万元

2007年 年产值7000多万元

2008年 年产值过亿元

在这组数据的背后，记录着朱昆良经营的企业的发展变化：

昔日，朱昆良只有一个三尺门市，既当老板，又做工人，身兼数职，他每天手提工具和材料，靠步行或骑自行车早出晚归，走街串巷承包不起眼的临时性维修项目。

如今，他是云南庞展建筑工程有限公司的法人代表，获国家建设部颁发的房屋建筑工程总承包二级企业资质证书，公司有技术骨干40多人，并有一支优秀的施工队伍，不仅能承建民用建筑，而且在工业建筑、军事设施建筑的竞标中多次夺标，80%以上的承建项目获优质工程奖，多次受到建设单位的表扬。2008年朱昆良又有新的目标，着手加强公司的软硬件建设，于2009年正式向国家建设部申报房屋建筑工程总承包一级企业资质。

知识是成功的源泉

“知识改变命运”，“科学技术是第一生产力”，这是时下最流行的两句话。然而，就其深刻的内涵而言，不同经历的人，有着不同的深切体会和理解。朱昆良认为，改革开放给每一个人都带来了前所未有的发展机遇，但能否抓住机遇，用好机遇，并能在创新中赢得机遇，就不能单凭热情，而是要靠自己的实力。

知识是成功的源泉。市场经济是一张无情的网，市场竞争，从现象来看，是质量的竞争、品牌的竞争、信誉的竞争，但就其实质而言，竞争是人才的竞争，是企业综合实力的竞争。

因家庭困难，朱昆良在中学毕业后未能继续升学而走上工作岗位。但他深知知识的重要，工作后，他从未放弃过靠自学增长知识。做建筑工人，劳动强度大，风吹雨淋日晒，劳动一天收工后，许多工友只想好好睡一觉，以恢复体力。可朱昆良不一样，再苦再累，他一有空就抓紧自学有关建筑工程的知识，从施工工艺、看图、绘图、设计到管理，他都涉及。

由于朱昆良勤奋好学，不懂就问，不论是做泥工还是做施工员，他都能提得起放得下，赢得了组织、领导和工友们的认可。在组织和领导的重视下，他得到许多技术培训的机会，迅速从一个普通工人成长走上了工段长、项目经理、处长等岗位。

学无止境。随着现代建筑业的快速发展，高科技在建筑行业中撑起一片天。为适应信息化、高科技发展的新形势，朱昆良以超强的毅力和刻苦好学的精神，在管好企业的同时，通过自学、函授等多种渠道，先后完成了在云南工业大学、南京陆军指挥学院经济管理系的大学专科和大学本科的学业，并取得优异成绩。再加上他丰富的实践经验，经国家有关专业技术部门严格考评，他取得了高级工程师的专业技术职称，获得了国家注册建造师的专业证书。同时，他还多处参加学习企业管理课程，并且获得了清华大学举办的执行经理高级课程研修班结业证书、职业经理人资格证书。

另外，公司也经常外派员工参加技术培训，或请一些专家学者到公司讲授管理课程，并且每年都组织员工到发达省市参观学习，增长见识，开拓眼界。通过几年的建设，公司已经形成了习惯性的学习风气，企业文化也得到更高层次的发展，着实努力地打造一支学习型的队伍。

知识为朱昆良的思想插上了腾飞的翅膀，在短短的10多年间，他的公司就完成了从原始资金积累到现代建筑工程企业各项指标，从一个300元起家到年产值过亿，从三尺门市到国家房屋建筑工程总承包二级企业资质的转变。公司建立健全了从安全生产、质量检查评定到财务材料管理等各项规章制度100多项。2008年初，公司第一次承建了28层的高层建筑项目，这对于他和他的公司来说，具有划时代的意义，因为这是市场对他本人和公司的信誉、资质、实力、质量、管理、技术的认可。“我们的楼房盖得越来越高了!”公司的员工无不自豪地说。而朱昆良知道，万丈高楼平地起，楼层越高，越要靠知识的积累，要靠具有现代科学技术武装的现代企业综合实力。

以诚立身 以信立言

诚信为本，这既是中国传统的为人之道，也是市场竞争的基本法则。朱昆良从创业之初就意识到，诚信对经营者尤为重要，特别是对于一度被人们猜测、怀疑、不信任的民营企业来讲，诚信直接关系到企业的生存与发展。民营企业要在狭缝中生根发芽、茁壮成长，只有坚守诚信。因此，公司在自身发展的各个阶段，无论是当年的三尺小店还是今天的国家二级企业资质建筑工程总承包公司；无论是当初的孤身一人还是现在的数百人的团队，都坚持“先做人，再做事”的信条，打造真正属于自己的品牌，以品牌参与竞争，占领市场，开创自己的一片天地。在新的时期，秉承“保障经济效益、创造社会效益、维护环境效益”的目标原则，实现为社会作出更大的贡献。

厨房、厕所漏水、排水不畅、水管阻塞、门窗受损等等，对从事专业建筑的人来讲，是一件小事，而对于广大居民住户来讲，却是一件十分烦心的“大事”。朱昆良无论是在开门市做旧房维修时，还是在承建大工程之后，都十分重视这些百姓担心的滴漏损问题，把“小事”当作“大事”来抓，从点滴做起，注重每一个环节，层层把好质量关。百年大计，质量安全第一，仅以质量安全检验为例，公司对质量、安全的检验，除公司项目部自检自验外，公司还设立了质量安全科进行检查验收；之后，由监理公司检查验收；在交付使用之前，再由甲方报请有关质检部门检查验收。与此同时，在承包工程建设中，公司项目部坚持每周定期作一次质量安全大检查，公司每月作一次质量安全大检查，公司和项目经理在第一线解决问题，严把质量安全关，确保质量安全，兑现合同。

在承包工程中，如何做到甲、乙双方互信、互助、互利常常会发生矛盾，朱昆良在维护公司利益的同时，注意变换角色，坚持把甲、乙双方的利益放在同等地位，作为共同利益来考量作决策，在工程项目夺标后，主动参与甲方对规划、设计、成本、材料进行核对，主动提合理化建议，用先进技术和科学管理提高质量，降低成本。以诚信赢得了甲方的信赖。

创业过程是艰辛的，朱昆良深知每一分钱都来之不易，因此，他也会注意用好每一分钱。1995年，朱昆良和他的团队在圆满完成在昆明市第三中学承建的一个项目后，由于甲、乙双方合作顺利，并在合作中增进了友谊，因此，双方希望能在竣工投入使用时召开一个相互祝贺的庆祝会。他对如何把钱用在刀刃上有自己的考量，于是，他建议在简单举行一个交工仪式后，把用于庆祝的其他费用作为昆三中的校园绿化专款，并负责具体施工。昆三中通过绿化改变了校园环境，引起了昆明市教育局的关注，昆明市教育局经过调查了解后，在全市教育系统通报表扬了他的团队和昆三中的这一做法。

从这以后，他常以这样的做法，形成了公司施工的一个惯例，在承建地方和军队住房竣工后，都要帮助开展道路绿化和小区绿化。

成都军区昆明战士杂剧团练功房、解放军高原训练基地游泳馆、解放军某部的一座28层高楼等竞标中，朱昆良就是以诚信和公司的综合实力，在众多竞标者中脱颖而出，一举夺标。在民用建筑和军事设施建筑中，朱昆良和公司领导一道，带领施工队伍坚守建筑工地，严把质量安全关，所承建的工程，80%以上分别获得全军及成都军区和云南省以及昆明市的优质工程奖。其中，获建设工程优质工程一等奖一项，获得“春城杯”建设工程优质工程一、二、三等奖8项。

云南庞展建筑工程有限公司，既是一个民营企业，也是一个具有明显家族特征的家族企业。庞展公司不仅是一个企业的名称、单位符号，更重要的是，它寄托着朱昆良的雄心和远大目标。朱昆良深知，无论是中国的百年老店、百年品牌，还是现今还极具影响力的国外百年老店、百年品牌，大多是起步于家族企业。纵观这些百年老店、百年品牌的兴衰成败，无一不是和经营管理和市场前景、发展战略等息息相关。要把民营企业打造成品牌和创百年老店，就不能没有理想目标，要更新观念，不能把民营企业变成个体户，要走出个体户的怪圈，把民营企业融入市场经济的大海，经风雨，见世面，取得社会、市场的认可。

于是，朱昆良把培养自己的后继人才，引进人才，引进与时俱进的新观念、新思路、新技术，引进先进的管理、经营，以拓展市场作为重点，着眼长远，兼顾眼前，制定近期、中期、长期的目标规划，脚踏实地，就像建筑高楼大厦一样，打好基础，把项目当作一个作品来做，并不断总结，积累经验。

从庞展公司的实际出发，坚持用规章制度管理和建设队伍，在人性化管理的同时，坚持责、权、利分明，强化“企业兴我则兴，企业衰我则亡”的责任感和事业心，让“企业就是我的家”观念在职工中扎根，变“一人操心”为“众人关心”。

以打造百年老店为长远目标，不断开拓创新，在现已获得国家建设部房屋建筑工程总承包二级企业的基础上，在2009年申报一级企业，创品牌，以品牌拓展市场，提高社会知名度。

以建筑为主业，拓展经营业务，实现健康、稳步、快速、多元化滚动发展。在解决职工的发展需要之后，全力投身于社会，按照党中央提出构建和谐社会的要求，朱昆良认为作为一个有社会责任心的企业家，就应积极响应和去努力实现，为构建和谐社会贡献自己的力量。

回馈社会为己任

"成功的企业家，不是看你赚了多少钱，而是看你是否推动了社会的发展和进步，是否为国家和民族作出了贡献"。这是一位社会学家对成功企业家提出的一个标准。说到事业的成功，朱昆良认为自己还只是迈出了第一步，做一个对社会和民族有贡献的人，才是自己人生的追求。

改革开放的社会大环境，为朱昆良自主创业提供了政策支撑，营造了良好的社会舆论环境和发展机遇，朱昆良在自主创业改变命运后，不忘对社会的回报。早在1994年，朱昆良得知本村一个考取中国科技大学的考生，家中收到录取通知书后既喜又忧，喜的是在当地出了第一个考上中国科技大学的状元郎，忧的是家中十分困难，没有能力送他到安徽去上学。朱昆良虽然当初的创业也才刚刚起步，但他当即就拿出了一万元人民币，帮助这个家庭解决了能考上大学但又读不起大学的困难。

为帮助类似的贫困家庭供子女上学，自1994年以来，朱昆良先后投入40多万元，为一些面临失学的学子雪中送炭，解决燃眉之急，许多家庭和学生对朱昆良表示感激之情。面对朴实的农家人，他只希望这些学生好好学习，将来成材后报效祖国，这是朱昆良的唯一心愿。

朱昆良的老家在虾子沟村，是一个有300多户、上千人的大寨子。但自古以来，这个村的村民出村只有一条泥泞的小路，老人、小孩和运送物资出入村寨都十分不便。2004年，朱昆良出资20万元，修通了虾子沟村连接乡镇公路的一条1公里多的乡村水泥路，并实施了"亮化工程"，在道路两旁进行了绿化，安上了路灯，深受家乡人的赞赏。

朱昆良的公司发展后，他在公司专门设立了售后服务小组，每年投资30多万元，免费为他的公司承建的住房作维修，哪怕不是他的公司承建的住房，只要居民来电话联系，他们也热情上门为其免费维修。朱昆良认为，老百姓是公司的衣食父母，为衣食父母做义务服务，既是回馈社会的一种心愿，也是一个公司的社会责任。

庞展公司的施工队伍，常年在200~300人左右，多时有1000多人，朱昆良和他的团队，坚持从陆良以及周边的四川、贵州农村招收施工工人，为减轻社会就业负担献出了绵薄之力，工人们都说，家里有一个人在庞展公司当工人，这个人的家庭就可脱贫。这就是社会对朱昆良和庞展公司的评价和认可。

社会在进步，时代在前进。庞展公司在市场经济的大海中正扬帆破浪前进，目标是打造建筑行业的百年老店。

真情无限写春秋

——记云南宏丰集团董事长孙树宏

在陆良县，传颂着一位企业家长期默默无闻热心助学的感人事迹，多年来，他用智慧和汗水在创业的道路上奋力拼搏，饱尝了数不清的酸甜苦辣，从一个家用电器推销员成长为固定资产过亿元的大型企业集团董事长；他从过去忙推销每天只吃一顿饭到今天拥有了巨大的财富，他首先想到的不是如何去高消费享乐以弥补过去的艰辛，他更多地想到了青年的社会责任，想到了家乡的教育，想到了农村上学的孩子们，十多年来他用一颗炽热的赤诚爱心捐资助学、帮助困难学生，长期付出却从不愿留名、不思回报，使一个个困难学子成长为国家的有用之才。他就是陆良县捐资助学先进个人、县人大代表、县工商联副会长孙树宏。

搏击商海写华章

孙树宏1968年12月19日出生于陆良县三岔河镇刘良办事处新庄村，那是一个山大沟深、地少人多的穷地方。为了谋生，孙树宏1987年高中毕业后先是于1988年招工到云南省火电公司当了一名锅炉工，工种虽差一点，但国营单位的待遇不错，但对于不甘寂寞、不安于现状、总想乘年轻凭着满腔热血去闯荡一番事业的孙树宏来讲，无论再好的单位也关不住那颗跃跃欲试的心和脑海里充满的创业激情，于是他只干了一年就在家人和朋友的阻拦声中毅然辞职了。

辞职后的他先是在一家家用电器店打工，坐着公共汽车到各地搞推销，那时跑得最多的地方是宣威，每天早上天还不亮赶紧起床，背上东西到车站附近吃碗米线就坐车往宣威赶，到了之后一刻也不敢休息便赶紧送货，一直忙到下午5点多钟又要坐车赶回陆良，几年中一直风雨无阻。在孙树宏的记忆里，在那些风里来雨里去的艰苦岁月里几乎他每天只能吃上一顿饭，睡眠时间也非常少，但从来不觉得苦和累，因为他心中有理想有目标。当时很多客户都对这个吃苦耐劳又诚实守信的小伙子印象很好，记忆深刻。

当手头有了一点积蓄后，善于观察的孙树宏发现做工程更能赚钱，便和侄子成立了昆明国泰科工贸公司，开始了又一次艰苦的创业。当时的广大农村有线电视安装需求量相当大，瞅准机会的孙树宏和在昆明物理研究所上班的侄子商量，请他利用周末时间下来负责技术和安装调试，他自己则骑着摩托车到处跑业务，由于为人诚信，技术过硬，安装质量得到保证，局面逐步打开，之后他又拓展到安装太阳能和歌舞厅装修，业务量越来越大，年收入超过50万元。1995年他加入云南省东方建筑公司，任副经理，单独带领一个施工队在外面从事建筑工程施工。1996年他经过多方努力承建国贸大厦装修工程，对方要求他先垫资100万元，并且要在5天内到账，经过东借西凑他只筹集到50万元，剩下的50万元到哪里去找?万般无奈的他只有跑回老家陆良三岔河信用社恳求帮忙，不巧的是他回去当天信用社主任回山区老家了，心急火燎的孙树宏开着不久前刚买的二手破拉达车连夜赶到30公里外的主任老家把他请下来说明情况，主任被他对事业的执著和热情感动了，第二天就派人到曲靖调查核实，了解情况后上报审批，在县信用联社的大力支持下仅用三天就把贷款办下来了。拿到贷款的孙树宏喜悦的心情难于言表，但他在心中深深地感到，贷款支持就像为他增添了腾飞的翅膀，使他有机会做大做强。为了保证工程质量，孙树宏成天泡在工地上，并买了大量室内装修和施工技术的书籍来看，大到装修方案、设计图纸，小到贴地板砖的角度和砂浆的混合比例，他都要一一弄懂并在施工过程中严格检查。一次，他在检查过程中发现由于施工人员疏忽，导致几个房间内的墙毯安装不太美观，当即下令全部拆掉，重新采购原料安装。由于工程质量过硬，业主非常满意，工程量也由当初的200万元增加到500万元，并在后来的检查验收中评为优良工程。国贸大厦的成功使孙树宏在曲靖建筑界一炮打响，之后他又接手了石林大酒店等一系列重大装修工程，事业逐步发展壮大。1998年，有了一定经验和积累的孙树宏成立了云南艺芸建筑装饰设计工程公司，任总经理，2003年成立云南曲靖宏丰房地产开发有限公司，任总经理，2005年成立云南曲靖宏兴建筑工程有限公司，任总经理，2006年成立云南宏丰集团，任董事长。

时至今日，宏丰集团已发展成为拥有固定资产一亿多元，具有房屋建筑工程施工总承包二级、建筑装修装饰工程专业承包二级以及国家市政公用工程总承包三级资质的大型民营建筑企业，公司近年来先后承建了石林国际大酒店装饰工程、国贸大酒店装饰工程、曲靖地区进出口公司住宅楼工程、河口吉庆宾馆装饰工程、炮团团史馆土建装饰工程、东方大厦土建装饰工程、陆良信用联社装饰工程、同乐大酒店工程、陆良县人民医院住院部大楼工程、云南燃料一厂曲靖生活区工程、曲靖市麒麟区人民检察院装饰工程、曲靖市麒麟区人民政府廖廓街道办事处工程、曲靖市食品药品监督管理局职工住宅工程、曲靖市食品药品监督管理局办公大楼工程、曲靖市无线电管理处无线电监测业务楼工程、云南远山食品有限公司生猪屠宰加工车间、曲靖广电花园等一系列重大建筑装修工程，在同行业中处于优势地位。在多年的发展过程中，无论工程大小，孙树宏始终坚持“以质量求生存，以信誉求发展”的经营宗旨，与建设单位真诚合作，精心对待每项工程，深受客户好评。

捐资助学不言悔

走进孙树宏宽敞而简朴的办公室，映入眼帘的是一块由陆良县教育局赠送、上面书写着“救助贫困学生，利在千秋万代”的巨大匾牌，仔细一看，类似的匾牌还真不少，有陆良县委、县政府颁发的“捐资助学先进集体”，有三岔河镇党委、政府颁发的“捐资助学突出贡献奖”，还有当地学校和有关部门赠送的各种锦旗。这些匾牌和锦旗既是有关部门对他的褒奖，更是他长期以来热爱教育、关心贫困学子的真实写照，多年来，孙树宏以极大的热情投入到捐资助学和社会公益事业中，从1998年给陆良县三岔河镇刘良小学捐资2万元开始，2000年以来他每年都给老家陆良县三岔河镇刘良办事处新庄村老年协会5000元作活动经费，并且还要长期坚持下去；2005年他无偿捐资10多万元给新庄村修建村中水泥道路；2006年捐资30万元给三岔河镇一中成立贫困学生救助基金，每年救助100多名贫困学生，同时为从三岔河镇一中考取曲一中的贫困学生负责全部学习和生活费用，直到大学毕业；2007年捐资15万元给龙海乡双箐口二中成立贫困学生救助基金；2008年给中国残联聋耳基金会捐资3万元，同时还要给新建的三岔河镇二中捐资30万元成立贫困学生救助基金；据不完全统计，从1998年至今他已为当地教育和社会公益事业无偿捐资200多万元。这个捐资助学的数字，对于一个白手起家，自主创业不到20年的年轻人来说已是了不起的业绩了！

谈起教育，一向谦逊低调的孙树宏感慨地说：“十年树木，百年育人，教育是立国之本，为了实现中华民族的伟大复兴、中国第三代领导人高瞻远瞩，提出了‘百年大计，教育为本’，确定了‘科教兴国’的发展战略，实践证明，要想求生存，靠的是教育，要想图发展，更离不开教育，在这些年兴办企业的过程中，我更是深深感受到教育和人才的重要，古人说得好，天下兴亡，匹夫有责，我虽然只是一个普通的企业家，财力和影响有限，但能为教育的发展做一点事情，我是最高兴的，今后我会把更多的精力和物力投入到发展教育中来。”回想起第一次捐资助学的情景，孙树宏至今记忆犹新，那是1998年，他所在办事处书记和他当年读小学时的校长来找他，听说学校的厕所还是20多年前他上学时用的并且比以前更破旧，需要2万元建一个新厕所，他二话没说当场拿了2万元给学校建新厕所。从那时起，他对家乡教育发展的牵挂之心就再也放不下了。为了使贫困生贫而不“困”，顺利完成学业，孙树宏除了为贫困学生解除经济上的困难，只要时间许可，他都会到学校了解贫困生的思想动态、学习情况并与他们谈心，鼓励他们积极上进。有时寒暑假还组织“贫困生联谊会”，邀请考取重点中学的贫困生参加，介绍克服生活困难、学习困难的好方法，勉励其他贫困生迎难而上、奋发有为。

激情创业写华章，心系教育终不悔。孙树宏带着他的宏丰集团在市场经济的大潮中又开始了新一轮的扬帆远航，同时，身兼陆良县人大代表和县工商联副会长的他也感受到了肩上沉甸甸的社会责任，他愿为此作更多的付出和努力。

选自己喜欢的事业努力奋斗

——记云南利鲁环境建设有限公司董事长兼总经理苏一江

如果你是第一次到云南省政府办事的外地人，当你的坐车驶到正义路北端尽头处，突然前方直行的路没有了，映入你眼帘的是一片原始森林般的绿色公园，也许你会在心中问，这省政府在哪里?当车子环绕森林公园右转走上数百米时，一块白底黑字的“云南省人民政府”的庄严的牌子突然出现在你眼前，顺着那威武的哨兵身后通透的大门往里放眼一望，又是一个高低起伏、古木参天、满目翠绿的森林公园时，你一定很惊喜，是哪一位高手构思出了这么一个人与自然如此和谐共融的美好工作环境，你不得不为这美丽的山境和巧妙的设计而叹为观止!

五华山上的美景自然是古人为我们留下的宝贵财富，今天的人们只是在做些锦上添花的工作，但山门外的公园，却是一个名不见经传的年轻人设计规划实施的，他就叫苏一江。其实这五华山大门外原本不是这个样子的，挡在正义路尽头的是一座医院及一些不规整的民宅，为迎接99昆明世博会的召开，按昆明市的统一规划拆了房子建了绿化广场。起初的绿化广场其实就是一片没有特点的草坪，再摆上些盆花点缀。正义路车水马龙的噪声原来有房墙挡着，现在这噪声毫无遮挡地随着南来之风飘向了五华山……在有关领导关于进一步改善美化五华山办公环境的指示下，在省政府办公厅和管理局的支持下，云南利鲁公司董事长兼总经理苏一江带着自己的设计队伍和施工队伍，精心设计规划，用过人的胆识，把云南省各地支持的各具特色又在各不相同的土壤气候条件下成长起来的树木花卉移植、栽培到省政府门口的五华山森林广场，并且对这些多样化植物采取了一系列保障措施。例如：给移植来的古老的树木挂吊针输营养液，冬季为亚热带移来的花木搭暖棚，树干“穿衣”防冻；夏天又为寒暖带移来的花木搭凉棚防晒抗高温等，多种科技栽培管理养护手段，费尽了千辛万苦，发挥了科技人员和广大员工的聪明才智，终于使几个气候带、数十年、上百年不同年轮的奇花异木在昆明安了家，共生共容一个五华山森林广场并茂盛地繁衍着，成就了五华山森林广场春夏秋冬翠色依旧，绿荫如盖，四季可见，花落花开的绝妙仙境。这就是云南利鲁公司董事长、总经理苏一江，在省政府相关领导支持下巧妙构思，精心设计并用心培育的一个生态城市广场。

苏一江在绿化大地，美化人居环境的景观工程远不止一个五华山森林广场!驰名省内外美丽迷人的金牛小区景观设计和森林公园的主体施工，名扬国内外的昆明世博园一号景观大道及秘鲁园的设计与施工，昆明消防支队别具一格的景观设计与施工，昆明中外合资的著名的花园式工厂醋酸纤维厂的景观设计施工与养护，以及曲靖、玉溪、红河、大理等地州市的一些城市景观设计都饱含着苏一江的智慧和融入了他的汗水。苏一江为绿化大地、美化人居环境而设计的园林景观成果还很多很多。崇山峻岭中高速公路边坡的治理与生态恢复就是他们公司与清华大学合作的科研成果之一。如今，无论走到云南境内的哪条高速公路上，都会看到由云南利鲁公司修复美化的片坡生态环境景观。

苏一江带领的利鲁公司还参与了滇池、洱海的环湖湿地建设和治理工程，也开始投入了前景无限惠及更多人群的农村生活污水处理等重要环保工作，并取得了成效，得到了主管部门和广大群众的认可。公司也被国家环保产业协会评为全国152家骨干企业之一（云南获此特殊荣誉仅二家）。苏一江也被云南省政府评为有突出贡献的享受省政府津贴的专家高科技人才。现在，你只要打开政府网站点击环境保护在众多的环境保护企业家的璀璨群星里，有一颗靓丽的新星，他闪烁在中国西南部的这片红色的热土上显得格外耀眼，从他走过的脚印中你会看到中国优秀环境保护事业执著追求者的一个缩影，这就是坚定环境保护事业理想信念，持之以恒地追求更完美，打造最适宜人居环境的云南利鲁环境建设有限公司和他的创始人与领头人苏一江。

苏一江出生在云南，成长在云南，创业在云南，发展在云南。“文化大革命”结束后的第二年，高考恢复，他渴求科学知识，于1979年9月以全校第二名的成绩考入昆明工学院环境工程系环境保护专业，经过4年环境保护专业的刻苦的学习与实践后，他先后被分配到冶金部张家洼工程指挥部、冶金部青岛冶金建筑学院（现青岛理工大学）、昆明煤炭研究所工作，在梦想与现实之间，他坚定地怀着环境保护事业的信念，于1993年无意中下海经商，自力更生、自主创业。为我国环境保护事业作出了自己的贡献，同时开辟了云南利鲁的发展之路。

经过15年的艰苦奋斗，云南利鲁环境建设有限公司现下辖三个法人公司，四个分支机构，拥有自己的设计研究所、项目营运管理中心、财务营运管理中心。承担项目分布在云南乃至省外各地，主要从事环保工程、园林绿化工程的设计及施工；环保设备研发、生产与销售；区域环境景观规划、治理及水土保持的规划服务；花木种植、繁育、加工、销售，绿化养护服务；生物工程产品开发等行业。是云南省风景园林学会副理事长单位、云南省园林行业协会常务副会长单位、中国环境保护产业协会会员单位、云南省环境保护产业协会副会长单位，被中国环境保护产业协会评为“中国环境保护产业骨干企业”。同时还获得了中国建筑行业鲁班奖，云南省科技进步二等奖，中国公路学会科学技术三等奖，国家优质工程银奖，优质工程金奖、一等奖，全国优秀设计奖，守合同重信用企业等30多项国家、省级奖励，发明专利多项。

苏一江是一个工作十分勤奋的人，而又始终觉得知识不够用的人。因此，他始终坚持在工作中学习，在学习中工作，这是他多年以来的习惯，长期的工作、学习和实践使他积累了丰富的知识和经验，取得了亚洲（澳门）国际公开大学MBA硕士学位，高级项目管理师、环保高级工程师、全国注册高级商务策划师，2006年他以突出的业绩、贡献和社会影响力，被云南省人民政府授予“云南省专业技术人才云南省政府津贴专家”称号。

曲折艰辛道路上的亲情、乡情、友情、师恩

1963年3月，苏一江出生在云南省陆良县三岔河公社（现三岔河镇）三岔河大队第一生产队，地名：五座坟。父母都是外乡人，父亲是当年南下的解放军干部，转业地方后被错划“右派”，母亲跟随父亲到了陆良。在当时的特殊时代背景下，下放落户农村，被五座坟这个美丽、淳朴的小乡村收留长达20几年。一直以来，他们全家对三岔河父老乡亲有永远忘不了的感激之情。

1969年9月，刚满6岁的苏一江，他到了三岔河公社海潮寺学校上小学。第二年海潮寺学校升级为陆良县第三中学，小学部被撤销，小学生被分散到各个大队独立办学，他于是到了三岔河小学读书直到小学毕业。1974年考入陆良三中就读初中、高中，在读书期间他得到了一大批被下放或被错划右派的优秀知识分子的言传身教和谆谆教诲。从小学到中学，有巴静苹老师、李自华老师、李廷莲老师、陈云焕老师及彭润先老师等许多慈爱、敬业的老师，给了他一生用不尽的精神财富和智慧力量。苏一江学习努力，十分尊敬老师，老师们也格外喜欢这个勤奋上进的学生，从未因他的“特殊”家庭而另眼看待。使他10多年的中小学读书生涯未受到歧视，感到的只是关怀和关爱，至今回忆起来都使他十分怀念。

进入大学以后，他更受到许多良师益友的帮助和呵护，在那里，他从一个不谙世事的农村小孩长成为时代知识青年。通过4年的大学生活和对环境保护专业知识的学习，使他获得了丰富而系统的专业知识和良好的思维方法，从此他坚定了自己人生远航的信念——为自己喜爱的环境保护事业奋斗终生。然而，命运却给他开了一个小小的玩笑，1983年9月大学毕业，他并没有如愿以偿地走上自己喜爱的环保行业，而是经国家分配进入冶金部张家洼工程指挥部工作，担任技术员，后又调入冶金部青岛冶金建筑学院（现青岛理工大学）工作，做过给排水技术员、环保技术员、新校建设领导小组秘书等。他从最基础的工作做起，从做人、做事学起。在山东的4年里学了不少东西，山东算是他的第二故乡了。他在山东工作期间，不断通过理论结合实践解决问题，经常向老员工悉心学习请教环保专业难题，一起与同事、老师研究探讨环保关注焦点和科技难点。虽然在工业行业中，他总想把自己的工作与环保尽量拉近距离，但现实中安排给他的工作离环保的距离太远了，但他不在乎，不计较，始终保持着他那从来不怕困难，敢于挑战自我的精神，在坎坷事业的道路上磨炼意志，得到健康成长，为以后的事业奠定了坚实的基础。

1987年7月，由于工作的需要，他被调到昆明煤炭研究所工作，担任助理工程师、工程师。在这以后的6年中，他时时刻刻把工作的需要放在第一位，常年驻扎在煤炭矿区，学习解决各种技术难题，在老主任尹承绪的带领下，成为了研究所的科技能手，

成为煤化工研究室的“左膀右臂”。领导的信任使他在科研、工艺、工程设计、基本建设及工程实施诸多领域得到了全面锻炼，获益良多。这期间，曾发表论文数篇，荣幸地获得了云南省科技进步三等奖，还被省煤炭厅授予新长征突击手称号。

在工作中的他是一位善于思考的人，安排干什么他就钻研什么，不断追求，不断探索。他还是一位非常执着的人，干一行爱一行，像种子一样，碰到土壤和水分就生根发芽，开花结果。

选择一份自己喜欢的工作努力奋斗

1993年8月，当时因为帮助北方一家国有大企业在昆明拓展业务的契机，他阴差阳错地跳下了商海，自己闯荡，开始了艰难而又魅力无穷的探索和创业，直到今天。在此过程中，他和志同道合的战友一起卖过毛毯，做过红糖生意，贩卖过啤酒、石蜡，开过化妆品厂等。最后，通过用红糖生产的废料甘蔗渣发酵生产腐肥，成功进入云新公司（春城高尔夫球场）的建设中，生产并应用的生物菌肥超过了千吨。这件事情的成功，使他领导的企业有机会进入到景观园林的行业，奠定了利鲁走向景观环保的基础，他本人也更坚定地走上了一条追求百年环保企业的梦想之路。

从这一刻起，他为自己找到了一份自己喜欢的事业，开始了执着的追求。他认为，要想开创一番大事业，要讲诚信、要有创新意识，而且还要有脚踏实地、持之以恒、知难而进、勇于探索、认真细致、居安思危的企业精神才能有机会成功。

诚信就是要坚守承诺，不说空话。诚信既是为人之道也是经商之道，如果不讲诚信将会失去朋友，失去顾客，最终失去信誉，所以，任何成功都离不开诚信。在云南利鲁，不管是创业的困难时期还是发展的今天，从没有欠过员工一分钱，利鲁也因此连续多年被评为“守合同重信用企业”，同时成就了今天云南利鲁在云南景观环保领域的地位。

脚踏实地，用苏一江的一句话说：“我是一个农民，刨一个坑种下一粒种子，用心给它浇水、施肥使它健康成长，然后结出果实。”做人、做事同样要一步一个脚印。

苏一江是个普通人，所以凡事他从工作生活中的点滴事情做起，采购原料、挖土砌石、环境设备材料考察、组装、改进环保设备、园林设计、绿化养护，与员工一起风餐露宿……，工地上什么活都做过，什么苦都吃过，做过施工员、设计员、安全员、监理员、技术员、助理工程师、工程师、项目经理、高级工程师、注册高级商务策划师、总经理直至成为一名企业的领导者。他所领导的企业，从一个只有几个人的小公司，逐步发展到具备环保设备研发、生产、销售，花木种植、繁育、生物产品开发、区域环境景观规划、治理及水土保持的规划服务、生态应用技术研究等涉及诸多环境保护领域的、就业人数近千人的集团式经营管理模式的多元化综合环保企业。

志创“景观环保”优质品牌，誓以兴企报国作为人生追求的目标

到目前为止，云南利鲁环境建设有限公司积极参与了滇池、洱海等湖泊的治理及生态恢复项目，参与近20条高速公路生态修复建设、主持了多项环境保护科技示范项目、污水治理项目，荣获了国家、省级奖项30余项，受到了业主及社会的一致好评，所承担的环境保护工程项目已经产生了良好的生态效益、经济效益和社会效益，为环境保护事业作出了应有的贡献。

改革开放的大潮掀起了人才辈出的千层浪花，让一些看似普通却蕴藏着出众才华的人能够选择自己喜爱的事业去为之奋斗，才华有了展示的舞台。苏一江也在这个历史的大舞台上展示了和继续展示着自己对环保事业独有的精彩!现在的苏一江已是一个拥有近千人的集团式公司的董事长兼总经理，还担任着云南省环境保护产业协会副会长、云南园林行业协会常务副会长、获得了省政府津贴奖励的专家。应当说，苏一江的事业是成功的。但有人问他，你成功的秘诀是什么?他总是说：“我还没有成功，还要继续努力。要好好生活，好好生活就是要做有意义的事情。”接下来他和利鲁人要做的工作是进一步创“景观环保”优质品牌，把景观做得更环保一些，把环保做得更艺术更景观一些。这就是他的责任，他孜孜不倦地努力着，时时刻刻思考着的问题就是怎样把自己领导的企业做得更大更强，为社会创造更多的财富，为国家作出更大的贡献，以实现自己兴企报国的人生理想和目标，就是他的信仰，就是他工作的动力源泉，他相信一分耕耘就会有一分收获，辛勤的汗水必能换来丰厚的回报。他将不遗余力地在环境保护之路上继续前行……

心连“三农”情系百姓

——记云南神农农业产业集团董事长兼总裁何祖训

国以农为本，民以食为天，食以安为先。要了解中国，首先就要了解中国的农业、农村、农民。这是中国这一个传统农业大国的国情决定的。

“根植终端、微利经营、规模至上、服务营销”，这是云南神农农业产业集团（简称神农集团）的创建人、董事长何祖训信守的企业经营理念。“为社会造福，为农民创造价值”现已成为神农的名片。

神农集团创建于1994年，属民营企业，是一家集饲料生产、农产品贸易、良种猪繁育、生猪养殖、动物保健、生猪屠宰分割、肉食品加工和无公害猪肉联销经营为一体的大型农牧科技集团。集团总部设在昆明市，截止2008年底，集团拥有全资子公司17家，资产总额达到8.4亿元，年销售额为12亿元，年纳税额为2000万元。

神农集团自创立以来，坚持以“面向农村、服务农业、致富农民”为企业宗旨；以改变农村传统生产模式，致力发展优质、高效农牧业，用科技武装农民，造就“现代神农——知识型农民”为事业目标；以“安全、优质的食品是企业严把安全、质量关生产出来的，而是监管出来的”为社会责任；不断开拓创新，“扬神农精神，创神农天地”，集团企业连续14年又好又快发展。分别被国家9部委、云南省和昆明市评定为农业产业化重点龙头企业，全国饲料百强企业，云南饲料行业第一家通过国家质量体系认证、国家标准化认证、绿色饲料食品认证和无公害猪肉认证，中国企业信息化100强，具有“中央储备肉活禽储备基地场”资质，集团还连续多年被评为中国农业银行AAA级客户和云南省农业银行授予的AAA级企业。先后荣获国家级标准化良好行为企业、全国畜牧行业优秀企业、中国饲料行业信得过产品、中国饲料二十强、云南省著名商标（“东方红”品牌）等荣誉称号。

董事长何祖训也分别获“首届全国优秀青年乡镇企业家”、“全国三十位优秀饲料创业企业家”、“云南省十大最具影响力的企业家”、“云南省优秀民营科技企业家”、“云南省优秀中国特色社会主义建设者”等荣誉称号，并被中国人民大学农牧MBA班特聘为顾问。

励志创业不忘根

何祖训于1965年出生在陆良县马街镇海界村的一个农家。自幼深受父、母亲的言传身教和农村生活的耳濡目染，在创业成功、位居神农集团董事长兼总裁和分别当选为省人大代表、省政协委员之后，始终不忘自己的“根”，对农村、农牧业、农民一往情深。在他和集团执行副总裁何乔关的带领下，神农集团自创立时就把“根”深深扎在农村这片沃土上，农村这一广阔天地哺育了神农集团，为神农的崛起注入了活力。

采访中，何祖训对记者说：“因为贫穷我们出走了农村，但我们的父老乡亲还在农村，他们依然贫穷；不了解中国的农民，就不了解中国；没有农村的现代化，就没有中国的现代化；关注中国的农民，就是关注中国的未来”。

一语中“的”，这朴实无华但又满载深情且富于哲理的话语，让记者对眼前这位其貌不扬、出语不凡的企业家平添了几分敬意。于是，记者饶有兴趣地问道：炎帝神农氏尝百草的传说故事在中国可以说家喻户晓，那么，你为你创建的集团取名“神农”有什么含义?

何祖训解释说：“我们是炎黄子孙，神农为人类从狩猎经济走向农业经济作出重大贡献：植百蔬、种五谷，以养万民；尝百草、研医术，以救苍生；育蚕丝、制铜器，教化天下。我们之所以取名神农集团，是寓意要有开拓、创新、勤劳、奉献的精神，志在做现代神农——改变农村传统的生产模式，致力发展优质、高效农牧业，用科技武装农民，造就知识型农民”。

树有根，水有源。记者在与何祖训交流之后，又查阅了何祖训与神农集团的有关资料，对其励志创业不忘根，探根求源，作了梳理，窥一斑而见全豹。

何祖训励志创业，打造神农企业，带领神农团队“扬神农精神，创神农天地”。从宏观层面上，是个人的志向、抱负与中国改革开放的社会大环境相契合，顺应了农业、农村、农民问题关系党和国家事业发展全局的大趋势，与市场经济的大潮流相适应。从微观层面上讲，是何祖训与农业、农村、农民有割舍不断的情与穷则思变、敢为天下先的个性和人格魅力在相适应的土壤、平台的自然显露。可谓顺应时势。

在陆良农村，广为流传着这样一句话，叫做“人看从小，马看蹄爪。”在何祖训的幼年，他曾亲历过一件耐人寻味的事，迄今他仍铭记难忘：我少年时，记得有一次我和父亲一起用农用小推车推着满车货物，在乡间公路上吃力的行走着（那时候的乡间公路是坑洼不平的土路，人称晴天是“扬灰路”，雨天是“水泥路”），遇到陆良县当时唯一的一辆小吉普车与我们擦身而过。顿时，我们父子俩被车轮扬起的灰尘淹没了，尤其是我当时的身体很弱小，被淹没得连身影都看不清。但不等满天的灰尘完全散去，父亲就指着沿一路灰尘远去的吉普车对我说：“孩子，你要记住，这车并不是生来就只给什么人坐的，只要你不断努力，将来也可以坐上这样的车”。

父亲何长甲的这一席话，使何祖训随着年龄的增长，逐渐悟出了人的命运是可以通过自己不懈的努力奋斗而改变的道理。尤其是父亲为人正派、刚直不阿、敢于承担责任的男子汉气质，母亲的贤惠勤劳节俭和任劳任怨影响着他，使他养成了一种自尊、自立、自强的性格。

穷则思变。自那以后，何祖训读书更加用功。家庭经济的困难，对他的苦读成为一种动力。他在完成各门功课的同时，经常在课余时间帮助家里种地、养猪，假期到乡间的砖瓦窑做小工，挣学费并补贴家用。但这一切都不影响他的学习，从小学到初中、高中，学习成绩在班里一直名列前茅。1983年，何祖训以优异成绩考取华南农业大学5年制的畜牧兽医专业。他的志向就是要靠知识改变命运。

大学毕业后，何祖训被分配到陆良县畜牧局工作。这在当时来讲，一是专业对口；二是跳出了“农门”成为国家干部；在一切求职就业以找组织、由组织分配包办的年月，端上了“铁饭碗”，是让很多人羡慕的。

人各有志。何祖训在大学毕业后，他所想往的是寻找一个能有效发挥自己所学专业的一个大的平台，能够有一个适合于自己自主创业、自我发展的环境。虽然那时全国已经改革开放了，可当时的云南还处于对越自卫还击作战的前沿，改革开放的力度难于与沿海和内地发达地区相比较。何祖训所在的单位，除了给他安排一些日常工作外，他也只能与其他机关人员一样，每天照常规上下班，每月到时按有关部门核定的工资额领取，别无其他收入。想到父母和全家人省吃俭用供自己苦读了十年书，图的是在自己参加工作后能对全家的经济状况有所改善，但现实的收入状况并不如意。尤其是每逢星期天回家帮助父母干农活的情景，一切如往。于是何祖训曾一度陷入了深深的自责之中……

走出去，打开自己的胸襟。1991年，何祖训毅然决然辞去了公职，只身来到中国改革开发的第一个经济特区深圳，在正大康地（深圳）有限公司打工，决心下海淘金。

如今讲起他第二次离开自己的故乡，往往被调侃为“逃离”农村。对此，何祖训十分坦然，他说：“这很自然，人人都爱自己的家乡。但没有办法，因为贫穷我们走出了农村；中国农民的现状是贫穷与落后。农村生活实在是太苦了，生活条件实在太差，农民的地位实在太低，以自己的努力改善自己和家人的生活是每个人再正常不过的愿望和最起码的责任。”应该说，何祖训没有当初的自主择业决定，就没有今天的神农，也就没有何祖训今天对陆良、对云南、对中国“三农”、对城镇居民的贡献。从这个意义上讲，创业、致富不忘根，着眼于中国的“三农”，着眼于惠及人民大众，这才是所谓“根”的真谛。

事实证明，正是在正大康地（深圳）有限公司（当时中国内地唯一的外资农业企业），何祖训第一次接触到了当时国际最先进的农业技术，使他真正了解到国内传统农业水平与现代农业科技之间的巨大落差，也使他能够以敏锐的眼光看到了其中蕴藏的巨大商机。他说：“养猪，不赚钱，只为养肥一亩田的传统观念，影响着中国一代又一代的农民。农村要脱贫，必须扫盲；要发展，必须依靠科技。只有改变传统的生产模式，才能真正让农民过上好日子。”从此，在他的励志创业过程中，始终坚信，只有以食品工业加工为龙头，饲料工业为基础，种繁育为产业技术支撑，以信息化带动农业现代化等手段，才能有效增加农民收入。

为农民创造价值就是神农的大局

中国是一个具有鲜明的传统农业特色的农业大国；云南是一个农业结构十分特殊的边疆山区农业省份，从刀耕火种到传统农业、现代农业，无所不包。何祖训认为："要了解中国，必须了解中国的农民；要振兴经济，必须振兴中国的农村经济。"中国的基本国情决定，没有农民的小康，就没有中国的小康；没有农村的现代化，就没有中国的现代化。因此，自党的十一届三中全会以来，连续多年在每年下发的中共中央一号文件，都是讲农业、农村、农民问题。在纪念中国改革开放三十周年之时，中国共产党于2008年10月9日至12日在北京召开的党的十七届三中全会上，审议通过了《中共中央关于推进农村改革发展若干重大问题的决定》，《决定》指出："只有坚持把解决好农业、农村、农民问题作为全党工作重中之重，坚持农业基础地位，坚持社会主义市场经济改革方向，坚持走中国特色社会主义现代化道路，坚持保障农民物质利益和民主权利，才能不断解放和发展农村社会生产力，推动农村经济社会全面发展。"由此可见，"三农"问题关系党和国家事业发展的全局。

何祖训出生农村，了解农业、热爱农民，他以"我为我是农民而感到自豪"，更有深深的"三农"情结。他在深圳淘金期间，与其他众多打工者虽然是一样的淘金，但目的、目标却不一样，大多数打工者是为了自己和家庭摆脱贫穷，过上像城里人一样的生活。而何祖训则为做自主创业的原始资金积累和学习先进的农牧业科学技术、学习外企、外商先进管理经验，了解市场，掌握驾驭市场经济的本领。志在农村这片沃土上，为发展农牧业经济，为农民创造价值，拓展自己的新天地，实现自己的人生价值。

1994年，何祖训用自己打工积累的5万元人民币作为启动资金，再次回到生他和养育他的家乡，创办了云南省陆良县神农饲料有限公司。公司生产的第一个主产品是"东方红"牌饲料。为神农集团奠定坚实的基础。

陆良在历史上因干旱缺水被称为云南"四大穷州"之一，但坝区面积大，是云南的第一大坝子。新中国建立后，随着生产条件的改善，陆良的土地资源、气候资源等得到了有效利用，分别被国家有关部委和云南省定为粮食生产基地、生猪生产基地、桑蚕生产基地等。何祖训在陆良的创业之初，5万元的启动资金显然是杯水车薪，不仅缺资金，更重要的是缺人才、缺信息，他只能靠信誉、靠服务和产品质量拓展市场。在初创之年就使神农的"东方红"牌饲料在陆良小有名气，口碑很好。而其中难能可贵的是：在陆良的生产、经营实践中，使他更加了解了市场、了解了农村和农民。

为了实现自己的理想和目标，真正做强做大市场，壮大公司实力，1995年，何祖训的神农公司由陆良迁到昆明，以昆明为中心向全省范围拓展。这次迁动，虽然给何祖训带来了新的商机、开拓了新的市场，但也让他遇到了前所未有的竞争与挑战。

就在神农的“东方红”牌饲料走红云南市场时，有几个全国性饲料品牌的生产商家共同与云南的饲料经销商联手，用强势品牌合力打压新生的“东方红”牌饲料，大有不将其扼杀在摇篮中誓不罢休之势。面对突然而至、来势十分凶猛的打压，是迎着锋芒而上，硬顶硬碰；还是暂避其锋芒，另辟蹊径，直接关系着神农及其主产品“东方红”牌饲料的生死存亡。

市场是一张无情的网，又是一把双刃剑，商机无限但商场如战场……这一切，何祖训在正大康地（深圳）有限公司时就深有领教。在这危急关头，他处惊而不慌，在冷静思考权衡利弊后，毅然作出决定：避其锋芒，绕过中间商，直接与农户对接。提出了“根植终端，服务营销到农户”的经营策略，把中间商的获利直接补给农户，让农民获利，实现生产、经营与用户的对接，以占领和巩固、扩大市场，进而拓展营销、促进生产发展。

与此同时，何祖训还进行了深入的调查研究，从中了解到，在农民对安全、优质饲料需求的背后，是农民缺乏养猪的基本科技知识。于是，他首先对神农的营销队伍进行饲养技术培训，变饲料产品推销为技术服务，把过去的第一营销为重点转变为引导、帮助、服务农民群众科学养猪增收为重点。这一根本性的转变，既是营销方式的创新，也是经营战略的转变，成为企业战略的根本性转变，从而赢得了民心。不仅扩大了市场，而且以服务创造了价值，创造了品牌。

如今，何祖训还常说：“得民心者得市场，用服务和产品为农民创造价值，才是公司发展的根本所在。”

在神农不断发展以后，何祖训及其家人的经济状况有了根本性的好转。但他常想，一人、一家富不是真正的富。作为农民的后代，农民的生活现状他十分清楚。他常给自己的员工讲，改革开放以来，从总体上讲，农村虽然发生了翻天覆地的变化，但对广大的农村，尤其是边疆、山区和欠发达地区的广大农村来讲，贫困落后的情况并没有根本转变，李昌平给朱镕基总理的信中关于“三农”问题“农民真苦，农村真穷，农业真危险”的陈述并不是危言耸听。

因此，神农集团自从在昆明站稳脚跟以后，就始终把农民的利益放在首位考虑，在其他农资生产企业将产品销售重点更多放在市场流通环节时，神农率先提出以技术服务“为广大农民创造价值”，向全省农村派遣技术服务队，并作为经营战略长期坚持。值得何祖训欣慰的是，经过神农集团作技术培训后的农户，大多坚持采用系统科学的养殖方法，使家庭养殖业的收益大大提高，家庭经济状况有了显著改善。如今，何祖训每次到农村为农户解决生猪饲养中的难题后，农民都要对他千恩万谢，面对此情此景，何祖训一方面是为农民的乐而乐，另一方面更感到是一份沉甸甸的责任和压力。

为帮助农村千家万户脱贫致富，何祖训对神农的技术支持服务作了充实、加强和提高，被选拔的技术服务员都具有大中专以上的学历。截至2008年底，神农在云南全省范围内建立完善了农村技术服务网络，在农村作流动服务的技术服务人员长年保持在400多名，最多的时候达500多名。

神农集团规定每个技术服务员每月必须到乡村现场举办5次以上技术培训会、产品推介会，每次培训的人数不少于10人；拜访50户农家，建立5家示范户。与此同时，神农集团还出面邀请国内知名专家到农村对农户开展咨询培训，针对农民在生猪饲养中常见的病症进行指导。

尊重农民，用爱心去引导、帮助、服务农户，这是何祖训对神农技术服务队的基本要求和重要考核标准。何祖训深知，广大农民群众文化程度低，有的还是文盲，他们缺乏基本的科技知识，对新技术的理解、接受有很大的差距，因此，要用爱心、真心、感情去服务。他常讲：我们知道，猪对于一个农村家庭来说意味着什么?孩子读书指望它，青年人嫁娶指望它，家里人生病要治病也只能指望它。因此，我们只要帮助他们真正解决了一个养猪方面的技术难题，就等于帮助他们渡过了经济上的一个难关，我们就能为此很高兴，很满足，很有成就感。至于他们是否使用我们的饲料，相比之下，就不那么重要了。施恩不图报，永远都是一种美德。

神农就是靠这样的美德，获得人心，赢得市场。神农集团的职工，大多数是来自农村，他们对董事长何祖训的决策很容易产生共鸣。“为农民服务，就是为自己服务。”这是他们热忱为农民创造价值的强大动力。参加技术服务队的员工，从帮助农户修猪厩到疫病防治，做到想农民所想，急农民所急，帮农民所需。神农技术服务队，被广大农民群众看成是“我们农民自己的技术服务队。”农户由被动转为主动，积极配合神农开展技术培训，截止到2008年10月，云南各地接受神农集团培训服务的农户超过了200多万人次。

何祖训说：“金杯银杯，不如老百姓的口碑。”神农正是凭着这样的真诚服务，在云南省内广大农村市场赢得了很高的声誉，巩固、扩大了市场。曾一度被拉走的饲料中间商、批发商也从中看到了神农的未来前景，又纷纷主动把神农饲料请回了市场。从此，神农饲料就成为云南本土市场上的一大品牌，并超越了正大饲料。神农下属公司生产的“东方红”牌饲料，被认定为“云南省著名商标”。

何祖训在为民服务的实践中深刻体会到：“一个人不管走到什么地方，都不能缺少了善心与爱心，更不能缺少了责任感。”10多年来，神农集团发展的每一步都没有离开过农村和农民，农村、农民的信任、支持，使神农如鱼得水，如虎添翼。

10多年来，神农集团发生了翻天覆地的变化，但有一点始终没有变，就是心连“三农”、情系百姓没有变。

2006年下半年，当云南市场毛猪价格收购暴跌到6元／公斤时，神农集团依然坚持履行合同承诺，以7.3元／公斤的合同保护价予以收购，维护农民利益；2007年6、7月份，当云南市场毛猪价格飚升到13元／公斤时，神农集团放弃了以7.3元／公斤合同保护价收购农民生猪的要求，让利于农民，仅此两项，神农集团的利润损失就达1亿元以上。2008年上半年，在中国南方遭受冷冻冰雪大灾之后，全国城镇市场猪肉价格大幅上升，昆明市场也受到影响，神农集团投入100多万元，为低保家庭提供9折优惠价的猪肉，让低保家庭在大灾之年仍能吃上猪肉。当记者问到此举时，何祖训说，我们之所以这样做，不仅因为广大农民朋友是神农的衣食父母，更直接的原因是，包括他本人在内，神农集团很多员工来自农村，深深了解农民的疾苦。

为农民创造价值就是神农的大局，凝聚着神农对农民深深的情、对百姓的爱，也是神农的财之源、业之根。截止2008年底，神农集团拥有直属及合作养殖万头猪场27个；采用“公司+基地+农户+标准”的产业模式，在云南省范围内发展合作养殖基地80多个；参加合作养殖的规模养殖户100多户。每户年均生猪出栏数为1000头到1万头之间，平均出栏肉鸡10万只左右。

食品工业道德观：只有标准的才是健康的

在神农集团总部的大厅里，“东方红”牌饲料的著名商标十分醒目，而更引人注目的标牌是：“以最具竞争力的成本，大规模地生产健康、安全和高质量的畜禽饲料及猪肉产品。”这既是对企业行为的自我规范，也是对社会的承诺。“民以食为天，食以安为先”，这在现代科技越来越发达，人们对健康越来越关心，但对食品安全却越来越担心的年代，如何理解食品工业是道德工业，我们从神农集团如何坚持“标准的才是健康的”，在“从土地到餐桌”全程质量标准控制的历程中，也许能得到有益的启示。

何祖训身为神农集团的董事长兼总裁，但他却口气坚决地说：“我不是商人，我是农民的儿子!”“企业要盈利，但不能图利忘义，要牢记诚信为本”。

“我不是商人，我是农民的儿子”这是何祖训这位当代民营企业家对自己的定位。由此，我们就不难理解，把食品工业视为道德工业，只有“标准的才是健康的”，这是对“君子爱财，取之有道”的最好诠释。人无德何以为人，企业无德何以发展?何祖训与神农，是对世俗的“无商不奸”、“无奸不商”的彻底颠覆，才奇迹般地创造了“现代神农”。

神农集团坚持以“公司+基地+农户+标准”的产业模式，旨在把“小农户经济标准化”建设作为农牧业现代化的核心。以高技术改造提升传统产业模式，促使千家万户标准化建设，导入全球化市场经济，探索和建立发展中国家农牧业发展模式，实现以食品加工业为龙头，饲料工业为基础，种繁育为产业技术支撑，以信息化带动产业，促进农业现代化等手段，增加农民收入，有效地解决“三农问题”，于是，他们从神农集团的产业链结构的实际出发，抓标准化，首先从饲料产品抓起。

早在1998年，当信息网络系统在中国还鲜为人知的时候，神农集团就以2000万元资金启动了集团信息网络建设，在云南省的农业龙头企业中，率先把信息化管理引入畜牧业生产管理中。神农集团还先后引进了FOSS近红外谷物分析仪、原子光谱分析仪、Brill饲料配方软件及美国产后喷涂设备等大量国际先进技术设备，实现饲料产品的标准化。

何祖训认为：“任何企业都重视产品质量，但作为一个规模化生产经营的现代企业，不依靠程序、方法、制度对日常生产中每一个生产环节进行标准化控制，质量管理就是一句空话。”因此，神农集团把程序、制度化等质量标准化管理体系的建设作为质量管理的重点，从最初的饲料质量管理开始，何祖训就在集团员工中提出，神农的质量观核心是："我们重视质量，更重视质量保证的方法、程序；我们重视产品质量，更重视人的质量。"按照："标准的才是健康的"企业生产经营理念，神农集团先后通过国家饲料食品安全管理体系HACCP认证和IS09001：2000国际质量管理体系认证，饲料产品获得绿色饲料食品认证，兽药生产线通过农业部兽药GMP认证，"大本"牌肉食品获得农产品无公害认证，具有"中央储备肉活畜储备基地场"资质。

质量的竞争是人才的竞争，何祖训常说："家有万贯，不如门前有条硬汉，财富是暂时的，只有人才是永远的。"神农集团十分重视人才的发掘培养，提出了以全球化的开放胸襟，在全球范围内不惜代价地挖掘、储备、培训、应用人才。坚持以企业良好的事业基础、优厚的待遇、真挚的情感以及和谐的企业文化吸纳人才、留住人才，并且逐步建立、健全和完善人才培训机制、激励机制，使员工在各自的岗位凭借着神农这个大平台得到很好提升与发挥，从而全面提升了神农集团的整体科技水平。

目前，在神农集团技术岗位担任要职的人员，除有美国、韩国、中国台湾的4名饲料、生猪饲养行业的世界级知名专家外，还有一大批国内业界的知名专家。

在集团的1200多名职工中，有博士4名、硕士9名、教授5名、大中专毕业生800多名。

同时，神农集团还与美国大豆协会、加拿大农业开发署、中国工程院等国内外著名科研机构、行业协会、企业保持着长期的交流协作关系，使神农与世界同行业先进水平保持同步，与时俱进。

通过以上措施，神农集团的科研自主研发能力和科技应用水平得到了有效提升，大大缩短了将高科技转化为产品的周期，提高了神农产品的科技含量。神农集团的《液体酶制剂复合技术和后喷涂工艺技术在畜禽饲料中的应用研究及其产业化》、《饲料生产企业HACCP体系的构建研究及其产业化应用》等科研项目多次获奖，并且投入了生产，取得了很好的效益。

神农集团质量标准化管理体系的建设，重在培养神农员工规范化操作的质量意识。何祖训认为"产品质量就是人的质量"，其内涵包括对员工职业道德、个人修养等方面的要求。神农十分重视对员工的职业道德教育，注重打造企业文化，采用各种行之有效的措施，全面提高员工的整体职业道德素养，提升企业的良好社会形象。同时，何祖训还以神农集团为基地，全面带动云南饲料产业和畜牧业整体水平的提升，到2008年，云南饲料行业及生猪养殖行业的许多行业领军人物，都曾在神农集团供职或接受过培训，使神农精神得到有效发扬。

食以安为先。改革开放以来，随着经济的快速发展，国民的生活水平不断改善和提高，人们对食品安全问题的关注程度越来越高，为让国民"吃得放心，吃出健康"，神农集团实行"从土地到餐桌"全程质量标准控制。

为做好全程质量标准控制，何祖训带领神农的科技人员深入农村作调查研究，从中发现以小规模生产为主体的中国传统农业科技水平低下，缺乏科学的产品质量标准体系（从生产规模到产品品质标准），造成了生产效率低下，产品品质参差不齐，安全性能较低。其后果，一是消费者不放心，二是生产经营企业受损，三是广大农民是传统农业生产模式的最直接的受害者。

前两个后果容易理解，而第三个后果却使采访者一时不明白。何祖训介绍说，神农集团经过10年的调查统计，云南全省共饲养生猪2500万头，由于采用传统饲养方式，每头猪每年仅浪费饲料费用一项为100元，共计浪费25亿元；同样的原因，云南全省共饲养母猪200万头，由于母猪的生产性能不能发挥，每头母猪每年约浪费饲料750元，共计浪费15亿元，两项相加，一年的浪费就高达40亿元。不仅加重了农民的经济负担，而且对生态资源造成了极大的破坏和浪费。

介绍至此，何祖训感慨地说："这样的浪费太可怕了，简直是触目惊心！特别是在云南迪庆州等地方，由于传统畜牧业的低效，30亩草场才能养活一个人，导致了生态恶化和农牧民贫困，中国传统农牧业是到了必须彻底改变生产模式的时候了！"他认为，要彻底改变云南畜牧业的传统生产模式，仅靠某一种新技术还不能实现，必须从更高层面想办法加速实行革命性改造，使之适应现代畜牧业优质高效发展的方向。

标准化生产是现代农牧业发展的必然趋势。神农集团在参考、借鉴发达国家畜产品生产综合安全标准及国家标准的基础上，结合云南实际制定了覆盖神农无公害生猪产业链中生产、质量管理的企业生产标准。决心以神农集团的资金、技术实力为支撑，充分发挥神农这个品牌在云南的影响力，以缜密、科学的质量标准体系带动云南全省生猪饲养产业对传统生产模式的改造，使云南的生猪产业向优质、高效的标准化、专业化、工业化、规模化方向发展。

2002年，神农集团正式启动了以缜密、科学的质量标准体系建设工程，在云南全省范围内构建覆盖生猪育种，饲料种植加工、饲养、屠宰、销售等环节无公害生猪产业链。同年引进了美国PIC种猪。

2004年7月，在云南全省范围内正式启动30个生猪饲养基地县、50万头猪的现代养殖场计划。之后，神农又启动了标准化管理无公害饲料基地建设、市场网络建设。投资额达2.3亿元的神农现代化屠宰场建设，加上已建立的现代化饲料生产线，神农集团的无公害生猪产业链在云南高原初具规模。

神龙集团的无公害生猪产业链的最大特点，是以产业标准促进产业的升级改造、发展。从种猪场建设到商品猪场选址，从种猪和商品猪的饲养管理到饲料原料种植、饲料生产、加工、使用，从屠宰场选址到现代化屠宰加工设备的引进，屠宰分割、食品加工以及销售网络的设立，每一道环节，都严格参照国际标准、规范执行。整个无公害绿色猪肉产品的生产流程都以相关国际生产标准为依据。

随着信息化的快速发展，神农集团在无公害生猪产业链中全面引入了计算机信息系统管理，建立了覆盖生产各环节的产品生产信息数据库。在此基础上，建立了产品可追溯源制度，以确保生产产品的安全性。同时，采用标准化管理的市场网络系统，全面实现了优质、高效的畜产品生产与高标准质量要求的消费市场相对接，有效实行信息交流与监管。

2006年4月，在神农集团无公害生猪生产标准基础上，由神农集团等单位（部门）共同编制的云南省《无公害畜产品——生猪养殖系列标准》，通过了云南省质量监督管理局标准审定委员会的审定。之后，神农集团又成为云南省首家通过该标准的生猪饲养企业。

严格质量标准体系控制下的标准化生产，大大提升了神农无公害猪肉的品质与价值，无公害猪肉产业链有效带动了云南全省各地几十万农户增收。神农集团已经成为西南最大的无公害生猪养殖企业。

在谈到神农集团下一步的发展时，何祖训说，畜产品的供给状况是一个国家和民族消费水平、营养水平的重要标志，畜牧业的发达程度是衡量一个国家农业发展水平和发达程度的重要内容。小农户是未来中国农业发展的最大障碍，农业企业化是农业发展的必由之路。在未来的发展中，神农将在继续完善无公害生猪产业链的基础上，与政府相关部门密切合作，建设10个养殖小区，把神农无公害肉食品产业链延伸到鸡、鸭等家禽饲养领域，通过标准化生产、市场化运作，竭力打造神农无公害肉食品大品牌，严格按照“标准的才是健康的”理念，全面营造食品工业“五大标准体系”和“十大健康承诺”，让优质、高标准的神农无公害肉食品走出云南、走出国门，造福人类。

心连“三农”，情系百姓，以德立业，反哺社会，是何祖训和他创建的神农集团的成功之道。

人生奋进无终点 源水长流润无声

——记云南CY集团建筑工程有限公司董事长袁和荣

袁和荣，1966年出生，高级工程师，国家一级注册建造师，1981年从事建筑业，在他的带领下，一个名不见经传的施工队一路走来，逐步成长为昆明地区知名的国家一级建筑施工企业，并具有地产、化工、建筑机械制造等子公司。

“修身、齐家、治国、平天下”，当人们看到这四句话九个字时，往往想到的是政治家。几乎所有的政治家在从政路上准备做一番大事业时，心中都怀揣着这个理念。其实不然，在社会多元化经济十分发达的今天，不少远见卓识的企业界人士，在管理企业、打造品牌、狠抓机遇，迎接挑战，奋力拼搏，做大做强自己的实业时，又何尝不是坚持这四句话九个字的理念呢！袁和荣就是这样的一位企业家。袁和荣多年来经营企业所坚持的理念就是修身、齐家、治国、平天下，这四句话九个字在袁和荣看来“修身”是CY建司的内功，是企业产品品质，是产品不断创新的完善；“齐家”是团队打造，是团队的执行力、凝聚力与创造力的形成与提升；“治国”是治理机制的完善，是制度体系的建立，是品牌的形成；“平天下”是CY建司的外扬，是品牌的快速复制，是管理与技术的融合与创新，是企业文化的形成与传播。

而在袁和荣的创业路上，他正是这样一路走来。他所创建的企业，从小到大、由弱到强、从传统走向现代，从当初的十几个人发展到几十人、几百人、上千人。1993年5月，云南CY集团建筑工程有限公司正式成立。2003年5月，公司完成改制。经过10多年的艰苦创业，拼搏奋斗，公司现已发展成为拥有注册资金5000万元，机械设备先进，技术力量雄厚，竞争力较强，具有较大规模，较高知名度和信誉度的国家一级建筑施工总承包企业。

2006年，公司一举夺得云南省建筑业百强企业第十八强称号。

白手起家创基业

“我出生在滇东北的沃土上，童年时代有一个梦想：我要越过一座座山峦，寻找一个神话般的乐园；青年时代我有一个幻想，我要把那神话般的乐园带回滇东北的沃土中，让这里的人们过着无忧无虑的田园牧歌式的生活；我最大的理想是，让生我养我的这片沃土不再失望，让育我教我的乡亲不再有沉重的叹息，我要报答哺育我成长的民族和人民。”这是袁和荣的理想和追求，从这里我们可以追寻到他的人生轨迹。

地处滇东北的陆良县三岔河，是一个经济和交通较为落后的乡镇，年仅15岁的袁和荣带着幻想离开了生育养育他的家乡，踏上打工寻求创业的艰辛道路，他边打工边学习建筑技术和施工管理。能吃苦，善学习、勤钻研的他很快与建筑结下了不解之缘，把青春和理想寄托给了建筑这个行业。他凭着勤奋努力和对建筑业的热爱，1982年成为陆良县建筑公司最年轻的工长；1983年成为陆良县建筑公司三队施工员；1985年成为陆良县建筑公司十二处处长；1990年6月便成为陆良县建筑公司副经理。3年后，云南CY集团建筑经营工程公司成立。袁和荣出任总经理，10年的磨砺，让他得到极大锻炼和提高，他为了实现自己的人生价值，带着理想和追求，开始了自己的创业征程。10年后，公司改制成立云南CY集团建筑工程有限公司，袁和荣任董事长，袁文周任总经理，两袁各扬其长，互补其短，相辅相成，共谋发展，硬是打拼出一个响当当的国家一级资质建筑名牌企业（袁文周见其专文简介），再次进行二次创业。

公司通过对企业资本结构的转变，按照“产权清晰、权责明确、政企分开、管理科学”的原则，对公司进行了改革、改组和改造，完善法人治理结构，逐步建立完善了先进科学的现代企业制度，从机制、体制上彻底改变了原来的企业形态，通过转变管理模式，转变经营手段，形成严格细致的管理体系和灵活多变的经营体系，不断提升员工的综合素质，公司的整体素质得到极大地提高。

长风破浪树品牌

“不做则已，要做就要做最好”。上世纪90年代以来，市场竞争进入品牌化时代。诞生于这一时代大潮中的集团建筑公司紧扣时代脉搏，确立了走品牌之路的发展战略。袁和荣认为：企业的竞争就是市场的竞争，市场的竞争就是质量的竞争，质量竞争的最高形式就是品牌的竞争。只有创立自己的品牌，才能永远立于不败之地。

建筑企业的质量就是塑造精品工程，构筑高品质的生活空间。在实施“质量品牌战略”中，袁和荣首先在公司建立了质量安全体系，坚持IS09000体系的贯标管理，全面推行质量安全管理。以一套系统的组织技术和管理方法，对工程质量进行严格科学的控制。公司坚持奉行“质量第一，信誉至上，一切为了用户，一切为用户服务”的宗旨，制订了“四优促一优”的施工思路，使企业质量管理稳步前进，工程质量水平逐年提高。袁和荣提出的保证工程质量的做法是：首先建立质量管理体系。公司建立了以经理为首的三级（质检员、项目部、质检科）质量管理保证体系，达到机构健全、人员落实、运转高效的要求。其次，制定了完善的质量管理制度。先后制定出台了“工程质量管理制度”、“工程质量管理实施细则”、“质量管理奖惩规定”等一系列配套措施，对质量管理的指导方针、质量责任、管理程序都做出明确规定，使质量管理走向制度化、规范化、科学化。第三，实施质量目标管理。在每年年初制定出当年的质量管理目标计划，把质量管理目标层层分解，层层签订“质量目标责任书”，把质量责任、目标落到实处，并定期考核。第四，严格质量检查、监督，确保工程质量。公司本着谁施工谁负责、谁检查谁负责、谁签字谁负责的要求，各个项目经理部和工程处认真履行自己的职责。

“人以诚为本，业以信为根”，现在的市场经济已进入信用经济时代。袁和荣认为，“保证建设单位的利益，就是保证公司自己的利益”、“保证合作单位的竞争优势，就是在保证公司自己的竞争优势”。这种观点在CY集团建筑公司已经成为干部员工的一种共识，正是这种坦率的“诚信文化”，使得公司在与其他单位合作中屡创奇迹，从而实现了跨越式的发展。近10年来，公司的履约率一直在100%，连续6年获得昆明市“重合同，守信用”企业和“质量管理先进企业”称号。2002年以来，有80%以上的建设工程获得“省优、市优”称号。

与时俱进创辉煌

袁和荣把“打造知名品牌、树立CY形象”、“不断否定自己、永远追求卓越”、“没有最好、只有更好”等质量新理念贯穿于工作中，形成全公司上下推崇的质量文化。CY集团建筑公司靠诚信铺就了企业的发展之路，靠质量树立了品牌，靠一流员工队伍拓展了市场。但袁和荣并没有满足公司10余年来取得的成绩，面对日益激烈的市场竞争，他显得更加的沉着冷静。在不断完善现代企业制度的同时，他以敏锐的洞察力密切关注着市场的变化。考虑着怎样使企业提升综合实力，提升抗风险能力，实现又好又快的发展。经过审时度势，他认为以CY集团建筑公司的经营结构，要想在竞争相当激烈的建筑市场进一步做大做强难度是相当大的。于是他又高瞻远瞩地提出了“必须进一步坚持原有市场结构，大力拓展新的施工领域，以工程总承包为龙头、资本经营为依托，做大建筑业，做强新兴产业，坚持多元化，增强抗风险能力，确保稳步发展”的经营方针。

袁和荣认为，企业要生存要发展，需要高质量的管理水平作为其支撑点，这样，企业才会有长久的生命力。要在竞争中不断加快发展步伐，就必须加大改革力度，不断提升企业竞争力。以创一流企业为目标，为社会提供高质量的建筑工程，把企业发展的目标放到时代发展的大环境中去思考、去实践，站在时代的制高点，提出未来发展的战略目标。转变观念，统一思想，提高认识，不断深化企业改革，实现管理创新，使公司在发展中不断壮大。

这当中，作为公司的中坚力量——干部队伍的建设和作用就显得尤为重要，他提出，要按照干部三原则来考核干部队伍：一是打铁必须本身硬；二是树立“求新、求变、求严、求细、求实、求快”的工作作风；三是责、权、利统一。要求干部必须全身心投入到工作中，开创性地开展工作，勇于开拓市场。

人才是基础，员工队伍是保证，这是公司发展过程中的重要基础。为了提高员工的整体素质，他在企业中始终坚持“以人为本”，大力提倡和支持员工进一步深造，积极输送有能力、有潜力的员工参加各种专业技能培训，努力提高员工的专业水平。为此，企业每年都要支出20余万元的教育培训费用。有人问袁和荣：“你花那么多钱给员工深造，如果他们跳槽了，不就等于在替别人培训吗?”对此，袁和荣显得极有自信，他说：“员工的素质直接决定着企业的成败，这方面的投入是绝不能计较的。只要我们真心为员工创造一个发挥才干的好环境，相信他们是不会轻易离开CY建筑公司的!”

处事讲公平，这是袁和荣的又一作风。他非常重视在企业营造公平公正的竞争环境，“能者上、平者让、庸者下”的用人机制在CY建筑公司得到大力弘扬，只要是真正的人才，哪怕资历再浅，照样能得到重用。同时，他还十分注重人才的引进，每年都有一批各类专业技术人才充实到公司的各个岗位上。不拘一格的用人方式让员工们感到特别有干劲，特别有奔头。企业的凝集力、向心力不断增强。

用文化打造百年品牌

经过10余年的打拼，CY建司成为昆明市建筑行业中竞争力较强的企业之一。面对日趋激烈的市场竞争，意气风发踌躇满志的袁和荣提出了“创国家一级建筑施工企业”计划，不断完善企业运行机制，树立CY品牌，打造CY品牌，提升CY品牌，用CY品牌进行延伸、加快发展，从而提升竞争实力。

有了计划，步伐自然稳健。事业做得越大，瓶颈就会越多，从人才到资金到观念到管理模式，都要一步步去突破超越，看得见的是成功时的辉煌，看不见的是每一次蜕变时的伤痛。其实在很多项目的建设中，袁和荣都是交过学费的，只是一次次克服困难的过程都会给他带来十足的成就感。10余年在建筑市场的拼搏，面对压力，袁和荣已经应付得游刃有余，他说：“就像人的肩膀一样，在承受重力之后，脱了皮，流了血，结了疤，才能变得结实，之后就不会再害怕重压了。”

在不断超越自我的过程中，袁和荣总结出自己的经验：文化和创新，是建筑企业常胜的法宝。袁和荣说：“经营理念中文化和创新是非常重要的。内功练足了，文化与创新得到完美结合，企业也才有长久的生命力。能从一个小小建筑施工队到年产值突破5个亿，这都是不断创新的过程，只有创新才能不断地给用户新鲜感，市场也才有持久的活力和热情。”

“达则兼济天下”。历经10余年的艰苦奋斗和不懈努力，CY建筑公司发展壮大了，作为公司创始人、经营者和董事长，身为共产党员和一名成功企业家的袁和荣常说：“企业要饮水思源，力所能及地承担起反哺农村、回报社会的道义与责任。”他心里十分清楚，企业有今天，离不开党的好政策，更离不开社会各界和广大人民群众的关心和支持，他是这样说的，也是这样做的。他和企业为新农村建设、教育事业，为贫困村、贫困学生、慈善机构、敬老院、抗击非典、禁毒活动无偿捐款捐物。他表示：“为教育事业捐款捐助将长期坚持下去，只要CY建筑公司生存一天，助教活动就不会间断。”这句发自心灵深处的爱心话语，包含了他对回报社会的无限深情。

“雄关漫道真如铁，而今迈步从头越”。面对未来的发展道路，袁和荣深情地说：“在党的十七大报告中，科学发展观的内涵和外延进一步得到升华。科学发展观，第一要义是发展，核心是以人为本，基本要求是全面协调可持续，根本方法是统筹兼顾。给CY集团建筑公司今后的发展道路指明了方向，我们将全面深入学习贯彻十七大精神，实施品牌战略，以人才战略为基础，以质量品牌战略为核心，坚持走多元化道路，实现企业又好又快的发展。”

袁文周工作简介

（云南CY集团建筑工程有限公司总经理）

袁文周，1970年出生于陆良，1988年投身建筑行业奋斗创业，1998年加入民进党，大学本科学历，高级会计师职称，现任云南CY集团建筑工程公司总经理职务，在董事长袁和荣的统一领导下，为创建云南建筑行业百强企业第18强的云南CY集团建筑工程中国名牌企业作出了应有的贡献。袁文周是一个有开拓精神和务实创新的企业领导，他参与创建和领导的云南CY集团建筑工程有限公司成立于1993年5月，凭着胆识、苦劲、根据当时的市场需求，经过10余年的艰苦创业，现已发展成为注册资金5000万元、机械设备先进、技术力量雄厚、竞争力强的国家一级房屋建筑施工总承包企业（市政公用工程施工总承包二级；地基与基础工程专业承包二级；建筑装修装饰工程专业承包二级；混凝土预制构件专业承包二级；钢结构工程专业承包二级；起重设备安装工程专业承包三级企业），于2001年取得了ISO9001：2000版质量体系认证。他一直认真贯彻落实党和国家的方针、政策、法律、法规。在社会主义市场经济条件下，2003年与各公司领导成功地完成了公司的改制，并于2006年被评为云南省建筑业百强企业第18强。

在董事长袁和荣和作为总经理的他领导下，公司连续6年获得昆明市“重合同，守信用”和“先进劳动就业服务企业”的称号。近几年建设的工程80%以上获得“优良工程称号”。公司坚持质量第一，优质服务的原则，严守信誉，服务社会各界。公司现有员工960人，年产值5亿元；拥有大中小型施工机械设备700余台；有各类工程技术人员387人，其中，高级工师15人，工程师67人，助理工程师115人，技术员190人，经济类22人，各类管理人员182人。组织机构设基础分公司1个，分公司5个，土建工程处6个，水电设备安装处3个，以及有房地产建筑机械制造化工铝合金门窗厂等经济实体。

他倡导的“四优促一优”的施工思路，即：“以优秀的施工方案、优秀的管理班子、优秀的施工队伍、优质的施工材料，创造优良的工程”，成为企业开拓市场，赢得用户，获得效益的法宝之一。为不断创新完善“四优促一优”的施工思路，树立人人都是管理者的观念，强化科学管理，坚持职能管理现场化，现场管理科学化。以资本运营为中心，以人为本，全面做好企业管理的各项工作，全面提高企业管理水平。通过多年的探索，逐步建立起5个方面的管理体系，即：建立以激励机制为核心的现代化人力资源管理体系；以约束机制为核心的现代化监督保障管理体系；以发展机制为核心的现代化技术管理体系：以市场取向机制为核心的现代化市场营销管理体系；以决策机制为核心的现代化决策管理体系。并将IS09001：2000质量管理体系的理念融合到这5个方面的管理体系中，充分发挥其核心内容，进一步提升公司在市场竞争中的整体实力和核心竞争力。积极贯彻落实国家关于“安全第一，预防为主”的方针，牢固树立“安全责任重于泰山”的思想，树立团队精神，构建人才体系，促进企业良性健康发展。强调激励机制，实行竞争上岗，提高公司管理人员的经营管理水平，培养造就一批有创新能力的高层次优秀管理人才，建立起一支懂管理、懂施工、懂技术的复合型人才队伍。

他始终坚持“百年大计，质量第一”的永恒信条，突出建筑企业的特点，把“建一项工程，树一座丰碑，交一方朋友，拓一片市场”的经营思路贯穿于生产经营之中，从抓管理入手，制定了适合企业生产经营的管理方法，出台了《项目经理管理办法》、《项目质量管理体系》、《项目安全管理办法与安全生产职责》等一系列管理制度，并把这些制度贯彻落实到每一个责任人的头上，建立起了从上到下的压力传导机制，调动广大员工的积极性，促进了企业生产经营的开展。

面对竞争日趋激烈的建筑市场，提升企业的竞争力，通过企业资本结构的转变，按照“产权清晰、权责明确、政企分开、管理科学”的要求对公司进行改革、改组和改造。建立现代企业制度，从机制、体制上改变原来的企业形态，转换经营机制，建立规范的公司体制，使企业构筑起新的发展平台，有效推动了企业的持续发展。

进入21世纪，袁文周管理下的公司不断探索生存发展道路，建立适合公司发展和运作的经营理念，坚持不懈地抓好质量工作，制定有效的发展战略，精化管理环节。在制度创新，管理创新上下功夫，强调质量意识、市场意识、用户意识、名牌意识、服务意识、竞争意识和团结协作意识。坚持“经营规模化、产业多元化、管理规范化”，建立质量管理体系，确保工程质量，为顾客提供优质服务，真诚地为社会各界服务。1999~2005年多年来被昆明市建设局、昆明建筑业联合会评为“质量管理优秀企业”、“先进企业”称号；2005年被评为云南省建筑业百强企业第18强称号。袁文周本人也获以下称号：1997、1998年被评为昆明市电子工业局劳动服务企业先进工作者；2000年至2002年被评为省级质量先进经理称号；2000年被评为昆明市电子工业局“95”期间先进工作者；2003年被评为民建中央抗击“非典”全国先进会员；2004年被昆明市建设局评为“优秀企业家”。2007年10月被昆明市盘龙区人民政府评为“优秀企业家”。2007年8月被评为昆明市第二届优秀中国特色社会主义事业建设者。2008年3月被昆明市建设局评为“优秀企业家”。

树高千尺不忘根

——记云南博林公司董事长袁自桥

眺望广阔无际的陆良坝子，近看三岔河镇万亩荷塘，一幅田园美景，让人心旷神怡。一方水土养育一方人，一方人闯出了一片天，创造出一个个辉煌。在陆良众多建筑起家的成功人士中，走来了一位跨越小富居安，有着浓浓爨乡情、拳拳报效心的赤子，一位率先、大胆、实践城乡一体化建设的实干家，一位心系家乡为爨乡繁荣作贡献的企业家；他就是陆良县政协七届常委袁自桥。

记忆中的“苦”和“严”

袁自桥出生于1967年4月20日，兄妹五人中排行老大。父亲是三岔河镇大马路办事处的书记、老党员，老骥伏枥，长年工作在基层，整天忙出忙进，工作井井有条，使该村成为远近闻名的富裕小康村。母亲慈祥和蔼，勤俭吃苦，支撑着家里的一切农活和家务。从小自桥就懂事，他会干农活，会关心兄妹，会为母亲干农活和分担家务。从父亲身上他学会了严于律己，勇于担责的精神，从母亲身上学会了吃苦在先，勤俭节约的良好习惯。

童年的袁自桥比同龄的孩子多了一个“苦”和“严”的熏陶和自悟。带着这个“苦”和“严”，18岁的袁自桥走上了昆明的建筑工地，就与建筑行业结下了不解之缘，开始了他人生的旅程。

梅花香自苦寒来

袁自桥于1986年在省建六公司参加工作至1990年，从最基层的施工技术员做起，勤学上进、不耻下问，历任工长、生产部长，这为他后来的艰苦创业夯下了坚实的基础。至今还会听到他的同事们“忆苦思甜”，说他当初在昆明都是靠走路、骑自行车来往穿梭于各工地……其中滋味恐怕只有吃过苦的人才能体会到。

1990年至1994年，袁自桥在陆良建筑工程公司第三工程处任处长，年纪轻轻就勇挑重担，其工作作风及业绩成为同龄人中的佼佼者，也得到了同行们的赞许和认可。

1994年至今，袁自桥在云南省东方建筑工程公司工作，任公司副总经理及第五工程处处长，独具慧眼的他已敏锐地预感到未来的建筑行业的竞争将是人才的竞争，于是毫不犹豫地报了武汉理工大学经济管理专业，并顺利结业。在实际工作当中，他学以致用，将自己的聪明才智在商品经济的大潮中发挥得淋漓尽致。

涓涓细流，汇流成河。当袁自桥还在陆良建筑公司时，就已经开始组建自己的队伍，承包小型建筑工程，工程造价由几千元到几万元，再到几十万元。没有资金，他就省吃俭用，跑银行贷款，正是凭着他那股坚韧不拔、永不服输、敢为人先的精神，他一路走来，一路拼搏，短短的几年在昆明先后完成了省红会医院、省残联、省档案馆、技术监督局、波罗村综合大楼、四季花语、理想小镇、羊肠新村、北辰大道等精品工程。东方公司五工程处也成长为东方建筑公司最具实力、最有战斗力的一支队伍。

厚积薄发，袁自桥一步一个脚印，在完成了人生宝贵财富的积累以后，于2004年独自成立了云南博林建筑工程有限公司，从此也掀开了博林公司的发展历史，续写着他个人发展的辉煌篇章。他在昆明成立公司基地，使员工们远在异乡却有了一个温暖的家，有了一个施展人生才华的平台，他平易近人、广交朋友，为他赢得了无限商机；他决策果断、行事稳健，使得博林公司稳步发展。

富不忘家、富不忘根

云南博林建筑工程有限公司经过20多年的成长和历练，业务范围不断扩大，从起初的建筑施工行业起，发展到设备租赁、房地产开发、水电站开发及酒店管理等。

2005年，由他控股的云南迪庆香格里拉华瑞电力公司成立；仕旺电站开工建设；2006年云南博升房地产开发有限公司成立；为云南博林建筑工程有限公司开辟了新的发展领域。

2005年，陆良县拟建爨乡文化商业街。袁自桥义不容辞率领云南博林建筑工程有限公司全体员工承建了爨乡文化商业街的工程。他说：“二十多年前，我们离乡创业，二十多年后，我们回乡发展立业，我们能把昆明城市建设好，同样也能把陆良的县城建设得更好”。

围绕爨乡文化商业街的开发和建设，袁自桥千方百计协调各方关系，克服重重困难，亲自抓设计，精心组织施工队伍，科学合理安排工程进度，从严把好工程质量关，组织专人专管专责。抓管理、抓落实，圆满完成了陆良县政府爨乡文化商业街的建设工作。

2006年陆良爨乡文化商业街建成，受到了陆良县各界人士的好评。

为了提升爨乡文化商业街的服务功能，引领商业街的人气和满足商业街可持续发展的要求，经过陆良酒店服务行业的市场调研分析，2007年袁自桥作出了重大的决策，把企业多年的积累一次性的投向了爨乡，投资了圣邦大酒店。

树高千尺不忘根，爨乡浓情圆圣邦。今天，走进陆良、走进爨乡，圣邦大酒店成为了您商务、旅游下榻的最佳酒店。

在陆良县袁自桥回乡投资作贡献的事迹家喻户晓，妇幼皆知，百姓爱他，称赞他。

我们相信，越来越多的爨乡赤子将给陆良带来更多的繁荣和兴旺。

更上一层楼

睿智的袁自桥才四十出头，正是大有可为的时候。他时常跟员工们讲：一个人的责任有多大，他的舞台就有多大。员工们跟着他干劲十足，他在描绘着博林公司的宏伟蓝图。尽快完成资质升级，接手高层建筑工程；敢于参与房地产市场竞争及参与旧城改造项目；加大水电电力开发项目；圣邦大酒店一定要办成当地一流水平的酒店；使有限公司向集团公司迈进。

是什么使得一个年轻人能够有如此远大抱负？除了他勤奋敬业、胆识过人以外，恐怕更多的则是他那颗知恩图报、富了小家不忘大家的拳拳赤子心。

袁自桥，他是当代青年学习的楷模，他是爨乡大地的骄傲。

大地之子

——记云南大地石业集团公司董事长郭学良

当你游览昆明世博园时，给你留下美好印象的不仅是奇花异木，还有宽敞平整，用青石板铺设的世博大道；如果你沿着翠湖公园漫步，或者说你和你的朋友手扶着翠湖公园周围的石栏杆悄悄细语，你一定会感到那些错落有致、精雕细刻的石栏杆会为你拓展许许多多遐想的空间，也会为朋友的约会增添不少情趣；如果你和你的家人在昆明的金马碧鸡坊照相留念时你会发现漂亮的不仅仅是牌坊，还有那平整美观的石地板，你会情不自禁地请摄影师向后退并打开广角镜，一定要把美丽的广场和蓝天下的牌坊一并摄入照片中，才能让人感觉到天地人三位一体的和谐氛围。总之，凡是昆明市需要展示亮点的地方，都有漂亮的石材作装饰：神秘的震庄国宾馆是用石栏杆与外界相连，车水马龙每日通行六千多辆车次的金碧大道也是坚硬石板材铺设的，万人相聚、载歌载舞的东风广场铺设的也是漂亮的青石板……这一切质地坚硬、技艺精湛、铺设平整、经久耐用和美观大方的青石板材都来自于一个著名的公司：云南大地石业集团公司；那些精湛的技艺、美观的设计和巧夺天工的构思都出自一个人的智慧的头脑和一双勤劳的巧手，他就是云南大地石业集团公司董事长郭学良。

大地母亲哺育了郭学良，郭学良又用自己的聪明才智美化了大地母亲。郭学良带领着大地公司的员工们，凭着人的勤奋和“神”的力量，把产自于陆良大地的普普通通的石头精雕细刻打造成了驰名的石材品牌：使大地石材从五百罗汉雄踞的佛教圣地筇竹寺铺到了遐迩闻名的昆明世博园花园大道，从昆明美丽的大街小巷铺到了滇南重镇开远市的迎旭广场、锡都个旧市的金湖广场和红河州行政中心广场，同时铺到了恐龙的故乡彝州首府楚雄行政中心广场，也铺到了孟获的故乡曲靖南城门广场、陆良同乐广场……郭学良把陆良大地石材从云南铺到了贵州，从云贵高原铺到大上海的多伦路广场，陆良大地石材在郭学良的手中还将铺设到更远更远的地方……今年刚达不惑之年的郭学良，现在已是拥有三千多员工，十多个子公司，年产值10亿多元，利税几千万元、固定资产达6亿多元的大集团公司的领头人。他设计定型并成功申报了7项实用新型专利，其中他主持研究开发的芝麻点加工锤生产的“DADⅠ”石板材成功获得了首届“云南的著名商标”，他的公司吸收了当地农村大量的剩余劳动力，员工人均年收入近万元，使家乡大地村700多户农民摆脱了贫困，奔上了小康的富裕之路，实现了郭学良当年的梦想：不仅要让自己的家庭脱离贫穷，也要让家乡的父老乡亲过上好日子!

创业道路上艰辛的汗水孕育出传奇的硕果

现在，郭学良的名气大了，红河州不少的群众亲切地称他为“郭大地”，和他打过交道的干部称他为最淳朴的民营企业家“郭老总”，许多与他交往很久的长者都称他为“学良兄弟”……这些既普通实在又亲切友好的称谓不是他的金钱换来的，而是他淳朴、厚道的人格魅力赢得的!

郭学良通过十多年的拼搏创业成功了，但他创业的道路不是一帆风顺的。在他成功的道路上留下的是奋力拼搏的辛勤汗水和一双善于捕捉机遇的慧眼!

郭学良1968年出生在陆良县大莫古镇大地村一个普通的农民家庭，在家排行老四，父亲郭培志、母亲孔关香、大哥郭小学、大姐郭树英、二哥郭树生。父母在村里都是本分的老实人，为人正派，在前后三四个村子的3000多农户中，很受尊敬。老两口靠一双勤劳的双手抚养他家兄妹，在那个贫穷的年代里过着艰苦的生活，从早到晚的忙碌也只能勉强维持生活。父亲郭培志是当地的一名木匠，经常和村里的木匠到外地帮人盖瓦房，换回来的工钱就供他们上学。

家庭的贫穷并没有束缚住少年郭学良的天性，反而使他比同龄人更早地成熟、更早地肩负起家庭的重担，同时也使他更加大胆，铸就了他敢想敢做的坚定意志。他在陆良七中上初中的时候，正遇上学校进行改建，当时的他就去和负责建校的基建队找挑砖的活计，找到后就组织一起在七中念书的堂弟兄在课余时间去干活。郭学良从小学到初中成绩一直都很好，具有一种好胜心强的性格，到初三下学期的时候，郭学良清醒地认识到家庭的贫穷和家人的艰辛，无法等待自己苦读寒窗、学贯天人、气冲牛斗时再来改变这苦难的命运，于是，他在平静的教室里坐不住了，便动起了自己找钱养活自己的心思，毅然放弃了学业，下海和几个兄弟一起外出搞副业。后来又和大哥郭小学一起在村里养鱼（大哥郭小学曾是本村的小学教师，后来辞职搞起了副业）。然而，这所有的“家庭副业”，并不如他们想象的那样顺利，不仅没有带来滚滚财源，反而欠下了一些债务。一般人也许就泄气了，认为自己就只有盘田的命，就不会再想搞什么副业了。而郭学良不同，他自信天生我材必有用，靠一颗爱思考的智慧的头脑，勇于闯荡、敢于拼搏的胆气和一双勤劳的手，一定能够找得到创造财富的富裕之路。因此，经过这些副业的洗礼，郭学良更加坚定自己的想法，他发誓要努力拼搏让整个家庭脱离贫穷，也让乡亲们过上好的日子，当时年仅22岁的郭学良身上仅揣着100元人民币便勇敢地离开了家乡，独自一人来到了陌生的省城——昆明。

在这个陌生的城市里，举目无亲，也没有能够帮忙的朋友，更不清楚该从事什么?当时郭学良只有一双像样的皮鞋，一包小春城和一包红塔山香烟。皮鞋只有到了找活计时才穿上，红塔山香烟自己从来也舍不得抽上一支，是留作联系业务时传递给客人准备的。为了能找到活计，常常是天还没有亮就在人家门口等着。在昆明周折了一段日子毫无结果。突然一天他脚下踩着的一块铺路砖翘了起来，水泥砖缝隙间的浊水溅到了他的裤脚上，这种城市人出行中遇到的无奈，却让这位刚刚进城的年轻人心头一颤，他举目四望，昆明的大街小巷不都是这样一些不规则不平整的四方砖块或三角形砖块铺设的路面。他突然感到如果能把自己家乡大地村的石头做成石材铺在这城市的街道上，肯定比这水泥砖块好得多!也许真是一种缘分，一种人与石头的“石缘”让他眼前一亮，决心用自己的巧手把家乡的顽石孕育成美观的石板材打入城市建设，铺设人行大道绝对大受欢迎。他是这么想，也就朝着这个方向去努力。皇天不负苦心人，经过几番周折奔闯，终于让他接到了第一个工程——筇竹寺改建工程。

回到家后，郭学良就与哥哥郭小学、郭树生商量，准备开采石材、购买加工工具，开始了艰苦的创业历程。为了购买加工工具，父亲郭培志几乎天天出去借钱，郭学良的妻子马陆绣也默默地养了许多小猪和10多张蚕。正是在整个家庭的支持下，1990年6月郭学良在本村办起了一个小型的石头加工坊，凭靠农家孩子的勤劳与本分以及他的智慧，顺利完成了第一个工程，淘到了第一桶金。

郭学良有了第一桶金后，并没有沉浸在成功的喜悦之中，他抱着更加坚定的意念继续在昆明闯荡，而勤劳的妻子马陆绣更是在家一面照顾孩子和父母，一面又增加养猪和养蚕的数量，还要下地干农活。郭学良在工地上也是和工友们一起干活、一起吃饭、一起睡帐篷。许多苦难都在他的一声“无所谓”中消失。也许真的是“苦难造英雄”、“世上无难事，只怕有心人”，郭氏三兄弟在改革开放发展经济政策的指引下，于1992年6月创办了陆良大地石材工艺加工厂，郭学良任厂长。公司本着以石为本，凭“精诚所至，金石可镂”之意志，生产出古朴典雅、造型各异的产品。由于产品多样、质量又好，施工又保质保量并按时完工，深受广大用户欢迎，工程连接不断，产品畅销，一路奏响了前进的凯歌。

几年下来，郭学良不断地走南闯北，四处奔波，调查市场，摸索行情，总结经验，终于走出了资源开发、产品生产、工艺加工、销售运输、安装施工一条龙的发展道路，并在各级政府的关心与支持下，于1996年6月18日成立了云南省陆良大地石材有限责任公司，郭学良任董事长兼总经理，主持研究开发了芝麻点加工锤并成功申报实用新型专利，对石材产品进行了设计定型并成功申报了7项产品外观专利，同时成功注册了“DADI”牌商标。企业实力迅速壮大，石材生产规模位居西南首位，成为石材行业的领头羊，对石材行业的升级换代起到了决定性的作用。在市场迅速发展的要求下，公司于1998年引进新型石板材设备，生产的产品获得了国家专利，公司也开始引进大学生和专业人才，公司步入了快速、高效、优质的信息化时代，年产值创5千多万元，上缴利税400多万元，使近700多户农民摆脱贫困。郭学良个人被云南省人民政府评为1999年度“云南省劳动模范”，当选政协陆良县委员，2001年评选为“优秀政协委员”，现任云南省政协委员。2003年7月他个人被昆明市建设局评为“先进工作者”，首届“陆良县十杰青年”，2006年7月被评为“云南省首届农村创业之星”。企业也被云南省人民政府评定为“1998年度云南私营企业百强企业”、“1999年度先进私营企业”，被昆明市人民政府评定为“10强私营企业”，曲靖市2003年度“发展非公经济先进单位”，昆明市两届“重合同、守信用企业”。

2000年3月，郭学良组建了云南大地石业集团有限公司，任董事长、总经理，企业开始向多元化、集团化发展，提出了“和睦相处、和谐发展、人人为我、我为人人”的发展理念。2002年11月创办红河州大地锦德房地产开发有限公司，任法定代表人。2003年11月“DADI”商标被云南省工商行政管理局评定为首届“云南省著名商标”。

2004年2月，郭学良提出了大地石业集团进入二次创业阶段，并创办了云南大地市政工程有限公司和云南大地风景园艺绿化设计有限公司，任法人代表。同年11月成功收购昆明红河经济贸易公司、昆明红河宾馆，任法人代表。2005年11月创办大地房地产开发有限公司，任法人代表，同年“DADI”牌石材被云南省消协评为“第八届消费者信得过产品”。2006年12月集团公司被云南省工商行政管理局评为“云南省守合同重信用”企业，同年创办了大地生态园艺基地，获得陆良县立项项目，郭学良本人也被中国民营企业协会评为“中国优秀民营企业家”称号。正是勤奋与机遇成就了郭学良的创业人生，百元本金与过人的胆识赢来了亿万资产。这创业的道路虽苦，却为郭学良蒙上了传奇的色彩，也饱含着青年郭学良艰辛的汗水和睿智的超前眼光。

富了不忘乡亲

郭学良通过自己的拼搏和努力，实现了少年时自己立下的使家庭摆脱贫困的誓言。但富裕了的郭学良没有忘记自己的父老乡亲，他的公司始终坚持招收家乡的农民做普通员工，并不惜花代价认真培训提高他们的技能，以适应公司发展的需要。他还把一些初加工产品合理地分配给家乡技能较强的农户去完成，以增加他们的收入。他村寨里的七百多农户都因大地公司的发展得到了实惠，增加了收入，摆脱了贫困。郭学良还经常资助一些品学兼优而家庭相对困难的学生，如为村里面临失学的大学生支付5000元的学费和生活费；经常力所能及地为一些灾区送去温暖和爱心，在1998年长江特大洪灾时，郭学良个人捐出了3000元的抗灾款；2008年的四川汶川特大地震，他又捐出了12万元爱心款；为他读过书的大地村小学改善环境建设资助18万元，还出资为大地村办起了敬老院，前后为家乡的道路建设和水利工程捐资上百万元。总之，作为游子的郭学良为改变故乡母亲的面貌尽了一份儿女的责任。郭学良自己富了，心中始终装着家乡的父老乡亲。

财富多了不失艰苦奋斗的本色

郭学良成了亿万富翁，但始终不失艰苦奋斗的本色，腰缠万贯，但从不摆架子、夸夸其谈。一般讲大凡成了老板，特别是具有一定资产的老板，总有一些会自觉不自觉地显耀自己的毛病出现，但郭学良却让人感觉不出这样的毛病。除了他坐的一辆好车外，你从他的外表上很难感觉他拥有的真实财富，因为他的衣着和饮食都十分简朴。但他为公司的利益从不吝啬，十分大气，而且是光明磊落，落落大方，在任何客人、朋友面前从不张扬，不夸夸其谈。郭学良请客吃饭，他总是很谦和而有礼貌地招呼敬酒后，自己要一碗普普通通的白米饭吃着，无论客户、领导、朋友们说什么，他很少插话掺和，最大的嗜好就是抱起一支水烟筒静静地抽烟，只有客人谈话问到他时他才会挪开水烟筒得体地回答一两句简单话语。有一次一位大学校长参加郭学良在北京请有关司局长吃饭时看到这种场景，大学校长很不理解，就问一位司长，你们怎么会支持这么一个话不多的企业家？那些领导说：郭学良这个人，文化虽然不高但悟性好，为人忠厚，办事踏实，做任何事情都很认真，他考虑的不仅仅是他们公司的利益，他还考虑社会影响和社会责任，支持他做的事大家都放心，他会认真做好的!何况他申报的项目符合国家新农村建设的产业发展方向，为什么不支持他呢！这就是一些领导眼中的郭学良。

居安思危，发展的目光又投向远方

郭学良靠着石头发了财，又不躺在石头上享清福。他始终以敏锐的眼光观察着社会发展的动向，寻找公司拓展的方向。他依据党的十七大精神，依靠科学发展观的指导，他看到了新农村建设的远大目标与美好前景和亿万农民脱贫致富奔小康的伟大意义，他又把目光投向了农村，投向了能惠及千家万户的绿色产业的发展。郭学良开采了大地的石材积累了资金，他又用这些资金去开发绿色产业，不仅美化了大地，也有力地帮助了依附着大地生存的广大农民兄弟进一步增加收入走向富裕。于是郭学良在2006年年底以2000万元的注册资金成立了隶属于云南大地石业集团总公司的云南大地生态产业开发有限公司，并迅即于2007年初选择与农林科技力量很强的云南省林业科学院合作开发林科院长达30年研究实验的科研成果“云新系列核桃良种产业化及示范项目”，合作项目仍由云南大地生态产业开发有限公司实施，郭学良任法人代表，并将此项目由云南省推荐上报国家发改委获得批准成为了国家立项项目。生态产业开发公司依靠集团公司雄厚的经济实力和良好的社会声誉，依托云南省林业科学院先进的科技力量支撑，斥巨资开发以“云新高远、云新云林、云新301、云新303、云新330”等5个核桃优良品种为龙头，建立采穗区1800亩、繁育区1200亩、栽培示范区30000亩、核桃种质资源收集区850亩，并准备投资21.9亿元在陆良家乡建设一个集生物育种、农林业示范、核桃加工、休闲旅游的中国核桃产业园区。2009年1月16日中共中央政治局委员、国务院副总理回良玉在中共云南省委书记白恩培、省长秦光荣等领导的陪同下，亲临郭学良的产业园区视察，并对园区发展作了重要指示，同时对郭学良把积累的巨额资金投入新农村建设绿色产业园区给予高度评价、充分肯定，这对郭学良是极大的鼓舞，他下决心高水准高起点引进国际先进的温室、大棚及喷、滴灌系统和美国的先进的核桃烘干、切片、去皮、磨浆、过滤、杀菌、自动灌装等设备，建立现代化的核桃深加工车间，生产核桃系列优势产品，以满足市场需求，繁荣云南经济作出贡献。至此，云南大地石业集团跨入了规模化经营、多元化发展、品牌化运作的现代化大企业的行列。

回首往事，无限欣慰，大地之子郭学良，永远热爱着生他养他的大地母亲，大地母亲也敞开胸怀，无私地哺育着他，支持着他，为他提供了广阔的人生舞台，让他充分地演绎自己的聪明才智，展示自己的理想与抱负。原始学历只有初中的郭学良，通过在实践中的刻苦学习、充实、提高，已成了著名的专业工程师、经济师，管理大集团公司得心应手的“创业主星”。云南大地石业集团公司在他的带领下创造了一个又一个的辉煌，获得了许许多多的荣誉，被云南省政府评定为百强民营企业，郭学良本人也被评定为家乡陆良县首届“十杰青年”，被昆明市评定为“先进工作者”，被云南省政府评定为“云南省劳动模范”，2003年当选为云南省政协委员。郭学良经过10多年的艰苦奋斗终于实现了青年时的梦想：让家庭摆脱贫困，让乡亲们富裕起来。他的公司除每年为社会创造10多亿元的财富，上交几千万元的利税，还解决当地近10000人的剩余劳动力的就业，人均年收入上万元，使乡亲们过上了小康生活。郭学良为建设社会主义新农村作出了自己的贡献，为构建和谐社会尽了最大的努力。人们真诚地祝愿他带领大地石业集团公司继续开拓进取，不断发展，走得更远，飞得更高……

为健康事业不懈奋斗

——记全国政协委员、龙润集团董事局主席焦家良

全国政协委员、龙润集团董事局主席焦家良博士，他热爱党、热爱人民，政治信念坚定，拥护中国共产党的基本路线，爱岗敬业，勤奋学习，开拓进取，勇于创新，用自己的努力实践“三个代表”重要思想，用实践创造出一流的业绩。

面对经济全球化和区域经济一体化的发展、市场竞争不断加剧的新形势，焦家良作为“龙”系企业的领军者以坚韧不拔的毅力、创新变革的胆魄、科学发展的方法、勤奋务实的态度，成功打造了“龙”系列世界企业版图。焦家良先后荣获了“2004年度十位聚人气企业家”、第三届十大“中国青年创业奖”、“云南省优秀中国特色社会主义事业建设者”、“云南省有突出贡献的优秀专业技术人才”享受省政府特殊津贴，先后担任全国青联常委、中国青年企业家协会副会长、云南省工商联副主席，成为中国医药界的杰出代表和优秀企业家。

创新构架，企业实施“舰队发展战略”

15年前，焦家良从经营“三棵树”餐厅起家，后成立了盘龙云海药业有限公司，进行中药产品的开发。仅用四年时间，焦家良便把开发出来的“排毒养颜胶囊”卖得风风火火，并创下了年销售额超过十亿元的业绩。自1994年成立以来，在中国缔造了排毒产业，书写了中国中医药产业奇迹。盘龙云海药业迅速跻身中国民营企业的前列，在2002年度中国私营企业纳税50强排行榜中居第13位，排毒养颜胶囊连续畅销15年，上缴税收7.6亿元。

当民营企业发展到一定规模时，由于自身管理和规模的受限，总会陷入发展乏力的局面。焦家良为此推出了“舰队发展战略”，对企业的发展量身制定了一个架构。焦家良构筑的“龙”系列版图下，分别建立了盘龙云海药业、龙润集团、香港龙发制药集团、美国LongStar集团，有针对性地迎战中国、东南亚、北美及欧洲市场。

龙发制药（香港）有限公司短短几年间，取得了一系列骄人的业绩：1999年被评

选为“香港十大产品”；2000年被评选为“香港十大名牌企业”；2002年9月，龙发制药在香港联合交易所主板成功上市（股票代码：2898）。

龙润集团，是以生物资源、地产、有色金属开发为三大板块发展的国际化企业，营销网络遍布中国大陆43万个零售终端，产品行销东南亚国家和地区，并成功进入欧美主流市场。

2004年,龙润集团毅然进入酒业，将不间断生产有129年历史的云南杨林肥酒，继承和发扬光大开发出云南绿、古滇醇、至亲酒，并精心研制的奶酒——“嘉伯瑞”，成为中国唯一的一支奶酒。龙润集团的进入使“杨林肥酒”这个百年品牌重新焕发勃勃生机。

2005年，在焦家良的带领下，用国际化的视野和金融创新打造普洱茶产业，与云南省200万茶农建立了“企业＋茶农＋基地＋市场”的产业链。原料基地辐射临沧、保山、大理、普洱、西双版纳等主要产茶区。

龙润茶业开创了“龙润普洱”产品品牌，是钓鱼台国宾馆惟一特供普洱茶，2008年作为中国茶产业代表，成为“北京2008年奥运会限量版普洱茶产品”，是第一个走上奥运舞台的中国茶产品，龙润茶将成为中国茶产品第一品牌。

2006年4月，龙润茶业与云南农业大学联合创办云南农业大学龙润普洱茶学院和云南普洱茶研究院，填补了世界上没有普洱茶文化的高等教育及专业技术人才培养的空白。并先后收购了具有50年制茶历史的昌宁县茶厂和具有35年制茶历史的云县天龙茶厂，新建了凤庆龙润茶厂，在全国开设了180多家龙润普洱专卖店。

龙润地产以“健康房•龙润造”的健康理念进军中国房地产行业，首家编写了健康房的标准。成功开发了“天润康园”等100多万平米的商业住宅小区，将以绿色、生态、环保的姿态崛起于城市之中，成为健康与艺术住宅的典范。

龙润矿业大力发展循环经济，合理利用资源为基准，在国内及云南省多个地方进行资源布局，拥有1100平方公里的采矿权和探矿权，主要涵盖了铜、铁、铅、锌等矿种。

创新理论，指导实践

焦家良在企业管理上完成了企业产权制度的改造，实行董事会领导下的总裁负责制，实现了所有权与经营权分离。创造性地提出了建“制度企业”的思路，强调用调查数据和科学依据来进行决策。他独创性地提出了“管道理论”，在全国各省市和美国、中国香港开办了120多个分公司和办事处，将无形的“营销管道”延伸到了世界主要国家和地区，龙润集团的发展思路被中共中央党校选为案例教学。

在企业文化上，焦家良独到的提出了“人应该有点精神”、“加入龙润，溶入紫色”、“龙润品牌，口碑营销”、“一身正气做人，一身正气做事”、“速度征战市场，细节决定成败”等，提出了“家庭、部队、学校”的理念，把企业打造成一个营销型和学习型组织。

焦家良还在具体的企业运作中，不断总结、积累和学习，先后著有《管道理论》、《口碑营销》、《交叉销售》、《普洱茶道》等著作，在学术上也取得了长足的进步。从真正意义上实现了实践转化为理论。并多次在名牌大学进行演讲，毫无保留的将自己的经验和感悟与大学生分享，鼓励和帮助大学生创业。在企业运作中的思考，积极向政府建言献策，参政议政，多年积极撰写全国政协提案，许多真知灼见被政府有关部门采纳并形成广泛影响。

火箭投资携手中国龙润打造茶叶第一品牌

由焦家良任董事局主席、2002年在香港主板上市的龙发制药于2009年5月18日与火箭投资（Rocket Capital）签订投资协议，建立战略合作伙伴关系，“中国茶叶第一股”，终于诞生。

火箭投资的的大中华区总裁黄健华在接受记者采访时说，火箭资本在中国的投资对象都是“高素质的中国公司及国有企业”，选择茶叶是因为他们看重中国茶叶市场的发展潜力。龙润集团在茶叶运作基础、优势、发展条件等方面都很优秀，同时他们也非常钦佩和认同龙润领导人焦家良的个人魅力和理念。

这是龙润茶业集团成立以来，相继获得很多第一之后的又一重大突破。是龙润致力打造国际顶尖的中国茶叶品牌，打造世界级的茶运动旋风的有力见证。

做一个有道德感和责任感的企业

从企业创建至今，焦家良麾下的企业群成为“云南省私营企业纳税第一名”，其中盘龙云海集团下属企业——云南盘龙云海药业有限公司，在2000年度中国私营企业纳税百强排行榜中居第28位，在2002年度中国私营企业纳税五十强排行榜中居第13位。龙润始终严把质量关，做道德企业，做良心产品，重诚守信，数次荣获“诚信单位”、“诚信产品”称号。在就业上，企业为社会解决了5000多人的就业。

龙润，从诞生的那天起，就将公益事业摆在了企业发展的重要位置上，一次次的为重大自然灾害出钱出力，一所所贫困山区希望小学的建设，一批批农村困难家庭走出来的大学生的资助。这些年来，遇地震、逢非典，焦家良都慷慨解囊，捐资捐药，仅兴建希望小学，资助贫困学生等的捐款就达2600万元。

龙润坚持以人为本，重视人才，培养人才，积极为员工打造自主发展空间和平台。对待自己的员工，焦家良认为：“不是我了不起，是龙润优秀的员工使我了不起。”企业在发展中，从未拖欠员工工资，并积极响应国家号召，建立健全员工福利待遇，解决员工的后顾之忧。还多次发起对困难员工、单亲员工、外地员工等帮扶资助，并兴建盘龙云海社区，为广大职工解决住房问题。

卷三

这些曾在陆良大地奋斗过和从陆良大地走出来的人们，正活跃在我省，乃至全国各条战线，开拓创新，奋发图强，努力工作，积极奉献，在为祖国、为人民、为社会服务的历史舞台上演绎着自己精彩的人生，展示着自己聪明的才智，他们就似一颗颗散落在浩瀚的天空中的星星，虽然闪烁着自己的光，散发着自己的热，但很难引人注目，但当把他们汇聚在爨乡大地这片星空时，展现在世人面前的便是群星灿烂、辉煌无比的壮丽景观……愿他们的事业蒸蒸日上，愿他们的贡献永远留在故乡人的心中。

烟草科技女强人

——记云南省烟草专卖局原科技处处长丁敏

丁敏，一个为烟草科技而生的名字。也许是与烟草有缘，她进入烟草行业就忘情拼搏；也许是与科技有缘，烟草科技的硕果因她生辉。

丁敏，中共党员，高工，历任云南省烟草专卖局科技处副处长、弥勒县政府副县长、红河卷烟厂副厂长、红河州烟草公司副经理、云南烟草研究院副院长、省烟草质检站站长、省烟草专卖局科技处处长、信息中心主任，现任省烟草专卖局调研员。

1954年12月14日，她出生于陆良。1984年毕业于云南工学院机械制造专业，在曲靖卷烟厂总工程师办公室从事重大技术改造项目工作。她独立主持或承担了本厂“八五”、“九五”期间多项重点技改项目。由于工作出色，成绩突出，多次获奖，年度考核均被评为优秀。1993年被聘为工程师。1994年调省烟草局科教处任副处长，分管工业科技、质量技术监督和教育等工作。她十分重视学习，努力提高业务素质和管理水平，多次参加有关技术培训。1996年参加统考，以第一名成绩考取云南大学管理信息系专业研究生。学习期间，成绩优异，被评为“三好学生”。

1998年7月至2000年6月，丁敏被省委组织部选派到弥勒县任科技副县长，分管科技、烟草工作。她走乡串寨，深入了解县情乡情，提出了以科技为先导，优化调整种植业结构，走以质取胜的道路，实行烤烟生产风险抵押金制度等建议，得到了县委、政府的大力支持并得以实施。她主持完成并实施弥勒县农业种植业结构调整科技示范、弥勒县优质烤烟生产配套技术开发研究等4个省科委重点科技研究项目，有力推动了科技与经济的有机结合。弥勒县烤烟税利，1998年为6870万元，2000年为9896万元，两年增加税利2026万元。因此，弥勒县被评为全国烤烟生产、收购先进县、省科技示范县、省烟草农业科技成果转化示范县，她被评为云南省优秀科技副县长。

在省烟草专卖局工作中，她出色地完成了科教岗位管理工作，负责制定云南烟草行业工业科技、质量监督、教育管理发展规划、年度计划、规章制度，组织重大科技开发项目的论证、立项、审查并实施有效的管理、指导、协调、服务，组织科技成果的鉴定、验收和科技进步奖的评审工作，负责管理烟草行业质量认证、监督后处理、行业标准、计量工作，组织管理行业职工教育、岗位培训，积极开展各种技术交流工作。她先后主笔拟订了云南烟草行业“八五”、“九五”科技发展规划和省烟草系统技术创新工程实施方案，起草了烟草行业科技进步奖实施办法、烟草行业科技进步特殊贡献奖励办法和省政府关于进一步加快科技兴烟步伐的决定等文件。她从事烟草科技、管理工作几十年，具有丰富的生产、技术、管理工作实践经验，在年度考核中均被评为优秀。

她积极参与研究，亲自主持或者参加了多项重大科技攻关项目的研究开发，并发表了多篇较高水平的论文，获省部级科技进步奖二等奖一项、三等奖二项，地厅级特等奖三项、一等奖四项、二等奖三项、三等奖三项。其中，以她为主完成的《集成网络办公及信息系统构造器》研究开发工作，获省政府科技进步二等奖；为主完成的《面向烟草用户的办公及信息系统构造器》项目，获国家局1999年科技进步三等奖、省烟草公司科技进步特等奖，该成果在云南省烟草行业广泛推广使用。同时，参与编写专著三部；在《经济论坛》1998年第6期发表《云南“两烟”与可持续发展》，荣获省系统工程学会1998年度优秀论文奖；《论“吸烟与健康”》被评为1997年西南、西北片区烟草学会学术研讨会三等奖；参编的《管理信息系统与FOXBASE程序设计》一书，被选定为云南大学计算机应用专业教材，她撰写了一至四章6万字；参编《云南“两烟”与区域可持续发展》一书，荣获省烟草公司科技进步奖一等奖，她撰写了第一章约2.5万字。

丁敏，一个为烟草科技而忘我奋斗的女强人。

王铮博士简介

（中国科学院研究员）

王铮，中国科学院二级研究员，管理科学与工程博导，地理信息科学博导，兼任华东师范大学客座教授、中国科技大学教授、河南大学教授、云南师范大学教授、中国科学院研究生院管理学院教授。

王铮原名王志勇，陆良县盘江街人。祖上明初年为随军医生，入云南陆良定居，祖上世代为医，王铮为21代孙。母亲出身陆良望族邵氏。王铮就读于盘江小学、陆良一中，后为小百户公社、大莫古公社知识青年，分别于1983年、1987年、1990年获华东师范大学理学学士、硕士、博士学位，1993年于中国科学院完成博士后学业。

王铮是一个纯粹的科学家，1994年9月起任中国科学院政策与管理研究所研究员。曾任中国科学院政策与管理研究所可持续发展研究室主任（1996~1999）、地理学系主任（1999~2001）和地理信息教育部重点研究实验室主任（1999~2002）；现任中国地理学会数量地理专业委员会主任、中国科学学与科技政策协会政策模拟专业委员会主任、中国区域科学协会常务理事。1999年入选国家百千万人才工程"第一、二层次"，2005年获北京市科技进步三等奖（排名第一）， 2004年获上海市科技进步二等奖（排名第一），2002年获教育部高等院校科技进步二等奖（排名第一），1998年获中国科学院研究生院优秀教学奖，1997年获教育部优秀教材奖（排名第一），1996年获中国科学院自然科学三等奖（排名第一）。

王铮主要从事理论地理学、区域科学与管理和经济计算与政策模拟研究。主要学术成就：1.揭示了中国历史气候变化的阶段性划分，并揭示这种阶段性与中国地理界线——胡焕庸线的摆动联系；2.通过历史考证提出凯恩斯刺激消费推动经济增长的理论，在资源供应充分时有效的，天然供应学派理论合适。3.发现空间溢出衰减形式和空间相互作用的统计力学基础；4.提出了高技术产业区位和旅游业区位理论；5.提出河流、海岸线演变趋势的热力学或动力学判据。科学模拟是王铮的研究专长，负责完成了中国东海油气田成油条件模拟，主持完成了中国艰苦边远地区津贴政策模拟；1997年来，致力于发展政策模拟，成为我国政策模拟的主要开拓者。目前主要专事国家气候保护的政策模拟和区域创新政策模拟的研究。

王铮作为第一作者、第二作者发表有200多篇论文，完成《区域科学原理》、《理论地理学概论》、《理论经济地理学》、《国家环境经济安全政策模拟》等8本专著。王铮的《区域的管理与发展》（2000），提出可持续发展的区域管理学说；《理论地理学概论》（1994）和《理论经济地理学》（2002），构建了一个理论地理学体系。

从大龙潭村走出的公路建设专家

——记云岭高速公路沿线设施开发有限公司董事长王石亮

1964年10月，王石亮出生在陆良县马街镇大龙潭村。父亲王云柱少年时追随杨守笃司令员参加边纵，新中国成立后作为家乡的一名地方领导干部直至离休。母亲在家务农，已病故。

1983年以前，王石亮在陆良学习成长，后考入云南省交通学校公路与桥梁专业学习。在成长过程中，他不断得到深造学习，在河北省保定冶金勘察学院学习工程地质、在昆明理工大学学习土木工程管理、在长沙交通学院学习道路与铁道工程专业研究生课程。工作中参加了一些短期培训班学习，参加交通部组织的公路工程勘察设计培训班、公路建设项目法人负责人培训班和清华大学继续教育学院举办的现代企业管理高级研修班的学习。通过交通部执业资格考试，取得了监理工程师资格证、公路工程概预算资格证。现为高级工程师、公路工程专家委员、云南云岭高速公路沿线设施开发有限公司董事长。

1986年1月他从省交通学校毕业，分配到云南省公路规划勘察设计院第四勘测设计处工作，参加漫湾电站对外公路石洞寺改线，主要从事公路测设外业工作；随后参加安石公路昆明至小石坝段汽车专用一级公路、小石坝至汤池段汽车专用二级公路的工程可行性研究报告的编制、初步设计、施工图设计，外业从事选线工作，内业从事挡墙及立交方案设计等工作；参加了昆明至玉溪汽车专用二级公路的工程可行性研究报告的编制、初步设计工作，主要从事外业资料的收集整理和选线工作，内业担任报告书编制和桥梁、立交、路基设计等具体工作；参加了大朝山电站对外公路漫湾至大朝山段公路初步设计工作，主要从事选线、桥涵设计以及桥梁过大件运输结构验算工作，并负责不良地质地段特殊路基设计工作。1987年被省交通厅授予“新长征突击手”称号。

1992年他被调任省公路规划勘察设计院第一勘测设计处处长，带领全处干部职工接受兰坪铅锌矿对外公路甸南至大白甸段公路施工图设计任务，负责生产技术管理，并从事中线、桥涵设计等具体工作。随后，组织全处干部职工全面完成了昆河公路石林至新哨段汽车专用二级公路初步设计、施工图设计，德钦县羊拉公路、景谷至普洱二级公路施工图设计，昆瑞公路双坡垭口至木康段、龙山卡至双坡垭口段二级公路施工图设计，并完成多条公路工程可行性研究报告的编制工作。随后全省高速公路建设进入了高峰期，他负责完成了楚大高速公路九顿坡隧道段施工图设计以及隧道导线控制测量，当时为云南省最长隧道；完成了思茅至小勐养公路的工程可行性研究报告编制、潞西至盈江公路施工图设计、老挝丰沙里省奔努至乌德公路施工图设计、昆玉高速公路呈贡至晋城段施工图设计、瑞丽至章凤公路施工图设计、景洪机场过境线施工图设计、大保高速公路普渡至水平段施工图设计、元磨高速公路老苍坡至磨黑段初步设计和施工图设计、曲胜高速公路初步设计和施工图设计、祥临公路澜沧江至临沧段的初步设计和施工图设计等工作。这些公路现已建成通车，并得到社会的肯定，部分项目获得优秀设计奖，其中昆玉高速公路建设项目获得最高奖鲁班奖。他多年来被单位授予先进生产者称号，获得了各种奖励。

2001年11月，他调任云南砚平高速公路建设指挥部总工程师，积极参与项目建设施工组织技术管理，认真贯彻落实省交通厅关于砚平高速公路建设的指示精神，牢牢抓住“质量、工期、安全、投资、环保”等五个环节，克服了重重困难和沿线膨胀土、软基、溶洞等技术难题，加强管理，制定切实可行的技术处治方案，发表了《膨胀土路基病害及防治措施》论文，有效地控制了砚平高速公路施工质量，工期按计划提前半年，投资较批准的概算节约1.2亿元，本项目已获得国家授予银质奖的好成绩。砚平高速公路建成通车后，他任平锁高速公路建设指挥部总工程师，在前期工作施工组织招标投标完成后，施工与监理队伍进场，他调任云南广砚高速公路建设指挥部指挥长，开始广砚高速公路的项目机构组建，并完成了勘察设计招投标及勘察设计，项目前期开工的工作后，该项目移交投资方组织实施。接着调任云南东部高速公路有限公司总工程师，分管工程技术、质量、科技，协助总经理协调各建设项目管理工作，负责协调各建设项目的质量管理，加强公路工程变更设计管理，并参加了省交通厅公路建设项目廉政长效机制的科研课题研究及编制修改工作，近50个管理办法已完成，开始在全省试行。

2006年4月，省人民政府对公路投资体制，实行改革成立了省公路开发投资有限责任公司，云南云岭高速公路沿线设施开发有限公司作为下属子公司成立，王石亮任董事长。公司主要依托云南高速公路沿线经济带建设，专业开展沿线设施开发、经营、管理，具有云南省高速公路沿线服务区开发、经营、管理和高速公路广告经营的独家经营权，公司以高速公路沿线经济带市场需求为导向，以创造良好的社会效益和经济效益为目标，以服务于高速公路营运为宗旨，为经济建设的发展，公路建设发展作贡献。在以后的工作中，他将带领公司的干部职工为更好地适应市场经济体制的需要，进一步深化管理体制改革，锐意进取，打造现代高速公路沿线设施开发经营专业管理理念，全面促进公司持续、快速、健康、和谐发展而努力工作。

党魂正气铸人生

——记陆良县政协原主席王明显

王明显，1930年10月出生于陆良县南靖乡老雅召村。1948年7月参加工作，1949年6月加入中国新民主主义青年团，1950年参加中国共产党，历任滇桂黔边纵政工员、连副指导员、碧云乡乡长、召夸区党委书记、陆良县委宣传部部长、县工交局长、党总支书记、县总工会主席、政协陆良第二届委员会主席，1991年5月离休。

1937年7月至1948年7月，王明显从小学读书到初中毕业。

1945年8月至1948年7月，王明显在泸西县中学读书。这时正值昆明各界在中共中央发表《对目前时局的宣言》提出和平、民主、团结口号，热烈庆祝抗战胜利，呼吁和平民主、反对内战独裁的时候，泸西县中学学生会在地下党组织、老师张伯林（后任昭通、曲靖专员、副书记）、谢敏（边纵三支队参谋长）、杨霖（后任昭通地委统战部长）、李兰群（后任泸西县长）、李朝栋（后任乡长，昆师工作）、缪开仕（边纵连长）的支持指导下，组织全校师生上街游行，庆祝抗战胜利。12月，泸西县中与泸西师范联合组织两校进步师生声援昆明民主运动。除在学校开展集会、演讲外，王明显等20多名师生下乡到泸西繁华集镇爵册、午街铺街天进行集会、演讲、演出、募捐，声讨国民党特务制造“一二•一”惨案残害师生的罪行，要求严惩凶手，呼吁和平民主，反对内战独裁。学校还发慰问信、派代表去昆明声援昆明民主运动。1947年，重庆发送给县中李光辉老师的《新华日报》被泸西县政府扣留，并对李老师拘留传讯，王明显与学校20多名学生一起到县政府评理，要求释放李老师，县长怕事情闹大，很快就释放李老师回校。

1948年7月至1950年5月，王明显参加云南人民讨蒋自救军，后加入人民解放军滇桂黔边纵总队，先后任政工队员、连副指导员。1948年7月读完书，他把读书用具、被褥送回家。7月14日就和同学及泸西师范学友张景雯等10多人在师宗者黑村参加云南人民讨蒋自救军李平支队，任政工队员，不久李平牺牲后部队分散隐蔽活动。他和谢居惠、梁正平三人被安排在弯腰树村教书，秘密组织一个联络点，负责了解敌人活动情况，与在部队的华定周等人通报，部队需在地方解决的问题，他们也负责办理，广泛宣传发动群众，进行“反三征”，打击国民党一些反动区乡政权，开展游击战争。1949年2月他和梁光从、华定周武工大队调到泸西陈子哨村干部训练班学习，由弥泸地委陈光达、高梁等人主持，学员90多人，学习政治、军事。由于敌人扫荡进攻，形势紧迫，干训班计划未学完，被迫于3月中下旬结束，学员迅速连夜分派出发到各部队和地方工作，他和梁兴等人分到窦从孝的自强大队，由教导员覃震率领，到弥勒虹溪镇时，在盘溪麦沙塘被国民党部队偷袭的11支队一、二、三大队伤员正陆续送虹溪医治，他们也就留在虹溪与地方配合组织医护工作，大约半个月后才到了自强大队。不久，他编入中国人民解放军滇桂黔边纵总队四支队34团1营，7月份又编入中国人民解放军滇桂黔边纵总队14团，任一营三连副指导员。先后参加过1949年9月的弥勒西山可矣战斗、10月12日至14日的陆良马街战斗、11月的大小圭山及糯衣战斗、12月10日的泸西龙潭河战斗、12月26日天生关战斗。1950年1月解放滇南重镇开远。2月19日在宜良县城一中门前操场举行万人大会，欢迎二野四兵团陈赓司令员、政委宋任穷等领导。

1950年3月部队进行精简整编，小部分干部留下编入宜良军分区基干团，其余70%干部调地方安排工作。王明显和梁兴被分配到陆良县工作，安排到南山区（召夸镇）任财粮助理员。1950年8月至1951年6月，他从区政府调到南靖乡任副主席、代理主席工作，年底乡撤销将原南靖乡划为松鹤、树兴、木龙、绍兴、碧云等5个小乡，他任乡联会主席兼碧云乡乡长。1952年2月16日，南靖乡所属的老鸦召村等16个自然村划归泸西，其他13个自然村归师宗县。1951年6月他从碧云乡调回召夸区，参加陆良第二批土改工作，1952年6月土改工作结束，他在小坝乡任土改工作组组长，转入复查阶段他任召夸区土改复查工作队副队长。1952年12月调任召夸区党委书记，集中抓发展经济、建立农村供销合作社、粮食“三定”（定社、定贮、定销）工作。

1955年5月至1959年5月，王明显调任县委宣传部部长。

1959年6月至1964年底调任召夸公社党委书记、区委书记。

1965年初至1970年1月王明显调任县委宣传部部长。1966年6月开展“文化大革命”运动，他被打成走资派接受批斗。1969年1月送太平哨“五七”干校进行斗、批、改。这4年时间都是白天管制劳动，晚上学习写检查，接受批斗。1970年被解放出来，分配到陆良氮肥厂工作。1972年调任县工交局副局长、局长、党总支书记。这段时间，他与有关同志一道抓县自来水厂建设和县水泥厂、县汽车队的组建等工作。1979年4月至1987年3月调县委宣传部任副部长、部长。任县总工会主席3年，被省总工会评为先进工作者。1987年4月至1991年5月，当选为陆良县政协主席，1991年5月1日离职休养。

离休后的17年，王明显继续为陆良县经济社会发展做些力所能及的工作。他积极主动做好“关心下一代”、“延安精神研究会”、“县老年体育协会”、“县门球运动协会”等社会群团工作，担任首届县关工委主任、第一届县延安精神研究会会长和县老体协常务副主席、主席、第一届门球运动会主席。1997年被国家老体协评为全国老年体育先进工作者，荣获省老龄委老有所为奉献奖；1999年被人民日报《大地》月刊社《中国当代改革者》编辑部选用方坤寿写王明显《满目青山夕照明》一文编印入书发行。他现在还担任着县老体协、县门球运动会名誉主席，县关工委、县延安精神研究会顾问。2006年6月选为县第十次党员代表大会代表，2007年1月被县委、县人民政府聘为县决策咨询委员会委员，尽心尽力做些力所能及的工作。

王建良简介

（昆明理工大学资产管理处处长）

王建良，男，汉族，1956年6月生于陆良县中枢镇四河乡，1974年12月参加工作，1976年6月加入中国共产党，1982年2月毕业于昆明工学院，1998年9月于昆明理工大学经济管理研究生班毕业，现任昆明理工大学副教授、资产管理处处长。

1974年7月他在陆良县第一中学高中毕业。同年12月应征到重庆市某部队服兵役，任副班长，1977年4月复原回乡，任四河大队民兵营长。1977年11月考入昆明工学院地质系读书，任班长，1982年毕业留校工作至今。先后任地质系党总支干事、学生辅导员、班主任，1986年6月任学校组织部组织干事，1986年9月任学校图书馆党支部书记、副馆长，兼任云南省图书馆学会理事，1997年4月任昆明理工大学自动化系党总支副书记，1998年3月任学校教务处副处长、招生办公室主任，兼任云南省招生研究会副秘书长、中国高校招生研究会理事，2003年9月任学校资产管理处处长。

他长期以来在学校多个岗位从事行政管理和教学工作，尤其擅长教育教学的组织管理和资产管理的研究工作，工作中曾发表多篇论文，多次评为学校的优秀共产党员和先进工作者，2002年12月被教育部评为全国高等学校招生工作先进个人。

王桂生简介

（曲靖市检察院纪检组长）

王桂生，1965年出生，大学文化，现任曲靖市人民检察院党组成员、纪检组长。1983年云南省人民警察学校中专毕业，后长期在公安政法系统工作，先后在陆良县公安局任民警、芳华派出所所长、县交警大队大队长。1995年8月调陆良县人民检察院任党组副书记、副检察长，1998年3月调马龙县人民检察院任党组书记、检察长，2003年2月调曲靖市人民检察院工作。

他说：回顾所走过的成长道路，自己的每一步成长和进步，都离不开家乡人民的培养、关怀和支持。身为一个陆良人，我倍感骄傲、无比荣光。感谢家乡人民，感谢家乡这方深情的沃土！

勤奋敬业 恪尽职守

——陆良县政协主席太云生成长历程

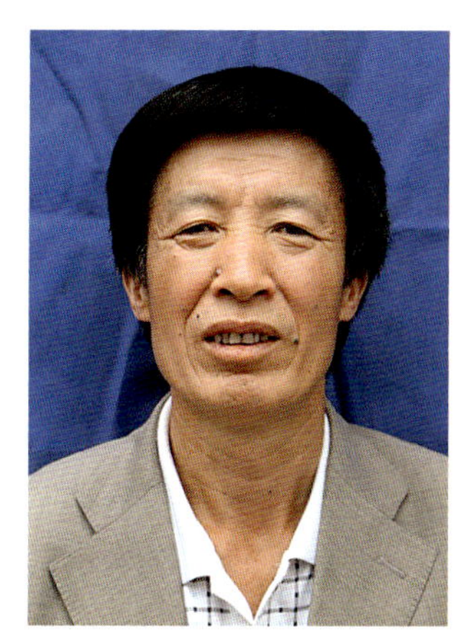

太云生，陆良县三岔河镇赵家沟村人，出生于1958年4月，1977年8月参加工作，1981年10月加入中国共产党，1984年7月，云南师范大学函授中文专业本科毕业，先后担任三岔河镇赵家沟学校教导主任，陆良第三中学党支部委员，陆良县文物管理所所长，县委办公室综合秘书科科长、副主任，兼县委史志办主持工作的副主任，活水乡党委书记，县人民政府党组成员兼政府办主任，县委常委、县委办公室主任兼县委政法委书记，县委统战部部长，现任陆良县政协党组书记、主席。

勤奋学习

太云生出生于共和国史上的最困难时期、求学于十年浩劫的动乱之秋、工作于拨乱反正之初、成长于从计划经济向市场经济转型的改革开放新时期，他有着生下来就挨饿、上学就停课、中学毕业即回乡、成长进步靠自学的特殊学习经历。他自幼勤奋好学，小学、中学时虽然正值十年动乱，但由于良好的家教启蒙和众多恩师的器重栽培，1972年小学毕业时，以万清小学考分第一名的优异成绩考入陆良县第三中学，在中学5年的学习期间，一直是年级和学校公认的品学兼优的“三好学生”和班干部。

1977年7月底，太云生高中毕业回乡，8月即被聘为三岔河镇赵家沟学校民办教师，担任附设高中一班班主任和语文老师，并负责学校的教务和团支部工作。1977年10月，高考得以恢复，他报名参加高考，但由于工作需要被“卡”了下来。不得已，只好走上了边工作边学习的自学之路，1979年3月，他考取了云南师范大学首届函授五年制本科中文专业，学习期间，曾多次被评为曲靖地区优秀学员，1984年毕业。为进一步提高素质和能力，1997年8月，他考取了云南省委党校青年后备干部研究生脱产班，后因工作和家庭原因未能就读。

参加工作30余年来，太云生一直坚持勤奋自学，以学为先，以勤补拙，用学习推动工作，用工作促进学习，使自己各方面的能力在学习和实践中得到了磨炼和提升。

敬业工作

太云生参加工作三十余载，其间曾10年执教，4年潜心文物管理和地方史研究，18年从事党政工作，其中13个春秋忙碌于县委、县政府办公室工作，3年奔波于龙海山区，两年主管县政法、统战工作。2008年1月，走上了县政协主席的领导岗位。在30余年的工作中，无论在什么岗位，他的工作都是忙碌而敬业的。

1977年8月至1987年8月，他正值风华正茂，即18岁到28岁的这段青春年华全都无私地奉献给了伟大的教育事业。前6年，他在赵家沟学校负责教务和团支部工作，年年任毕业班的语文教员、班主任。由于他勤奋而又踏实的工作，赵家沟学校的中、小学教育教学工作，一直名列前茅，尤其是初中毕业班的教学质量小有名气，本县好些地方的学生都到该校就读。由于工作成绩突出，先后被曲靖地委、行署授予“学雷锋、树新风”、“‘五讲四美’先进个人”称号，被评为县级模范教师、优秀班主任、优秀团干部。后4年，调到三岔河镇一中和县三中任教。

1987年县文化局筹建县文物管理所，太云生负责筹建，先后任副所长、所长，并组织开展了文物复查、近代优秀建筑普查、建党七十周年党史革命史展览等工作，为《陆良县文化艺术志·文物篇》、教材《陆良历史》等撰写了数10万字的稿件，并开展爨文化研究，率先提出陆良曾一度是云南的政治、经济、文化中心等观点，还主持修缮了大觉寺的大雄宝殿、大门等建筑。他认真负责的工作态度和严谨细致的工作作风，得到了省、市、县领导和同事们的好评，1987年被省评聘为文博专业馆员，1991年被县委授予“优秀共产党员”称号。

1991年10月，他被选调到县委办公室工作，其先后13年在县委办、政府办从事文秘工作，其中担任“两办”主任整八年。其间无论是当秘书，还是任副主任、主任，都能摆正位置，转换角色，出色地做好本职工作。

工作中，他坚持在全局中定位，立足全局谋大事，始终紧紧围绕县委、政府中心工作，全力协助县委、政府的主要领导谋大局、抓大事，较好地发挥了参谋助手作用。先后负责起草第七次、第九次、第十次县党代会报告、1999年至2002年度县政府工作报告以及数十次县委全会报告等重要材料。他总是亲自动手、重点把关，既当指挥员，又当战斗员，经常夜以继日地加班或带病撰写、修改文件材料，力求使材料紧贴上级精神、紧扣领导要求、紧系基层实际，从而有效发挥办公室工作在经济社会的发展中的应有作用。

他坚持在大局下行动，突出重点抓协调。他始终任劳任怨、耐心细致、认真负责地做好联系上下、协调左右、服务领导和群众的各项工作，较好地发挥了办公室中心枢纽、督促检查、综合协调、管理保障等职能作用。无论是组织会议和重大活动，还是机关建设管理和处理急难险重或热难点问题，他都能做到既当好对上工作关系协调中处于服务位置的“兵”，又当好对下工作关系协调中处于指挥和管理位置的“官”，更注重发挥横向关系协调中处于联系和协调位置的“轴”的作用。为协调各方关系，当好县委、政府机关的“管家”，他不仅加强了管理，还千方百计改善了机关的办公条件和生活环境。对分管联系的机要、档案、信访、保密、史志、预备役部队及挂钩乡镇等工作主动负责，受到了领导和同事们的首肯，先后被省、市评为第五次人口普查、档案、保密、勘界、预备役等工作的先进个人。

他严格要求自己，不断创新工作方法。他始终自觉遵守党的组织纪律和规章制度，认真贯彻民主集中制原则，在思想上和行动上与党中央保持一致，坚持以身作则，力求以高尚的政治素质和业务能力来影响和带动干部职工，从而既较好地履行了办公室的职责，又在办文、信息、督查和后勤服务等工作中创新工作思路和办法。任职期间，“两办”的办文、信息、督查等工作多次被省、市办公厅（室）评为先进单位，他本人亦多次被省、市评为先进工作者。他撰写的《试论督查工作的领导机制和工作机制》论文，在1996年全地区督查工作理论研讨会上获一等奖，主笔撰写的《陆良经济社会发展概况》、《陆良蚕丝绸产业一体化经营发展》等文章被收录在《曲靖地区经济社会发展概要》一书中；他主编的《爨乡》画册、撰写的《爨乡——陆良》、《陆良历史和建制演变》、《从三件出土文物看陆良悠久的历史和文化》、《陆良大觉寺历史演变》、《陆良油气勘探历史和开发前景展望》等文章，对研究陆良历史和宣传陆良具有一定的参考价值。

1995年12月至1998年7月太云生担任革命老区活水乡党委书记。他心系山区人民，本着“既来之，则安之，更要实干之”的信条，以活水乡为家，团结带领山区人民积极调整产业结构，大力加强水利、公路和教育、卫生、文化等基础设施建设，使该乡的经济社会发展取得了可喜的成绩，他本人亦在干部群众中留下了很好的口碑。

2006年7月至2007年12月，太云生担任县委常委、政法委书记、统战部部长，主管全县政法、统战两口工作，联系信访、安全、劳动和社会保障等工作。其间，他在县委的领导下，在省、市政法、统战部门的支持和指导下，以高度的政治责任感和务实的工作态度，团结带领各主管、分管、联系部门的干部职工，针对陆良政法和统战工作的实际，边学习边工作，认真履行工作职责，始终做到不失职、不越权、不回避问题、不上交矛盾、不推不滑，既敢于面对和处理热难问题，又善于采取措施抓薄弱环节，从而使陆良的政法工作有了新突破，统战工作有了新进展。在政法工作方面，他认真分析全县社会治安形势，及时会同政法各职能部门和各乡镇研究对策，扎实有效地组织开展各类专项打击行动，开展信访热难点问题排查调处，加强基层综治维稳基础建设，实施“平安陆良”创建等工作，使陆良的社会治安形势有了明显好转，综治维稳基层基础建设试点县工作得到了省政府有关领导的赞誉，党的十七大期间的社会稳定和信访工作受到了省、市委领导的好评，平安县创建工作于2007年底被省委、省政府验收、命名。在统战工作方面，他积极组织建立大统战工作机制，指导工商联、侨联和民族宗教部门开展工作。认真组织统战干部职工学习中央关于巩固和壮大新世纪新阶段统一战线的意见，建立联席会制度，有效整合了统战口的优势和资源，构建了既分工负责又协调配合的大统战工作格局，使陆良的统战工作有了新的发展。

2008年1月，太云生当选政协陆良县第七届委员会主席。为不辜负组织和人民的重托，一年多来，他没有“歇”下来，而是继续保持着以往在党委、政府工作时的热情，勤奋敬业，恪尽职守，积极秉承历届县政协领导的优良传统，紧密团结和依靠班子成员及全体政协委员，牢牢把握团结和民主两大主题，始终围绕全县改革、发展、稳定的工作大局和工作任务，不断创新工作方法，认真履行政治协商、民主监督、参政议政职能，充分发挥政协组织协调关系、汇聚力量、建言献策、服务大局的作用，扎实推进陆良新一届政协的各项工作，努力为陆良经济社会又好又快发展献计出力。谈到今后的工作，刚过五十岁生日的太云生表示：将以其对党和人民的事业始终尽职尽责的信念，孜孜以求，积极为人民政协事业和陆良美好的明天不懈努力。

太志华简介

（中共云南宣威磷电公司党委书记）

太志华，1962年3月18日出生于陆良，研究生学历，1981年10月参加工作，1990年8月加入中国共产党，高级工程师，现任江阴澄星集团总裁助理、云南宣威磷电有限责任公司党委书记。

太志华1981年10月进入宣威磷肥厂工作，昆明工学院自控专业毕业。

1990年取得中国政法大学法学专业本科文凭。

2001年7月~2003年10月在北京清华大学读工商管理研究生，取得清华大学MBA学位证书。

自1990年2月起，历任滇东磷化工公司计量室主任、设备动力处处长、总经理助理兼企管办主任、副总经理兼公司办主任、财务处处长、常务副总经理、党委书记、总经理等职。

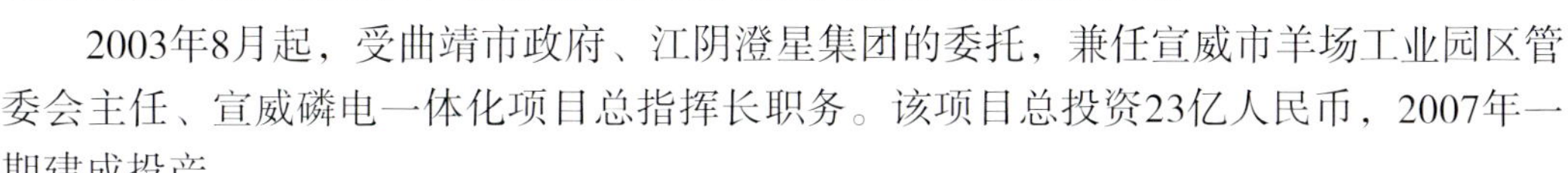

2003年8月起，受曲靖市政府、江阴澄星集团的委托，兼任宣威市羊场工业园区管委会主任、宣威磷电一体化项目总指挥长职务。该项目总投资23亿人民币，2007年一期建成投产。

2006年1月任云南宣威磷电有限责任公司党委书记、总经理。2007年10月任江阴澄星集团副总裁、宣威磷电有限责任公司党委书记，同时兼任曲靖市及宣威市、陆良县、罗平县人民政府经济顾问、四川金广实业（集团）股份有限公司在滇投资顾问。

太志华1994~1996年连续3年被云南省化工厅评为“厅设备管理先进个人”；1996年被化工部授予“化工设备先进生产者”称号；2003年当选为曲靖市第二次党代会代表、宣威市第三次人民代表大会代表；2003年3月被国家科技部授予“全国星火先进个人”称号；2004年被评为“全国化工设备先进工作者”，获得国务院特殊津贴；2005年被云南省委聘为决策顾问，并任云南省化工行业协会常务理事；2006年被中国设备管理协会编入《中国设备管理专家名册》。

勤奋学习铸人生

——记云南省妇联办公室主任计关琴

1962年12月8日，计关琴出生于陆良县的一个普通工人家庭，2006年2月从云南省人事厅调任省妇联办公室主任。

她出生时，父母供职于陆良县板桥镇供销社。当时家庭条件尽管不是很好，父亲还是将她送入学校，含辛茹苦地把她供到高中毕业。父母总是把对女儿的教育放在第一位，希望她们将来有所建树。看到父母的艰辛，计关琴在学习上格外认真努力。1973年，她顺利升入了陆良五中，1975年由于母亲工作变动，转入了陆良一中，并且完成了初中和高中的学业。

1978年，她被分配到了云南燃料一厂，在财务科担任出纳。此后8年，她在工作中积累了大量的财务工作实践经验，发现自己对财务工作有着强烈的兴趣，也很适合从事这项工作。因为父亲谦虚严谨、母亲细致谨慎的工作作风从小就深深地感染着她，这些都是做财务工作必须有的素质。同时，她也在业余时间努力充电，系统地学习了财务知识，联系工作实际，构成了她职业发展的宝贵财富，也为以后在更复杂环境中开展工作奠定了坚实基础。1986年5月，由于工作需要，她调昆明市五华区审计局工作；5年后调入云南省人事厅办公室财务科工作，先后任办公室财务科科长和办公室副主任。为了提高自身的专业素养和业务水平，分别在省财校、西南财院攻读财务专业；在云南省委党校学习经济管理、在中央党校学习法律，获得了会计师资格及大学本科学历。

回首30年的工作历程，她始终以主人翁的责任感、使命感、紧迫感努力作奉献，同时组织也给予她的很高荣誉。她多次获得了优秀共产党员、优秀公务员以及省政府授予的优秀工作者等光荣称号。工作中，她谦虚谨慎、深入实际、谨慎决策、大胆实践、沉着冷静，不偏听偏信，不盲从；不计较个人得失、不贪财利；主动承担责任，不推诿；对人信任、不猜疑。在工作岗位上，做到思维的四个转变，即由传统人转变为现代人，由经验思维转变为超前思维，由习惯思维转变为创造性思维，由封闭性思维转化为开放性思维。

回首往事，她倍感欣慰的是：自己的起点在有着“滇东粮仓”美誉、同时也是爨文化的发祥地之一的地方——陆良。正是这块人杰地灵的土地养育了她，让她有了前进的基础和不断奋斗的动力。无论何时何地，她都情系家乡，无怨无悔地为祖国建设、家乡发展继续有所作为，从而确定自己的位置，体现人生的价值。

群众贴心人 致富领头雁

——记中共陆良县委书记尹耀春

在爨乡陆良这片广袤的土地上，有这样一位好公仆，他出身平凡，却能带领全县干部群众走在时代前列；他性情温和，却能统揽全县经济社会发展大局；他履职时间不长，却创造了骄人的工作业绩。他就是现任中共陆良县委书记——尹耀春。

尹耀春1959年12月出生于云南师宗一个偏远的农民家庭，1977年9月参加工作，1982年11月加入中国共产党，1983年3月正式走上领导岗位，历任师宗县高良区、葵山乡、雄壁镇以及煤炭局、经委、工交局党委副书记、书记、主任、局长等职务。因工作成效显著，他多次受到组织青睐：1997年4月任师宗县委宣传部常务副部长、文明办主任；1998年1月任师宗县委常委，宣传部部长、文明办主任；2000年3月任罗平县委常委、常务副县长；2003年2月任会泽县委副书记、县长；2006年6月任中共陆良县委书记。在勤奋工作的同时，他更加注重自身理论学习的提高，先后于1985年至1987年在中共曲靖地委党校学习并取得大学本科学历，2001年至2004年参加华中科技大学函授班学习并取得研究生学历。

自幼的艰苦环境造就了他内敛、刚毅、果干的性格和宽厚、谦和的个人品质。30余年的工作阅历和三个乡镇、三个县直单位和四个县区的多岗锻炼，使得他在任何一个岗位上，都能迅速转变角色、发挥特长、找准工作切入点并迅速打开工作局面。在师宗他成了全市宣传工作树立的典型；在罗平他成了县委书记和县长的好帮手；在会泽他成了全县干部群众心目中的好县长；到陆良后，他通过短短三年的工作，赢得了“群众贴心人、致富领头雁”的良好声誉。

一门心思谋发展，勇当致富领头雁

陆良是云南最早建置的24个县之一，是著名的爨文化发祥地，素有“文献之邦”、“鱼米之乡”的美誉。但从全县经济发展状况看，陆良仍是传统的农业大县、人口大县，更是典型的财政穷县和维稳重县。为彻底扭转各项工作的被动局面，打破制约陆良经济社会快速发展的瓶颈，他工作伊始就立足新的资源优势，找准新的战略支点，确立新的发展思路，及时提出“围绕加快发展这一主题，发挥交通区位和人力资源两大优势，实施科教兴县、开放带动、可持续发展三大战略，加快工业化、城镇化、农业产业化和非公经济发展四项进程，突出基础设施建设、固定资产投资、产业结构调整、招商引资和社会主义新农村建设五个重点，发展造纸印刷、建材化工、茧丝绸、劳务经济、特色农产品加工和文化旅游六大产业”的“123456”总体工作思路。一是发挥农业生产优势，实现“三个率先”发展。针对陆良农业生产历史悠久、基础扎实、条件较好、农民素质较高的实际，尹耀春提出以发展现代农业为目标，以引进、培育农业龙头企业为重点，以优势农产品基地建设为核心，以发展壮大农村专业合作经济组织为纽带，按照横抓生产上规模、纵抓龙头带基地、齐抓流通拓市场的“三抓”思路和市场引导、因地利导、科技指导、效益诱导的“四导”方式，狠抓品种调新、科技调高、市场调外、流通调畅、户户调到的“五调”任务，努力提高农业生产专业化、规模化和组织化程度，完成15万亩优质水稻、15万亩国际型优质烤烟、15万亩优质桑园、15万亩无公害蔬菜、15万亩无公害水果、30万亩优质泡核桃、15万亩冬马铃薯、15万亩秋马铃薯、新发展15万亩速生丰产林和出栏商品猪150万头的建设任务，实现全县规模以上龙头企业达50家，农业总产值达50亿元，农民人均纯收入达5000元以上的发展目标，力争通过3至5年的努力，在全省率先调优农业产业结构，率先建成现代农业示范县，率先建成新农村建设示范县。围绕这一思路，通过加大对农业支柱产业投入、培育引进农业龙头企业、强化农业基础设施建设等各项措施的实施，陆良的农业生产有了明显改观，初步培育形成了粮食、烤烟、茧丝绸、畜牧、马铃薯、蔬菜、林果等7个产值上亿元的农业支柱产业，累计建成各类优质农产品基地110万亩，全县规模以上农业龙头企业达40家，其中省级重点龙头企业6家，市级重点龙头企业5家。2008年，全县实现农业总产值50亿元，比2006年的28.4亿元增加21.6亿元，年均增长32%；农民人均纯收入达4043元，比2006年增987元，年均增长15%。二是积极扭转工业发展被动局面，加快工业富县发展步伐。陆良工业经济发展一度时期曾是全省、全市的亮点，但由于更新改造和生产管理不到位，逐步形成了小而全、散而乱、经济效益普遍较差的发展现状。为尽快改变陆良工业发展的尴尬局面，尹耀春强调要牢固树立“工业富县”理念，加快工业园区建设步伐，搭建招商引资管理服务平台，用魅力吸引内外资企业入驻；要按照“一个产业、一个目标、一套班子、一笔工作经费、一套奖惩措施”的“五个一”的工作思路，切实解决工业经济运行中存在的突出问题，进一步加大扶持和培育力度，大力改造和提升造纸印刷、建筑建材、化工、能源、农产品加工和机械制造六大工业主导产业，推动技术进步和产业升级，增强企业核心竞争力，促使全县44户规模以上工业企业迈上一个新的台阶；同时加大项目建设工作力度，做到重大项目调研谋划一批、立项储备一批、招商动作一批、开工建设一批、投产达效一批，力争到2010年工业总产值突破100亿元。为此，他带头挂钩联系了陆良银河纸业公司的发展工作和陆良生态植物园建设等重点项目建设工作，协调省、市相关部门和领导关系，争取将千佛茧丝绸集团公司的改革改制工作列入了全国最后一批破产企业名单，促成了银河纸业公司与红云集团的合作，解决了陆良福牌彩印有限公司在管理机制方面存在的问题，大大激发了企业的发展活力。在各方的共同努力下，陆良工业经济取得了长足发展，2008年全县规模以上企业52户，实现工业总产值70.9亿元，比2006年的46.5亿元增加24.4亿元，年均增长23%。工业园区青山片区被列为云南省2008年30个重点建设项目之一。三是改造提升城市形象，建设文明宜居的曲靖次中心城市。陆良交通发达、地势平坦、居住集中，具有发展城镇经济的条件和基础优势。为有效提高陆良的城镇化水平，尹耀春指出要集中整合相关项目、资金，加快县城周边农村的基础设施建设和产业发展步伐，加快城乡一体化进程；要建设一批上规模、上档次的综合专业市场，努力把陆良建成滇东重要的物流中心；要全力抓好市政基础设施建设、强化城市管理、加快经营城市步伐，不断提升县城规模、档次和水平，确保到2012年把陆良县城建成15万人以上的中等宜居城市。在社会各界的大力支持下，县城面貌发生了很大变化。2006年，全县投入建设资金4284万元，先后完成续建、新建工程10余项，城镇人口16.86万人，城镇化率达到27.2%。2007年和2008年全县共累计投入建设资金10.95亿元，完成续建、新建工程29项，房地产开发项目12项。到2008年底，县城规划控制区面积223平方公里，建成区面积15平方公里，城镇化率达到32.59%。随着同乐大道南延、垃圾处理厂、城西三路、廉租房等一大批重点城建项目开工建设或投入使用，陆良城市建设的外延和内涵逐步出现了明显而又深刻的变化，建设生态和谐文明城市的步伐正一步步坚实地向前迈进。

真心实意办实事，争做群众贴心人

尹耀春高度关注民生问题，始终以解决人民群众关心的居有其所、学有其校、工有其岗、病有所医、老有所养、难有所帮、安有所保、权有所护等“八难”问题为重点，不断推进全县社会事业的协调、健康发展。一是在全县广大干部群众的强烈呼声中，及时启动并实施了以校长公开招聘、学校人事制度、工资分配和管理制度改革为重点的教育综合体制改革，及时扭转了近年教育教学工作连年滑坡的被动局面。2008年全县普通高考上线人数由2007年2910人增至3290人，高考上线率由2007年的62.81%提升到72.04%，跃居全市第三位。积极带领相关部门领导争取省、市领导机关支持，使陆良进入了国家实施新型农村合作医疗的盘子，在全县范围内启动实施了新型农村合作医疗。2008年末全县新型农村合作医疗参合率达90.74%，受益群众达47.73万人次，共有卫生机构112个，拥有卫生技术人员1234人，农民“看病难、看病贵”问题得到有效缓解；其次建立健全了社会保障体系，2008年城镇居民最低生活保障人数达6784人，农村居民最低生活保障人数18000人，农村社会养老保险参保人数42634人，城镇参加失业保险的职工人数19865人，低收入群体的生产生活得到妥善安排，贫困人口及家庭得到及时救助。三是在“平安陆良”创建中，坚持把维护社会政治稳定放在首位，深入开展社会治安综合治理和“严打”整治斗争；带头实行领导包案责任制，在全县倡导形成了层层抓落实的“大信访”格局。三年来，他批阅各类信访材料226份、接待各类信访人员185批691人次，有效缓解了人民内部矛盾；高度重视安全生产工作，与各乡（镇）党委签订了安全生产责任状，并深入重点行业进行了安全生产检查，确保了各项安全生产工作措施落实到位。四是始终把群众的生产生活问题放在心中，每到一处，他都沉下身子，深入农户家中或田间地头，与群众交心谈心，询问群众生产生活情况，并积极要求相关部门做好群众的生产生活保障工作，切实为群众办实事、办好事。2006年10月1日，陆良华侨农场发生天然气井喷事故，他第一时间赶到现场，紧急调集公安、消防、卫生等部门赶赴现场维持秩序、处理事故，果断决策疏散事故现场的周边群众，并积极调运救灾物资妥善安排好群众食宿，确保了1000余名疏散群众无一人挨饿受冻，得到了群众理解和好评。为做深做实各项涉农工作，2007年、2008年他带头联挂了马街镇海螺村、活水龙家水塘两个村委会的“千村扶贫、百村整体推进”工程，并在马街镇庄上村委会挂钩帮扶了一户农村特困户、一户残疾户、一名下岗职工、一名困难老党员和一名失学儿童，成为全县人民交口称赞的知民意、办民事、得民心的好书记。

身体力行严党纪，甘为自律新楷模

作为多年的领导干部，尹耀春始终坚持这样一种信念，就是政治上要坚定、工作上要创新、作风上要踏实、生活上要俭朴、经济上要清白。每到一处工作，他都严格按照中央和省、市纪委的要求，严格执行党风廉政建设和领导干部廉洁自律的各项规章制度，做到不以权谋私，对家属子女和身边工作人员严格要求。工作中不务虚功、不图近利、不求显绩；下基层轻车从简，注重实效，不搞花架子、形式主义和官僚主义，听实情、重实效；接待应酬倡导热情大方、注意节约，反对铺张浪费。在作风建设方面，他一方面洁身自好、率先垂范、当好楷模；另一方面，针对陆良部分党员干部表现出的不良倾向，组织在全县党员干部中开展了为期一个月的作风建设教育活动，对参与赌博和诬蔑诽谤的两名领导干部给予了严肃处分并在全县进行了通报。此外，他撰写《坚持以人为本、构建和谐陆良》一文，倡导全县干部群众彻底消除推诿磨滑、聚众上访、作风漂浮、嫉贤妒能的不良风气，要求进一步解放思想，更新观念，强化服务，优化环境，团结干事，共谋发展，积极挖掘陆良丰富的人文资源，发挥陆良人的聪明才智，求真务实、真抓实干，迅速把陆良的经济社会发展上去。

一分耕耘一分收获。尹耀春在陆良任职近3年来，全县经济实现了新跨越，社会发展开创了新局面，各项工作步入了高速发展的快车道。截止2008年底，全县实现县内生产总值72.1亿元，比2006年的47.79亿元增加24.31亿元，年均增长22%；实现财政总收入5.6亿元其中地方一般预算收入达3亿元，比2006年分别增加1.28亿元、0.9亿元，年均分别增长14%、20%；固定资产投资完成32.1亿元，比2006年的20.6亿元增加11.5亿元，年均增长25%；农民人均纯收入达4043元，比2006年分别增加987元，年均增长15%。

长风破浪会有时，直挂云帆济沧海。相信不远的将来，陆良将在百舸争流、千帆竞发中再次彰显出自身独特的魅力，成为引领全省、全市县域经济发展的排头兵。

亦文亦武 风雨兼程

——楚雄州商业局离休干部左向自述

我原名左光义，1923年出生在陆良县召夸镇鱼体村。

马街小学是百年老校、中共云南地下党活动据点。我14岁入马街小学读三年级，开始接受以德育为中心的德智体传统教育，接受地下党员教师们传播的马克思主义、革命人生观的理想和信念，对我品德素质影响十分深刻。

15岁参加地下党组织领导的抗日救亡运动。在与国民党乡保长抓兵征粮征税的斗争中，被抓押牢房一昼夜后获释。40年代，中共秘密党员熊从周第二次当陆良县长，我受聘参加地方做督导工作之后保送昆华农校读高中（公费生）。抗日战争胜利后，参加昆明“一二·一”学生爱国民主运动，任昆华农校学生自治会罢课干事。学运后被停止了公费待遇，被迫退学。

1946年，回马街小学任训导主任。在地下党组织的安排指导下，以教师身份作掩护，到南山区（召夸20个村寨）、路南彝族村寨组建“反三征”联防武装。“七·二四”马街武装起义，我率领南区部分联防武装，到五峰山接运撤退的起义部队到大撒卜龙扎营。在马鞍山，水井子、山口设有布防。

1948年5月28日，萃山中学、马街小学学生和龙海山区、南山区联防武装600余人上山，向弥勒西山转移。建立了云南人民讨蒋自救军一、二、三支队。我参与建设的南华联防武装一分为三，编入了三支队和一支队。编入自救军二支队百余人，即编为四大队二中队。2月分兵后，扩编为二大队五连队。

1949年，接中国人民解放军军委命令，改编为边纵三支队后，历任一、三支队（西进部队）三营长。新中国成立后，任军分区一营、独立营三分区汇剿独立营长。

在游击战争和剿匪战斗中完成了一项特殊战斗任务。

在富源普冲战斗中，占领警卫下村，掩护全支队各大、中队炊事员进村煮饭送上山，一天一夜后撤出。路撒突围战斗，我军马驮子翻在村口。我三中队奉命返回抢夺马驮子。攻占阵地时，击毙了敌人阵地指挥排长后，夺回重要物资马驮子。

三支队攻占罗平城的奇袭战。我三中队奉命天亮前奔赴大水塘，捉拿罗平城防恶霸镇长杨树藩。跑步前进，乘其开门突击卧室，从床上捉起。

“边纵”三支队二十三团三营，在开辟滇北根据地时，多次奉命执行独立行动特殊任务。

磨盘寺谈判执行警卫任务。夜间徒手下山接受卢汉赠送轻机枪、步枪数百件，子弹数万发，天亮前运上山。三营奉命护送纵队副司令赴砚山参加阿猛会议。

转战八千里，西进部队三团三营奇袭之战。奉命率七连担任突队长，一点突破元永井战斗，缴获大洋两万五千元。奉命抢占孔仙桥渡口掩护部队强渡渔泡江。瓦窑激战，我率领七连七次冲锋，三次肉搏，打得敌人向上峰求助，要飞机助战。

率武定军分区独立营剿匪。消灭政治土匪滇中反共救国军纵队，活捉金丽克、李茂森两个司令，打死马泽中，活捉杨正辉。受云南军区、武定专署奖金老人民币60万元，获西南军区、武定专署授予“第一个匪患净化了的军分区”电报嘉奖。

剿匪结束。赴中国人民解放军第二高级步校学习，优等生毕业。入长春军事师范学校毕业。任昆明步校大尉军官战术教员、军事科学研究员。军事教学成绩显著，立三等功。

60年代初转业退伍，在彝州地方商贸工作。历经20年坎坷历程，至党的十一届三中全会后落实政策，时年60周岁，按照县团级离休。

奉献余热25个春秋。

受中共云南省委、楚雄彝族自治州委党史办指派，义务参加云南地下党的革命斗争历史及中国人民解放军滇桂黔边纵队的武装斗争历史的征集编纂印刷发行工作，撰文千万字、成书发行数万册（以印数计）。通过史实印证，为上百名冤假错案的战友平反。

倡议筹资建了三座革命烈士纪念碑。

编辑出版发行了《红军长征胜利60周年书画架》一书，为州档案馆毛笔书写更换档案册卷封面上万件。

三中全会后我25年的离休生活，也是奉献余热的25个春秋。除了接受组织的委托、安排的任务外剩余的所有空闲时间，都积极参与省州市以及中国老年书画诗词协会和原“边纵”地下党住楚老同志联谊会等各种社会文化艺术活动。离休以来作诗上千首，撰文百余篇，出版专著两部。省州电视台采访5次，《走遍云南》栏目滚动播放5年之久。受聘“奇绝书画家协会”、“龙江石书艺”创作，参加国内外书画艺术竞赛，获国际国内金奖、银奖、特等奖多次。

在三中全会解放思想、实事求是的方针路线指引和改革开放大好形势鼓舞下，我的离休生活找到了寄托，充实、多彩而幸福。

申忠林简介

（中共宣威市委副书记）

申忠林，1965年6月出生，陆良人，1989年12月入党；1986年7月~1992年12月在陆良县召夸镇工作；

1992年12月~1995年12月任陆良县召夸镇党委副书记；

1995年12月~1997年1月任陆良县召夸镇党委副书记、镇长；

1997年1月~1998年7月任陆良县核桃村乡党委书记；

1998年7月~2001年10月任陆良县土地局局长；

2001年10月~2002年6月任师宗县委常委、政法委书记；

2002年6月~2005年6月任师宗县委常委、组织部长；

2005年6月~2008年10月任宣威市委常委、组织部长；

2008年10月起任宣威市委副书记。

朱斌简介

（中国人民银行曲靖支行行长）

朱斌，1964年5月8日出生，男，汉族，研究生文化，中共党员，现任中国人民银行曲靖市中心支行行长、党委书记。

1979年7月高中毕业考入曲靖财校银行会计班，1981年7月中专毕业后分配到中国人民银行陆良县支行工作，先后担任信贷股副股长、稽核统计股股长、副行长、行长职务；1993年11月调任中国人民银行曲靖市中心支行工作至今，先后担任办公室主任、副行长、行长职务。其间，交流到中国人民银行文山州中心支行担任行长。

工作期间，先后以脱产、在职形式到福建金融管理干部学院、西南财大、中央党校学习，完成了大专、本科、研究生学历。

他回顾工作以来的历程，感触多多、体会多多。他说：其实，人的一生就是学习的一生、历练的一生、付出的一生。从书本中，在老师的教授下学习前人总结的理论；从实践中，在同事、朋友的帮助下学习书本上没有的知识；从自省、认知中感悟做人做事的道理，从而领略人生的意义、境界。

他说：身为陆良人，我感到自豪！

史树贵简介

（第三军医大学附属医院神经内科书记、副教授）

史树贵，男，1968年11月30日生于陆良县中枢镇茶花办事处，现为第三军医大学第一附属医院（西南医院）神经内科党支部书记、副主任、副主任医师、副教授、硕士研究生导师。

1986年自陆良一中考入第三军医大学临床医学专业学习，1992年毕业后分配至沈阳军区第215医院工作，1994年考入第三军医大学研究生管理大队学习，1997年毕业后留校并分配至第三军医大学第一附属医院神经内科工作，2003年获医学博士学位。

他具有较强的临床工作能力，能够分析与处理神经系统疑难与重危患者，在癫痫患者诊治、缺血性脑血管疾病介入诊断及治疗、神经系统变性疾病诊治方面有较深造诣。2003年以来作为骨干成员开展了全脑血管造影术、经皮腔内血管成形术、支架植入术和经皮腔内超选择脑动脉内接触溶栓术诊断及治疗缺血性脑血管疾病的系统工作，能够独立完成颈动脉支架及颅内血管支架术等高难度手术，先后到四川成都、云南昆明、广东佛山及重庆市多区县指导上述手术。在手术病例筛选、术前评估、手术操作、术后管理等方面形成了特色，目前开展的介入手术例数在国内名列前茅。

他除指导研究生外还经常参加本科、专科层次教学任务。多年担任神经精神病学教学组长，每年大班课学时数达100余学时。主持完成5部多媒体教学课件的制作，其中主持制作的多媒体教学课件《神经系统定位诊断》获2000年第三军医大学优秀电教教材成果二等奖、2001年获重庆市高教委优秀科研成果二等奖，主持制作的《小儿癫痫与癫痫综合征》获2002年第三军医大学优秀电教教材成果二等奖（均为第一完成人）。先后两次被评为第三军医大学优秀教师。2008年被评为第三军医大学教学明星，并获“金烛奖”。

他积极掌握神经病学研究的发展方向。其中一个具有特殊临床表型的肌萎缩侧索硬化家系研究先后获医院创新基金、第三军医大学科研基金及国家自然科学基金资助，成人偏头痛预防治疗研究获杨森科学基金资助。至今共发表学术论文50余篇，SCI收录论文两篇、EI收录论文两篇。担任国内多家专业杂志编委，参编和主编专著7部。

1999年荣立三等功，2007年被评为第三军医大学优秀共产党员。

他说：上述成绩的取得离不开党和国家对我的培养，更离不开我在家乡的母校师生及家乡人民对我的支持和鼓励。在以后的人生生涯中，我将不遗余力地将我所学为祖国和家乡人民造福。

全心全意为人民服务

——记曲靖市经委原主任、党委书记刘富华

刘富华，1937年12月出生，陆良县人，初中文化，中共党员，1953年3月参加工作。历任陆良县农业技术研究所党支部副书记，县国营拖拉机站党支部书记、站长，县农机局副局长、局长，县委常委、县计委主任，县委常委、副县长兼县经委主任、党委书记，曲靖地区纺织厂党委书记，曲靖市（地区）经贸委副主任、主任，经委党组书记、工交党委副书记、书记。其间兼任市企业管理协会会长，市企业家协会会长，市工业经济联合会会长，市机械工程学会理事长，市质量管理协会会长，县级曲靖市县级第四届人大代表，曲靖市第一届党代表和人大代表。

艰苦创业，为实现陆良农机化而奋斗

陆良是云南省第一大坝子，坝区土地平坦，对发展农业机械十分有利。1960年10月成立陆良县农业机械站时，刘富华调任该站党支部书记、站长。当时共有拖拉机4台，排灌机械3台，职工20余人。他十分热爱农机工作，全神贯注地投身到找资金、搞规划、实施农机站建设，学习业务知识，学习管理经验，抓机站的经营管理。经过20年的不懈努力，到他离开陆良的1982年，全县拥有拖拉机905台（大中型拖拉机453台，29555马力）；排灌机械471台，219874马力；农副产品加工机械1689台；运输机械有汽车61辆，拖车714辆；场上作业机械1075台；插秧机562台；播种机7台；打谷机5522台；完成总作业量312万标准亩，机耕面积396817自然亩，机耙39678亩，作业收入281万元，盈余43万元。基本上实现了耕作、排灌、运输、脱粒、植保和农副产品加工的机械化。回顾陆良农业机械化事业的发展，他主要抓了以下工作：

一是认真贯彻党中央、国务院关于实现农业机械化的方针政策，大力宣传毛主席提出的“农业的根本出路在于机械化”的方针，使党的方针政策深入人心，使陆良县在水利、电力建设和机械、化肥推广使用得以实现，在全省率先实现耕作、排灌、运输、推土、压坝、脱粒植保、播种、收割和农副产品加工的机械化。陆良人民把农业生产的发展，粮食的增收，人民群众生活的改善归功于“响水坝（水利）电气化（农

田排灌）机械化和硫酸亚（化肥）”。

二是自力更生、艰苦奋斗。1960年成立国营拖拉机站，经县政府同意从县公安局设在阎芳桥的劳教农场划拨土地30亩，建设农机站。在建设资金十分短缺的情况下，他带领职工，利用春秋机耕间隔时间和晚上休息时间，自力更生搬石头、运沙子，拉砖块、做小工。经过两年的艰苦奋斗，建起了一个能停放100台拖拉机和拥有修理车间、配件库、油库及办公室、职工宿舍的农机站，不动用分文资金修通了阎芳桥农机站和厂区道路。省、地农机主管部门把陆良自力更生、艰苦奋斗建设农机站的经验在全省推广。

三是健全规章制度，加强农机管理。按照“思想要红、技术要专”的要求，认真抓职工的政治思想教育和技术培训，提高职工全心全意为人民服务和当家做主的自觉性和搞好本职工作的主动性；按照“以农为主、以耕为主，综合利用、扭亏增盈”的经营方针和“高效、优质、低耗、安全”的要求，建立健全机务、财务、计划、油料、安全五大管理制度；抓好机车的四级保养，三级维修；达到四净、五勤、三不漏的技术标准。财务管理方面实行单机核算，年终考核奖惩兑现。实施最严格的安全管理制度，在机站标准台作业面积、标准亩耗油和成本支出、机站盈利和安全无事故等方面创全省最佳，连续多年被评为全省先进农机站，成为农机管理的一面旗帜。刘富华作为一名基层农机管理干部，出席了1965年7月在北京召开的全国农业机械经营管理工作会议，光荣地受到了毛泽东、刘少奇、周恩来等党和国家领导人的接见。随后农业部武绍文副部长、农机部农机管理局高志学局长亲临陆良考察，并把陆良县列为全国100个农机化重点县和云南省的农机化示范县。次年国家和省就向陆良县投资170万元（全省270万元），分配拖拉机40台（全省60台），使陆良县的农机化得到了跳跃式的发展。

从实际出发，发展陆良地方工业

刘富华1978年当选为陆良县委常委、副县长兼任县计划委员会主任、县经济委员会主任，分管陆良的工业经济。

他开展调查研究，吃透陆良县情，理清发展思路。认为陆良是一个农业大县，土地平坦适宜种植粮食经济作物和发展畜牧业，交通方便，手工业较发达，但矿产资源和能源贫乏，工业基础薄弱，财政困难，要解决群众的吃饭问题，必须加强农业，要提高群众的生活水平必须发展工业，他提出了发展支农工业和能源工业（电力），发展以农副产品为原料的加工工业，发展增加劳动就业多、增加财政收入快的轻纺工业的指导思想和思路，并得到了县委、政府的支持，进而制定了工业经济发展规划、奋斗目标和政策措施。在支农工业方面，重点抓氮肥、磷肥、复合肥生产基地的改、扩建，保证农用化肥的供应；抓农业加工机械的制造，农机配件生产和农机修理；在能源建设方面，重点抓好陆良小水电建设与曲靖大电网的建设和保证工农业生产用电；在轻纺工业方面，重点抓好投资省、见效快、效益好、技术含量高、附加值高、就业多的纺织丝绸、皮革服装、造纸印刷等产业的发展。

二是突出重点，逐项落实，一抓到底。在他分管陆良工业和任曲靖地区（市）经贸委主任期间，协调财政资金、银行贷款、招商引资共3亿余元，对陆良氮肥厂、磷肥厂、曲轴厂、造纸厂、彩印厂、皮革厂、丝绸厂、织布厂、五金制品厂、红钒钠厂、酶制剂厂、园峰包装厂、制鞋厂等10多家企业进行技改扩建；使造纸能力达到年产4万吨，主要产品为胶版书刊纸、铝箔衬纸、书写纸、水松原纸和大规格高档文化用纸；缫丝规模达到1.1万绪，绢纺2500锭，年产白厂丝750吨；机制棉布600万米，印刷由铅印技改为彩色凹印，产品与烟厂配套，铜铝制品达到15万件/年，红钒钠1万吨，塑料编织袋1000万条，酶制剂1000吨；合成铵产量10万吨，碳铵24万吨/年，工业硫酸1万吨，普钙10万吨，羊皮制革40万张/年，羊皮服装120万件/年，皮鞋10万双。

经过大规模的技改扩建，陆良造纸厂、陆良氮肥厂、陆良磷肥厂、云南曲轴厂、陆良丝绸厂、陆良皮革厂、陆良水泥厂等7户企业成为陆良县龙头骨干企业和曲靖地区（市）的重点企业。

三是抓质量、创品牌、增效益。他把产品质量作为开拓市场、办好企业的第一要素来抓，陆良创出了几大产品品牌：云南曲轴厂生产的X195曲轴被国家机械工业部评为部优产品；陆良丝绸厂生产的“千佛牌”白厂丝达到4A级，荣获北京国际博览会金奖、省优质产品、国家免检产品；陆良皮革厂生产的“石林牌”服装被评为云南省优质产品，荣获“全国亿万消费者最喜爱产品奖”和“最佳消费奖”；陆良造纸厂生产的52克凸版纸、“吉林牌”胶印书刊纸被评为云南省“金象奖”。由于产品质量过硬，品牌效益显现，陆良皮革厂羊皮服装年产达到120万件，年创税利上百万元，吸纳职工2000余人，陆良丝绸厂年产白厂丝750吨，大部分产品出口，年产值达到1.3亿元，销售收入1.1亿元，实现利税1700多万元。

奋发努力，建设曲纺

曲靖纺织厂是根据省政府发展纺织工业“三点一线”布局，1982年省经委、省计委报请国家纺织工业部批准，利用曲靖地区通用机械厂和拖拉机配件厂改建而成的。建设规模为棉纺锭30748枚，织布机644台，全部建筑面积93457平方米，投资总额为3098万元，定员600人，列为云南省纺织工业重点工程。1983年刘富华调任曲靖纺织厂党委书记。该厂于1982年8月开工，1984年竣工，1985年一次性试车成功，当年生产棉纱9230件，棉布308万米，1986年正式投产，生产棉纱16745件（折标3001吨），棉布701万米，达到设计生产能力，实现利税300多万元。1990年固定资产总值3388万元，生产棉纱20146件，棉布1021万米，完成工业产值5571万元，实现利润517万元，全员劳动生产率达到18182元/人。省纺织局肯定曲靖纺织厂的建设项目工期短、质量好、投资省、试车当年有盈益，投产当年就达标。

曲纺建设项目，一次性总投资和建筑面积之大，设备数量和招工人数之多，当时为曲靖历史之最，建设工期短，工程质量之好，造价之低也是不多的。在当时的历史条件下就注重节约能源和环境保护也是少见的。电源进线为高压35千伏，直变为380伏，清花车间装配滤尘器，梳棉车间采用尘笼吸布袋二级除尘装置，生产车间安装13套上通下排空调设备，锅炉配备先进的除尘设备，除尘率达到92%，厂区道路全部植树绿化，环保、消防达到国家标准。

他加强教育培训，全面提高员工的政治素质和业务水平。对新招收的1000多名员工，要求文化水平高中以上，须经过考试考核才能录用。对新进厂的员工分批进行轮训，主要内容是学习时事政治、厂规厂纪，而后与原厂老职工一起分送到上海纺大和成都、重庆、南昌、昆明等纺织企业进行专业技术培训，经考试合格才能上岗值车。在用工制度方面也进行了改革，当年减少招工300人，改招农民轮换工，既减少企业成本支出，又保证一线工人年轻化。

他坚持管理创新，在全省纺织行业率先推行车间核算和计件奖励经济责任制，把产量、质量、消耗、安全与工资、奖金挂钩，从而大力调动了广大职工的积极性，大家都为增产、提质、降耗出力作贡献。

他积极推进技术进步，提高产品的技术含量，增强产品的竞争能力，购进具有世界先进技术水平的气流纺纱新设备和梳棉机，开发出52支纯涤纶纱、精梳棉80支双股线等高档次产品，使“珠源牌”纱、布系列产品出口香港、日本、西欧及东南亚国家和地区。

他以身作则，廉洁自律。他要求曲纺党政领导吃苦在先，享乐在后，凡是要职工做到的，领导要带头做到，凡是要职工不做的事，领导要带头不做，曲纺领导奖金是全厂职工的平均奖，比一线职工低20%；上级领导到曲纺检查指导工作在职工食堂就餐，厂里小车为业务用车，领导在市内开会和上下班都是骑自行车。竣工验收大会的纪念品是厂里生产的色织布一块，只发给参会代表，厂级领导一人未发。

他努力为曲纺发展后劲创造条件，报请行署批准，获得拨款220万元，买下曲靖地区农机公司土地和房产，为扩建2万纱锭做准备，新征土地30余亩作为扩建曲纺二期工程职工宿舍用地。

抓改革开放，促工业发展

1987年8月，刘富华调任曲靖市（地区）经贸委副主任，后任主任、党组书记、工交党委书记。

他抓改革、转换企业经营机制。全市工交企业的改革，是在全面实施第二步利改税和企业承包的基础上，从1993年开始，重点抓了企业组织结构的调整，股份制改造和优化资本结构的试点工作，在调查研究的基础上，经过反复论证，对市、县的64户工交企业实施了组建企业集团，兼并破产和股份制合作制改造。曲靖市1977年被列入全国111个优化资本结构试点城市，对试点中的31户企业实施了兼并、破产和减员增效，按照“优资”政策，各专业银行核准冲销呆坏账和减免利息9181万元。省、市、县三级财政借款转为资本金、股本金和停利息挂账9677万元，下岗分流职工4483人，为全市企业制度的改革和现代企业制度的建立奠定了基础。

他抓改造，全面推进企业技术进步。为了推进企业的技术进步和发展，成立专门机构，抽调得力干部帮助企业寻信息、跑项目、找资金，协调关系，做到年年都有新项目。“八五”期间，全市工交企业共实施技改项目263项，总投资12.6亿元，比“七五”增6.1倍。引进外资建立合资企业9个，总投资2344万元，开发新产品162个，新规格、新花色、新包装547个，推广应用新技术62项，技改项目累计新增产值12.2亿元，新增税利2.83亿元。

他抓管理，全面提高企业干部素质和管理水平，使企业资产增值，效益提高。全市“八五”末工交企业达到708户，固定资产达到20.8亿元，实现利税3108万元，全面完成省政府下达的年度扭亏增盈任务。

由于工作实在，成绩显著，他1991年荣获省政府授予的“云南省企业改革先进工作者”称号，1997年荣获国家经济贸易委员会授予的“国家八五技术改造先进工作者”称号。

老有所为，发挥余热

曲靖市老科技工作者协会于1988年8月成立，刘富华连续三届当选为副会长兼工业经济专委主任。10年来他积极协助会长，组织全市老科技工作者开展科技扶贫、科技培训、科技咨询、科研示范、调查研究和科技产品开发等活动，完成了11个专业委员会和9个县（区）老科协的组建工作，发展会员1826人。积极参与市老科协组织的三县四村的扶贫工作，共筹措资金76.6万元，帮助扶贫村群众解决引水架电、修路和建沼气池，组织老科技工作者768人次，进村入户培训农民12463人次，发送农科资料45867册，帮助指导群众科学种粮、养牛养猪、栽培果树。经过5年的扶贫，使4个扶贫村面貌得到改善，人均增加粮食321公斤，人均增加纯收入1322元。为解决广大农村农民使用农机技术困难，2006年他组织农机科研、教学单位的高级工程师和高级讲师，编写了《农机人员读本》并协调资金5万元印刷1万本无偿发送农村。他又组织化工老专家与陆良富强建材有限公司合作，对国家环保局定性为“危险固体废弃物”的磷石膏渣（陆良磷铵化工厂每年产生30余万吨）进行改性处理研究，获得成功。省科技厅已将“30万吨/年改性磷石膏产业示范”作为科技强省项目批准列项，支持科技开发资金150万元，并作为省节能减排重大科研项目上报国家科技部。磷石膏改性处理后，可替代天然矿石膏用于生产水泥的缓凝剂和生产轻型建材产品的原料。他还受聘陆良大东化工集团公司，帮助引进CO_2超临界萃取大蒜素先进技术，大蒜素胶囊（药品）获得国家药品监督管理局批准。建设项目获得国家发改委批准，列为“国家西部生物开发工程”重点项目计划，并得到国家财政部、省政府无偿投资各400万元，省经委贴息资金110万元，省发改委前期工作经费80万元的支持。由于成绩突出，他两次被省老科协评为云南省老科技先进工作者，三次被市老科协评为市老科技先进工作者，2007年还被曲靖市政府评为“老有所为”先进工作者。

为民造福奉献工交事业

——记曲靖市原工交党委书记许宝贵

许宝贵，陆良马街镇象嘴村人，1942年8月生，1964年6月参加工作，1971年2月加入中国共产党，历任过陆良县人民委员会会计员、县革委生产指挥组工交组组长，县工交局副局长、党总支副书记，县磷肥厂党支部书记，县经委交通科科长、副主任、主任、党委书记，副县长、常务副县长兼党组副书记，县委委员、常委，曲靖市工交党委书记、曲靖市经委调研员至退休。

他出身贫寒，致力于工业交通事业，奔忙六十载，深知人生的艰辛、持家的艰难、工作的艰苦。一生堂堂正正做人、实实在在做事。

许宝贵自幼勤奋，好学上进，加入少先队后任少先队大队长，高小毕业后由庄上小学保送进入陆良一中上初中。

1964年6月，他就读于曲靖财贸学校109班，结业后分配到陆良县三岔河粮管所工作。由于工作出色，勤学奋进，出席县首届学习毛主席著作积极分子代表大会。1966年3月调入陆良县人民委员会工业交通科工作。

任交通科长、经委主任、常务副县长等职务后，他为陆良的工业交通事业出谋划策，修路桥发展交通运输通信网络事业，勤恳工作，造福陆良人民。

公路建设改造谱新篇：新修大龙潭至水草湾公路；改造县城至活水、核桃村、大舍公路；新修活水至核桃村至双箐口公路；新修马街至大龙潭至三岔河公路；新修新发村至芳华至乘民、雨补公路；新修县城至天花公路；新修爱位至召夸公路；新修西桥至响水坝公路等。

抓住机遇，全民修路创辉煌：1984年至1987年国家实行“以工代赈”补助粮、棉、布，全县新修和改造县乡公路575公里。其中新修310公里，争取到国家补助资金637.5万元，国家“以工代赈”粮食1118.5万斤，棉花23.21万斤，棉布46.41万米。组织培训公路测设施工技术人员三批共131人。

新修柏油公路，提高路面等级和通行能力，适应经济社会发展；新修县城至马街、县城至三岔河、马街至三岔河、新发村至芳华至包装厂至板桥、响水坝至西桥、县城至小百户、白塔至活水的柏油公路，同时修建了彩色沙林、薛官堡爨碑亭、西桥工业区等多条专用柏油路；争取省交通厅立项建设渣子坡至核桃村，大龙潭至双箐口两条县乡柏油公路建设项目。

通过历年修路造桥，形成了四通八达现代公路的网络。陆良有“水乡泽国”、“桥乡”之称，县境内有公路桥梁90多座，其中新中国成立后建的近60座，仅许宝贵直接参与建设的有30多座。如老南大桥石台木面改造为钢筋混凝土桥面，新建白塔桥、大沟桥、舟东桥、南昌桥、鲁昌桥、沙沟桥等。

他积极努力争取到了开工建设90年代曲靖地区境内第一条曲靖至召夸高速公路（当时昆曲高速曲靖境内只有半幅，2007年10月方改建为高速公路）。他历任曲靖地区高等级公路建设指挥部成员、陆良县高等级公路建设领导小组副组长；陆良县高等级公路建设指挥部指挥长；曲陆高等级公路开发公司董事会董事。

贯彻“修路、养护、绿化”方针成效显著：1973年全省公路绿化会议在陆良召开；1985年至1990年陆良交通运输及公路管养5年被评为全省先进县；1987年和1988年全省公路系统深化改革会议和全省县乡公路养护会议到陆良参观考察，与会代表500多人。

公路建设促进了陆良交通运输发展变化：从人背肩挑到马驮马拉，从牛车到手推车，从手扶拖拉机到机动车运输，从驿道到沙石路，从沙石路到柏油路，再到高速公路、铁路，运输业发展真是飞速。陆良县从1941年拥有第一辆汽车，1954年拥有第二辆汽车，到2004年拥有汽车6460辆，摩托车41500辆，拖拉机6800辆，拥有机动车驾驶员58500人。交通运输业在陆良经济、社会发展中的地位和作用是显而易见的。

为使陆良建成“金桥银路”现代化、高科技的通信网络，促进对外开放的经济大繁荣、社会大进步，通往全国，走向世界。许宝贵作为县通信建设领导小组组长、分管邮电的副县长，上下奔走，多方协调，引领邮电通信建设和发展。从“摇把子”电话，到交换自动化，到纵横制交换机，到数字程控电话，到移动电话，到网络传输连接信息高速路，迎来了陆良邮电通信事业的划时代巨变，促进了社会进步、经济繁荣。1988年6月13日他主持拍摄了陆良县第一部电视专题片《致富路》，该片歌颂公路与运输的伟业，反映了“公路通，百业兴”的陆良交通历史。

1990年，南昆铁路即将开工建设，陆良县境内长16.945公里，但陆良火车站被设计在靠师宗附近的山沟里，受县委书记王学智是委托，许宝贵作为陆良县支援南昆铁路建设领导小组组长多次到云南省政府办公厅找王国亮同志，三到成都铁道部第二设计院，多次奔赴南昆铁路建设指挥部争取和协调陆良站移位到召夸镇，站为县级客运站，新增果河站，陆良县储量为60万吨货场及地方货场建成投入使用。召夸镇列为国家级第一批100个小集镇试点建设镇。造福召夸镇及全县经济发展。1997年3月18日，南昆铁路工作会议在广西百色召开，他出席会议，陆良县被评为先进县，铁道部授予他“南昆铁路建设立功奖章”，颁发了荣誉证书。

1997年省交通厅授予他从事交通科技工作三十年为交通科技进步作出贡献纪念章、荣誉证书。

他身先士卒，实践和探索陆良工业发展路子，打牢县乡工业基础，从围绕农业办工业，办好工业促农业到以市场为导向，以资源为依托，以科技为先导，以效益为中心，调结构、打基础，变革经营方式和经济管理体制，实行种养加一条龙、农工商技贸一体化，搞好一个产业，带动一片经济，造福一方人民。建立“产权清晰、权责明确、政企分开、管理科学”的现代企业制度。陆良县1994年实现工业产值首次超过农业产值，实现全县财政收入“减补创亿”。改革开放不断扩大，各项事业协调发展。由于工业经济的不断发展，每年毕业回县的大、中专毕业生、技校生都全员安排就业，并且委托云南大学培养陆良化工班，开办云南省第一所县办技工学校和职业高级中学，为企业培养实用的技术和经营管理人才。1988年10月云南省职业技术教育经验交流及表彰大会在曲靖召开，陆良评为先进县，他被评为先进个人受到表彰奖励。

1992年春，许宝贵主动到省委党校，找到当时正在党校学习的县委、政府主要领导王学智、赵建成，大胆提出了建立陆良经济技术开发区的构想。7月县委、县人民政府作出了《关于建立城西经济技术开发区的决定》，成立了协调领导小组，许宝贵任组长，制定了《陆良经济技术开发区详细规划》；12月4日，曲靖地委、行署在陆良召开有100多人参加的现场办公会议，许宝贵代表陆良县委、政府在会上作了全面汇报，并回答了地区相关部门领导提出的问题。1993年1月10日举行陆良经济技术开发区奠基仪式和同乐市场开业典礼，许宝贵任现场总指挥，典礼受到省地领导好评，并进行了现场直播。1993年2月27日省级专家组评审通过了《陆良经济技术开发区规划成果》。至此，开发区按照集科工贸为一体，融县乡工业、金融贸易、科技文化、第三产业和房地产开发为一体的规划正式付诸实施。

到1997年末，陆良工农业产值中工业产值已占60%，形成了电力、化工、建筑建材、林业造纸、印刷包装、茧丝绸、皮革制品、机械制造、烟叶复烤、天然气开发利用、食品加工等重点骨干工业产业，拥有职工3.6万人（其中乡镇企业2.4万人、国有及城镇集体企业1.2万人）。至此，陆良县经济结构调整初见成效，优势骨干产业逐步形成。

2002年许宝贵光荣退休。2003年市经贸委领导多次找他，希望他到市国有企业改革领导小组办公室帮助工作，后他到该办公室工作至2005年底。这期间不管是原单位和陆良领导及相关同志有事找到他，他都热情帮忙。

他的前任、原曲靖地区工交党委书记郭远猷同志，在许宝贵60岁生日时手书字画一幅送他：

宝镜善观世事情，贵知苦旅丹心诚。同舟共济经风雨，仁义相交重晚晴。

筑路“拼命三郎”

——记云南省公路开发投资公司副总经理孙乔宝

孙乔宝，研究生文化，现任云南省公路开发投资有限责任公司党委委员、副总经理，高级工程师，省交通工程高级职称评审委员会委员，省交通厅专家委员会成员和专家库评标专家。

1958年7月，他出生陆良县三岔河镇大马路村。1981年毕业于云南省交通学校公路与桥梁专业，分配到省公路科研所从事道桥研究工作。1997年至1999年就读于云南行政学院行政管理专业；1998年至2001年，就读于长沙交院道桥专业研究生进修班；1998年至2002年，就读于云南大学统计与信息专业研究生班。历任课题组组长、研究室主任、科研部主任、项目副经理，玉元公路建设指挥部工程技术质量处处长、副指挥长、总监理工程师，昆磨高速公路公司副总经理，安楚高速公路建设指挥部指挥长，昆瑞高速公路公司副总经理、总经理。他多年从事道路桥梁的研究，参与国内外多个公路项目的建设。1990至1996年，6次被评为省公路局先进工作者、先进科技工作者，并荣立一等功；1993年荣获国家五部委联合颁发金奖；主持的“旋转浸洗式沥青混合料抽提仪”获国家专利，获第三届中国青年科技博览会金奖；1991至2004年9次受到省交通厅表彰，先后被评为省交通厅先进工作者、优秀共产党员、劳动模范、先进个人、优秀科技人员、质量年活动先进个人；1995至2007年，有5项科研成果荣获四川省人民政府、云南省人民政府、交通部科技进步一、二、三等奖；2001年，获交通部交通建设项目环境保护先进个人称号；2005年被授予云南省劳动模范光荣称号。

他十分注重总结提炼道路、桥梁研究的成果及高速公路建设管理经验，在国家级核心刊物上发表了《红层软岩的岩体结构及边坡变形特征探讨》、《安楚高速公路红层软岩公路路堤病害处治方法》、《关于6车道高速公路路侧标志遮挡问题的讨论》、《云南安楚高速公路岩石边坡生态恢复植物适应性研究》、《安楚高速公路SMA混合料组成设计中若干问题的试验研究》、《红层软岩高边坡防治及加固技术探究》、《云南安楚高速公路岩石边坡生态恢复治理技术中基材的试验研究》、《高速公路建设对生态环境的影响及恢复》、《完善公路监理制度确保公路工程质量》等18篇论文；主编出版了《安楚高速公路论文集》、《安楚高速公路建设与管理》、大型画册《大通道的攻坚之战——安楚高速公路建设纪实》、电视专题片《大道如虹——安楚高速公路建设纪实》、长篇报告文学《突破瓶颈》等专著，为云南公路建设管理提供了有益借鉴。

他曾参与国内外多个公路项目的建设，具有熟练的公路设计、施工、监理、工程管理及指挥协调能力。在昆（明）河（口）公路新哨至蒙自段施工过程中，带领路面设计组进驻现场，根据不同的地质情况进行路面设计，既保证了路面工程的质量，又节约工程投资近2000万元。1993年至1994年，出任芒市过境公路项目监理工程师。1995年至1996年，赴巴基斯坦任5号公路项目副经理兼实验室主任，完成的试验工作卓有成效，受到国外专家称赞。1996年回国后，参与了玉（溪）元（江）高速公路建设，先后担任技术质量处处长和副指挥长兼总监理工程师。他坚持原则，对工程质量毫不手软，曾经“得罪”了一些人，有人为此状告到法院。为了质量，他忍受委屈，宁当恶人，不当罪人。玉元公路竣工验收评定，工程质量达国优工程标准，被授予国优工程奖。

2001年，安（宁）楚（雄）高速公路立项上马后，他任指挥长，肩负起人生中最艰巨、最沉重的担子。从走进指挥部办公室的第一天起，他脑子里想的、心里装都是安楚路，全身心融进了安楚路。他随时深入工地，掌握现场资料，经常深夜才休息。对公路建设者来说，时间的概念不是年月日，也没有白天和黑夜，只能用每次工程的开工和竣工来划分。按原设计，安楚高速公路封闭施工期为8个月。分管副厅长十分动情地说：“乔宝啊，这是特殊的线路、特殊的施工，省厅研究只能给你81天，你要把81天当作243天来用啊！”事情到了这份上，只有科学管理、统筹安排、巧干加苦干。他几乎天天在工地，白天干了晚上干，有时干到天亮，胡乱吃点早餐又接着干。天天一身灰一身汗，人都晒黑得快认不出来了。好在妻子也是公路建设者，有着共同的事业心，对他的忘我工作比较理解。那段时间，他偏偏血压又升高了，身上只得挂着心率监测仪。有几次，因血压高，头昏目眩差点摔倒，只得用手扶着车门，强撑着身子装着没事。在医院里，他仍放心不下工地，心里始终牵挂着每一项工程和每一个人，左手挂着吊针，右手批着文件，病床成了办公桌，病房成了指挥部。

他经常说：要严别人，首先严自己；管好工作，先管好人；无私才能公正，公正才能服人。作为一个指挥长，绝不要让别人瞧不起，自身一定要正。在工程招投标阶段，手机都被人打得发烫，亲朋好友甚至少数领导都打电话、打招呼，有的拉关系、攀人情，他们都是冲着40亿元的工程而来。对此，能躲则躲，躲不开的就耐心做好说服和解释工作，决不乱开一个口子。最终，安楚公路的各类招标均按照招投标法和建设工程管理的有关规定，在监督部门的全程监督和公证机构的现场公证下进行，杜绝了违规操作现象。他严于律己、廉洁做人，确保了建设管理各项规章制度的贯彻落实，推动了工程建设的顺利进行。

他创新理念，超前管理，带领指挥部一班人开工之前就制定了招投标、项目建设、质量、安全保通、财务、合同管理、环保与水土保持、精神文明和廉政建设等17个管理办法，依法管理；提前参与设计，减少工程变更；严格控制新增单价审批；认真执行合同文件，计量支付及时、准确；厉行节约，精打细算；统筹创优规划，落实创优措施；严密组织，加快建设进度；制定、落实安全保通措施，确保了450万辆社会车辆从安楚公路建设工地安全通行，仅客货运输就产生直接经济效益11亿元，实现了滇西大动脉的安全通行；落实环保、水保“三同时”原则，建设生态公路；实施科技攻关，科研成果丰硕，红层软岩地区公路修筑技术研究成果获四川省人民政府一等奖，填补了行业空白；岩石边坡生态防护技术研究成果获云南省科技进步二等奖。建设过程中未发生大的安全事故，未拖欠或克扣农民工工资。

安楚高速公路在周密计划、思路明确、方法科学、管理有序的状态下高速运转。在短短10个半月的时间里，主线总长129.93公里的安楚公路路基工程全线贯通，实现了路基一年贯通，提前半年建成通车的目标，节约投资3.24亿元，均公里造价为2700多万元，创下了云南省同类高速公路建设项目造价最低的纪录；水保、环保工程一次性通过水利部和国家环保总局的验收，未提出任何整改意见；竣工决算顺利通过了省审计厅的审计，无任何违纪、违规的整改意见；工程竣工档案资料完整、规范、齐全，一次性通过交通部档案馆的专项验收；安楚公路顺利通过交通部组织的竣工验收，建设项目综合得分94.62分，建设项目综合评价等级为优良；廉政建设创佳绩，建设项目被评为全国交通基础设施建设廉洁工程项目，全面实现了“工程优质，干部优秀”目标；安楚公路建设项目在云南省已建成的高速公路中，取得了进度快、质量好、投资省的好成绩。

安楚公路全体建设者塑造了严谨务实的敬业精神、科学高效的创业精神、团结奋进的拼搏精神、廉洁奉献的先锋精神，创造和积累了高速公路建设与管理的七条成功经验，丰富了云南高速公路建设的实践，积累了宝贵经验。安楚公路项目被评为“全国交通建设优质管理十佳项目”、“全国交通基础设施建设廉洁工程项目”、“云南省优质工程一等奖”、“国家优质工程”；指挥部被评为“全国交通系统先进集体”、“云南省2001至2005年度公路工程建设与质量管理先进单位”；指挥部承担的科研课题在省内外荣获各种奖励，安楚高速公路建设项目，在云南公路史上写下了浓墨重彩的一章，孙乔宝本人也被评为云南省第十八届劳动模范。

他说：“当一名指挥长的确很累。但对一个学公路与桥梁专业的人来说，赶上公路建设大发展的好时机，充分发挥自己所学，争创优质工程，让云南公路建设少走弯路，同时也让自身价值得到更好的体现，再苦再累，也无怨无悔。”

2005年10月，他任昆瑞高速公路公司总经理，全面主持昆瑞公司的工作。他在抓好公司所辖高速公路的运营管理及在建项目的建设管理工作的同时，继续发扬雷厉风行作风，在省交通厅的领导及督办下，1个月内实现了昆（明）保（山）高速公路的联网收费工作，成为省内首条实行联网收费管理的高速公路，为实现全省公路联网收费奠定了基础；他配合国家审计署，做好对楚（雄）大（理）高速公路的审计及效益审计，较好地保证了审计效果。

2006年5月，他任云南省公路开发投资公司副总经理，分管公司办公室、经营规划发展处及公司所属6个子公司的工作。他全身心地投入到新的工作岗位，充分调动公司职能处室的能动性，多渠道调研、筹备6个子公司成立的相关事宜，提出子公司的组建方案；各子公司挂牌成立后，他协助公司做好人员的划转、安置工作；督办划分了各子公司的经营业务，解决了多个公司并存的问题，规范了各子公司的经营秩序；督促、制定了各子公司经营管理、绩效考核办法，签订目标责任书；引导各子公司拓宽经营思路，主动寻找市场、开拓市场；协调、处理子公司经营管理中遇到的问题。为把6个子公司培育成“专、精、特、强”的专业公司，作为分管领导，他深感责任重大，从不敢有丝毫懈怠，正在竭尽全力地工作着。

做个机关勤务员

——记云南省质监局办公室副主任兼机关服务中心主任李正昌

李正昌，1963年3月25日出生于陆良县马街镇四堡村一个普通家庭。1970年9月~1976年7月在郭家村小学读书。上学期间尊敬老师、团结同学，成绩优秀，被推选为班长；1976年9月~1979年7月在陆良县马街镇第二中学读书；1979年8月~1980年9月在家务农；1980年10月入伍，先后在省军区司令部通信营、通信营有线连、省军区教导大队二中队（后更名为干部文化学校）任司务员、代理司务长，司务长，1993年2~10月任省军区军需处被装助理员；1991年9月~1994年7月参加了天津汽车工程学院大专班学习；服役期间，他尊重领导，团结战友，工作积极，好学上进，多次被部队嘉奖，先后被评为优秀战士、优秀团员、优秀党员，荣立三等功三次。

1995年8月，他转业到省产品质量监督检验所工作。1996年4月，调省技术监督局。到机关工作后，他严格执行党的政策和省局规定，能正确领会领导的意图，做实做好各项工作，圆满完成任务。由于工作表现好、组织协调管理能力强，他连续两年被评为先进个人，经组织考核、职工推荐，1998年2月被局党组任命为机关服务中心副主任（主持工作），1999年5月任中心党支部书记。任书记期间，他能发挥党员的先锋模范作用和支部的战斗堡垒作用，多次被评为优秀共产党员。他带头开展批评与自我批评，以实现党内监督，提高党员素质。近几年来，部分党员“怕”字当头，不敢开展批评与自我批评。批评上级怕丢“乌纱”，批评下级怕丢“选票”，批评同级怕伤“和气”，批评自己怕丢“面子”。针对这些问题，他把机关党员同志的思想统一到党的路线、方针、政策上来，带头拿起批评与自我批评的武器，分清是非，提高认识，破除旧观念，树立新观念，总结新经验，解决新问题，使机关党组织在新的基础上，达到新的团结。

1999年9月~2001年7月他参加省委党校法律本科函授班学习。2002年8月省质监局处级干部竞争上岗，他竞选机关服务中心主任，2003年1月调机关办公室任副主任，2007年8月省局党组研究决定，任局办公室副主任兼机关服务中心主任。他认为做好机关服务中心的工作，概括起来就是管理事务，搞好服务；做好办公室的工作，概括起来就是参与政务，管理事务，做好服务。办公室是一个单位的窗口，代表着一个单位的形象，工作涉及方方面面，事情多，事务杂，关系到单位职工的切身利益，做一百件事情，九十九件做好了，有一件做得不好，都会损坏单位的形象。因此，不论是政务工作、事务工作，还是会务工作，每项工作都要认真对待，积极主动，一丝不苟，做到忙而不乱，有条不紊，必须端正服务态度，提高办事效率，树立单位的良好形象。要保证工作高效、有序运转，必须做到眼勤、耳勤、脑勤、嘴勤、手勤和脚勤，当天的事情当天办，上午的事情不能拖到下午办，今天的事情不能等到明天办。

他认为，人的一生每走一步都要有自己的理想信念，在家做个好孩子，上学做个好学生，步入社会做个好青年，入伍后做个好士兵，到单位做个好职工，到领导岗位上做一个优秀领导。一生要有“八颗心”：对长辈有孝心，对领导用真心，对同事有热心，对亲戚朋友要诚心，对妻子会关心，对子女有爱心，对工作有耐心，对社会献爱心。在部队服役期间，指导员随时他们帮助树立正确的人生观、世界观，做一名优秀干部，随时为职工排忧解难，解决职工的后顾之忧。作为当兵人来说：做事就像打仗一样，要想做到的事和达到的目的，不管有多大的困难和阻力，一定要有决心、有信心、有能力把工作做好、做到位，让领导放心，职工满意。

他坚信，人的一生做人有原则，做事有标准，大事讲原则，小事讲风格，热起来能熔化钢铁，冷起来能结成冰块。他从一个普普通通的农村孩子，多年来在父母、朋友、老师和各级领导的关心帮助和培养下，今天能成为县处级干部，深感肩上的担子和责任重大，为了单位的发展，为了党和人民的利益，随时准备牺牲自己的一切。

耐人寻味的人生“故事”

——正县级干部李吉明事略

李吉明，1945年3月15日出生在陆良县马街镇郭家村一个贫穷的农民家庭。他品学兼优，在陆良二中读初中是“三好生”，在陆良一中高九班是尖子生。1968年11月参加工作，历任县革委会政工组织干事、再邑大队党支部副书记、县委农业学大寨工作组组长、三岔河公社团委书记、三岔河供销社营业员、小百户公社办公室主任、小百户乡乡长、小百户区区长、三岔河区党委书记、县委委员、县委宣传部副部长、县人民政府办公室主任、陆良华侨农场副场长兼实业公司总经理、县人大办公室主任、县人大常委会委员。2002年经曲靖市委批准为正处级退休。

锦程折戟

李吉明的父亲斗大的字不识一个。20世纪40年代，因叔叔被国民党抓去当兵逃跑，父亲被官府抓去县城坐牢40天，幸亏被称为熊青天的县长熊从周（中共地下党员）得知，给予释放回家。后又被乡保长抓去关押近两个月，敲诈勒索田产数亩后方才放回。新中国建立后，父亲靠当泥工匠挣钱养家糊口，常因不识字记不下工日被克扣工钱，故在儿子上小学时就语重心长地说：“好好读书，认得两个字才不会受人欺，不吃亏。”哥哥在新中国成立前小学未读完就外出帮人放牛做杂活，母亲和姐姐靠点薄田瘦地维持生计。

从小感知生活艰辛的李吉明刻苦读书，立志做一个有文化、有知识的人。在陆良二中读初中时担任第八班班主席，在参与大战马街海，开发中原泽的劳动中他虽然个子小体力差，但因积极苦干，被评为劳动模范。他学习成绩名列前茅，是全班42人考取高中的三人之一。在陆良一中高九班读书时品学兼优，担任班团支部书记、学校团委委员、学生会委员。1965年，高考前学校的政审意见是把他作为报考重点大学某绝密专业培养，他的努力目标也是报考全国重点大学。天有不测风云，他突然患渗透性胸膜炎病住院医治28天，失去了高考的机会。为了找回失去的年华和美好的期望，次年参加高十班复习考试，又无奈地遇上“文化大革命”。历经十年浩劫，1977年恢复高考，已是32岁的他，又因工作不能脱身，不能参加高考。后来参加过的高等教育学习又不被认可。走入社会以后，步入的是艰难曲折的人生之旅。

起航 转舵

1966年，陆良县委派出工作队进驻陆良一中发动“文化大革命”。随后曲靖地委决定陆一中的三个高中班的学生及全校教师集中到曲靖农校揭批所谓的“走资派”、“牛鬼蛇神”，李吉明被动员在批判陆一中校长的大会上发了言，内容是他自己也还搞不明白的所谓校长执行了反动的资产阶级教育路线。那年10月，陆良选出数十名学生代表上北京接受毛主席检阅，李吉明是其中一人。

李吉明从北京回来后，陆一中成立了“星星之火”战斗队，随即“红旗”、“燎原”、“五洲”等各式各样的战斗队组织像雨后春笋般冒出来。在陆一中球场上，李吉明组织了两次批判县委执行了所谓“资产阶级反动路线”的大会，提出要县委写检讨。他成为全县第一个举旗“造反”的带头人物。不久全国上下到处是“炮打”、“火烧”、“打倒”的口号，这时，李吉明不是趁势而轰，而是冷静地思考：谁是我们的敌人？谁是我们的朋友？他认为“打倒”就是推翻，是对待敌人的，而自己组织批判的对象县委书记张登高则是打土豪分田地的翻身农民，是扛过枪推翻反动政权的游击队长，又是被群众誉为“县委书记的榜样——焦裕禄”式的干部，能打倒吗？于是他对“造反”不再感兴趣，而是遵照毛主席“到农村去接受贫下中农再教育”的号召，带着自己组织的战斗队下乡宣传，和社员一道上山铲草皮、烧火灰积肥，接受贫下中农再教育。

李吉明离开造反舞台后，随之而起的是县城里面逐渐出现了两大派，“打倒”的口号满天飞，甚至有的诬洎县委书记张登高是“叛徒”。文斗变武斗，抓人游街，坐牢的事情烽火连天。为了弄清事实真相，李吉明和沈晓阳同学买饼干吃着拦货运汽车乘坐，跑遍全省有关州市，找新中国成立前和建国初期在陆良工作过的领导调查了解张登高同志的情况。经调查无任何问题后，李吉明和高焕文、仕保坤等同学组织了一批用调查材料写成的大字报和大标语，于1967年11月13日分头在全县各集贸市场贴出。大标语就是“支持县委书记张登高站出来革命”，落款为“1113部队”，此行动得到了全县绝大多数干部和群众的支持。随后在武斗混乱期间，李吉明为保护张登高的安全，随张登高从陆良西山的村寨转到东山的许多村寨。1968年4月，张登高奉命由曲靖乘火车到北京高等军事院校学习，却被“造反派”在曲靖火车站抓回软禁。李吉明通过当时的支左委员会开了证明，于1968年4月19日晚9时，和同学马小富带上炒面干粮秘密地日夜兼程两天，冒雨徒步翻越陆良牛首山，将张登高护送到很不招人耳目的马龙县鸡头村站上火车赶赴北京。后因路费不够，李吉明只身把张登高送到北京。当年年底成立县革命委员会，张登高任陆良县革命委员会第一副主任，但在省革委拟调张登高到省工作时，张却病故了。

祸从天降

1968年11月，李吉明调县革委会宣传组工作，随后在“一打三反办公室”、“清队办公室”、“审干办公室”、“政工组、组织组”工作，到三岔河公社大沟大队八社接受再教育4个月后回“政工组办公室”工作。1970年，原省委书记谭辅仁号召全省水田种小麦，他随县革委领导下乡了解到有些村社把长好的蚕豆挖掉种小麦，群众想不通意见大。当年底县革委召开整风大会，县革委军代表找他做工作，要他在整风会上发言批判一个领导干部，他彻夜难眠：若跟着批肯定会得到提拔重用，若不跟着批必然受排斥打击，但做人不能踩在别人的头上往上爬，更不能无中生有说假话。思前想后，他认为批某干部无从谈起，只能向领导集体提意见建议比较妥当，所以他在大会发言时说：“谭政委要求水田种小麦，我们不能用宣传他的职务来动员，而应多做深入细致的思想工作，讲种小麦比种蚕豆高产的好处。建议县革委要加强思想政治工作，避免强迫命令。”此言一出，县革委中握有实权的人上纲上线歪曲发言，随后两个晚上组织全体机关人员和十大局领导批判李吉明。数日后，谭辅仁遇害身亡，李吉明被隔离审查。军代表反复审问他反对谭政委的动机及是否与杀害谭政委的凶手有联系，要求写出详细检讨。直到参加过整风会议的曲靖地区革委会组织部的同志实事求是地向地区革委会主任、军分区政委王文宗汇报后方才告一段落。此前李吉明曾经支部大会讨论同意入党的问题也被搁置。“9·13”林彪事件后，有传说谭辅仁是林彪线上的人，县革委领导人才马上授意机关党组织负责人宣布：李吉明是中共正式党员，并安排负责筹建共青团陆良县委和县妇联的工作，当各项准备工作就绪，召开团代会选举团县委领导班子人员的头天晚上，县革委领导便把李吉明叫到县委小会议室做工作说：“团县委是做青年工作的，你是个党员，就不列入候选人名单了，希望你服从组织安排。”团代会后，李吉明调任三岔河公社团委书记。

抛出仕途

1974年7月，李吉明调回县革委会办公室工作，1975年县委安排他任再邑大队农业学大寨先进典型工作组组长兼再邑大队党支部副书记。1977年，县委决定开挖新盘江，他被安排到高庙盘江工程指挥部办公室工作，早上和大家一齐挖盘江，下午在办公室处理事务。1978年9月，经县委常委讨论，决定调他到三岔河供销社大门市部当售货员。他心知肚明，说他是所谓帮派体系的人，就是与那些同自己一道曾经保护和支持了革命领导干部的个人和组织，有过共识，不是错而是做对了，理应得到肯定，但是没有什么可争辩的，只能是听从“权力”的指挥，动身到乡下卖起了针织品，刻苦钻研业务。工作两个月后，便得到了供销社领导的表扬。

党的十一届三中全会后，三岔河公社党委书记找他谈话说：“三中全会已经明确，你们青年学生参加文化大革命无打砸抢等违法的人，没有什么问题，你思想上不要背包袱，党委研究由你带一个工作队去白岩（大队）做做三队闹分队的工作。”说到“文化大革命”，勾起他自己的心思，过去虽然不晓得什么“四人帮”，但是自己曾用实际行动反对过“四人帮”打击革命干部、打砸抢的罪恶行径，人所共知，根本就不应该有什么包袱，有的只是对所受到的“待遇”有疙瘩和耐人寻味的疑问、质疑！

重归仕途

1979年9月，李吉明调任小百户公社办公室主任。在小百公社工作期间，在良师益友、公社党委书记程宗舜同志的传帮带下，学到了不少基层工作的经验和做人的准则。改革开放后，基层组织机构变动，1983年初他被任命为小百户乡乡长，随后乡改区又被任命为区长。1984年9月，调任三岔河区区委书记，县第四届党代会选举为县委委员。在担任区委书记期间，他团结一班人突出抓了三件大事：请县城建局帮助做了集镇建设规划，征收了部分土地；为陆良三中征地扩大了一倍的校园面积，支持陆良十三中学（现镇一中）建盖了一幢教学楼；修通三岔河至华侨农场9米宽的公路，为后来建成柏油路面打下了基础。

1985年9月，因工作需要，李吉明调任县委宣传部副部长，后主持工作。后到省委党校宣传班学习两个月、到中央党校改革短训班学习半个月。在中央党校学习期间正处在1989年北京政治风波高潮，他是非明确，立场坚定，回县后忠实宣传贯彻党的基本路线，维护本地安定团结的政治局面。主持宣传部工作两年期间，他有效地推进了党的路线、方针、政策的贯彻落实。

1990年9月，李吉明调任县政府办公室主任，迎来送往、上情下达、协调各方面关系等事务十分繁杂，他和三位办公室副主任团结共事，各项工作有条不紊，忙而不乱。在此期间，出现了板桥镇马军营“5·26”事件，从事发到结束的每个环节李吉明都记录得清清楚楚，先后共撰写了24篇宣传说理文章，其中18篇皆出自李吉明之手。

1991年2月，李吉明调任陆良华侨农场副场长（副处级），不久成立陆良华侨农场实业总公司，李吉明兼任总经理。在场党委一班人的共同努力下，制定了开发建设规划，选派了20多名年轻人到省侨办培训，内引外联推进改革，初步建设了华侨一条街。1993年初，陆良华侨农场作为唯一被邀请和省侨办领导及省侨办下属企业领导一齐出席了在珠海召开的全国华侨农场企业业务洽谈会，李吉明代表陆良华侨农场出席了会议。同年8月，李吉明到北京参加国务院举办的全国华侨农场系统干部培训班学习了两个月。

1994年7月，李吉明调陆良县人大办公室工作，后任办公室主任、党支部书记，换届选举时选为县人大常委会委员。在人大党组领导下，他忠于职守，协调各委室团结办公室一班人兢兢业业工作，连续4年被评为优秀公务员。2002年因改革政策需要被市委批准提前三年按正处退休。

2004年3月，李吉明被聘为县延安精神研究会副会长兼秘书长，2006年6月兼任县老科技工作者协会秘书长，为全面建设小康社会发挥余热。和他共过事的绝大多数人评价他：为人正直，乐观开朗，求真务实，团结和睦，醉酒当歌，能屈能伸。

寄情翰墨 淡泊人生

——记李自华的广电岁月

辛亥初春，惠风和畅，百花齐放。陆良县三岔河小学教师李自华奔波在马街与三岔河之间的龙海山间，指挥着上万名学生在书写近3000平方米一个字的政治标语“毛主席万岁”（如此巨幅的标语可申请吉尼斯纪录）。当时18岁的他并未想到会到广电行业来一展大手笔，描绘曲靖市广播电视事业的发展宏图。

自华从一个回乡知青、民办教师到陆良县文教局文化股长、文化馆长、文化局长，再从县委常委、宣传部长，曲靖地区文联主席，曲靖电视台台长、曲靖市广播电视局长、曲靖市委宣传部副部长、云南广电网络公司副董事长，云南亚广传媒公司总经理到曲靖市书法家协会主席，每一步总是走得那么蹊跷，那么出人意料。

自华是个艺术型人才，性耽翰墨，酷爱书法，小学时就和书法结下了不解之缘。1985年考入浙江美术学院后，他愈加奋勉，勤学好问，刻苦钻研，书艺大进，深得老师薪传。以后十年，他更是求学不止，长期默默地涵泳墨池，勤耕砚田。艰难曲折的人生经历造就了他坚韧的性格，多方面的文化修养使他充满诗人的激情，学者的思辨，敏锐的审美感觉与鲜活的艺术性灵。

自华长期从事文化宣传工作，撰写发表过许多理论文章，工余之暇，潜心钻研金石文字，历久而弥笃。其以不惑之年，脱颖而出，以书法篆刻与天下相驰骋，中外知名亦非偶然。他的书法与他在学问上的造诣一样，既善于总体上的宏观把握，又能在具体微观上切实钻研，兼收并蓄，博采众长，融会贯通，自出新意。其书法以中锋逆入涩进疾行多见，时有侧锋，用笔多变，巧拙兼施，空灵跌宕，妙合天然，体现出刚直浑厚，气度恢弘的特色。书法之外，他还兼工丹青和篆刻，虽偶以为之，亦出手不凡。其画以写意山水花鸟为主，有继承又有创新，用笔苍劲秀逸，超凡脱俗。

他的篆刻远绍秦汉，近参浙皖，受教于当代书法篆刻大师浙江美术学院博师生导师、教授刘江先生等大师。其作品布局突出书法意趣，刀法冲切并用，以破残平衡章法加强气韵，能纵能收，虚实相生，秀丽中带苍劲，流畅中见朴厚，蕴精而有法度。

自华是一位淡泊名利，潜心苦索的学者型书法家。其学问文章之气发乎笔墨之间，没有丝毫媚俗娇柔之态，是其做人做事一丝不苟，不赶时髦的人格精神的反映。书法篆刻作品曾多次参加国内外大型书展，并被国内外一些博物馆、图书馆、碑林、寺院收藏，远播欧美、日本、印度、新加坡、法国及香港、台湾地区，深受广大书法爱好者的赞誉。作品被收入《中国书画家艺术签名矜章作品集》、《中国当代青年书法家辞典》、《当代书画篆刻家辞典》、《老山魂全国书画篆刻展览作品选集》、《中国当代硬笔书法精粹》、《云南清代竹枝词书法作品集》等，小传亦被收入《中国当代艺术界名人录》，个人专著有《三步堂钢笔书法》、《云南当代书法名家李自华作品集》等。

他画得一手好画，写得一手好书法，可以凭借智慧，按照自己的艺术构思，设计着画面。然而自己人生的轨迹却没有一步是自己设计画成的，每一次工作的变动，都是在自己根本不知道的情况下就下了调令。但他干一行，爱一行，并干好一行。凭着自己的智慧，勤奋踏实工作，将陌生变为熟悉，从外行变为内行，并在不同的岗位上创造出可喜的佳绩。

1996年9月16日调任曲靖广播电视局长，他告别文联同事，踏入陌生而充满挑战的广播电视行业。他到任后没有慷慨激昂的就职演说，也没有立竿见影的“三把火”。头两个月，他几乎一言不发，而是深入基层调研，认真了解曲靖新闻的采、编、播、审、发工作，个别走访和召开座谈会广泛听取意见。

在经过大量的调查研究后，他在召开的第一次全局职工大会宣布：曲靖电视台的《曲靖新闻》由双日播出改为单日播出，并以《曲靖新闻联播》的形式在全市进行同步联网播出；在外宣上，上云南台播出的电视新闻要由1995年的136条增加到300条，用两年时间争取名列全省第一。

他的这次讲话，一石击起千层浪，点燃了想干事人的激情。但也有人怀疑，这完全是天方夜谭、痴人说梦。改双日新闻为单日新闻而且还要实现联播，这可能吗？实现联播在技术上没有多大问题，可哪来那么多的稿源呢？实现外宣全省第一，要创造300条的目标，这不是在说梦话吗？更有甚者，有人把李自华的这一举措说成是好高骛远，好大喜功！

“让人们去说吧，走自己的路。”李自华自然也懂得卡尔·马克思的这句名言的意义。过后，李自华把早已想好的措施和中层干部一说，大家不仅豁然开朗，而且从局长的身上，看到了他与别人不同的智慧和胆识。

实现日新闻全市联播，就要调动全地区各县电视台（当时是曲靖地区）的力量来办广播电视，仅靠我们曲靖电视台搞新闻的这十几个人是办不好的，要实现外宣全省第一也是办不到的。李自华调动全区办广电的办法，就是每月向各县、市主要领导寄一份《宣传通报》。在《宣传通报》上也不多说什么，将各县、市每月在曲靖电视台和省电视台的用稿情况用排名的方式通报给他们就行了。这份通报比投资几十万上百万还灵，一下子各县、市广电局向市台和省台送稿的积极性成几倍的增长，曲靖台、省台的新闻稿源源不断地飞来。一时间，曲靖电视台的新闻也好看了，在云南电视台播出的曲靖新闻，有时一组《云南新闻》中，竟有四五条之多。到了年底，曲靖广电人笑了，因为他们不仅实现了曲靖电视的日新闻联播，也实现了云南各州市外宣工作第一名。在人们的笑声中，给李自华投去的是信任的目光，这种信任也为他开创曲靖广电工作的新思路创造了条件，奠定了基础。也就是从那个时候开始，人们几乎不用多想，只要是李局长安排的事就去做，就尽心做好，回报你的总是成绩，总是殊荣……

1997年，曲靖撤地设市。思维敏捷的李自华认识到曲靖广电发展的好时机来了，他抓住这个机遇，开始了曲靖广电发展蓝图的规划，策划了全方位的整体改革方案。提出了“先治窝、后治坡”的工作思路和“建住宅、扩用户、建网络、建中心、建电子城”的五大奋斗目标，得到了王学智市长的肯定，并在曲靖市的第一个《政府工作报告》中明确了“要做好兴建广播电视中心的前期准备工作”。

李自华说：建住宅是解决职工的安居问题，安居才能乐业；扩用户是解决现金流，有了钱才能发展事业；建设光纤宽带网是为了扩大广播电视的有效覆盖率，解决人民群众听好广播、看好电视的问题。建中心是为了解广播电视生产基地，有了车间才能生产出好的电视节目，节目好看，才会有更多的广告收入；建电子城商住楼是为了解决建广电中心的贷款。

曲靖市人民政府下发了《关于在曲靖广电中心西南边临街面建电子城的批复》，同意将电子城的获得的收益全部用于偿还广电中心建设工程的贷款。常务副市长陈世贵召开专题会议研究，同意广电局自筹资金3811万元建设广播电视宽带网。

1998年曲靖广电的改革之年，李自华成了第一个吃螃蟹的人。他顶着巨大的压力面对来自外部和内部的各种阻力认定目标，知难而上，玩起了资本运作，显示出了与其文弱儒雅外表截然相反的魄力和执著实干的精神。他不顾个人安危，冒着巨大的风险向着既定目标奋力拼搏。分别启动了集资建职工住宅、多方筹措资金建设广电宽带网和广播电视中心建设的工作。

俗话说，隔行如隔山，在广电也是如此，搞宣传的，对工程技术可以说是一窍不通的。而搞工程技术的人员，对宣传也是门外汉。而李自华却不然。步入广电行业后，凭着他对这项事业的热爱和奉献精神，硬是将广电的各个行当钻研得非常精通，这不仅为他搞好广电工作创造了条件，也为曲靖广电人提供了学习的榜样。在他的带领下，曲靖广电实现了崛起，实现了腾飞。

在事业建设上，李自华常说的一句话就是：要盯着市场干，要围着市场转。他抓住机遇，乘势而上，20世纪90年代，当人们把关注的目光集中在市场大潮中的时候，李自华却换了另外一种思维方式：广播电视是朝阳产业，是新兴的产业，市场迟早要进入，但进入市场没有本钱是不行的，而这个本钱就是基础，就是硬件的建设。没有基础、没有硬件作保证，闯市场，搞产业化经营就是空话，曲靖广电当时200多人挤在一幢仅3000平方米的小楼里办公和开展业务，与飞速发展的广播电视形成了矛盾。“大广播、大电视、大宣传、大产业”，这就是当时李自华所赋予广电人的希冀。他说干就干，及时向市委、市政府提出了建设“曲靖广电信息中心”即曲靖广电大楼的请示，这一请求顺应时势，在曲靖市人民代表大会第一次会议上得到了批准。

功夫不负有心人。1997年以来，曲靖市的广播电视工作在全省广电行业中取得了令人瞩目的成绩。

2000年6月竣工的108套住宅以每平方500元的价格卖给职工，满足了当时所有需要住房职工的需求。

2000年10月，建成了一个现代化、多功能，为全市人民、党政机关和企事业单位服务的集广播、电视、计算机为一体的、能提供世界性的信息服务多媒体数字传输平台和珠江网站，提前5年实现了让曲靖走向世界，让世界了解曲靖的目标。

投资1.5亿元，建成了曲靖广播电视信息中心。曲靖市人民政府关于曲靖市广电中心建设有关问题的会议纪要肯定：曲靖广电中心是曲靖社会事业发展的标志性工程，大楼建设决策正确，为广电事业发展、珠江源大城市建设水平和档次的提高，改善市容环境作出了积极的贡献。

按照发展目标，创下了多个全省各州、市第一：上中央台播出稿件第一；云南电视台播出电视新闻连续五年全省第一；广告收入全省各地、州第一；自立中波塔全省第一；广播电视覆盖率第一；开通数字电视用户第一的好成绩。同时加速发展广播电视“村村通”工程，解决了边远贫困地区听不到广播、看不到电视的问题，使其人口覆盖率高于全省水平。

由他发起的、由广东、广西、贵州、云南省级电视台和曲靖、东莞市级电视台联合摄制的22集大型电视系列节目《祝福珠江》不但中央电视台购买版权播放，该片还输送到亚洲、欧洲和北美的多家华语电视台播出。

2003年8月25日他登上第16、17届全国电视文艺星光奖，第22、23届全国电视剧飞天奖颁奖典礼领奖台，捧回了国家电视文艺最高级别奖——星光奖的奖杯和奖状。

2005年7月24日，国家广播电影电视局副局长胡占凡到曲靖广电局视察时感慨地说：没想到云南会有这么一个设施完善、功能齐全、环境优美的广播电视大楼，没想到曲靖广电的宽带网能在电信前一年建成投入应用，没想到曲靖的广播电视覆盖率会有那么高，没想到曲靖的硬盘播出已经走在全国前列。

成就说明李自华不仅是一个务实创新的人，也是一个懂经营、善管理的人。在他的努力下，不仅在全省超前和创造性地理顺了市、区广播电视管理体制的关系，而且在用人机制、分配机制、运行机制、监督制约机制等方面进行了全面而系统的改革。在这些改革中，对如何配置资源盘活存量，实行职工竞争上岗双向选择聘用，实行成本核算等，均走在了全省同行业的前列。

这是曲靖广电领军人智慧的凝结、汗水的凝结、辛劳的凝结、奉献的凝结后换来的收获。这种收获盘江水知道，寥廓山知道，曲靖人民更知道。

面对成绩，李自华始终谦虚地说，曲靖市广播电视工作所取得的成绩，靠的是市委、市政府领导的高度重视，靠的是各有关部门的大力支持，靠的是广电局领导班子的精诚团结，靠的是全市广播电视职工的奋力拼搏。

如今，作为云南亚广传媒公司总经理的李自华正在昆明呈贡新城大笔书写云南亚广传媒中心的建设蓝图。

追赶梦幻的人

——记曲靖市科技局局长李国强

李国强出生于陆良县马街镇仕官村，从小就爱科学。1972年他在陆良二中初一，受《沼气》一书启发，独自在家中反复实验获得成功，建成曲靖专区第一口沼气池，给家庭用来煮饭和照明，陆良县革委会主任和学校师生及当地群众纷纷到他家中参观。后来，他亲自指导，分别在马街前所村、陆二中、县革委建起沼气池三口，成为陆二中第一任沼气组组长，还在本校各年级讲沼气课。

李国强任本校五七小工厂厂长期间，带领学生设计制造了圆规、三角板、半圆等教学用具和同学们用的脸盆、吃饭勺。同时他还是气象和地震组组长。他高中期间就研究过水分子和高压电子与煤气的燃烧实验，至今还没有停止过探索；他研究了圆盘计算尺和门捷列夫周期表，把氢作为一个基本当量，排在圆的中心重新排列和推算原子量，成功地把数学和化学应用在一起。他从小跟父亲学会了木工和石工技术，周末、假期到师生家制作家具和进行节能改灶。同时在任学校共青团宣传委员时，学习书法和绘画。

李国强是一个爱学习、爱创新的人。1978年郭举正老师发现推荐了他，调他到陆良县科委工作，搞地震测报，任会计，放科普电影。他用了两年时间学习了无线电技术，自己会装配收音机、音箱扩音机、发射机，电子管黑白电视机。

1987年至1996年，他在工作期间从没间断过读书学习，到昆明大学学习公文写作专业，自学考试中文专业；就读北京经济函授大学经济管理、深圳大学工商企业管理、武汉大学科技管理，考入西北大学就读政治经济学专业，分别都取得大专、本科、硕士研究生学历。

1986年他首次提出应用系统工程原理和方法，编制《陆良县1986年~2000年经济、社会科技总体规划》，请来国防科技大学教授讲课和指导，并得到省科委的立项支持，抽调11位专家和学者到陆良参加规划工作，成功地使外地专家和本地专家结合，完成了100多万字的规划文本。全省学习陆良经验，荣获省政府科技进步三等奖。紧接着他又邀请了中科院、北大、中国农大、华东师大等10多所大学在陆良研究走向县域可持续发展——陆良21世纪议程与可持续发展行动计划。完成了上100万字文本，成为第一个完成21世纪议程的县，得到了国家科技基金会的资助，荣获国家高教部科技进步二等奖。

1987年他提出集中人力、财力、物力，在双官堡成功地进行了科技扶贫示范，荣获曲靖行政公署科技星火奖。紧接着又在全县搞了科教示范村33个，使每户有一个科技明白人，一户带一院，一院带一片，一片带一村，使人们走一村一业致富的道路。调到曲靖市科技局任局长后，他在全市9个县（市）、区成功地开展小康科教示范村17个，为全市的小康示范村建设起到科技带头示范作用。

他干一行爱一行，进入工作角色快，到市科技局不到一年，带领广大科技人员，深入调查研究，提升科技管理能力，在全国首次提出工业技术创新、农业科技进步、民营科技创业、宏观科技管理的四大科技集成体系建设，经过7年实践，与云南大学王剑屏教授撰写出达100万字的文本，由科学出版社在全国出版发行，得到国家和省科技部门的肯定。

有人对李国强做过这样的形容，说他一跤跌在地上也会带出三个主意。

他从1983年就任陆良县科委副主任主持工作3年，有空就“胡思乱想”，遐想到了小时候放过牛、挑过柴的地方“麻沟”。1987年发现的彩色沙林，当时由于县科委力量薄弱，划给县建委开发管理，1992年7月才开发。

2001年世界沙雕协会主席格林可克在举办首届中国陆良彩色沙雕节暨沙雕大赛期间说：“发现沙林太伟大了！这里的沙子比黄金都值钱。”彩色沙林占地6平方公里，具有12种颜色沙子和48种微量元素，经专家论证，这里的资源是世界唯一的极其珍贵的具有较高的旅游开发价值、科学研究价值及文化价值。彩色沙林的门票收入从最初的一角，年收入一千多元，发展到门票价格40元，年经营收入超千万元，固定资产近亿元的规模。

他积极向当时的曲靖行署领导请示将五峰山列为国家级森林保护区，并率领干部职工在沙林景区附近的荒山上开山辟路，用炸药在坚硬的石头上炸出坑洞来植树造林。至今，1100多亩圣诞树防护林像一道道天然的屏障，将彩色沙林与国家级五峰山森林公园、佛教圣地终南山连为一体，卓有成效地保护了彩色沙林方圆2.5平方公里的生态环境。

他说：“搞旅游就是要无中生有、有中生奇，没有文化就没有灵魂。”在开发治理、经营打造彩色沙林过程中，他别具匠心地将自然景观与人文景观相结合，将陆良源远流长的蛮文化、爨文化与彩色沙林的自然景观相融合，赋予了彩色沙林灵魂，创造性地开发出爨史浮雕、灵泉浮雕、孟获七十二鬼主图腾、鬼主墓、惊马槽等极富创意的文化景观和历史题材，使彩色沙林具有了浓厚的文化色彩和鲜活的生命力。1993年，他积极抓住《三国演义》剧组到云南踩点的机会大搞宣传，使彩色沙林先后又上了《西游记》、《炎黄始祖》、《南蛮秘史》等20多部国内外具有影响力的影视剧，彩色沙林目前成为全国知名的爨蛮文化影视基地。“惊马槽”经中央电视台《走近科学》专栏组亲临彩色沙林破译这一奇特的自然现象，并在中央电视台分别3次播出，云南台《人文地理》栏目又拍摄播出3次。2001年至2004年，连续4年成功举办中国陆良彩色沙林沙雕节暨沙雕大赛，提高了陆良的知名度。难能可贵的是，当世界沙雕协会主席格林可克率领不同肤色的专家们奔赴陆良看到一地的彩色散沙后，为如何将易流失的彩色沙雕经久保存大伤脑筋时，李国强利用自己的学识发明研制了一种固沙剂（获国家专利）。这种固沙剂为历年沙雕节的如期举办和沙雕造型的长期保存奠定了科学的基础。

这些年来，他共计向国家专利局申请了美书笔、中文打字机的新用途（可打曲线）、植物苗移栽器、沙雕固沙剂、包衣大米、红外风磁脉冲治疗坐垫、磁疗按摩美容笔、三舱纳米磁化杯等专利30多件，科技成果27项。自1985年以来，他在资源开发与利用、科技研究与推广、旅游开发等领域取得了显著成就，对经济社会发展作出了很大贡献，多次受到国家、省、市的表彰和奖励。其中参与完成的《ABT生根粉系列的推广》项目获得中国林科院ABT生根粉综合技术研究开发中心科学技术进步特等奖；《县域可持续发展战略研究》、《陆良21世纪议程》获国家高教部科学技术二等奖；参与完成的“应用系统工程原理和方法编制陆良县总体规划”、《三品种杂交长毛兔研究推广》项目分别获得云南省人民政府科学技术进步三等奖；《中文打字机的新用途》项目获得云南省小发明一等奖；《黄鳝湿润养殖》项目获得云南省小发明三等奖。

杨荣生简介

[曲靖市烟草专卖局（公司）局长（经理）]

杨荣生，男，汉族，陆良县人，1964年9月出生，1984年7月参加工作，1991年1月加入中国共产党，研究生学历，作物栽培专业，农艺师职称，现任曲靖市烟草专卖局（公司）党委书记、局长、经理。

1995年10月~1997年12月任原曲烟企业厂办副主任；

1997年12月~2000年3月任麒麟区烟草专卖局（公司）局长、经理；

2000年3月~2003年11月任麒麟区烟草公司党委书记、经理；

2003年6月~2005年7月任曲靖市烟草专卖局党委委员、副局长；

2005年7月~2007年3月历任云南省烟草公司烟叶管理处副处长、处长；

2007年3月至今任曲靖市烟草专卖局（公司）党委书记、局长、经理。

陆良印象散记

——陆良县原县长李学勇自述

2001年岁末，我离开曲靖市政府副秘书长工作岗位，调任陆良县县委常委、副书记。2002年2月任县人民政府代理县长，同年3月，经县第十四届人民代表大会选举，担任县人民政府县长。2005年11月，调曲靖市商务局任局长。

在陆良工作的四年是我人生中难于忘怀的四年。虽已离开了这片热土，但勤劳、勇敢、善良的六十万陆良人民的高大形象永远留在了我的脑海里：为了创造美好的生活，他们不屈不挠的斗志、锐意进取、改革创新的精神时刻激发着我、不断鼓舞着我勇往直前。我十分庆幸而且更加思念与陆良人民朝夕相处、共同战斗的一千五百个日日夜夜，是这里的人民丰富了我的人生、锤炼了我的意志、激发了我的斗志。陆良的山水、陆良的人民、陆良的一切，深深地刻在了我的记忆里。

竹子山的期盼

竹子山，像一位行动迟缓却又慈祥的老人，静静地半卧在陆良北部。千百年来，这位老人用期盼的目光远观近看着他前后左右忙碌的人们。多少次下乡来到了这位老人面前，我无不为之感叹，感叹他的无私，感激他的奉献。勤劳的陆良人民在他期盼的目光里，用双手打造了国际型优质烟叶生产基地、优质水稻生产基地、优质蚕桑基地、生猪生产基地……陆良人民在相对缺少资源的背景下，亲手创造并形成了一个个具有相当规模的农业产业，为这个传统农业大县的腾飞插上了双翼，我想，这是陆良人对竹子山老人最好的回报和安慰。

牛首山的述说

牛首山，历来以他雄伟、壮观和繁茂的景象而被当地人所津津乐道。整个山形酷似一头勤奋的老黄牛，高耸入云的肩峰上，一道道依稀可见的环痕无声地述说着曾经奋蹄劳耕的身影。远观他的前肢蜷缩着匍匐在地，我仿佛看到他过度劳累，但仍在述说着什么。山上山下的人们从千百年日出而作、日落而归、披星戴月的传统劳作中一路走来，在同样的土地上、在不变的青山怀抱里，村庄的景象发生了巨变。白墙青瓦、整洁平坦的水泥村道代替了昔日斑驳不堪的山寨旧容，欢声笑语取代了曾经的沉寂，科学技术的广泛运用彻底告别了广种薄收的贫瘠……多少次，我不禁遐想，他一定是在述说他身边前赴后继的人们勤劳勇敢、不屈不挠创造的奇迹吧，他为六十万具有老黄牛精神的人们鼓劲加油。

龙海山的守望

巍巍龙海山，红霞映朝阳。每当红日从连绵起伏的龙海山顶慢慢升起，山上山下的人们迎来了一个又一个白昼，日月更替，不变是的龙海山始终不渝的守望。山脚下，十五万亩优质高产桑园在阳光下发出墨绿色光彩，在微风中不停摆动的身影展露出勃勃生机与活力。采桑女的欢笑声打破了田野的寂静，永不停息的幼蚕蠕动着娇柔的身躯，“咔嚓咔嚓”蚕食桑叶的乐曲在农舍里交响，转眼间，摇首摆尾的蚕儿便消失在洁白无瑕的蚕子里，不见了踪影。蚕茧收购站里传出丰收的喜悦，到处一派繁忙的景象。伴随着缫丝车间里机器轰鸣，球形的茧子变成了一挂挂银色的丝带，走向省外、走出国门。

与路南石林、元谋土林并称为“云南三林”之一的陆良彩色沙林，以其独特罕见的沙群、沙峰、沙滩、沙柱、沙洞构成了形态各异的奇景。“沙林多彩，山川秀丽，自然奇观，天下一绝”的优势，吸引着海内外猎奇、猎秀的人们，不同肤色的沙雕艺术家汇聚这里，通过五届国际彩色沙雕节的成功举办，与陆良人民共同谱写了《千年梦幻》、《走近名著》、《五洲风采》、《音乐神采》、《爨史风情》等的宏大乐章，开创了六项世界吉尼斯沙雕之最，陆良和陆良人民也随之漂洋过海，世人知晓。

南盘江的滋养

滚滚南盘江，轻风起波浪。南盘江流经陆良70余公里，千百年来，她像母亲一样滋养着这块土地。作为珠江流域的源头，在陆良这个山间盆地里驻足踏步，滞留往返，她没有造就雄奇险峻的山景，稍有秀丽的水色还洪泛不断。曾几何时，那汹涌的气势不知多少次吞没了儿女们的财产和生命，人们既敬畏她的无私，又恐惧她的暴虐。随着近百年特别是近几十年来的治理，勤劳勇敢的陆良人民以南盘江为主流编织了整个坝子的水系网络，造就了如今水乡泽国的秀美山川，使她恢复了温和的母性。

南盘江，这条千古悠悠的河流，催生了陆良大地现代农业的脚步，孕育了陆良工业的兴起，延续了爨文化渊源悠长的文明史。南盘江，让人情牵命系，魂萦梦绕。

竹子山、牛首山、龙海山、南盘江，三山一水，浓墨重彩，山水交融，气势恢弘，给我留下了太多太深的记忆，还有这里人们勤劳、勇敢、聪慧的特质时时刻刻激励着我、鼓舞着我。

李鸿芳简介

（云南省有色地质勘测设计院院长）

李鸿芳，男，汉族，1954年出生于四川省汉源县。幼年随母迁居曲靖，“文革”下放陆良县农村，后定居于陆良县北门街。曾就读过曲靖师范附属小学、陆良县文化小学、陆良县一中、云南大学附中、云南大学数学系。1970年12月参加工作，在省冶金地质勘探公司307勘探队、306勘探队、云南省有色地质勘测设计院供职。

时光流逝，回首往事，走过了从工人、技术人员、勘探队分队长、工程处主任、副院长、院长、公司总经理、董事长等诸多岗位，其间的风风雨雨，酸甜苦辣均成为过眼烟云，皆付笑谈中。

因职业使然，从未间断过在自然科学领域的学习、探索、实践和对地质勘探、自然灾害的防灾、减灾、救灾的研究和实践，先后参与过成昆铁路除险加固、贵昆铁路岩溶塌陷调查、沾昆复线抢险救援、长江三峡库区地灾治理，参加广西龙滩、湖北清江高边坡治理和国内及东南亚、非洲部分国家的资源调查勘探工作。在上述领域多有建树、成功案例颇多。时隔多年，有的项目仍为人称道，不言绝后，也算空前。

曾任职和社会兼职：

云南省有色地质勘测设计院副院长、常务副院长、院长；

云南省西勘建设工程总公司总经理；

西南有色昆明勘测设计（院）股份有限公司董事长、总经理；

第四届中国岩土锚固协会常务理事、副理事长（2004年至今）；

第八届云南省测绘学会常务理事、副理事长（2006年至今）；

第二届云南省环境保护产业协会常务理事、副会长（2007年至今）。

从士兵到县长

——记陆良县原县长杨万林

杨万林，大专文化，1948年4月2日出生，宣威市西泽乡瓦窑上人。1967年7月曲靖师范毕业，1968年4月应征到原昆明军区边防某团服役，连续3年获“五好战士”荣誉。1971年4月因父亲在宣威“五七干校”受迫害致死而受株连，被迫退伍还乡务农，并作为“九种人”子女限制安排工作。期间，他和母亲不甘屈辱，据理力争，多次向组织申诉。1973年9月父亲终于得到平反昭雪，恢复党籍和名誉。同年10月，他被安排到宣威县文化教育局工作，后抽调到“社会主义路线教育”工作队工作，于1978年6月加入中国共产党，1981年任人事科副科长。1982年调任热水公社党委副书记。1983年考入省委党校培训班就读，1985年8月毕业后担任倘塘区委书记、县劳动人事局局长。1987年10月，先后担任县委常委、组织部长、宣威市委副书记、政法委书记。1998年1月，调任陆良县县委副书记、县政府县长。2002年调任曲靖市委政策研究室主任，2003年5月改任调研员，并主持工作至2004年末。2005年起兼任曲靖市农村劳务产业领导小组办公室专职副主任、农村劳动力资源开发促进会副会长、秘书长，2008年6月退休。

他说：参加工作41年，于党无功，于民无过，唯以“诚实清正”作为立身处世的信条，即做人以诚诚恳恳为本，力戒欺罔；做事以实实在在为要，力戒虚假；立身以清清廉廉为根，力戒贪欲；处世以正正直直为准，力戒歪邪。我虽已退休，但能从一个普通士兵逐步走上基层领导岗位，全凭人民的养育，全凭党的培养，全凭同仁和朋友们的关心支持，谨借此机会表示深深的感谢！

成长在希望的田野

——记曲靖市水务局调研员杨华生

陆良坝子绿色宽阔的希望田野上，1974年9月，华生和大桥小学两个毕业班的十名同学踏着泥泞的家乡小路，走进了陆良一中的校门。六年寒窗，六年努力，他克服了经济、物质困难，成绩也日渐进步。在自卫还击作战的辉煌胜利和英模报告的鼓舞声中，他满怀赤诚的报国之志踏入了军事院校的大门，成为大桥村第三个进入大学的农家子弟。在艰苦、正规、严格的军事教育训练中，在心血和汗水浇灌中，他学到了知识，锻炼了能力，提升了品格和修养，磨练了毅志，坚强了毅力。

毕业后，他以代理副政治指导员之职，独自带领一个连队，从版纳军分区出发，第一个开进边陲——勐海的深山老林，挥起了开挖三千亩茶场的第一锄。其间老山战役打响了，他又以代理政治指导员之职奔赴老山前线，虽立功受奖机会很多，但均让于士兵。经百万裁军及多次精减整编的大浪淘沙，在军营辗转之第十个单位，调入曲靖第六十九医院并逐步走上了领导岗位。在党委的统一领导下，通过加强人事和医疗管理，大力整治环境，彻底改造门诊部和住院部大楼，增添高档医疗设备。增强了医院的发展动力和救死扶伤的能力，提高了医院的政治效益、社会效益和经济效益，把因裁军整编而动荡不安、人心思变的医院带入了高速发展、最为辉煌的时期，1998年纯收入就超千万元。

2002年4月，他顺利走上正团职领导岗位。同年7月，调入昆明总医院任八个正团级科室的党总支书记，当年年底被成都军区批准荣立三等功，医院领导对他笑言“华生同志，昆明总医院政工正团职干部立功的，你是第一个，也可能是最后一个”。在昆明总医院的四个年头，所属380多人，立功受奖者超百人，但无一人出问题，无一人受处分，各科效益屡创新高。其中一副院长兼党支部书记、科主任的地方（对外）干部病房，2003年5月创办，当年就创收千万元。在离队告别席上，党总支副书记、全军中医中心主任宁亚功对华生说：“你是怎么将八个科室，八个党支部团结起来的，请你……”。

华生在探谈人生时曾说：“父母给了我生命，送我四兄弟上了大学，我将牢记‘孝’字；陆良的山，南盘江的水哺育了我，我将牢记‘养’字；学校和师长教育了我，我将牢记‘谢’字；党和人民培养了我，我将牢记‘恩’字。如今，已转业地方，陆良坝子宽阔绿色的希望田野永远是我动力的源泉”。

坚实的步履

——记云南科技出版社原社长杨新书编审

杨新书，1946年4月生于陆良马街镇街上。据传其先祖是明初随蓝玉、沐英30万大军从南京柳树湾高石坎（亦说石门坎）征战云南留守陆良卫、前所而定居陆良的。

马街杨姓是名门望族，家庙里贴有楹联“盖世经纶功照三相；清白传家德著四知”，横批：“弘农世第”及建筑标有“振威将军第”即能说明。

杨新书高祖、曾祖辈一般都是从商从教。至近代，其祖父辈即是赶马从商。据其父亲讲：他8岁即随老人赶马昆明、黄草坝（今贵州兴义）、广西百色做小百货、纱布生意。后来杨新书父亲杨桥培、母亲满炳玉即一直从事织布、染布、卖布以及买卖日用百货等手工商业为生。杨新书父母一生勤勉，为人和善、正直，性格开朗，乐于助人，秉持杨家传统艰苦创业，而后又含辛茹苦扶养子女并供其上学至成家立业。杨新书弟兄姊妹八人都不辜负父母期望，努力上学，积极上进，学业事业都各得其成：二弟杨新仁大学毕业在云南省科技情报所搞科技情报工作，子女加拿大留学后在上海外企工作；三弟杨新才在陆良彩印厂做经营管理工作，子女大学毕业后在曲靖中医院工作；四弟杨新国大学毕业，时任陆良农机化学校校长、陆良县农机技术服务中心主任、陆良监理站站长、高级工程师，子女在昆明机场工作；五弟杨新荣部队转业后在省出版社搞储运工作，子女在搞房地产销售工作；大妹杨双美在省第一人民医院科教科工作，子女一人全家移居加拿大，两人在省第一人民医院搞医务工作；二妹杨小美在昆明宏达公司工作，子女大学毕业后在省出版单位搞发行工作；小妹杨娥美下海经商，子女大学毕业后在云南财大工作；杨新书大学毕业后就一直在新闻出版单位工作，时任陆良马街小学大队委，陆良二中初八班学习委员，陆良一中高九班班主席和校学生会委员，昆明理工大学冶金系有色冶金专业7001班班长，云南人民印刷厂（现云南新华印刷厂）团委委员、车间团支部书记，云南人民出版社团支部书记、编辑部党支部委员、编辑；云南省出版办公室政工组干事，云南省出版事业管理局党组秘书，云南省文化厅出版处副处长、厅职改办副主任，云南省新闻出版局出版处副处长（主持工作）、版权处处长、机关党支部书记、局职政办主任，云南科技出版社社长、书记、编审（教授级），《少年科普世界》主编，云南出版集团顾问，昆明理工大学客座教授，云南出版协会常务理事、副秘书长、云南省对外合作出版与版权贸易促进会主任，云南版权协会常务理事，云南知识产权研究会常务理事、副秘书长，云南省出版专业高级职称评审委员会委员、副主任，云南省中青年高级职称破格评委会副主任、新闻出版专业委员会主任委员、社会科学专业委员会主任委员，云南省中小学教材审定委员会委员，云南省社会文化管理委员会书报刊、音像制品审定委员会委员、云南省新闻出版局审读组组长，中国版权协会理事，中国版权研究会理事，中国版协科技出版委员会委员、地方工作部核心成员。杨新书夫人在云南省计划生育科研所工作，时任免疫研究室主任、主任医师，云南省有突出贡献专家；长子杨钊在云南教育出版社任经营部副主任、高级经济师，儿媳在晨光出版社任财务科长、高级会计师；次子杨铉在云南星源律师事务所搞律师工作，为名律师，是云南电视台《民生关注》栏目法律顾问，儿媳在云南财大金融学院教书，为学院党委委员，教师支部书记。杨新书现在整个大家庭里外和谐，儿孙皆好，其乐也融。

杨新书从事出版工作38载，无论是在编辑工作岗位，还是在出版管理、版权管理以及出版经营管理岗位均认真学习、贯彻党的路线、方针、政策，自觉遵守国家的出版法律法规，兢兢业业工作，锐意改革，努力开创新局面，为我省出版事业的发展作出了积极贡献，成绩显著，是我省科技出版事业的主要骨干和带头人，是我省第一代版权专家。其主要业绩是：

作为省文化厅、省新闻出版局出版处处长，具体组织审定1985～1989年度全省各出版社的年度选题计划和出书计划，并对有争议的书稿和重点书稿进行调阅，提出审读意见和处理意见，还审看各出版社所送样书，随时提出意见供厅、局党组决策参考；作为云南省社会文化管理委员会书报刊、音像制品审定委员会委员和云南省新闻出版局审读组组长，审读大量（1000万字以上）的书报刊、音像制品，定期向上级部门上报综合报告，以保持书报刊正确的舆论导向；具体组织我省各出版社参加“滇桂黔民族图书联展（香港）”、“泰国第21届国家书展”、“新加坡书展”和第一届、第二届“全国书展”以及第二届至第五届“北京国际图书博览会”，具体审定参展图书1200种次，书展取得了良好的社会效益和经济效益；还参加过联合国教科文组织、世界知识产权组织举办的版权培训班及美国书展、德国莱比锡书展、意大利波罗尼亚书展、埃及书展，出访过美国、俄罗斯、日本、澳大利亚、欧洲等10多个国家，为云南省对外合作出版及版权贸易工作作出了贡献。作为主要执笔，五易其稿，参与《云南出版管理条例》的起草、修改、征求意见、送审，后经省人大常委会审议通过在全省颁布施行。

版权工作是我国的一项新的、理论深奥、涉及面广的工作。多年来，杨新书做了大量开创性工作，为我省版权工作的深入开展奠定了良好的基础。主要是建立健全了著作权管理队伍，使全省各报刊社、出版社都有了专兼职版权人员，并且具体主办全省的各类版权培训班十多次，培训人员390人次。同时制定了一系列规章制度，如版权案件立案、调处的程序规定、《云南省对外合作出版试行规定》（经省政府批准）、《云南省对外投稿（版权贸易）的暂行规定》（与省委对外宣传小组、省委统战部、省民委等联发，系全国第一家，受到国家版权局的肯定）、《云南省对外出版交流归口管理》、《建立健全出版合同的规定》等。特别是根据云南的实际情况和特点，在全国率先组织了对民间文学艺术作品进行版权保护的调查研究工作，在著作权法立法的前后不同时期，分别与人撰写三篇论文，并联合西南诸省起草了《民间文学艺术作品版权保护的暂行规定（草案）》，受到了省人大、全国人大法工委、国家版权局、文化部法规司的重视。一篇在第二届全国版权理论研究会上作大会交流，一篇在全国著作权理论与实践研讨会上宣读，《民间文学艺术作品版权保护的暂行规定（草案）》起草后，文化部法规司的有关领导会同国家版权局领导邀请杨新书出席国际民间文学艺术版权保护研讨会。杨新书还就《中华人民共和国著作权法》的普及做了大量的宣传工作，如为省政府领导起草知名人士座谈会报告稿和电视讲话稿，并直接协助省人大有关部门对著作权法在全省的实施作执法检查；组织、参与各有关出版社规划对外合作和版权贸易选题，组织、参与国外海外的出版商洽谈对外合作项目15项，同时审定合同。如《初中英语听力与口语训练》（1～3册）、《中国傣族风情与建筑》、《中国凉菜制作工艺》、《中国民间面具》、《中国傣族民间艺术画册》、《中国神话传说故事》、《中国少数民族节祭画册》等。杨新书长期从事版权工作，是云南省第一代版权专家，因实绩突出，受到国家版权局的表彰。

作为省新闻出版局职改办主任，主笔起草《云南省出版专业人员职称评定办法》，经省人事厅审定发文在全省执行。

从1987年至2006年作为云南省出版专业高级职务评审委员会委员及副主任委员，从2000年至2006年作为云南省中青年高级专业职务破格评审委员会副主任委员及新闻出版专业委员会主任委员、社会科学专业委员会主任委员为全省出版社、报社、期刊社、志办专业人员和社会科学等专业人员人才的选拔、认定作出了积极贡献。

三十几年来，在搞好出版、版权管理和出版经营管理工作的同时，编辑图书300多种，2900万字；作为撰稿人，为《中国出版年鉴》、《云南年鉴》、《中国报刊大全》、《云南出版工作》、《云南版权工作》撰编稿件28万字。撰写论文、文章和年鉴稿25万字。担任《云南省志・出版志》副主编、《云南出版事略》副主编；担任《少年科普世界》期刊主编，担任连续出版物《云南普洱茶》（春・夏・秋・冬）主编，任图书《云南科技出版事略》、《毒品预防读本》（发行300多万册）主编，担任《中学生毒品预防教育》、《国防教育》、《环境教育》、《青少年心理健康与预防违法读本》、《性健康教育》编委会主任。作为责任编辑所编图书四种获中国图书奖、国家图书奖、全国优秀科普作品奖，12种图书获中国西部优秀科技图书奖，11种获云南图书奖；决审稿件几百部，字数以亿计算。所写论文，一篇获全国著作权理论与实践研究会荣誉奖、省工业产权研讨会一等奖、第二届云南省出版理论研讨会优秀论文奖，并由国家版权局编辑收入文集由湖北教育出版社出版；一篇获第三届云南省出版理论研讨会荣誉奖、省工业产权研讨会一等奖。

根据国家新闻出版署“调整结构，提高图书质量”的精神，杨新书认真组织制定并实施了1994～2007年年度选题计划，取得了较好的社会效益和经济效益。先后策划、组织、实施丛书、套书19种，如由全国总工会组织编写的《工人科技教育丛书》（14种）、《初级卫生技术人员职称评定考核复习题解》（云南省卫生厅、昆明军区卫生部编，13种）、《中级卫生技术人员职称评定复习题解》（13种）、《中国手术名医经验丛书》（丛书列为全国和云南省“八五”、“九五”重点图书）、《乡村医生教材》、《中国云南招商投资指南丛书》（云南省人民政府编，4种）、《云南旅游丛书》（画册5种，文字2种）、《建筑设计丛书》（5种）、《中国博士丛书》、《实用养殖新技术丛书》、《绿色经济丛书》、《云南花卉丛书》、《农村技术人员继续教育丛书》、《经济作物栽培系列丛书》、《云南科普100丛书》、《普洱茶丛书》、《珠宝玉石丛书》、《中药材丛书》等。

作为中国版协科技出版委员会委员和地方工作部核心成员组织、主持中国西部11省、市15家科技出版社和民族出版社评选优秀科技图书十一届，评选优秀图书千种，为中国西部科技出版事业的繁荣作出了积极贡献。培养、培训编辑人员和版权人员420人次；努力举荐人才，云南科技出版社一人享受国务院特殊津贴，一人被评为云南省劳动模范，二人被评为全国百佳出版工作者，一人被评为全国优秀青年编辑，三人被评为省优秀青年编辑，一人被评为省科普先进工作者，一人被评为全国新闻出版行业服务社会主义新农村建设出版发行先进个人。作为省出版主管部门职改办主任，具体组织为出版系统评定高、中级专业人员500多人。

1993年5月以后，作为云南科技出版社社长、书记、法人代表，尽职、尽责、尽力，认真贯彻“团结、求实、高效、奉献”的社风和综合目标责任制，加强制度建设，加强经营管理，锐意改革，使云南科技出版社的固定资产和流动资金增加几十倍，470多种图书获省部级以上优秀图书奖，其中17种为国家大奖；1995年云南科技出版社被国家新闻出版署授予“全国良好出版社”称号，1996年、2000年、2003年被云南省人民政府连续三次授予“云南省科普工作先进集体”称号，2004年被省政府授予“人事制度改革先进单位”，2004年被国家新闻出版总署授予“全国服务‘三农’先进出版单位”，2006年12月被国家新闻出版总署授予“全国新闻出版行业服务社会主义新农村建设出版发行先进集体”，2006年12月被国家人事部、国家新闻出版总署授予“全国新闻出版系统先进集体”，2006年12月被省人民政府评为“云南省文明单位”，取得了社会效益和经济效益双丰收。由于成绩显著，杨新书1996年2月受到国家版权局发文全国表彰，1997年12月被国家新闻出版署、国家人事部评为全国新闻出版系统先进工作者（部级劳模），2004年被省级国家机关党委评选为优秀党务干部，2005年12月被省人民政府评为享受省政府特殊津贴优秀专业人员，2008年被推荐参加国家新闻出版总署“长期在出版战线工作且作出突出贡献的先进人物并授予中国出版荣誉纪念章”评选，2009年被云南省评选为“长期在出版战线工作且作出突出贡献的先进人物”并授予云南省出版荣誉纪念章。

几十年来，杨新书读书期间刻苦努力，成绩优异，是“三好学生”、“优秀学生干部”；工作期间，无论是搞编辑工作，还是从事行政管理和经营管理，均能兢兢业业，创新求实，成绩卓著，是“先进工作者”、“优秀党务干部”；待人处事，无论是做一般干部、编辑，还是做领导工作，对人诚恳、谦虚、大度、和善，特别是在领导岗位，优先考虑班子其他成员评选国务院特殊津贴、云南省劳动模范、全国百佳出版工作者及评审编审（教授级）专业职务，对事努力做到公开、公平、公正，既有原则性，又有灵活性，且张弛有度；对取得的成绩和名与利轻之淡之，正所谓“平平淡淡才是真”！

尽职尽责为人民

——记陆良县政协原主席杨福安

古稀之年，回顾个人经历，杨福安感慨万千。概括四句话：少年坎坷，青年艰辛，中年奋进，晚年幸福。

1927年6月30日（农历五月二十七月）杨福安出生于陆良县板桥镇白塔村公所烽火村。两岁时，父亲杨树声因患痢疾吃药无效去世，年仅31岁。他与母亲成了孤儿寡母，母亲既要盘几亩薄田，又要抚养幼小的儿子。在旧社会开了一道门户，就要被摊派多如牛毛的苛捐杂税，母子二人含辛茹苦，艰难度日。他6岁时，母亲与垢甸村的贫苦人段开堂结为夫妻，组成了新的家庭，在以后的日子里，他的家增加了两个妹妹、一个弟弟。1939年至1942年为了生计，家里养 了十多只绵羊，一匹母马，他就天天赶着羊，拉着马去山上或荒海子放牧。在这些岁月里，因粮食不够吃，他母亲经常都要找一些野菜及蚕豆叶拌点杂粮面或煮些红薯及洋芋吃，有时煮点大米饭，只能用一个小盘子放在锅里蒸熟后，先让他和弟妹们吃，多数时间，父母都吃不上米饭；穿的衣服补了又补，多数时间是穿草鞋。1944年初福安坚决要求读书，在父母的同意下，他到离村两华里的马军营村小学读一年级，白塔村小学读二、三年级。1947年到离村五华里的旧州小学读四至六年级，由于离家较远，早上6点起床，背着木板书箱8点前赶到学校，坚持到下午5点放学，才回家吃晚饭。在这些艰难的岁月里，他深知能上学不容易，因此，认真学习，在班上考试都得了前五名的好成绩，受到了老师的表扬和同学们的好评。在旧州读书时有两位地下党的老师还带他们部分同学到附近松毛盘林地教唱革命歌曲，讲革命故事，宣传共产党是穷苦人的救星和靠山，教育他们长大后跟着共产党闹革命求解放。新中国成立后他参加了民兵组织、兄弟会，参与了清匪反霸、减租退押、维护治安。

1951年10月，陆良县开展了轰轰烈烈的土地改革，要从农村招收一批土改工作队员，条件是18岁以上25岁以下的男女青年，有小学三年级以上文化水平，参与农村减退反霸的积极分子。当时他报了名，被批准参加了土改工作队，经在县城半月的培训，被分配到第二批土改工作队，到龙海乡、石头寨村公所的发麦大寨村进行土改工作。当时，他们的月生活费仅9元，开支伙食后仅剩2元左右，虽然钱少，但能够参加工作，为人民服务，虽苦犹荣。在开展土改的过程中，土匪资小斗、资中云在龙海山区活动猖狂，杀害农会干部，抓捕工作队员，抢夺民兵枪支，威吓贫下中农，给土改工作带来严重影响。杨福安和同志们外出或到工作团开会，都要带上步枪，以防土匪袭击。

陆良土改工作于1952年5月结束，同年6月编为宜良专区土改工作队，调罗平县搞土地改革，于1952年12月完成了土改任务，1953年2月，全体土改工作队员到宜良专区宜良县江头村大山上的宝洪寺总结土改。当时因汽车太少，他们背着铺盖长途步行，四天的行程，很多人感到非常疲劳，他的双脚被磨起了很多血泡。这次总结学习中，经学习组长王流辉介绍他参加了共青团。学习结束后，一部分同志被调到省的有关单位和云南纺织厂工作，他与40多位同志仍到罗平搞土改复查。

1953年3月至1955年1月，他被分配到罗平县板桥镇供销社金鸡山购销店任营业员。1955年2月调罗平县供销社人事股工作了一年，1956年3月至1961年6月调罗平县老厂供销社任主任，其间到省供销社干校、省财贸干校、地委党校学习了一年零9个月，参加罗平县委整风学习5个月；1958年抽调到县委工作检查组5个月，先后到马街阿岗区检查工作。

他在罗平老厂供销社任主任7年间，每逢春节，他都留单位值班，每年只能请一个星期的假回家探亲，家庭及孩子全由妻子照料；他继父辞世时，回家三天，办完丧事就速返单位工作。1960年1月3日由老厂公社党委副书记、党委委员张廷植、贾绍昌二人介绍，加入了中国共产党。

1961年7月至1963年6月，杨福安被调到师宗县供销社工作，先后任县社业务股长、供应经理部经理和秘书股长。1963年7月至1964年9月调师宗县监委（纪委）任秘书。1964年10月至1966年12月，先后在宜良竹山区、马龙通泉区、宣威倘塘区搞四清运动，任区工作队组织监察组长。1967年1月至1968年12月回县纪委工作。1969年至1972年7月被下放到师宗县（五洛河）五七干校搞斗、批、改，开展“划线站队”，因“站错队”又和本单位一名干部传过林彪是毛主席身边的“定时炸弹”，被定为“现行反革命分子”，受到了监督管制，长时间批斗，分做重活脏活，强迫认罪；一次搞车轮战，被罚跪几天几夜，又一次被连续批斗一个月，先后被捆绑多次，脖子上被挂小磨七次。由于他先后被批斗达7个月，造成了颈椎骨弯曲，神经受到压迫，造成了脊髓压迫症，几乎瘫痪。幸好1985年和1986年到医院住院4个多月，两次做了颈椎大手术，致使病情好转，术后虽然行走有些不便，但生活尚能自理。

1973年1月至1978年3月调陆良县商业局、供销社任副局长、副主任，分管人事、政工工作。

1978年4月至12月任陆良县委组织部副部长，分管干部的考察。

1979年1月至1990年2月任中共陆良县纪委副书记、书记、县委委员、县委常委；到纪委工作时，正值全党拨乱反正，纠正历史上的冤假错案，县纪委收到数以百件的来信，接待了大量的来访者，到1981年底，对陆良县建国前后的党内全部申诉案件和“文革”中的部分案件作了落实纠正，共复查落实78件，使受错处的同志得到了平反纠正，恢复名誉，恢复了党籍。

在陆良县纪委的工作的10年中，他对查处干部群众揭发党员的违纪案件，都看作是一个纪检干部义不容辞的责任，是端正党风的重要工作，不论难度有多大，困难有多大，都抓紧查清办结。

在办案和复查案件中，他坚持原则、不徇私情，尽职尽责，做好本职工作，受到了广大群众的赞扬。1982年6月25日《云南日报》二版刊载了“在人情和金钱面前——记陆良县纪委副书记杨福安秉公办事二三事”；1990年3月26日，他出席全省纪检系统先进集体和先进个人表彰大会，省纪委给他记二等功，并给予物质奖励；县纪委信访工作曾于1983年被省纪委授予先进集体，他到会作了交流发言，并授予了锦旗；纪委党支部连续6年被县委授予先进党支部。

1990年3月至1993年2月，杨福安任政协陆良县第三届政协主席。他到政协工作后，在县委领导下，政协高举团结、民主的两面大旗，履行政治协商、民主监督、参政议政的职能，加强对各乡镇和县直各工作组的指导，要求全体委员开展“三个一”活动，即每年各委员至少参加一次工作组会议，办一件惠民的实事，提一条对党和人民有利的提案。政协各专门委员会都要尽职尽责，做好自己的工作，指导和帮助各工作组开展活动，较好地发挥了政协的民主监督和参政议政作用。

1991年4月小百户乡宗西村的少数干部和部分群众，借口因建永清河水库时，政府承诺给他们农田建设补偿，没有完全兑现等问题而看守水库的闸门，不准开闸放水。为了解决这一纠纷，县委书记王学智同志和他亲自到该村召开村社干部群众大会，反复宣传党的有关政策对群众的合理要求，表示尽快帮助解决。最后，水库得以开闸放水，使下游万亩农田按节令放水栽秧。

1991年5月26日，板桥镇因旧州一村民到马军营水泥厂附近拉该大队一村民堆在路边准备建房的石头，被该大队少数村民打死一人，由于矛盾激化，旧州的部分群众到马军营村进行打砸烧房，共烧毁民房100多间以及粮食、财物被烧毁，部分牲畜、家具也被打砸焚烧。当天他和县委书记王学智在活水乡调研，接到县委办关于5·26简要情况通报后，他们及时返回县城，连夜召开了县委、政府及有关领导会议，研究决定了制止事态恶化的方案，天亮后他和王学智及有关领导与部分公安人员赶赴现场制止，曲靖地委副书记徐发苍、公安处长杨建友等领导也赶到现场指挥，使群众房屋和财物得到保护。经县委指定，由杨福安任救灾工作组组长，带领十多名同志在该村工作。省、地、县共拨给该村受害群众70多万元，用于建房和购置口粮、牲畜、化肥、农药、籽种等物资，解决了受害群众的实际问题；对打死人和放火烧房、打砸财物的指挥者和犯罪者给予了惩办。

县委决定，由他协助林业部门抓全县的林业工作：他清楚地认识到，陆良的林业新中国成立后虽有较大发展，但由于历史原因，1959年和“文革”期间的破坏，全县还有荒山荒地面积28万亩，许多村庄四周无林，生态失调。当时发展林业是一项艰巨的工程，这种现状增强了他抓林业的责任心和紧迫感，他想只要充分发挥政协的整体功能，配合林业部门，坚信在党委、政府的领导和支持下，全县人民的努力下，大力发展林业，绿化荒山，是可以尽快实现的。于是他在抓好政协工作的同时，积极投入了抓林业的工作。为了指导好植树造林，三年中，他走遍了全县的山山坳坳、荒山秃岭和深山老林；两次上召夸眉毛山，三上龙海山，四到鱼体大山，八到新哨村，总结这些村庄植树造林、发展果树致富、改善生态环境的典型经验，在全县推广交流。还到芳华竹子山了解植树造林、改造次生林，到小百户乡炒铁村公所规划指导蓝桉样板林，到白岩后山和杜旗堡大山、召夸支锅山实地调查林业发展情况，到三岔河赵家沟办事处总结群众节能改灶的经验，亲自写了该办事处和三岔河镇关心群众生活、搞好节能改灶的调查报告报县委和地区政协工委，县委十分重视，将节能改灶的经验转发到各乡镇。由于各级党委政府领导的支持，林业部门的真抓实干，广大群众积极植树造林，1990年的宜林荒山28万亩，到1993年只有13.7万亩。

杨福安参加革命工作后，由于勤奋工作，全心全意为人民服务，多次受到表彰和奖励：

1960年在云南省财贸干校学习，被校党委授予三好学员。

1974年在陆良县商业局工作，被县委授予先进个人。

1975年被地区商业局评为先进个人，出席曲靖地区工业学大庆经验交流会。

1989年《云南纪检》第1期，刊载了他以高度的事业心和责任感做好纪检工作。

1990年3月，出席省纪委召开的先进集体和先进个人表彰会，省纪委给予记二等功一次。

1991年12月，云南省绿化委员会授予省绿化先进个人。

1992年6月，参加云南省政协在怒江州召开的地州市政协工作经验交流会，他到会作了交流发言。

1992年6月，县政协委员会被省政协委员会授予先进集体。

1992年12月，《曲靖经济研究》林业专刊刊载了他绿化荒山、发展林业，呕心沥血抓林业工作的事迹。

1992年12月，被曲靖地委行署授予绿化先进个人。

1992年12月，被曲靖行署授予多渠道集资、改善办学条件先进个人。

1993年5月他退休后参加了县书画诗词协会，陶冶情操；参加了延安精神研究会，先后与调研组到农村、学校、单位调查走访，用典型材料、宣传实践延安精神。

2004年2月，被县延安精神研究会评为先进个人，发给荣誉证书。

2007年9月参加县老年大学保健班，学习老年保健知识，对保健学以致用，强身健体，平时注意饮食起居，做适合自己的体育锻炼。常与老友谈新论旧，增强情趣。四世同堂，和睦相处，家庭幸福。

宋贵生印象

（云南省政府办公厅调研员）

1957年2月，宋贵生出生于陆良县三岔河镇大马路办事处宋家村。他从小就崇拜因勤奋刻苦而成才的名人，铭记“人而无信，不知其可也”、“修己以敬”的古训，注重品格修养，认真做事，坚持读书访雅，弘扬精神文明，加强锻炼，增强体魄。妻子袁素，湖南人，心灵美好，品行端洁，在陆良县财政局工作；子宋璟，天资聪明，志向高远，是一个勤奋好学的学生；女宋俊璇，曲靖市麒麟区公安局民警，中共党员，工作积极负责，兢兢业业。宋贵生祖上世代务农，父亲宋乔方忠厚老实。母亲徐美芝，主持家务，为人善良，克勤克俭。

宋贵生自幼好学上进，尊敬师长；参加工作后，严格要求，努力学习，勤奋实践，不断创造业绩。

1964年至1972年，他在三岔河镇大沟学校读小学和附设初中，1972年至1974年在家务农，1974年8月，被推荐就读于东川矿务局技工学校矿电专业。1975年9月技工学校未毕业，又被班主任杨正华老师举荐，通过学校全面综合考核留校当教员。1975年9月至1978年7月学校选派他到昆明工学院自控系自动化专业进修学习。任教期间，他向书本学习，向他人学习，向实践学习，热爱学生，平易近人，精心备课，不断改进教学方法，提高教学质量。教学中，能在理论与实践结合上下苦功夫，抓好实验课和实习工作，注意培养学生的实际操作能力，得到校领导和师生的好评。1978年被评为电气技术员。

1983年8月至1984年9月，调到东川矿务局教育培训处，协助领导抓好职工青壮年文化补课工作，积极参与培训计划制订，实施培训工作。

1984年9月，为照顾父母调陆良县劳动人事局工作。1986年参加全国成人统一考试，考入北京经济学院干部专修科昆明班学习，1988年9月以优异的成绩毕业。1990年12月至1992年3月，任陆良县安全生产委员会办公室主任（副科级）。在这一岗位上，他认真贯彻执行安全生产和劳动保护方面的政策法规，健全规章制度，组织开展安全生产大检查，深入企业调查研究，督促检查安全隐患，跟踪隐患整改落实情况，确保整改落实和安全生产。首推目标管理责任制，实行年度考核奖惩，促进了全县安全生产管理工作。

1992年3月至1994年12月，任陆良县人民政府办公室副主任兼县政府机关党总支书记（主任科员）。此间，得到时任县长赵建成、时任县人武部政委宋万坤等同志的热情帮助、亲切教诲，思想水平和工作能力有了较大的提高。工作期间，坚持原则，一心一意为人民办好事、办实事。在做好日常工作的同时，还做了一些专项工作，如接受捐赠4辆汽车（2辆皇冠轿车，2辆三菱越野吉普），为了办理有关手续，往返于北京、广州、深圳和省政府相关部门，整个过程节俭高效，实现了以最小的费用开支顺利办齐相关证件。据车管部门的人员介绍，这4辆进口车辆手续属曲靖地区有史以来，进口车辆手续最齐全合法的。协助领导抓烤烟工作，自处烟期间价格下跌，为让烟农得到最大实惠，他工作中不分节假日，不顾家庭实际困难，辛勤奔走于烟厂和客户之间，为争取最大利益而尽心尽力。

1994年12月至1995年12月，任陆良皮革总厂党总支书记，按照集体领导、民主集中、个别酝酿、会议决定的原则，完善并严格执行党委内部的议事规则和决策程序，保持协调高效运转，增强整体合力；探索党员管理工作的新机制新方法，使党员的先锋模范作用得到充分发挥；在企业人事分配、住房等制度改革中，敢于面对矛盾，触及问题，自己能够处理的问题不回避、推诿，能够化解的矛盾决不上交，将大量的问题矛盾解决在基层、化解在萌芽状态，促进了企业改革、发展和稳定。

1995年12月至1996年12月，任陆良县民政局党支部书记。通过健全和完善制度，建立有效机制，促使全局干部职工求真务实；坚持和完善各项学习制度，不断提高运用马克思主义立场、观点和方法来认识规律、把握规律、指导工作的能力；坚持和完善调研制度，深入群众、深入基层、深入实际，不断提高根据实际情况分析问题、解决问题的能力；坚持和完善联系群众的制度，拓宽反映社情民意的渠道，不断提高做好新形势下群众工作的能力。把党和政府的温暖及时送到困难群众中，把群众的安危冷暖时刻挂在心上，满腔热忱地做好服务，扎扎实实地为人民群众造福。

1997年1月至今，在云南省人民政府办公厅工作。1999年6月，任省政府办公厅总值班室主任（副处级）。2003年5月至2005年10月，任省政府办公厅总值班室主任（正处）。2005年10月至今，任省政府办公厅老干办调研员。

宋贵生把从县政府工作部门调到省政府工作，看成是一种荣誉和责任。他锲而不舍地加强学习，不断加深对党的基本理论和各项方针政策的理解，不断增强自觉性和坚定性；不断学习现代化建设所需的知识，运用于自己的工作实践中，努力提高为人民服务的本领。利用业余时间，参加省委党校经济管理专业本科班学习，于2000年毕业。

在省政府办公厅工作期间，得到了省厅领导尤其是省政府办公厅副主任王国亮的言传身教、精心指导，进步较快。在履行总值班室主任职务时，工作踏实，积极肯干，尽心尽责，对总值班室的建设，按照管理科学规范的要求，借鉴外地经验，深入基层调研，总结经验，率先制订了《云南省人民政府办公厅总值班室岗位工作规范（试行）》、《值班岗位规范实施细则》。在“内强素质，外树形象”上苦下功夫，增强了队伍的凝聚力，提高了全室干部的调查研究、组织协调、依法行政、联系群众和文字综合能力，使值班工作向岗位责任化、工作标准化、纪律严明化、环境优美化发展，得到了国务院值班室的充分肯定。经过多年努力，总值班室由一个科级机构发展壮大为省政府办公厅的综合职能处室，进入了先进行列。

宋贵生决心在新世纪新阶段，抓住机遇，迎接挑战，与时俱进，努力拼搏，将个人价值实现于社会责任之中，愿乘上飞驰的列车，与伟大的时代同行，驶向更加辉煌的未来。

谷鸣简介

（曲靖市国家税务局局长）

谷鸣，1958年1月出生，云南陆良人，1975年8月下乡到罗平县板桥镇 玉马大队当知青；1977年12月到国营九八一五厂工作，1978年3月入伍在昆明军区通信总站五营服役；1981年复员回九八一五厂工作，历任厂党委组织部干事、党委秘书、组织部部长、党委委员；1986年5月调曲靖地区税务局人事教育科工作，历任副科长、科长；1994年7月任曲靖地区国家税务局人事科科长；1996年3月任曲靖地区国家税务局党组成员、副局长；1997年11月任曲靖市国家税务局党组成员、副局长；2007年8月任曲靖市国家税务局党组书记、局长。

1997年3月被曲靖地委、行署评为精神文明建设活动优秀组织者；1999~2006年连续8年被云南省国家税务局评定为优秀公务员；2001年6月被省委、省政府评为“三五”普法宣传教育工作先进个人；2005年9月被曲靖市政府评为优秀税务工作者。为曲靖市人民政协第一届、第二届政协委员，省第十届人大代表。

专家治院

——记曲靖市第一人民医院院长张小德

张小德，1957年2月生，陆良县中枢镇人，曲靖市第一人民医院院长，主任医师，兼任泌尿外科主任、曲靖市急救中心主任；中国人民大学首届（EMBA）硕士研究生班结业。中华医院管理学会急救中心管理分会委员、省性学会第一届理事会理事、省医学会泌尿外科专业委员会委员、曲靖市医学会泌尿外科专业委员会主任委员、曲靖市红十字会常务理事。

专业技术工作

张小德1974年7月毕业于陆良一中高十七班，1978年3月考入昆明医学院医疗系，1982年12月大学毕业后分配到恩洪煤矿职工医院工作，先后任副院长、院长。

1991年12月张小德调入曲靖市第一人民医院，主要从事泌尿外科工作。他对技术精益求精，成功实施了肾癌、膀胱肿瘤、肾上腺外科、前列腺电气化术等手术，填补了本地区泌尿外科疾病手术治疗空白。率先在云南省乃至西南地区成立了州市级泌尿外科专业委员会，被选举为主任委员。作为泌尿外科专家，他积极参与临床工作实践，成功地实施了膀胱全切肠代膀胱、巨大肾上腺肿瘤、嗜铬细胞瘤、肾上腺外科、腔内泌尿外科等疑难重大手术600余例，诊治泌尿疾病患者13万多人次，培养泌尿外科专业技术人才61人。先后发表科技论文11篇，在全国泌尿外科学术会议上交流论文10篇，主持完成科技成果5项，获全国医药卫生优秀成果一等奖、三等奖各一项，在第二届华中地区科学技术推广大会上被评为优秀论文二等奖一项，获曲靖市科技进步二等奖、三等奖各一项。参与完成科技成果奖2项。由于成绩突出，他赢得了广大泌尿疾病患者和同行的信任与尊重，多次被邀请参加中华医学会全国泌尿外科学术会议、全球华人、海峡两岸和亚洲泌尿外科学术会议。多年被医院、市卫生局评为先进工作者和优秀共产党员，被曲靖市人民政府评为有突出贡献的专业技术人才和享受曲靖市政府特殊津贴专业技术人员。

突发公共事件处置

曲靖市第一人民医院是处置辖区内公共卫生事件的重要医疗机构。张小德始终把人民群众的健康和生命安全放在工作首位，组织成立了医院突发公共卫生事件指挥部，担任总指挥，制定了周密的应急预案和相应的规章制度，挑选组建了一支德才兼备、纪律严明、雷厉风行、吃苦耐劳、勇于奉献的高素质应急医疗队伍。防治非典工作期间，他坚持一线领导、一线指挥、24小时值班，为防治非典工作作出积极贡献。2005年在抢救“5·17”隧道坍塌被困的工人救援工作中，他沉着应战，协调指挥，制定营救方案，为顺利营救12名被困工人作出了特殊贡献。2006年紧急启动应急预案率领医疗急救队成功地参加了“1·12”、“2·26”、“12·8”宣威重大事故，“4·25”沾益特大交通事故，“7·11”陆良特大交通事故的医疗救援工作。先后被曲靖市人民政府评为全市抗击“非典”先进个人、“5·17”救援事件先进个人、突发公共卫生事件医疗救援先进个人。

行政管理工作

张小德1998年9月担任医务部主任，1999年5月当选医院党委委员，2001年11月担任业务副院长（2006年6月主持医院行政工作），2007年10月26日任院长。

作为一名专家型管理人才，他善于借鉴现代化医院管理的新理念，紧紧围绕实现医院跨越式发展的宏伟目标，对医院的未来发展进行了准确定位，高屋建瓴地提出了医院未来发展目标：打造“惠民泽世、仁德济滇”的惠滇医院品牌，建设“诚信、服务、优质、和谐”的现代化曲靖市第一人民医院，医院规划了“三个阶段”、“八大建设”发展宏伟蓝图。为了加快实现医院宏伟目标，他推出以下重要举措：

一是拆除上世纪60年代建盖的住院部危房，对医院进行总体规划设计，拓展绿化面积7400平方米，新建道路2500平方米，新建洗涤中心1400平方米，完成第一住院大楼功能定位和装修改造，完成综合大楼立项评审工作，对院内环境进行整治和绿化，为人民群众提供优美的就医环境。

二是实施人才强院战略，先后选派8人到中国人民大学（EMBA）硕士研究生班学习，2人分别到美国、新加坡出国深造学习，4人到上海静安医院挂职学习，76人到昆明医学院研究生班学习，86人到北京、上海、南京、广州、成都等综合医院进修学习，为医院培养了大批“优秀人才”和“关键人才”，为医院实施科技创新打下了良好的基础。“十五”期间，医院共投入职工培训、新技术开发和科研论文经费381.88万元，主持重新修订了《关于院内科技成果、技术革新、论文奖励办法》，有力地调动了全院医务人员科技创新的积极性，开展各项新技术242项，发表科技论文825篇，其中获曲靖市科技进步奖11项。

三是深入持久地开展“以病人为中心、以提高医疗服务质量为主题”的医院管理年活动，在医院历年成功管理基础上，结合国内外先进的医院管理理念，组织制定了

《曲靖市第一人民医院管理规范》140万字共10篇，不断推动医院管理法制化、规范化、标准化和科学化，为人民群众提供更加优质的医疗服务。

四是为抢救危急重症患者，开通了“院内120”绿色通道，倡仪成立了医疗执业责任风险基金，对妥善处理医疗纠纷起到了积极促进作用。

五是组织修订了医院各项规章制度，为医院发展创造良好的制度环境。

六是借鉴现代人力资源管理的新理念，大胆尝试人事制度与分配机制的改革。

七是正式启动绩效评估系统，牵头建立质量控制体系，将间接创造价值引入分配机制，尽可能体现知识和劳动的价值。

八是强化财务管理和院务公开力度，实行经济工作阳光化、透明化。

由此，医院的管理更加科学、规范，医院内外环境更加优美，广大干部职工的工作积极性得到有效调动，产生了极大的社会效益和经济效益，2006年经曲靖市卫生局年度综合考评荣获一等奖的好成绩，被省卫生厅授予“医院文化先进集体”、省总工会、教育厅、卫生厅联合授予“云南省教卫科系统2006年医院管理院务公平先进集体”。张小德因工作成绩突出，2007年4月被曲靖市人民政府授予市先进工作者称号，2007年11月19日被曲靖市工会推荐参加云南省工会第十次代表大会。

张小德对病人满腔热忱、对技术精益求精、对管理工作开拓进取，充分展现了当代知识分子及医务工作者的崇高品格。

农民的儿子

——记曲靖市第二人民医院院长张正华

张正华，1953年12月17日出生在陆良一个农民的家庭。因为艰苦的环境造就了他吃苦耐劳的秉性，培养了他与乡亲们深厚的感情，为他后来行医所要求的优良的政治、业务和心理素质奠定了坚定基础。

是父母养猪、孵鸡供他读完了小学、初中、高中。1973年8月他回乡当知青，在当地任教两年。实际工作中，他体会到知识的重要，特别渴望能上大学，再次得到深造，增加更多的知识更好地服务人民。

在回乡锻炼期间，他随时随地严格要求自己，实实在在做人，认认真真工作，各方面表现很出色，1975年4月光荣地加入了中国共产党，同年8月被推荐到昆明医学院医疗系读书，多年的愿望终于实现了，他当时真是激动得不知多少天没吃好和睡香。自此，他再没有放松对自己的高标准严要求，1978年8月以优异成绩完成了学业，分配到曲靖地区第一人民医院工作。1981年选派到上海第一医科大学华山医院进修一年，1988年到浙江医科大学附二医院进修7个月，1986年到四川卫生干部管理学院学习3个月。1984年3月任曲靖地区第一人民医院业务副院长，先后兼任过工会主席、纪委书记。1993年6月破格晋升为神经内科副主任医师，兼任神经内科主任，1994年12月任医院党委书记，1995年10月破格晋升为神经内科主任医师。1998年，市二院濒临倒闭，时任市长的王学智同志很诚恳地跟他交谈："正华啊！只有你可能救活二院，否则二院就将成为政府的包袱。"他服从组织安排调市二院任党委书记、院长。上任后，他认真总结，事事带头，广纳人才，充分调动广大职工的积极性，做到全院团结，上下一致。提出了"树形象，增效益，求发展"，"医疗质量是医院的魂，服务态度是医院的神"，"小本经营，滚动发展，借鸡生蛋，下蛋还钱"等思路，经过大家共同努力，二院创下了曲靖市卫生系统数十项"第一"，有的项目填补了全国地州级医院的空白，医院业务收入由1997年的1790万元，发展至2007年突破一亿大关，整体效益受到了社会的好评，领导的肯定。他因此被选为省政协第九届委员，享受省和国务院特殊津贴，被评为曲靖首届劳模、省劳模、全国"五一"劳动奖章获得者、全国劳动模范、全国优秀科技工作者、全国百名优秀院长。

回首快30年的行医生涯，他感悟地说：“如果没有坚定的政治方向，坚强的毅力和刻苦勤奋的精神，是不可能坚持下来的，也不可能取得一定成绩的。”那么是什么力量推动他前进呢？概括地说，是为人民服务的宗旨，是农民的家史和意志促使他去奋斗、前进，去圆那个做了很久很久的希望之梦。从进入昆明医学院那天起，他就认识到学习的机会难得，一定要努力学习、刻苦钻研，是乡亲们送自己上的大学，决不能辜负他们的企盼！在校学习期间，始终坚持冷暖自如，甘苦同乐，多少个春日秋午、冬晨夏夜，伏案攻读。毕业实习时，从医学基础理论到医疗书写部分均得到带教老师的好评。他通过老师“在校时只能教会你们会翻书的方法”的话，导出了三层意思，第一说明医生要学的东西很多；第二说明了医学发展速度是飞快的，必须随时都得抓紧学习；第三说明实践中带着问题学也是成才的关键。当前，发展医学科学，既有精细分科，又有高度综合的特点，不抓紧学习就会落后。高尔基说过：“每本书都像一个小的阶梯，我沿着它向上爬，这就从兽类上升到人类，上升到美好的生活境界和对这种生活的渴求。”多年工作中，他仍然坚持把晚上、节假日、公休假等充分利用起来，持之以恒地读书学习。多年来时拒春绿于窗外，常绝夏凉于园中，疾驰于书海之中。某年冬天，他为了赶写《实用神经内科手册》书稿，被红外线取暖炉将小腿内侧部烤起数个乒乓球大小的水泡，当时都没有发现。多少年没有过一个完整的星期天，没有在12时以前入睡过。孩子说：“爸爸您很久很久没有带我上过公园”，妻子看到他多年劳累，极度疲乏的样子，多次心疼地劝他休息。节假日亲人团聚在餐桌前，共享人间天伦之乐时，来不及细细地去品尝美味佳肴，每每都是“狼吞虎咽”，速战速决，丢掉碗筷，操起笔杆，继续爬“格子”。忆往昔，欠父母、妻子、子女的太多太多。通过多年的勤奋学习，刻苦钻研，在老师们的耐心指教，领导和同志们的关心和支持下，他历经三年（1993年6月至1996年6月）辛勤编著的《实用神经内科手册》和《神经内科急症及处理》两本书（均为30万字），由云南科技出版社出版，全国发行，被专家们誉为云南省神经内科专业第一、二本专著。近年他又撰写了有指导意义的论文20余篇，分别在省级、国家级刊物上发表和学术大会上交流，受到了同行专家们的好评。多年来开展的科研项目，1993年获地区科技进步一等奖；1996年获地区科技进步二等奖；1995年获地区科技进步一等奖；1996年获地区科技进步二等奖。他连续三次被评为曲靖地区每两年一度有突出贡献科学技术人才。1997年被评为云南省卫生系统模范工作者。能取得以上成绩，他首先要感谢各级领导和同志们的关心和支持！同时他要感谢他当农民的父母。他从父母勤劳耕耘，本分行事的举止中，弄懂了幸福的真谛。从父母默默无私的奉献中，懂得了人生的意义，养成了热爱大地，珍惜黄土，扎根土壤的优秀品质。

他担任院级领导25年来，随时想起一幅对联“教教教教人成真，学学学学做真人”。他在学的过程中，圆的磨成扁的，扁的再磨成圆的，弄清了大千世界的“赤橙黄绿青蓝紫”。行医30年来，他始终与人民保持着深厚的感情和良好的医患关系。一次一位来自富源高寒山区的年轻男性患者，经多方求医，未得到明确诊断，经他接诊，认真分析，在实验室、化验室的配合下，准确诊断为脑瘤，经对症治疗，症状有所减轻。衣衫褴褛、久病而未康复，面色蜡黄、上气不接下气的患者父亲，手握几张十元的人民币，当众借口说："张医生，给你借的钱还给你。"面对这种情况，他的心像电触一样，产生了一阵酸痛。他想：我要接了这份钱，我还是医生吗？还是人吗？他说"你不能这样，我也是农民的儿子，心也是肉长的，我很理解你的心情，请你把这钱用去医治你的儿子去吧！"多年来这样的事例，屡见不鲜，数不胜数。还有的患者诊治后为了感谢，送给一点农村自产的土特产等，他婉言谢绝不成，只有把自己家中的其他东西转换点送给人家，这样才觉得内心得到平衡。

他还说："我要再次感谢父母让自己过早自立，过早面对生活的贫穷，享受过人生的酸甜苦辣，在困境中艰难步行，在无依无靠的情况下挺直了腰杆，学会了迎风行走，霜雪中自我取暖。在诸多的艰难困苦中，铸造了对美的生活的顽强追求的执著信念，同时在抗争中使我的能力、智慧得到了充分的发挥和实现，使生活更为充实，使人生更加饱满。"

岁月如诗

——记昆明市委统战部原部长张延祺

张延祺，1935年12月10日出生在陆良县中枢镇的一个书香世家。祖父张晋三是洞经音乐传艺师，父亲张子玉是爨乡杰出书法家。母亲程云香是家庭妇女，信奉佛教。

张延祺受“百忍傅家”和儒家思想熏陶，养成求真务实，从全局上观察分析问题的意识。1951年他毕业于陆良中学十六班；1952年3月考入昆明师范学校短期师资训练班，1952年8月分配到昆师附小教书，并坚持自修6年多时间，完成中师 、师范大学函授课程，获云南省教育厅颁发的大专学历证书。

1955年接上级通知调机关担任公务员，1998年在中共昆明市委退休。

讲台闯关

1952年9月，张延祺17岁，登上昆师附小五年级讲台，准备讲授自然课“空气”一文，因穿着褴褛，引起全班学生强烈反感，齐呼“不要乡巴佬来给我们讲课”。这使他和师范学校中师班来观摩教学的50多位学生都很尴尬。昆师附小是昆师的实习基地，师资配备强，教学质量高，学生多数来自附近两所大学的知识分子家庭和经济环境较好家庭，发出这样的呐喊也是情理之中的事。他心平气和地对学生说：“不要以衣帽取人嘛！讲完这节课，你们觉得不行，我会自动离开。”于是要求班长带领全班学生到操场上施放“孔明灯”，并指派身材较高的两名男学生协助。当酒精灯点燃，孔明灯徐徐上升时，全班学生高兴地拍起掌来，注视着孔明灯在空中向东北方向飘去。在小结课文内容时，热空气比冷空气轻的抽象概念为学生们理解，觉得这节课讲得生动、活泼，通俗易懂。他得到了学生的认可，来附小见习的师范部中师班学生对这节课的教学实施和教学组织给予他充分的肯定。就这样张延祺在省立师范附小站住了脚跟。

传承“百忍”家风

1966年5月，张延祺调任共青团昆明市委宣传部长，并到北京参加团中央举办的学习“文化大革命”训练班。每天上午到清华大学、北京大学等单位参观，看到所谓的“反动学术权威”全身被大字报贴满，受尽污辱性的批判。下午读文件、讨论。一天中午，他在饭桌上向训练班领导、团中央副书记杨海波同志求教，人民日报社论“横扫一切牛鬼蛇神”，哪些是自己人，哪些是朋友，哪些是敌人？杨严肃地说：你这个小张，怎么能这样提问题？张从容答道：这是《毛泽东选集》第一卷第一篇《中国社会各阶级分析》中所提出的首要问题。的确，当时谁也不方便回答这个问题。星期天休息，张延祺跟随贵阳团市委书记去拜会中央国家机关工作的老乡，闲谈中，这位老乡说：毛主席这次要整肃刘少奇、邓小平。张延祺心头一震，预感到百姓、干部将面临一场灾难。两个月学习结束回到昆明时，红卫兵已风起云涌，无正常社会秩序和生产秩序。他遵照“百忍传家”的张氏家风给自己定诫三条：一不参加任何战斗队组织；二不说过头的话，不做过头的事；三不写任何攻击性文章。凡事多听、多看、多思、少说。

真理标准讨论的启迪

1977年6月，张延祺调离昆明市彩印厂总支书记岗位，到共青团昆明市委担任副书记，继任书记。

党的十一届三中全会后，基层团组织恢复活动，团干部逐步配齐，亟待培训。呈贡团县委书记从中央团校学习回昆，带来了开展“实践是检验真理唯一标准”讨论的经验和心得。经请示中共昆明市委同意集训全市五百多名团干部，请呈贡团县委书记传达真理标准讨论的经验和心得，用真理标准启迪团干部，拨乱反正。目前，这批团干部在建设中国特色的社会主义实践中成长，有的已担任省、市、县领导，有的成为企业家。

尽心尽力

1983年，张延祺调任昆明市委统战部副部长、后继任部长。1984年接到在陆良县计委担任副主任的三弟张延光来电：陆良县丝绸厂积压生丝数十吨，已影响县财政正常运转，机关干部工资不能如期发放，县委书记谢峰同志很着急。

昆明市商界人士，历来与沿海有历史性商业往来。他拜会了昆明市工商联副主委曹启文先生，经到陆良丝绸厂取生丝样品，赴浙江杭州洽谈，杭州丝厂全部接收，价格合理，运输沟通，货款准时如数汇入陆良县财政。

少花钱，办成大事

1990年，台湾知名人士丁中江先生来昆探视，希望与市委统战部领导会面交谈。当谈到两岸关系时，丁先生出示了当年我国领导人杨尚昆主席写给蒋纬国的信件，并说：此信辗转两年才送到蒋经国身边，此时蒋已处在生命最后弥留状态。如果通过他转送，一个星期内定能送到。张延祺以询问商讨的口气说：我写了两个条幅，不知丁先生是否方便转交给蒋纬国、陈立夫先生？丁先生满口高兴应承。一个星期后，蒋纬国、陈立夫、丁中江三位先生手持条幅的照片通过香港送达昆明。此照先经有关部门送达北京。杨尚昆主席知道后说：云南有人才，少花钱，办大事！

在转换干部思想上做文章

1992年6月，张延祺调任昆明市委直属机关工委担任书记。如何做好新形势下的党政领导机关党建工作，他缺乏成熟的经验。经调查研究，听取基层党组织意见，他向中直工委和国家机关工委请教。认为中国特色社会主义的改革方向是建立社会主义市场经济，干部对这个趋势还缺乏认识和思想准备，经市委同意，决定在党政机关干部中有计划、有步骤地开展社会主义市场经济知识讲座。经4年多时间，共开课46讲，促进了干部思想转换，受到干部欢迎，市委领导的肯定，说："市委机关工委干得好，办事扎实，效果明显。"

上述小事，只是历史的一瞬间，但却是张延祺在人生道路上难以忘怀的经历。

博大母爱助我成长

——武警云南省总队后勤部原副部长张冲生自述

岁月匆匆，怎奈转眼间离开家乡快30年了，亲爱的母亲离我远去也快20年了。

抚今忆昔，想想自己能一步一步走到今天，除了党的培养、领导的关怀、战友的支持帮助，是博大的母爱助我成长。

还记得接到入伍通知，离开故乡母亲双眼噙满泪花依依不舍的送别。母亲反复叮嘱，送了一程又一程。为了安慰母亲，我笑着向母亲承诺："妈，您别哭，我保证三年以后就回来孝敬您。"谁知入伍以后，在部队这所组织严密，管理严格，培养人教育人锻炼人的大学校里，一出来就是近30年，以至于没有能够实现当初对母亲的承诺。

离别时，母亲因操劳过度而显得单薄的身体，因儿子要远行而伤心流泪的情景，至今难于忘怀。此时此刻，我深知母亲所思所想所虑。

在上个世纪60年代、70年代，作为农村，我们家的经济条件和大多数的家庭一样十分窘迫，从父亲到爷爷都没有多少文化。在那个各方面都比较困难的年代里，是母亲和父亲一把米一撮粮把我养育成人，上学到了高中毕业。毕业后仅一个多月，经过层层选拔考核，成为一名民办教师。在母亲看来，祖祖辈辈靠种地为生，家里出了一个教书人也算是上苍关照了，教书才刚刚两年，没有必要离开教书人这个岗位再去当兵吃苦受累，让人担惊受怕。事实上，在这之前一年，我报名当兵就因为有教书这份工作，在大队书记那里未获通过。

我要求当兵有两点理由，一是军人是国家的保卫者，是祖国的万里长城，在我内心深处有着至高无上的神圣地位，作为热血青年如果能够成为一名军人那将是一生的荣耀和自豪。二是自己刚走出校门，又跨进校门，与社会接触不多，见识不广，出来参加应征活动主要是想见见"世面"，哪怕参加一下体检过程也算是见了"世面"。在这样的思想支配下，20世纪80年代的第一个春天，怀着憧憬，怀着梦想，怀着年轻人崇敬军人、报效祖国的美好追求和良好愿望，我说服了母亲，最终参军入伍，如愿成为共和国的一名军人。

今天回想起来，当年母亲在未知儿子前途命运的情况下，强忍母爱，义无反顾，勇敢地放飞手里的“风筝”远行，是要有多么大的勇气啊！

母亲没有文化，但是，对我的培养教育可谓含辛茹苦，倾注心血，倍受劳累。我家兄妹五人，那些年，家家户户缺衣少粮。但再苦再穷，母亲没有动摇过培养我的决心，没有因为身负巨大的困难而对生活有过失望，有过畏惧。她向来乐观豁达，积极向上。在我的印象里，母亲面前没有越不过去的沟，迈不过去的坎，她总是开开心心地与父亲一起领着一家人过日子，对生活充满希望，对未来充满信心。在母亲的精心呵护下，我们兄妹生活得无忧无虑，健康快乐，真切地感受到，母亲就是一片蓝天，她撑起了我们的整个世界，母亲就是一座大山，她使我们在成长中感受到安全与踏实。

细细品味，当年有那么好的感受，源自于“年少不识愁滋味”。

虽然已经是三十多年以前的往事了，但至今回想起母亲所经历的千辛万苦还历历在目，仿如昨日。思念中，我仿佛还看见当年，我已进入梦乡，母亲还在昏暗的煤油灯下一针一线的为我们兄妹缝补衣服的情景；仿佛还看见寂静的清晨，全村所有人家都还关门闭户，母亲羸弱的身躯挑着水桶疾步向菜园走去的背影；仿佛还看见黑暗中母亲挖地种粮、挥汗如雨的身影；仿佛还感受到母亲自己没有吃饱，又把仅剩的半碗米饭往我碗里盛的慈恩母爱。

我读初中和高中都远在他乡，自带粮油住校，常常为吃不饱饭而难受，母亲怕我饿着，每个周末回家就会做一些玉米粑粑让我带到学校充饥。有一天早晨，天还没亮，母亲又起身为我做粑粑。一大早就看见我家冒炊烟，出于好奇有个村民去我家看看，当这个村民推开我家的大门，看着母亲起早贪黑正在为我操劳时，忍不住说道：“冲生啊，以后长大了可千万不能忘记你妈妈。”这句听似简单的话语让我铭记至今。为了让我在学校能够安心学习，母亲倾其所有。她把给我带到学校的大米准备充足后，自己则带着兄妹们在家吃粗粮咽淡菜。因为条件实在艰苦忍受不了，好多次我强烈要求辍学回家，母亲硬是逼着父亲把我送回学校。有几次我“开小差”，磨磨蹭蹭不按时回学校上课，还把母亲给气哭了。母亲关心我的学习进步胜过一切，只要学习上有一点点进步，她总是喜出望外，乐得不行。

初中毕业在等待高中录取的日子，母亲焦急的心情不亚于现在高考家长等待子女被录取的心情，她天天等，时时盼。有一天，她去县城办事回家走到半路已是筋疲力尽，途中遇到一位分管教育的领导，母亲就上前去打听我上高中的事。当这位领导清楚地告诉母亲，我已经被高中录取后，又累又困的母亲一下子精神焕发，高兴得不得了，迅速赶回家把消息告诉家人和亲友，让他们也分享这份喜悦。

母亲对生活的执著坚强和美好向往，对困难的不屑一顾和勇敢抗争，今天还一直影响着我，教育着我，激励着我。

我当兵第五年才回乡探亲，从昆明到陆良近在咫尺，就现在来说都是高速公路，仅一个半小时的车程，可是，当年的老路蜿蜒崎岖盘山而行，从昆明到陆良非得跑一个整天。

那是1985年的春节。经过几天的精心准备，早上八点我就兴高采烈地坐上回家的车，可很晚才到县城，县城距家还有六公里多路程。虽然路途颠簸劳累，但因为是离家五年后第一次探亲，因为回家要见到尊敬的父母可爱的弟妹，还因为要过春节了，心情格外的爽快。我归心似箭，下了车就急不可待地往家赶。

回到家里完全被欢乐和幸福包围了。喜气盈盈的门联，火焰烈烈的地灶，丰盛诱人的年货，大人小孩的笑声……一家人其乐融融，幸福无比，那种愉悦和高兴劲真是无法用语言和文字来表达。

放下手头忙着的活计，看着长高了、长结实了的我，母亲禁不住又落泪了。此时此刻，我知道母亲的泪水，是幸福的泪水，欣慰的泪水。

整整五年。我知道母亲有好多好多掏心窝子的话要对我说，我也有珍藏了五年的知心话要向母亲倾诉。晚饭后母亲就与我拉起了家常。母亲告诉我，自从我参军后的第二年村里的土地就下放到户了，自从土地下放到户以后，家里的粮食吃不完了，年年有余，钱也够用再也不那么窘迫了。说着，母亲拉着我的手楼上楼下看了个遍。看着满楼的粮食，想想过去空空的楼阁，心里感慨万千，还是党的富民惠民政策好啊！如果不实行家庭联产承包责任制，哪有这样的好日子。第二天一大早，又随着母亲到我非常熟悉的小河边的菜地里去追寻儿时的记忆，当眼前满是齐刷刷、绿油油、青旺旺，长势喜人的各种菜系时，对勤劳善良的母亲更是敬佩有加。

这次回家给了我很多启示，也使我深受教育，我们党制定的方针政策完全符合中国国情，符合农村实际，深得人民的拥戴。回到部队以后，我把所见所闻向战友们一一作了介绍，战友们深为农村发生翻天覆地的可喜变化而倍受鼓舞。

从这以后，尽管工作繁忙，但我每年都还是要坚持回去一次，每次回去都要与母亲拉家常至深夜，有时候腿都坐疼了也舍不得去休息，总想再多坐一会，多聊一聊。尽管休息得很晚，但第二天一大早，我又会象个小孩似的跟在母亲身后，到田间地头和菜园子里去观赏母亲的勤劳“杰作”。作为在艰苦条件下长大的我，深知生活的艰辛和不易，不忍心让母亲多受劳累，每次回家都要尽绵薄之力下地干一些农活，为菜园浇水除草，特别是在离家的头天，更是要把所有的菜园都透透彻彻地浇一遍水才放心。对此，母亲倍感欣慰，认为我没有“变质”，还保持着“劳动人民的本色”。以这样的方式关心母亲，力所能及地为家里出一点力，我也十分惬意。

时间，在母子两地相互牵挂间渐渐流去。

幸福，在母子两地相互牵挂间源源相续。

我在母亲不断的嘱咐中成长进步，把对母亲的无比想念和感激，时时化作内心深处的默默祈祷，愿好人一生平安，祝老人家健康长寿。但还是天有不测风云。1990年5月的一天，受领导之命，我在一个基层单位开展部队正规化管理试点工作，突然接到支队机关一名干部打来的电话，说我有一份加急电报。这就奇怪了，当兵这么多年，从来没有接过家里的电报，更不要说还是加急电报。瞬间，内心忐忑不安。会是什么电报呢？当时脑子里非常复杂，既想立刻知道电报的内容，但又很害怕知道电报的内容，努力冷静之后，鼓足勇气请对方把电报内容告诉我，稍停，对方告知“你母亲去世了，让你赶快回去！”听到这句话，顷刻，我如五雷轰顶不知所云，在同事的陪同下，火速往支队机关赶。路上我在想，时下有的军人亲属有一种不好的做法，比如家里有什么急事、难事，担心部队不批假，最好的办法就是发一封假电报，称家人病重病危，说病故的也不乏其人。会不会是家里有什么急事需要我回去办，而发这封吓人的电报呢。但转念一想不可能呀，出来这么些年，父亲生过病，母亲生过病，向来都是瞒着，全是事后听别人说了才知道。电报呀电报！你可千万不要来的是真的，讲的是实的。内心充满矛盾和侥幸。

人啊，总是这样，在听到与己有关的不幸事情，在若隐若现还没有完全得到证实前，内心总是伴有侥幸，不希望出现真正的不幸。

我与妻子跌跌撞撞往家赶，路上一直心存侥幸。到了县城，大老远就看见来站接我的三弟已经理成了短发，表情十分的悲伤木木讷。一切都明白了。情感再也无法控制，顿时泪如倾盆，悲痛万分。

回到家，母亲已经静静地安卧于棺木之中，父亲悲伤得病倒在床，口中反复叨念“家中的箍桶索断了”。待众人轻轻揭开覆盖在母亲身上的孝布时，我不顾一切扑在棺木上失声痛哭，恨不能把母亲唤醒，但现实是残酷无情的。我肝肠寸断痛不欲生。母亲啊！您为什么不顾儿女的感受，就这样离我们而远去；母亲啊！我还有两个未成家的弟弟，他们离不开您，还多么需要您的关爱，您怎么就舍得放手不管了。您不是答应我，在外公外婆百年之后，要热热闹闹为他们尽孝送终吗，可您却先乘鹤而走了；苍天啊！你为什么不识好人，咋就残忍地剥夺了母亲年仅五十四岁的生命，要是能够顶替，我愿替母亲而去。

整个天塌了，地陷了。全村老少无不扼腕叹息，为之动容。

事后得知，母亲是因脑溢血突发而离世。

回想起离家后与母亲聚少离多，数量有限的团聚，感到是那样的温馨牵人，那样的弥足珍贵。记得有一次，母亲知道我的婚姻大事已经确定下来，她放心不下到昆明来看我，我不在宿舍，一位战友跑来告诉我：“你母亲来了！”如喜从天降，我三步并作两步，急切地跑回宿舍，看到面庞清瘦的母亲果真来了，我高兴得言语哽咽，手足无措。可惜这样的机会实在太少太少了，她来部队也就仅仅这么一次。因为母子喜相逢的情景实在太美好、记忆太深刻，于是，在母亲去世后的很多年里，还幻想着有哪一天母亲会突然出现在我门口。母亲生前我曾经多次邀请她来部队，想陪同她出去看看昆明的好山好水，她怕影响我的工作，总是一次次婉拒。

婚后，我有了女儿，母亲也来过家里几次，我知道，她不是来让我孝敬的，是来看孙女的，每次来都要“尽义务”，把孙女背在身上亲亲。而每次来我们要多加几道菜，她制止不让加，说“油腻大”吃不下，母亲的心思我最懂，她这样做实际上是为了让我减少开支。在我的记忆里，母亲从来没有主动向我要过一分钱，有时候孝敬她一点零花钱，总是再三推让后才勉强收下。作为儿子我深深地为没有尽到对母亲的孝道而自责，作为改革开放成果的享受者，我深深地为母亲没有能够更多地享受到改革开放带来的实惠而遗憾。要是母亲健在，看看现在国强民富、社会和谐繁荣，不知要把党的好政策夸到哪里。

失去母亲近20年，每每想起她总会不由自主地叹息。在失去母亲的近20年里，工作和生活中也遇到了一些沟沟坎坎的不平事，但是，只要想起母亲笑对人生，不屈服于任何困难的顽强毅力，战胜困难我勇气倍增。

亲爱的母亲，我要告诉您，您走时我的两个弟弟年龄都还小，如今早已结婚成家立业，有了自己的儿女，自己幸福的家庭，靠自己勤劳的双手，小日子也还过得不错，您放心吧！

亲爱的母亲，我要告诉您，您走以后我化悲痛为力量，牢记您生前告诫我“做人要正直，要善良，要诚实”的忠言，把对您的无限怀念化作做好本职工作的强大精神动力，发奋进取。在组织领导的培养教育下，在战友们的关心支持下，一步一个脚印向前走，先后履任过云南边防民警总队直属中队战士；云南边防民警总队直属一中队副班长、文书；武警云南省总队三支队一中队排长、政治处干部股干事、四中队副政治指导员、政治处组织股副股长；武警云南省总队后勤部政治处干事、办公室秘书、战勤处副处长、政治处主任、战勤处处长；武警云南省总队后勤部副部长、武警上校警衔。2008年初，根据我的申请，经组织批准，转业到省政协工作。在部队服役期间，曾五次荣立三等功，多次受嘉奖，多次被评为武警云南省总队“优秀共产党员”、“优秀党务工作者”、“优秀机关干部”、“廉洁模范”。我利用业余时间撰写的新闻稿件、摄影作品在各类报刊发表500多篇，发表理论文章20多篇，出版了3本摄影资料，参加摄影比赛多次获奖，还是《云南日报》、《武警后勤》杂志等多家媒体刊物的通讯员。《武警后勤》杂志专门宣传报道了我勤学苦练，笔耕不辍的事迹，在《武警后勤》杂志庆祝创刊十周年时，被评为“十佳通讯员”。现为昆明市和云南省摄影家协会会员。

亲爱的母亲我时时刻刻在思念您！

亲爱的母亲是您博大的爱助我成长！

谢谢您！我亲爱的母亲。

我为第二故乡努力工作

——陆良县原县长张希纲自述

我于1949年5月参加刘伯承、邓小平领导的二野大军进军西南。在革命熔炉里，培养了艰苦奋斗的作风、爱民为民的品德和敢想实干的精神。1958年组织上调我到陆良工作，任农村工作部部长，自1978年起任县委常委、副书记、县长等职。

刚到陆良，初始下乡熟悉情况，感到土地辽阔，河流纵横，水塘甚多，土地平整，田野鸟语花香，颇有江南水乡韵味。但是走进村里，看到农民面黄肌瘦，衣着破烂，家中空荡，路上行人稀少，给我很大震撼，深感责任的沉重。怎样才能遵照组织重托，不负人民厚望，艰苦奋斗，联系群众，努力工作，早日使陆良实现“穷县变富县，高原成江南”呢？

第一是兴修水利，根除水患。陆良县志记载，陆良原称陆凉。境内有大大小小10多个荒凉号称海子的湖泊，夏天蓄水行船，冬天捕鱼放鸭。历史上水患灾害频繁，民不聊生，就连县城都经常被洪水危及。

水患，一直是陆良的一大心腹之患。新中国成立后，历届县委、县政府都高度重视水利工作，总是把水利放在农业建设的首位，竭尽全力整治。通过多年的摸索实践，因地制宜地提出了上堵（修筑水库）、下泄（开炸南盘江西桥滩出水口）和中间开发（建圩堤渠道、修机电排泵站、开发荒海）四山长藤结瓜（修水库蓄水）的正确整治措施。经过多年治理，沧海变桑田，使陆良大地真正成为了令人向往的全民同乐的幸福家园。

我参加并指挥过一年的西桥炸滩、开发大海子（中原泽）的附属工程、开挖新盘江和建设大跌水水电站等治水工程。一是西桥炸滩。南盘江由曲靖流入，在陆良流经西桥出境邻县宜良，西桥以下都是石峡河道，又长又窄又坚硬，如结实的闸门紧紧锁住了南盘江水流，年年造成坝区严重洪涝灾害。新中国成立前后，相继进行了炸滩工程，但因工程艰巨，加之财力不足，没有能够彻底完成。开初几年是“跑马炸”，炸爆出头的石头。1960年，在各级领导的高度重视下，成立了西桥炸滩工程指挥部，按照总体设计规划，从油虾洞到五眼洞，全长9.2公里的河床，平均炸深度2.5米，宽度50

米的泄水河道。在每年的枯水季节，组织坝区70多个基干民兵连，编成营团半军事化组织作业，全靠双手，前后用了8年时间，一寸一寸地开炸新河床，完成了炸滩设计的河床宽度和深度。包括前几年完成的少数任务在内，累计投入劳动工日437万个，完成炸石任务301万立方。从此，南盘江在陆良境内畅通无阻，消除了陆良人民心中的一大隐患，实现了陆良人民的百年梦想。二是在西桥炸滩的同时，组织陆良人民围垦中原泽、旧州海、茶花海等10多个沼泽湖泊和荒凉海子造田，把被人们称之为“洪水招待所”的塘堰建成了稳产高产农田，原来低凹的内涝地，通过开挖流水渠道和新建机电排水站等配套工程也都成为了高产农田。据不完全统计，全县共新增耕田10多万亩，粮食产量连年大幅度增产，一举甩掉了穷县帽子，使陆良变成了真正的鱼米之乡。三是建设新盘江。老盘江在陆良县境内蜿蜒曲折，水祸横行，危机四伏。为了把全长42公里多的老河道截弯取直，受益于民，1977年在全县组织了6万多民工，用了半年多时间开挖出全长25.3公里，河底宽度45米、河口平均宽度70米，平均河深6米的新盘江。这项工程由农民自筹资金，自带口粮，用勤劳的双手完成土石方超过1000多万立方。在这项浩大的工程中，同时建设节制闸3座，渡槽5座，解决自流灌溉问题；兴建2处排水隧洞排除支流内涝；配套兴建了分水闸、灌溉闸、交通桥和农用桥若干座；在新河两岸规划林带、修建柏油公路。这些配套工程充分体现了以人为本，以农为本，以发展生产为本的思想，为日后陆良经济社会发展奠定了良好基础。四是大跌水水电站建设工程和全县电网建设。1983年，陆良被列为全国农村电气化试点县，核心工程是装机容量2400千瓦的电站和四通八达覆盖全县的电网。大跌水水电站当时是全国县级单位自建水电站，分三年两期实施。由于领导得力，计划周密，施工科学，在拟定的时间内，高质量全面建成投产，为国家节约了大量包干投资经费，受到国家计委和省政府的表彰。时任水利部部长的钱正英同志还亲临现场视察，对工程建设给予了高度评价。这两件水电建设工程的竣工，使陆良实现了农业“四化”，为国民经济发展插上了翅膀。

第二是兴办教育，积极发动群众，掀起群众办学热潮。刚解放时，陆良教育事业极为落后，全县仅有3所规模很小的初级中学，校舍质量差，师资队伍水平不高，致使许多家庭都把孩子远送昆明、宜良和曲靖等地求学。直到1956年，才由时任陆良县委书记的江泉同志领导筹办了陆良第一所完全中学，扩大初中班，办起了高中部，同时聘任资立安、谢楚等一批优秀教师任教，使陆良的教育事业有了突破性发展，为陆良教育事业开了一个好头。

“文革”时期，陆良的教育事业受到了严重摧残和破坏。“文革”结束后，财政极为困难，教育经费十分匮乏，有时连教师的工资都不能保证。为了重振陆良教育事业的雄风，我们大胆提出人民教育人民办的设想，实行两条腿走路的方针和分级办校原则，充分调动和激发广大群众集资办校的积极性，掀起全民办学热潮。从1978年到1985年的8年时间，全县总投资1871万元（其中，群众自筹经费1352万元，占72.2%），兴建校舍404幢，建房23.5万平方米，相当于1950年以前全县学校面积的5.8倍。全县128个行政村的342所学校，基本上实现“一无二有”（即无危房、有教室、有课桌凳）。陆良全民办学成绩斐然，引起社会各界广泛关注。1981年《云南教育》以“这里最好的房子是学校”为题，对陆良群众办学的事迹进行了全面报道。在全省召开教育工作会议期间，组织与会人员到陆良参观。1982年5月25日，《人民日报》报道了陆良“农村经济发展后，农民积极要求办好教育”的做法，还配发了“要舍得花力量办学”的评论员文章。同时，发表了《为后代盖学堂，站得高看得远——陆良县群众办学见闻》。这些报道如实反映了我们的办学情况，使广大干部群众深受教育，深受鼓舞。党的十二大期间，中央电视台以《农民办学》为题，播放了陆良县群众办学专题节目。联合国教科文卫组织也慕名前来拍摄电视电影片，把被誉为“陆良的布达拉宫～大龙潭小学”的照片刊登在其刊物上，影响非常广泛。居高身自远。之后，全省乃至全国的参观学习者更是络绎不绝，截止1985年底，先后有辽宁、四川、河南、广西等14个省、自治区，以及全省17个地州市共130多批次、达1万多人之众。这是陆良人民的光荣，值得骄傲自豪。

第三是发展蚕桑丝绸，引导农民致富奔小康。农民苦，农村穷，一直困扰着陆良各级领导和广大农村干部。为此，我经常陷入深沉的思考。陆良全境矿产资源匮乏，且不占据交通地理优势，如不转变发展思路，不改变发展方式，陆良经济社会发展的前景将会十分艰难。经过深入调查思考，认为只有发展农业经济才是出路，以农起家，以农取胜。经过反复讨论，我们决心两手抓，一手抓走出“以粮为纲”的圈子，大力发展经济作物，以养殖业、林果业、水产业、手工业和加工业为突破口，增加农业资源，引领农民增收；一手抓开辟商品经济新天地、新领域，积极创办县级工业、乡镇企业、商业金融、交通运输和劳务建筑，尽快追赶全国全省先进水平。

在发展商品经济和提高社会产值这段时间，我着重分工抓蚕桑丝绸一条龙产业。丝纺品是锦绣江南江苏、浙江等地的起步产业，也是天府之国四川的支柱产业，我坚信发展蚕桑丝绸产业是利国利民利社会的好事，是带动农工商结合、城乡联动的优势产业。我们依靠科技，坚持不懈抓典型培养，勇闯一条龙产业路子。只要认准一条，就放手大干，靠规模化、产业化经营，农民有了经济效益，产业的比重加大了，就会有发展前途。往后，如果各届班子只要把接力棒一代一代地传下去，就能够造福人民。从1974年开始，进行桑蚕创优典型试验，试验田当时亩产蚕茧89.2公斤，产值867元，效益超乎意想，初战告捷。尝到甜头后，我们非常兴奋，决心抓紧、抓紧、再抓紧。于是，又制定了许多扶持鼓励政策措施，组建了蚕丝专业技术队伍，依靠典型示范全面推广。到1985年，全县桑园面积发展到13693亩，我们乘势而上抓住机遇，及时从江苏、浙江引进技术，培训丝绸产业干部和技术工人，新办丝绸厂。

由于云南气候条件独特，蚕茧品质高，被誉为“养蚕的天堂”。陆良蚕茧通过加工增值，每亩蚕茧制成蚕丝出口创汇达440美元，比日本每亩蚕茧330美元高出许多。蚕农每个劳动日可以创汇4.89美元，为全国农业劳动创汇的领先水平。顺风好扬帆。到1990年蚕桑面积已经超过7万亩，年产蚕茧10万担，占全省产量的60%。在这个产业中，我们建成了桑园、烘烤、缫丝、丝绸、绢纺、服装和工艺品一体化的大型丝绸集团企业，产值超过1亿元，生丝出口量为全省的80%，被国家纺织部、财政部和经贸委确定为国家出口创汇重点企业。全县有5万多户农民、1万多个农民丝绸工人活跃在桑蚕、丝绸、服装工艺一条龙战线上，铸造了云南省著名的“陆良丝绸”品牌。

1983年下半年，因工作需要我调离陆良。离开工作生活了24年多的陆良，难舍之情油然而生，我心潮起伏，思绪万千，心情久久难以平静。在陆良还有许多工作没有做好，还有许多事情没有办完，还有很多理想没有实现。陆良啊陆良，我的牵挂，我的第二故乡，此时此刻，我感到欣慰的是在陆良工作的24年，我上不愧党，下不亏民，甘当勤奋耕耘的孺子牛，没有辜负组织的重托，没有辜负人民的期望，我一生引以为豪。

爨乡子弟法律人

——记云南省政府法制办调研员张洪波

1963年9月27日夜，一个婴儿呱呱坠地在南盘江边一个叫舟东街子的农民家中。这个孩子的到来没有给贫穷家庭带来多少喜庆。此前，他的姐姐、哥哥不幸染病早逝，他能否活下去便成了父母的心病。因此，父母期盼他平安胜过一切，并给他取了个很怪很土的名字，祈福好养快长，平安顺利。但这个名字着实为难了学校教师，上学那天，年轻老师似乎明白了名字的意思，但想了半天写不来，只好用汉语拼音拼写。第二天，一名老教师在拼音下写了“张倮倮”三个字。同时，善良的母亲用长发做了个布项圈戴在他脖子上，祈求圈住心愿，保佑平安，消灾解难。这个项圈几乎陪伴他度过了童年，顽皮的小同学们对“怪物”项圈很感兴趣，经常乘他不备摸它、揪它、扯它，甚至编些下流话取笑、侮辱他。多少次他想把它剪断丢弃，但都遭父母阻止呵斥。也许是“怪物”、“怪名”显灵，他平安地在这个世界上度过了童年、少年，生活在今天幸福的日子里。

“我要读书！”——这是他躺在硬梆梆的木床上从心底发出的声音。上学没几天，由于顽皮和过失令严厉父亲非常生气，他遭到的惩罚是大声呵斥和不准上学，父亲把绿色小塑料书包高高挂在楼顶的一根横竿上，让他看得见拿不着。他没有伤心落泪，但为能否上学彻夜难眠，眼前晃动着的是悬空的书包。天蒙蒙亮，他悄然下床，按照夜间想好的办法，从杂物堆中艰难刨出一根竹竿，用它悄悄地一点点把书包带往外拨弄。“啪”，书包落地，他奋不顾身地抓起书包夺门而出，父亲闻声起床，见儿子一溜烟跑了，心中一阵窃笑。

他与书有缘。儿时，他钻到爷爷床下，发现一箱布满尘埃的破碎书籍，便贪婪地读着，似懂非懂地知道了苏联果木专家米丘林，还读了本砖头厚的无头无尾更无名的关于进步青年革命和爱情的长篇小说。天热了，他在屋后的大桑树丫上读书，半天不下来；下午放学回家做饭，他在灶边边添柴边读书，甚至发明了把右脚绑在风箱把上，用脚扯风箱的做法。不久，他爱读书的美名传遍全村。爱读书，不一定学习好。

从三岔子学校到龙海山脚的三岔河公社“五七”中学、陆良一中，他的学习成绩并不优秀，数理化差，但爱好文学。

影响他成长的人很多，伯父张慧生和三岔子学校年轻语文教师周小乔令他终身难忘。伯父打过游击、当过骑兵，在县委机关工作过，深知没有文化的艰难，回家见他好学倍感欣慰。首先，伯父把那个不雅的名字改为“张洪波”。后来又做通思想工作，把项圈从脖上取下。伯父是他人生旅途中的一盏明灯，在他小学、中学、大学的人生道路上，无论是文史哲还是意志、品格、人生、性格，伯父都给予了谆谆教诲。在陆良一中读书期间，他吃住在伯父家，伯父和当医生的伯母给予了无微不至的关怀和帮助，他时刻铭记在心，当涌泉相报。

受周老师的文学熏陶，他有了写作冲动，曾经很无知地尝试了小说、电影剧本创作和美术绘画，甚至学会抽烟，在烟雾中做起了作家梦。周老师是18岁由曲靖中师毕业就直接分配到三岔子学校教语文的老师，面对十一、十二岁的学生，他只是个娃娃头。但娃娃头用渊博的文学知识和超人的口才表达能力征服了这些附设初中生的心，在语文课上周老师口述着《大刀记》等长篇小说故事，把自己写的小说章节给学生们看。

童年是美好而艰苦的。在三岔子学校读书期间，幼年的他拾粪种试验田、河边栽树、挑石头平整操场；放学回家干农活，搓草绳、打草席；星期天拉草席到县城，挣几个工分。在三岔河公社“五七”中学读高中期间，生活紧张而艰难，住在猪圈楼上，听猪叫，闻臭气，令人恶心；女生宿舍多次“闹鬼”，搞得人心惶惶；着薄衣、补丁裤，穿破鞋，每餐大米饭加5分钱的煮苦菜，盼望吃酸菜炒洋芋和每周一次肉。这些艰苦磨炼，使年少的他意志弥坚。

1981年9月，他从陆良一中考入云南大学法律系学习。这是舟东街子第一个大学生，也是三岔子大队第一个考入重点大学的学生。但金榜题名，并没有改变父母皆文盲的贫困生活。他省吃俭用，一个学期花一百块钱（包括来回路费、书费、生活费等所有开支）。他特别要感谢的是党和政府每个月提供20~25元助学金，基本解决了吃饭问题。他珍惜难得的学习机会，如饥似渴地读书。他读的是法律书，做的是作家梦。他把对故乡的情和爱变成笔尖下的诗歌、散文、小说，参加了昆明市文学创作讲习班学习，聆听校内外著名作家、诗人和文艺评论家的讲座。他的诗歌、文学评论发表在《云南法制报》和系刊《法学生》上。1985年6月在学校入党，7月大学毕业分配到省检察院曲靖分院工作。

检察工作13年，他问心无愧。先后从事刑事检察、法纪侦察、办公室、审查起诉工作，历任书记员、助理检察员、检察员。1988年8月至1994年5月，任院办公室副主任兼综合档案室主任、保密委员会委员、优秀公诉人评选领导小组成员。1994年5月任审判监督处副处长。共11年任院第一、第二、第三党支部宣传委员。

1986年4月~1987年3月，他作为地委派出的整党工作组联络员驻罗平县马街镇整党，工作、生活条件比较艰苦，他磨炼意志，爬山趟河，走村串寨，访贫问苦，宣传法律，解决纠纷，发动群众修路，清理追回遗留债务，自费为孤儿买被过冬。检察院工作中，他刻苦学习检察业务，理论结合实际，成功办理了许多有影响的案件。如为主审查起诉、提起公诉×县王××等32人特大强奸、轮奸案件，办理了××乡民政助理员朱××贪污救灾款案；侦察、公诉了富源县1988年“7.17”煤井特大瓦斯爆炸案。参加处理了1997年师宗县检察院及其领导、干警被数十名不法分子“打、砸”重大事件。在任办公室副主任6年中，分管文秘、统计、档案、保密、后勤等工作，阅办文件，起草重要文稿、文件、报告数百篇，直接编写编辑信息、简报，保证快准实，使分院文秘工作走在全省检察系统前列，1989年起被最高检察院确定为信息直报点（每省1个）。组织并直接参加对10多年的检察档案进行清理归档，建立综合档案室，使分院档案率先达B2级标；组织统计检查，开展统计分析，效果很好。筹备各种会议，搞好接待。撰写检察志。为电视台开办的《检察战线》的电视专题片撰写解说词多篇。

1997年1月他调省人民政府法制局。1998年11月任助理调研员，1997年9月至1999年10月，在昆就读西南政法大学民商法在职研究生课程班，被评为“优秀学员”。2000年10月任省人民政府法制办公室法制监督处副处长，2005年3月任调研员、法制监督处党支部书记。2006年8月到经济立法处工作。

政府法制战线工作十多年以来，独立承担了清理行政执法主体的任务，多年推行执法责任制，组织或参与筹办全省特邀法制督察和法制督察培训班十多批，审校核发千余名法制督察证件，独立办理了十余万人行政执法证件审验、换证。参与对天河公司兼并昆明无线电厂、南京同创公司兼并昆明电视机厂、省工商银行出售华融公司给云南旅游集体的法律纠纷、××集团公司领导挪用公款炒期货损失数千万的大案等等法律问题的处理；对老百姓投诉×市统计局多起违反程序作出行政处罚案件进行监督，妥善处理；督促限期纠正×区交警不作为案。对投诉××铁路警察、×市收容遣送站执法人员违法收容遣送和殴打致伤行为进行纠正并督促赔偿。为主承办或者参与立法的项目有《云南省无线电电磁环境保护条例》、《云南省信息化促进条例》、《云南省中小企业促进条例》、《云南省车船税办法》和《云南省行政执法监督条例》、《云南省社会保险费征缴条例》、《云南省规范性文件制定和备案办法》、《云南省法制督察管理办法》等草案。

他业余从事法学研究，参与编写并出版的著作有《新编行政执法教程》、《马来西亚法律指南》、《全面推进依法行政实施纲要概论》、《物权法普及读本》、《现代知识产权法》、《云南省信息化促进条例释义》、《食品安全法规汇编》、《昆明市五华区司法行政执法责任规范》（副主编）、《无线电行政执法要义与事例评析》等11部；参与法律课题和无线电课题研究7项。在法制日报、医学与哲学杂志、云南大学学报、昆明理工大学学报、政府法制杂志等刊物发表法学论文30多篇。其中《艾滋病与婚姻法问题》（1988年）、《严格执法是政府诚信的具体表现》（2005年）、《暗中执法不符合行政法治原则》等文章在学术界产生影响。2002年发表的《推行行政执法责任制的难点和对策》受到国务院法制办监督司领导肯定，收入《行政执法责任制要览》一书。多篇文章、研究报告获奖。

他爱好文学创作，在云南日报、曲靖日报、云南电影报等报刊公开发表文学作品、电影评论等40篇（首），其中一篇电影评论获全国三等奖。散文《故乡秋晨》，小说《卖鞋垫的小女孩》、《落雪有情》，诗歌《牛》、《如果》，报告文学《滇东大追捕——巨贪王旭邦落网纪实》，电影评论《“魂”在何处——评电影〈画魂〉》、《秋收起义的失败和失败的〈秋收起义〉》等受到好评。

他1988年被评为全省检察系统先进工作者。多次被曲靖地委办、行署办评为全地区信息工作先进个人，被评为检察系统优秀公诉人、先进工作者、省政府法制办优秀共产党员、优秀公务员。现为中国法学会、云南省法学会、云南省民族电影评论学会、逻辑学会、政府法制研究会的会员。曾为曲靖市哲学学会理事、作家协会会员。

他是一个农家孩子，也是一个心胸坦荡、公正无私的法律人。为了追求法律的公平与正义，他告诫自己：谨言慎行、正直为人，不能愧对陆良大地，不能愧对养育他的父母和人民。

心怀军魂 情系家乡

——记四川外语学院正处级干部张家云

张家云，陆良县板桥镇摆羊村人，1943年农历9月21日出生，现为重庆市沙坪坝区四川外语学院正处级干部。

他读完小学，走进工厂，进了军营，告别亲人离开家乡，开始了生命中的军旅生活，后又转到四川外语学院。在44年的革命生涯中，他把青春年华奉献给了祖国的国防建设和教育事业，无怨无悔。无论岁月流逝，环境改变，他对党无限忠诚，对社会主义事业无比热爱，工作始终勤勤恳恳、任劳任怨，对领导、对部下、对战友、对朋友充满热情和真诚，对父母、对家庭亲友和子女，保持一颗关爱、平等和负责的心。

他对人真诚，乐于助人，始终把他人的困难当成自己的困难，把别人的幸福快乐当成自己的幸福快乐，所以乐于吃苦，勇于奉献，不计得失。

在他小的时候，凡是见到村里的老人和小孩，有困难总是帮人家一把。

到了军营学雷锋做好事他不甘落后，班里的战友病了，他帮助洗衣服站岗放哨，在艰苦的国防施工中荣立三等功。在参加“四清”工作中，从每月的津贴中节约一些，为最贫困的农户买煤、买盐，被工作组评为爱民模范。当指导员时，关心干部战士，做艰苦细致的思想政治工作，为战友们排忧解难，被成都军区评为优秀政工干部。在部队时，为部队培养输送了大批优秀人才。他转业到地方后，关心教育事业，在后勤战线上，一心扑在工作上，使川外后勤工作成为全市、全国的先进典型，被评为重庆市高校后勤先进个人。为了帮助困难群众，参军、考学、提干做了许多实实在在的工作，尤其是退休后为家乡陆良人民办了不少好事、实事，为他人排忧解难。

他总是在想，别人的困难就是自己的困难，别人的子女就是自己的子女，所以总是千方百计为他人提供方便。这样做既解决了家长的后顾之忧，减轻了陆良招工就业的压力，又为国家输送了大批优秀人才。通过这一件件、一桩桩不起眼的小事，使他和故乡的情谊更贴近了。每当他回首往事想想自己走过的历程，取得的进步，他总认为是毛泽东思想、邓小平理论武装了他，是解放军这所大学校锻炼了他，是军队首长、地方党委关心、教育、帮助的结果。

家乡陆良这块热土养育了他，共同的理想、患难的历程同战友们、朋友们、乡亲们结下了纯真的友谊，促使他在不同的岗位上无论是在职，还是退休远在他乡重庆，总是心系军魂、情系故乡。他虽年奔七十，但他在晚年还要尽自己的微薄之力，为家乡的明天更美好添砖加瓦。

他衷心感谢故乡养育之恩，向为陆良家乡默默无闻作奉献的人们致敬！

陈忠华简述

（云南广播电视大学宣传部部长）

陈忠华，云南广播电视大学党委宣传部部长，硕士研究生。

陈忠华1968年4月8日出生于陆良县板桥镇大桥办事处方家埂村，幼年丧母，家境贫寒，7岁便承担7口之家的炊事员。父亲陈压常孤身一人含辛茹苦地将兄弟姊妹五人抚养成人。

他7岁上小学，12岁上初中，在大桥小学及其附设初中读了8年的书，可惜没能考取高中。家中虽然困难，可父亲陈压常却鼓励他再复读一年。于是，他到板桥十中（王家坡中学）复读了一年初三，考取了陆良五中。在高中时，他遇到了终生难忘的一些好老师，物理课老师兼班主任的曹万民、数学老师李建德、语文老师俞红继等。在这些老师的精心培育下，1987年9月，他以全班第一的成绩考取了西南大学（原西南农业大学）农学专业。

4年的大学生活艰苦而又充满生机与活力。陈忠华入学时高考成绩排在全班倒数第三，特别是由于英语成绩太差，学校指定改学俄语。但是，他在差距面前不服输，在困难面前不低头，再加之浓郁的校园文化，优越的办学条件，强大的师资队伍，浩瀚的图书资料，多元的同学伙伴，吸引他如饥似渴地泡在书海中学习。上课时专心听老师精彩的讲解，课后认真地复习和预习，实验实习时一丝不苟，周末和晚上大部分时间在图书馆看书。功夫不负有心人，大学毕业时，他4年的总成绩跃居班上前五名。由于学习成绩优异，1991年7月，他被分配到云南广播电视大学工作。

陈忠华刚刚参加工作时，心里美滋滋的，盘算着终于可以自食其力了，终于可以摆脱困扰多年的贫困窘境了。于是，领到第一笔工资时，拿出30元买了一辆旧单车，留下50元的生活费，剩余的全部寄给家中的老父亲。

到云南广播电视大学工作的陈忠华，主要负责农业科技教育电视片的制作。在一位慈母般的搭档——尹芳老师的带领下，初生牛犊不怕虎，主动到农业厅、农科院、省农资公司等单位跑项目、谈合作，短短3个多月的时间，便签下了《杂交水稻母本湿直播技术》、《云南再生稻》、《新型杀虫剂——功夫》、《新型除草剂——克芜踪》、《云大BR120》等五部农业科教电视片的制作协议，为其后两年的工作打下了坚实的基础。拍电视片是一项极富挑战的工作，首先要创作出既能说清科学道理、又能为普通老百姓看懂爱看的脚本，其次要扛着摄像机、追着农时到全省各地拍实景，最后要对拍摄的毛片进行编辑处理和配音配乐。有一次为拍《杂交水稻母本湿直播技术》，他们到景东县的一个小村子蹲点拍摄，一蹲就是3个多月。付出总有回报，他们拍摄的《杂交水稻母本湿直播技术》、《云南再生稻》等电视片被云南省人民政府评为“八五”期间优秀科普作品。

1994年他开始了下派下乡的工作和生活。按当时的政策，分配到省级机关和事业单位的大学毕业生要下乡锻炼一年。陈忠华被派到玉溪市新平县戛洒乡任农业技术员。戛洒乡是一个傣族乡，是云南花腰傣聚居和生活的地方。每年农历正月十三，是花腰傣的传统节日——花街节，号称东方的情人节。他就是在花街节这一天来到了戛洒。这一年他负责竹子的测塘栽培、农业技术的服务指导、高粱新品种的引种试验，在工作中他与当地老乡同吃、同住、同劳动，虽然苦一点，却学到了在学校中学不到的知识和技能。

1996年5月，陈忠华从戛洒乡回云南广播电视大学工作仅一年多，学校又派他到楚雄州武定县万德乡担任科技副乡长。万德乡地处云南北部与四川会理县隔金沙江相望，是云南省506个扶贫攻坚乡之一。万德乡距武定县城109公里，顺利时车行要9个小时左右才能到达的大山深处。人们都说，路没有尽头。但这条从县城蜿蜒难走的山路，到万德就走到了路的尽头。这条路，难走不说，有的地段还非常危险。特别是遇到下雨天，许多乘车人都是闭着眼睛，听天由命。县政府为了解决万德乡出行难的问题，以以工代赈的方式改建这条路。乡党委任命陈忠华为公路建设指挥部总指挥，于1997年正月初八率领群众上山动手修路。他们修路的地方海拔3000多米，开工这天下了一场鹅毛大雪，他们用自己的双手在雪地上扒开一块空地，搭起两顶简易帐篷，就指挥几千名群众开山挖路。工地现场条件极其艰苦，他从冰天雪地战斗到春暖花开，从寒梅怒放工作到马缨花盛开，一干就是4个多月。由于经费紧张，没钱请专业工程队修建，只有靠老百姓出义务工来修建。这对指挥部来说，工作难度非常大，陈忠华以自己的热情、诚恳和智慧，发挥思想政治工作的优势，硬是动员群众投入义务工8万多个，开挖土石方14万多立方米。在没有发生一起安全事故的前提下，圆满完成了工作任务，今天万德乡的老百姓还记得当年带领他们修路的陈副乡长。

1998年7月，陈忠华走上了处级领导干部工作岗位，任云南广播电视大学学生处副处长、校团委书记。在委任他当校团委书记时，他向领导说，自己学生干部都没当过，恐怕难以胜任团委书记岗位，领导说，党委信任你，相信你有能力干好这一岗位的工作。于是，带着领导的信任和期待，他走马上任了。他积极钻研团的工作，创新工作理念、工作思路、工作方法，特别是在校园文化活动中，提出从政治文化、道德文化、科技文化、文体文化、制度文化五个方面在学生中开展系列文化活动。当年就带领团队夺得团省委组织的“云南省大中学生跨世纪素质拓展夺杯赛”的理想杯和形象杯。第二年带领学生参加1999年的昆明世界园艺博览会成绩突出，学校被省委、省政府授予贡献奖的表彰，校团委被团省委授予’99昆明世界园艺博览会试运行及开幕系列活动先进集体和’99昆明世界园艺博览会青年志愿者行动先进集体。由于工作成绩突出，2000年陈忠华被提拔为云南广播电视大学学生处处长、直属分校校长兼校团委书记。2001年电大的直属分校和二分校合并成立直属学院，陈忠华出任直属学院院长兼学生处处长、校团委书记。

陈忠华担任直属学院院长、学生处处长期间，主要职责是带领团队负责省电大校本部3500名左右的全日制大专学生的教育和管理工作。在他的带领下，通过思想政治理论课、形势政策教育课、校园文化活动、以及开大会、对话会、耐心细致的个别谈心等思想政治工作，及时了解和掌握学生的思想状况，对学生反映的情况能解决的及时给予解决，因种种原因一时解决不了的也给学生耐心地说明情况，取得学生的理解和支持。6年多的学生处处长、直属学院院长任期，学生的思想状况比较稳定。他带领的团队2001年、2002年连续荣获中宣部、教育部、团中央、全国学联表彰的全国大中专学生志愿者暑期“三下乡”社会实践活动先进单位称号，多次荣获全省先进基层党组织、教育先进集体、军训先进集体等荣誉。

由于自己的切身经历，他非常关心学校的贫困学生。他高度重视贫困学生资助工作，积极想方设法为贫困学生解决实际困难。在他任期内，没有任何一名学生因家庭经济困难而辍学。他不仅督促及时兑现贫困学生资助和奖学金发放，还多次采取演讲、座谈、个别交心等方式帮助贫困学生树立信心，特别是以他自己的亲身经历来激励学生，取得了较好的效果。对个别确实困难的学生他还捐助钱物帮其渡过难关。

2006年9月，他被调任云南广播电视大学党委宣传部部长。上任不久提出用3年时间，一年一个台阶将学校创建为省级文明学校或省级文明单位。2007年成功创建为五华区文明单位，2008年成功创建为昆明市文明单位。2007年借调到省委组织部工作了8个多月。2008年担任学校解放思想大讨论领导小组办公室主任，不仅圆满完成工作任务，还撰写了5篇评论员文章发表在云南电大报，其中《解放思想关键在领导》获得省教育厅的表彰。

多年来，陈忠华一直勤奋工作，锐意创新，多次获得上级的表彰奖励。1996年参与创作的《杂交水稻母本湿直播制种》、《云南再生稻》两部电视科教片分别获省政府表彰的全省“八五”期间创作的优秀科普作品奖励；1998年获国家科委科技扶贫办公室表彰的振华科技扶贫奖励基金、王义锡科技扶贫奖励基金服务奖；1999年获团省委表彰的’99昆明世界园艺博览会试运行及开幕式系列活动先进个人；2000年获省委宣传部、省教委、高校工委、团省委、省学联表彰的云南省大中学生志愿者科技文化卫生“三下乡”活动优秀领队，获云南电大党委表彰的建校20周年庆祝活动先进个人；2001年获省委、省政府表彰的云南省第三个五年法制宣传教育工作先进个人；2002年获云南电大党委表彰的优秀党务工作者，迎接评估工作成绩突出被云南电大党委和行政给予嘉奖；2003年被省委宣传部、文明办、省军区政治部、团省委表彰为云南省学习雷锋、志愿服务活动贡献奖；2002年、2003年、2006年被学校考核为优秀处级干部；2007年，撰写的《以和谐理念，创新德育新思路》被高校工委、省教育厅表彰为三等奖；2008年撰写的《解放思想关键在领导》被高校工委、省教育厅表彰为三等奖；2008年被云南电大工会表彰为“五好文明家庭”。

数学之子

——记云南师范大学数学学院院长邵儒林

邵儒林，1940年出生，陆良县人，1966年7月云南师范大学数学系毕业，中共党员、教授，曾任云南师范大学数学学院副院长、院长。曾在清华大学、中山大学、哈尔滨工业大学、华南理工大学进修和做访问学者；1996年到美国南达科他州立大学、宾夕法尼亚州立大学作访问学者。曾担任中国数学教育学报理事、昆明市政协委员、云南省数学学会常务理事。1997年荣获全国曾宪梓高等师范院校教师奖。

他长期从事基础数学和应用数学的科研、教学及管理工作，主要从事常微分方程及应用，微分方程稳定性理论及其应用方面的理论研究工作和教学工作。先后为研究生、本科生开设《常微分方程》、《常微分方程稳定性理论基础》、《数学分析》、《数学分析方法选讲》、《经济应用数学》、《高等数学》、《线性代数》等主要课程。他教学严谨，教学方法有特点，教学效果好，受到学生好评，多次得到云南师范大学的奖励。

邵儒林在常微分方程稳定性理论、生态系统数学模型理论、常微分方程及应用方面进行了一些研究工作，撰写发表的主要学术研究论文有《一类非线性微分方程组的零解的全局稳定性》、《一类生态系统的李雅普诺夫函数的构造》、《切塔耶夫定理的注记》、《一个常微分方程定理》等。这些理论研究成果曾在全国性学术会议展示并得到全国著名专家的肯定与好评。参加了国家教育部的科研项目《高等数学专业课程体系，教学内容与教育实习配套改革研究》

课程的研究工作，编写出版的著作、教材有《常微分方程稳定性理论基础》、《经济应用数学》、《数学分析选讲》等。

他经常参加云南省的基础教育中学数学教学研讨和教学改革的工作。1978年起，他每年受聘担任省普通高考评卷工作数学科的副大组长，负责组织全省高考数学科的评卷工作。同时还受聘负责组织实施云南省的全国成人高考数学科的评卷工作。经常应邀到全国各地为中学师生就中学数学教学改革和数学高考方面的问题进行探索和研究，受到师生与学校的称赞。在任期内，负责组织实施了云南省高等院校参加全国大学生数学建模竞赛工作，并取得了好成绩；多次获得云南师范大学的优秀教学成果奖和科研成果奖，两次被评为云南师范大学先进教师，一次被评为优秀共产党员。他先后入选《名人传记》（美国）、《中国专家大辞典》、《科学中国人》、《中国专家人才库》、《中国当代数学家辞典》、《云南专家辞典》。

郑华林自述

（成都军区××库原党委书记）

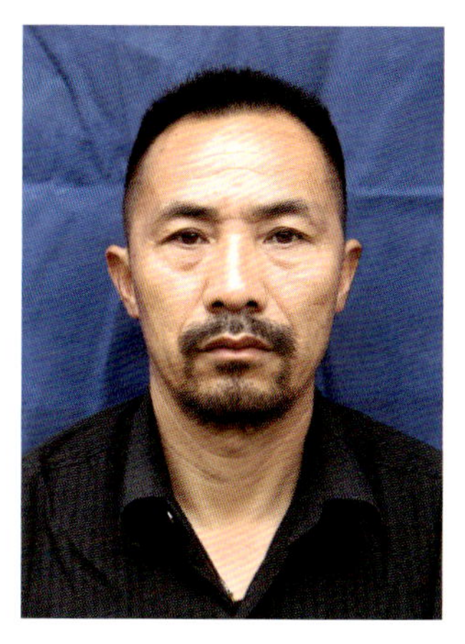

我叫郑华林，1961年4月出生于云南省陆良县农村。由于家庭贫寒、子女多，12岁就边上学边放牛，13岁就学会用牛耕地。虽然父母亲从小没上过学，文化知识少，但勤劳善良、持家有道，是个地道朴实的农民之家。

1977年10月，16岁的我，初中毕业后，抱着保卫祖国和为国家尽义务的愿望，在陆良县人武部光荣应征入伍。入伍后，先后在训练团当兵，由于吃苦耐劳，1978年8月光荣加入中国共产主义青年团，先后任排长、大队长、主任等职。1982年10月光荣加入中国共产党。在党内历任过党小组长、支部委员，连队党支部副书记，大队党委副书记，××库党委书记等职。

在担任排长期间，于1979年参加自卫还击战，并荣立二等战功二次，三等战功一次，在战场上由于指挥有方、作战勇敢，先后提拔为副连长、连长。1984年军队扩编后到驻楚雄坦克团任代大队长（副营）、大队长（正营）；1990年调到成都军区坦克训练旅任大队长（正团），1994年调到成都军区××××库任主任。在任期间，一致受到领导好评，并多次被评为优秀干部和优秀共产党员。在任大队长几年的时间里，充分利用自身工作经验和管理经验丰富的优势，紧密结合大队工作实际，带领大队"一班人"创造性地开展工作，大队连续被旅评为先进党委和基层建设先进单位，本人被成都军区评为优秀党员，并得到全军优秀干部评选提名。在任成都军区××××库主任期间，较好完成了××库的改建工作、"军区××库规范化管理现场会"筹备和后勤军事比武等重大任务，不仅××库规范化管理成为军区的示范单位，而且还撰写了大量的业务文书、汇报稿、讲话稿和经验材料，自身的工作能力和公文写作水平有了明显的提高，经验材料先后被军区转发。在职期间，我始终牢记自身职责，带领部队认真按照《纲要》标准抓好各项工作落实，深入搞好思想教育、作风养成、军事训练和党的建设，圆满完成了上级交给的各项工作任务，官兵士气高、干劲足，部队全面建设稳步发展。

由于亲眼所见父辈们的穷，自己感到只有自己带头创业才能使父母享受幸福和后代摆脱穷困，因而从2003年自主择业到地方后，把每月的退役金给父母养老，自己又刻苦学习建筑专业知识，开始了新的创业。通过十多年的奋斗，自创的公司有了一定的规模，有固定资产200多万，为转业军人树立了榜样，为社会创造了财富，为农民工提供了创收的平台。

回顾32年的工作生涯，自认为没有辜负党多年来的培育和乡亲的厚望，没有愧对他们的信任。

路漫漫其修远兮

——记云南省公安厅国内安全保卫总队副总队长张德生

从小山村到初高中

我的家乡在陆良县版图东北角的一个小山村，名叫小份子，“文革”前为龙海公社，现为活水乡所管辖。从这个不起眼还感到有些蹩脚的名字中你就可以看出它有多小，一个小得在1∶510000的陆良县地图上也找不到它的位置！

在童年乃至少年时的记忆里，家乡的植被非常好，山青水秀，树木参天，除农田以外你看不到一块裸露的地方，特别是春天一到，满山遍野山花烂漫，一派郁郁葱葱的景象，让我至今留恋难忘。

出生在上世纪六十年代初期的我，家中兄弟姐妹较多，生活十分拮据，既没有电灯更没有路灯，照明全靠煤油灯（煤油还是定量供应），一年也看不上几场露天电影。尽管如此，但在童年的记忆里我过得仍然是很快乐的。我的母亲是一位非常慈祥善良而又勤劳的农村妇女。父亲是一名供销社的职员（八十年代初期改制后分配到了烟草公司），文化不高，但性格开朗而又很威严，不仅儿女们敬畏他，就连他的兄弟姐妹们对他也都有敬畏感。大概是由于父亲常年在外工作，一个月也难得有几次全家人团聚的缘故吧！父亲对儿女们的要求十分严格，要求我们念好书，将来做一个有出息的人，我也从父亲简单的话语中找到了最初的也是最坚定的自信。

上小学和初中时，由于正值“文革”期间，受“读书无用论”和“白卷英雄”的影响，学习生活感觉是懵懵懂懂渡过的。初中快毕业时，“忽闻一声春雷响”，“四人帮”被打倒，国家恢复了高考制度，使人们看到了通过考试上大学的希望。1977年秋，我进入了离家要走30里山路才能到达的陆良县第四中学念高中（学校在龙海山核桃村）。我开始努力学习，也有了希望高中毕业后能考个什么大学的想法，由于初中时的基础太差，总渴望老师能够多讲授新知识。高中阶段的学习是紧张而又努力的，但有时也忙里偷闲读点文学作品。小说《钢铁是怎样炼成的》和《简•爱》中主人翁的强烈的自尊自爱、自强不息的精神给我留下很深的印象，这种人格魅力也深深地影响和激励了我的学习。记得那是1978年的秋季，陆良县教育局搞了个全县高中二年级数理化竞赛活动，在老师们尤其是潘受明校长的鼓励下，我不仅参加了初赛，而且在决赛中获得了全县第九名的优异成绩，得到了一套共17册《数理化自学丛书》的奖励。现在看来这个成绩并不怎么的，但在当时的龙海山中学乃至龙海山的教育界来说，也是一个小小的轰动！通过这次竞赛，为自己也为学校赢得了一定的荣誉。也就在这年的秋天，我光荣地加入了中国共产主义青年团。

高中阶段的学习生活很快结束。我带着对未来的憧憬，也带着对人民教师的崇敬，心怀将来读完大学后争做一名光荣的人民教师的理想，满怀信心地参加了1979年7月的全国统一高考，带着忐忑不安的心情期盼到的考试结果，仅得了239分。这个分数虽然是本校的最高分，但仅比云南省划定的高考初选线多出9分，再加上填报志愿不对路，其结果可想而知。对此，不仅自己灰心丧气，也使对我抱有很大希望的老师们和我的家人大所失望，此时的我情绪一落千丈，跌到了谷底！回忆高中时的学习生活，既不是努力不够，也不是因为得过奖而骄傲自满、不思进取，虽然住校时的生活条件十分艰苦，但在学习上是非常刻苦的。导致高考落榜的主要因素还是由于中学阶段的底子太薄、基础太差。那时，由于山区的交通十分落后，高中时期从家里到学校的三十里山路全靠两条腿；再从学校到县城参加竞赛和高考，也都是在老师的带领下翻山越林三个小时走过龙海山，到了三岔河镇才能乘上进城的班车。

从龙海山到昆明市

由于高考失利，在抱头痛哭之后，在家人和老师的鼓励动员下，决心重新回母校重复读一年再考。同年的十月上旬，刚回母校复读一周，命运突然发生转机，意外收到一封写有“张德生同学收”的云南省政法干部学校（现为云南警官学院）的挂号信，带着好奇心急忙打开信封一看，竟是一张“录取通知书”。因该校是中专，记得当时部分老师还帮我分析情况，并建议我继续复读来年争取考个重点大学。但我征求了家人的意见和自己想上这个学校的想法后，怀揣“录取通知书”于十月中旬前往昆明报到开始新的学习生活，找到学校后了解到，云南省政法干部学校报经有关部门批准，从高考落榜生中录取了一部分生源，陆良县第一中学还有另外两名与我情况相似的同学也来到了同一个班级。这一步的迈出，彻底改变了我过去想做一名人民教师的理想，而走进了人民警察队伍的行列。

到了昆明这座大城市，尽管进入了一个实行半军事化管理的学校学习和生活，但也很快适应了这种全新的环境。在学习上，我更加明确学习目的，端正学习态度，想办法，找问题，不断改进学习方法，勤奋钻研新知识。在集体活动中，积极参与，和大家努力配合完成集体任务。在生活中，团结同学，积极做一些力所能及的事情。由于在念高中时学的是理科，为了弥补自己在文学知识方面的弱点，我在学习之余，还阅读了一些中外名著和文学艺术方面的书籍。在校期间还担任了班干部，并注意锻炼自己做好班级工作和学好专业课程两个方面的能力。也正是通过在校期间的学习锻炼和到昆明市太和街派出所近两个月的实习，使我基本完成了从一个愣头青年到一名准人民警察的角色转变。

从学生到人民警察

1981年7月底毕业时，我很感意外地被分配到省公安厅刑侦处工作。我就这样成了省级机关的一名普通工作人员，也正式成了一名光荣的人民警察。两年来一直管理我们学生的杨俊生队长用浓重的建水口音说："张德生同学，祝贺你从乡村走来一步登天到了省厅机关工作！"杨队长的话在时隔近三十年的今天，我依然记忆犹新……是的：一点也没错，这是人生道路中的一次机遇突变！用现在的语言来说，就是一个没有在基层工作过的完全地道的"三门干部"。

到省厅刑侦处侦查指导科报到后，为了增加基层工作经验，处长将我们一同报到的四名同学送到了宜良县公安局刑侦队锻炼一年。期间，我跟随老民警也参与侦破了一批刑事案件。那时，公安局交通工具十分缺乏，坐班车和骑自行车跑遍了宜良县的所有乡镇，有时为了调查一个线索，主要靠两条腿走路，吃在农家住在农家也是常有的事。1982年9月初回到厅机关工作后，主要是了解熟悉机关业务，协助做一些行政和简单的文秘之类的事务性工作。由于机关工作对业务能力和文字水平要求较高，此时方感到知识和能力的不足。为了进一步增加知识，经处长同意，1983年夏季我又考入云南大学成人学院，经历了为期三年的不脱产学习，按时拿到了大学专科文凭。此时的学习，因正赶上中央部署的在全国范围内开展为期三年的"严打"斗争，工作非常繁忙，一边工作一边读书，加之我学的是物理专业，需要演算大量的习题才能弄懂，确实学得很辛苦。

1985年6月，由于工作需要，我被调到省厅办公室研究科工作。真没想到这次工作岗位的变动，一变就变在厅办公室文秘岗位上连续爬格子十六年半的时间，现在想想真的不容易呀！至今还记得上世纪九十年代从事文秘工作的业内人士流传着这样一段顺口溜说："秘书苦、苦秘书，成天写作不出书，酸甜苦辣谁知晓，谁为秘书呼一呼！"这话说的虽然不全面，甚至有些偏颇，但也从一个侧面反映了在机关搞文秘工作的艰辛。我在办公室工作期间，虽然工作非常辛苦，但也是我得到全面锻炼和提高的最好时期：能够有条件全面了解、熟悉全厅和全省公安工作的多方面情况，能够有机会当面聆听和学习各级领导尤其是厅领导的领导风格、领导艺术和工作思路，能够从文稿起草、分析问题、组织协调等多方面得到及时锻炼、尽快提高。

在这期间，我的努力也得到了组织和领导的肯定。1988年被云南省统计局评为助理统计师，1989年光荣地加入了中国共产党，同年还由科员晋升为副主任科员。在工作之余，还抽时间向新闻媒体投递一些反映公安工作情况的新闻稿件，因成绩显著，1990年被省厅记嘉奖一次；1991年6月被任命为厅办公室调统科副科长，1992年9月人民警察首次授衔时被授予一级警司，1993年6月被任命为厅办公室调统科科长，同年晋升为三级警督。为进一步适应领导工作岗位的需要，1994年8月我又考入中央党校函授学院党政管理专业，经过两年半的学习，取得了本科毕业证书；1997年6月被任命为厅办公室副主任，同年晋升为二级警督；2000年6月兼任厅指挥中心主任，并于次年8月晋升为一级警督。

在厅办公室任副科长、科长和副主任兼厅指挥中心主任期间，我组织和直接承担起草了省厅的大量文稿；先后组织编写了八万多字的《云南省公安统计资料汇编》、近六万字的《公安档案基本知识》，编辑了五万多字的《云南省处置突发事件经验选编》和二十万字的《档案法律法规文件汇编》；1994年任省科委立项的《云南社会治安状况评估指标体系及评估标准研究》课题组副组长，该课题的科研成果被省厅评为云南公安科技进步一等奖，被省政府评为云南省科技进步三等奖。同时，在工作中还撰写了一些论文和调研报告，在省厅和公安部及有关方面组织的研讨会上获奖。2000年5月和6月，先后随厅领导和公安部办公厅领导分别前往新西兰、澳大利亚和美国等西方国家进行考察学习、开阔眼界。从考察中了解到，在警察装备、警务活动和警察素质、警察待遇等方面，既看到了我们的差距和不足，但也发现了一些我们中国警察的比较优势。其中到美国考察“911”回来后，运用中外比较方法撰写了四千多字的《对我国110指挥中心工作的几点思考》一文，被公安部收编入《公安部紧急事件处置培训团赴美国培训考察报告选编》一书。

2002年2月，我被任命为厅国内安全保卫总队综合处处长。这个部门是公安机关内具有悠久而又光荣历史的机构，它比公安机关的历史还要久远，承担着巩固共产党执政地位、维护国家安全和社会政治稳定的职责。任务艰巨，责任重大，要求严格。面对新的工作岗位、新的工作对象、新的工作环境，在领导和同事们的帮助和支持下，我努力学习，并在较短的时间内适应了岗位职责的要求。2004年5月，根据中央领导的指示和公安部具体交办的任务，我与总队其他领导和同事，在朱建义副厅长的率领下，深入某边境地区，组织指挥省厅和边境州市公安机关的相关警力，经过日以继夜、惊心动魄的十个昼夜，及时在某国和某国边境捕获了一名重要的敌对分子，为国家安全消除了隐患，受到了省委和中央的高度评价。就在这次行动中，我被省厅记三等功。2005年7月，我被任命为厅国内安全保卫总队副总队长，继续为维护国家安全和社会政治稳定积极贡献自己的力量。2007年5月在我省举办的全国第七届残疾人运动会保卫工作中，还被省委、省政府授予贡献奖。在2008年3月以来维护我省藏区社会政治稳定的工作中，被省厅再次记三等功。

红烛无语

——记云南师范大学函授处原处长郑佩瑶

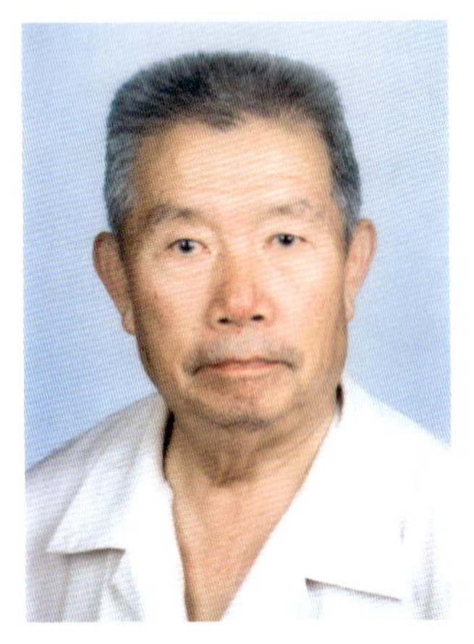

郑佩瑶，中共党员，教授，陆良县人，1926年出生在板桥乡一个农村家庭。他出生前3个月，父亲就不幸去世，幸运的是他在母亲的爱河里逐渐长大成人。家境贫寒，母亲带着幼小的哥哥和他艰难度日。他先后在昆华工校（高中）、国立昆明师范学院学习。1950年大学毕业分配到解放军二野四兵团政治部任文化教员。1952年转业到昆明师范学院数学系任教，曾讲授《初等几何复习与研究》、《解析几何》、《高等几何》等课程，主编《初等几何》教材。后调学校函授部工作，他和同事抓住机遇，一次性就招收了中文、数学两科的数千名学员，仅数学专业就一次毕业了560名本科学员，为学校成人教育奠定了基础，后任函授处处长。先后担任：省数学会秘书长（第一届）；省数学会普及工作委员会主任（多届）；省中小学数学教学研究会理事长（第一届）；省中学数学教学研究会理事长（多届）；省教育厅领导的中学数学特级教师评审组组长（第一届）；省中学数学高级教师评审组组长（多届，直到离休）。

回顾往事，他谦逊自勉：

一根红烛燃尽，兢兢业业育桃李；

两袖清风伴我，平平安安度晚年。

做一个有益于人民的人

——记陆良县政协原主席郑学荣

郑学荣，男，汉族，1950年5月18日出生，陆良板桥镇石坝村人。1969年初中未毕业就回家务农。由于勤奋肯干，被选派到县办红师班学习，继而担任民办教师并主持学校日常工作，兼任石坝大队团支部书记，1973年7月加入中国共产党，后被选派到龙海公社黑木大队主持县委工作组工作一年。回乡后，担任石坝大队党支部书记，成为全县最年青的农村基层组织主要负责人。担任大队党支书六年，他带领群众，大力发展经济，狠抓党的建设，农民生活大大改善，甩掉了落后的帽子，成为全县的先进典型，多次受到表彰奖励，云南广播电台、云南《支部生活》多次报道，接着，他被破格招聘为板桥区党委书记（农村户口），后组织关心转为国家干部。在任板桥（区）镇党委书记的八年，他领导制定并实施了“农业富镇、工业强镇、商贸活镇、科教兴镇”的发展思路，交通、水利、农业科技、畜牧业、乡镇企业、财经、教育、计划生育、文化和党的建设得到了长足的发展。时任省长和志强同志亲临板桥村委会芦旗堡视察水利设施建设并看望了村民。地县领导多次视察并召开现场会议，省科技厅、农业厅、教委、云南科技厅领导多次视察，通版报道。创办的文化中心获中宣部、农业部、文化部表彰，他本人因此参加了全国农村文化 工作经验交流会。集体和个人获省市县多次表彰，由省委组织部组织拍摄的石坝党支部专题片在全省播放，他多次获优秀共产党员称号。同时，他注意人才的培养和推荐，使一批同志走上县级领导和部门领导岗位。1988年被选派到曲靖市委党校学习一年。

邓小平南巡讲话之后，为大力发展乡镇企业，他调任乡镇企业局局长。任职期间，他深入企业调查研究，摸清情况，积极探索改革发展思路，提出发展建议，得到了县委、政府大力支持，全县的乡镇企业异军突起，步入了全省乡镇企业发展的前列。1994年6月，郑学荣调任县电力公司经理，他依靠班子成员和工程技术人员，认真学习，尽快转换角色，变外行为内行。积极支持火电项目的建设，加强与泰方的合作，争取了国家、省市主管部门的支持，于1996年8月建成2×2.5MW的火电厂，从根本上解决了制约全县经济发展的瓶颈。火电合资工程成为招商引资的典范。同时他注重网络规划，加快了西桥、大西、中纪站的改造新建，经过改造和新的投入建设，供电网络布局更为合理，供电质量显著提高，经济效益稳步增加，电力系统的对外形象明显改善。

1996年3月，郑学荣任县人民政府副县长，分管财税金融、烟草、工商等工作。1998年任中共陆良县委常委、常务副县长，继续分管财税金融、烟草、工商等工作，联系工青妇等群团组织，进一步当好县委、政府领导的参谋和助手，分管的工作部门多数进入全市前列。2001年12月，县人大常委会首次对政府领导评议，他作为首个被评议的对象，得到人大常委会肯定。

2002年3月，郑学荣被选举为陆良县政协主席。就任后，他调整思维方式，积极争取县委的领导、政府的支持，凝聚人心，为陆良经济社会发展进言献策，多数建议被县委、政府采纳。组织委员对关系民生的问题调研视察，发挥“群英荟萃、智力超群”的“人才库”、“智囊团”的作用，促进了政府职能部门作风的转变。他坚持与党委同心，与政府同向，不做局外人，更不当评论员，对党委交办的任务，政府委托的工作，以积极认真的态度去落实完成，对于事关重大，群众反映强烈的问题，不偏听偏信，而是深入调查分析，透过现象看本质，向党委、政府提出具有可操作性的意见和建议。曾针对社会稳定方面出现的思想混乱的问题，他撰写了《宽容是建设社会主义和谐社会的基础》和《以人为本，促进社会主义和谐社会的发展》等文章，县委主要领导作出批示后，以《政情通报》印发至各乡镇党委和县直部门及企事业单位组织学习，统一思想，凝聚人心，促进稳定。

2007年2月，郑学荣任职年龄到限，改任县政协调研员。多年来郑学荣勤奋好学，廉洁奉公，谦虚谨慎，团结友爱，顾大局，在各个岗位上都取得较好成绩，为陆良经济社会的发展做出了积极的贡献。

成长岁月

——记云南省政府办公厅调研员孟忠明

孟忠明，1955年3月出生于陆良县三岔河镇三岔河村委会第十一小组，时任省政府办公厅保卫处副处长（正处级）。孟忠明从一名普普通通的农家子弟，历经艰辛岁月，经过部队多年的熏陶，后来又得到党和政府的关心、培养，加之本人的不懈努力，最终成长为一名县处级领导干部。

在动乱的“文革”岁月，孟忠明响应党和国家的号召，毅然光荣地参加中国人民解放军，后分配到昆明军区通信总站一营一连。在部队勤奋学习，踏实工作，多次得到部队领导的表扬，并于1977年光荣加入中国共产党。入党后，孟忠明更加严格要求自己，工作成绩突出，于1979年2月被提拔为连队司务长，并得到团部嘉奖，后到昆明军区汤池训练大队接受培训。1983年5月担任昆明军区通信总站一营一连传真分队长（副连职），1985年5月升为正连职。1986年，因昆明军区与成都军区合并，后担任成都军区第三通信总站一营一连传真分队长（正连职）。1988年兼任助工（副营职），同年荣立三等功。1991年10月升为正营职。1993年参加总参在北京组织的高速传真培训班。1994年升为副团职，同年被成都军区直属机关党委评为优秀党员。20多年的军营生活，孟忠明的政治思想、知识能力得到了很大提高，懂得了许多做人、做事的道理，为以后的机关工作打下了坚实的基础。

1995年8月，孟忠明服从组织安排，离开了他热爱的工作、生活了20多年的军营，转业到云南省人民政府办公厅办公室工作。到地方后，他继续保持部队的优良传统，严谨的工作作风，严密的工作纪律，吃苦耐劳的精神，认真听取领导的教诲，虚心向同志们学习，刻苦钻研，勤奋工作，严守纪律，从点点滴滴、平平凡凡的小事做起，以最短的时间适应了新的环境，认真、负责、高效地完成省、厅领导交办的各项任务，多次得到领导的表扬。2000年9月，因工作需要，孟忠明担任省政府办公厅保卫处副处长，主要负责省政府机关和省政府重要会议及省领导重大活动的安全保卫工作。孟忠明认识到：这是一个不能有丝毫差错，要时时刻刻保持高度警惕的工作岗位。他更加严格要求自己，数年如一日时常加班加点。他不仅带领省政府警卫大队的官兵，高度负责地做好省政府机关和重要会议及省领导重大活动的安全保卫工作，还时常到省政府干部职工生活区检查治安及消防工作，为广大干部职工解除后顾之忧，没有出现因工作不到位而造成的不良影响，确保了省政府机关正常的工作秩序，得到了省政府领导的表扬和干部职工的认可。2003年，他继续担任省政府办公厅保卫处副处长并晋升为正处级。

孟忠明从普通的农家子弟一步一个脚印走到今天，成为一名领导干部实属不易。多年来，他坚信“把每一件简单的事做好就是不简单，把每一件平凡的事做好就是不平凡”——做人也是这个道理。

赵鸿翔简介

（陆良县人大常委会主任）

赵鸿翔，男，现任陆良县人大常委会主任、党组书记，曲靖市人大常委委员，云南省人大代表。

出生于陆良县马街镇。1976年6月陆良二中高中毕业作为下乡知青落户于陆良县大莫古公社麻舍所村；1977年12月参加工作，在芳华公社做青年工作；1978年10月至1983年8月，任陆良县地震办公室副主任；1983年9月至1985年7月，在云南大学中文系读书；1985年8月至1987年3月，在县政府办公室工作，其间任南盘江整治工程指挥部办公室主任、整党办共青团建设领导小组副组长；1987年3月至1991年11月任共青团陆良县委书记；1991年2月至1994年2月任板桥镇党委书记；1994年3月至2002年1月任中共陆良县委常委、宣传部长、党校校长；2002年2月至2006年6月任陆良县委副书记；2006年7月至12月任县政协党组书记；2007年1月至2008年1月任县政协主席、党组书记；2008年1月至今任现职。

长期在陆良县工作，先后分管联系过本县的宣传意识形态口，政法、武装口，纪检、群团口，农业口，教科文卫旅游口，工业口，建设及基础设施口，财贸口等方面的工作。创办《陆良报》、《爨乡陆良》杂志，主编《爨乡文化风采》。担任陆良国际彩色沙雕节主题策划、评委、开幕式总导演。发表社科类论文和小说等文艺作品数十篇。

光明之路

——记昆明市地方税务局稽查局局长赵光明

1953年7月，赵光明出生在陆良县芳华镇大水塘村的一个农民家庭。父母含辛茹苦把他养大，贫困而艰苦的农村生活练就了他吃苦耐劳、不畏困难的坚强意志。他奋发图强，刻苦学习，始终在苦难中点燃生活的希望，寻找光明的人生征途。1978年10月，幸福降临，他参加工作了。1980年8月，他加入了中国共产党。由于勤奋努力，工作出色，成绩突出，他步入了人生的快车道：1981年3月，任陆良县财政局税政股副股长、次年3月任县财政局副局长、9月财税机构分设任县税务局副局长。1983年10月，幸福再次降临，30岁的他梦幻般地出任曲靖地区税务局党组成员、局长。在局长的位置上，他如履薄冰，始终把职务看作重任，把权力看作责任。为了不辜负组织的厚望，为了不愧对陆良人，他恪尽职守，不谋私利，做一个合格的公务员和收税人。

1985年9月，他被选送到中共云南省委党校学习。二年的离岗学习生活虽然紧张繁忙，但他学到了许多知识，提高了理论素养和领导水平，也结识了一批德才兼备的教员和学友。1987年7月，踌躇满志的他完成学业回到单位，准备大展宏图，报效祖国。

然而，命运与他开起了大玩笑。组织曾考虑他到异地任职，他谢绝关心，说明远离了还在农村的妻儿在外工作，不能尽丈夫和父亲的责任。1987年9月，组织任命他为曲靖地区税务局副局长兼曲靖市税务局党组书记、局长。面对如此安排，他开始想不通，但转念一想，人生之路无坦途，却把逆境作顺境，且当组织对自己的一次人生考验。他昂起头，挺起胸，带领全体干部职工加强征管，堵塞漏洞，清缴欠税，开启了税收事业的新局面。1991年7月，全省税务系统税收规范化管理现场会在曲靖市局召开。1992年11月，他被调任曲靖经济技术开发区管委会委员、财税工商局局长。工作中他注重协调，积极争取有关部门支持，卓有成效地开展工作。1994年6月，国、地税机构分设，他又被派往曲靖市地方税务局任党组书记、局长，针对机构分设后的征管困难状况，他吃透文件精神，坚持地税工作为地方经济建设服务，开创了地税事业的崭新局面，得到了党政领导和省地税局的肯定。1998年1月，曲靖地改市后，他任市地方税务局党组成员、副局长兼麒麟区地方税务局党组书记、局长。2001年1月，任麒麟区地方税务局党组书记、局长。2001年9月调任昆明市地方税务局稽查局局长。

1983年以来，他像一片飘落大海的树叶，时而被推到浪尖，时而跌入谷底。但面对宦海沉浮，他顺境不骄，逆境不烦，时常保持一颗平常心，充满信心过好每一天。值得自豪的是，他在任曲靖地、市（区）地方税务局局长的日日夜夜，身先士卒、率先垂范带领全体税务干部自加压力、敢为人先，依法治税，为国聚财，创造性地开展工作，单位多次被评为先进集体，受到上级表彰。1999年，麒麟区地税局办税服务厅被国家税务总局授予全国税务系统最佳办税服务厅，这是我省唯一获此殊荣的地税系统办税大厅。与此同时，麒麟区地税局被省委省政府授予省级文明单位，先后有两个分局被国家税务总局授予全国税务系统文明单位。面对繁重的工作压力，他坚持把关心职工生活与做好税收工作放在同等重要的位置，尽最大努力为职工创造了一流的住房条件和少有的子女入托入学环境。任昆明市地方税务局稽查局局长期间，他带领全体稽查人员敢于和善于执法，排除干扰，严肃查处了一大批涉税违法案件，稽查局连续五年被上级税务机关评为一级局。

这些年来，他要感谢的人实在太多，感谢他们在困难时给他一个微笑、一点信念、一丝光亮和一句问候，感谢领导和同事们长期以来给他的关心、支持和帮助。特别是在最困难的1989年，市委、市政府主要领导亲自为他解决了家属、子女的“农转非”和家属的工作问题；2001年9月，省地方税务局决定调他到昆工作，省局主要领导十分关心，亲自协调解决住房和家属子女入昆的工作及户籍问题。这些关心和帮助，他铭记在心，化作热情融化在火热的工作中，回报组织和社会。

他淡泊名利，笑对人生，告诫自己：让生活多些期望，点燃心灯，去照亮人生之路。

西双版纳州建行行长赵建国

赵建国，经济师，1958年2月6日出生于陆良县中枢镇盘新办事处赵家台子。1964年上学，1970年小学毕业，1973年中学毕业回家务农，1974年8月参加工作，在盘新学校任教4年。1978年12月考入建设银行陆良支行工作，历任拨款员、业务股副股长、筹资股长、计划股长、县房改办副主任、建设银行陆良县支行副行长、支部委员、行长、党组书记。1988年加入中国共产党，2000年毕业于省委党校经济管理本科班。2000年调任建设银行曲靖市分行副行长、党委委员。时任建设银行云南分行派驻大理州分行风险主管，现任西双版纳州建行行长。

他于1984年至1987年、1995年被评为县、地、省先进工作者，是“八五”期间成绩显著先进个人，1998年被县委评为优秀共产党员。1994年被授予经济师职称。自1992年任行级领导以来，陆良支行多年被评为省、市、县先进集体和省、市、县级文明单位，支行党支部于1998年被评为建设银行总行基层先进党支部。内部管理、业务开拓发展居当地之首，在系统内县级支行综合实力处于领先地位，连续多年被评为“重合同、守信用”单位。2002年7月至8月，参加建设银行总行举办的第十五期二级分行行长轮训班学习，同年10月至12月在中央金融工委党校分校干部进修班学习，取得了中共中央党校颁发的毕业证书。2006年6月被聘为中国文化研究院院士兼高级研究员。

他撰写了《论中国区域经济与产业结构调整》、《论中国加入WTO与中国建设银行推行客户经理制》、《弘扬与时俱进是我们党思想路线的新内涵》、《入世“混业”的冲击波金融面临的是整合》、《银行风险分析及管理》、《谈商业银行风险及不良贷款控制》、《谈加入WTO金融面临的机遇与挑战及其对策》、《证券市场的金融产品创新》。其中《银行风险分析及管理》被《中华新纪元文典》第四卷、《世纪新战略论坛》收编并获一等奖，被《新时期全国优秀学术成果文献》一书收编、评为二等奖，被《中国当代社科理论文献》评为优秀论文特等奖，并刊登在《社会主义论坛》2002第6期上。《证券市场的金融产品创新》被世界文化艺术研究中心列入“国际优秀作品（论文）”的评选范围、被云南省社会科学界联合会评为一等奖，刊登在《云南省直党建》2002第3期上。《谈加入WTO金融面临的机遇与挑战及其对策》被选编入《理论前沿》杂志、《中国世纪坛》优秀作品选（下卷），获“2000年度全国社会科学理论实践成果”财政金融一等奖，刊登在《曲靖党建》2002第6期上。《谈商业银行风险及不良贷款控制》一文被评为中共中国建设银行党校第七期领导干部进修班优秀毕业论文。《金融风险从控制不良贷款着手》一文被刊登在《中国改革报》2003第2386期上。

他回顾自己走过的人生旅程，虽然没有太多的波澜起伏与大起大落，却也尝尽了无数人生的酸甜苦辣，领悟到了甚多人生哲理。每每想起曾经多少次因为工作而无法顾及的家人，他除了酸楚还有愧疚，当看到家乡日新月异的变化，看到家乡飞速的发展，作为一名爨乡之子，他的心中更多的是能为家乡尽自己绵薄之力而感到无比的骄傲与自豪！一个生在困难时期，长在动乱年代没有读过正牌名校的他，凭着自己的勤奋，走出了一条人生之路。他对多年来一如既往关心、支持、帮助他的家人、朋友、同志道声真诚的感谢，更要为我们美丽的家乡送上他最衷心的祝福：愿家乡更加繁荣兴旺！

积极献计出力 促进边界稳定

——记陆良县政协原主席赵培建

赵培建多年从事粮食、财贸工作，曾任陆良县粮食局局长、陆良县副县长、陆良县政协主席。他无论干什么工作都求真务实，一抓到底。他最感欣慰和影响较大的工作就是能为陆良和石林（原路南）两县边界的稳定发展献计出力。

陆良县有10个乡镇，总人口62.5万人，面积2018平方公里。毗邻的路南县（今石林县）有8个乡镇，总人口23.36万人，面积1725平方公里。两县边界接壤4个乡镇，陆良县的大莫古、召夸两个乡镇与路南县的西街口、母竹箐两个乡镇涉及双方15个村委会相互接壤，边界线长达95公里，彼此山水相连，耕地交叉，道路相通，商品交换，往来密切，历史上双方人民群众都互相离不开，和谐相处，互敬互爱，建立了深厚的友谊感情。然而，随着时间的推移，情况的变化，加之历史的原因和土地承包责任制到户，两县边界渐渐发生了一些矛盾和问题，双方群众经常为土地、山林、水利、道路、放牧、矿产资源等问题，争吵不休，矛盾不断加剧，械斗不断发生，多年因双方群体性械斗事件多次打伤打死人，给两县边界广大人民群众造成严重的人员伤亡和经济损失，双方都付出沉重代价，长期影响当地社会稳定和经济发展。

面对这种状况，由赵培建倡导，1995年6月两县政协领导协商，在毗邻地区乡镇建立团结稳定联谊活动制度，架友谊桥，铺团结路，走和谐道。到1998年3月，四届政协届满，两县政协在毗邻4个乡镇和县城共召开8次团结友好联谊会，邀请双方县委、政府领导和人大代表、政协委员及有关部门领导参加会议，“诚恳的话像火塘，让人感到温暖。”化解了边界地区各族群众生产生活中的大量矛盾和纠纷。自从开展团结稳定联谊活动三年，两县毗邻乡镇、办事处（村公所）从未发生过因矛盾激化而引发的群体性打架、械斗事件，没有打伤打死人的恶性事件。通过联谊活动，增强了两县人民，特别是毗邻地区干部群众的大局意识，稳定意识，团结意识，友好意识和发展意识，促进了经济、社会共同发展，受到曲靖地委、行署和地委政法委、行署综治办和省、地政协的充分肯定和广大干部群众的好评。

血的教训

1993年5月14日，陆良县召夸镇新庄村群众与路南县西街口乡木凹子村群众因放牧互相踏糟着对方的庄稼，引发双方群体性械斗事件，新庄村把对方田中已成熟的麦子放火烧掉，木凹子群众动用火药枪打伤新庄村43人，当晚全部送进陆良县医院抢救，其中6人重伤转昆明抢救，开支医药费18万元，部分群众造成终身残疾，经常到办事处要医药费、生活费，办事处经济困难，无法解决，只能对受重伤的农户，每年给一车煤，免交三提五统，减免公余粮，重伤王自良无钱医伤，由他媳妇每天拉着小车砍集体森林。县政协领导下乡得知这一情况，动员政协委员捐款6000元帮助王自良还清信用社贷款，并与信用社协商免利息2000多元，拖了12年到2005年，村委会才从高速公路占地收的补偿费中补助6个重伤农民伤残费61000元。

1994年5月6日，路南县西街口乡芭茅村农民与陆良县大莫古乡麻舍所村农民因农田用水发生争执，在张仙塘水库发生群体性的械斗，双方出动约500多人，带着锄头、铁棍、斧子、镰刀，火药枪等器械，在水库附近展开了无情的厮打、搏斗，并开枪射击，陆良死2人重伤4人，轻伤29人。路南死1人，伤8人。此事惊动了省委、省政府，引起各级党政领导的高度重视，省、市、地、县派出工作组，陆良县深入到群众中做工作，经过长达半年的调查研究和耐心的宣传思想工作，才制止了事态的发展，稳定了人心。双方共花费100多万元。当地干部群众反映，此次械斗所造成的经济损失，张仙塘水库的水即使每年蓄满，它所能灌溉的200来亩农田，年年满载满插，估计要100年的收入才可以弥补。在一度时期，陆、路两县毗邻地区矛盾和械斗事件时有发生，县、乡、村干部不少精力放在调解矛盾上，影响了经济发展和社会进步。

寻求办法

陆良、路南两县毗邻地区长期不和谐、不稳定，甚至刀枪相见，由来已久，屡禁不止，多次打伤打死人，给双方群众造成严重损失和后果。陆良、路南两县政协过去也不往来，但在参与调处边界事件中都在思考一个问题，如何正确处理边界矛盾，实现两县边界和谐稳定发展，多次血的教训使双方想到一起，为了破解冰冻，路南县政协主席杜树培带领县政协干部于1995年5月21日到陆良县政协走访座谈，共同寻求两县边界地区团结、和谐、稳定、发展的途径。赵培建提议："为了消除隔阂，建立一个长期稳定的睦邻友好关系，实现相互信任、相互理解、相互支持、促进发展，把问题解决在基层，解决在内部，解决在萌芽状态。"路南县政协领导积极支持这个提议。在两县政协领导的引导下，经过共同协商第一次联谊会于1995年7月18日在路南县西街口乡举行，陆良县参加39人，石林县参加24人，参加人员有双方县政协领导及西街口、大莫古两乡和办事处的干部、人大代表、政协委员。会上，大家一致认为，经济要发展，社会要进步，人民要安康，就必须具备一个良好的安定环境。因此，不论哪方的干部群众都要以大局利益为重，不利于团结的话不说，有损于稳定的事不做，要相互通气，相互信任，相互理解，相互支持，我们要共架一座友谊的桥梁，逐步使双方的关系密切起来，和睦友好，鱼水之情，永不分开。

根据两县政协领导协商决定，每年举行两次边界联谊会。陆良县的大莫古乡、召夸镇，路南县的西街口乡，母竹箐乡四个毗邻乡镇轮流任东道主，定期互通情况，协调关系，增进友谊，加强团结。若发现任何不利于团结稳定的苗头和情况，可以随时加强联系，交换意见，做好工作，化解矛盾，真正把问题解决在基层，解决在萌芽状态。

从1995年7月至1998年3月，不到三年时间，两县共举办8次联谊会，通过两个“会议纪要”，基层干部做了大量工作，取得了明显的效果。

开花结果

实践是检验真理的唯一标准。陆良、路南两县政协领导发起并牵头开展毗邻地区团结稳定联谊活动，通过基层干部群众友好协商解决，双方管好自己的人，把问题解决在基层，解决在萌芽中，三年中没有出现大的矛盾和纠纷，更没有打过架、伤过人。实践充分证明，两县政协牵头，定期开展毗邻地区团结稳定联谊活动，效果很好，是履行好政治协商，民主监督，参政议政三项职能的成功经验，也是在边界毗邻地区，历史遗留问题地区，矛盾复杂地区，民族杂居地区，实现团结稳定共同发展的成功经验。

开展联谊活动以后，出现了一桩桩感人的事迹：

1995年6月，陆良县小芭茅村农民放一头牛，四只羊到路南县大芭茅村密林山上，被该村农民关起来，按村规民约，要宰杀祭祀，过了一天，大芭茅村农民又放了170只羊到小芭茅村地里，该村农民又把羊关起来，按村规民约也要宰杀，经双方领导出面调处，以低标准罚款作了处理，各自把牛、羊赶了回去。

1996年2月，路南县西街口乡芭茅村农民越界开挖了132亩荒地，陆良县麻舍所村反映到大莫古乡，经两乡领导出面协商，决定越界开挖的土地一律退还，已栽上的苹果树允许到适宜栽苹果树时移完，双方都已接受。

1996年3月，路南县老木凹子村发现陆良县召夸栽电杆踏坏了他们的庄稼，为此发生了纠纷，经双方领导协商，补偿3000元损失费作了合理解决。

类似以上互相尊重，平等协商，友好相处，化解矛盾的事例还有很多，都得到了妥善处理。

矛盾存在于一切事物发展过程中，两县毗邻地区存在这样那样的矛盾是自然的、客观的、不可回避的，值得充分肯定的是三年来，两县毗邻地区广大干部群众，通过联谊活动增强了大局意识，稳定意识，团结意识和发展意识，在解决一些矛盾中都遵行“以和为贵、以心换心、以理服人。”使两县关系发生了三个变化：“由冤家变为了亲家，由指责对方变为教育自己，由矛盾上缴变为就地消化。”实现三个解决：

"把问题解决在内部，解决在基层，解决在萌芽状态。"可以说，联谊的三年，是友好往来的三年，是团结稳定的三年，是共同发展的三年。

换届不断线

1998年3月，两县四届政协委员会换届，委员们提出"换届不断线，换人不丢事"。把两县毗邻地区友好联谊活动多形式、多内容、全方位的继续开展下去，从县乡之间向自然村、农户间延伸，从团结稳定向经济发展延伸，从陆良、路南向周边其他各县延伸，保持边界长期稳定，促进共同繁荣发展。

从1998~2002年两县第五届政协委员会共召开联谊会5次，2003~2007年两县第六届政协委员会共召开联谊会3次，有时还扩大到周边一些县，巩固发展了周边接壤地区长期和睦稳定。

从1995~2007年，两县开展联谊活动的13年，边界人民确实和睦相处，友好相待，互相尊重，没有出现过一次打架械斗事件。

实践充分证明，定期召开毗邻地区联谊会，是保持毗邻地区长期稳定、共同发展的成功经验，13年来充分证明了这一事实。

经过陆良、路南两县共三届政协委员会13年的努力，两县毗邻地区的干部、群众由13年前一些地方你争我斗，寸土不让，互相指责变成团结友好、关系密切、和睦相处、互相支持。联谊活动已逐步从维护边界稳定扩展到经济社会事业互相支持、共同发展的广泛领域。

累累硕果献“三农”

——记云南农业职业技术学院副院长俞浩

俞浩，云南省陆良县中枢镇南门街人，1961年11月出生在一个普通工人家庭，父母原系陆良县服装厂职工。1968~1973年在陆良县文化小学读小学，1973~1978年在陆良一中读初中、高中，1978年考入云南农业大学畜牧兽医系四年制兽医专业就读。

1982年由云南农业大学毕业，分配到原云南省畜牧兽医学校工作，历任校门诊兽医、兽医专业课教师、班主任等。曾先后到省外著名高校山东农业大学、甘肃农业大学参加由国家农业部组织的专业进修学习，1987年加入中国共产党，同年晋升为中专讲师职称，1991年任原云南省畜牧兽医学校培训科科长，分管学校对全省县、乡基层畜牧兽医人员的培训工作。1995年晋升为中专高级讲师职称，1996年5月任原云南省畜牧兽医学校副校长，分管学校行政后勤工作。1998年由他起草拟定并负责实施的云南省畜牧兽医学校后勤经费部分包干的食堂管理办法和率先在全省第一家农业中专学校学生食堂使用微机IC卡管理的售饭系统，经4年时间的运行，产生了良好的经济效益和社会效益，为学院后期的后勤社会化改革奠定了基础。2001年参加由国家农业部职业技能鉴定中心组织的行业特有工种考评员资格培训，获国家级“动物防疫”和“动物检疫”两个工种的高级考评员资格，2002年被云南省教育厅认定为全省农业中专学校畜牧兽医专业省级学科带头人。

2003年原云南省畜牧兽医学校与原云南省农业学校两校合并成立云南农业职业技术学院，两校班子调整后俞浩任云南农业职业技术学院副院长，先后分管学院教学、后勤及院内教学实训基地建设等工作，现为云南省畜牧兽医学会副理事长兼畜牧兽医科普委员会主任、学院中级职称评委会副主任、云南农业职业技术学院院内畜牧兽医专业学科带头人。2005年入选昆明市五华区科技局农业高级专家人选，2006年由中专高级讲师转入高校副教授并获高校教师资格，同年入选中国当代农业高级专家库并获荣誉证书。

多年来他一直在教学第一线从事教学和科研工作，为云南省累计培养了2000余名中、高级畜牧兽医专门人才和上千名基层畜牧兽医人员，发表学术论文10余篇，编写有《兽医学》、《家畜外科及产科病学》、《食用动物解剖学》、《猪病防治》、《羊的饲养管理与疫病防治》、《家畜外产科学自学指导》、《家畜外产科学实习指导及考核标准》等教材7本，撰写有动物检疫检验专业和各类型培训班的专业教学计划，完成了《家畜外产科学》、《家畜普通病学》、《兽医基础》等专业课的专业教学大纲、考试大纲、试题库等教学文件的编写工作，对学院的课程建设、教材建设和保证学院教学秩序的正常运行做了卓有成效的工作。2002年由他组织编写的畜牧兽医、动物防疫检疫和牧草4个专业的专业教学计划和专业设置论证报告获得云南省教育委员会高职、高专课程设置组的一致通过，为学院成立之初的专业建设作出了贡献。2003年由他参与出题和主审的动物防疫、动物检疫两个专业4个工种的职业技能鉴定试题入选国家农业部职业技能鉴定中心试题库，他还亲自参与拟订每次考试实作题的考核方案和制订考核标准、辅导和培训年轻教师的实践操作技能。2007年由他亲自参与编写并组织专家审定的院内养殖实训基地各种畜禽的饲养管理及疫病防治规程25篇。该套规程几经修订和来自生产第一线的专家审定认可，由学院农牧场装裱上墙用于指导养殖生产，是一套规范化的校本教材，深受学生欢迎，对学院养殖生产、课程改革和学生的职业技能训练起到了极大的推动作用，学院院内实训基地2008年被遴选为云南省高职高专院内实训示范基地，深得同行专家好评。

在学院工作27年，不论是在教师岗位还是在领导岗位，他为人低调、本职工作勤勉、不计个人得失，在学校的教学改革、人才培养、学校基本建设、后勤社会化改革、后勤保障等多个岗位上作出了应有的贡献，深得全校广大师生赞誉。

骆旭华自述

（解放军某部上校）

骆旭华，1963年3月24日出生在陆良县马街镇尹旗堡，祖籍三岔河镇沙沟办事处骆家湾村。曾任中国人民解放军陆军第十四集团军装备部直政处长，上校军衔。2002年12月退出现役自主择业。

本人出生在陆良一个小学教师家庭，共有兄弟姊妹七人。父亲骆福昌，现年89岁，黄埔军校第十九期特科毕业，先后供职于国民政府国防部化学兵司、国军八十师、重炮十五团。1949年10月随部在广西钦州起义，后编入中国人民解放军炮兵第四师任参谋。1958年被错定为“历史反革命分子”送曲靖东山煤矿劳动教养，两年后留矿工作至1979年落实政策、恢复名誉，现为陆良县林业局退休干部。母亲张武学，现年81岁，祖籍四川，原为部队随军家属，父亲随部起义后，生长在这样的家庭，可想而知自己的童年和少年是在怎样的境况下度过的。由于父亲的“问题”，我和我的兄弟姊妹在升学、入党（团）、就业等方面均受到不同程度的歧视和影响，作为他们的子女，显然成了社会的“另类”。最直接的感受就是似乎低人一等，从未有过意气风发的时候。好在十一届三中全会以后，党和国家的政治、经济生活从此走向正轨，父亲多年的问题得到平反，一直笼罩在家庭上空的阴霾从此消散，我们这个家庭的社会生活、兄弟姊妹的工作学习等各个方面才逐步进入正常状态。值得欣慰的是，现在家人“四世同堂”，父母健康、长寿；兄弟姊妹七人，有的已经退休，有的还继续在工作岗位上兢兢业业工作，各自身心健康、家庭和睦、团结齐心，每逢重大节（假）日，30多人的家庭聚会总是父母最开心、家人最快乐的时候。

也是从这个时候开始，我的人生才步入了正常轨道……

在马街镇尹旗堡念完小学后，考入陆良第二中学。中学时代，因自己上学年龄较小，虽然天资聪颖，但贪玩成性，加上“家庭出身”等原因，曾两度重读初中、高中。在校期间，自己贪玩但不顽劣，品行端正，曾长期担任班干部，是中学足球队长、学校文艺宣传队队员，1980年还被团县委授以“新长征突击手”称号。1980年重读高中，毕业后考入云南工学院化工系无机化工专业接受高等教育。四年大学毕业后，也许是血管里汩汩流淌着老军人的血液，毅然响应党和军队的号召“投笔从戎”，加入到中国人民解放军的光荣行列，成了一名共和国军官。先入桂林陆军学校学习一年，毕业后分配到陆军第十一军步兵第三十一师九十三团。在部队期间，先后担任排长、政治指导员、师政治部组织科干事、军区政治部组织部干事、集团军党委秘书、集团军装备部处长等职。除完成本职工作外，直接参与了成都军区组织的多次重大战役军事演习，深入过云、贵、川、藏大部分部队边防和地区。由于在每个岗位都有出色的工作表现，在部队成长顺利，进步较快，多次受到上级嘉奖并荣立三等功一次。

回顾自己走过这40多年的人生历程，之所以能有今天，一是得益于党和军队的培养教育、部队首长的关心帮助，才使自己从一个不懂事的孩子，成长为共和国年青一代的军官，并为党和军队做了一些有意义的工作。二是得益于故乡陆良这片生生不息的热土的滋润、哺育，以及受家乡人民勤劳、聪明、质朴的直接影响。使自己在做事、做人时，时刻都没有忘记自己是一个陆良人，始终保持谦虚、厚道、踏实的作风。三是得益于严格正规的家庭教育，使自己在世事变迁，个人得失中没有沉沦、没有迷惘、更没有懈怠，永远坚守着自己的良知和道德底线。四是得益于来自“五湖四海”的战友、朋友、同学的支持与帮助。在这方面，自己体会和受益更多。一个人的力量有限，无论在平凡的工作岗位上，还是要成就一番大业，都离不开周围人的支持帮助，这因此让自己学会了感恩，并常怀感恩之心，常念感恩之人，常做感恩之事。五是得益于机遇的垂青、个人努力。自己成长的每一步除了个人努力外，都或多或少伴随着机遇的垂青，因而才顺利地走到今天，可谓风调雨顺，一路坦途。但我深知，今后还有路要走，追求永无止境。离开军队，离开工作岗位后，自己的脚步仍未停歇。退役后，先就职于同学的私营企业，尔后连续担任了两届云南省保险行业协会秘书长，力所能及地继续为社会做些工作。目前，除了关注党和国家政治经济生活中的每一件大事外，就是时常关注着家乡的发展变化，家乡陆良的每一点信息都会牵动自己的神经，衷心希望家乡明天更美好！

勤奋踏实奉献 实现人生价值

——记陆良华侨农场原场长秦宗文

秦宗文，1943年7月29日出生于陆良县召夸镇上赛村一个山村农民家庭，1963年9月陆良一中毕业，1963年10月参加工作，1978年加入中国共产党，1991年8月评为经济师，2003年12月30日经中共曲靖市委批准退休。

他1963年10月参加工作，曾在三岔河公社垢甸、白岩小学任教，担任副校长，马街公社中心学校任副校长、召夸公社中心学校任校长。1983年3月历任召夸区区委副书记、双箐口区区委书记、三岔河区区委书记。1984年8月后历任陆良县人民政府办公室主任、党组成员，陆良县劳动人事局局长、陆良县保险公司经理、曲靖地区保险公司办公室主任、陆良县政法委副书记、中共陆良县委第七届、第八届县委委员。1994年3月调任中共陆良华侨农场党委书记、场长，1999年8月被中共曲靖市委批准为正处级干部。

1957年他考入了陆良第二中学读初中，经历了召夸大炼钢铁，大战马街海，翻山越岭到师宗的雄壁、鸭子塘挑煤炭搞勤工俭学，也参与拓土基、扛木料艰苦建校舍，到大西、马街、四堡等地一边劳动一边读书。到了高中时期因家境越来越困难，要继续读书谈何容易，在家人的鼓励下，经过多少个不眠之夜，他想出了两个能读书的办法：一是家里面多种点黄萝卜、青菜和上山砍上点柴到星期天卖了积点钱；二是星期六、星期天不回家，托人在城里找点小工做，每星期只要凑得两三元钱就能维持读书的费用，有了这两个办法，才使他上完了三年高中。正是有了初中、高中这艰辛的岁月，铸就了他战胜困难的坚强意志和培养了他一生艰苦朴素的作风。

他参加工作40年，走过了不寻常的人生三部曲。

从一个山沟里的农民跨入到教书育人行业，他迈出了人生的第一步。经过艰苦岁月他不忘读书的艰难，以教书育人为宗旨，在教学工作中狠下功夫，得到了学生们的尊敬，受到了家长们的好评，也得到了同事和领导的认可，使他逐步走上了领导岗位。

跨入政府行政工作的10年是他人生历程的第二步。在这10年里，他知难而进、勇挑重担，大胆改革创新，党组织的帮助和培养，锤炼了他的意志，升华了他的人生价值。他经常夜以继日地战斗在自己的工作岗位上，与同志们朝夕相处，在县政府领导的直接指导下，主动协调好各单位的工作。1985年2月县政府召开“智力还乡”座谈会，他协助县长、副县长主动寻找陆良在外地工作的各类人才，集思广益，为发展陆良经济出谋划策，寻找到了一条发展乡镇企业的新途径，使陆良乡镇企业得到迅猛发展，出现陆良县乡镇企业发展的鼎盛时期。同年6月为发展畜牧业，他又主动配合畜牧局飞播草山，走规模化养殖的道路，为后来陆良县畜牧业发展奠定了基础。1985年7月因连降大雨，南盘江江水暴涨，淹没三千余亩良田，冲开葫芦口公路，洪水奔腾直下，灌入南盘江旧河道，危及沿岸，大面积成灾。在组织十几万人、三万辆车次进行抢险救灾的工作中，他不顾个人的安危，夜以继日，与其他同志一道组织运送大量钢材、木桩、麻袋、草席，战斗在抗洪救灾的前沿，把损失降到了最低限度。他因此受到了县委、政府的表扬奖励。

他担任陆良县劳动人事局局长期间，适逢劳动、人事、工资三大制度改革，他身先士卒，严格把关，带头坚持劳动人事纪律，在招、转、调工作中严于律己、秉公办事、不谋私利。1988年底全省待业青年公开招干考试，他儿子已上录取分数线，按分数可以在城里安排一个好的工作单位，可他几次向儿子做思想工作，要他到艰苦的环境和艰苦的工作单位去，最后把他送到了偏远的大莫古乡去工作。这件事后来被刊登在1989年5月29日的《云南日报》上，标题为“廉政的考验”。由于他以身作则，那些“开后门”、“递条子”、“拉关系”的现象基本得到了制止。这些事，让他的亲人朋友想不通，也让一些别有用心的人望而却步，还有少数人采用各种手段来威胁辱骂他，但他并没有退缩。正是经受了这样的考验，使全县当时的“三大制度”改革得以顺利推进，也为他以后的工作奠定了良好的基础。

1994年3月受组织的安排，秦宗文被调到陆良华侨农场任党委书记、场长。在农场的10年时间是他人生价值的体现，也是他在党培养下一生的荣耀，这是他人生历程的第三步。期间有过成功的喜悦，也经历过困苦和烦恼。

陆良华侨农场原属省管单位，两次完成国家安排的光荣任务，共接受安置缅甸、印度、印尼、马来西亚、泰国、老挝、越南等3943名归难侨。40多年来归侨为国家作出了积极贡献，两三代农场人为农场的生存与发展付出了艰辛努力。但华侨农场多年处于计划经济状态，尤其是改革开放后，在市场经济大潮的冲击下，更是难以跟上改革和发展的步伐，亏损逐年增大。秦宗文走马上任，来到农场。

1994年的农场，仅离、退休人员就有676人，已达退休年龄因发不出工资不给办理退休人员有146人。机关、学校、医院职工近380人，在职职工1368人，领工资的和上交承包费的人员比例将近1∶1。在生产经营中，1995年前归、难侨事业费超支487.1万元，1995年前累计亏损706.3万元，而1994年由于农场经营亏损，六百多名职工联名上访，另外历史遗留债务高达369万元，仅1993年一年就亏损216万元。当时正处春耕来临之际，职工工资无法支付。为了稳定人心，使职工安心生产、工作，他首先是给每个职工及离退休人员暂支250元作为春耕期间的生活费；其次是准备7月份先凑钱按60%的标准发“三退”人员的工资，再凑钱按50%的标准发学校、医院工作人员的工资，最后按50%的标准发机关工作人员的工资；到1996年按80%的标准发放工资，1997

年全额发放工资，1998年再给每个职工增加一级工资。

通过一系列的工作，人心基本稳定，他用“办法总比困难多”的一句话来激励和鼓舞全场一千三百多名职工，把华侨农场党委班子及广大党员干部拧成一股绳，形成了团结务实、艰苦奋斗、勤俭节约、锐意进取的工作局面。1994年他用了半年的时间，走遍了农场每一块地，全面分析掌握了农场的情况。全场人均耕地2.37亩，还有大量的鱼塘水面和葡萄地，这些土地资源优势十分宝贵，蕴藏着极大的潜力，农场要发展经济就必须在农业上想办法下功夫。

农场改革势在必行，怎么改？怎样才能走出一条切合农场实际的改革之路摆到了他的面前，经过认真分析，走农村改革的道路值得借鉴。在摸清农场人员结构的基础上，将职工承包改为职工家庭联产承包，率先在场里实行农业单项改革，职工承包的土地不要他们上交承包费，并且免去水费、电费、税费，让他们轻装上阵，自己只要承担自己的生活费。另外，将剩余的土地、鱼塘、葡萄地对外议价承包。

1996年通过改革后当年就实现粮食总产量达581.4万千克，比上年增长4.03%；鲜鱼产量达376吨，比上年增长4.4%；葡萄产量达221吨，比上年增长10.5%。实现农业总产值799万元，比上年增加5.27%，实现农业收入514.7万元，创历史新高，并扭亏为盈，实现盈利38.18万元，摘掉了历史以来的亏损帽子，改写了华侨农场的历史，也为农场下一步全面改革奠定了坚实的基础。

工作有了一定的起色，但农场的基础设施都是五六十年代建设的，因年久失修，危房遍布，道路不能走，职工怨声载道。秦宗文下决心从上面争取资金，其余部分采取场里自筹的办法，对危房和道路进行全面的改造。从1994年至2000年共投资340多万元的改造费，修道路27条达24.4公里；建桥梁三座，修涵洞217个；建双层沟300多米，建挡土墙2000余米；建三面光水沟700米，新修水沟24公里；新挖鱼塘、水渠85亩；为鱼池架单线9910米，三线2960米，四线2210米，栽电杆180根；改造职工饮水工程二件，新添水管6755米，改造电站一座；为机械厂新添发电机2台及车床，并对学校、医院、队房进行了全面维修，同时还清了农场多年遗留的旧债380余万元。在资金困难的情况下，1995年还为781户职工安装了有线电视，解决了职工看电视难的问题。

2000年12月按省政府云政发［2000］21号文件对华侨农场全面实行改革，结合农场实际，他着重抓了以下工作：

一、进一步完善场部管理制度和搞好干部管理工作。

二、在实施制度上全场1231户家庭2589人按12种类型4个档次，以家庭为单位分配了三十年不变的承包地。

三、实施了养老制度改革，全场303名职工，834名改制场员，687名离退休人员共补缴近800万元的养老保险金，并按企业政策纳入统筹范围实行属地管理。

四、剥离农场办社会的职能，将农场一所医院、一所中学、两所小学和农场派出所交县政府对口部门管理，111名在职及离退休人员的待遇由财政局按当地同类人员标准发放。

陆良华侨农场经历了近半个世纪的风雨历程，如果说因主观与客观的局限，或者说历史与现实的碰撞，在20世纪末陷入了步履蹒跚、发展乏力的病态环境，那么在从中央到地方共同关心下的全方位改革，无疑为农场做了全面的“诊治”，也为农场注入了新鲜活力，使陆良华侨农场真正以新的发展姿态迈入21世纪。更可喜的是通过改革，让职工得到了实惠，尝到了甜头，有了希望和盼头。在他进入农场的10年时间里，没有一个人上访，这是农场职工对他很大的支持和信任，也是他在最后工作历程中的极大安慰。由于改革的成功，2002年1月30日，中央“五侨”慰问团在省、市、县领导的陪同下亲临农场慰问，全国政协副主席罗豪才听取农场的大胆改革后，对陆良华侨农场改革发展中取得的成绩给予了充分肯定和高度评价。同年3月，全国华侨农场场长工作会议召开，会议专程组织与会人员到陆良华侨农场参观学习，秦宗文受到了国务院侨办、省侨办的表彰和奖励。

秦宗文的一生经历了曲曲折折的道路，尝尽了人世间的酸甜苦辣，正是有了这些不寻常的经历，磨炼了他不怕困难的意志，更懂得了洁身自爱、清正廉洁的道理。在他人生坎坷的岁月里，他始终保持平衡的心态，虽然他退休离开了自己热爱的为之奋斗大半生的工作岗位，但他仍尽自己最大的努力为党和人民的事业发挥余热，再作贡献。

袁建芳简介

（曲靖市经委调研员）

袁建芳，1952年12月14日出生在陆良县马街镇薛官堡村。小学未毕业，就遇“文化大革命”，1966年务农。1969年8月，又在本村小学附设初中班就读。1971年6月，在陆良县农业机械修配厂当工人，1974年10月加入中国共产党，曾任厂行政股副股长。1978年8月，调陆良县农业机械管理局工作，主要从事人事劳动工资方面的具体工作，任农机系统团总支书记；1980年调陆良县经济委员会政工科工作，主要从事劳动工资管理工作，曾任机关党支部书记；1983年底任陆良县工业交通局副局长；1984年9月~1986年7月在云南省经济管理干部学院企业管理系学习期间被评为优秀学员；1986年7月毕业回陆良县经济委员会工作，先后担任副主任、党委书记等职；1992年初调任陆良县丝绸公司、丝绸厂经理（厂长）、党委书记，受到县委、政府的表彰奖励，省政府、曲靖行署授予优秀乡镇企业家称号，被评为省第三届优秀企业党委书记；1996年6月调任陆良县计划统计局局长；1997年1月，调任陆良县蚕丝绸集团公司总经理；1998年2月调任曲靖市麒麟区人民政府党组成员、副区长，分管工交及商贸企业工作；2001年12月26日调任曲靖市乡镇企业局党组书记、局长，其间被农业部乡镇企业局评为全国优秀乡镇企业局长；2005年12月底任曲靖市经济委员会副主任、副局长（正处）。2008年2月，改任曲靖市经济委员会调研员。

站住了是个人

——陆良县政协原主席高福堂事略

高福堂，出生于龙海乡一个贫苦农民家庭，原籍三岔河镇娄子村王姓，祖父去世后，父亲两岁随祖母去到三岔河沙沟村高家，四次搬家逃难，最后落脚雨古村。

他5岁母亲病逝，6岁放马，8岁读书，童年饱受了人间酸甜苦辣，辗转三校读完小学，每天放学回家要找柴、割马草，他曾三次大病不起，是在他的孃孃护理、关心下才重新站起来。

1961年考入陆良二中初中班，初中、高中靠着助学金、拉煤卖、做小工以及高姓继祖父的关爱才艰难完成学业。

高福堂1968年11月参加工作，20岁刚出头的他有幸到昆明参加云南省中小学教材编写委员会编写小学三年级课本。在县广播站任出纳兼播音员期间，他每月工资20多元，家境也很贫困，但从不沾公家一分钱。1973年9月，接到组织上通知调龙海公社工作，他毅然和爱人背着未满月的大女儿到单位报到上班。

1974年入党后，他担任龙海公社大竹园大队党支部副书记，带领群众炸石头垒埂子，有声有色地开展农业学大寨。他20多岁就担任龙海公社高压输变电工程指挥部副指挥长，有一次他负责从昆明找汽车把1800kVA大变压器运进石槽河变电站，由于天下大雨，车子到山上，根本无法行走，重车停在路上不能动弹，他和公社的一个领导两天三夜睡在车上，饿了吃几个洋芋，直到天晴才把车子开进工地。70年代地委组织罗平基本路线教育工作队，他积极投入，深受教育。

龙海山是革命老区，也是生他养他的故乡。在山区工作的11年中，走遍了村村寨寨，他坚信“不受苦中苦，难为人上人”。70年代初，由于教育事业落后，他是公社干部中为数不多的高中生，领导安排要写的材料，他从不误事。党的十一届三中全会后，农村实行家庭联产承包责任制，他与公社一班人大胆实践，率先推开全面进行，在全县召开的三级干部大会上，第一次在县级召开的大会主席台上发言。担任核桃村区委书记时，他团结广大干部群众修公路、搞水利。那时，工作和生活条件十分艰苦，干部每月定量32斤粮，爬山走寨的干部们吃不饱饭，他与生产队商量，租用土地，自种自收，改善职工生活，区上的职工食堂，丢掉秤杆子，随意吃饱，这在粮食定量供应的年代是少有的。农村改革符合广大人民的利益，承包了土地的农民，焕发出从未有过的生产积极性。经过两三年的时间，山区农民生活大变样，农村呈现出一派勃勃生机。

三岔河镇是全县的第一大镇，号称南盘江畔的明珠、滇东粮仓。1987年10月，组织决定调他去三岔河镇工作，消息传开，人们议论不少，有的说："他不敢去，没有什么能力"。有的说："去了也搞不好"。县委领导也对他讲："在三岔河工作干不出成绩是站不住脚的"。在众说纷纭的情况下，他参加了三岔河镇党代会并被选为党委书记。经过走访调查，在1987年底镇党委、政府召开的三级干部大会上，他向人民表示："任期内做好十件实事"，下决心要为官一任，造福一方。他深入村社了解情况，走访群众听取意见，团结干部，凝聚人心，充分调动一切积极性，为既定目标而奔波。有一个办事处的党支部书记因有畏难情绪，申请不当领导，他八次登门谈心，用自己赤诚之心感化这位干部，终使这位干部转变了思想，干出了成绩，后来还被提拔为乡镇领导干部。他家住县委大院，不知多少次都是开完会、办完事就回镇上住，他要求下面做到的自己先带头做到，要求别人不做的自己首先不做。"党风正则干群和，干群和则社会稳，社会稳则事业兴"，从此，他与三岔河镇的干部、群众一道，共同奋斗，谱写了新的华章。

历史上，三岔河人畜饮水一直是依赖南盘江、杜公河，由于三岔河地区原为湖泊沼泽地，土壤深层含有机质较多，水质越变越坏，特别是80年代以来，南盘江上游兴建大量的工矿企业，工业废水、生活污水顺江而下，加上农业生产上大量使用农药、化肥，致使三岔河人畜的饮用水质恶化，严重危害三岔河镇广大人民群众的身心健康，历届党委、政府对此都极为关注，1986年，时任党委书记的伏茂许等同志开始了改水工程。1987年10月，高福堂调任三岔河镇党委书记，他接过改水工程的接力棒，和镇长孙德明等同志不知多少次的跑省里，跑地区，请示县委、政府和各级领导给予大力支持。他深入工地，和群众同甘共苦，共商良策；他走村进户，团结党政一班人，大干了三个春秋，到1990年4月，在80多平方公里的三岔河大地上，总共安装了4～12寸铸铁主管水道47公里，04～2寸水管260多公里，水管一根连着一根，伸向了千家万户，使18800户、85000多人饮用上了清洁的自来水，结束了群众多年来饮用污染水的历史。时至今日已有近20年，三岔河全镇人民群众饮用清洁的自来水仍是全县独一无二。能完成这一涉及百姓民生的浩大工程，他从未忘记过各级领导、工程技术人员给予的大力支持。

成功面前不骄傲，困难面前不止步，随后又大干柏油公路建设、新大街的续建工程、农田水利建设、兴办乡镇企业、劳务输出，农业生产等各行各业都取得了较好的成绩，特别是1989年冬季农田水利建设，云南电视台三次专题报道，并上了《云南日报》和《人民日报》，他本人多次受到县委、政府的表彰，1990年初被曲靖地委授予优秀党务工作者称号，同年提拔为师宗县委副书记、政法委书记。三岔河人民养育了他，培养了他，他永远不会忘记三岔河人民。

高福堂没有读过公安政法院校，但他干一行、爱一行、学一行。1980年地委政法委举办的500多人参加的政法干部《两法》学习考试，他取得全地区第一名。17年的公安政法工作，有许多难忘之事。从公安特派员到公安局长、政法委书记，他参加过许多重大事件的处置和重特大案件的侦破。担任公安局长期间，重特大案件、交通事故造成死亡人的案件，他都亲自带队侦破处理。1994年2月10日，春节大年初一，县城发生一起纵火杀人案件，烧死三人，他亲自带领干警走访调查，4天成功破案，将罪犯绳之以法。在公安局领导岗位上6年，有4个新春佳节都是在组织侦破案件现场度过。1994年“六一”天然气井喷，他第一个赶到现场，查看情况后立即给县委、政府的主要领导汇报，连续战斗在抢险灭火现场18天，又是最后一个撤离现场。1993年9月1日泰国总理川立派一行到陆良大跌水电厂考察，他带领干警配合省、地有关部门，周密做好了安全警卫工作，受到省、地领导的好评。90年代初，针对陆良公安局的装备办公条件、职工住房差的实际，他和几个主要领导商量，一定要痛下决心解决，“一种理想就是一种动力”，他和公安局党政一班人千方百计找资金、想办法，苦干了3年多，大大改善了公安交通通信工具和干警住房以及福利待遇，公安局大院内的百年古树、“东狱宫”得到很好的保护。交警办公大楼、机动车培训站、保安公司等项目的成功建设，使陆良县公安局面貌一新。在繁重的工作中，他坚持学习，并对实践进行不断总结，1995年撰写的《新时期刑事犯罪的成因及对策》一文获云南省警察学会举办的论文研讨会三等奖。1996年云南省高等专科学校聘请他为治安系客座教授，同年3月陆良县人大常委会评议为“优秀公安局长”。1997年当选为曲靖市第一届人大代表。

政协主席一职，人们都认为是闲差事，但在他心中，硬是把它真正作为共产党执政理念的重要组成部分去做好。第五届政协在历届工作的基础上，做出了特色，他围绕着陆良社会经济的发展开展调查研究，引进港商发展蔬菜，建立样板。他广泛开展联谊，团结社会各界，五届政协继续开展与外县、市的联谊活动，努力维护边界稳定。他广交朋友，倾心统战，成功接待了港、澳、台人士，出色地做好了对全国政协副主席罗豪才的接待工作。开展对政府部门行政主要领导的评议，受到县委政府的赞扬。政协办公大楼的建成、革命老前辈朱家璧纪念碑的落成、县城街道的命名等都是五届政协留下的永记史册的业绩。高福堂是曲靖市一届政协委员、常委，他多次以书面或良言参政议政，2001年市政协授予他“优秀政协委员”。

“与人为善，心底无私”是人们对他的评语；“严父慈心、任劳任怨”是子女对他的赞言；“不畏艰难，挺身站住”则是他的人生信条。在几十年工作的岁月中，他与同事和睦相处，谦虚谨慎，严于律己，宽以待人。他做事干练果断，雷厉风行，是一个对事业、对家庭负责的人。在社会主义市场经济的改革浪潮中他乐于奉献，在灯红酒绿的环境中他清贫自乐。退休后还担任陆良县延安精神研究会会长、陆良县老科技工作者协会会长，继续发挥着余热，2005年受到曲靖市委、市政府“老有所为”优秀个人表彰。

高福堂的一个老同学在他六十岁生日时送了一副寿联，则是他一生的写照：

年少时家境不幸坎坷人生艰辛路；中老年得势安康天伦美满度晚年。

勤奋人生

——记云南省卫生厅机关党委副书记郭学明

郭学明，1956年1月出生于云南省陆良县三岔河镇三岔子第九村，1963年1月入本镇天宝寺小学读书，1969年9月停学，在生产队参加劳动（时年13岁），1972年12月应征参加中国人民解放军，1974年12月加入中国共产党，大学文化程度，在部队曾任班长、排长，军级机关保密员、保密档案室副主任、主任，军级后勤政治机关副营职、正营职、副团职干事，团副政委、团政委，1996年9月被授予上校军衔，1997年9月从第二炮兵五十三基地后勤部五三三医院转业到云南省卫生厅人事处任副处长（正处级），现任云南省卫生厅直属机关党委专职副书记、党办主任。

郭学明1972年12月响应党和国家的号召，应征参加了中国人民解放军。当时他对参军入伍的感受是当兵光荣，特别是当听说是技术兵种，则更感到当兵的光彩。因为在农村，他看到的党员或者会手艺的人在群众中的威望很高，是群众的带头人。因此他想，到部队要是能入党或者学到一门手艺，这才算有进步，才对得起家乡的父老乡亲。至于能谋个一官半职，从来没有想过。这就是他当时当兵的动机。

1972年12月18日，他告别了父亲、母亲、弟弟和乡亲们，坐了五天火车，到达了浙江省江山县货村某部队教导队接受新兵训练。训练非常紧张，天气也比家乡恶劣，但生活比家里好得多。经过一个多月的强化训练，他身上农村青年的自由散漫习气得到了纠正，训练结束各项考核成绩都在良好以上。

新兵训练结束后，在部队的教育引导和老同志的关心帮助下，使他懂得了当兵为什么和怎样做人的道理，在较短的时间内，完成了一个农村青年向有一定革命觉悟年轻战士的转变。由于有了明确奋斗目标，又通过学习政治理论和科学文化知识，因而提高了政治思想觉悟，确立了正确的世界观、人生观和价值观，在工作上发扬不怕苦和不怕累精神，在政治上积极要求进步，于1974年1月加入中国共产主义青年团，同年12月光荣地加入了中国共产党。这是人生旅途的一个重要转折点。

1978年2月，他所在的部队响应邓小平同志提出的“大办军队院校”的指示，随部队调到大都市——武汉市第二炮兵指挥学校，被分配在警通连担任学校警卫勤务工作。由于学校是在粉碎“四人帮”后重新组建的，工作千头万绪，警卫勤务保障任务比较繁重，但他发扬“两不怕”精神，带领全班战士比较好地完成警卫和勤务保障任务，年底被评为学雷锋先进个人，受到学校校务部的通令嘉奖。

1979年1月学校派他到北京第二炮兵司令部（二炮总部机关）警卫连，学习擒拿格斗和警卫勤务知识。在三个月学习和训练期间，他克服了年龄大（23岁）不易掌握基本功的困难，靠勤学苦练和巧练，在较短的时间内，掌握了擒拿格斗的基本技能和警卫勤务知识，较好地完成了学习和训练任务。4月份回到学校为学校部门以上首长做了汇报表演，并受到表扬。在北京学习和训练间隙，游览了许多名胜古迹，对一个在农村长大的青年来说，确实是开阔了眼界，增长了见识，了解了社会，为以后的学习和工作奠定了基础。

同年4月从北京第二炮兵司令部警卫连学习回到学校，学校党委任命他为院务部警通连二排排长，担任教学区的警卫和勤务工作。他工作认真负责，责任心强，关心爱护战士，与战士打成一片，出色完成了教学区的警卫和勤务工作，受到学校院务部的嘉奖。

1981年7月，因工作需要，他被调到学校保密室任正排职保密员，做学校文件、资料的收发和管理工作。第二炮兵指挥学校改为第二炮兵指挥学院后，先后任学院保密档案室副连职、正连职保密员，在这期间先后参加了学院组织的初中和高中文化知识补习班。

为适应部队现代化建设的发展需要，他为了缩小在文化基础等方面与部队建设和发展上的差距，1985年9月他考入本学院学习政治工作专业，学习马克思主义哲学、政治经济学，学习毛泽东同志的有关理论论著、军事思想和政治工作理论等，掌握了一些基础理论知识，为后来开展工作奠定了基础。经过2年学习获得大学专科学历，之后又经过2年在职学习取得了大学本科学历。

1987年7月他毕业后仍回学院保密档案室工作，任保密档案室正连职副主任。1988年5月被任命为保密档案室副营职主任。在履职期间，能认真组织本室人员学习政治理论和业务知识，自觉地贯彻执行党的路线方针政策和学院党委的有关规定，顾大局，守纪律，服务和责任意识较强。主持完成了学院组建后（1978年3月至1987年9月）的档案收集整理和归档工作。在档案的收集整理中，克服了制度不健全、资料分散、库房简陋、保管条件差和人员没有经过专门培训等困难，团结带领全室人员边建制度、边收集资料、边整理归档等，用两个月的时间完成了近10年档案资料收集、整理和归档工作，在总参谋档案局组织的检查验收中受到好评。

1988年5月郭学明由武汉市第二炮兵指挥学院调回昆明80303部队后勤部政治处工作，被任命为政治处副营职、正营职和副团职干事。在政治处工作7年，先后担任群众、计划生育、保卫、组织和干部工作干事。不论组织上安排在什么岗位，他都能服从组织的决定，干一行，爱一行，专一行。

在军级机关保密档案室和后勤政治机关工作期间，工作扎实，认真细致，讲究效率。特别是在军级后勤政治机关分管干部工作期间，一人承担着400余名行政干部和专业技术干部的管理，能严格执行党的干部工作的路线、方针和政策，依据政策规定和上级要求，结合部队实际，采取多渠道考察了解干部，能历史地、全面地、发展地看待人和事，为人正直，待人和气，处事公道正派，能与同志们团结共事。完成了两次军官工资改革大调整，组织了军官的职、级、衔和初、中级专业技术职务评定，办理了军官的任免、上学、培训、转业复员、退休、家属随军和日常管理工作，做到了政策、规定、标准、制度熟悉，业务精通，办事认真、细致、准确、及时，因工作成绩突出3次荣立三等功。

1994年11月他走上政委领导岗位后主要分管干部管理和党务工作。此时，更加感到肩上的担子重、压力大。因此，更加注重学习政治理论和党的工作路线方针政策，不断提高自己的政治理论水平和分析问题解决问题的能力，提高领导和驾驭全局工作的能力。工作中善于根据上级的要求，结合单位实际狠抓落实。能经常深入基层调查研究指导工作，注意听取基层同志的意见和建议，能协调处理党的领导与行政工作的关系，自觉维护集体领导的权威。讲究工作方法和领导艺术，关心爱护下级，能为下级办实事和排忧解难。注意调动和发挥各方面的积极性，处事稳重，能听取不同意见，有大局观念，能够容人容事，工作思路清，进取精神强，具有较强的语言表达、文字撰写、组织领导管理和计划协调能力。

1997年9月，郭学明转业到云南省卫生厅人事处任副处长，主要分管干部、大中专毕业生分配、军队转业干部安置等工作。工作尽职尽责、勤勤恳恳、任劳任怨，注重按程序和原则办事。特别是在干部管理工作中，保持和发扬了在部队干部管理工作中的好做法和经验。近10年来，推荐选拔考察、考核130余名干部，没有出现差错，没有违纪违规现象。作为副职，能摆正自己的位置，做到尽职责，不越权，不添乱。正确对待名和利，不计较个人的得失，注重协调处理内外关系，能与大家合作共事，连续4年的年度考核都为优秀。

2007年7月郭学明调任云南省卫生厅直属机关党委专职副书记、党办主任，这是他既熟悉又陌生的工作，所谓熟悉是曾经在部队做过几年党务工作。但又陌生，是因为新时期、新阶段给党务工作赋予了许多新的内容，面临着许多新的领域和课题，有待去研究和把握。因此，他感到只有不断学习，刻苦钻研，积极实践党在新形势下的理论、路线、方针和政策，勇敢地迎接新的挑战和考验，竭尽全力做好各项工作，才对得起党组织的培养教育，才对得起养育他成长的爨乡大地的父老乡亲。

奋斗追求人生 真诚温暖群众

——记云南省政府办公厅调研员资兴国

资兴国，1955年3月出生，陆良县板桥镇马军营资家村人，1972年12月在陆良县人武部应征入伍（1976年12月入党，大学本科文化），他从一个还不完全懂事的农村青年参军，经过24年部队严格的培养和锻炼，从一个普通战士成为一个副团职干部，这是部队组织和领导培养的结果，也是他不断努力和学习的结果，从部队转业到地方11年间，他不断发扬部队的优良传统和作风，刻苦学习和钻研业务技能知识，在组织和领导的培养下，很快就成为一名出色的正县级领导干部。

顽强拼搏 严格管理

1972年至1977年他在80302部队303团三营十连当战士，班长。1978年6月因工作成绩出色，被破格提升为第二炮兵武汉指挥学院警卫通信连警卫排长，主要负责学院东西两院的警卫安全工作，期间他所带的排曾成为全学院队列训练教学的示范排，多次被评为先进单位，曾任连队团支部书记、党支部委员。1983年6月被提升为副连长。他以副代正，处处严格要求自己，言传身教，从严管理部队，使连队第一年就进入全军达标单位，第二年进入全军达标先进单位行列。1984年6月被提升为连长，他更加严格要求自己，处处起先锋模范带头作用，认真学习马列主义、毛泽东思想和科学文化知识，刻苦改造自己的世界观，不断提高自己的理论水平和工作组织指挥能力，注重连队的全面建设，吃苦耐劳，工作兢兢业业，一丝不苟，一心扑在连队建设上，以连为家，善于团结同志，积极调动一切有利因素，充分发挥支部的战斗堡垒作用，敢于用人，善于用兵，勇于开展批评与自我批评，大事讲原则，小事讲风格，作风正派，所带的连队连续三年在学院举行的队列、内务卫生、后勤管理、环境卫生、安全工作等大赛中始终保持全学院第一名。在他的带领下，警卫安全工作曾荣立学院集体三等功，通信工作被学院及第二炮兵评为先进单位，他被学院评为先进行政管理干部。1988年6月从第二炮兵武汉指挥学院调到昆明80303部队司令部训练队任教员，同年被评为助理工程师。1989年11月调任80303部队军乐队副政治教导员，1990年1月调任

80303部队新兵营营长，1993年2月被借调到80303部队政治部干部处负责第二炮兵派驻西南地区转业干部移交安置联络工作，同年被评为工程师，任副团职教员，被授予中校军衔。1995年被任命为80303部队司令部通信处副团职参谋。

发扬优良传统 刻苦钻研业务知识

1996年9月从部队转业到云南省人民政府信访处工作，任助理调研员、副处长，为了尽快熟悉信访业务知识，掌握如何做好群众工作，他刻苦钻研信访工作业务，凭着部队顽强的作风，不会就学、不懂就问。重点研究、学习了党在各个时期的路线、方针、政策和法律法规以及理论学、心理学，在较短的时间内掌握了如何做好信访工作的基本功，进而领悟了干好信访工作的真谛，政策水平和业务素质迅速得到提高。在实际工作中，坚持理论与实践相结合，通过接待群众来访，了解信访情况，掌握社情民意，带着问题下乡，搞调查研究，很快就成为一名懂政策、情况熟、业务精、有一定组织协调技能的行家里手，很多带着怨气和情绪来上访的群众，经他接待都能愉快地返回。既维护了党和政府在人民群众中的良好形象，又缓解了人民群众的激烈情绪，使信访工作在处理人民内部矛盾中起到了“调压器”的作用。

干一行、爱一行、钻一行

2000年11月他在省“两办”信访局任办公室主任期间，注重加强自身政治理论修养，政治坚定，工作认真负责，团结同志，服务意识强。为了信访工作的需要和自身的责任感，他深入学习党中央、国务院和省委、省政府出台的重要政策及法律法规，为了使自己更能适应新形势和新时期信访工作的需要，还在2001年利用工作之余参加了中央党校函授教育经济管理本科班的学习，再次全面系统地学习了马列主义、毛泽东思想、邓小平理论和“三个代表”重要思想，经过三年的在岗函授学习，取得了大学本科文凭，为进一步做好本职工作，奠定了坚实的理论基础。

这些年来，由于信访主体多元化，问题复杂化，一些别有用心的人往往总是以信访为幌子，企图达到某种政治目的。在本省较为突出的“法轮功”人员上访，“揭、批、查”和“两案”人员的上访中，一些同志政治敏锐性不强，将此类上访混同于一般群众上访。而资兴国以坚信党、坚信党的领导这一坚定信念来鞭策自己的言行和指导信访工作，旗帜鲜明、有针对性地开展工作，为全省政治社会的稳定作出了贡献。他无论在部队还是在地方都能以雷厉风行的工作作风，认真负责的工作态度严格要求自己，他出色的工作表现得到了领导和同志们的肯定。在办公室的日常工作中，他总是严于律己，言传身教，根据信访局工作的实际，带领办公室其他同志，制定了相应的规章制度，从生活、工作、学习等方面积极为全局做好服务。期间各种突发事件和重要紧急的信访信息非常多，而且大多在下班后或周末收到，但他从讲政治的高度顾大局、识大体，不计较个人得失，随叫随到，总是认真负责地处理好每一件信访信息，有时甚至常常处理到深夜，也不知放弃了多少个节假日与家人团聚的机会。在他处理的几百件信访信息中，从未出现过任何纰漏，使一大批信访隐患和苗头被及时化解在了基层，化解在了萌芽状态，较好地维护了党和政府在人民群众中的良好形象，密切了党群干群关系，营造了和谐稳定的环境。

讲政治，顾大局，做优秀公务员

2003年根据工作需要，从信访形势出发，根据资兴国善于做群众工作的特点，他被组织安排在信访二处当调研员，专搞接访。他首先是服从组织安排，愉快地以一个普通信访工作者的身份到二处报到，其次是主动支持、积极配合处长工作，充分发挥了一个干了11年老信访工作者的作用，潜心研究如何搞好新形势下的接访工作。他严谨的工作作风，认真负责的态度，灵活科学的方法，热情细致耐心的情感，使其他同志称赞不已。他对每一个来访者都能做到认真听取诉求，耐心细致地解释相关政策，对一些情绪特别激动的上访者总是从感情上理解他们，在接待中做到：你火我不火，等你发完火后我再说。由于他善于研究上访人的心理，经他接待的上万次上访群众，绝大多数都能满意返回。在接待之余他乐于和其他同志特别是新同志交流和传授接待中的方式方法和经验。在日常工作中他始终把自己摆在一个普通信访工作者的位置，不摆架子，平易近人，吃苦耐劳，兢兢业业，忘我工作，从不计较个人得失，始终保持旺盛的工作斗志。在其他同志接访中遇到疑难信访和政策问题不清楚时，他总是主动积极配合做到有求必应，热情支持。他常说信访接待窗口在机关是“大事小事啰唆事，事事要问，叫声喊声哭骂声，声声入耳”。作为处在第一线的信访接待人员，要有“人不伤心不落泪，人无难处不上访”的情怀和责任心，敢于伸张正义，勇于仗义执言，为群众排忧解难，要有不畏艰难的勇气，还要有忍辱负重的胸怀，要做到打不还手，骂不还口，保持良好的心态，冷静对待每一个疑难信访问题，这是信访原则的要求，是党对群众工作的要求，也是党的宗旨要求。他是这样想的，在工作中也是这么做的，2004年他在一次处理东川矿务局破产的大型集体上访中，误被上访职工殴打，他做到了骂不还口、打不还手，坦然面对，冷静处置，受到了领导和同志们的赞扬。

他经过对信访工作十余年的精心钻研，练就了一身如何接待和处理信访问题的好本领。特别值得一提的是，他对如何接待和处理突发事件和处理大、中、小型群体、集体上访有独到之处，在直接参与处理的上千件集体上访中，沉着冷静，积极面对上访群众，从理解群众情绪入手，倾听群众诉求，细致耐心解释政策和法律法规，件件都处理得恰到好处，就连上访人都很信服。在日常接待中他牢牢把握“旗帜鲜明，态度明确，措词有力，方法得当”的原则，先后代表省“两办”信访局担任过省政府处置原昆明无线电厂问题工作组组长、禄丰钢铁厂职工阻断铁路工作组组长、云南省“十六大”驻京信访工作组组长、迪庆州维西县藏民持械带炸药上访工作组组长、东川矿务局破产工作组主要成员、宣威来宾煤矿职工阻断京昆铁路工作组组长、云南省驻京劝返非正常上访工作组组长、云南省赴成都劝返“两案人员”上访工作组组长等。在一些到省委、省政府大型集体上访现场，领导都希望他在群众中，有的大型集体上访，领导都会问：资兴国在不在现场？只要听说他在现场，领导便放下了心。由于他工作出色，2006年被省政府办公厅评为优秀公务员，2007年7月被评为全省信访系统先进工作者，被省委、省政府记一等功一次，2008年被评为云南省优秀共产党员。

资兴国把在部队练就的组织指挥能力和到地方学到的善于协调的能力有机结合，充分运用到信访工作中，使信访工作在社会政治和经济建设中发挥了重要作用，真正体现了“权为民所用，情为民所系，利为民所谋”，为党的信访工作事业作出了应有的贡献。

听党指挥 诚实做人

——记处级军转干部陶光学

陶光学，男，中共党员，1947年冬出生在陆良三岔河镇大坝村委会一个贫寒的农民家庭，高中文化。1968年参军从戎18年，历任连队文书、营部书记、团宣传干事、营副教导员、团政治处主任、师政治部宣传科长、昆明市官渡区武装部政委。1986年5月至1990年12月兼任中共官渡区区委常委。1991年1月调任昆明市粮油储运公司党委副书记，1995年7月调任昆明市饲料公司党委书记，至2007年12月退休。

陶光学出身贫寒，勤奋好学，特别是从军18年，养成了忠于党忠于人民的优秀品格。在部队，听党指挥，听党安排，1983年曾被评为先进代表出席第十一军召开的先进代表大会；转业到地方，同样听从党的召唤和安排，发扬人民解放军的优良传统和作风，干事雷厉风行，做人诚实守信，深得同行的赞扬，为经济发展和社会进步作出了积极的贡献。他热爱家乡，乐于助人，谦虚谨慎，胸怀坦荡，知恩图报，低调做人。

风雨人生

——记昆明市工委原常务副书记梅春先

他是一位把毕生精力都献给了新中国社会主义现代化建设事业的忠诚战士，从投入建设新中国的第一个五年计划，到征战“九五”，在近半个世纪的征程中，他都战斗在工业战线上。在基层他当过工人，做过厂长、党委书记，在机关，他任过主管昆明市工业系统工作的市委工业部领导，勤奋、敬业的实干精神，使他和他所负责的单位，从50年代到90年代，均先后分别获得了省、市委和国务院的奖励和表彰；应该说他也算是昆明工业战线上的一位名将了，然而，这位有着50多年党龄，历尽沧桑的古稀老人，却一直谦恭处世，低调做人，从不愿提起这些。他就是原中共昆明市委工业工委常务副书记梅春先。

1937年8月，梅春先出生在陆良县城西门外的一个以耕读为本，忠厚传家的书香门第。早年，缺医少药的陆良，在一次流行性疾病中，死亡惊人。心地善良的祖父梅香亭看在眼里，急在心中，发誓要在当地创办一间中药铺，以解民疾。这间名为“复元堂”的中药铺，一直由排行老二的父亲梅照銮料理到匪患频发，民不聊生时才被迫歇业。从小就受到忠厚本分、仁爱思想熏陶的梅春先，在国难当头，民族危亡的兵荒马乱中度过了童年，目睹陆良坝子雨季“旱地成河田成江”的灾情，成群的灾民们被骗到个旧矿山当沙丁的惨景，共产党人被国民党反动派砍下头颅悬于城门示众的恐怖，备受煎熬的老人们无奈叹息的一幕幕，在他幼小的心灵中留下了太多的问号……忧患意识折射出来的是一种强烈的责任感，朦胧中“国家兴亡、匹夫有责”成了他的信念和追求。

灾难深重的中国人民在中国共产党和毛主席领导下，打败了日本帝国主义，推翻了蒋家王朝，1949年10月新中国诞生了，一切都是那么新鲜，那么令人振奋，梅春先多么希望也成为那战斗行列的一员。机会终于来了，为适应新中国第一个五年计划对建设人才的需要，1952年夏天，西南工业部二零三厂（今昆机集团）技工训练班到陆良招生来了，正在陆良中学读初中的梅春先，在牛筱灿校长的理解和关怀下，毅然报名参加了考试，被录取后，于7月份和大家一道进厂成为了工人阶级的一员。昆机是一个有着光荣革命传统，具有雄厚技术基础、曾为我国卫星上天、核潜艇下海做出了重要贡献，享誉国内外的国家重点企业，技训班实行供给制，军事化管理，边学理论边实习。同学们对这种理论和实际紧密结合的速成教学法兴趣浓厚，进步很快，经过半年的紧张学习就毕业了，并于年底分配到车间，在老师傅们的指导下实际操作，很快他就成了厂里一批有文化、懂技术、能干事的生力军。作为一名毛泽东时代的青年，能投入到祖国现代化的建设事业当中，他青春似火、激情燃烧，浑身都觉得有用不完的力气，使不完的劲。1959年走上车间领导岗位后，自觉责任重大的他，视事业为生命的全部。在被封锁的困难情况下建设现代化，有多少国家急需的重要装备需要我们自己制造？为满足座标镗床几何精度需要的制造“0”级丝杆、“0”级涡轮和误差几近为“0”镜面轴等关键部件的技术难关，在群策群力反复试验中一一攻克。在他参与组织制造的具有当时国际先进水平的、填补了我国一个又一个空白的大型、高精度机床的拼搏中，他和他的同志们克服了多少艰难困苦，熬过了多少个日日夜夜，用数字是很难说清的，能为祖国争光，为中国工人阶级争气，他们感到充实、自豪。《钢铁是怎样炼成的》中的保尔•柯察金、《把一切献给党》中的吴运铎和毛主席的好学生焦裕禄，是他心中的英雄。榜样的力量是无穷的，他要实现的是人生无悔。

正当他踌躇满志全身心扑在事业上的时候，“文革”那场浩劫，暴风雨般袭来了。1966年6月，离厂近一年，刚从200号信箱工作队奉调回厂的梅春先，突然被工作队诬为散布阶级斗争熄灭论，捂阶级斗争盖子，是反党、反社会主义、反毛泽东思想的“三反分子”，是用精尖第一、品种第一、质量第一反对林副统帅“四个第一”的反革命修正主义分子。抄家后就被关押起来，接着就是荒谬绝伦的诽谤诬陷，不分白天黑夜的批斗，骇人听闻的帽子，莫须有的罪名向毫无思想准备的梅春先身上袭来。

他在关押中，于1967年2月，又被造反派拖到“阶级敌人示众大会”上遭到惨无人道的毒打致残。一个由市委批准任职的，连年在市先代会上受表彰的昆明市先进标兵车间的党总支书记怎么会反党？1959年就被授予昆明市青年社会主义建设积极分子称号的人，怎么倒成了反社会主义？不久前才被推荐出席了昆明市首届学毛著积极分子大会受到表彰的人，怎么很快就成了反毛泽东思想的阶级敌人？真是欲加之罪，何患无辞！怎么也想不通的梅春先，随着一批批自己敬重的老干部、老领导也被揪出、打倒的事实，逐渐明白过来了，不讲事实什么都可以颠倒，使他更深刻地认识到了，党的实事求是的思想路线是多么的重要。1976年10月，继林彪反党集团的覆灭，祸国殃民的“四人帮”也被粉碎了，“两个凡是”受到了批判，实践才是检验真理的唯一标准，党的实事求是的思想路线得到了恢复，含冤蒙辱惨遭迫害的梅春先总算熬出来了。

党的十一届三中全会的春风吹遍祖国大地，“振兴中华、团结一致向前看”的号令，催促着人们医治好创伤投入新的战斗！那是1978年下半年，平反结论都还没有的梅春先被昆明市委派到安宁县太平公社（今安宁市太平镇）基本路线工作队去当队长，面对着百事俱废，百业待兴的严峻现实，他没有多想，往事如烟俱忘却，心底无私天地宽，共产党员只要生命不息奋斗就不止，拖着伤残的身体，他又投入了新的战斗。卓有成效的工作，使他和他所负责的工作队，最后都获得了先进的荣誉，并被推荐出席了1979年昆明市的农业先代会。1980年初，梅春先受省机械厅的委派来到了人心涣散、管理混乱、质量低劣、出不了产品的沾益柴油机厂任厂长、代理党委书记。他团结一班人，紧紧依靠群众，经过不到半年的治理整顿，不但生产出了合格产品，而且后来全是一等品。在当年的全国柴油机评比中，功率获得了第一的好评。他就是这样一个举轻若重，干什么都非常投入的人。那时正值国家调整阶段，很多机械工厂都没有计划下达的任务。就在这时，他又被省机械厅调回派到了省电影机械厂任厂长，面对着停工停产的巨大压力，他果断提出“我们长着一双手，面向市场不用愁”。一方面充分利用厂里的表处工艺，优质廉价、广揽活计，成吨成几十吨的镀铜、镀锌、镀铬、镀银标准件，源源不断地流向市场远销美国；另一方面清仓查库充分利用库存原材料生产茶几、衣帽架、折叠椅，既盘活了资金又避免了停工。接着就是通过市场调研，及时开发生产了“白玫”洗衣机，这一适应人民生活日益提高要求的产品，很快就引起了副省长赵增益等同志的高度重视，通过研究后省政府决定将同样无计划任务的省医疗器械厂与电影机械厂合并，组成云南洗衣机厂，以生产“白玫”牌洗衣机为主兼顾其他。由省长刘明辉签署的委任状仍然任命梅春先为厂长。1984年底又被省委组织部批准为党委书记。在他的带领下，《时间就是金钱，效益就是生命》的厂歌嘹亮，职工大显其能，被誉为五朵金花之一的白玫牌洗衣机的开发生产，从一型到三型，从单缸发展到双缸，他们只花了三年多的时间，产品不断更新替换，质量被国家机械工业部评为优质产品，加上适中的价格和良好的售后服务，市场很快就被培育起来，一时产品供不应求，人均劳动生产率达7万多元，工厂连年被国务院授予“全国经济效益显著先进企业”称号。然而，前进的阻力是大的。事修谤兴岁月艰，战士不问身后寒。1986年7月梅春先又被免去了职务。

一个月后的一个上午，省委常委、市委书记王信田和副书记李师程两位领导在办公室里和梅春先谈心，在充分肯定了他过去的工作后，征求他对下步工作的意见。一句句体贴的知心话使他心潮起伏，感慨万千，党是正确的！信念的火焰再次在他心中燃烧。早已把个人安危置之度外的梅春先，没有理由再推三顾四。被昆明市委任命为市委工业部副部长后（1990年后改为由市里领导直接兼任书记的市委工业工作委员会，梅春先仍被任命为主持工作的常务副书记），老牛自知夕阳短，不用扬鞭自奋蹄。他又全身心地投入了战斗。从基层到机关工作的十余年间，正值我国改革开放由计划经济向市场经济转变的重要阶段。随着改革的深入，观念的碰撞，结构的调整，机制的创新，各种权力和利益关系调整的力度很大，矛盾非常突出，改革、发展、稳定的任务十分繁重，特别是那些困难比较大的企业矛盾更加突出。从云纺退二进三调整产业结构形成商业市场中，从段华生同志带领云内动力面向市场，积极研发新产品不断调整产品结构实现产品产量连年翻番，做大做强等等事实中，他得到决定出路的启示。他认为党的建设的关键是班子建设，企业好坏的关键在班子，班子也是生产力，加强企业领导班子建设是关键的关键。长期在基层工作，善于换位思考的梅春先深知企业的难处，基层干部的艰辛，在理解、关心、支持的同时，必须通过干部轮训不断提高他们的认识，在转变观念的同时，加强素质训练。接着有计划、有步骤地，在昆明市经济干部学校一期接一期的进行各种各样的干部轮训。另一方面，他们又用“心系企业搞好服务”的思想和机关的同志们达成了共识，困难就是命令，哪里有困难，哪里就有他们的身影，不论走到哪里，他们都用理解的态度耐心地听取基层的意见，细心地和他们一道研究，积极地帮助他们协调解决，一厂一策地推进。这种深入基层，既当指挥员，又当战斗员的踏实工作作风，深得企业的好评，不少企业的同志们都说："工业工委是我们的娘家，他们平易近人，没有架子，急我们所急，帮我们所需，是我们的贴心人"。整整十余年间，他和他的同志们就是这样，一直默默无闻地战斗在改革、发展、稳定工作的第一线，潜心推动着改革开放的宏伟事业。搏击中的昆明工业，在改革开放中发展，在改革开放中前进，一直保持着两位数的增长，不仅保证了第九个五年计划目标的实现，而且为昆明提前实现总产值翻两番的目标做出了巨大的贡献。居安思危图发展，为了互通信息，及时交流在探索前进中的经验，研讨共同面临的课题，开启发展的思路，他还以昆明市委工业工委的名义邀约京、津、沪等城市工委发起，于1990年首次在昆明召开了"全国省会中心城市工业系统党建工作研讨会"。每年一次轮流召开，探索前进不动摇，互相借鉴不懈怠，深得各省会中心城市的广泛好评和中组部的充分肯定。中组部和中央党校年年派人参加，一直连续了十几年，一切都是为了工作。

后来，这一段的情况是很复杂的，虽各级党组织反腐倡廉的措施不断出台，但形势依然严峻。对党内出现的一些丑恶现象深恶痛绝的梅春先，在某些人眼中，简直成了不食人间烟火的怪物，鼠辈玩弄权术，无端责难，屡屡碰壁，无赖阴阳怪气，咄咄逼人，自讨没趣。从不顾及个人安危的梅春先，不信邪能压正，依然守岗尽责，致力弘扬正气，净化环境，无私无畏地忘我工作着。是的，他就是这样一个干起工作来什么都忘了的人，就连"文革"被迫害的平反决定，都是在他1997年从岗位上退下来后的1999年，在老领导范惠卿同志的再三过问和督促下，才由昆机党委做出。《平反决定》中有这样一段话："文化大革命"期间，梅春先同志被打成所谓"反党、反社会主义、反毛泽东思想的"的"三反分子"和"反革命修正主义分子"。在长达14年的时间里遭到"造反派"抄家、关押、批斗、毒打、扣发工资、监督劳动等，使梅春先同志在政治上、精神上、经济上遭到迫害，身体也受到严重摧残。经对上述情况进行认真复查，昆机党委决定，对"文革"中强加给梅春先同志"三反分子"等一切诬蔑不实之词，全部推倒，给予彻底平反。对"文革"中所形成的档案材料按规定清理销毁。谁能知道，这个为平反冤假错案，落实别人政策尽心尽责、煞费心血，在90年代曾分别获得了省、市委落实政策先进个人称号的人，对自己的政策落实竟是如此的对待。从这份拖延了30多年才做出的《平反决定》中，从他一步一个脚印无私无畏、艰苦奋斗的一生中，足以看出梅春先的胸怀，浩然正气令人敬佩。

爨乡故土美，深爱着家乡的他一直牵挂着家乡的发展变化。退休后，除总想着能为家乡再做点什么以外，最大的乐趣就是以书报为伴，显得豁达、宁静。晚年逢盛世，让他深感欣慰的是，以人为本，全面协调可持续发展的科学发展观正在深入人心，一个更加富强民主文明和谐的美好未来已经展现。讲到过去，他只说了四个字，无怨无悔。他常说的两句话是，虽做了一些工作，那是党培养教导的结果，忘不了；二是，人虽退休了，作为一名共产党员，仍要尊德重道，践行社会主义荣辱观，不能忘。他是那样的坦荡，那样的朴实，这是一种品格，一种境界。

世事洞明皆学问

——记云南电视台原副总编、高级编辑梁晓茂

20世纪80年代末90年代初，在特殊的国际国内背景下，中央电视台自1991年3月20日起，连续56天在《新闻联播》中播出大型系列报道《祖国大家庭》，首次以电视为载体系统地介绍56个民族，取得了出乎意料的报道效果。引起了国内外的广泛关注和高度赞扬，党和国家的多位领导人给予了高度评价。全国人大民委和国家民委的有关负责人分别提出："这个命题就可给60分"，"应该给提出这个倡议的人授奖。"

同年，中央电视台台长杨伟光以《民族团结进步的赞歌——谈谈系列报道<祖国大家庭>》为题撰文指出，提出这个命题的人和倡议者是云南电视台新闻部主任梁晓茂，是他在中央台召开的《西南掠影》组稿会议上提出的。

梁晓茂在其新闻生涯中信守的是"作文先做人，人品文品并重"，他常引以自律；对其影响最大的是"世事洞明皆学问，人情练达即文章"和《论语》中的"九思"，他常引以自省。"九思"即"视思明，听思聪，色思温，貌思恭，言思忠，事思敬，疑思问，忿思难，见得思义。"其大意是：看的时候，要想想看清楚了没有；听的时候，要想想听明白了没有；待人的脸色，要想想是否温和；对人的态度，要想想是否恭敬；说话的时候，要想想是否忠诚；做事的时候，要想想是否认真；有疑问的时候，要想想怎样向人请教；遇事发怒的时候，要想想会有什么后果；有利可得的时候，要想想是否正当。

梁晓茂的新闻生涯，起步于上世纪60年代初在部队服役期间做报纸的新闻通讯员。1968年退伍后，先后在云南人民广播电台和云南电视台以新闻为职业。他亲历了"文化大革命"前、后和"改革开放"前、后的许多难忘岁月和重大事件的新闻报道。在他退休时，云南电视台为其举行了一个极小型的聚会，熟知他的同事、友人对他的中肯评语是："事业有成，平安着陆"。他表示："对此评语，足矣！"

那么，梁晓茂在其新闻生涯中是如何理性把握职业规律与自我的？

重调查采访，以独特视角抓新闻

“新闻是客观事实的报道，代表执政党、国家和人民说话。”他认为这就决定了新闻不是商品，记者不是商人；新闻是靠记者的腿勤、脑勤、眼勤、嘴勤、手勤跑出来的。他在实践中感悟到，新闻学即人学。新闻传播是一种人际传播，是一种社会现象。他认为，所谓新闻记者，就是社会的纪录者。今天的新闻，就是明天的历史纪录；新闻报道，是在写社会发展史。因此，深入实际、深入调查研究、深入采访，并能熟练掌握其技巧，是新闻记者必备的基本功之一。他常说，在新闻专业最高学府的殿堂里只能出高材生，但出不了名记者、名编辑；而只有在缤纷的社会实践的大课堂里才能真正培育造就出名记者、名编辑。这是古今中外的客观实际所证明了的一个铁的事实。

在谈到个人的切身体会时，他说：新闻贵在一个“新”字，贵在广闻博采，这对新闻记者来讲，最富于挑战性、刺激性和推动力。新闻要与时俱进，贵在培养造就具有与时俱进（精神）的新闻记者。从职业的角度讲，新闻记者对于新闻专业应该成为专家，对于哲学、社会科学、自然科学、人文地理、时事政治、经济军事、法律法规、社会历史与现实、国际问题、外交关系等方面的知识，应该成为杂家。具有广博的知识和丰富的实践，懂得涉世、处事、洞见、明理，这是新闻记者是否具有新闻敏锐力、编辑是否具有准确判断力；报道能否做到及时、真实、客观、公正、透明和具有公信力；以及能否敢于坚持真理、扶正祛邪、为人民大众鼓与呼；能否做到坚持正确的舆论导向与坚持正确的舆论监督相统一，坚持对“上”负责与对“下”负责相统一，坚持为党和国家的工作大局服务与为最广大人民的根本利益服务相统一的根本保证。

“抓人人心中有的问题，写人人笔下无的新闻”。这是他以新闻为业以来的目标和追求。为此，在做记者、编辑的年月，他每年约有6-7个月的时间在云南各地采访、写稿。自1970年起，他先后在云南人民广播电台担任部门主要负责人和在云南电视台任新闻部主任、编委会副总编辑，他坚持用部门“首席记者”、“首席编辑”的标准作为自己的行为规范，在做好编审和主办节目等组织、管理工作的同时，经常参加一些战役性、主题性报道和重点采访，并坚持每年保证有2-3个月的时间到工厂、农村、边疆、山区、部队、学校，重点工程工地等各行各业进行采访。他单独采访或带采访组采访被载入史册的有：成昆铁路建设、国际大通道建设；通海峨山大地震、澜沧耿马大地震、丽江大地震；云南改革开放的试点和典型、云南“两烟”、鲁布革、漫湾、昆钢等重点工程、云南旅游业大省建设、民族文化大省建设等；1979年越南当局反华排华（以写内参为主，兼作公开性揭露报道）、1979年2月随军赴越战场采访以及长达10年的自卫还击保卫边疆作战采访；党的九大至十六大以及“文革”后恢复的人大、政协历年的“两会”报道和历次换届报道；1977年至1996年期间的历任总书记、国家主席、人大委员长、总理到云南考察和十世班禅大师在云南藏区等；与中央电视台合作采访、联办节目；赴美国、日本、泰国、新加坡等国作交流采访等等。

在深入采访中，他从不同的视角抓到了独具特色的获奖新闻，撰写了获奖的文章和专著。在改革开放初期采写的通讯《军鸽翱翔彩云间》，首开中国新闻界写花鸟虫鱼的禁区（十年"文革"期间被视为资产阶级的新闻），在《解放军报》发表后被《解放军报通讯》选编为范文；通讯《生命之火不灭》被原昆明军区政治部选编入部队初中语文课本作为教材；《守如泰山》、《攻如猛虎》、《南疆英烈》、《代乃壮歌》等数十篇通讯和报告文学分别被解放军文艺出版社、云南人民出版社选编入《英雄谱》和《新一代最可爱的人》。电视新闻特写《深切的怀念》，以散文笔法作重大时政新闻报道，在中央电视台《新闻联播》、云南电视台《云南新闻》播出后引起强烈的反响，获1994年中国电视新闻奖"特等奖"（国家级奖）。与人合作的纪录片《神州圣火》、新闻专题片《敬礼，为了鲜红的军旗》分别获国家级一等奖，30集大型纪录片《云南之旅》、大型电视政论片《大通道》获云南省电视作品精品奖。

梁晓茂在调查、采访中十分重视作调查采访记录和资料收集整理工作，他通过长期积累撰写的专著《西双版纳社会历史概况》（约15万字），作为西双版纳申报加入联合国人与自然（生物）保护圈的核心文献《西双版纳保护区综合考察报告》的重要组成部分，获西南西北地区1986、1987优秀图书奖一等奖；他与人合著的科普专著《养鸽指南》（约25万字），为新中国的第一部养鸽专著，获第二届全国优秀科普作品奖二等奖、云南省优秀科技书籍奖一等奖；主编的科普专著《实用农业科技知识》（约20万字），为全国第一部广播科普作品精编，获云南优秀科技书籍奖三等奖。

据不完全统计，梁晓茂采写在中央和省级报刊、出版社、电台、电视台发表的作品上千万字，有消息、通讯、特写、散文、调查报告、评论、综述、报告文学、广播对话、电视新闻片、纪录片、专题片、政论片、专著等各种体裁，共有50多件作品获奖，其中，国家级特等奖1件，特别奖4件，一等奖6件；省部级一等奖16件；全国"白鹤奖"1件；"团结奖"1件。获特等奖和一等奖的作品及创作体会、启示、手记等分别被中国广播电视出版社、中国民族摄影艺术出版社等选编为范文。

重理论研究，理性看待职业与自我

新闻的"喉舌"属性，是马克思主义新闻观的精髓。他认为，主流媒体的编辑、记者，必须注重对马克思主义新闻理论的研究，牢固树立马克思主义新闻观。他说，马克思主义新闻观，是指马克思主义对于新闻现象和新闻传播活动的总体看法和所坚持的基本观点；是一个科学的理论体系，涉及新闻的本源、新闻的本质、新闻的原则、新闻传播规律等许多带根本性的问题；它全面阐述了马克思主义关于新闻的基本原理、基本理论、基本观点、基本规律；深刻揭示了如何运用辩证唯物主义和历史唯物主义的观点和方法去看待新闻现象，如何去回答新闻传播活动中的各种问题；它是马克思主义的世界观、人生观、价值观以及方法论在新闻现象和新闻传播领域的反映和体现；其核心是马克思主义关于无产阶级及其政党所领导的新闻事业的工作性质、工作原则、工作规律等。

多年来，梁晓茂甘于寂寞，不随波逐流，以科学精神进行理论研究，“走自己的路，树学术新风，扬研究正气，写经得起历史检验的理论学术文章”。丰富的实践，为他奠定了理论研究的坚实基础；扎实的理论功底，又为他的实践开辟了广阔的源泉；理论与实践的结合，为其坚持正确的舆论导向提供了有力的理论支撑和正、反两方面的经验借鉴。1987年，他针对新闻改革中出现的一些倾向，撰写发表了《关于社会主义新闻学基本观点的再认识》。该文开门见山指出：“我认为，新闻改革固然要打破一些不符合形势发展需要的框框套套，同时也必须坚持社会主义新闻学的基本观点，这对于坚持党的四项基本原则，进一步搞好新闻改革，使新闻事业真正成为党和人民的耳目、喉舌，更好地为人民服务、为社会主义服务，都具有重要的意义。”他在担任云南电视台新闻部主任期间，以改革推动新闻类节目、栏目的改版、创新，在大力宣传报道改革开放、云南的发展战略的同时，加强新闻的自身改革；在积极开展舆论监督的同时，自觉接受社会对新闻报道的群众监督。确保了各档新闻节目、新闻评论节目、新闻专题片、纪录片栏目健康、稳步发展，质量明显提高，收视率、创收率明显增长。

1989年，时任云南电视台新闻部主任的梁晓茂经历了自“文革”后的又一次严峻考验。在当年春夏之交发生的风波中，他连续50多天每天只能休息4～5个小时，日夜坚守在自己的岗位上，站在党和人民的立场，以维护团结稳定为大局，从前期安排记者采访到后期的节目编辑制作播出，对每一个环节都作严格把关。在形势严峻期间，他每天坚持用一个小时的时间对记者、编辑、播音员、主持人、新闻通讯员以及新闻部的相关人员做稳定工作，既保证了始终坚持正确的舆论导向，对党和政府帮忙而不添乱，又保护了大批干部和从业人员。1989年底，云南省委、省政府破例在云南电视台举行表彰大会，省委书记普朝柱、省人大主任李桂英和省委、省人大、省政府、省政协的主要领导出席了表彰会。

在中国政局稳定后，世界上发生了苏联解体、东欧分裂等重大国际事件。当时，国际敌对势力以人权问题为借口大肆反华，并策划妄想通过煽动和挑拨制造中国的民族、宗教纠纷，破坏中国的稳定，以此作为对中国实行和平演变的突破口，让中国走苏联、东欧之路，以彻底瓦解社会主义。

在此国际、国内的大背景下，江泽民总书记作出关于加强马克思主义民族观、党的民族政策、宗教政策和民族知识宣传教育的重要指示。梁晓茂对这一新的动向十分敏感，他凭借在云南多年的新闻工作经验，于1990年初在中央电视台召开的西南各省、市、区电视台新闻部主任会议上，向时任中央台新闻编辑部主任的张长明（现任中央台常务副台长）提出建议，在中央电视台《新闻联播》开办《祖国大家庭》栏目，全面系统介绍全国56个民族的团结、进步、发展。张长明和与会的新闻部主任听了梁晓茂对这一建议的详细阐述后，都给予充分肯定。他把发言写成书面《策划提纲》交张长明，张长明回京后及时向中央台领导作了汇报，引起了高度重视。因事关全局大事，中央台又及时与中宣部、国家民委、全国人大民委、广电部沟通，并提交了书面报告，经认定、批示后，组成了以中央委员、国家民委副主任武精华为组长的领导小组，全国由电视新闻工作者和民族工作者300多人组成采访报道队伍，在两个月的时间内按计划高质量、高水平完成了这项史无前例的大制作，保证了按原计划准时播出。播出后，引起了国内高层领导和全国各民族的共同关注。邓小平称《祖国大家庭》栏目办得很好。江泽民、李鹏、李瑞环、赛福鼎、司马义•艾买提等党和国家领导人都分别作出批示。江泽民总书记在批示中说："《祖国大家庭》这个节目很好，体现了全国各民族大团结，党与各族人民心连心……"。政治局常委李瑞环、政治局委员、中宣部长丁关根充分肯定了这个栏目，并亲自出席表彰会为优秀节目获得者发奖。全国人大副委员长赛福鼎称赞这个节目"格调高，给人很多知识。有些片子拍得像诗一样的美"。

《祖国大家庭》播出期间，正值撒拉族、回族、维吾尔族、东乡族、哈萨克族、柯尔克孜族等10个少数民族的"闭斋"、"开斋"节。但在每天的《新闻联播》开始之前，一家大小、亲朋好友，甚至那些从不看电视节目的老人也纷纷来观看。更为破例的是，青海省循化撒拉族自治县街子清真大寺的阿訇在广大信徒群众"主度日"的一天公开讲明：大家可以收看中央电视台的《祖国大家庭》。撒拉族高级教练马明善等7位同志联名给国家民委写信反映说：我们家乡的同胞看了《祖国大家庭》无不欢欣鼓舞，拍手称快。大家相互传递这一消息，有的写信向省内外，甚至向国外的亲朋好友、向印度的藏族亲属、向沙特阿拉伯的亲友、向土耳其、俄罗斯的朋友转告这一消息。云南的少数民族同胞写信反映，"作为中华民族大家庭中的一员，看《祖国大家庭》时总是心潮起伏……我们看到，所有这一切都雄辩地证明了：汉族离不开少数民族，少数民族同样离不开汉族"。江苏省江阴市长泾中学的同学来信说，目前一些东欧国家发生民族问题，看了《祖国大家庭》"更感到我们国家民族政策的正确性，从而更加坚定了党的领导和坚持建设中国特色社会主义的决心"。许多文艺工作者定时录像，认为这是难得的采风的机会；不少外国驻华使馆也天天录像，作为研究中国的形象资料。一位外国朋友看后说："我明白了，中国是强大的"。一位台湾学者说："过去我只看台湾比大陆富，看了《祖国大家庭》才明白大陆是怎么一回事，中国共产党在各民族群众之中的工作基础，实在太扎实、太深厚了！"

国家广播电影电视部、国家民委、中央电视台把《祖国大家庭》列为当年的重大新闻载入史册，称这是大手笔策划，给提出这个命题并为主策划人、组织者、实施者之一的梁晓茂授予"金点子奖"和颁发组织奖、作品奖。

不论是在职期间，还是退休以后，梁晓茂对新闻理论的探索、研究从未间断。除完成组织交给的研究课题外，还自选课题进行潜心研究，取得丰硕成果。据不完全统计，他在省级以上学术刊物发表的学术论文有50多万字；在国家级和省部级学术论文评选中，有10多篇获一等奖。其中，《论形象塑造与现代电视传播》在中华全国新闻工作者协会举办的"新中国新闻事业五十年"百篇优秀论文评选中获"百篇优秀论文奖"；《论西部电视发展的着眼点和着力点》在中国广播电视协会举办的中国广播电视论文评选中获二等奖，在云南省广播电视学会举办的论文评选中获一等奖，并被中国21世纪科学发展探索优秀理论系列丛书选编入《新世纪科学发展优秀文库》；获省部级一等奖的论文《马克思主义新闻观的科学内涵及本质特征》、《论省级电视台的定位与决策》、《论电视在民族文化建设中的地位与作用》分别被选编入国家级大型丛书《21世纪中国改革发展论坛文集》、《当代领导科学参考文库》、《中国当代党政干部优秀论文选》；《新闻舆论监督的本质特征及社会责任》、《论"大外宣"意识与电视对外报道》、《论典型报道的新闻价值取向与社会价值取向的相对平衡》等获一等奖的论文，引起业内人士的关注，部分成果已得到推广应用。2001年，他在中国广播电视学会举办的首届全国"十佳百优"广播电视理论工作者评选中获"百优"称号。

梁晓茂因个人业绩在业界具有影响力，1985年被破格评聘为主任编辑，1997年被破格评聘为高级编辑（均为破"学历"）；多年担任云南省新闻专业职务评审委员会副高职评委和正高职评委，中国新闻奖、中国电视新闻奖、云南新闻奖、云南广播电视政府奖评委，中国电视纪录片研究会理事、中国科普作协理事，中国公派与自费（新闻类）留学人员、进修人员鉴评专家、云南广播电视协会专家组成员。分别入编《云南省哲学社会科学人才库》、《中国人才世纪献辞》、《中国专家大辞典》（9）、《世界优秀专家人才名典》（中华卷第一卷下）、《东方之光——二十世纪共和国精英全集》（辞条）、《中国优秀领导人才大典》等。

在事业有成的同时，梁晓茂认为，在"如履薄冰"、让人"胆颤心惊"的新闻第一线"一生平安"，一是得益于理论的指导和支撑，不盲从；二是得益于丰富的生活实践，能吃透和把握"上头和下头"，不失实；三是得益于"作文先做人，人品文品并重"，不违心。他认为，能引以自慰的是：在史无前例的十年"文化大革命"期间，虽然年轻，但能坚持理论学习与采编实践两不误，有所为，有所不为，深知命运掌握在自己手中；在非常时期和处理社会热点、难点、焦点问题时，他所主办的电视新闻类节目始终保持常态，帮忙而不添乱，深知政治安定，社会稳定的重要；在十年的"自卫还击、保卫边疆"作战期间亲历战地采访，深知和平的珍贵、军人的可爱、"长城"的重要；亲历"改革开放"大潮的采访报道，作为见证者、参与者、受益者，深知今日之变化来之不易，懂得珍惜，才会奋进。

师旷有句名言："少而好学，如日出之阳；壮而好学，如日中之光；老而好学，如秉烛之明"。梁晓茂说："这就是我的座右铭"。

教坛赤子 红土耕牛

——记曲靖教育局原局长、希望学校校长谢楚

谢楚，生于1930年9月，湖南衡南县人。中共党员，中学高级教师。他幼年丧父。父亲逝世两个月，小妹降生人间。兄弟姐妹10人，他排行第九，靠母亲操持家务，度日维艰。七姐10岁当童养媳。他7岁启蒙读私塾，读《三字经》、《论语》、《孟子》、《幼学琼林》。9岁转读小学、南强中学，因家境贫寒，加之哥哥被国民党抓去当兵，日寇侵占家乡，曾两度失学。1949年，谢楚投身革命参加中国人民解放军。1951年毕业于西南军事政治大学政治系，历任西南军区政治部文化教员训练队副队长，37师109团三营文化教员。先后记三等功二次，评为模范团员，受37师政治部通报表扬。1955年转业，任陆良县税务局秘书股长、陆良油脂公司经理、陆良县粮食局副局长。1957年至1976年在陆良一中任教师、团委书记、教导主任、副校长。1976年主持学校工作。他尽心执教，先后任政治、语文教学，每节课做到备课认真，耐心辅导，教学效果显著。长达15年均任班主任，1957年任高二班班主任，全班42人毕业，被大学本科录取40人，其中清华大学2人，北京大学2人。因成绩突出，被评为县社会主义建设积极分子。

“文化大革命”中，他被诬推行修正主义教育路线，遭到围攻和批判，受到“看管”，后派到太平哨看守学校农场放牛，在牛棚生活达三年之久。1972年任命为学校副校长，负责教学工作。“四人帮”掀起“批林批孔”中，他又被诬陷为学校复辟势力总代表。他心地无私，从容以对。“文化大革命”结束后出任陆良县文化教育局党总支书记、代理局长，面对备受摧残的教育战线，百事待举，他着重抓了正常教学秩序的建立和落实政策工作。1978年调曲靖地区文化教育局任中教科长、党组成员、副局长。

1983年10月，国务院批准撤销沾益、曲靖两县建制，成立曲靖市。曲靖地委派出机构改革小组，谢楚任副组长。组建完毕，上级任命他为曲靖市教育局党委书记、局长（副处级），他置名利旧俗于脑后，认为做事比做官更重要。“只要能发挥自己的长处，使得出力来，到哪儿工作都行。”他上任伊始，首先大刀阔斧改革机关作风，亲手制订了教育局机关工作人员职责。他清晰地认识到，曲靖市95%的学校在农村，

农村的教育搞不好则全盘失策。因此，他把工作重点放在农村，要求机关干部每年下乡工作不少于4个月，深入教育的最基层，为基层服务，他身体力行，率先下乡。任职期间，他全面贯彻党的教育方针，遵循教育规律，推行目标责任制～考核制～奖惩制，三制连环。同时抓住时机调整中等教育结构，发展农职业中学，以极大的魄力调整附设初中班（点），发展农村初级中学。在少数民族的偏僻山区建立半寄宿制小学16所，全寄宿制苗族小学1所。推行承包责任制，大力扫除文盲，使全市普通教育、职业技术教育、成人教育协调发展。在建立健全教学秩序、大力培训教师提高教育质量的同时，着重抓了办学条件的改善。当时全市有危险校舍3.7万m^2，破损校舍9.5万m^2。他在乡下巡访中，看到的校舍触目惊心：有破寺烂庙，有牛棚、羊厩，有旧烤烟房，它容纳了一群20世纪80年代的学子，有4万多“小公民”的生命安全受到严重威胁。他感慨而言：“我们农村的教育欠账太多了，不改变不行啊！”他忧心如焚，急忙向市委、市政府领导作了汇报，并提出建议。为此曲靖市第一届教育三级干部会隆重召开，市委书记李文选在会上作了报告。“报告”列举了全市教育战线面临的严峻问题，介绍了越州镇群众办学的经验。“报告”强调分级办学是乡、镇党政领导义不容辞的责任。李书记大声疾呼，全市各行各业都要集中人力物力和财力改善办学条件，达到普及初等教育的标准。珠江源头，春回大地。国家、集体、个人三把火熊熊燃烧起来，在短短的5年内，全市教育基建投资5880万元，群众集资2400多万元。众人拾柴火焰高，一幢幢新建教学楼拔地而起，排除危房、破损房14万m^2，添置课桌凳3万余套，新建校舍15万m^2，先后兴建农村中学20所。潇湘、茨营乡农村初中不再是空白，农村最好的房子是学校。学校面貌改变了，但市教育局仍是借房办公。曲靖市在全省首批普及初等教育。谢楚主持编制九年制义务教育方案获市人大批准并付诸实施，教育质量列全地区前茅。1988年，曲靖市进入全国100个扫盲先进县（市）的行列，市政府办公室挂上第一块国家级奖牌。谢楚代表市教育局出席省民族团结表彰会，受到省政府的表彰。他在任职期间，为452位教师落实了各项政策，派车把受错处的教师从劳改队接回学校。还报请市委、市政府为540位有功教师和办学有功的基层干部记功。树务实之新风，兴教育之大业，一派朝气蓬勃气氛。他自己坚持为政清廉，兢兢业业，平凡朴实，不说空话。那时，市教育局还没有小车，他经常是挤公共汽车、骑单车，更多的是依靠自己的双腿行走，有人为他计算过，5年间步行万余里，乌蒙山的小路记载着他奔忙的足迹，南盘江水映照着他忙碌的身影。他的言行感动了师生，也感动了群众，正是他的业绩突出，先后评为云南省先进教育工作者、曲靖市优秀领导干部、优秀共产党员、云南省青少年优秀科技辅导员。1989年获曲靖地区优秀科技人员一等奖，同年评为全国教育系统劳动模范，并获全国优秀教育工作者奖章。同期任省教育学会一、二、三届理事，原曲靖地区教育学会副会长、曲靖市教育学会会长，曲靖市一、二、三、四届人民代表，曲靖市第一届纪委常委。

因工作需要延长服务一年后，1991年11月，谢楚从正处级调研员岗位退休。但他的退休之日，又是他第二次创业之始，应地区教育学院的聘请，担任培训部顾问兼校长培训班主讲教师。他组织编写曲靖市教育志，全书58万字，由云南教育出版社出版，评为云南省优秀地方志书并获奖。主编《小学教师思想政治修养》，28万字，由云南大学出版社出版，列为曲靖地区和楚雄州培训小学骨干教师的教材。著作有《园丁情愫》。他潜心研究曲靖市明、清、民国时期暨新中国成立后的教育教学的前世今生，提醒人们取其所得，避其所失，对建设有中国特色社会主义教育体系，作出了有益的探索，具有参考价值。发表的论文有《学校德育工作的实践与探索》（载曲靖师专学报）、《对教师既严格要求，又要亲切关怀》（载人民教育）等20余篇，其中《顺应客观形势发展复式教学》一文，在天津市跨省区复式教学研讨会上获奖。他担任地区教育局立项的学校、家庭、社会三结合课题研究组副组长，历时两年，写出课题研究总结3.5万字，受到地区科委奖励。

谢楚关心下一代健康成长，以“学有所教”为己任。1994年他接受曲靖市关心下一代委员会的任命，担任希望学校校长。希望学校是一所民办学校，没有先期资金投入，白手起家。他是在教学实践中成长起来的实力强人，知难而进，没有校舍自己租，没有资金自己筹，没有教师自己聘。借助联合办学这座金桥，顺利解决了校舍、设备、活动场地问题，实现互利双赢，和谐发展。离退休教师是宝贵的人才资源，希望学校先后聘请92位老年教育工作者任教，一个个困难被克服，学校扬帆前进。

世间事物总是相比较而存在。谢楚善于辩证思维，能在比较中权衡利弊、轻重、得失……他认为素质教育比升学更重要。按照党的教育方针和教育法规，尊重教育规律，坚持教育本原，以人为本，育人第一，学校按照学科结构开足全部课程，把升学建立在育人的基础之上，使全体学生德、智、体、美全面发展，成为社会主义的建设者和接班人。他把升学看成是素质教育的一个自然结果。他锁定国家利益高于一切的行动目标，扫除办学功利性的狭隘境界，他的思想认识得到升华。

谢楚坚持改革创新，按照社会发展需要办学，实行普通教育与职业技术教育并举，学历教育与非学历教育并举，学制长与短并举。当党和国家开展扶贫的时候，他带领教师开办扶贫职业高中班，面向贫困的革命老区招生，学习实用科学技术，为他们铺就自立、自强的“绿色通道”，让他们成人、成才，依靠科技脱贫致富。当打工仔子女没有读书的地方，就为他们开办了初中班。当读高中比读大学还难的时候，就借他山之石以攻玉，经协商与水电二中联合举办高中。他把办学实践建立在科教兴国战略及和谐社会建设的大背景之下，以此为办学的前提和出发点。他以平民心怀、平民风格办学，为愿意求学者敞开大门。学校实行低收费，不统一着装，以减轻家长的负担。希望学校是曲靖的平民学校，他自称是平民学校校长。市关工委在学校设立困难学生校助金，学校对困难学生减、免学杂费。扶贫职高班学生244人全部免费学习。在谢楚眼里没有差生，流散在社会上的辍学生、落榜生、家庭经济困难学生、残疾学生，他认为这是最需要关心的群体，假若希望学校不招收他们，他们就会成为家庭的负担，在社会上就会变成教育的弃儿。学校设立“进步奖”，进步的人多了，落后的人就少了。用感情的力量团结学生，鼓励学生，引导他们健康向上。这一来学生学得开心，家长自是放心。

在学校建设上，谢楚认为软件建设重于硬件建设。教师是教书育人的主体力量，他始终把教师队伍建设作为学校工作的重中之重。他慧眼识人，尊重和珍惜人才，任人唯贤，礼贤下士，常常登门求贤，学校任课高级教师比重占72%。他注重以诚心待人，构建心灵相通渠道，使全校教师团结和谐，形成“人和、气顺、心齐”的育人环境。他还认为教师的学习比学历更重要，只有不断学习，才能使他们站得高、看得远、想得深。为此，他积极支持教师参与培训、进修和教研活动，获得持续发展的能力，干事创业。

谢楚坚持依法办学，建章立制，按照规章制度治校、管人、育人，也使权力能在阳光下运行。通过规章制度明确各类人员的职责，使各项工作有章可循，运作有序，维护正常秩序，提高工作效率。他认为身教重于言教。他不仅是学校规章制度设计者，而且以身作则，成为规章制度的模范执行者，正人先律己，使师生增强信赖感。

谢楚身为一校之长，他忠诚党的教育事业，信念坚定，清正自守，廉洁务实，端端正正做人，踏踏实实做事，兢兢业业工作，与人谦和合作，这是他第二次创业成功的思想基石。希望学校创办至今，不断发展，积累了不少资产，但他仍然坚持艰苦奋斗的作风，勤俭办学。他生活简单，不嗜烟酒，清茶淡饭，情趣高雅，没有高消费的欲望。他坚持不买小车，不买沙发，所用办公桌椅、文件柜是他带着后勤人员从旧货摊上买别单位的换代品。他去北京参加民办教育研讨会，不住高级宾馆，来回乘火车，心疼学校里的钱从不多花销。他坚持不领校长职务津贴。从来没有享受黄金周。他现在78岁了，每天还在做事、读书。他的人生观和价值观是：老实一点，实在一点，本分一点，工作多干一点，永远把自己融于大众之中。他当校长够忙了，还有许多社会工作，他是市关工委委员，市老革命根据地建设促进会理事，市老科协常务理事兼教育专业委员会主任，曲靖市民办教育协会会长。他好学不倦，工作再忙都要挤时间读书看报，每天坚持步行三公里，所有这些加起来，只能是忙忙碌碌，紧紧张张。他穷也穷过，饿也饿过，兵也当过，书也教过。他把人格、道德修养贯穿一生。人老了，更成熟了，生命和事业紧紧连在一起。晚年生活是充实而有意义的。他满腔热情，关爱学生，见到困难学生还要从微薄的收入中帮上一把，为学生排忧解难，15年来，资助贫困学生不下一万元。他以真诚求理解，以奉献求支持，以人格魅力赢得最广泛的信任。

15年办学，15年奋斗，战胜一道又一道困难，取得了显著的成效。累计办班245个，为高等院校输送新生8565人，为各行各业培养急需人才833人，还为国家节省教育经费4千余万元。在市关工委主任张朝林同志的斡旋和时任区委书记许玉才同志的大力支持下，学校从一张白纸，流动办学到拥有独立校园，校产超过1000余万元。目前，在校学生2032人，26个教学班，教职工110人。学校为关心下一代健康成长作出了突出贡献，党委、政府嘉奖他，人民敬重他，家长和学生感激他。他被评为全国优秀老年科技工作者，国家关工委授予他关心下一代优秀工作者奖章，云南省老科协授予他优秀老科技工作者和“科技耆英”称号。谢楚从事教育工作半个多世纪，为国家培养了大批人才，有的成为科学家、大学校长、将军、园丁、农村致富带头人。他对教育有突出贡献，云南省人民政府发给他特殊津贴。他工作的希望学校多次受到省、市、区的表彰，连续7年经教育部门评审，评为“一类民办学校”。特别值得一提的是：1992年7月云南省电视台播放了他的先进事迹专题片《八千里路云和月》。国家级刊物《中华魂》2002年9期以《他在为后代续写人生》为题，专门记述他的先进事迹。行行复行行，匆忙而坚强的过一生。他从事教育的足印印满了曲靖地区，用智慧与心血育出了桃李万千，那是一串辛勤而闪光的足印啊！

梅妍简介

（云南省第一人民医院副院长）

梅妍，女，1963年8月出生，博士，主任医师，硕士研究生导师。1984年毕业于华西医科大学医学系临床医学专业，获学士学位。同年分配到云南省第一人民医院眼科工作，1999年~2005年到四川大学（2001年院校合并前为华西医科大学）攻读硕士、博士学位，2005年毕业，获博士学位。现任云南省第一人民医院副院长、云南省医学会眼科学会副主任委员、云南省医学会第十二届理事会理事、云南省护理学会名誉理事长，国家自然科学基金评审专家，2005年入选为云南省中青年学术和技术带头人后备人才。2007年度昆明市优秀科技工作者获得者，第十四届西山区人大代表。第五批省纪委特聘监察员。第九届全国青联委员。党外知识分子联谊会常务理事。

求真求实路漫漫

——记云南人民出版社原党委副书记王家声

王家声，1937年出生在陆良县召夸镇一农耕人家。1956年加入中国共产党，汉语言文学大专毕业，进修政教大专结业，编辑、高级政工师。1997年由云南人民出版社党委副书记岗位退休。

求真务实，是辩证唯物主义和历史唯物主义一以贯之的科学精神，是我们党思想路线的核心内容。王家声恪守“求真务实”理念，在长期工作中，努力做着自己应该做而能够做的求真、求实、求是的事情。

追本溯源

王家声在职工作44年，在陆良和昆明两地各22年。工作最长的单位是在陆良县委会，其次是在云南人民出版社和省出版管理局。先后做过宣传干事、县厅两级领导班子和领导干部的秘书、农村政策调研、新闻报道、地方报纸编辑、图书编辑等具体工作。担任领导工作时间比较长的是任云南人民出版社办公室主任。担任过出版局机关党支部副书记、云师大政教系学生党支部书记、出版社管理部门党支部书记、社离退休干部党支部副书记、书记。

王家声系陆良王姓家族尚勇将军王道新后裔。先祖隶沐英将军，明洪武十三年由南京随驾征战。谱称：“指挥陆梁（良）”，即指挥攻克元朝小堡城。克后定居普济寺村（即兀耳朵寺——元梁王离宫所在地）。陆良卫城迁建江北，即今陆良城之后，迁居西门大街。清初，一分支迁徙南乡小坝村，清康熙四十五年（1707）又一支迁居赛力（今下赛）村。

始迁祖王思仁卜居勋庄田赛力村，很有眼光。这里有“云在青山，水在瓶”之秀美。历经300年仍四季常绿，流水潺潺。初春，白鹭成群：晨迎朝阳翱翔蓝天，日择湿地悠闲觅食，夜栖林间无惊无险。村后山中有煤、铁、磷、铜、钴等多种矿产资源。爨氏统治南中时，留有采煤运输遗址。明朝年间在这里铸过钱币。地处珠江流域，发源于泸西县北部山间的溪流，由南而北流出山谷后，扭头而西、折转南去。溪流源头两侧分布着师宗、陆良两县7个汉回彝族村寨。下赛村是顺流第5村，距离泸西县境北端和石林县境东部边沿约四公里之遥。即昆明、红河、曲靖三市（州）所属石、陆、师、泸四县结合部。偏而不僻，南昆铁路线和昆百公路线在村北不远处平行贯穿。云南“边纵”革命根据地老圭山和龙海山南北相望。这里是两山的纽带，老解放区的组成部分。

1947年陆良马街“7•24”反蒋武装起义后，云南地下党陆续给这些边远村寨派来了革命工作老师，建立人民政权。加之王的母亲出生马街杨姓旺族，沾亲带故的亲戚大都参加革命，他在学生时代就经受着革命思想的洗礼，乃至成为他走向革命的思想源头。

新中国成立后，王家声参加过征粮、填发土地证工作。1953年正式成为国家干部。不久，便以入学考试数学考满分送省合作干校学习计划统计专业。由著有《统计学》一书的夏禹成老师主讲统计课。通过学习，王家声认识到统计工作是指导工作的眼睛，数字必须真实可靠。并且学习了统计分析的方法步骤。这对他后来做文字工作受益匪浅。而且决定了他一度时间的工作定位。回到陆良后，开始分在县联社统计股工作，不久便先后调到县委肃反办公室、整风办公室做统计工作。

1957年底，王家声正式调县委会宣传部工作，这为他读书求知创造了有利条件。文化教育部门是属宣传大口，知识人才密集。尤其是开初几年，他一直被分管干部政治学习，任务使他必须认真地多方面学习。大量的图书使他大开眼界，仅一部重型道林纸影印的《二十四史》，就足有80多公斤。一有闲暇，他便如饥似渴地读，好像久旱逢甘雨的小苗，拼命地吸吮着雨露。吴运铎的《把一切献给党》、方志敏的《可爱的中国》和保尔•柯察津的《钢铁是怎样炼成的》等影响一代人的思想教育读物，深深地吸引着他，指引着他确立正确的人生观、价值观。更难得的是，他刚20岁就能接触到比较高层的内部重要信息。他还是一般党员干部的时候，就以做宣传工作的特殊需要，阅读了尚未解密的毛泽东在青岛全国省市委书记会议期间写的《1957年夏季形势》等文件，文中提出“人人都要努力学习。”和随之在八届三中全会上进一步提出的“应当把工作以外的剩余精力主要放在学习上，养成学习的习惯”以及学什么的问题，为他指出明确的学习方向。

诚然，在相当长的一段时间里，他只是结合工作需要学一些立竿见影的业务知识。从事秘书和编辑工作以后，深感以其昏昏，则不可能使人昭昭，开始了系统地学习专业基础知识，由感知向理性升华。在省城做出版编辑工作，是他学习知识的又一段极好机会，先是跟同事到云南大学听政治经济学和哲学课。继之，读了“夜大秘书写作专业”，中国语言函授大学“逻辑学运用写作专业”，脱产两年到云南师范大学进修“政教专业”。还参加了成人自学高等教育全国统一命题考试，坚持到毕业。在唯“文凭论”的年代，王家声也追求过文凭，但是，他只把文凭当作底线和对自己学识水平的一种检验，始终坚持学无止境，在求知的源头下功夫。

逆风求真

1958年“大跃进”，陆良县是重灾区。“大跃进”期间，王家声的任务是值守宣传部办公室，未到农村一线。传达毛泽东主席《一个教训》的批示以后，揭露出的弄虚作假、虚报浮夸、强迫命令，加自然灾害饿死人的严重问题，使他震惊不已，给他上了最深刻、最及时的一课，从中认识到问题的思想根源在于一些领导干部好大喜功，超过实际可能浮夸，甚至把缺口粮的实际问题当作思想问题对待；第一线的知情者则是受反右的影响，心有余悸，不敢如实反映真实情况，或别有所图跟风造假，自欺欺人。使他深感弄虚作假是误国害民的祸根。从此，他无论为县委指导工作写调查报告，为省地县各级先代会写先进典型材料，为报纸写新闻报道，为水利建设工地办报纸，为政治运动写简报，为出版社撰写书稿，为地方志提供历史资料，为人事专案写外调材料和专案结论报告等，都坚持做到实事求是。

以阶级斗争为纲的年代，县委宣传部有调查了解各阶层思想动态的任务。陆良县滇剧团贴出上演《七妹与蛇郎》的海报后，被有的领导同志敏感地判定为阶级斗争新动向，理由是剧情的阶级观点有错误，海报宣传范围超常。安排王家声写简报反映。经他认真了解，《七妹与蛇郎》的剧情不是宣传阶级调和或阶级斗争熄灭论，而是宣传阶级叛逆思想，海报张贴的范围和数量与往常相同。用事实否定了错误的定性，避免了对当事人的伤害。

1964年机关整风，王家声担任由宣传部、组织部、工会、团县委、妇联六个部门组成的学习组长，可谓红人。学习组以一天一期简报梳理给县委提的意见。他不搞尊者讳，对讨论中给个别领导人提出的作风粗暴等问题秉笔直书。殊不知动员提意见不是真心的，不能当真。于是，他从红人变成了“黑人”，成为巩固运动成果的被帮助对像而调离宣传部。后来，这位领导同志调外地工作了，王家声的处境才出现转机，从农村政策调研室调县委办公室给县委书记张登高当秘书。“文革”前夕，他还被作为县委农工部副部长人选上报地委审批。

1966年，中央发出开展“文化大革命”的《5•16通知》。红卫兵大串联活动风起云涌，以打倒走资派为宗旨的造反组织纷纷举旗登台。陆良县委机关连连遭受冲击，谓之“捂盖子”、“死水一潭”。究其原因是，在大家心目中，身边的新县委班子是个好班子，县委书记张登高是焦裕禄式的好干部，并以身边的事实推而广之看全局、全党，对那些把全党各级领导第一把手都作为打倒对像的造反组织和行为产生了怀疑，对当时来自上面的“理解的、不理解的都要执行”持不同看法。王家声认为要从身边的实际出发，不是事实的、不理解的就不能凭主观臆断拼凑一些假而空的东西去盲目迎合过关。使他更难理解的是，批判会上，动辄就要县委批捕人的事情接连发生。县委副书记、公安局长杨建有同志，因为坚持实事求是，不冤枉好人，则被诬陷为“包庇现行反革命”，以“现行反革命”罪押送省公安厅看守所监禁。四个月后的一天晚上，省公安厅办案人员到陆良县委会做案情调查。调查座谈会上，面对抓杨建有同志坐监的造反派头头，王家声说出了自己知道的事实真相和他的观点：“都不属现行反革命”。

1967年冬，“文革”已进入“三结合”阶段。一支以学生为主体的群众组织代表，经支左部队的指点，找到了王家声。交谈中，他对学生们深入调查落实县委书记张登高的“问题”和提出解放张登高的主张深表赞同，他说：“这是全县人民群众早就想说而不敢说的话，想做还来不及做的事情！登高同志是一个心中装着人民群众的干部，群众心中也一定会装着他、支持解放他！”

军代表支“左”期间，陆良县化工厂被选为出席省的学习毛主席著作积极分子会议代表，安排王家声写先进事迹材料。这个厂“文革”前就是县委培养树立的先进典型。可是，某报在会前采写发表的报道内容，已把基调定成“与陆良县委中的走资派作斗争的产物”。王家声对这一宣传口径只表示理解，却不能接受。安排王家声来写这份材料的理由是，他过去写过这个厂的先进材料，轻车熟路。王家声说正因为了解的太多，才无法按照既定的调子写，不真实的事情不能做，要对党性、对良心负责。

尽责求实

1976年，王家声参加云南省农业学大寨勐海县工作团，分在勐阿公社曼燕村任组长。他同全组七名队员一道从实际出发开展工作。县委安排，进村后的头项任务是抓春耕积肥。但是，他和队员们调查发现，还有三年前的厩粪堆积在厩里。全村社员都是从山上动迁来的游牧民族。下坝定居后，平时仍把牛放上山“自谋生活”，耕地季节才赶回村入厩，积下的厩肥，送不到地里的就留在厩里，新的一年另建新厩关牛。原因是运输条件和方式落后，全靠妇女用背箩运送，工效低。该村背山面坝，田块分布在村前至河边，坡度平缓，可以修田间道路使用手推车提高送肥工效。通过实测修路工程量和算劳动力账，能够在当年春季把设计的三条路修通，买六张手推车就可以把全部肥料送到田里。结果修路送肥料都按照预定计划全部完成。既惠及当年，又惠及长远。曾写成简报由工作团部转发全县推广。

在工作队的后期，勐阿公社只留下一名公安特派员在公社坚持治安工作，公社干部和工作队长都集中到县城学习，公社党委书记和工作队长的工作全部由王家声担任。他同特派员下村时发现队干部和社员群众对于在本地推广双季稻，抵触情绪很大，却不敢明说，怕戴右倾保守帽子。经过耐心疏导，终于弄清了原因：当地气温偏低，冬季长，小秧死的多、成长慢，长老不长高，拔节了还不能移栽，导致单产极低，一亩最多能收八九十斤稻谷，除去谷种，所剩无几。而且照样要付出栽一季稻谷所需的人力物力。不如把多花的这份人力和物力用于种好一季稻的增产效果。于是进行全面剖析，提出不宜在当地推广双季稻的问题，给工作团部写了报告。值得欣慰的是十多年后，人民日报终于发表了时任四川省委书记赵紫阳的调查报告，批评了这种不看条件盲目推广双季稻的错误做法。

办公室工作必须面对职工福利分配问题。1987年春，社领导委托王家声主管职工福利房分配。他清醒认识到，分一次房闹一次“地震”的根源在于僧多粥少，更在于缺乏民主、透明，分配方案未做到科学合理，未体现公平、公正。其思想根源是官本位，结成利益圈。于是他对症下药，首先，以单位领导要做到不与职工争利，不特殊化“开小灶”，不搞亲疏，偏心眼“开后门”，作为他接受分房工作的前提条件；其二，以民主选举职工代表组成分房领导班子，同职工一道讨论制定分房方案，作为实现公平、公正分房的基础和保证；其三，对可分房职工的工龄、岗位和可享受的激励、优抚等政策全面考察，分项制定分房计分标准，汇成总分，再加有关约定排列认房顺序，作为分房的客观依据。坚持做到一切都有明确规定可循，避免因人而异，使老实人不会吃亏，弱势群体的利益得到合理保护。平稳有序的完成分房工作，得到了单位领导和职工的充分肯定。

“出于公心，才能从实际出发。”王家声如是说。1996年末，王家声距离退休只有四个多月。当时公费出国旅游盛行，出版界组团到美国“考察”，分给云南人民出版社一个名额。在有七人参加的社班子会议上，经初步讨论，会议主持人把这次的出国人选定在时任社党委副书记的王家声和一位姓李的副总编辑范围内，由他两人商定一人。他们不仅都没有为自己争名额，而且都主张让对方去。李说王家声退休在即，以后没有机会了。而王家声却坚持按业务工作的实际需要应由分管编辑工作的李去参加。王家声还暗自思量，由单位为自己花销6万元不值，于心不安，放弃出国心中才坦然。这就是他能逆风从实的思想基础。

为文求是

1975年，王家声从作者队伍走上图书出版编辑工作岗位。他是从写一般公文到起草县党代会工作报告，写先进典型材料，进而为报纸写新闻报道。采写过旧州大队坝区绿化的经验（载云南日报）；棠梨民兵营常备不懈的先进事迹（载国防战士报•云贵民兵）。大沟大队《以农为主，以副养农，以农促副》的调查报告，得到省委的高度重视，定为全省坝区农业的先进典型，在全省贫代会和先代会上交流，云南日报以显著位置发表，并配发社论。提供县委指导工作的有关于“西边山区生产发展问题的调查报告”。云南日报还发表过通讯《荒海变成米粮窝》、古城抗洪的“龙江风格”以及结合形势组织政治学习的头版头条等重要文章。

1974年初，曲靖地革委调王家声参加编写《南盘江今昔》一书，任副组长。本书的取材范围包括南盘江流域区内曲靖地区的沾益、曲靖、陆良、路南、宜良等县。陆良县收录书中的篇目居各县之首。王家声除采写了陆良境内的《泽国风云》、《关嘴锁蛟》等多数篇目外，还采写了南盘江流经陆、路、宜三县的《百里峡谷换新天》等篇章。王家声不仅到农村广泛采访，还到省图书馆查阅了历史报刊资料和专著《徐霞客游记》、徐霞客《江源考》以及流域区内的许多碑记。

书稿定稿后，地区拟将王家声和编写组留下统稿的其他同志筹办曲靖报。出版社领导得知后便与王家声及其原工作单位陆良县革委商调他到云南人民出版社做编辑工作。

王家声在云南人民出版社政经读物编室的任务是编辑政治理论、思想教育、经济建设、民族文化和历史读物等图书。经他编辑出版的重要读物，政治理论读物有《科学社会主义简明教程》和陆良籍作者高焕文、程云冠编著的《社会主义初级阶段问题解答》、《中西方哲学思想比较》；思想教育读物有《忘我的人》、《他们在努力作战》、《升起人的太阳》、《刘邓大军征战记（三）》、《企业文化建设》；历史读物有《简明中国近代史》、《云南冶金史》、《云南省志•检察志》、《中国抗日远征军》、《李公朴纪念文集》以及民族文化类图书《口承文化论》、《摩梭文化风情》等。协助陆良县编辑出版了《陆良县工交志》、《陆良县水利志》、《陆良年鉴》（一年）、《陆良风物志》、《良师益友牛筱灿》等图书。

退休后，接受省出版协会委托，为报批评奖优秀图书做编校质量审读检查（两年一次），按图书全文的三分之一抽检，实际检查字数达500多万字。受晨光出版社之聘，与几位老出版一道，校勘了云南先贤、名流李根源抗战时期主编的巨著《永昌府文征》、徐演主编的《徐嘉瑞全集》等，订正了一批编校之误。

王家声所编图书社会效益较好，由他首次选编的《忘我的人》、《他们在努力作战》，均属人物通讯，曾被省市多家工会选为思想教育读物组织学习。由邓颖超题写书名的《李公朴文集》，曾为中央常委、宣传部长李瑞环所看重，调读学习借鉴。国民党抗日将领宋希濂在美国医院病榻上读了《中国抗日远征军》，欣慰地说，“共产党尊重历史，再现了我的滇西抗战。”他编辑出版的《云南冶金史》，应用了新的考古资料，把朱提铜的冶炼历史提前300年。

一年一度的图书选题计划的制定，是贯彻执行出版方针的基础环节。王家声特别关心图书的导向和基本内容，即出版的书能给读者传播一些什么知识和受到什么教育启发，这就是他的出版价值取向。或是当编辑、或是当办公室主任、或是当党委副书记，他始终坚持这一原则。在他为纪念云南人民出版社建社40周年出版的《劲翠浓芳映书林》一书撰写的感言中形象的描述了他对出版工作的认识和定位：

我们这一行——编辑出版
像艄公，拨正舆论航向，驶向烁烁发光的真理灯塔远方；
像良医，检疫、诊治疾病，让心灵世界充满阳光、幸福安康；
像筑路工，劈山、开洞、架桥梁，用规范的工艺注入读者心房；
像庄户人家，播种、施肥、耕耘，使知识的稻麦万里飘香。

起义归来

——记陆良县政协原副主席王家诗

王家诗祖籍安徽省滁州全椒，现籍云南省陆良县马街镇朱家堡村。王氏始祖从戎元末入滇陆良庄上，明太祖朱元璋灭元立明。明朝建立后为了国家的统一，明太祖朱元璋派遣征南大将军傅友德、左副将军兰玉、右副将军沐英等南征。王氏始祖便在此部之中。南征有功官及二品，为驻昭通总镇，诰授镇国将军。陆良土酋后代叛乱，沐英调王氏始祖率数万步骑进驻陆良围剿，平息后王氏始祖跟沐英世守云南驻庄上屯田军垦。

王氏数代后人口增多，乃分一支到大龙潭，一支到大泼树，其后，又由大泼树分支到朱家堡。到朱家堡后又经几代传至王家诗曾祖父王万清（武举）有子六人：长子王懋图（武举）、次子王殿图（武举）、三子王锡图（文秀才）、四子王会图（武秀才）、五子王庆图（武秀才）、六子王凤图（文秀才），父子七人皆有功名。光绪年间曾祖父和大祖父、二祖父三人在北京同科殿试武进士。虽未取得状元头衔，但三人榜上都有名。大祖父调四川为官，二祖父调兵部差务府为官，曾祖父因家中尚有四子需回家照管不愿为官。清王朝以父子三人同科殿试武进士一举史无前例，故授曾祖父为三品官人，赐“父子同科”匾一块，以示皇恩。延至中法战争爆发又调王家诗大祖父懋图赴镇南关与法军作战，克宣光、临洮，秦保都司加游击衔，屡立战功，官镇雄左军守备。诰授武功将军。

延至父辈，从政从军者少，多为经商务农之人。王家诗父亲王美庭受长辈们的启迪教育，虽为经商之人，仍“乐于助人，热心公益”。私人为朱家堡出钱兴办了一所两级小学——“聚贤小学”（朱家堡小学之前身）。免收学费，故学生一时多在一二百人。

良迪村、刘家村、朱家堡几千亩水田均为“雷响田”，有时暴雨降临山洪特大，眼看洪流奔入大海，仍无水灌溉或栽插，为了解决水利问题，王美庭查看地形、寻觅水源，条件不佳。乃私人出钱购买几百亩土地兴建了一个民建水库——“聚兴坝”，1948年落成。因此朱家堡有一个顺口溜：“当官要学平福喜，为人要学王美庭”。

王家诗10多岁，家父就带他到昆明市南菁学校寄读，每年只是假期回家与家人团聚。延至抗日战争期间，昆明虽处大后方，但日本飞机经常轰炸昆明，云南人民饱受其苦，很多学生都立志从戎抗日救国。1945年他考取了航校留美班（昆华高级工业职业专科学校毕业），到四川铜梁入伍，结业后到四川成都市受出国培训。

1948年毕业，老同学膺宾是上海法商学院的大学生（地下党员）去做他的工作——起义。航校学生们被迫到台湾之后成立了见习飞行队，王家诗被选任队长之职，家中妹妹惠珍去信说：弟弟家赞任游击队队长，抄了“剿匪”队长的家，这些人用手榴弹去炸他家的庭院。因此，更促使王家诗下定决心——“起义”。在经济上他叫家中给到昆明视察的表叔（杨世杰将军，空总人事业务处处长，后任空军参谋大学校长）带黄金五两，一套西服等作起义之准备。收到后及时与预先联系好的飞行员王存、姜绕天等十人说明钱已带到，条件已成熟，再不起义就要当“白华人”啦！（苏联十月社会主义革命成功沙皇贵族逃到上海之人称“白俄人”）。大家都同意起义，王家诗及时提出了走香港这条路线，因为他与龙云的几个子女同学要好，通过龙云可以写介绍信到北京去。

恰逢中华人民共和国成立，英国首先承认了新中国。因此，国民党与之断绝外交关系，航路不通，所以改向北飞到定海，在上船赴上海时王家诗与李安民被缉查扣押，经过半天多的斗争回到船上，马上来了一班武装宪兵把他们十一人带到宪兵连部去，幸运的是连长与王家诗、分队长余坚是结义兄弟，王家诗和李安民到定海后余坚已飞回台湾，找到老同学曾奠安，他说电话已联系上，叫放行，余坚回台湾去了，又去找书记官开了一个证明——查王家诗、王存等十一人系空军派大陆工作人，须沿途军警宪及地方部队勿加干扰给予保护，此据盖了空军指挥部的大章。拿到条子后回到沈家门（出海港口），王家诗把条子往缉查所长桌子上一拍，横丧着脸大声呵斥，并假意要所长负责这两天的生活费……所长连连道歉，结果这一招把所长给镇住了！开了放行条子，起义人员顺利到达上海，起义成功了。

继之，政府送起义人员到南京航空还转送军事大学学习深造，两年后毕业了。在1950年6月左右王家诗学习进步很快，表现良好，加入了新民主主义青年团。上级调他到空军某部去抗美援朝，得知只调他一个去时，他报告政委说——在组织飞行员起义过程中，他们提出了一个问题：回到大陆，“要飞大家飞，要工作大家工作，否则都莫干！”他承诺了。现在只调他一人去飞，他实在很难从命。政委说：“好嘛！那就给他们再学学看，你要多帮助他们……”一拖两年，1951年年底起义人员回家乡工作待命，政委又召见他个别谈话：“你是学机械的，又是飞行员，是机械内行，上海好工作，同时查清了你们的问题，你在才方便调他们回来呀！”他以承诺之言报告政委，也回家待命，政委非常生气，下结论是：“表现良好，行动可疑”。王家诗变成了“特嫌分子”回家管制生产待命。

从南京回到家乡时，中枢小学（现文化小学）来要他去教书，只好去了。教学中他忠心耿耿地工作，把陆良没有的蛙泳自由泳教给了学生和老师，发动女生学习游泳，打破了陆良几千年的封建意识——在光天化日之下，与男子一样下水游泳，同时组织并成立了陆良第一支女子篮球队。

1954年8月4日王家诗被逮捕，罪名是“特嫌”。关了两年半时间，带了一年半的脚镣和多次手铐，吃尽苦头。但他思想上仍是乐观的。公安局在查无任何犯罪事实之后，释放回家管制生产。24年的劳动生产，他学会了当烤烟师傅、烧石灰的师傅。陆良的水库大多他都参加过建设，西桥炸滩从头到尾年年有他，马街荒海变良田也有他的血和汗。

但他从不灰心失望，认为对他的教育不无道理，同时台湾总有一天要解放，他的问题是会得到落实的。“心中无冷病哪怕吃西瓜！不是乌骨鸡，染也染不黑，真是乌骨鸡，洗也洗不白”。他始终乐观自怡。

1963年他发现了一个反革命组织，为了爱国也为了证实他的革命立场，他报告了公安局并打入到该组织里去，协助公安局破了此案。

“文革”中，国民党在昆明的潜伏人派人来找他，要求他纵观天下大势，胡说“共产党要完蛋啦！赶快回到国民党来，在云南陆良首先发动暴动，准备派几个人来给你。”在这千钧一发之际，王家诗毅然报告了公安局（以后破了案）。“文化大革命”末期划线站队时，王家诗又被批斗，直到“四人帮”被逮捕了，王家诗才被平反，调陆良一中工作。为了报答党第二次给了他政治上的新生，他拼命干，一天不下15小时的工作量，4次被评为地（市）县的先进教师。任陆良县政治协商委员会一、二、三届副主席，直到1993年退休。

在他起义45周年时，一中老同事陈其唐为他写了一幅屏，基本上总结了他的一生：

负笈春城求深造，从戎抗日进航校，神鹰翱翔光如箭，空中勇士逞英豪。穿云破雾越海洋，翻腾歼击谁敢挡，男儿立志云霄上，赤诚报国保家乡。天翻地覆红旗扬，起义离台奔故乡，岂知征程多磨难，含冤负屈年若干。战罢水库炸石滩，开山填海流血汗，蹉跎岁月不平坦，沉沦改造世界观。拨乱反正愁云散，平反昭雪天地宽，教书育人培桃李，蜡炬成灰泪始干。清风两袖参政事，呕心沥血搞统战，莫道夕阳近黄昏，但愿晚霞更灿烂！

爱岗敬业 做人民的勤务员

——记陆良县人大副调研员卢水清

卢水清，陆良县人大助理调研员，汉族，出生于1953年5月，陆良县大莫古镇挪岩村人，大专文化，毕业于云南省行政学院经济管理专业。中共党员，历任质量管理员，供销科长，经营部主任，质检科科长，副厂长，总支委员，厂工会主席、书记、厂长，公司党委副书记、县人大常务委员，县劳动和社会保障局书记、局长。

2005年8月至今任陆良县人大副调研员，在陆良县农村劳务产业领导小组办公室工作。是陆良县第十三届、十四届人大代表，中共陆良县第八次、九次党代表，陆良县中枢镇第九届人民代表。自参加工作以来，他积极工作，以身作则，认真执行党的路线、方针、政策，在工作中多次被上级部门评为先进生产者、先进工作者、优秀共产党员。1990年被评为云南省乡镇企业优秀供销员，1995年、1996年被云南省人民政府授予云南省优秀乡镇企业家荣誉称号，1997年被中华人民共和国农业部评为全国优秀乡镇企业厂长称号。

他于1971年6月21日参加工作，工作单位是陆良县大修厂，随着生产的不断发展和扩大，该厂的名称也在变化，曾改为陆良县拖内配件厂、陆良县机械厂、云南省陆良曲轴厂。他在该厂当了三年学徒，在师傅们的严格要求和帮助下，通过自己刻苦努力学习，不到一年的时间内，就能独立操作和承担一定的生产任务，当时，他主要是承担东方红75型拖拉机车架前梁、后桥壳体和X195曲轴等产品的加工，在工作中刻苦认真，能按时完成和超额完成厂部和车间下达的生产任务，并且能保证产品的加工质量，多次受到车间和厂部领导的好评。1977年厂部成立质量管理科，他被调到质量管理科任专职质量检验员。为了厂的生存和产品质量提高，厂部提出在技术方面开展小改小革的要求，他通过了解产品质量要求制作了一些专用量具来控制尺寸，通过实践，效果很好，为职工提供了操作方便，为厂取得了一定的经济效益和质量保证。

由于产品质量逐步提高，陆良曲轴厂在1980年被国家五机部立为曲轴行业质量检查范围，与全国同行业形成质量网络检查，他被推荐参加此组织活动，在全国巡回抽查检验，他由国家一机部检查团安排搞实做检验，在检验活动中，由于工作认真负责，受到检查团专家们的好评和表扬。通过此次检查，陆良生产的X195曲轴被评为部优产品，为陆良县、为厂争了光。X195曲轴销往广西、贵州等省区。

根据陆良县的发展，1982年经县委、县政府研究决定向曲靖行署、省政府请示建一个丝绸厂，第一期工程以缫丝为主，卢水清负责物资后勤工作。土建是1983年5月破土动工的，县委、县政府、县经委要求土建和设备安装在一年内保证完成投产，当时面临任务重、时间紧的问题，困难很大，而基建建材是按计划配套数量供给，缺口较大，但是必须完成上级的要求，卢水清到处求援支持。通过有关部门的支持和他的努力，从1983年5月至1983年12月在计划外采购钢材100余吨，木材100多立方，水泥供应上千吨，为基本建设按时完工作出了贡献。

1984年9月1日正式建成投产后，他从事经营管理工作。1985年1月25日任供销股股长，1985年12月11日任销售科科长，主要负责全厂的产品销售和市场有关产品的信息调查研究。1987年11月14日设供销财务劳资科、供销与财务、劳资合署办公，任科长。1988年11月，任副厂长兼经营部主任，1993年8月前后被评为助理经济师、政工师。1994年4月至1996年12月任副厂长兼任陆良县丝绸厂工会主席。1996年6月任陆良县丝绸厂党总支书记、厂长。

陆良县丝绸厂从1984年9月1日正式建成投产到1985年，短短两年时间内，陆良县丝绸厂迈出两大步，分别是完成第一期立缫2400绪及相应的选剥、复整、副产物加工车间工程建设；第二期织绸、炼染配套工程建设。企业渡过了1985年严峻困难时期，1986年开足马力生产、管理上“严”字当头，以过硬的工作质量保证产品质量，内引外联，大胆引进技术人才，加强技术培训工作，把提高产品质量作为关键，生丝质量在短时期内有了显著提高，达到2A＋4.3级。增强了产品市场竞争力，产品逐步在国内市场打开销路，企业经济效益明显好转。1987年，生丝品位上升到2A＋71级。位居湖南、广东、广西、云南各省区之首，跻身制丝先进行列。企业逐步走上外向型发展道路。生丝出口量大幅上升，1987年共出口生丝40.07吨，占全省出口量的88%，为国家创汇120万美元，被评为云南省出口创汇先进企业。同时企业研制生产了丝绸产品，产品为06.07电力纺，三色软缎被面、素软缎、羽纱、丝绨被面、丝绵被等12种品种，出口电力纺、丝绵绸2万米。创两个“地优产品”。生丝获“省优产品”称号。初步形成从厂长到科室车间、班组，QC小组的全面质量管理体系，企业管理工作有了一定的基础和经验，获得云南省质量管理奖。

1987年，生产生丝78.67吨，丝织品42万米，实现税利116万元。职工有1010人，固定资产592.2万元。与陆良县中枢镇环城合资创办丝绸服装。

1988年是陆良丝绸厂发展的黄金时期。企业被国家经贸部、财政部、轻纺工业部定为出口创汇重点企业。工厂制定“以质量求生存、以管理求效益、以科学技术求发展速度”的办厂方针，强调“质量”、“管理”、“科技”对企业发展的重要性。党的十三大会议召开后，企业对社会主义初级阶段理论和经营权与所有权分离有进一步认识。为贯彻中央开放搞活的方针，陆良丝绸厂、公司、县乡镇企业局请示对厂实行经营承包，出包方为职代会选举产生的厂管委会，在厂公开招标，通过竞争选定承包人（厂长）王生忠。按照“包死基数，确保上缴，超收多留，欠收自补”的原则，在企业性质不变的前提下，确定承包目标、奖惩等。承包经营机制确定后，企业内进行一系列配套改革，承包人分别同各车间、科室签订承包经济责任制，把工厂目标层层分解下去，并建立一定风险基金，进一步拉开分配档次，干部职工的责任感增强，企业活力进一步增强。

至1995、1996年，由于产品市场价大跌，生产和出口创汇大幅度下降，经济效益大幅度下滑，企业亏损面大幅度增加，出现了行业性亏损，全国相当数量的丝绸企业处于停产、半停产状态，在这个时期，陆良丝绸厂得到县委、县政府的大力支持，在政策和措施上给予了倾斜。县委、县政府给予减免有关费用322万元和地方退税50万元。厂部提出“不管东南西北风，抓住生产不放松”。由于陆良县新上中枢镇同乐丝厂、马街镇丝厂造成县蚕茧原料供应不足，陆良丝绸厂下差原料182吨，为了确保生产，企业积极组织人力、物力从外地购进原料132吨，单价比本县低6元/千克。既解决原料不足，保证生产正常进行，又节省开支。缫丝生产线成立攻关小组，开展攻关活动，共计为厂节约原料（蚕茧）4140千克，创造效益近19万元，同时生产了从未生产过的细规13-15D生丝，质量达3A级以上，用户反映良好。

1996年2月，企业晋升为国家大二型工业企业。

1997年，企业立缫生产规模13680绪，跃居全国第一位，“千佛”牌20/22D生丝被确认为云南省首批名牌产品。

“千佛”牌生丝被中国保护消费者基金会、中国乡镇企业协会授予“消费者信得过产品”称号。

企业被评为县级文明单位，全年实现工业总产值6838.0万元，销售收入6309.6万元，实现利润51.68万元，税金389.4万元，共生产生丝295.17吨，平均品位达2A＋86。生产绸类产品93.69万米，一等品率达89.46%，生产绢丝45.31吨，丝绵被6250床，服装20564件（套），固定资产达5260万元。

1998年7月因工作需要卢水清调陆良县劳动局工作。

1999年，按照县委、县政府的要求，陆良县要尽快解决职工医疗费报账制度的改革，工作由劳动部门来开展，当时局领导班子研究及时抽调工作能力较强的人员负责此项工作。全县城镇职工基本医疗保险制度自2000年8月正式运行，全县326个单位已参保312个单位，职工参保率达到84%。2001年首次实行离休干部健康奖励，全县176名离休老干部有132人获奖兑现，其中59名老干部获全额4000元/人健康奖励。

根据省政府《关于进一步做好国有企业下岗基本生活保障和再就业工作意见的通知》和曲靖市人民政府文件精神，办理分流下岗企业17户，共分流下岗1865名职工，筹集下岗职工基本生活保障金586.5万元，按“三三制”筹资原则筹集、全年发放基本生活费112万元，代缴养老保险费70万元，代缴失业保险费8.4万元，代缴基本医疗保险费27.6万元，使下岗职工基本生活得到切实保障。

2002~2003年劳动部门认真贯彻《中共云南省委、云南省人民政府关于深化国有企业改革若干意见》的实施办法的通知，积极支持企业改革，为县委、县政府提供和社会保障有关政策依据，使陆良县的企业改制顺利进行。全县共完成65户国有、集体企业改制，职工置换身份13210人，办理再就业优惠证3916人，办理失业职工人员登记4186人，安排公益岗位就业827人，按照“立党为公，执政为民”的要求，不断完善了各项内部管理制度，制定了劳动和社会保障局十一条公开承诺事项，局机关制作了工作人员上岗证和公示栏，实行挂牌上岗。通过“双为”学习教育活动，使全县劳动和保障工作在市范围内创造了新的工作成绩，各项工作分别受到市政府、市劳动和社会保障局领导及县委、政府的肯定和表彰。

2003年3月通过陆良县机构编制委员会批准成立全县各乡镇劳动保障所，核定人员编制23人，分别在11个乡镇各建1个劳动保障所，属县劳动保障局直属事业单位。从3月份开始筹备到5月底止，完成了人员选调、办公室场地协调等工作，在全市率先完成乡镇保障所建设工作，得到省劳动和社会保障厅及市政府领导与市劳动和社会保障局的好评。6月中旬前后省劳动厅现场会在陆良召开，省厅领导和曲靖市领导分别率各地、州、市、县（区）的分管领导和劳动保障局长参观了陆良县三岔河、召夸、中枢镇三个劳动保障所的建设情况，并给予了较好的评价。

2005年成立了劳务产业领导小组办公室，对农村劳动力转移、劳务输出工作实行目标管理责任制。全年完成农村劳动力转移和劳务输出17176人，其中劳务输出8778人，劳动力就地转移8389人。成功举办了首届民营企业用工招聘会，加大外出务工人员培训力度。

金色事业任我翔

——记省建行昆明城东支行风险主管刘涛洪

初见刘涛洪的时候，很难把这位身材魁梧，一身休闲装，朴素得就像邻家大哥的人和一位资深金融专家联系在一起。爽朗、自信、谦和，这就是刘涛洪给人的第一印象。目前，刘涛洪担任中国建设银行云南省分行昆明城东支行风险主管兼官渡支行风险主管。

肩挑“投资风险”重担，单位大多与“千万元”和“亿元”有关，压力之大可想而知。不过，面对变化多端、险象环生的金融投资工作，刘涛洪淡定从容，非常自信。在云南的金融行业里摸爬滚打十多年，刘涛洪已经颇有建树、成绩赫然。

1967年刘涛洪出生在云南陆良穷乡僻壤的一个小山村，父母都是老实巴交的农民。从小，刘涛洪就是个让父母既担心又欢心的孩子。担心的是这孩子老是坐不住，不喜欢老老实实呆在教室里听老师讲课，经常逃学，害怕他出什么乱子；欢心的是每次期末考试刘涛洪总能拿到高分，成绩名列前茅。

“老师在课堂上讲的内容很容易弄懂，为什么还要花那么多时间去听呢？”谈及逃学的“癖好”，刘涛洪如是说，眼镜片后透出的目光带着一点调皮。

逃学并不等于厌学，其实刘涛洪非常热爱学习。教科书上的知识稍微花些工夫就学会了，老师教的东西让刘涛洪觉得“吃不饱”，他希望能多看课外书，多学课外知识。

那时，刘涛洪非常羡慕那些能在晚上学习的同学。静夜如水，捧着一本自己喜欢的书，在柔软的灯光下细细品读，那样的感觉多好啊。但是，在常人眼中再平常不过的事情，对于刘涛洪来说是一种幻想，一种奢望。家里穷，连点一盏煤油灯都成问题，更别提买课外书让他挑灯夜读了。

无暇顾及孩子学习，忙于生计的父母怎么也没想到，自家这个爱逃学的孩子，心中早就立下了考大学的志向。

小学四年级的时候，国家恢复高考，刘涛洪一位姓俞的老师考上昆明理工大学。穷山沟里的小学老师，一下跃进省城读大学去了，这让刘涛洪非常羡慕。“以后我也要像俞老师一样上大学！”刘涛洪暗暗下了决心。虽然没有谁给他提出过什么要求，刘涛洪却自己给自己定下远大的目标：上大学！那一年，他11岁。

没有凿壁借光，也没有囊萤映雪，刘涛洪继续演绎着“优秀的逃学生”这个有悖常理的故事。对学业上的自信，让刘涛洪颇有一种“我本楚狂人，风歌笑孔丘”的风范。从小学到高中，刘涛洪虽时常“逃学”，但是却能保持优异的成绩，高中会考时，数学还拿了满分。几乎没有什么悬念，这位让老师又爱又恨的“逃学王”顺利考上大学。

1988年7月刘涛洪大学毕业，二十出头的他走上三尺讲台，成为楚雄师专数学系最年轻的讲师。

自信的人，也会感染别人萌生信心的绿芽。初为人师的刘涛洪，用阳光般的自信感染学生、影响学生。后来，一些学生在他的鼓励和帮助下考上了研究生。要知道，一所普通的师范专科生能考上研究生，在那个年代并不多见。

1993年刘涛洪考上昆明理工大学研究生，三年后获得工程力学硕士学位。研究生毕业，刘涛洪开始了他人生道路上的第一次变轨。1996年3月，他放弃了教师工作，进入中国建设银行云南省分行人事处工作。

他虽然本科学的是数学，研究生学的是工程力学，此前从未涉足过金融业，但是刘涛洪对自己的工作依然是信心满怀，充满激情。

刘涛洪说：“学什么不一定要干什么，工作要触类旁通，特别是要自信！”没有太多的顾虑，他一头扎进了崭新的金融天地，用自信舞动才华。

进入建设银行工作不久，刘涛洪就发现了建行会计信息系统存在很多瑕疵，在实时性、多维性和超前性方面都存在不同程度的问题，影响了整个银行的工作效率。比如，银行虽然建立了全国性的资金清算和信用业务清算以及总账传输系统，但由于总账传输是不包含明细账的定时传输，再加上费用账不能及时输入计算机系统和分支行传输数据不是当天数据（一般是前一日）等原因，直接导致建设银行的总行管理者可能无法及时掌握全国的情况。

再如，建行虽然建立了城市综合业务网系统，但由于储蓄业务、信用卡业务、外币业务及房信业务没有全部并入综合网系统，某些城市综合业务网系统的输出界面没有可供会计人员和管理人员使用便捷的菜单，及各支行明细账号的设置不规范等原因，导致网络后台的管理人员无法直接查询前台的实时会计业务信息，无法直接生成汇总的各种会计报表。

还如，明细账户设置不规范，账号不是根据账户特征设立，无法利用极端机进行加工输出多种标准的会计信息。整个会计信息系统，还不能提供按期限、按质量（5级贷款质量）分类的贷款数据。所以，在统计按期限分类贷款信息时，只能通过手工逐户归集，如此等等。

对于金融企业而言，会计信息系统是重要的一环，能将该系统完善，对整个建行的工作都将起到极大的推动作用。刘涛洪对这些问题大胆提出了改制的建议。

不久，一纸洋洋洒洒数千字的建议书，就摆在建行领导的办公桌子上。

“第一，加强会计理论的研究。随着经济的发展，会计显得越来越重要。在会计工作中，不应忽略会计理论的研究。会计理论可以知道会计实务。研究银行会计信息的质量特征这样的课题，对现代化的银行会计信息系统的工作具有很大意义。只有知道什么是高质量的会计信息，才能构建相应的系统去提供合格的会计信息。特别是在推进会计改革、建立新的会计体系、大力应用信息技术的这一背景下，应大力提倡对这一课题进行探讨。”

“第二，利用信息技术完善会计系统的软件环境，建立完整的会计信息系统。设计城市综合系统的后台输出接口，方便授权管理人员对会计信息的查询、加工和使用。同时，规定明细账户账号的编码规则，一方面统一各支行明细账户账号，另一方面可加入明细账户不同特征（类别信息）的识别码。便于极端机自动加工而生成全行汇总报表和不同口径的会计信息。”

“第三，加强制度建设。有了先进的计算机网络系统，只是具备了提供高质量会计信息的条件。如果不能及时输入信息，信息使用者还是无法获得具有实时性的会计信息。因此，应通过制订相应的规章制度，要求在业务发生时（如费用报销后）及时输入计算机系统，供加工、查询和使用。同时，从会计信息实时性、多维性和超前性要求出发，修改和完善会计规章制度。”

“第四，加强培训，提高会计人员素质。会计是一门技术，要提供高质量的会计信息，对会计人员培训是必不可少的。特别是要注重管理会计的培训。使会计人员掌握会计预测和分析方法，提高预测能力，在对未来各项因素的量化和收支预测中，减少误差，提高预测准确度，减少超前性会计信息的误差。”

“第五，……”

经过整理加工，刘涛洪将这篇有关会计信息系统的建议撰写成论文，发表在《经济问题探索》杂志。该文引起了行业内外人士的关注。鉴于刘涛洪深厚的经济学理论功底，吉林大学教授冷铁铮还特别来信邀请他参与《日汉经济学辞典》的撰写工作。

如今，建行的信息系统已经得到了较好的完善，其中的许多改制方案就出自刘涛洪的建议。

是金子总会发出耀眼的光芒。自信、果敢、勇于创新的刘涛洪受到了领导的重视。2001年9月他被调任中国建设银行云南省分行公司业务部总经理助理兼研发部副总经理；第二年被建行评为高级经济师专业技术资格。

担子重了，要考虑的问题更多了。通过对美国、德国等西方发达国家金融制度的研究，刘涛洪发现我国银行在体制上存在许多不合理的地方。于是，在2001年，他大胆提出构建我国混业经营与非类监管相结合的新兴金融管理体制的设想。

刘涛洪认为，国家实行银行、证券、保险和信托分业经营与非类监管的体制，对规范金融程序、防范金融风险等都发挥了积极作用。但是，时代发展要求金融业做出相应的改制，结合实际，应该逐步考虑构建混业经营与分类监管相结合的新型金融管理体制。

刘涛洪建议，首先应该适时修订《商业银行法》，重建银行内部机构，大力充实产业分析和项目评估力量，使金融业人员对产业经济的技术水平、工艺流程、合理经济规模、管理模式、国内外竞争与盈利状况、发展趋向等方面都有一个较为准确的把握，逐步培育一大批晓市场、懂技术、会管理的适应市场经济发展需要的金融企业和银行家，促进产业资本和金融资本的良性循环。

其次，应该借鉴国际规范，协调发展货币和资本市场，消除沟通梗阻，提高整体效率。在货币市场方面，一是改革方式，大力推广使用资信良好的企业或银行签发的商业票据，建立全国统一的票据市场；增发短期国债和企业债券，为央行运用再贴现和公开市场业务手段创造条件。当前可考虑允许现有房地产公司和汽车销售商以现有房屋和汽车为抵押，滚动发行商业票据，以消费者分期付款收入为偿还保证。二是继续扩大同业拆借市场参与主体，保持拆借规模较快增长。在资本市场方面，一是目前我国直接融资的发展一定要以确保间接融资的稳定为基本前提，避免顾此失彼，得不偿失。二是通过配售、回购等方式，在充分保护原有股东利益的基础上，逐步平稳解决国有股的上市流通问题。三是积极发展产业投资基金，特别是高科技风险投资基金，培育高技术产业，促进产业升级。

再次，积极推行国有商业银行股份制改革，加强银行内控制度创新。全面实行审贷分离和贷款责任终身制。根据绩效原则，减少冗员，改革人事和分配制度，实行职能能上能下。把防范金融风险与增加盈利有机结合起来，实行资产质量和利润目标的双向考核，健全约束与激励机制，赋予基层信贷机构相应的贷款权限，使金融从业人员既有压力，更有动力，不断开拓新的贷款增长点，改变当前不少银行简单地通过提高贷款条件消极防范风险的不恰当做法。

这些饱含着创新精神的建议，如同一块石头投入平静的湖面，引起了金融业业内人士的关注。最重要的是这些建议部分得到了建行的采纳，对建行自身的机构改制起到了很好的促进作用。刘涛洪再次用自己的才华在金融事业上奏响了一曲不平凡的乐章。

之后，刘涛洪再次被建行委以重任，2004年被调任中国建设银行云南省分行临沧市分行党委委员、副行长。至2006年，重新调回中国建设银行云南省分行，任风险管理部副总经理。

2008年，一场突如其来的金融危机席卷全球。担任风险主管的刘涛洪更忙了，这位自信而经验丰富的金融专家运筹帷幄，又开始研究探讨自己新的金融战略……

交通情缘

——记省交通厅安全统筹中心副主任孙琪林

孙琪林，1966年12月出生，云南省陆良县人，研究生文化，中共党员，现任云南省交通安全统筹中心副主任。

孙琪林1986年1月毕业于云南省交通职业技术学院路桥专业，之后又在西南师范大学完成公共管理专业研究生学业。1986年1月至1991年12月在云南省公路规划勘察设计院工作时，他参加全省首条碧鸡关至安宁高速公路的设计，之后又参加昆明南过境公路、昆玉公路、元江坡公路改造以及怒江片马至岗房等多条公路的勘察设计工作，并任测绘组长、助理工程师、工程师等。1991年12月至1995年5月在云南省交通厅运输安全处工作，他参与组织开展全省交通系统安全生产管理，建立安全生产管理体系和交通安全支持保障体系，推出了安全管理新举措，引入安全管理新观念，推广运用安全新科技，促进了交通系统安全生产管理系统化、科学化、规范化。1995年5月调任云南省交通安全统筹中心工作以来，他先后任副科长、科长等职，2006年7月任云南省交通安全统筹中心副主任至今。他出生在陆良三岔河镇的一个教育职工之家，从小受父辈们的教育，不管在任何岗位上，他对工作始终兢兢业业，对待事业能用心地投入，认真履行自己的职责，20余年的交通情缘，培育了他对交通事业爱岗敬业的情怀，培育了他强烈的事业心和责任感。

在省交通厅统筹中心工作期间，他团结广大干部职工，知难而上、努力拼搏、脚踏实地、尽职尽责，千方百计完成统筹各方面的工作，他拟就了《云南省交通安全统筹中心章程》、《云南省交通安全统筹中心暂行管理办法》，制定实施了《统筹中心管理机构及职责》、《统筹中心交通事故处理程序暂行规定》、《统筹中心理赔工作暂行管理办法》等10多项有关组织、业务安全管理的实施办法和规章制度。根据实际工作需要，在全省建立了一个分中心、49个分理处和2个业务代办站，形成了一个较为健全的全省统筹组织管理网络，特别是当他刚到统筹中心工作时，当时统筹所走的路十分艰辛。事情是商业保险公司、云南保监局向省人民政府紧急报告，认为交通厅统筹的车辆、机械是违法的，要求省人民政府坚决取缔，交警部门也对参加统筹车辆不予检审落户，税务部门要征收统筹车辆营业税，统筹中心没有明确规范的统费收取规范，面对内外交困，他积极参与对原来的统筹内部管理模式和办法进行重大调整、修改和完善的工作。一是由省交通厅和省财政厅联合下发了云交统筹（1996）406号文《云南省交通安全统筹管理暂行办法》，明确交通安全统筹是非经营性部门，统筹费纳入财政预算外资金管理。二是省交通厅以云交统筹（1996）407号制定印发了《云南省交通安全统筹财务管理办法（试行）》和《云南省交通安全统筹会计制度》，从而理顺了财务关系。三是制定了《云南省交通安全统筹工作奖惩办法》，建立奖惩激励机制，简称“统筹三办法一制度”。四是与省地方税务局、省财政厅积极协调营业税问题，最后经国家税务总局、财政部于1997年12月3日第一批下文免征统筹营业税。五是积极做好与省法制办、公安交警、保险等部门的协调工作。

从2000年1月至今，统筹中心始终坚持“三办法一制度”开展业务工作，并根据形势发展，孙琪林于2003年12月9日起草制定下发云交统筹（2003）955号《机动车辆统筹条款》新条款，最大限度地减轻企业和统户的负担，给统户得到最大实惠。新条款出现了几个亮点，一是营运车辆无赔款优惠由原来规定的最高比例10%提高到40%，非营运车无赔款奖励由原来的最高比例10%提高到18%。二是车上人员实行超限额赔付：每座投统4万元赔5万元，投5万元赔7万元，投6万元赔10万元，投7万元赔13万元，投8万元以上赔投统限额的2倍，同时又制定下发了《统筹车辆重特大统筹责任事故给予部分补助的规定》，对于每座投统4万元至7万元及以上的，除按正常理赔外，还给予直接经济损失缺口资金部分20%至50%的补助。三是当国家道路交通安全法及交强险条例出台后统筹受到冲击时，他积极带领中心有关同志向省交警总队、省法制办、省政府汇报协调，并由省政府研究室、省政府法制办、省交通厅三家联文以云政研发（2003）141号向省政府请示关于进一步加强云南省交通安全统筹工作的请示，并得到省政府领导的批签，继续维持交通安全统筹。2007年CPS引发的省保监委请省政府协调交通厅，尽快取缔云南省交通安全统筹中心时，他又积极向省政府汇报、协调，最后使省政府支持统筹继续生存。四是根据多年来的统筹工作经验，制定了交安统（2005）17号统筹理赔实务规程，并与省政府研究室办公室合编了《云南交通安全统筹工作文件资料汇编》，指导全省统筹系统的广大干部职工做好统筹业务工作。

在他分管的事故查勘、定损、赔付工作中，重特大事故发生时，能及时带领统筹中心其他同志快速赶赴现场，从伤员救护、现场勘查、车辆救助、定损理赔等方面妥善处理好事故，使事故伤亡人员及时得到妥善安置和处理，维护了社会的稳定，尤其在2006年全省运输企业重特大事故频繁发生，一年中他没有休息过一个法定假日，处理特大事故34起。在2007年全省发生一次死亡3人及以上的事故11起，死亡58人，伤131人，这些事故发生后他都亲赴现场指导、查勘，与参统单位和中心其他同志一起相互协商，妥善处理事故。这么多年来，没有一起因参统车辆单位的事故引起社会的不稳定，更没有给省、厅领导带来任何压力和麻烦，保证了全省骨干运输企业的正常运输经营，更好地为参统企业和统户服务。

孙琪林到统筹中心工作以来，面对重重压力和各种坎坷，他与统筹中心的所有新老同志，战胜各种困难和风险，使统筹中心由小到大，由弱变强，健康发展。全省统筹收入由1993年成立之初的836万元发展到2007年底实现统筹收入22055.9万元，统筹车辆由当时的1500多辆发展到2007年的27753辆，截至2007年12月全省累计准备金达3.69亿元，全省已发展一个分中心，49个分理处，机构遍布全省各地，发展势头迅猛。实践证明，交通安全统筹是利国、利民、利企业、利社会的一件大好事，是云南交通走在全省及全国第一个改革进程中的创新之举，到目前为止，云南省交通安全统筹中心在全国仍然是唯一一家自办统筹保险部门。孙琪林为云南交通做了一件实实在在的大好事。

忠于职守

——记陆良县政府原副县长杨冬生

杨冬生，中共党员，陆良马街人，1931年12月22日（冬至）出生，故取名冬生。6岁时父亲去世，家有母亲，两个哥哥、嫂嫂、姐姐共八口人。从父亲开始，以种田、做银器手艺和织布为生。

1947年由于陆良马街翠山中学停办，他失学在家学做银器手艺，1948年参加牛应祥领导的兄弟会，1949年5月与郑邦太等人在马街搞情报传递工作，主要是与在召夸撒卜龙搞地下工作的邵左弟同志联系。1950年解放，马街区工委领导组织“青年学习社”，学习政协共同纲领，同时以话剧形式宣传减租、退押、土改和抗美援朝。1951年6月经学习社推荐，马街区政府委派他到郭家村小学任教。1954年5月加入新民主主义青年团，1956年8月加入中国共产党。同年9月借调到县委肃反办公室工作，1957年9月第四次县青年团代表大会上选为团县委委员。同年11月调小百户小学任副校长，1958年1月再次借调到县委肃反办工作，1959年11月调县委秘书科工作，1965年9月县委恢复农村工作部，任副部长。1966年“文化大革命”开始，1968年2月到县“五七干校”学习和搞农业生产，在整党后任干校党支部书记，1971年调任县计委副主任（未到任）。

1972年11月县成立莲花田水库工程指挥部，他任指挥部党委副书记、副指挥长，1974年10月莲花田水库干渠狮子口渡槽竣工，1975年11月由工地调任县委小百户公社任工作组组长，同年12月任小百户公社党委副书记。1978年2月调三岔河公社任党委书记，同年5月经曲靖地委批准为中共陆良县县委常委。是年12月第八届陆良县人民代表大会上被选为副县长，1981年5月由三岔河公社正式到县政府任常务副县长，至1984年8月换届。

1984年6月至1986年9月任大跌水电站工程指挥长，1986年9月回县政府任政府党组副书记，分管财贸。1987年4月陆良县第十届人民代表大会上再次当选为副县长，1990年4月在第十一届陆良县人民代表大会后离任。1993年4月退休。

1967年2月，县成立西桥盘江炸滩和西桥改扩建工程指挥部，杨冬生任副指挥长。主要负责西桥上下100米内炸深1.8米，拆除老桥建新桥。工程必须在当年5月底雨季到来之前完工通车，施工时间只有100余天。要在这么短的时间内完成拆除老桥，炸深1.8米，支砌石礅，浇灌钢筋混凝土大桥和桥面板，任务非常艰巨。指挥部研究决定由马街公社石工技术较强的海界、郭家两个管理区负责施工。由于组织、计划、措施有力，在施工中采取边炸基坑、边备石料，同时做好钢盘混凝土的设计、备料的准备。经过全体施工人员的积极努力，工程按期竣工通车。

1972年11月县成立莲花田水利工程指挥部，杨冬生任工程党委副书记、副指挥长。莲花田水库库容1850万立方米，坝高51米。1974年10月大坝工程接近尾声，进入闸门安装和溢洪道施工阶段。主干渠进入全面施工期，指挥部领导分工，他与副指挥长陈恕到狮子口负责建在耕地上的长900米渡槽，为减少损失必须在1975年4月以前完工。半年时间要完成900米渡槽工程，在当时没有任何大型机械设备，主要以手工劳动，任务非常繁重的条件下，由于分工明确，充分动员工程技术人员献计献策，改进施工工具，确保了工程高质量并在5月上旬完工。

根据国务院1983年190号 文件，将陆良县列为全国100个、云南省7个电气化试点县之一，县成立电气化领导小组，杨冬生成为成员之一。

1984年省计委批准陆良县大跌水电站工程初设。工程规模为三台单机8000千瓦，总装机24000千瓦，预算投资人民币2500万元。1985年正式动工，1988年建成运行发电。

工程批准后，县委研究成立“陆良县大跌水工程施工指挥部”，杨冬生任工程指挥长。下设工程、设备安装、财务后勤处。在完成三通一平和土地征用后，于1985年1月正式开工建设。在整个施工中实行公开、公平、公正招投标制度。选好施工单位，坚持工程质量，确保安全施工。经过艰苦努力于1987年底工程试运行。1988年7月由省计委、省水电厅组织专家组验收，评为优质工程。经审计单位进行财务审计，工程决算为2350万元，比预算节约投资150万元。同时还自行消化建设涨价因素和施工超设计工程费用共300余万元。合计整个水电工程共节约投资450余万元。千瓦造价还不到1000元，实属少见，验收后正式移交电力公司运行发电。

1993年3月杨冬生已正式办理了退休手续。由于当时陆良电力严重短缺，影响经济和社会发展。于是，时任县长赵建成同志找他商量：县委研究由他牵头从电力公司抽调4人组成调研小组，调研近期和长远如何解决陆良用电问题。经过调查研究，调研小组向县委、县政府汇报：近期110千伏与国家电网在冲沟滇东变电站联网；远期自建50000千瓦小火电。经县委、政府同意，1992年开始与滇东电力局洽谈110千伏联网。通过多次谈判，最后达成共识，于1993年正式联网成功。同时县委、县政府决定建2×25MW小火电。杨冬生领导的调研小组也圆满地完成了调研任务。

1995年4月1日电厂主体工程破土动工。1995年11月15日机组进入设备安装阶段。1997年12月28日三号机组72小时试运行移交甲方管理。1998年2月7日云南陆良协联电厂正式并网发电，基本上解决陆良县工农业生产和人民生活用电问题，促进了经济发展。2000年全年电厂发电3.5亿度，实现税收1000万元，利润1000万元，折旧1000万元的三个1000万的奋斗目标。

杨冬生在三岔河公社任党委书记时，当时由于陆良县计划生育工作处在全省排名倒数第一位，在省计划生育大会上，被点名批评。1980年3月县召开计划生育工作会议，提出男女结扎必须占育龄妇女15%，当时三岔河公社育龄妇女10500余人，结扎还不到4%，任务十分繁重。杨冬生加强组织领导，广泛开展宣传少生优生和结扎的意义和政策，动员各部门积极支持和参与。从3月中旬到4月底的50天内，全公社完成男女结扎手续3100多人，结扎比率一下提高到占育龄妇女的30%，对全县的计划生育起到推动作用。1980年年底在保山召开计划生育会议上受到省上表彰。

杨冬生在县公安局工作时，1961年和1963年两次被评为先进工作者，并发给奖状。

他在大跌水工程指挥部工作时，被评为1986年县优秀共产党员。

他在1987年云南省儿童抽样调查工作中，被评为先进工作者。

1990年，他被国家计划委员会、水利部、中国水利电力工会全委会，评为全国第一批初级农村电气化达标县、农村电气化试点建设先进工作者，并获奖杯和“光荣册”。

人的一生是短暂的，但人生的道路又是漫长的、曲折的、不平坦的。杨冬生一生忠于职守，始终坚持正确的理想和信念，树立正确的人生观，能上能下，能屈能伸，忠实践行“为人民服务”的宗旨，为陆良的经济、社会发展作出了积极的贡献。

懵懂少年成长记

——记云南省电子信息技校副校长吴爱国

1967年5月9日，吴爱国出生于陆良县中枢镇。尽管家里生活拮据，但父亲及家人使他快乐地度过了童年。父亲质朴但又很威严，1954年前曾任农会主席和中枢镇镇长，母亲勤劳善良。姐妹五人中，他最受宠，说将来一定有出息，在他们的赏识下他找到了最初也是最坚定的自信。

在陆良文化小学上小学直到附设初中毕业，在老师的带领和姐姐的鼓励下，加入红小兵、当“三好生”；加入学校宣传队、当班长。1978年恢复少年队当大队委，懵懵懂懂就度过了少年。1981年10月，他光荣地加入了共青团组织。老师对他很好，讲了很多很有成绩的人的经历，并说：“现在国家已恢复高考，你们只要坚定信念，认准目标，努力学习，一定会有广阔的天地让你们大有作为，甚至出国深造。”当时能到省城昆明都是一件奢侈的事，要走出国门想都不敢想，但成功人士那种自强不息、奋斗不止的精神给他留下了很深的印象。1985年7月，陆良一中高中毕业后，他考入了云南师范大学教育系学校教育专业学习。

当老师不是他的理想，但碌碌无为混四年，又不甘心。班主任让他当团支书，他虚心向同仁请教，认真做好每一件事。1986年11月，他光荣地加入了中国共产党。大学四年，他连续三年受云南师大团委表彰，连续三年获云南师大学生优秀论文、作品一等奖，同时获省教育厅学生社会实践优秀成果一等奖，1989年获教育学学士学位，分配至云南省电子信息技工学校工作，成为当时班上唯一州市留昆工作的毕业生。

在学校工作至今，技校的发展波澜起伏，1995年前很红火，1997年至2001年走入低谷，如今又是春天。无论怎样，他都能以学生、学校为重，胜不骄，败不馁，踏实做事。从校办普通一员到当班主任、任教，从教员、助讲、讲师到高级讲师，从主持学校团委工作、学生科工作、担任学校教学党支部书记到学校党委委员兼副校长，他始终如一，认真做人。2008年3月，兼任昆明技工教育研究会第七届常务理事会副秘书长。

无论在哪个岗位，他坚信只要认真学习、虚心请教、尽心尽力、不断总结，都会有满意收获。1990年12月1日至1991年11月15日参加机械工业管理干部学院劳动管理岗位培训，1998年7月参加“当代高新技术讲座”学习考试，1999年6月参加计算机职业资格考试，2003年10月参加云南省领导干部法制教育的学习考试，2003年以优异成绩考取了心理咨询师证书，2006年参加“素质教育”学习考试，2006年至今，参加多期云南省领导干部时代知识前沿讲座学习。1995年，他撰写的《论班级核心的形成》获昆明技工学校教育研究会优秀论文奖，2000年8月，撰写的《在学生教育管理中体现素质教育的几点做法》一文获中国电子教育学会优秀论文二等奖并刊发，文章还被收录在云南省关工委、教育厅出版的《校长论坛》中。另外，在校期间，曾多次担任班主任及多门文科性质的课程教学，受到师生好评，并获优秀班主任、优秀干部、优秀党员、优秀党务工作者称号，受到学校上级主管部门的表彰。

一展身手的中年：2000年10月担任副校长，2005年11月至2007年9月，他服从上级安排到省电子工业研究所轮岗挂副所长。他认为，无论担任副校长，还是副所长，都是组织对自己的信任，也是自己提高锻炼的机会。在研究所近两年的工作，他虚心向周围的人学习请教，短时期内进入角色，了解了研究所的过去和现状，对地面卫星接收系统、无线通信机站、自动恒温湿农业大棚、自动靶场系统、单兵控制指挥系统、微波复烤系统等做了全面了解，积极协助主要领导与相关人员签订经济目标责任书，与所辖部门一道，积极开拓市场，从项目的寻找、谈判、竞标、合同的签订到工程的实施、尾款的催收都不敢马虎，从中学到了不少科技创新的理念和市场开拓的经验。

在研究所轮岗期间，收获很多，他不仅在不同的领域里开阔了视野，也对多年的技工教育有了一定的回顾和总结。技工教育是我国中等职教的重要组成部分。它既不能简单地理解为学门手艺就能就业；又不能一味的只教理论，不重技能培训。针对技校学生的年龄结构和生源素质，他认为应该树立教会学生做人，教会学生学习、教会学生生活、教会学生技能的办学理念，特别要侧重在做人和学技能上，把养成教育贯穿在学生入学阶段、培训阶段、就业阶段。在学生日常管理中，一定要建立学生自己管理自己的机制，发挥班主任的主导作用，倡导全校教职工及学生骨干都是德育工作者的氛围，形成“招得进来，学得进去，管得起来，分得出去”的良性循环。他深深认识到：一个集体要发展壮大，一是要团结好，二是要有纪律，所有行业中，教育可以给世人留下更为丰富的内容。

在上级正确领导和相关部门的支持下，学校从1989年的在校生300人到现在的2000多人，从占地7.8亩到71.5亩，从合格技校到国家级重点技校，他分管的学生工作及招生就业工作在同类学校中成绩显著。

形势的发展，学校的壮大，他感到社会责任的重大，如何办出特色学校？如何在教学中教学生“一桶水”，引导出学生的“两桶水”？学校如何更好地为用人单位服务等等。他会一如既往的不懈努力，为了学校跨越式发展，为了职教事业腾飞，时时刻刻装着一颗献身教育的心。

一心一意跟党走

——记陆良县政协原主席、离休干部张登枢

张登枢家住陆良县龙海山活水乡沙锅村。生于1928年农历二月初八，1949年4月加入中国共产党，1987年从陆良县政协主席岗位上离休。

新中国成立前他的家乡是一个经济文化都很落后贫穷的山村，加之国民党抓兵派款的剥削压迫，人民过着极端贫困的生活。父母亲、哥哥姐姐、两个弟弟和他共七人生活，起早摸黑，脸朝黄土背朝天，一年辛苦到头，菜毛菜和（掺野菜吃）只够吃七八个月 。为什么会过这样的日子？他刚懂事时听老人说，一个人生来有吃无吃，贫穷富贵是命中注定的。他12岁时村里办了一所国民小学，上学去读书。14岁时哥哥被国民党抓去当兵，他到保公所去大骂了一台。随着年龄的增长，认识的提高，他认识到家穷不是他的命不好，而是国民党压迫人民、富人剥削穷人的结果。在读小学六年级时，他在保公所内的墙上画了一幅漫画，画一个人，鸡头鸡脚，肚子很大，两边写10个字，右边“吃尽人民血”，左边“炸破肚子死”。这幅画闯了大祸，保公所发现后，当场就骂，并来抓他，他挣脱跑掉。乡公所接报后派人去抓他，未抓到就把他父亲抓去关了十多天，罚了两百元半开（银元）才暂时了结。乡公所一直对他怀恨在心，要整他，骂他是未变的蛟龙（意思是不把人整掉将来要夺他们权）。当时他的思想压力很大 ，一是保公所、乡公所仇视他，要整他；二是父母埋怨他闯了祸连累家庭。面对保公所、乡公所的压力，他没有退缩，当时他在旧州小学读书，只有常住在学校躲避。1946至1947年他在三岔河玉山中学（后改为紫溪中学）读初中。解放战争正在激烈进行，斗争形势越来越好，国民党军队节节败退，人民解放军节节胜利，云南反内战反饥饿的斗争风起云涌。玉山中学名誉上是国民党县政府办的，实际上是中共地下党控制的，学校共有五位中共地下党员，教导主任骆彪是1930年入党的老党员。学校有中一班、中二班，他是中二班，两个班的班主任都是地下党员。学校里的民主空气很高，公开悬挂毛泽东主席、朱德总司令画像，大唱《我们在太行山上》、《大刀进行曲》、《小白菜》、《茶馆小调》等进步歌曲。中一班班主任刘刚（地下党员，省工委交通员），在班上宣讲革命理论，还经常带领全班同学爬龙海山锻炼，为开展武装斗争做准备。二班班主任张祖荫（地下党员），在班上公开讲中国共产党领导的中国工农红军二万五千里长征的英雄史绩，揭露蒋介石发动内战的罪行，还说中国共产党一定要推翻国民党的反动统治，解放全国人民，使人民过上美满幸福的生活。听了老师的宣传教育，张登枢深受启发，看到了希望，找到了前进的方向。

1947年放寒假回家，张登枢就投身到反蒋武装的游击战争队伍中，经领导决定担任民兵中队长。国民党为了消灭龙海山区的武装力量，县长饶继昌及26军193师577团刘营、叶营、肖营多次对龙海山区进行围剿扫荡，将雨麦红村150余户的房子烧光，财物抢光，牛马羊赶光。在地下党的领导下，民兵武装配合主力部队，积极开展反围剿斗争，站岗放哨，捉拿特务，保卫游击区，作出了积极的贡献。随着解放战争形势的发展，游击根据地日渐扩大巩固，为了加强对根据地的领导，1949年3月17日，在沙锅村成立龙海山区行政委员会，5月8日，成立陆良县临时人民政府，和行政委员会合署办公，张登枢被调入行政委员会工作，4月加入中国共产党。在行政委中工作的主要任务是负责后勤工作，具体的有两项：一是管理好行政委员会、临时县人民政府工作人员吃饭问题；二是负责接收保管好各地上交给行政委员会、临时人民政府的烟捐（为解决经费开支，政府规定烟农在上交2%的烟捐，由各地统一收后再上交行政委员会、临时人民政府）及其他物资，领导决定不论物资多少，当天送来的，当天必须转送到山洞里藏起来保管好，不能遗失。凡有领导交给的任务，再苦再累他都认真负责的完成，一件没有遗失。1949年12月26日，陆良县城解放，县委、临时县人民政府迁入县城办公，1950年初，龙海山区区委、区人民政府迁到鲁依办公。

解放后张登枢调东山区（即今麒麟区东山镇）工作，1955年2月调县法院工作，曾先后任东山区、龙海山区区委书记，板桥公社党委书记，曲靖、沾益、陆良县委办公室主任，沾益县农工部长，地委工交政治部办公室主任，陆良县委党校校长。1955年、1978年两任陆良县人民法院院长，后任陆良县人大常务委员会副主任，陆良县政协主席等职。在各个工作岗位上，他都以一个共产党员的标准，严格要求自己，忠诚于党和人民的事业，尽职尽责完成党交给的任务。1958年，张登枢任法院院长，“大跃进”开始不久成立片委，调他去龙海山区任片委书记。“大跃进”高指标、瞎指挥，强迫社员白天黑夜劳动，强迫命令浮夸风非常严重，有的干部动手打社员，因粮食不够吃，加之劳动过度，出现肿病饿死人。他感到问题很严重，向县委、政府领导汇报反映真实情况，谁知他反映的情况不仅不被采纳，还多次在电话会上，被片委、区委书记会议上点名批评他没干劲，思想右倾，最后在干部中划派，他被划为促退派，戴白袖套、扛白旗，撤销党内外一切职务，下放劳动。到永清河、普山、响水坝修水库，在工地上民工开会都没有他的份，“地富反坏”分子开会倒有他参加。陆良的强迫命令、死人问题惊动了党中央，在党中央、省委的领导下，纠正了“大跃进”中的错误，甄别了错处的干部，他的问题也得到了实事求是的解决，使他重新走上工作岗位。

十一届三中全会纠正了“文化大革命”的错误，恢复了党的实事求是的思想路线，将党的工作重心转移到经济建设上来。经过30年的改革开放，国家发生了翻天覆地的变化，取得了辉煌的成就，人民生活有了很大的提高，张登枢一家的生活也同广大人民群众一样有了很大的提高。他常对儿孙们说：“不能忘记共产党的领导，我们今天是共产党领导的结果，共产党是我的救星，没有共产党的领导，没有我们今天。”他已八旬有余，身体尚好，他牢记党的培养教导，保持共产党员的先进性，继续发挥余热。

他是这样走过来的人

——记陆良县人大原副主任陈小广

陈小广，1940年10月12日出生于陆良县马街镇漾稻村一个农民家庭，高中文化，中共党员。他在陆良一中当过炊事员、教师，从政后历任组织部干事、县纪委秘书、县纪委副书记、县人大副主任、助理调研员，2000年10月31日退休后任县延安精神研究会副会长至今。

儿时的小广，家境十分贫寒，生活异常艰辛。1958年，他刚上初中二年级，父母便带着遗憾先后撒手人寰，自此，尚未成年的他便成了无依无靠的孤儿。为了完成学业，他利用星期天和假日到师宗雄壁挑煤炭卖，在县城做小工，靠勤工俭学挣钱和国家有限的助学金支撑读完初中和高中。艰苦的生活环境养成了他吃苦耐劳、勤奋向上、诚实守信的品质，带着忠于党、忠于人民、回报社会、全心全意为人民服务的执著信念，他踏上了人生的漫漫之路。

从灶台到讲台

1962年下半年小广刚刚高中毕业，陆良一中就破格将他留校做后勤工作，那时他的主要工作是煮饭做菜，同时兼上下课敲钟，停电时为全校各班级烧汽灯。他来自学生，又植根于学生，他十分体谅学生的疾苦，做学生的知心朋友，热情周到地为学生服务，乳名“小乖”的陈小广在学生中很快赢得“广哥”的亲切称呼。1965年2月由于他起早贪黑奔忙，勤学苦练烹饪技术，甘当师生勤务员的事迹典型，被评为县的五好职工，是年3月，学校党支部书记、校长曾在黑板上写诗赞扬他勤奋工作的业绩和积极向上的奋斗精神。

同年4月，他光荣地加入了中国共产党。他的工作得到了广大师生的好评，从此他从灶台走上了讲台，担任陆良一中耕读班的班主任，从事教学和兼管学校的人事、校团委的工作。地位变了，他的本色没有变，在此期间，他还经常抽时间到厨房帮助工作，他的这一举动深深地感动和影响着陆良一中的广大师生。1966年1月被团县委评为优秀团干部。他用积极进取、诚恳踏实的工作迈出了人生的第一步。

从秘书到书记

1969年6月，陈小广被组织上借调到曲靖地区公安处工作，他对工作认真负责，成绩突出，评为出席地革委召开的学习毛主席著作积极分子代表大会的代表。1971年11月被县委组织部任命为陆良一中党支部委员，他除了担任初74班的班主任外，还负责学校的人事工作；1972年9月，他任初86班的班主任；同年10月调县委组织部工作；1977年9月到“揭、批、查”办公室工作。其间，在县根治南盘江工程中，他于1978年5月被评为陆良县根治南盘江工程先进生产者；1979年3月调县纪委工作，任纪委秘书；1983年11月任县纪委副书记；其间兼任纪委机关党支部书记、县直机关党委委员。在兼任纪委机关党支部书记期间，党支部连续6年被县委授予先进党支部称号，他1982年1月被评为曲靖地区精神文明先进个人。1983年7月被县委评为优秀共产党员；1984年10月~1990年10月连续三届当选为县纪委副书记，其中：1984年10月~1987年10月当选为中共陆良县第四、五届县委委员；1985年7月在南盘江红花塘缺口抗洪抢险中被评为先进个人，受到县委表彰；在任县纪委副书记期间，还兼任县委机关工会主席，在建设职工之家，争当职工之友活动中，工作积极，密切联系群众，为职工说话、办事，成绩显著，1985年5月县总工会给予表彰；1988年1月，县总工会授予他先进工会积极分子称号；1988年8月至11月他在省委党校纪检干部培训班学习，撰写的《做好案审工作的一点体会》文章被选登在1989年第1期《云南纪检》刊物上；1991年8月他与县委书记王学智合写的《加强廉政建设、提高党的战斗力》一文被刊登在省委党校《理论学习》第4期上；1991年7月曲靖地区纪委授予他为曲靖地区先进纪检工作者，颁发了荣誉证书。他用忠于党的崇高事业的实际行动，又迈出了人生的一大步。

从纪委到人大

1993年3月，陈小广在陆良县第12届人民代表大会第一次会议上当选为县人大副主任，分管教科文卫工作委员会的工作；1993年12月出席省人大教科文卫工作座谈会，他在会上作了《认真履行职责，促进教育发展》的发言，发言材料编辑在《云南省人大教科文卫工作座谈会材料汇编》一书中；1995年10月在首批“村建”工作中，围绕经济抓党建，抓好党建促经济，他被评为县的先进个人；1996年8月，在实施计划生育“三为主”规划工作中，成绩显著，被县委、政府表彰，颁发了荣誉证书；1998年3月，当选为陆良县第十三届人大代表，任县人大助理调研员；1999年8月曲靖市人民政府聘他为特邀监察员；2000年10月至今他退而不休，为了弘扬我们党的光荣传统，担任陆良县延安精神研究会两届副会长，无私奉献，继续发挥着余热。

陈小广从孤儿到高中毕业，从炊事员到县人大副主任，一路磨难，一路成长，靠的是党的培养，人民的关爱，靠的是他对人性善良的坚信，对人民的热爱，对工作的执著。生者，必当自强，他就是这样走过来的人。

从医参政献丹心

——记陆良县政协原副主席郑泽升

郑泽升，1946年4月生，陆良县中枢镇南门街人，1962年1月参加工作，初中文化。

他于1959年8月毕业于陆良盘江小学，同年考入陆良一中。在陆良一中读书期间品学兼优，初中一年级读完经本人申请（学校动员），被批准由初中四十四班跳级直入初三第四十班，于1961年9月初中毕业，恰逢县政府卫生科为贯彻党的中医政策，鼓励本县名老中医带教“学徒”，他符合招收条件，于1962年1月被批准参加工作成为“中医学徒”，这实现了他立志学医济世之梦。

他的家庭是“中医世家”，其后继有人、后继有术。据陆良县志记载：郑烺——方技有传，精究岐黄。郑烺是他的高祖，郑烺的几个儿子、孙子也有多人从事中医。在新中国成立前最具有影响的是郑泽升的爷爷郑家兰，他继承家学，在陆良创办了“博爱、人爱、救济”之意的“博济堂”，悬壶故里。新中国成立后他的父亲郑祖焕、伯父郑祖舜、郑绍良都先后继续以中医为业，直到公私合营他们为响应政府的号召，以药品（中药材）等折价入股参加中枢镇联合诊所（即现在的县中医院前身）。

郑泽升学徒期间绝大部分时间随旁侍诊，在先辈的口授心传下，多读、熟读、精读一些中医书籍，要求死记硬背的则坚决做到。日复一日，五年学徒期满，他终于出师，于1967年独立应诊。

1969~1972年，他去到基层，在中枢镇大泼树合作医疗室帮助扶持合作医疗，历时4年。1973年初他又回到中枢镇联合诊所，于1973年8月调入陆良县人民医院中医科工作。

1973年11月，他和县医院中医科唐兴汉老医生代表陆良中医出席了曲靖地区首届中医学术经验交流会，会上交流了他治疗“肾盂肾炎的点滴治验”文章。

1977年3月~1978年5月，他被选送到云南省首届“中医研究班”学习研究中医专业，经过学习后他的专业知识有较大提高，为其后多年的临床奠定了坚实的基础。

他曾写过论文《泄泻证治浅谈》刊在云南省《中医研究班论文选辑》1978年第一辑。

1981年，他被选为中医学会陆良分会理事长（兼）任期3年。

1987年12月，经考试合格后县人民政府授予他为中医主治医师。

1984年1月，他被卫生选区选为陆良县第九届人民代表，同年3月，在陆良县第九届人民代表大会第一次会议上当选为陆良县第九届人大常委会副主任（兼），任期3年。

1987年初，他被协商为县政协委员，同年3月政协陆良县委员会第二届第一次会议上当选为副主席（兼），以后他又继续兼任政协陆良县委员会第三、四、五届副主席。

1996年3月，他曾被陆良县公安局聘为“公安机关警纪警风监督员”任期2年。

1996年11月21日，他获云南省卫生厅从事中医工作30年以上荣誉证书。

1997年4月，他被聘为陆良县监察局特约监督员，任期1年。

1997年11月，他被协商为曲靖市第一届政协委员。

1998年5月，他被再次聘为县监察局的监督员，任期1年。

1998年1月4日，他被马街镇选区选为县第十三届人民代表。

2000年12月，他获云南省扶贫先进个人奖。

现在，他已退休。每当提到他能顺利走完从开始参加工作直到退休这一段人生重要历程时，他感慨地说，要感谢中国共产党对他的培养和教育，感谢人民群众对他的信任和支持，假如当初没有党的中医政策，他也就不可能走上从医之路，没有党的培养和教育也不可能让他在工作中，还能带薪再去中医研究班深造，没有党的培养和人民群众的信任、支持，也不可能让他从一个党外人士，一名普通医生被破格提拔到县副处级职位。

由于他绝大部分工作时间是从事中医临床，因此，他深有体会，医生这个工作是技术含量较高的职业，医生付出的不仅仅是工作期间所要消耗的时间和精力，还因为工作的特殊性所要承担一定的风险与压力。为避免风险与压力，他认为在医学面前来不得半点的虚假和骄傲，永远是初学者，要充分利用业余时间不断地加强学习，遵循理论～实践～再理论，使其专业技能精益求精。为医者是治病救人，要本着良心，实事求是，竭尽所能，一切以患者的健康为重。

郑泽升从医数十年，擅长中医内、妇、儿科的常见病多发病的诊治，并对某些疑难病及慢性病有自己的独特见解。他工作期间已诊治不下90万人次（注：工作量量化，月均在1500~3000人次左右），积累了较为丰富的临床经验。虽然已退休在家，现在还经常有病人主动找到他家里求医，他仍然热情地为病人服务。

学以致用 爱岗敬业

——记陆良县政协副主席钱宏

钱宏，云南陆良县三岔河镇沙沟村人，1961年12月23日出生，1981年7月参加工作，1986年7月入党，云南行政学院经济管理专业研究生学历，工程师，政工师。现任陆良县政协副主席。

钱宏1979年至1981年在曲靖农校水电专业学习；1981年至1983年在鲁甸县水电局任技术员；1983年至1990年在陆良县水电局任工程师，支部委员；其中1986年在陆良县系统工程规划办公室承担陆良县城市建设规划、环境保护规划、人口发展规划等专题研究工作；1990年至1991年在陆良县委办任秘书；1991年至1997年先后担任陆良县召夸镇镇长，陆良县小百户乡乡长，其间到云南省委党校经济管理大专班学习；1997年至2003年任云南千佛集团公司党委书记兼副总经理、工会主席，其间在中央党校经济管理本科班和省委党校经济管理研究生班学习。是中共陆良县第七、八、九、十次党代会代表，陆良县第十二、十三、十四届人大代表，政协陆良县第六、七届副主席，云南省总工会八届执行委员。2003年3月当选陆良县政协副主席、县政协党组成员，2003年4月至2005年12月兼任陆良县蔬菜水产管理服务中心主任、陆良县渔政局局长、陆良县蔬菜水产集团公司总经理。钱宏曾在多个地区、多种不同岗位工作，先后担任过技术员、工程师、秘书、乡镇长、大型国企主要领导，从事过水利电力工作，农村工作，工业工作，文秘工作和陆良县经济、社会、科技、中长期发展的系统工程研究规划工作，是曲靖水利学会、经济学会、农学会及云南省系统工程学会和中国蚕桑学会会员。长期从事技术工作、农业农村工作、工业工作、机关工作，有较丰富的实际工作经验和较强的工作能力；在岗位上长期坚持学习、知识面较宽，语言表达能力和文字表达能力较强，先后参加高等教育法律专业自学考试、省委党校和中央党校函院经济管理专业学习及多种培训，在政治理论、经济管理、行政管理、法律等诸多方面有一定的理论素养；思维敏捷、开拓创新能力强。在工作中，在观念创新、机制创新、技术创新、产品创新、管理创新、营销创新等方面提出了一系列方案并进行实践，敢想敢干。

钱宏为人正直，在家孝敬父母，在外对领导对同志对朋友坦诚相待，尊重团结同志，关心、爱护下属。在其工作过的单位，不论是机关、乡镇，企业，广大干部、群众中对其口碑较好，工作勤恳、注重实干、不会摆架子，不会弄虚作假。

1991年至1993年在召夸任镇长时期，认真抓小城镇建设和教育工作，到成都铁二院找到南昆铁路总设计师汪识义等领导汇报，争取了将召夸小站建成南昆线上云南境内的最大货运站，争取了召夸被国家计委、建设部定为全国首批百家小城镇建设试点镇，全国农村职业技术教育先进典型。

1997年1月，钱宏与袁建芳受命组建陆良丝绸集团，他充分发挥其理论功底和实干精神，承担了公司组建的方案设计工作。从总体方案的形成和规范，到公司名称的确定等做了大量创新性工作，形成了陆良县丝绸产业农工贸一体化，产供销一条龙的农业产业化格局。1999年11月在北京召开的全国农业龙头企业经验交流会上，他就陆良茧丝绸产业发展的经验做了交流发言，引起了时任国务院副总理温家宝的重视，批示农业部研究。2001年底，他还受邀出席了在北京人民大会堂召开的2001年中国经济年会。1998年以来，陆良蚕桑面积由过去30年发展的4万亩，增长到2003年的8万亩，翻了一番。千佛集团公司全面完成缫丝技术改造，淘汰25000多绪立缫，新建了10000多绪国内先进水平的自动缫生产线，还将基地建到了思茅市的景东县，两年建成蚕桑基地20000亩。千佛集团被省政府确定为省级重点龙头企业。他负责陆良蔬菜、水产、水果工作时期，带领部门干部、科技人员搞好服务，大力推动产业发展，引进建立了魔芋、朝鲜蓟、土豆等蔬菜生产加工企业，形成了一批蔬菜、水果、食用菌专业村，发展了一些科技含量较高的蔬菜水果水产示范园区，培育了一大批蔬菜、水果、水产的种植大户、养殖大户、营销大户，支持广大农民成立了一批专业产销协会，水产渔政工作走在云南前列，在全省首家成立县级渔政监督管理局，国家渔政指挥中心、南海渔政局领导多次到陆良检查指导，渔业工作得到了上级主管部门的充分肯定。

在政协任副主席时期，先后联系科教文卫、群团和政法工作。参与了政协组织的大量调研、视察、评议等工作。在危难险重等关键时刻，钱宏敢于冲在前面，1993年路南与陆良发生一起严重的边界纠纷，当时参与械斗人员达五六百人，其中一方有上百条枪，在数十人受伤的危急关头，他带几名镇干部，驾车冲到械斗者中间，尽管三支枪抵在胸前，但他毫无惧色，义正词严地讲道理，制止了械斗。他还多次参加了抗洪抢险、扑救森林火灾，带头义务献血。钱宏在工作中，还注意学习研究问题，先后撰写了《陆良县城市人口发展预测》、《陆良县城镇发展战略》、《陆良县环境保护规划》、《陆良茧丝绸产业发展战略》、《陆良蔬菜产业发展研究》等文章。先后分别入编《陆良经济社会发展战略文集》、《曲靖经济研究》、《云南农业》、《中国发展战略文集》等书刊。

钱场生简介

（曲靖市国家税务局副局长）

钱场生，1963年1月出生，陆良人，1983年8月～1990年5月在陆良县税务局工作，其中：1985年1月～1987年3月任税政一股股长；1990年6月任曲靖地区税务局税政一科副科长；1994年7月任曲靖地区国家税务局税政科副科长；1997年11月任曲靖市国家税务局稽查分局局长；1998年8月任曲靖市国家税务局流转税科科长；2003年8月任曲靖市国家税务局稽查局局长；2003年12月至今任曲靖市国家税务局党组成员、总经济师。这期间，1988年10月获曲靖地区税务局首届税政业务知识竞赛个人第四名；1990年获曲靖地区首届会计知识大赛个人第二名；1991年5月参加全国首届珠算科技知识竞赛第一赛程比赛，获中国珠算协会优胜奖；1991年被共青团曲靖地区直属机关委员会评为优秀团员；1998年、1990年、1994年和1997年被曲靖市政府三大检查办评为先进个人；1996年分别被省、地区国税局评为税收征 管能手；1997年度被曲靖地区行署评为先进工作者；2000~2001年被昆明理工大学成教学院评为优秀学员；2002年被省国税局评为金税工程先进个人；2005年9月被曲靖市国家税务局评为“推综”工作先进个人。

倾心教育一片情

——记高级教师、陆良县教委原主任郭举正

郭举正，1936年1月13日生，云南省迪庆州维西县保和镇人，大学本科学历，中共党员，中国数学会会员，中学数学高级教师。1956年毕业于丽江中学中师二班（时省中、国师、县中合并为丽江中学），同年结业于昆明师范学院中学教师培训班，1965年毕业于昆明师范学院数学本科专业（函授）。历任陆良二中教导主任，陆良一中副校长，陆良八中校长，陆良县教育局教研室主任，陆良县教育局副局长，陆良县教委副主任，陆良县教委主任、党委书记，陆良县第一、二届科协副主席，陆良县第三、四届政协常委，陆良县首届教育特别奖励基金会副理事长兼秘书长，陆良县第七届县委委员。

郭举正老师用半个多世纪的激情，燃烧着自己的教育生命。郭举正老师用半个多世纪的生命，与陆良结下了不解之缘。陆良成了郭举正老师的第二故乡，也是他教育生命的故乡。

倾心教育，无怨无悔

郭举正青春年少，走出学校；远离家乡，扎根陆良；为人师表，醉心教育。

郭举正半个多世纪的陆良教育情缘中，有将近一半的时间亲历陆良中学高（初）中教育教学第一线。1956年9月至1984年2月，28年间，陆良二中、陆良一中和陆良八中都曾留下过他教育教学实践和教育教学管理的成功脚印。

1956年9月至1977年2月，郭举正执教于陆良二中，承担过28个高（初）中班的数学教学教育和9个班的班主任工作，兼任过政治、物理、自然地理、音乐、美术等科教学，先后担任学校理科教研组长、教导主任、团总支副书记，主持校办厂和课外科技小组工作等。由于教育教学成绩突出，他先后有22次被评为地、县、区、校先进生产者、劳动模范、教改积极分子、五好教师、优秀团干等，受到各级政府和教育行政部门的表彰和奖励。1958年因成绩突出，曾作为地区代表到首都北京参观学习。他成为陆良二中的中坚力量。

此外，他还大胆进行教学改革：在教学中坚持直观性原则，理论结合实际地进行

教学，带领学生参加社会实践，调查了解数学在生产、生活及进一步深造中的需要和应用；在校内外开展实习作业；在课堂上搞直观教学，抓主要矛盾，坚持教学内容少而精，坚持启发式结合实际进行教学；亲手制作直观教具120多件，有的曾在地区展览，有的在全县中学数学教师培训中使用和推广；领导和发动学生自制教具、模型和测量仪器（如教学用大小计算尺、平板仪、水准尺、平面和工体几何教具等）400多件。充分调动学生学习数学的积极性和兴趣，把双基和能力培养落在实处。难怪他教过的学生多年以后回忆："郭老师的课，学得懂、记得牢、印象深。"

1971年教育局组织全县高中数学教师和学校领导到二中观摩他的高中数学教学课，受到赞扬和好评。特别是他自己设计制作的解析几何直线活动演示模型及为学生设计的坐标作业本，给很多观摩教师以深刻启发，深受观摩教师的欣赏和省、地、县及兄弟学校观摩领导的好评。陆良一中领导谢楚同志观摩后感慨地说："这是教师完全彻底全心全意为学生服务的体现，我们要学习这种根本精神。"地区师范学校詹佩级老师的评价是："最突出的是自始至终重视分析、揭露思维过程，让学生掌握数学思想方法。"省教研室主任马刚也给予了很高的评价。

同年，为适应全县大办附设初中、高中的形势，县教育局开展全县中学主要学科教师的业务培训。数学科请来曾七荣、陈世樵、马力三位教师，县上抽郭举正参加，负责讲授几何部分。他讲课能理论结合实际，重教材分析，既教知识又讲教法。他把自己10多年积累的经验都传授给学员，深受学员和县教育局资立安等领导的好评。他制作的教具和仪器还拉到县一中大操场公开演示。1977年又承担全县高中数学教师培训，负责解析几何部分教学，同样深得学员好评。

1977年恢复高考后，郭举正调任陆良一中副校长，抓理科教研工作，承担高45（重点）班数学课兼班主任工作。该班系全县选拔的尖子学生班，但因"文革"影响基础薄弱，初中只读两年，高中又是二年制，又遇第一次使用全国新编教材，难度可想而知。但是和一批德高望重、学识渊博、教学经验丰富的老教师同班教学，可以说是优生加优师，形成共向合力，开拓拼搏两年，1981年毕业参加高考，成绩名列全区前茅。升学率达76%，取得了陆良一中自恢复高考以来空前的好成绩。

1981年7月郭举正调任陆良八中校长，任两个高中班数学，并辅导初中数学教研，亲自讲授大纲、分析教材，还组织考试、评卷，每个教学老师的课至少听评过3节以上，深得教师的欢迎和好评。创办八中规模大、速度快、规划好、质量高，为八中的发展奠定了较好的基础，同时为全县树立了一个新的榜样。

郭举正不仅在学校教育教学的生命中，用一颗教师的真心诠释着"做一个人民教师"的人生真谛，而且在用行动兑现着"干一行，爱一行"的人生诺言。

1977年初，因防震工作急需郭举正被调到县地震办公室。在县委、政府的直接领导下负责全县的群测群防工作。除继续加强二中测报点外，又先后在陆良一中、陆良四中、县气象站、机三厂和如意龙潭新建了五个测报点，筹备和召开了"陆良县第一次地震工作会议"，对陆良的地质结构、历史地震情况作了分析报告，并提出了预防措施。郭举正到全县中小学教师集训班上讲授"地震的成因和测防"课，对宣传群测群防工作起到积极作用。当时陆良的群测群防工作在全区乃至全省都小有名气，政府拨款新建能抗五级地震的中心测报站和办公大楼。

学高为师，身正为范；立人先立德，育人先正己。郭老师是教师，更是人师，是成功的学校领导者。他以自己的实际行动和无私奉献的精神感染着身边的每一个人。他教育学生："一要做真人，二要有真才"。他重教书又重育人，但更重情感。他平时对学生在思想纪律上严格要求，生活上处处关心；对学生的过失，他多宽容，少批评；对差生，他多辅导，少指责；住校学生病了，他求医送药……做学生的"贴心人"。

把璞石雕成美玉，把学生育成英才，把学校办成名校，是郭老师的最大心愿。

引领教育，身体力行

郭举正从一位中学普通老师成为陆良县教育的领军人物，没有什么特别的过人之处。在教育教学实践和管理中，他敢为人先，从大处着眼，小处入手，埋头注意脚下，一步一个脚印，超越自我。因为他相信付出，相信种子，相信岁月。

1984年他调任县教研室主任兼中学数学教研员，在全省率先成立了各科教学研究会，邀请省地知名教授朱德祥、郑佩瑶、陶昆、尧文孝、王家炳、曾光荣等到陆良讲学，对全县教师进行教材教法过关培训，取得了全区第一的好成绩。中学数学教学成绩获得大面积提高，得到了省、地的奖励和好评。省、地教育部门派人到陆良进行经验总结和交流。由于成绩显著，郭举正连续两年被评为省、地先进教研室主任和地区先进教育工作者，受到省地党委和政府的奖励。

1987年后，他先后晋升为县教委副主任和主任、党委书记职务。他着力扭转职教的被动局面，使职教、成教和农村智力开发都达到省的先进水平。他率先实行了学校内部的"三制改革"，激活学校内部竞争机制，使陆良县教育呈现前所未有的好局面，陆良县被列为国家教育综合改革试点县和省的农村智力开发试点县。因此，他获得云南省职业教育先进工作者、省扫盲教育先进工作者和省先进教育工作者光荣称号，受到了省政府的奖励；他多次出席全省和全国的会议并在大会上作经验交流发言。1984年因数学竞赛成绩突出，他被特邀参加云南省数学会第三届年会并在大会上作了《组织初中数学竞赛的做法和体会》的大会交流发言；1987年在曲靖地区科技表彰大会上作了《办好学会，为两个文明建设服务》的大会交流发言。

1989年，在全省职教工作会上作《端正方向，走对路子，以质量求发展》的大会交流发言；在云南省数学会第三次学术交流会上作《陆良县大面积提高初中数学教学质量的做法和体会》的大会交流发言；代表陆良县出席全国燎原计划与农村教育改革实验县工作会议。《加强农科教统筹，大力发展职业技术教育》一文获省政协征文三等奖。1990年陆良县被评为全国电教先进县，他代表县出席全国电教工作会并在大会上作了《办好电教，为三教服务，为两个文明建设服务》的交流发言。1991年在《曲靖教育》发表《依靠人民办教育，办好教育为人民》一文。1992年7月在曲靖地区"三制"改革研讨会上作了《当好县委政府的参谋，做"三制"改革的促进派》的大会交流发言。同年主持编写《陆良历史》等15本乡土教材。1993年主持编写《希望之光——陆良县"三制"改革经验总结》一书，献给云南省教育工作曲靖现场会，受到好评，参与陆良科教示范村试验，获地区科技三等奖。

1993年8月，因年龄关系他退出领导岗位，根据本人要求，县委同意，重回到县教研室任中学数学教研员并兼任音、体、美教研。组织九年义务制教育教材大纲培训，亲自授课达1600人次；深入学校听课评讲课42节，深受老师欢迎和好评；组织撰写中学数学教学论文23篇（本人带头撰写2篇）送地区学会发表和交流；组织高中13名学生参加全国数学竞赛，成绩优良；下基层调研2次，写有两份调研报告；组织新义务制教材试点学校统测命题考试和质量分析；组织全县初一数学研究课和观摩课各一次，收效甚好。

老当益壮，夕阳无限

年届花甲，本该退休在家，颐养天年，但郭举正依然故我，激情不灭，1996年10月退休后被返聘到县关工委工作，并利用自己还是县委委员、县政协常委和县科协副主席等职务，关心教育和帮助下一代青少年成长，发挥余热。

在县政协领导下成立"陆良县教育特别奖励基金会"，经几届努力，基金现已累积百万元以上，其目的是表彰先进教师，激励优秀学生；成立教育系统关工委，与县延安精神研究会、县关工委、县老书协等形成合力，进校园、搞试点，使关心下一代工作搞得有声有色，受到各级表彰，并赢得全国关工现场会代表来陆良参观学习；在县科协领导下成立"陆良县教育学会"、"陆良县音乐教学研究会"和"陆良县美术教学研究会"等有力促进了素质教育发展，培养了一批"断层人才"。

在教育系统内部，以关心教育机关职工子女为突破口，切实关心职工生活：通过调查统计，把教育机关职工子女编为学前儿童、小学、中学、大学四个组，配合学校班主任老师对他们进行"六会"（会做人、会学习、会劳动、会健体、会生活、会审美）教育；假期组织夏令营，参观天生桥电站、彩色沙林、三中、书画展、经验交流、表彰等活动，使孩子们深受教育。

正是：

三尺讲台，传道授业，甘为人梯，无私奉献。

半生岁月，倾心教育，硕果盈枝，桃李芬芳。

郭举正老师同其他在教师岗位上默默奉献的老师一样，心系教育，倾心教育，引领教育，用心，用血，抒写着自己教育生命篇章。正如他在陆良二中50周年校庆上填写的一首词《沁园春》那样：

旭日东升，五星旗耀，九州欢欣。恰同学少年，民族兄弟；云岭启蒙，玉龙垫根。立志从教，滇池高深，为国育才献青春。号令下，奔阵地陆邑，壮志雄心。

高原大坝名城，人勤劳俭朴心似镜。为子女服务，竭力尽心；爱生如子，身衣言传。能文能武，又红又专，全面发展目标新。好风扬，桃李慰平生，功卓元勋。

一个诚信勤奋的人

——记陆良县政协原副主席、离休干部资文灿

资文灿，汉族，1934年2月8日生，陆良活水乡黑木村人，小学未毕业，16岁父亲病逝，随母生活，操持家务，青少年时期饱尝了人间苦难，1949年4月经地下党介绍加入了新民主主义青年团，参加工作，1954年10月入党。至1994年11月离休，他整整工作了46 年。其中在龙海山区工作了41年，到县城工作了5年。先后任过地方游击队通信员，乡、区、公社文书、统计。担任过乡、区、公社办公室主任、区委委员、党委副书记、书记等职。1990年3月任县政协副主席、党组副书记。1994年离休后担任陆良县关心下一代工作委员会常务副主任至2000年。他在龙海山区工作40余年，与龙海山区老革命根据地结下了不解之缘，情深似海。

龙海山区根据地是1947至1949年建立、巩固和发展起来的。它是边纵三支队的诞生地和主要活动点，革命根据地能胜利的建设发展和巩固，主要有较好的群众基础，有了新的政权领导。1949年3月17日沙锅村建立了龙海山区行政委员会，区以下有乡从上到下建立的新政权，有自己的武装组织，建立了健全的群众组织。加强群众的宣传教育，形式多种多样，办小学、办夜校，儿童、青年、成人参加学文化识字，开展文艺活动。在龙海山区根据地，资文灿担任过游击队的通信员，并参加了反扫荡斗争和支前等工作。

1949年10月1日中华人民共和国成立，人民解放军向西南挺进，上级党委布置要做好迎接大军的准备工作，当时龙海山区正处反扫荡斗争环境，组织民兵劳武结合，敌人来了打仗，敌人走了，一齐搞生产，抓好春耕、夏锄、秋收、冬藏工作。资文灿当时是新民主主义青年团员，他也积极参加了龙海山区的迎军物资的准备工作。

1952年，资文灿参加了土地改革。针对山区土地、各阶层的占有情况做过调查，起初是以减租退押方式发动群众。土地改革运动从1951年12月开始，方针是“有步骤、有分别地消灭封建剥削制度，发展农业生产”。1953年春颁发了土地证，资文灿当时在黑木乡任文书，亲自参加并负责领导填写全乡的土地证500余份。

1982年2月，公社党委决定资文灿和一位副主任先在箐湾子大队的11队和14队搞联

产承包责任制到户，大包干到组的试点工作。当时总结了家庭联产承包责任制有五大好处：一是调动了积极性，二是生产措施具体，三是挖掘了生产潜力，四是改善了干群关系，五是经济效益好。实行家庭联产承包责任制的当年，获得粮食增产12.8%，经济增收38.5%，畜牧业大发展，基本解决了温饱，摘掉了吃返销粮的帽子。

党的十一届三中全会后，在党的正确领导下，资文灿和广大干部群众同甘共苦，走遍了村村寨寨，深入群众，深入实际，调查研究，组织山区人民发展生产，发展经济，这是龙海山区发展最快的时期。表现在：一是教育发展快，全区新中国成立前只有两所小学，现在基本普及了村村寨寨，办了3所中学，培养了一大批学生。二是水利建设好，打地下机井，修建蓄水池塘、地窖，有的村接通了自来水，基本解决了人畜饮水问题。三是交通畅通，基本村村通汽车。四是科技发展快，普遍推广了适用农业科学技术。五是调整了产业结构。六是林业生产有了大发展。七是畜牧业迅速发展。八是大力发展了乡镇企业和私营个体企业。九是培育发展了山区农贸市场，龙海山区已有4个集贸市场。

1990年3月，资文灿担任陆良县第三届政协副主席，党组副书记。他深入基层，深入实际调查研究，对本县经济和社会发展提出了许多建议，按照"政治协商、民主监督、参政议政"的职能，尽快转换角色，高举团结和民主两面旗帜，动员一切力量，调动一切积极因素以凝聚人心，为陆良经济社会发展建言献策。在政治协商上，能顾全大局，自觉接受党的领导，保证县委正确决策的贯彻落实，关系民生的问题，组织委员调研考察，经过分析，反复论证后，以公文或提案形式向县委、政府提出建议，多数得到了县委、政府的采纳。对党委交办的任务，政府委托的工作，他以积极认真负责的态度去完成、去落实。1993年5月至1994年10月按照中共曲靖市委关于任职年龄的规定，改任政协副县级调研员。他在组织的关心下，继续加强学习，1995年离休后参加县第一批基层组织建设工作队在板桥镇一年，积极完成组织交给的工作任务，履行好一名共产党员的义务。

资文灿出身于农民家庭，又过早失去父亲，为操持家务，从小就锻炼出不怕困难、吃苦耐劳、乐于奉献的精神。对工作勤勤恳恳、兢兢业业，有责任心、有事业心，在他工作过的地方和单位做了许多实事好事，深受领导、群众的好评，政治坚定、旗帜鲜明，对党对人民忠诚老实，作风正派踏实，艰苦朴素，清正廉洁。1994年离休 后又担任陆良县关心下一代工作委员会常务副主任，继续发挥余热，为社会、为人民再作贡献。

焦健清自述

（沾益县人大原副主任）

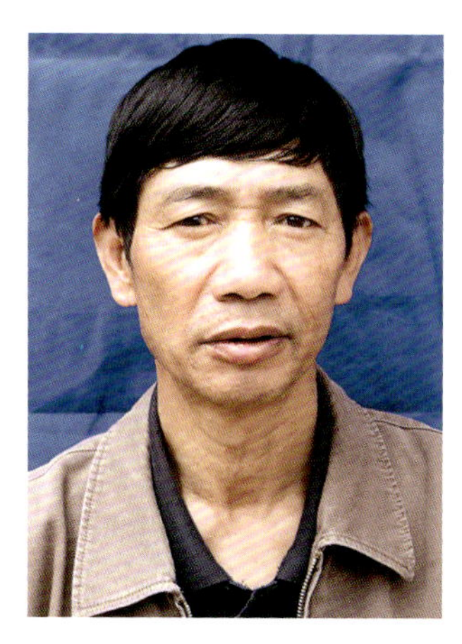

我生于陆良县大莫古镇甘河小山村。1956年与家门叔叔焦长明（焦家良之父）同时考入滇桂中心小学高小第一班。

1958年，我和同班同学陈世俊（现成都军区副司令员）被保送到陆良县第一中学上初中，而后，被分到陆良县机械中学上学。半年不到，因学校撤销，分我到陆良一中师范（初师）班。

1959年秋，并入罗平师范学校，为该校初师十四班。1960年秋，初二刚完，因各处小学教师紧缺，初师部三个班提前毕业分配工作。我被留校，在教导处跟王老师学刻蜡版、印刷。同时还抽时间跟老师下乡，白天参加劳动，晚上他写，我刻印，写的是《九龙河交响曲》等。

半年多后，学校认为我年纪小，学校精减人员，我"跳级"上中师，到中师十九班学习。1963年7月毕业分配工作至曲靖县温泉（桥头）小学任教。1964年曾被云南省教育工会树为学习毛主席著作先进个人，同时被列入县教育系统"新生力量"培养对象；1965年初调曲靖县文教科工作。

1966年"文化大革命"，我从开始的先进积极分子、曲靖县中小学"文革"工作队员（骨干），很快亦成为：保皇派、黑干将、批斗对象，先后进"五七"干校，到曲靖化工厂（建厂）、治理南盘江，借到县农业农村工作办公室工作等。1977年以后，先后调到曲靖县工业交通局、县人民法院、县政府劳动科工作，但大部分时间是抽到县委落实政策办公室，对袁桂英被错杀、蒋汉（原曲靖专署专员）、蒋正英、李瑛（县直机关干部）等死因，曲靖工农兵大旅社被烧，曲靖县政府大楼被打、砸、抢、抄，曲靖县文教系统错（扩大化）划一百余名右派等案件的调查、落实、改正、平反等工作。

1983年以后，先后任曲靖市（县级）政府办公室副主任（管信访、接待、行政、外事等工作）、主任、统战部长、政协副主席（分管和联系民主党派、台、侨、工商联、民族宗教、非公有制经济、非党干部培养、推荐等）。

1977年以后，先后任沾益县建县领导小组成员、县人大常委会副主任（分管和联系科、教、文、卫、非公经济等）。曾主持及参与制定《沾益县发展非公有制经济的意见》、《沾益县计划生育管理实施办法》、《沾益县执法责任制试点意见》等。参与决策县一中、三中、西平、水桥小学、县幼儿园、各乡镇中小学改、扩建、布点、搬迁、新建等。参与引进万寿菊中药材种植、生产加工（现已成为沾益县乃至省内知名品牌）。

2003年以后，调县政府任助理调研员，分管和协管县乡镇企业、供销、中药材种植、企业改革、安全生产等。

2008年3月退休。

回忆、体验一生漂泊、曲折、得意的经历，自觉不自觉地常常会想到："撤下来才算成功"。人们常说："飞机上蓝天并非成功，平安降落之后才算成功；飞船进入太空并非成功，安全返回之后才算成功。"可见，"成功不是瞬间，而是全程"。有今天，无非是从踏进社会那时起，就始终坚持，凡"迷魂"即服几剂良药：

之一，在顺利得意时，绝不可"昂首挺胸"，而要以旁观者的角度自嘲，认识自己的短缺；在曲折受磨难时，绝不能自认"低矮"，停留不进；记住：人生就像打扑克，输赢一张纸，只要抛开胜负的计较就一身轻松，或许会收获到意想不到的灵感。这样很容易找到自己正确的位置。

之二，在与上、下、左、右周围同志相处时，绝不可"难上"不"为下"，尊重每一个人无话可说，但切莫见上"多点头"，见下"多摇头"。相互谦让、包容、聆听才能建立良好的人脉……这样很容易确立自己的人格、品味、德行，得到一份安慰。

之三，在应对"权"、"利"时，环环把握：有"权"有"名"时，铭记"大小身为官，亲将责任当（担）"，无权无名时，勇敢地"闭关修炼"，弥补并非迟。有"利"可图时，切忌见利忘义，何苦胆战心惊，折磨自己。无"利"时，不望、不比、不靠、不要，做个宽松人……这样很容易求得自己的尊严。

"时光为沙砾，将一切剥离"。心宽、忍让、和气、善良，诚实执著，定可以爽快地挪位，留住最后的尊严，美梦长在。愿每一位诚挚的乡亲、朋友、同事、同学平安一生。

翟跃华自述

（楚雄州统战部党支部副书记）

我叫翟跃华，1969年10月24日出生于一个农民家庭。父母互敬互爱，为人正直，忠厚勤朴。虽儿女多，识字少，但他们在生活十分艰辛的情况下，依然坚持送我们姐弟上学，并教育我们做人要勤劳、诚实和正直。在他们和老师潜移默化的影响下，我从小就懂得了许多做人做事的道理，使我在后来的人生道路上受益匪浅。

1987年10月，高中毕业后，在党的号召下，我怀着报效祖国的情怀，积极报名参军，光荣地成为一名火箭兵战士。新训结束，分配到××基地×××团工程一营二连二班，因工作努力、学习勤奋。1988年和1989年连续两年被评为优秀士兵；1989年在“为二炮作奉献”活动中被授予“青年突击手”荣誉称号，并在同批入伍的战友中第一个加入党组织；1990年被组织推荐报考军校。

功夫不负有心人。1990年我以优异成绩考入西安陆军学校，学习管理与指挥专业。入校后，我更加努力学习政治、军事和科学文化，刻苦锻炼军事技能。因学习成绩突出，模范带头作用强，三年都被组织安排担任党小组长和被评为优秀共产党员，并以优异成绩毕业。

1993年7月，服从组织分配，到××基地教导队集训，在集训中因训练成绩突出被评为优秀学员。1993年10月，任×××旅发射三营发射连发射排排长。为起好步，我积极投入训练、工作和学习，身先士卒，积极进取，并在年度实装操作中，圆满完成工作任务，受到领导好评。1994年3月，因工作需要改任发射连控制排排长，期间，带领全排参加完成了二炮组织的防直平台定型实验任务，因工作突出受到嘉奖表扬。年终，因全排执行命令坚决，完成任务出色，集体荣立三等功。

1995年2月，我被破格提拔为发射六连副连长（代理连长），由于指导员外学，自己独自肩负了全连工作。新工作、新要求、新环境、新挑战，为尽快适应岗位工作，一方面我主动向营队领导和其他优秀连长请教带兵之道，另一方面严格要求自己，要求部属要做的事，自己首先做到，并敢喊跟我来、看我的等等，连队管理工作呈现了起色，全面建设水平也得到了不断提高。1997年5月，在组织的关心下，我晋升为连长，因成绩斐然，连队当年被评为后勤先进单位，甩掉了连队多年没评先进的帽子，自己也因工作出色荣立三等功。

在主官岗位上，工作上依然努力上进，齐心协力和全连官兵见第一就争、见红旗就扛。自己1996年被评为“优秀党员”，1997年被评为“三化”管理先进个人，1999年被评为旅技术骨干和“优秀党员”，2000年在姚安1•15抗震救灾工作中被评为先进个人，以及单位1996年至2000年连续五年被评为先进连队。

2000年3月任发射三营副营长，积极协助营长工作。并妥善处理正副职关系，做到不越权，也不当甩手掌柜，在营长不在位期间，积极与教导员配合抓工作。在2001年5月赴靖宇跨区驻训途中，我负责管梯队后勤保障，因周密计划、妥善安排，确保了官兵一日三餐和其他生活保障，受到了旅带队领导表扬。

2002年3月，我被任命为发射六营营长。以前，我营与其他发射营相比，工作上存在一定差距。为改变这种现状，旅主官分别与我谈了话：把你放在这个位置，是旅党委充分相信你的能力和素质，希望你与六营官兵一起努力，重塑六营新形象，给旅党委交一份满意的答卷。面对首长信任和期望，我感到肩负的责任更重了。为完成首长交给的任务和不辜负首长的厚爱。到任后，我立足实际，精心筹划营队的全面建设：军事训练，坚持按纲施训，大胆地给连、排、班长压担子，交任务；专业学习，采取以老带新、分层次集中示教和送出去外学等方法，强化官兵专业理论知识；行政管理，先疏后管，强化纪律意识，坚持依法从严，看小处，抓点滴，确保官兵“人人在组织中，事事在管理中”。在本年基地军事第六届大比武中，营队选派的11名同志获得8个单项中的7项第一，一个单项第二，总评第一的好成绩，受到基地首长表扬，年底营队被评为三级发射营，提前完成旅首长提出的进入等级营的要求，我个人也受到嘉奖和评为旅装备管理先进个人。

2003年以来，随着新军事变革的不断推进，我的思想也发现了重大变化，认识到：未来的挑战，实质上是一场知识的对比，谁技高一筹，谁就能在激烈的竞争与较量中多一分先机，多一分胜算。为进一步武装自己，跟上时代的步伐。在努力干好本职工作的同时，我于2003年报考了昆明陆军学院军事指挥专业的自学考试，经过工作之余的挑灯苦战，一分耕耘，一分收获，顺利拿到了本科文凭。同时，工作成绩更是突出：2003年和2004年自己连续两年被评为装备先进管理个人，2004年还被评为安全管理先进个人，2003年至2005年单位连续三年被评为二级发射营，跨进先进营的行列；单位还涌现出全军“十大学习标兵”王圣良、基地“优秀四会教练员”刘建龙等先进典型，我因工作成绩突出于2005年3月提拔为旅副参谋长（副处）。

2006年9月转业到楚雄州委统战部后，在领导、老乡和同事的帮助指导下，自认为：工作上，进入角色快，执行命令坚决，工作责任心强，完成任务标准高。2007年度被云南省委、省政府表彰为“优秀新农村建设指导员”，2008年当选为统战部党支部副书记。

路漫漫其修远兮，吾将上下而求索！在今后的工作中，我将认真汲取以前的经验，发挥优势，纠正不足，积极向上，并在领导、老乡和同事的帮助下，努力再创业绩、再立新功。

科学探索者

——记昆明理工大学理学院副院长、教授伏云昌

1963年6月，伏云昌生于陆良县板桥镇的一个农民家庭。1983年7月毕业于云南大学地球物理系，获学士学位；1988年7月毕业于清华大学，获硕士学位；2004年9月获法国里昂中央理工大学博士学位。1999年10月至2000年7月，2001年2月至2001年7月两次赴法国访问学习，从事激光材料表面处理数值模拟研究工作。2006年1~5月在加拿大北哥伦比亚大学访问考察。

20多年来，他一直从事物理学研究和教学工作。1983年9月至1985年8月在化学工业部化学矿产地质研究院工作；自1988年7月起，一直在昆明理工大学从事大学物理教学、科研工作。1996年3月至今，历任昆明理工大学基础部副主任、理学院工会主席、理学院副院长。

主要学术成果：1992年、1993年分别获学校青年教师课堂教学比赛一等奖、云南省青年教师课堂教学比赛二等奖；1994年被选拔为学校第一批中青年骨干教师。2005年云南省精品课程《大学物理》、昆明理工大学精品课程《大学物理》负责人。2005年聘为教育部高等学校物理学与天文学教学指导委员会物理基础课教学指导委员会委员。参与英文教材《A Concise Course in University Physics》的编写，撰写其中的五章，约21万字。参加张大宋教授《物理学基本教程》第二版、第三版修订和《物理学基本教程》习题解答编写工作（高等教育出版社出版）以及《物理学基本教程》教材立体化建设。参加制作《物理学基本教程》多媒体课件，高等教育出版社出版。参加的科研项目《使用英文物理教材进行双语多媒体课堂教学的改革试点》获2000~2002年度昆明理工大学优秀教学一等奖，2005年9月获云南省高等教育教学成果二等奖。2004年7月，被评为2002~2004年度昆明理工大学优秀教学一等奖。制作的《大学物理》双语多媒体课件获第九届全国多媒体课件三等奖，云南省二等奖和优秀奖。

1987年以来从事激光与物质相互作用研究，科研方向有：激光场中电子～原子的碰撞、多光子过程、激光材料表面过程实验及数值模拟、（e，2e）理论和信息光学，发表学术论文30余篇。获1994年云南省科学技术进步三等奖和2006年度云南省科学技术奖励三等奖。

苦寒与勤奋

——记昆明医学院第三附属医院主任医师他同生

他同生，1953年生于陆良县庄上村。1980年毕业于昆明医学院，从事泌尿外科工作。1987年晋升为主治医师，1997年晋升为副主任医师，2002年晋升为主任医师、教授，并担任昆明医学院第三附属医院泌尿外科主任、云南省医疗事故鉴定委员会专家、昆明市医疗事故鉴定委员会专家、昆明医学院医疗事故鉴定委员会专家、云南省医疗设备委员会专家。为昆明医学院第二届职代会代表、云南省肿瘤医院工会委员会委员。为云南省知名泌尿外科专家。多次被评为优秀共产党员、先进工会干部、先进工作者。

虽然在工作中可谓一路顺风，其实对于出生于贫寒农村的他来说可谓不易，自从年幼时父母过世，靠叔叔姐姐抚养，靠助学金读书直到读完大学。古人云：上为良相，下为良医。身为医学院毕业的外科医生，从事外科工作的第一天起他就立志为人民做实事，从小事做起，努力钻研。先后多次到上海、北京、广州进修学习深造，得到许多著名专家的言传身教，手术技术很快提高。独立完成了大量重大高危手术，其中包括大量的高龄高危肿瘤患者，最大的年龄达到90余岁，从未发生医疗事故及纠纷。临床工作之余，积极开展医疗科研的创新，在云南省率先开展I125粒子在TPS系统引导下前列腺植入，开展全膀胱切除ray-x直肠膀胱术，巨大肾上腺肿瘤，腹腔巨大肿瘤淋巴结清扫，阴茎癌、睾丸癌淋巴清扫等泌尿系高难度手术，并取得了良好的手术效果。同时对泌尿科和普通外科的常见多发病也有很深的造诣，手术基础扎实、技术全面精细、艺高胆大。他有较强的专业基础，并有悉心钻研医学难题的态度。对每一名患者，每一例手术都根据患者自身情况、人体解剖特点、手术方式及手术前后可能发生的问题进行细致的分析，认真地研究，从而保证了手术的安全，在医院内外获得了广泛的赞誉。

他有很高的预见性，在多年前就预见到前列腺肿瘤将成为我国老年男性健康的杀手，并对该类肿瘤进行了大量前瞻性的研究，在云南省内率先展开TPS系统引导下I125粒子植入术，自开展以来已进行该类型手术数百例，取得了良好的手术效果，挽救了数以百计的老年前列腺癌患者的生命，并提高了患者的生活质量，取得了良好的社会效益和经济效益。医德是医术的基本点，他严格要求自己，从医以来从未接受过患者的红包馈赠，他对患者均一视同仁，只要病人需要，一切以患者利益为中心，他有一句口头禅：在医院对待病人就要像对待家人一样，而患者出院后就要像朋友一样。

他学习勤奋，时至今日，身为主任医师仍然不断努力学习相关专业知识及国内外学科的最新进展，并撰写了大量的论文，且带动了全科室的年轻人努力学习，同时对科室的年轻人言传身教，鼓励科室的年轻人勇攀医疗的高峰，努力向国内先进地区学习，缩小与先进地区的差距。

他有很浓的乡土意识，对家乡的患者都尽力关照、帮助，尽量减轻患者的经济负担，并努力解决患者的后顾之忧。

他同生不仅自己努力学习，技术精湛，他的全家都是如此。他的爱人为妇科专家，曾多次深入家乡为广大患者进行诊治，为家乡人民的身体健康作出了应有的贡献，他的儿子为医学博士，同样在为人民的健康事业做着力所能及的贡献。

理论计算机科学家

——记中国科学院软件研究所研究员李昂生

李昂生1964年出生于陆良县。1984年云南师范大学数学系本科毕业，1988年云南师范大学理论计算机科学专业研究生毕业，获硕士学位。1993年，中国科学院软件研究所获博士学位，后留所工作至今。分别于1995年、1999年、2002年任中国科学院软件研究所副研究员、研究员和博士生导师。1998年1月至1999年1月、2000年3月至2002年3月年在英国Leeds大学分别做访问学者和研究员，2003年10月至2004年10月在新加坡国立大学做研究员，2008年9月至2009年3月在美国Cornell大学做爱因斯坦访问教授。2003年获国家杰出青年基金，2008年入选中国科学院“百人计划”。

李昂生长期从事计算模型的数学结构与原理的研究，针对可计算性和计算复杂性中的归约、层谱、算子、可定义性等经典的基本问题，取得一批国际领先水平的成果，解决了若干国际前沿问题，特别地解决了一个40多年悬而未决的问题。在著名国际刊物《Proceedings of the London Mathematical Society》，《Journal of the London Mathematical Society》，《Mathematical Structures in Computer Science》，《Archive for Mathematical Logic》，《Transactions of the American Mathematical Society》，《Israel Journal of Mathematics》，《Illinois Journal of Mathematics》，《Journal of Symbolic Logic》，《Annals of Pure and Applied Logic》，《Theoretical Computer Science》等发表论文20余篇。主编国际会议论文集2部，主编国际期刊专辑3集。

主持国家基金委面上项目No. 69973048，被评为“特优”；作为主要完成人完成的英国工程和自然科学研究委员会（EPSRC）项目 No. GR/M 91419，被评为“杰出”，其中“研究质量”和“潜在科学影响”均被评为“国际领先”；2003~2006年，主持国家基金委重大国际合作项目《计算的模型、理论和应用中的新方向》，项目发表国际刊物论文30余篇，和国际同行一道发起“Theory and Applications of Models of Computation”国际会议，2009年已召开第6届。

代表性学术成果包括：1.证明了计算可枚举Turing度的主子度定理（Archive for Mathematical Logic，47（2008），341-434，与英国Cooper合作），彻底回答了Lachlan

1967年提出的主子度问题。该定理是深刻而且优美的数学与高度复杂构造的新技术、新方法相结合的结果，是可计算性理论中迄今最为困难的结果之一。它提示我们研究更为广泛的连续性，理解或部分理解定理证明中的新思想、新方法就可以解决其他新问题。他和他的学生研究了计算可枚举集合在有界Turing归约下的结构C b T中的主子度问题及其对偶，证明了主子度的对偶成立（Annals of Pure and Applied Logic， Vol. 155， No. 1， 2008， 1-15），而且还证明了在C b T 中主子度定理不成立，该结果意外地给出了C b T 中的一个可定义性定理（Mathematical Structures in Computer Science，（2009）， Vol. 19， pp 1-15）。主子度定理及其所揭示的连续性和可定义性把学科已有的很多重要结果联系了起来，并产生新的课题，推动可计算性发展。提出Jump类基本理论初等等价的问题，证明了高性层谱初等差别的一个结果：对一切n>1， Th（H1）≠Th（Hn）（Theoretical Computer Science，410（2009）1042-1053）。证明了计算可枚举Turing度的Join定理（Transactions of the American Mathematical Society，Vol. 356（2004）， No. 7， 2557-2568，与美国Jockusch、新加坡杨跃合作）。部分解决了李昂生低性层谱初等等价的问题，而且其一系列推论还解决了Cholak，Groszek， Slaman 2001年提出的若干未解决问题。2.证明了差层谱中的二元可补性定理（Proceedings of the London Mathematical Society，（3）79， 1-21， 1999，与X.Yi 合作），结果证明了李昂生1994年公开的一个猜想；证明了计算可枚举Turing度在差层谱中是可逼近的，取得计算可枚举Turing度在计算可逼近Turing结构中可定义性的第一个结果（Journal of the London Mathematical Society，（2）66（2002）513-528， 与英国Cooper合作），该结果提出了一个新的研究课题。3.在全息计算研究方面，给出了Valiant Matchgates这一新模型的群论刻画，并证明了Matchcircuits的通用性（STACS，2008， 与夏盟佶合作），解决了Valiant 2004年提出的未解决问题。

通向博士之路

——记昆明理工大学生命科学与技术学院副院长李宝才

李宝才走过了一条奇特的博士之路：民办教师—大学生—研究人员—硕士生—大学教师—副县长—国外学习—博士、教授、副院长。

1957年10月31日，李宝才出生于陆良县三岔河公社舟东二队；1971年7月小学毕业于舟东小学；1973年7月初中毕业于舟东小学附设初中班；1975年7月高中毕业于陆良三中；1976年7月结业于陆良三中附设师范班；1976年9月~1978年3月在舟东小学当民办教师，任附设初中班数学和高中班化学、物理课老师。1977年12月参加"文革"后的首次高考。1982年毕业于云南大学化学系有机化学专业，获学士学位。1982年1月~1983年9月在曲靖地区化工研究所工作，任团支部书记。1983年9月~1984年7月在中国科学院、中国科技大学北京研究生院学习。1986年毕业于中国科学院山西煤炭化学研究所有机化学专业，获硕士学位。1986年10月至今，先后在云南工学院、云南工业大学、昆明理工大学任教，担任有机化学、高等有机化学，天然药物化学、天然动植物活性成分、仪器分析、制药工程专业英语等课程的教学，任班主任、科研系副主任、化工轻工学院科研秘书。1993年评定为副教授，1999年评定为教授。

其中：1989~1991年任寻甸回族彝族自治县人民政府副县长，党组成员。1996~1997年受邀到英国Bristol大学生物有机地球化学中心工作，在英国皇家协会会员Geffery Eglingtong指导下做访问研究员。2002年毕业于中国科学院广州地球化学研究所地球化学专业，获博士学位，导师为中国科学院研究员傅家谟院士，研究方向为海洋药物化学及功能食品化学。主持完成云南省、煤炭部自然科学基金项目4项；云南省教委重点基金项目2项。参加国家自然科学基金项目2项。主持科技部重大技术支撑项目子课题1项。主持横向课题20余项。获中国腐植酸工业协会第二届全国腐植酸行业"乌金杯科技贡献奖称号"1项，云南省曲靖地区科技进步奖1项，云南省先进科技副县长一次。在国内外发表80余篇学术论文，《腐植酸系列丛书》（5册，化工出版社，2007）编委。

现为学院党委委员，制药工程专业学科带头人，中国腐植酸工业协会理事、学术委员会委员、专家咨询委员会委员、腐植酸行业质量标准评审委员会委员，中国腐植酸学术期刊技术负责人，昆明国家高新技术产业开发区管理委员会专家咨询委员会委员，主要从事天然药物化学及腐植酸在医药保健领域、农业领域、工业领域应用基础研究。

懿德染杏林 仁术济苍生

——记陆良县中医院原院长、主任医师肖堃

在云南红土高原的连绵群山之中，有一块美丽富饶的土地，是爨文化的发祥地，历来以人杰地灵、物华天宝而著称，素有“花枝不断四时春”之誉，这就是陆良。肖堃，一个为振兴民族中医药事业奋斗了40余年、为无数患者解除病痛折磨的中医学专家，就诞生在陆良这块土地上。

“走出一条自己的路”，这是肖堃投身中医药事业的不懈追求。无论是在岁月动荡的青少年时代还是已进入花甲之年，他始终迈着坚实的步伐，辛勤搏击于医海，以仁术济世，旨在为人民群众解除病痛的折磨，志在为民族中医事业的振兴尽一份真情。

以“德”治医，以“爱”兴医

肖堃出生于一个书香之家，父母亲和兄长的慈训，为他“以德立身”的人生方向奠定了坚实的思想基础。他早期师承于王东君等名老中医门下，恩师“若要行医，先学医德”的谆谆教诲在他心中留下了深深的烙印。1977年，肖堃以优异的成绩从云南中医学院完成大学学业，拜谢了学校领导让自己留校任教的厚意，回到故乡陆良，从此开始悬壶济世、仁术救人、搏击医海的治医、兴医生涯。

1982年，陆良县中医院成立，县委、县政府任命肖堃为院长。当时医院人才匮乏，服务功能单一，设备简陋，资金短缺，医院发展举步维艰，前人的医疗经验可以借鉴，但没有一条现成的路可走。针对这种现状，肖堃以强烈的事业心和使命感，认真抓好医院全面工作，还自定任务和目标，使自己的工作量远远高出职工的所定工作量。他切实摆正做人、做事、做官的位置，堂堂正正地做人，精益求精地治医，清正廉洁地当好带班人。20年的艰苦创业，肖堃以一步一个脚印的工作成效，争取到了各级党委政府及卫生主管部门的支持和帮助，使陆良县中医院发展成为全省较好的县级中医院，并在广大患者心中留下了肖堃这一个亲切的名字，在医药界享有良好的知名度。

艰难困苦，玉汝于成。陆良县中医院从1982年7月省卫生厅批准建立到2001年，医院建筑面积由780平方米增加到10952平方米，病床从0增加到150张，医疗设备从5000元发展到433万多元，职工从29人增至171人，年业务收入由17万元增加到1320多万元，固定资产从20万元增至1137万元，使陆良县中医院走出了低谷，走上了发展的快车道。

为有源头活水来

面对欣欣向荣蓬勃发展的陆良县中医院，医院职工们总是忘不了和肖堃患难与共的创业岁月，人们都敬佩地说："肖医生在做人做事上，走的是一条自己的路。"

在中医院创业之中，肖堃致力于医院科学化管理，提出以专科为主线，急症为突破口，以门诊、住院、护理、药剂、医技为重点，提高医护质量，抓好以内涵为核心建设的思路，在实践中切实体现特色，努力发挥自身优势，使中医院走出了一条"院有专科、科有专病、病有专药、人有专长"的发展路子。

为努力提高中医的诊治水平，走中医现代化道路，肖堃在医院资金困难的情况下，提出先投资后受益的办法，他和医院其他同志东奔西走，在社会上筹集到资金100多万元，购买了在90年代先进的彩色超声仪，使陆良县中医院成为全省第一家拥有彩色超声仪的县级中医院；购置了美国彩色经颅多普勒、日立305型B超、X线光机、检验设备、中医传统设备等。先进的医疗设备，为医院发展插上了腾飞的翅膀。

抓好一支队伍，培养一批留得住、用得上的学科带头人，是肖堃在科技兴院上以德治医、以爱行医的孜孜追求。他坚持以人为本、尊重知识、尊重人才的理念，抓好职工继续教育，加强"三基"培训，发挥老中医"传、帮、带"作用，鼓励职工更新知识，提高专业素质；注重选拔业务骨干和学科带头人到省内外进修深造，对他们政治上放心、工作上放手、生活上关心，使大批德才兼备的优秀人才脱颖而出。他坚持以社会效益为最高准则，以求取得最大最佳的医疗服务效果，在医院树立了以病人为中心、强化质量意识、提高服务水平、履行医疗职责、严格各项制度和操作规程的新形象，赢得了社会和广大患者及同行的好评。

在肖堃精心抓好医院建设和各项目标任务的组织实施上，医院在医德医风、医技服务能力、硬件基础设施建设等方面取得了显著成绩。1996年7月11日，陆良县中医院通过云南省卫生厅和曲靖市卫生局组织专家进行的综合考察和评审，定为二级甲等医院。1997年国家中医药管理局医政司司长陈士奎教授到陆良县中医院检查指导工作，感慨之际，欣然写下了四个大字"滇中奇葩"。1991年陆良县被国家中医药管理局确定为农村中医工作试点县，肖堃亲自下到基层进行中医药业务技术指导，培养基层人才，积极配合县卫生局建网络、定计划、抓检查、促落实，通过5年的试点，1997年3月经国家中医药管理局验收，陆良县被确定为"全国农村中医工作先进县"。1997年10月，云南省卫生厅重点抽查了陆良县中医院职业道德第二周期建设情况，各项指标都达到了职业道德标准的要求。肖堃认真组织的"放心药房"建设，取得的经验在哈尔滨全国会议上交流，受到国家中医药管理局的表扬。

身似菩提树，心如明镜台

在肖堃40余年的奋斗生涯里，他始终以感恩的心态、求实的精神、谦和的性格、低调的风范，摆正了处世立命的态度，无论是在事业如日中天的辉煌时期，还是退休回家继续以仁术济世的今天，他都一直做到常怀杏林、心存患者，宠辱不惊、豁达洒脱，一言一行都体现出淡泊以明志、宁静以致远的精神境界，他时常说："我是一个医生，我的责任是治病救人。"

肖堃在他的工作和行医道路上，刻苦好学，不畏艰辛，在医术上达到了较高的境界，擅长应用中医药治疗诸多疑难杂症，尤其在胁痛、胃痛、结肠炎、风湿、妇科月经不调、颜面神经麻痹等方面，善于应用经典指导临床，见解独具。

1996年，肖堃撰写的《胁痛与疏肝利胆祛瘀疗法》论文，被选中参加在美国洛杉矶举办的"国际中医药杰出成果展示会"，他所作的论文交流，在大会上荣获杰出论文奖、杰出成果奖。1998年10月，云南省卫生厅组织13名专家到美国进行讲学、学术交流和考察，肖堃被选中参加出访交流，和美国中医学院建立了良好的关系，中医走出国门，展示了中华民族博大精深的中医药文化，促进了中医药走向世界。

多年来，肖堃先后发表学术论文30余篇，其中国际论文4篇，获市级科研成果奖4项。在他的带领下，陆良县中医院各科专业人员共发表和交流市级以上学术论文100余篇，并开发出了多种疗效确切、临床应用好的中医药制剂。他多年潜心研制的"胃痛灵Ⅰ号、Ⅱ号胶囊"治疗胃脘痛，总有效率达90%，该成果获得曲靖市科技进步二等奖，其中胃痛灵Ⅱ号在治疗胃湿热中成本低、疗效显著，填补了省内空白；结肠宁Ⅰ号、Ⅱ号冲剂内服和保留灌肠治疗慢性非特异性溃疡性结肠炎疗效显著，被《国家名医名方》一书收录，并在《中国中医药报》全文刊登。2000年在法国巴黎学术交流，对治疗乙肝，提出疏肝、养肝、平肝治疗大法，自拟方剂"益气疏肝解毒汤"治疗乙肝，获世界肝病学会一等奖。他从领导岗位退下后，主编撰写《陆良县中医院院志》28万余字，主编《陆良县中医院论文集萃》22万余字。

作为一名仁者，肖堃总是为别人想得很多。一次，医院的一名职工在昆明做手术，他正在生病发热达39℃，却冒着严寒乘车前往昆明探望，当天赶回家后，高热已达40℃。还有一次，他组织医务人员抢救一名因大出血休克而生命垂危的患者，整整忙了一夜，该患者痊愈出院后，包了几个红包准备分送给他和几个医务人员，但都被谢绝了，该患者最后写了一封感谢信："……是中医院给了我第二次生命，中医院是我的再生母亲……"，此事后被云南电视台《今日话题》栏目做了专题采访报道。

几十年来，肖堃为地方中医药事业的继承、发展、创新作出了贡献，他对医院的科学化管理，使医院的各项工作连年上台阶。陆良县中医院曾连续11年被县委县政府评为文明单位，1996、1997、1998年被评为综合目标管理先进单位、纠正行业不正之风先进单位、省级市级文明医院、先进卫生单位称号、二级甲等中医院、全国农村中医工作先进县等。肖堃被云南省政府及曲靖市委市政府分别授予先进个人称号、曲靖市有突出贡献的科技人才，陆良县委县政府授予劳动模范、先进个人、优秀共产党员称号等等，首批享受曲靖市政府特殊津贴。1982年至2001年，肖堃分别为陆良县第五、六、七届县委委员、县十三届人大常务委员、云南省中医基础理论专业委员会委员、云南省中医药学会理事、云南省卫生高级专业技术评审委员会委员。他的业绩被《人民日报》、《云南民族报》、《春城晚报》、《曲靖日报》、《陆良报》及省市县电视台宣传报道。有所不为，才有所为，他被评为曲靖市讲文明、树新风先进个人，并在全市参加巡回演讲，正如他在演讲会上所说："回首几十年，我为振兴中医药事业做了一些应该做的工作，党和人民却给我很高的荣誉。要做好的事还很多，我实在受之有愧，今后只有加倍努力工作，争取以更加优异的成绩来回报党和人民对我的鼓励和期望。"

如今，肖堃虽然已退休，但他仍然坚持自己矢志不渝的信念，延续着仁术济世、志在苍生的初衷。面对自己所获得的各种荣誉和受到的社会肯定，他总是以平常人的心态从容对待；对于无数患者的倾心信任，他总是以感恩的情怀来回报。他依然是那个俭朴洒脱、可亲可敬的肖医生。

"杏林有英才，常怀济世心。"这是肖堃最好的人生写照，他用真诚守住了自己一方洁净的心田，身似菩提树，心如明镜台。

骆锦芳简介

（云南师范大学教授）

骆锦芳，陆良县人，出生于1964年3月21日，1982年7月毕业于陆良一中，1986年毕业于云南师大中文系，留校任教于中文系中国古代文学教研室。

骆锦芳长期从事中国古代文学、文艺美学、书法等的研究和教学，致力于诗词、书法的创作，弘扬中国传统文化。1990年至1992年就读北京师范大学中文系中国古代文学研究生班，1996年至1998年就读云南大学文艺学硕士学位班，1998年至1999年为北京大学访问学者。1997年破格晋升副教授，2000年破格晋升教授，为云南师大中文系古典文学教研室主任，现任云南师大中文系主任。参与申报获得云南师大中文系美学硕士学位授权点，领衔申报获得中国古代文学硕士授权点，为中国古代文学硕士点第一导师、美学硕士点导师。为云南国学研究会理事、云南美学学会副会长等。

汪洵波简介

（云南鲁布革顾问公司总经理）

汪洵波，男，汉族，生于1963年7月。工学硕士，高级工程师。

祖籍陆良县城，生长于陆良县马街镇，先后就读于马街小学、陆良二中和陆良一中，1979年7月高中毕业。

1983年7月毕业于成都科技大学水利工程系。先后就职于水电部鲁布革工程管理局、二滩水电开发有限责任公司和云南鲁布革顾问有限公司，曾任和现任二滩公司人力资源主管和鲁布革公司法定代表人兼总经理。

1983~2000年，先后参与了鲁布革水电站、二滩水电站、小湾水电站等项目建设投资及合同管理工作，参与编撰《鲁布革水电站建设项目管理的实践》（1993年）和二滩水电站初、中、后期项目评估报告（1994~1999年）等。

2001年至今，从事水利、水电、风电、工民建与市政工程等基本建设项目的勘察设计、建设监理、安全监测、抗震工程研究等技术及其管理工作。其中，作为第一作者“关于四川南桠河冶勒水电站强震监测分析和地震动力反应的研究”，被国际大坝委员会选录为于2009年5月在巴西召开的第23届国际大坝会议的学术交流成果。

用真诚点燃希望之火

——记农业技术推广研究员张崇文

张崇文，1951年3月出生于陆良县中枢镇，毕业于云南农业大学，1983年4月加入中国共产党。参加工作以来，先后在县委农村工作部、县农业局、县畜牧局工作；从事过畜牧、农业、科技、党建等工作；担任过县畜牧兽医站站长、县畜牧科技服务中心主任、县农业局副局长、县畜牧局副局长，县科协副主席、县畜牧局党委书记。在专业技术上担任过助理畜牧师、畜牧师、高级畜牧师，现为正高职农业技术推广研究员。

多年来，他一直致力于畜牧产业的发展，积极探讨和实践“三农”工作，关爱农民、关心农村、关注农业，是陆良县畜牧产业和“三农”工作的专家。喜读书、善思考、勤调研、肯实干，抓科技、搞服务。

张崇文，稍显“瘦长”的身材，朴素而得体的装束，乍一看除去显得布满岁月的沧桑之外，也没有什么特别之处。但是，就是这样一位普通的基层科技人员，在一般人不愿涉足的畜牧科技岗位上，用真诚点燃了千万农民依靠科技致富的希望之火，谱写出了农牧业科技推广的壮美诗篇，用行动践行着一名科技人员对事业的热情、对工作的投入、对岗位的奉献。

科技推广和工作业绩

多年来，他把自己完完全全定位在事业的奉献上，把自己彻彻底底扎根于红土地的耕耘之上，一步一个脚印，春夏秋冬，年复一年，在执著中度过了青春，在热烈中度过了中年……。在他所主持、负责和主要参与的《国家南方种草养畜牧业发展综合项目陆良示范区》、《全国商品瘦肉型猪基地县建设》、《云南省养猪八改技术》、《云南省现代化养猪业示范县》等一系列项目的试验、示范和推广应用上，都取得了可喜的成就。

为全省“八改”养猪技术推广起到了示范作用，商品瘦肉型猪基地县建设被评为全国先进县，南方种草养畜项目被评为“全国农牧渔业丰收奖”。

由于业绩突出，他所主持和参与的“三农”工作和畜牧产业项目先后荣获了国家农业部“农牧渔业丰收”二等奖3个；国家农业区划委员会“科技成果”三等奖1个；省人民政府“科技进步”二等奖2个、三等奖2个；省农业厅、省畜牧局“科技推广和丰产”一等奖4个，二、三等奖6个；市政府“科技进步和星火”一等奖1个、二等奖2个、三等奖2个。他个人被市委授予“优秀党员”、“农村学习实践‘三个代表’重要思想”先进工作者；5次被评为云南省“科技推广和科技兴牧”先进个人；被省政府授予“享受特殊津贴专业技术人员”；被农业部授予“全国农业技术推广先进工作者”。

找准科技与生产的对接点，促进农民增收致富

身为农业技术推广研究员的张崇文心中十分清楚，陆良是一个农业大县，而养殖业在整个农业中占有十分重要的位置，科技只有转化为生产力，提高科技贡献率，它的价值方能体现出来。因而，他紧密结合“三农”工作实际，瞄准农业增效、农民增收做文章，不断找准科技与生产的对接点，全身心地投入到每一项科技的推广、运用上，下基层、入农户、钻牛棚、进猪厩，实打实地为农民兄弟送去致富的“金钥匙”。

三岔河镇天宝寺村委会有着饲养母猪的传统习惯，全村百分之九十以上的农户将此作为主要经济来源，共有母猪1200多头。然而多少年过去了，农户仍然采用老办法养猪，经济效益十分低下。1995年，负责“三高”（高产仔、高育成、高效益）母猪饲养新技术推广项目的张崇文带着科技人员进驻该村，刚开始，老百姓对“三高”母猪饲养技术不完全接受，在他们看来，养猪不需要采用什么科技，老办法照样可以饲养。于是，科技人员采取“以户带院、以院带片、以片带村”的方法，首先确定25户人家作为示范户，不到一年的时间，效益就明显地凸现出来，平均每头母猪产仔数增加2.1头，育成率提高28.6%，每头母猪窝均增效246.8元。看到示范户的成效后，他们加大推广力度，两年多时间，该村就有85.6%的人家采用了这项新技术，饲养户年均增收580元左右。“三高”母猪新技术的成功示范，为全县大面积推广应用奠定了扎实的基础，有效地提高了陆良的养猪水平，带动了陆良的养猪业。

作为技术组长的他在现代化养猪业示范县建设上，在全省率先组织实施了“三推、四有、一改造”配套技术，抓典型、树样板、搞培训、促推广，迅速提升了养殖水平。采取领导、技术人员、养殖户相结合，试验、示范、推广相结合，生产、流通、加工相结合的“三个三结合”等有效方法。通过5年的努力，加快了畜牧生产方式的转变，增加了农民收入，肉猪存栏、猪肉产量、出栏率分别比兴建前提高了51.4%、57.5%和61.8%，农民人均收入增69.8%，农村养猪水平达到国内先进水平、省内领先水平。

在省重点项目《畜牧产业化技术开发》中，采取了项目启动、示范带动、科技推动、营销拉动的办法，使项目取得了较好的效益。他具体指导的9个村56户示范户，推广了高床养奶山羊配套技术，3年农民人均增收750元。

近年来，在深入大莫古、召夸等乡镇开展工作时，他发现当地老百姓普遍存在着“致富能力弱，贫困比例大”的现象。尽管许多人家饲养奶山羊，但由于饲养水平普遍低下，效益不高，制约了农民的增收致富进程。于是，在村干部的配合、支持下，他静下心来，沉下身子，深入到饲养户家中，逐家逐户调查情况，分析存在问题，有针对性地提出了发展奶山羊产业的实施方案，确立了以推广高床养羊技术为切入点的增收门路。通过两年多的努力，麻舍所村的高床养羊技术得到迅速推广，全村172户养羊户中有123户采用高床技术，达到了“动一户带一片，富一户联一村”的效果，获得了明显的经济效益和社会效益，成为远近闻名的高床养羊示范村。此后，他又把时间和精力放到全县奶山羊饲养重点产区。目前，全县已有36个自然村推广运用了这项新技术，共有760多户养羊户掌握了这把“金钥匙”。

服务群众，真情实在

在推进建设新农村工作中，熟悉农村工作的他更是激情四溢，把群众的情绪作为第一信号、把群众的满足作为第一追求、把农民增收作为第一任务。在田间地头，在农家小院，都留下了他那亲切的乡音和辛劳的足迹，一次次技术辅导，一次次感情交流，他成了基层干部和老百姓最信赖的朋友，人们有话找他说，有难请他帮。

地处山区的小百户镇上坝村，广大群众“想的是致富，缺的是技术，要的是信息”。于是，他从引导转变观念入手，确立不进则退，无商不活，无钱不富，苦干还要加巧干，勤劳加科技才能增收入，敢于发家创业的新理念和新意识，引导成立农产品营销协会，使农民跟着产业走，产业跟着龙头走，龙头跟着市场走，着重提高农民组织化程度，形成了基地+协会+示范户的运作模式。通过推广高产、优质、安全的新品种，改进种植、养殖的栽培和饲养管理技术，实现了优质高效，其种植的水稻、蔬菜通过省级无公害产品认证，成为全县首批绿色产品基地，提高了农产品的市场竞争力，使农民收入有了明显的增长，促进了山村的发展。金谷养殖场是一个民营养殖企业，作为技术顾问的他，把帮助民营企业的发展视为体现科技人员的一种责任，帮助拟定发展思路，编写可行性研究报告，设计建设方案，指导饲养技术，使之成为全省奶山羊规模最大的饲养场之一，充满了生机与活力。

多年来，张崇文就是这样进村寨、访农家、听意见、解疑难，带着感情联系群众、带着政策宣传群众、带着技术服务群众、带着思路引导群众，到一个地方，给一个地方留下发展的成果、美好的希望，获得到了基层干部和老百姓的高度赞扬，称他有“突出的才能、实干的精神、高尚的情操”。

学高为师 身正为范

——记云南师范大学化学博士林勇跃教授

林勇跃，1960年出生于南盘江畔的陆良县。父母为县服装厂职工。兄弟姐妹四人，排行第四。1967年9月入文化小学读书，次年转入盘江小学。1973年9月升入盘江小学附设初中三班读初中，1975年9月入陆良一中读高中（高24班），1977年8月高中毕业。中小学期间，多次被评为三好学生。1977年10月8日上山下乡到小百户人民公社知青林场劳动。1978年3月考入云南大学化学系学习，1982年3月大学毕业分配到曲靖地区卫生学校当教师，讲授化学基础课。1985年9月考入中国科学院北京感光化学研究所攻读硕士学位（其间于1985年9月至1986年7月在中国科技大学近代化学系学习硕士学位理论基础课程），1988年7月获理学硕士学位。1988年8月分配到云南师范大学化学系工作，1996年破格晋升为副教授。1997年获美国杨伯翰大学资助赴该校化学系做访问学者。1998年通过TOEFL和GRE考试获全额奖学金入香港大学化学系攻读博士学位，师从国际著名化学家、中国科学院院士支志明教授，2001年9月获化学博士学位。2001年10月至2002年9月继续在香港大学从事博士后研究工作。2002年10月回云南师范大学工作，同年晋升为教授。他长期在教学第一线从事专业基础课的教学工作，为本科生、硕士生讲授《有机化学》、《无机化学》、《金属有机化学导论》、《化学文献查阅与检索》、《化学专业英语》、《大学现代化学实验》和《科学技术与社会》等主要课程。他治学严谨，潜心钻研，教书不忘育人，在教学中经常结合有关科学史例和自己在国外的经历因势利导、不失时机地对学生进行爱国主义、革命理想主义教育，寓德于教。一直以来，学生对他教学效果评价的满意率超过95%。

他多年来主持、参加完成了国家和省部级多项自然科学基金项目研究。1988~1991年，参加完成国家自然科学基金项目“取代环烯胺的光敏氧化反应”；1993~1995年，主持完成省教委青年基金项目“芳基取代环烯胺类化合物的合成”；1997~1998年在美国杨伯翰大学从事烯烃的单线态氧反应研究；2002~2005年，参加省科委基金重点项目“分子基复合材料合成”的研究；2002年主持国家自然科学基金项目《新型有机电致发光材料的设计与合成》的研究（20261007）；2003年主持省科学基金项目

《光电功能材料的合成》（2003E003M）的研究。2004年主持国家留学基金课题《光电信息功能材料的合成》。2004年主持云南省中青年学术技术带头人后备人才项目（2004PY01-14）。

林勇跃主要从事光化学和光电信息功能材料领域的研究，成果显著。在国际上首次发现了一类新的环丙基亚胺重排反应和一类新的单线态氧脱氢反应，为环烯胺及其生物碱的合成提供了一条新颖简捷的路线；首次合成了一类新的银金属簇化合物并测定了其晶体结构；首次合成了新的喹啉类四齿配体双（酚氧基）二亚胺络合物Pt（N_2O_2）并测定了其晶体结构，该络合物具有优越的电致发光性能：发光效率2.0Cd／A，最大亮度10000Cd／m^2，显示了其作为光电信息功能材料具有极大的潜在应用价值，有望应用于下一代全色平板显示器中。这些成果填补了相关领域的空白，达到了国内领先水平和国际先进水平。他已就上述研究成果以第一作者身份在国际权威、国家一级学术期刊等杂志上发表论文20余篇，SCI收录7篇，文章被引用30余次。主要代表文章有：①Chinese Journal of Chemistry（中国化学学报（英文版）.1990，2，154~159）；②Chinese Chemical Letters（中国化学快报（英文版）.1991，2：8，613~616）；③Photochemistry and Photobiology（1997，65：1，82~85.光化学与光生物）；④Organo metallics（金属有机化学.2002，21，2275~2282）；⑤Chemistry – A European Journal（欧洲化学学报.2003，9：6，1263~1272）；⑥Inorganic Chemistry（无机化学.2005，44，668~677）。

2003年9月起林勇跃担任云南师大化学化工学院院长助理；2003年10月被评为省高等学校教学科研带头人；2004年9月被评为省中青年学术技术带头人，被聘为省自然科学系列研究员和高级工程师评委、省高级职称破格评审委员会评委。2004年6月获云南师大“高层次科研项目奖”；2005年11月获云南师大伍达观教育基金奖教金。2007年4月起任云南师大化学化工学院学术委员会主任。2008年2月荣获省科学技术二等奖。2008年9月起兼任云南师大化学化工学院化学系主任。

作为一名人民教师，林勇跃教授忠实地执行国家的教育方针，以培养德智体全面发展的、合格的社会主义建设者为己任，既教书又育人，多年来培养了大批品学兼优的学生。他热爱祖国，坚定不移地信仰毛泽东思想和共产主义。决心为祖国和人民的教育事业奋斗终身!

地震一线研究员

——记云南省地震局高级工程师、研究员俞维贤

俞维贤，1944年10月生，云南省陆良县人，1970年毕业于昆明工学院（现昆明理工大学）地质系，云南省地震局正高级工程师（教授级）。

俞维贤出生于一个书香门第家庭，祖上几代都是教书出身。祖父俞之昆早年曾当选为民革国会众议员，曾任云南省经济委员会秘书长，新中国成立后在省文史馆工作直至逝世。生前有四子一女，俞维贤的父亲俞丁祥排行老二，新中国成立前从事教学工作，曾任陆良县督学；新中国成立后在陆良一中当教师，一生为人忠厚老实，工作兢兢业业、一丝不苟，对学生认真宽厚。在家中对子女管教甚严，从小就要求子女要为人宽厚、诚实，学习要认真、刻苦，一步一个脚印，以便今后做一个对社会、对人民有用的人，退休后于1983年病逝。母亲师金凤，是一位慈爱的母亲，一生为子女操劳、任劳任怨，默默的奉献了自己的一生。

俞维贤共有姐妹兄弟7人，他排行老五，大姐俞先弟，生前为昆明机床厂退休职工；二姐俞左棣1949年之前就参加了革命，后在贵阳小河军区44医院担任保育院院长，离休后与在北京工作的女儿刘民（北大教授、北京市人大代表）同住、安度晚年；大哥俞祚贤1951年（抗美援朝时）参加了志愿军，早年病逝于河北省；二哥俞福贤，现为陆良县经委退休职工；大妹俞丽娟，现为宜良县城建局退休职工；小妹俞文林（经济师），现为云南汽车厂退休职工。

俞维贤之妻李凤鸣，昆明机床厂退休职工，善良、贤惠；两人于1975年结婚，只有一女俞隽，昆明理工大学毕业后考入官渡区法院工作，现为官渡区法院公务员。至今夫妻恩爱、和睦，女儿聪慧、孝顺，家庭生活幸福、美满。

俞维贤由于祖上的影响，早年父亲的认真教导，从小爱好琴棋书画，在陆良一中学习期间，在老师的认真培养教育下，学习努力、刻苦，酷爱数、理、化，1965年毕业于陆良一中高九班，并以优异的成绩考入昆明工学院（现昆明理工大学）地质系学习，学习成绩优秀。1970年毕业后先在河南省地质局二队任地质技术员，1976年初调入云南省地震局工作，先后获技术员、助理工程师、工程师、高级工程师、正高级工

程师职称，并先后被云南省地震局聘任为技术员、助理工程师、工程师、高级工程师及研究员职务。2004年退休后又被云南省地震局聘任为“云南省地震局老专家咨询委员会”委员，仍为地震事业发挥余热。

俞维贤自1976年调入云南省地震局工作至今已承担完成了国家及省、部级多项重点项目和云南省地震局的多项科研课题及地震工程项目，其中承担完成的国家及中国地震局“八五”重点项目：《小江断裂带晚第四纪活动研究与地震危险性评估》获2001年度中国地震局防震减灾优秀成果一等奖（部级）；承担完成的云南省重点项目：《昆明市地面沉降监测与研究》获2000年度云南省自然科学类二等奖（省级）。并先后获得云南省地震局多项科研成果奖。由于自身刻苦钻研至今已于1998年合作出版科学论著一部《小江活动断裂带》，由国家地震出版社出版；在国家级及省级以上刊物发表了有一定科学价值的科研论文50余篇，其中18篇被万方数据库收录；36篇被中国期刊全文数据库收录；“耿马县城烈度异常的地震地质及工程地质条件分析”、“澜沧耿马地震的地表破裂特征”及“1500年宜良地震地表形变带的考证”等3篇已被国外（俄）权威刊物《地球物理文摘》摘录。“澜沧-耿马地震的地表破裂特征”、“澜沧7．6级地震形变带”、“澜沧-耿马地震的成因机制”、“耿马7．2级地震某些震害现象及其解释”等4篇获1996年云南省地震局科技成果三等奖。“澜沧-耿马地震的地表破裂特征”、“澜沧-耿马地震的成因机制”、“耿马县城烈度异常的地震地质及场地地质条件分析”、“耿马7.2级地震某些震害现象及其解释”等多篇被国家地震科学数据共享中心收录。完成各项科研、工程及地震科考报告200余份。

俞维贤先后承担和参加完成的工程项目30多项，都提供给有关部门使用。其中“云南澜沧江云龙苗尾电站地震安全性评价”、“云南怒江塞格电站地震安全性评价”、“云南怒江亚碧罗水电站地震安全性评价”及“金沙江虎跳峡电站地震安全性评价”等都属于国家大型水电工程项目。“丽江小区化”、“腾冲机场地震安全性评价”、“抚仙湖、星云湖综合治理出流改道工程地震安全性评价”、“大理保山高速公路澜沧江大桥工程场地地震安全性评价”、“思茅大中河水库地震安全性评价”、“思茅箐门口水库地震安全性评价”等20余项属省级项目。

面对地震预报、地震成因这一世界级科研难题，俞维贤从事了30余年的研究，经历了不少风风雨雨，也获取了不少经验和教训。回首往事，深感自己的渺小和人生的短暂，他只希望自己在科研道路上所留下的足迹，能对未来的攀登者有所帮助。

忠诚学子

——记昆明理工大学郭忠诚教授

郭忠诚，陆良县人，1965年12月14日出生，现为昆明理工大学材料与冶金工程学院教授，工学博士，博士生导师，昆明理工恒达科技有限公司董事长。2005年获教育部新世纪优秀人才支持计划奖，2004年获云南省中青年学术与技术带头人荣誉称号，2004年荣获全国电镀行业首届“十大优秀青年”荣誉称号，2004年获云南省政府特殊津贴，2003年获教育部全国百篇优秀博士学位论文奖，2000年荣获云南省高校青年“科技创新十大杰出标兵”，1997年遴选为中国有色金属工业总公司中青年学术与技术带头人，2005年获昆明理工大学伍达观教育基金杰出教师奖，获省部级科技进步奖6项。2000年在昆明理工大学的支持下，在昆明高新技术产业开发区创办了具有自主知识产权的高科技有限公司。

主要从事有色金属深加工、冶金新材料、表面工程、冶金物理化学等领域的教学、科研与科技成果产业化工作。先后主持完成国家863计划、国家发展与改革委员会高技术产业化、国家科技部中小企业创新基金、国家财政部科技成果转化基金、云南省科技攻关计划等项目20多项。发表学术论文190多篇，其中《SCI》、《EI》等收录50多篇，被国内外刊物引用500多篇次，出版专著3部，申报国家发明专利20多项。

兼任中国电镀协会常务理事，中国表面工程协会理事，中国表面工程协会电镀青年工作委员会副主任委员，中国电子学会电子电镀专业委员会副主任委员，昆明人才协会理事，昆明电镀协会理事长兼秘书长，云南省机械工程学会热处理与表面处理分会副理事长，《中国设备与材料》、《表面技术》、《电镀与精饰》、《电镀与涂饰》、《电子电镀》和《现代电镀》等杂志编委。

行医路

——记昆明市儿童医院主任医师资丽华

在陆良县和路南县（现石林县）交界处，有一个汉族与撒尼族杂居的小山村，叫“雾露顶”村。听老人讲，“雾露顶”村最初只有五户撒尼族人居住，撒尼语称“五家人”为“喔罗得”，汉族发音为“雾露顶”。随着村子里汉族住户的逐步增多，时间一长，“喔罗得”村就慢慢演化为“雾露顶”村了。没去过“雾露顶”村的人一定以为“雾露顶”村山高雾大，地势险峻。听说当年知青下乡时，一听到是分配到“雾露顶”村就吓哭了，死活不肯去。其实，“雾露顶”村属于半山区，是一个山清水秀的地方。村子坐落呈半月形，背靠山林，其中“大松坡”、“晴彩山”及“老桑坡”，与路南县的“西街口”、“绿水塘”、“尼不尼”等地山林相接，村子前面是不太陡的层层梯田，“吃水坝”水库的清澈泉水流经村子。

“雾露顶”村的青山秀水不仅滋养了一代又一代“雾露顶”人，也孕育了许许多多对社会作出较大贡献的栋梁之才。昆明市儿童医院主任医师资丽华，就是从“雾露顶”村飞出的一只“金凤凰”……

幸福快乐的求学之路

1947年农历二月十一日，资丽华出生在“雾露顶”村的一个普通家庭。当时父母刚刚20岁，祖父母也正当壮年。作为父母的长女、祖父母的长孙女，资丽华从小就在全家人的呵护下幸福快乐地成长。她小小的身影经常出现在“雾露顶”村的各个角落，还经常和小伙伴们约着上山拾一筐菌子或者背一捆烧柴带回家，小小年纪就知道帮大人分忧了。

资丽华的童年时代正值新中国刚成立，政府积极鼓励和动员适龄儿童上学。由于大人忙不过来，1952年，年仅5岁的资丽华就跟着仅比自己大六岁的三孃孃一起迈进了村小学的大门，6岁就成为一名正式学生。村小学设在离村子一里多的寺庙里，只有一位老师，所有班级共用寺庙的大殿作为教室。那时，学生不多，一、二年级各坐一排，各用一块黑板，每天老师先给一年级的上课，再给二年级上课。就在这样艰苦的条件下，资丽华完成了小学一、二年级的学业。三年级以后，她和同学们一起去离村子二公里左右的新村小学上学，每天天不亮就起来热点冷饭吃，带上点红薯、洋芋什么的做“晌午”，就上学去了，下午放学才回家。

当时能读书的人不多，女生更少，读到小学毕业的就更少了。资丽华是幸运的。因父亲当时在陆良县中枢镇人民政府工作，她不但能继续上学，而且三年级下学期就转学到了陆良县第一小学（文化小学）上学。1959年，品学兼优的资丽华考进了陆良县一中初44班，第二年又被选送到学校重点班42班。1964年她以优异的成绩考上了昆明医学院。去昆明读书前，母亲怕她冷，把身上唯一保暖的绒衣脱下给她，父亲把准备为全家人交“超支款”的70元钱全部给她带上，就这样，带着全家人的关爱和期望，17岁的她成为云南省最高医科类学府的一名大学生。

苦乐相伴的行医路

资丽华能走上从医的职业道路，还得感谢在陆良一中读高中时的班主任谢楚老师。记得高考前学校下发志愿表填写高考志愿，资丽华这个人一直大大咧咧，父母对她要求也很宽松，从来不要求她将来一定要做什么，是谢老师说“你就报昆明医学院吧”，一句话，让资丽华走上了行医路。

说起医生这个职业，资丽华还真是喜欢。在医学院就读的5年期间，课程多，任务重，要记的东西特别多，资丽华在大学班里年纪最小，学习却很刻苦，遗憾的是“文化大革命”使资丽华她们这些“老五届”大学生没能学完全部的医学课程，就在毕业前随同学们一起到大理州湾桥乡开展血吸虫防治工作，期间发生的几件事让她深知作为一名医生应该肩负的责任。一天，一位产妇难产，产妇丈夫急匆匆地到“血防队”血防点求助。产妇是臀位，胎儿脐带已经脱出，但宫口还未开全。资丽华和同学们虽然经验不足，但她们知道，送产妇去医院已经来不及了，只有就地帮助产妇生产，才能将母子从危险的境地解脱出来。几经努力，大人的生命保住了，但胎儿却因为窒息时间过长导致死亡；另一次是一个初产妇，腹痛了两天孩子也没有生下来，家里的人迷信白族的“偏方”，认为小孩生不下来，必须把家中的门、窗、柜子都要打开。她和同学们赶到产妇家时已经是深更半夜。大冷的天，产妇家门窗大开着，甚至连家中各种大小柜子也都开着，产妇却在寒风中痛苦呻吟。几经周折，她们总算帮产妇把孩子生了下来。这两件事，深深地震撼着资丽华的内心，一方面她为老百姓因医学知识的匮乏、基层医疗环境差而伤心难过，另一方面激发她立志要当一名医术高超的妇产科医生、为妇女们减轻痛苦、让生离死别的不幸不再发生的决心。

1969年，资丽华和同是大学同学的丈夫一起正式参加工作，分配到文山的生产建设兵团医务室工作。那里没有妇科医生，条件极其简陋，连妇科必备的简单医疗器械都没有。在同为医生的丈夫的协助下，资丽华用现有的材料动手制作了一些简单医疗检查设备，并申请购买了医疗器械，开办起妇科门诊和进行计划生育等工作。她边干边学，自己把大学里没学完的课程全部自学了一遍，使自己的医学理论知识功底在大量的实践中更加扎实全面。经过刻苦努力，一段时间后，资丽华负责的建设兵团医务室的妇科门诊、计划生育等工作慢慢走上了正轨，并渐渐小有名气，连周围的农民群众也跑来看病，不用再跑到40几公里外的县城去求医问药了。这段边实践、边积累的工作经历，为资丽华的从医路打下了坚实的基础。

1974年，资丽华从文山生产建设兵团调回家乡陆良县马街卫生所工作。和全国其他地方一样，20世纪70年代的陆良农村，医疗基础设施相当薄弱，缺医少药的情况很普遍，病人住院治疗用的青霉素、链霉素针水都要家人自己想办法购买。为了防止孩子生病，当时的家长特别是农村地区的家长们想尽了一切办法，但往往收效甚微，于事无补。“雾露顶”村有一家张姓人家，快40岁了，虽然妻子先后生了四、五胎，但膝下只有一个1岁大小的小儿子，为了这个宝贝，他们家每天天刚黑就要关门闭户。这一年的腊月天，老张一大早就到村子东头一里多的水碾坊碾谷子，因为水流太小，一直等到晚上七八点钟才碾完，他知道家中门已经关闭，就忍饥挨饿的在碾坊蹲了一夜，一直到第二天天亮才挑着碾好的大米，疲惫不堪地回到家中。马街镇上的一位妈妈，为了自己的孩子好养，用猪尿泡做了一顶帽子，衬在帽子里面给孩子戴，从来舍不得取下来，结果这个10个月左右大的小孩长期发热出汗，反复住院治疗不能痊愈，直到她发现帽子里的秘密才彻底治好了病。由于缺医少药，当时病人的死亡率较高，其中儿童死亡率尤其高。1976年，陆良县麻疹大流行，卫生所的20多张病床收了50多个病人，每张病床上都有两个孩子，病床挤不下了，家属带张草席就让孩子躺在过道上。由于缺医少药，曾经有一天有5个孩子不幸夭折了。当时资丽华就被吓蒙了，心里非常震惊！她想自己不能改变医疗环境和条件，但如果有精湛的儿科医术，还是可以尽力挽救更多的幼小生命，保全更多家庭的完整。她深深感到儿科医生的重要，因此，当一名医术精湛的儿科医生，成了她人生的奋斗目标。为此，她不断在工作中学习总结，为提高自己的医学水平不懈努力。由于医生少、病人多，马街卫生所没有划分科室，所有的医生都是身兼数职。在这样艰苦的条件下，资丽华先后从事过妇产科、内科、儿科等科室的临床工作。通过接触大量的病例，诊治不同的病人，基层卫生所多年的工作锤炼，让资丽华积累了丰富的实践工作经验，成为她今后提升自己理论水平和医疗水平厚积薄发的一笔宝贵财富。后来，她调到了陆良县医院儿科，很快成为当地小有名气的儿科主治医师。

1988年，资丽华随爱人一起调到昆明工作，在昆明市儿童医院当了一名儿科医生。此时的资丽华，已经积累了先后在文山生产建设兵团医务室、陆良县马街镇卫生所、陆良县人民医院近20年的行医经历，经验丰富，精湛老到。面对专科医院儿科医生的新岗位，她没有丝毫的畏怯，一丝不苟地将自己20多年积累的临床工作经验发挥出来。她是一名善于发现、善于钻研、善于总结的好医生。在昆明市儿童医院工作一段时间以后，她发现，医学技术虽然在不停地发展，但感染和传染性疾病仍然是威胁儿童健康的主要疾病，尤其是呼吸系统的疾病。根据世界卫生组织的统计，肺炎是5岁以下儿童致死率最高的疾病。为此，资丽华注意在日常的接诊和就治工作中发现和积累相关的病例，并对昆明市儿童医院1988年到1997年共10年期间死亡原因不明的110例患儿进行的尸体解剖病例进行了研究分析和总结，她发现110个病例中有87例是有肺部感染的，而87例中5岁以下的就有61例。这和世界卫生组织的统计相一致。为此她专门撰写了论文《小儿87例尸检病例及临床分析》，发表在《小儿急救医学》杂志2001年第2期。另外，她还对儿童其他常见病和多发病进行了研究总结，并撰写论文，在1999年第9期《中国实用儿科学》杂志上发表了《骨龄发育迟缓与生长痛相关性探讨》；在2001年第1期《首都医药》杂志上发表《隐性脊柱裂致遗尿20例分析》；并和丈夫共同在《云南省预防医学杂志》、《中华流行病学杂志》上先后发表了论文：《519例麻疹病例流行病学分析》、《83例鼠伤寒沙门氏菌肠炎临床及流行病学分析》、《聚合酶链反应检测菌痢及价值探讨》、《59例急性弛缓性麻痹病例临床分析》等等。其中《309例流行性腮腺炎临床流行病学及并发症分析》获得1996年昆明市科协三等奖。

十几年孜孜不倦的追求和实践，让资丽华获得了主任医师的高级职称，成长为诊治儿科呼吸道等疾病的专家。

医生这个职业很辛苦，人命关天，责任重大，不但上班时思想高度紧张，就是下班后，脑子里仍是牵挂着自己所管的危重病人。巨大的工作压力、繁重的工作任务让资丽华40岁就患上了高血压，也亏欠家庭、孩子许多许多。繁忙的医务工作，资丽华没有接送过自己的儿女上学，也没有对他们的学习进行过认真的指导，常常因为工作，把孩子放在家里。有一次，因为守护一位刚刚从死亡线上抢救回来的病人，错过了吃饭时间，6岁的儿子带着3岁的妹妹找到她上班的地方，她让儿子带着妹妹去食堂打饭吃。终于吃上热饭的女儿一高兴，没站稳一头磕在饭桌的角上，至今额头上还留有1.5厘米长的伤疤……这样的事情还很多很多，但资丽华并没有后悔自己当初的选择。她说，她不是名人，也谈不上骄子，只是一个普通的共产党员，一名儿科医生。因为有了中国共产党领导的新中国，有了党和人民的培养，有了父母的辛勤养育，有了老师们的谆谆教导，她才能走出山村，从一个懵懂的女孩，成长为“雾露顶”村的第一个大学生，成为一个用自己的一技之长服务群众、造福社会的有用之才。

现在，已经退休的资丽华，仍然发挥着余热，忙碌在诊治、救助病人的神圣事业中。她心中，永远深怀着一个心愿：愿健康快乐永远伴随所有的百姓苍生！

闪光的教育人生

——记昆明冶金高等专科学校常志文教授

1963年4月，常志文出生于陆良县马街镇常家村一个农民家庭。1983年7月由陆良一中考入西南师范大学（现西南大学）物理系，1987年7月毕业分配到昆明冶金高等专科学校工作至今。1994年12月被评为讲师，2001年10月被评为副教授，2007年11月被评聘为应用电子技术专业教授。1987年7月至1994年5月，他在学校基础部物理教研室工作。1994年6月至2004年5月，在学校机械与电气工程系工作；1996年12月任系党总支副书记，2003年8月任系党总支书记；2004年5月至2006年4月，任公共课部（现社会科学与公共学院）党总支书记；2006年4月至今，担任环境与化工学院党总支书记。

他为人师表，从点滴做起，每天早晨六点半坚持到学校操场晨练，目的是了解校园情况、观察学生早操出勤情况。他经常早出晚归，心系校园和学生，1988、1995、1996、1997、1999年被学校评为优秀班主任，1998年6月被省冶金集团总公司评为优秀思想政治工作者；工作以来每年年终考核均为优秀，多次被评为先进个人、优秀共产党员，他担任的班集体多次被评为学校、省级先进班集体。他不断探索班级管理新方法，开展以比学习成绩、组织纪律、清洁卫生、文体活动、团学活动等内容的“班风杯”竞赛活动和以“奉献爱心，道德积累，积极进取，提升自我”为经营理念的“道德银行”方案，推进了良好校园道德风尚形成，强化集体主义、创新意识，提高学生综合素质和个人修养，成为学校大学生思想政治工作教育的“亮点”。

他大学毕业以来，大部分时间讲授大中专《物理》及相关实验课。1994年6月以来，针对新办家电和办公自动化设备运用与维修专业及专业教师短缺的情况，他利用大量业余时间自学，承担了《电工学》、《电子技术》、《电路分析》、《黑白电视机原理与维修》、《闭路电视原理》、《彩色电视机原理与维修》、《显示器原理与维修》、《复印机原理与维修》、《办公自动化设备应用与维修》等9门课程教学及实践任务。1998年、2002年被学校评聘为“双师型”教师和专业带头人。

他主持和参与学校级教学科研项目20多项，其中主持《办公自动化专业实验教材建设研究》，获学校2004年教育科研课题成果二等奖。参与了《电工实训课程构建》

项目的研究与建设，获省教育科研课题成果二等奖，获学校2004年教育科研课题成果特等奖；《电工电子技能实训指导》教材建设项目，获学校2005年优秀教材特等奖；《电工学重点课程建设》项目的研究与建设，获学校2004年教育科研课题成果一等奖。《模拟电子技术重点课程建设》项目研究与建设，获省教育科研课题成果三等奖，获学校2004年教育科研课题成果一等奖等。在《物理学报》（中文核心期刊）、《云南大学学报（自然科学版）》（中文核心期刊、中国科技核心期刊）、《昆明理工大学学报（自然科学版）》（中国科技核心期刊）、《电气电子教学学报》等发表专业学术论文20多篇，包括《自旋多重度对钛三聚体原子结构的影响》、《Al/Pb-WC-ZrO_2复合电极材料的电化学性能研究》、《示波器探头在测量中的重要性》、《传感器技术发展动向》、《量子信息技术的前景》、《一种适应宽输入电压的开关电源》、《通电线性电感线圈中的磁场能》等。主编、参编教材8本，主编《电视原理》、《电视机维修技能训练》，2004年7月由重庆大学出版社出版，2006年7月被教育部高教司评定为“十一五”国家级规划教材，2008年11月修订再版；主编《现代办公设备应用》教材，2008年8月由科学出版社出版；参编的《电工电子技能实训指导》教材，2002年5月由云南大学出版社出版，2006年7月被教育部高教司评定为“十一五”国家级规划教材；参编的《电工与电子技术基础》教材，于1996年8月由科学出版社出版；参编的《高频电子技术》教材，2000年8月由重庆大学出版社出版；参编的《家用电子产品维修技术》教材，于1998年5月由云南大学出版社出版。

自1996年被省劳动厅聘为家用电子产品维修工考评员以来，他为省第一职业技能鉴定所和省第155职业技能鉴定所服务，先后到玉溪、临沧和昆明地区，开展培训数十期，家用电子产品维修高级工、技师培训考试后，合格率达95%以上；开展的鉴定工作得到社会的好评。先后被聘为省家用电子产品维修工技能大赛竞赛委员会专家考评组成员和省电子工业行业协会电子产品维修专业委员会专家组成员。

他忠诚履行着人民教师的职责，始终超负荷工作，无论在哪个岗位都养成了一丝不苟的工作作风。昆明冶金高等专科学校是全国高职示范性建设院校，作为一名教育工作者、专业带头人，他深感责任重大，决心踏实工作，不断学习，更新观念，与时俱进，在教书育人、专业建设、学生和教学管理等方面做出更多成绩。

程荣昆简介

（陆良县中医院院长、主任医师）

程荣昆，男，汉族，1967年2月出生于陆良县板桥镇石坝湾子村，中共党员。先后毕业于河北石家庄医学专科学校（现河北医科大学）影像专业，西安陆军学院经济管理专业，获经济学学士学位，北京师范大学经济与工商管理学院医院管理研究生班，中央财经大学政府管理学院公共管理硕士。现任陆良县中医院党总支书记、院长，超声医学专业主任医师，中国超声医学工程学会终身会员，中国超声医学工程学会腹部超声诊断专业委员会委员，云南省超声医学工程学会常务理事、副会长，云南中医学院兼职教授，曲靖市医学会超声医学工程学会副主任委员，曲靖市政协委员、共青团曲靖市青联常委，陆良县人大常委、陆良县科协副主席。

自1988年分配到陆良县中医院，从事X线、超声诊断工作至今，业务上精益求精，以高超的医技和良好的医德赢得了人民群众及社会各界的广泛好评。

他工作认真负责，经常不计报酬加班加点，饿着肚子为患者做检查，获得患者一致好评；他待患如亲，热情接待每一个受检查病人，并为许多贫困患者垫付检查费和医药费，他用高超的医术和高尚的医德赢得了全县广大人民群众的一致好评。多年来，无怨无悔，辛勤耕耘在中医这块土地上，用自己的不懈努力，为云南省医疗卫生事业的发展作出了自己的贡献，用自己的实际行动，实践着献身医疗卫生事业的承诺。他积极开展科研创新，逐步总结探索，先后在国际、国内专业杂志发表科研论文45篇，先后获曲靖市政府科学技术三等奖三项，二等奖一项，一等奖一项。出版了国内第一本胃肠超声诊断专著《经腹壁胃肠疾病超声诊断》，填补了国内空白，为我国的超声医学普及与提高作出了贡献。先后获县第四届“劳动模范”、县首届“十佳青年”、省卫生厅“模范工作者”、县首届“十佳青年岗位能手”、县首届“十佳创新型职工”、“曲靖市十大优秀青年”、“曲靖市有突出贡献的优秀专业技术人才”、“曲靖市中青年学术技术带头人”、第四届“云南省十大杰出青年”提名等荣誉称号。1999年被破格晋升为副主任医师，2002年 破格晋升为主任医师，成为云南省超声医学界最年轻的主任医师。2005年当选为云南省超声医学工程学会常务理事、副会长。 2005年获云南省人民政府特殊津贴，2006年获曲靖市“云岭优秀职工”和曲靖市“五一”劳动奖章，2007年获曲靖市“劳动模范”荣誉称号。

不变的蜡烛精神

——记云南民族大学外语学院副教授马惠琼

1971年10月，马惠琼生于云南陆良县浮池村的一个普通农民家庭，排行第三。1987年由陆良一中考入曲靖一中，1990年9月进入中央民族大学外语学院学习。1994年7月毕业后入伍到昆明陆军学院任教。2004年7月获云南大学外语硕士学位。后回昆明陆军学院继续从事英语教学。由于教学效果显著，多次受到院、部级表彰和嘉奖。2006年9月，转业到云南民族大学工作。无论是在部队还是在地方，教学环境、教学对象变了，但不变的是那份对教育事业的热忱和对学生的拳拳爱心，以及燃烧自己、照亮别人的蜡烛精神。

她在教学中，始终贯彻人本主义的教学观，以学生的全面发展为最终目标来组织教学，尽力挖掘学习潜能，把英语教学作为了解西方文化和人文精神，全面提高个人的人文素养不可或缺的一个教学环节，让学生在语言学习的同时，对西方文化也感同身受。她在认真完成教学任务的同时，还积极参与科研工作，出版了《如何成就辉煌》、《十个麻烦和解决方案》（合译）、《心平气和的致富》、《谋——管理咨询师的24个成功要点》和《好好经营你自己》等五部译著，共计80余万字；撰写了《嘉莉妹妹无尽欲望背后的社会驱动力》、《从颜色词看中西文化异同》、《试论开展英语课堂教学的有效途径》、《对民族院校英语教学的几点想法》、《我国旅游企业知识产权保护与对策研究》、“Narration and Structure in Oliver Twist and Huckleberry Finn”、“Where is the Beast From-On William Golding’s Lord of the Flies”、《挑战传统：〈苔丝〉和〈无名的裘德〉主题评议》、《从夏洛克与安东尼奥的冲突说起》等10余篇论文。作为译者，她力求忠实于原文，准确传达作者原意，最大限度保留原文的语言特色和写作风格。针对多数人在尽快致富过程中面临的物质富裕和精神富裕产生的困惑，她在大背景下把现代成功学奠基人拿破仑•希尔的经典成功心理学著作Grow Rich-with peach of mind（《心平气和的致富》）以及其他著作翻译介绍，希望帮助大家好好经营自己，能够心平气和的致富，生活得快乐、充实。在《对民族院校英语教学的几点想法》一文中，她结合民族院校英语教学的实际和社会对人才的外语需求，在确定教学目标、挑选教材、分级教学和完善教学评估体系等方面提出了自己的想法，对有效开展民族院校的英语教学有一定的指导意义。

在10多年的教学工作中，不管身处军营，还是执教于地方院校，不管师道尊严受到商品经济怎样的冲击，她始终不忘父亲那简单而深刻的教诲——凡事要对得起良心，总是感动于那纯洁的心灵交流——作为老师，不误人子弟也是一种善良。

她说：既然选择了做蜡烛，就要义无反顾地燃烧自己，这是蜡烛应尽的本分！

俞志鹏简介

（昆明医学院第一附属医院副主任医师）

俞志鹏，42岁，男，汉族，中共党员，副主任医师，医学博士，硕士生导师。现为中华医学会云南省高压氧学会委员、云南省省级预防接种异常反应诊断组专家，多次获得医院和学院的奖励。

1989年昆明医学院临床医学系临床医学专业学习，获学士学位。

2003～2004年脱产参加昆明医学院“双语教学骨干教师培训”。

2004年获硕士学位。

1990年至今在神经内科从事临床、教学、科研工作。

在读北京大学医学博士。

重塑人才的园丁

——记云南大学职业与继续教育学院副教授皮建华

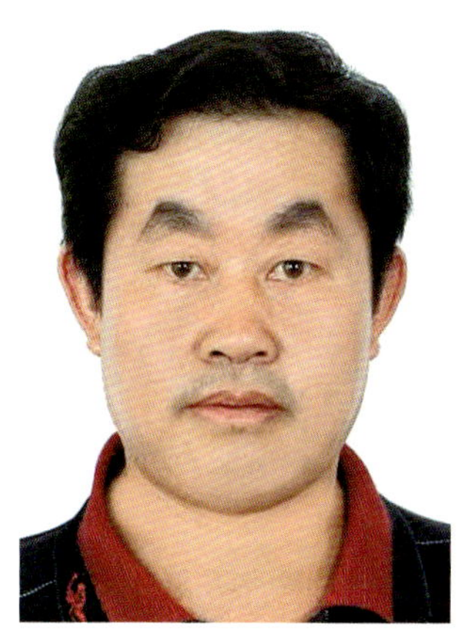

1964年6月13日，陆良县马街镇黄官营乡吴胜村一户皮姓农家迎来了第一个孩子。这个男孩给这个家庭带来了憧憬和希望。在银行工作的父亲希望他成为建设国家的有用人才，给他取名皮建华。

他在父母亲的企盼中一天天长大，开始上小学。随着时间推移，几个弟妹的相继出世，给这个并不富裕的家庭带来了欢乐的同时也带来沉重的生活压力、经济压力。在外工作父亲每月回家一次，家庭的劳作和田间的耕耘都压在母亲肩上。这一切他看在眼里，每天放学就一路小跑到自家的田间地头帮母亲浇水、施肥、除草、收割，想方设法为母亲减轻劳作的压力。每天吃完晚饭他又小跑到学校上晚自习，完成作业。为了这个家，他用瘦小的身躯担起了本不该他这个年龄承担的责任和压力。他虽身材瘦小，但有一份坚强信念：为了报答父母，立志好好学习，一定要成为对社会有用之人！

五年的小学生活转眼即逝，通过勤奋努力，学习和家务两不误，他如愿考上中学。为了这个学习的机会，他付出本不该一个孩子付出的心力。初中的他更加努力，离家有3公里左右的黄官营乡学校要求学生住校学习，他收拾了简单的被褥住校了。因为家庭条件特殊，他仍每天一放学就跑回家，帮母亲干农活，晚饭后他又尽快赶回学校上晚自习。冬去春来，日复一日，他该考高中了。父母有让他考中专的想法，以早些工作，帮家里解决经济困难。而他一心想上大学，没有同意父母为他做出的选择。“考不上大学就回家务农！”他背负着父母的一句气话，更加努力学习。

功夫不负有心人，他以全校第一名的成绩考入陆良一中高40班学习。到了县一中，一个全新的环境让他兴奋，看到别的同学晚自习后还在床上用手电筒看书，他难过了，因为家庭条件不允许他使用手电筒。他茫然了，不知道该怎么学习？想不通为什么人家有那么好的条件，而自己的父母一年到头辛苦劳作却难以维持生计。每周他回家一次，照样做自己熟悉的劳动和家务。时间就这样一天天流逝了，两年的高中转眼就过去了，而他的学习成绩在一点点向后退。高考是残酷的，他被茫然和不解击败了。1980年，他是一个真正的、纯粹的高考失败者。

看到别的同学上大学去了，他哭了。哭声引来了刚回家的父亲，看到父亲关怀的眼神里没有一丝责备，他更难过了，想想父母为了他和几个弟妹的付出，他不能再提出考大学的要求了，但是一个从心底涌出的欲望在煎熬着他："我要上大学"。失败一次对一个人一生来说并不重要，重要的是不能失掉自信，如果还有信心就去读书。父亲似乎看到了他心灵深处的愿望，在安慰他、鼓励他的同时，提出只可以复读一次的要求。他必须背水一战，付出更多努力，否则不能达到自己的愿望。他以非常坚定的语气告诉父亲，明年今天看他金榜题名吧！

这一年，他的付出有点惊人，别人看书他看书，别人睡了他还看书。宿舍熄灯了，他没有电筒，就到学校的厕所里看书，一天到晚除了上课和几小时的睡觉，他手不离书，连洗衣服时也背英语单词。一年很快过去了，功夫不负有心人，他拿到了"云南大学"的录取通知书。他流下了欣喜的泪水。

他如愿离开家乡，踏上求学之路。到了大学，他更加努力，因为有过失败的经历。他太爱读书了，在班上他是一个非常不起眼的小男生，可一年后同学对他另眼相看了，他的《高等数学》考了100分，老师说这是很少见的，《会计学》等几门课程都考了班上的最高分。进校不久，他参加学校田径运动会的长跑项目取得了非常好的成绩，为班集体赢得了荣誉，从此成为校田径队正式队员。为了给学校赢得荣誉，他每天早上5点起床进行每天10公里长跑训练，6点半回到学校洗漱完后7点准时到教室上早自习。他坚持不懈地训练，1983年参加了昆明市国际马拉松邀请赛，跑完了42公里195米的全程，获得了第九名的成绩，被国家体委授予"三级"运动员称号。大学四年，他德、智、体全面发展，多次被评为校级"三好学生"。1985年大学毕业并获经济学学士学位，同年收到云南大学政治经济学专业研究生的录取通知书。两年的研究生生活，在他的努力和勤奋中流逝着。因为他的认真负责，不懈追求，学校将他留校并分配到了云南大学职业与继续教育学院，当时他是该院唯一具有研究生学历的青年教师。对于工作分配，他开心极了，可以终生以书为伍，做一名大学老师了。

大学工作20多年，他始终履行着人民教师的职责，忠诚党的教育事业，与日俱增的事业心和责任感，让他无论在哪个岗位上都养成了一丝不苟、兢兢业业、踏踏实实的工作作风。政治上他严于律己，热爱党的教育事业，以党员的要求来约束自己，鞭策自己。获得了云南大学1991~1992年度优秀共产党员的称号。教学工作中，他因人施教，耐心讲授，孜孜不倦，坚持把育人贯穿于教书的全过程，注意学生全面素质的提高，特别是学生的思想政治、道德品质素质的提高；他教学中积极探索教学规律，不断总结教学经验，从而提高了教学效果；他注意自己的言行举止和形象，做到为人师表，真正达到教书育人的目的；他虚心向优秀教师学习，积累丰富的教学经验，提高自己的教学水平；他积极进行教学方法的创新，熟练运用多媒体教学设备进行教学，多门课程建立了电子试题库。先后主讲了《政治经济学》、《货币银行学》、《现代管理实务》、《国际金融》、《中央银行学》、《商业银行市场营销》、《西方经济思想史》、《现代物业管理》等课程。他的教学风格诙谐幽默、通俗易懂、寓教于乐，受到了学生的好评，也得到了学校的奖励。1991年首次获得云南大学第四届优秀教学成果二等奖；1995年再次获得云南大学成人教育学院第二届优秀教学成果奖；1992年晋升为高校讲师，2003年被学校聘任为副教授。

他不忘科研，中国科学技术出版社2002年出版了他的专著《商业银行市场营销》，得到了银行界的高度评价；先后主编和参编了《政治经济学标准化考试指南》、《国民经济计划管理学》、《政治经济学教程》、《货币银行学》、《社会经济统计学原理》等多部著述。他还在各种刊物上发表文章数篇，如《对外开放是加速实现两个转变的必由之路》、《货币电子化及其在我国的发展现状和展望》、《现实与选择》等。

1990年起，他被学院聘为院教学部副主任、主任，同时积极承担班主任工作，付出了“热心、爱心、责任心”，赢得了学生的爱戴和敬重，获2003~2005年云南大学优秀班主任的称号。

20多年来他兢兢业业、勤勤恳恳地在成人教育这块土地上耕耘着、收获着。在领导和同事眼里，他是一个优秀教师，在学生的眼里他既是良师同时也是益友。

孙红文简介

（昆明医学院第一附属医院副主任医师）

孙红文，肿瘤学硕士，昆医附一院胸外科副主任医师、副教授，党支部委员，中华医学会胸心血管外科分会会员，中国抗癌协会会员，中国抗癌协会乳腺癌专业委员会会员，中国抗癌协会临床肿瘤学协作专业委员会会员。

陆良北门街人，先后就读于文化小学、八中、一中，1993年昆明医学院毕业分入省卫生厅，到马关县医院下乡扶贫锻炼一年，1994年7月被省卫生厅评为下基层锻炼“优秀队员”并分配到昆医附一院工作。2000年2月参加由卫生部委托天津肿瘤医院举办的全国肿瘤临床医师进修班学习一年。在2003年抗击“非典”斗争中工作突出，被医院及医学院评为“防治非典先进个人”；2005年6月陪同医护患病回族女生忽明燕参加高考，成为社会热点新闻人物，受到社会的广泛关注和赞扬；2005年度被医院评为“职业道德先进个人”。2006年参加“万名医师下乡支援农村卫生工作”活动再次下乡到腾冲县医院工作一年，被评为“优秀医疗队长”，其间参加过朱镕基总理的医疗保健工作。

他在省内率先开展了规范化的乳腺癌保乳手术，美容和治疗效果均达到了国内先进水平；国内第三家运用专利蓝开展乳腺癌前哨淋巴结活检术34例，紧跟乳腺癌研究热点，熟练地掌握了该项先进技术。该临床研究2003年通过了省卫生厅组织的专家鉴定，登记为科研成果。开展了保留肋间臂神经的乳腺癌根治手术，为进一步保全乳腺癌病人的功能研究和运用迈进了一步；创新采用术前、术中钼靶摄片+连续切片技术，开展了临床未扪及肿块的乳腺癌诊断、综合治疗，取得良好效果，并在《中华新医学》上刊文推介；开展了腹部推移皮瓣移植修复乳腺癌术后胸壁皮肤缺损手术，效果极佳，为乳癌术后胸壁皮肤缺损的修复找到了一个新思路、一种新方法；研究乳腺癌术后非加压包扎引流技术，并临床运用，明显减轻了术后病人的胸部强烈压榨感和皮瓣坏死率。主持的胸部微创置管引流技术，通过会诊交流，已在附一院干疗科、急诊科、呼吸科常规应用，并推广到国内许多医院。2000年发表在核心医学杂志《中国肿瘤临床》的《微创置管引流灌注高聚生治疗恶性胸腔积液》一文已被国内20余种医学杂志引用30多次。完成科研项目3项，其中1项获云南省科学技术进步三等奖。在包括国家核心期刊《中华医学杂志》、《中华胸心血管外科杂志》、《中国肿瘤临床》等期刊上发表论文30余篇，多次受到医院表彰。

热心公益 扶贫济困

——记云南蓝天集团董事长、高级工程师李燕山

李燕山，宜良县政协委员、高级工程师、昆明市优秀文明市民、中国毒理学会会员、云南蓝天集团董事长、总经理、总工程师、省政府授予的工商联先进会员、工商联执委、消协理事、昆明市个私协常务理事，宜良县个私协副会长、城区个私协副会长。曾荣获全国经光杯奖，多次受到省、市、县党委和政府的表彰和奖励。

李燕山，原籍云南陆良。1960年至1965年，他在大学5年期间除以优异成绩学完工科大学全部课程外，同时自学完了中医大学本科全部课程。

1965年，李燕山大学本科毕业由国家统分到云南省地质矿产局地球物理地球化学勘察大队工作，终年在云南的深山老林之中为国找矿，足迹踏遍云南的名山大川。云南既是“矿物王国”又是“中草药王国”，一向热爱中医中药的他被无数的名贵中草药材所吸引，他利用中草药和银针免费治好了不少群众的病，救了不少贫苦百姓。他大学毕业40年来，从未间断刻苦钻研中医中药，立志用中医药造福百姓。

1988年，他在云南省首家创办民营饲料企业——云南蓝天集团宜良蓝天饲料厂，用矿物和中草药替代部分添加剂并加入部分秸秆生产绿色生物饲料。多年来，曾先后扶持县内外数千户老百姓发展养殖业，部分已脱贫致富。相继与三个大学毕业的子女一道创办了“蓝天中风骨质增生针灸专科诊所”及“蓝天针灸中药戒毒康复中心”。目前，拥有两个门诊部，60多间病房，可住300多病人。在昆明市总工会领导的关心支持下，目前正筹备着在昆明开办蓝天针灸门诊部分院。就诊人员既有来自宜良、昆明、曲靖、禄丰、富源、陆良、呈贡、弥勒、石林的患者，还有河南、山东、四川、海南、贵州以及新加坡等国外的患者。多年来，他为山区患者及亲属免费提供住宿，备有火炉供他们煨药、烧水、做饭。他和三个子女利用传统中药、针灸医治中风、痛风、骨质增生、坐骨神经痛、腰椎间盘脱出、肩周炎、风湿、类风湿、关节炎、胆结石、肾结石、乳腺增生等10多种疑难病。其中，部分设备治疗仪是他自己发明创造的，患者反映疗效良好。他为一些七八十岁的老人和家庭比较贫困的患者减免医药费给予治疗，部分特困患者还发给“蓝天医疗扶贫救助卡”。受到患者的欢迎，赢得社

会的好评，受到上级的表扬。

1998年，在省、市召开的有关座谈会上，李燕山委员曾以“国家兴亡、匹夫有责”为题，就如何发展云南非公有制经济和解决下岗人员再就业及社会治安稳定提了25条建议，向省委，省政府建言献策。社会治安稳定就谈到对吸毒青少年的救治，受到了上级有关部门的高度重视。云南地处祖国的西南边陲，是毒品的重灾区，不少青少年深受其害。为挽救部分吸毒的青少年，为救助部分不幸的家庭，他和三个儿女一道深研中药针灸戒毒的原理、方法、治则，积极探索有效的脱瘾治疗药物、治疗方法。对吸毒者免费送予中药“蓝天戒毒膏”，同时运用针灸、耳针等疗法施予救治，寻求崭新的科学康复模式，初见成效，可谓功德无量。被患者称为“蓝天功德工程”。李燕山委员一家两人被聘为中国毒理学会会员。

1998年3月，在政协第九届昆明市委员会第三次会议上，市工商联的主要领导向昆明市委、市政府递交了《开展中药、针灸戒毒》的报告，内容就是关于政协委员李燕山用中药针灸戒毒的93035号提案，已被上级采纳。

李燕山为县内外近百名吸毒的青少年免费戒毒。治疗好后，还教育他（她）们要做一个自食其力、对家庭有用、对社会有益的人。他救助了一个又一个吸毒的青少年及其家庭，为社会治安减少了不安定的因素。李燕山说：采用中药针灸戒毒安全科学有效，中药戒毒一方面可以避免部分吸毒人员共用针具相互传染艾滋病病毒，另一方面是挽救吸毒青少年，还可以救助部分家庭，这笔数额不小的费用，到目前为止，我全部是免费。谈起这事时他还说：“作为一名政协委员，一名高级工程师，我只不过做了一件对社会有益的事。”家住宜良县城的一位中年妇女陶女士，谈到子女兄妹俩染上毒瘾的事时泣不成声，泪流满面。她带着兄妹俩来到李燕山的蓝天诊所就诊，李燕山采用中药、针灸的方法治疗，他不光医病，还医病人的心，他不仅对吸毒青少年说：“朋友！你们不幸染上毒瘾，你们也是受害者，你们是病人，不是犯人。望你们振作精神，配合医生，配合家长。要有毅力下定决心，戒断毒瘾。待身体康复后，学一门技术自食其力，做一个对家庭有益、对社会有用的好青年。”为了感谢李燕山，陶女士拿了5000元钱给李燕山作为治疗费被他谢绝了。李燕山说：“几年来，你们二老不容易，两个儿女吸毒，精神上、经济上压力都很大，我是为了救孩子，不是为了钱，其他人我也未收一分一文。只要他们改了学好，做一个对家庭、对社会有用的人，我就感到欣慰了！”

李燕山戒毒的方法独特，应用心理学、药物学、生理学、社会学等综合疗法，他不光医病，还医病人的心理。李燕山怀着~颗赤诚的爱国之心，决心以自己的一技之长服务社会，得到宜良党政领导和市政法委等部门的支持，开展中药针灸戒毒。

李燕山深研中医中药40余年，足迹踏遍了云南，他亲自上山采集上千种中草药。多年来，他热心社会公益事业，先后为希望工程、扶贫救灾、见义勇为基金会、治理滇池、抗洪救灾、修建宜良立交桥、建学校、修公路、救济五保户老人和下岗困难职工、救助特困学生和退伍老兵、修建柴石滩水库工程和阳宗海奠基工程、昆明市个劳协成立十周年、扶持贫困山区老百姓发展养殖业等社会公益事业多次捐资。在2003年抗击非典时期，他想政府所想，急百姓所急。他说："做人要讲道德和良心，办企业也要讲道德和良心"，他为1000多人免费发放预防"非典"的中草药，赢得了社会各界人士的好评和尊敬，受到上级的表扬。

李燕山积极开展医疗扶贫，来宜良蓝天诊所就诊的患者，许多危重病人是在外地其他医院已做结论不可能治好的，有的早已准备后事，后听人介绍来到宜良蓝天诊所治好了。临走时，对于家庭贫困的，他还送给车票、送衣、送鞋、送钱、送米。他想病人所想、急病人所急、帮病人所需。如2001年前的一天来了一位70多岁的老年患者，宜良马街人，经检查，腹疼十分严重，急需到大医院治疗，老人身上只有10多元钱，李燕山拿了1000元钱给他，还叫来了一辆出租车，并派了两名护士把老人送到县医院抢救。医生说："如果晚来半小时就有生命危险。"宜良金梅西山营70岁退伍老兵郑思富身患重度风湿关节炎、中风，不能站立，行走十分困难，家中妻儿都有病，连穿的衣、裤、皮鞋他都给买，有时往返的车费他都提供，仅郑思富免去的各种费用就达8000多元。像这类重病特困患者减免医药费的每年都有许多人。李燕山真正做到了待病人如亲人，得到患者的爱戴、赢得社会的好评，多次受到上级的表彰。北古城镇一位姓袁的83岁黄埔军校毕业的中风患者说："像李委员这样治病不分贫富贵贱、一视同仁真正为老百姓办好事办实事的人，我活到八十多岁还很少见到过，我们全家十分感谢他为我治好中风。蓝天功德工程真是功德无量。"

李燕山作为一名县政协委员，他深情地说："作为一名政协委员，不光是一种荣誉，更主要的是一种责任，一种对社会的责任、对自己的衣食父母——老百姓的责任。我们血管里的每一滴血都有老百姓的汗水，我办企业的目的在于回报社会、报效人民。人生的价值在于奉献，向社会的弱势群体伸出援助之手，向他们献上一份爱心是我们应尽的义务，是我们义不容辞的责任！"多年来，李燕山是这样说的，也是这样做的。

李燕山创办企业致富，不忘社会职责，常怀赤子之心，真情报效人民。李燕山，一个真正的好人。

肖曙芳简介

（昆明市儿童医院主任医师）

肖曙芳，女，1985年6月毕业于昆明医学院临床医疗专业，1985年7月至今从事儿内科临床工作23年，2006年获得主任医师职称；现任昆明市儿童医院PICU科主任，担任云南省重症医学会委员、云南省急诊医学会委员、昆明市突发公共卫生事件处置专家；多次被评为“卫生局、医院先进工作者”，2004年被评为“云南省城镇卫生系统巾帼标兵”，2005年被评为“昆明市十佳医生”及“昆明市卫生局学科带头人后备人选”，2008年获昆明市卫生系统特别贡献奖。

肖曙芳多年来坚持以“三个代表”重要思想和科学发展观为指导，解放思想、善于创新，有较强的进取精神，严谨的治学态度；在平凡的工作岗位上从不计较个人得失，爱岗敬业、以身作则、任劳任怨；为抢救危重患儿经常放弃双休日，不管节假日或深夜随叫随到，奉献无悔；自觉抵制行业不正之风，拒绝吃请受礼，拒收回扣红包，多次受到患儿家长的好评。

PICU科是昆明市市级重点学科，是集“技术难度高，风险大、工作量大、责任重大”为一体的科室。肖曙芳不断提升科室的团结、拼搏、开拓、创新的实力，在科研成果、撰写论文、接受新知识、开展新技术等方面都起到了带头作用，成功举办了省级继续医学教育项目。2000年至今，她以第一作者发表论文15篇（其中核心期刊发表10篇）；1项课题获昆明市医学卫生科学进步三等奖，1项课题已结题通过鉴定被评定为国内先进，在研课题3项。

尊重生命、珍爱生命、敬畏生命、拯救生命，是肖曙芳的职业道德信仰。“放心吧，我一定竭尽全力抢救你们的孩子。如果有一丝的希望，我都会尽一切努力让笑容在他那稚嫩的脸上再次绽放，让你们的家庭重享天伦之乐！”望着患儿家属那一张张焦急、忧郁、无助、痛苦甚至绝望的脸，她无数地在内心呐喊着和祝福着……

我的人生之路

——云南省志办近代史专家张曙东自述

回望过去，那崎岖不平，坎坷曲折的道路，留下的都是自己的脚印；遥看未来，那充满生气，充满光明的时代，则有一种无形的力在推动着我继续前进。

我，张曙东，一个名不见经传，事不见都市的农家子弟。有谁能相信，我是一个到了20岁还没有进过校门的人，今天却步入了广阔的史学领域，成为一名敢向那些所谓“绝对权威们”挑战的研究工作者。被史学界的权威们亲切地称为云南省地方志研究的专家。

1934年农历八月二十一日，我带着不幸的命运，降生在陆良县东区郭家圩，即今陆良县三岔河镇天宝寺办事处一户食不饱腹，衣不蔽体的贫寒家庭。满月时，母亲请一位姓杜的瞎子为我算命，说：“‘八字’不好，养不大，要给别人抱去做儿子才能养得大，但不能读书，只能盘田。”于是，我未来的前途，被杜瞎子蒙上了一层阴云。因此，在自己的整个少年时代，都与校门无缘。值得庆幸的是：母亲不忍心把我送走，才使我有了今天。

今天，我已进入75岁。古诗云：“夕阳无限好，只是近黄昏”。而我却在这“黄昏”中，不断地向远处的那座大山走去。孔子说：“登东山而小鲁国，登泰山而小天下”。我要登上远处的那座大山，看看我的故乡陆良有多大，看看我们云南有多大，看看我们中国有多大，还要看看人类共有的世界又有多大！

我的人生之路，就是这样一条从家门口出去，一直在崎岖中攀缘，在坎坷中滚爬的艰辛之路。

1942年，我有8岁，祖父去世了，这对我们全家而言，是晴天霹雳。因为祖父是全家的“总统”，他的去世，是全家的不幸。正由于如此，邻居们都说：“这家人完了！”祖父是郭家圩的能人，拿起笔杆能写字，拿起锄头能种地。栽培果木，植树造林，为全村之冠；修桥铺路，造船盖房，为众人之首。父老们称他“孔明”，颇受尊敬。我的父亲是教书先生，不管家务；我的母亲，一字不识，管不了家务。故云“完了！”更使人不可理解的是：祖父的长子、我的大伯，他的父亲死了，不但不负任何责任，袖手旁观，反而还从我们家拿走2.5工口粮田和半间大瓦房。另外还请来一个说客把我家的一条楸木渔船料子也拿走。一些村中的长辈们看不过意，在背后议论："大的，死了老子发大财；小的，死了老子欠大账。"天无绝人之路，在"这家人完了"的议论声中，我的母亲站起来撑起了全家人的大厦。她认为我的祖父是一位有功有德的族中长者，不能因为穷就随便发送上山，要办了对得起他老人家，不要让别人说闲话。于是向外借债发送祖父。而我为了抵外债的利息，祖父发送上山以后，就去帮人家放牛了。奇怪的是，过了几十年以后，发大财的大伯饿死在家里，欠大账的父亲则有10个孙子、孙女大学毕业！

公元1946年，我帮人放牛已近4年，虽然帮的是亲戚，又由于勤奋爱劳动，待我如亲生子，可是，我从出去的第一天开始就一直想着要回家。栽上秧不久的一天晚上，我终于不顾一切，不辞而别，逃回家了。今天想起来还深感惭愧！当晚我不敢进屋，是躲在多年失修的耳房楼上堆的稻草里睡了一夜。为了得到母亲的原谅，天刚亮我就下田薅鸭跖草，母亲打开门一看，大吃一惊，"这是哪个！"走近一望，是我，她感动了，叫我回来。从此就开始在自己家里，利用休息时间自学文化。我的启蒙老师是我的大哥，我的学习课本是我父亲春节写了贴在门上的对联，诸如"日月光天下，山川呈古今"；"江村如画里，山晓望晴空"等等。随着时间的推移，我逐步能够看报、看书、写日记。在自学中迎来了家乡的解放！

1953年我被选为积极分子参加县委培训班，工作组的同志特意介绍请我给要求入党的积极分子写申请书。他们说我写得好。而在我的申请书上，文化程度一栏里，却写着没有上过学。被工作组组长王老满、副组长王华蓉、组员袁德明同志误认为不老实，专门到村里挨家挨户调查，结果证明我确实没有上过学，从而使他们对我更加亲切，说我至少有初中毕业的文化程度。

1954年10月10日，我的人生之路发生了根本性的转折：离开了农村，走上了工作岗位。当时，党支部书记阮光照同志三次登门动员我出来参加助征，但我的母亲不同意。因为我虽然上有哥哥，下有弟妹，在我母亲的眼里，他们都不如我"辣燥"（能干）。幸亏我大哥开导说：助征只是三个月，万一留下来，就比农村好得多了。于是，让我出来了。

助征确实三个月结束。在这三个月中，我先后到过赵家沟、三岔河、麦田（今宜良九乡地界）等村征粮。他们羡慕三岔河粮店会计念朝金同志能够双手打算盘，我利用业余时间，一个月就学会了双手打算盘，至今没有忘。

助征刚结束，我就被调到麦子河水库工地，负责全工程的粮食供应、调进售出，总计几百万斤，没有发生过霉烂变质和账务差错。工作没有时度，有时候夜间驮粮的马帮到了，也得点着汽灯收粮。水库建成后，我被调到庄上粮店工作，也是我一个人，又卖粮食，又搞保管，要匍匐钻进地楼里清扫灰尘，又呛鼻子，又刺眼睛，但我还是按照要求完成任务。

大约是1956年的7月，我被调到中共陆良县委肃反办公室搞专案工作。这是一项我从未接触过的工作，只有决心学透中央五人小组的文件精神，才有条件做好这项工作。文件精神的内容是：一、认定历史反革命和现行反革命的政策界限；二、专案人员必须具备党性强，觉悟高，办事公正，工作积极等条件。并要求每一个同志都不能带着个人恩怨和私心杂念办案。由此我就想到：任何一个审查对象其罪恶的形成，在两军相争，两党相斗的历史条件下，一般来说都是集体的行为。所以，我出去调查，只叫调查对象写出当时当地发生的事件经过，参与的人员名单，起主导作用的骨干等，不说我来调查谁，你给我写谁的材料。因而，得到的材料真实可靠，受到我的直接领导保开华同志首肯。中央规定：外出调查必须两人以上。而我外出调查只是一人。保开华同志说："经过县委五人小组和地委五人小组研究，组织信任你。"对当时的我来说，真是莫大的鼓舞。在一年多的肃反工作中，我没有出现过任何刑、讯、逼、供，冤假错案，办一件，是一件；办一件，了一件。肃反运动结束时，我被选送到云南省财政干部学校学习。

入校学习，对我而言，这是天赐良机。经过8个月的努力，结业考试，初中数学我考得96分。

1958年大跃进，我被选送昆明地质学校学习找矿，结业考试，我得到全班第三名。当时上面来通知，经过原单位推荐，选送一部分学员上大学。被选送者，有几名不如我，我想：他们能上大学，我更应该上大学。于是，使我第一次产生了上大学的念头。

故乡，本来是自己的衣胞之地，是不应当对她产生厌倦情绪的，可是，我在上地校之前，在召夸看到用持枪的武装民兵押解群众下地劳动使我感到有种说不出的难过和苦恼。我回到马街，被派往大龙潭调查群众的"叫粮"问题。调查结果，令人寒心。大龙潭一夜之间消老墙土作肥料，被破坏得乱七八糟，家家的屋子都通向外面，破烂不堪。当时，全村群众都上山种洋芋，我便上山挨家挨户查看他们吃的是什么？查看结果，家家户户吃的都是野菜。每家的砂锅里，不仅找不到半粒包谷、大米，甚至连萝卜缨子都没有，煮的全是野菜汤，使人寒心。可是我回到马街公社汇报时，县粮食局局长却大发雷霆，说："在别人的眼里，是一片光明，在你张曙东眼里，是一片黑暗！"我想完了。幸有公社党委书记保开华和大龙潭党支部书记王云柱二位同志为我解围，说：我们家就在那里，确实没有吃的，小张的调查基本上符合实际，是不是还有个别自发势力严重的人有粮叫苦，倒不敢保证。粮食局长则怒气冲天，大声叫道："不返销！一颗都不返销！"没过几天，大龙潭就造成了严重的饿死人现象。我当时难过极了，自问？为什么在这里没有讲真话的地方？于是，又产生了离开陆良的念头。同时还得知：我大哥当生产队长，公然将我母亲逼上龙海山开荒，留下两个弟弟，又饿又想娘，整整苦熬了半个月。这使我感到：家乡不是我呆的地方！

1960年5月，我申请报考大学，申请书是以"破釜沉舟"的决心写的，即"自愿报考，择优录取。不需领导照顾，不要单位保送。考得上就去，考不上回家种田。考试期间的一切费用自己负责。"粮食局长不但不收我的申请书，而且还说："你没有资格考大学！"但是，天无绝人之路，却得到了县委粮食办公室秘书陶于谌和粮食办公室主任沈洁两位同志的帮助，把我的申请书直接给县委副书记张登高同志亲自批示："同意报考。考得上就去读书，考不上仍回原单位工作。考试期间的一切费用由单位报销。”我上午交上去的申请书，下午就批下来，使我激动万分。陆游说：“山重水复疑无路，柳暗花明又一村。”这好像指的就是我。如果张登高同志按现今某些领导人的工作习惯，批上“尊重基层单位的意见”那我绝对是彻底完了，真的是会应验杜瞎子的话：“只能盘田”。因为我在曲靖复习考试期间，县粮局已把我“精简”回家了。不过人生的道路都是由两个主要因素构成的，即主观因素和客观因素。客观上得到县委书记的批准，主观上由于多年的刻苦自学，在曲靖复习期间，又得到谢楚老师的帮助，并请吴子南老师辅导，结果考上了，考在云南的首府大学——云南大学中文系本科，攻读汉语言文学专业，这是我人生道路的第二次大转折。在4年的学习中，本班有13名同学有三科不及格和其他原因，被勒令退学，而我则以优秀生毕业，推荐考研究生。虽然我和被推荐的4名同学都没有考上，但是，使我看到了云南大学与北京大学、山东大学的差距。本来我是想将自己学到的知识传给边远山区的青年子弟，到那里当一名普通的中学教师，为此，《云南日报》还报道了我的事迹和志愿。想不到我却被本省分配毕业生的最高机关云南省人事局提前抽走了，而我想当教师的愿望也从此破灭了。

当时很多同学都羡慕我，说能在省级机关工作真是太好了！可是，好景不长，1964年毕业，1966年就发生“文化大革命”。我先后到思茅省第四“五七”干校和普洱农村插队落户。在干校，我成为本单位最强的劳动力，特别是在山坡上拉柴火，我是骑三轮车的能手。在农村，我成为“贫下中农”最欢迎的“下放干部”。“小春大革命”，我作为整党工作组的组长，派到西萨大队，纯属山区，都是石灰岩的地质结构。为了确保大春收成不受损失，准备把小麦搬到山上种。为此我先找凤阳公社党委书记陈文明同志私下交谈，他同意我的做法，但要求路边的那三块田还是要把水撤干种上小麦，以防别人告黑状。回到西萨后，我又约请党支部书记吴官见同志上山作了两天的实地查看，并了解到1958年大跃进种过小麦，有收成。腊水田种小麦，实际上是一种破坏。种小麦又不强调面积，只要求种了多少斤种，这样，就使我“弄虚作假”获得了成功。而西萨隔壁的千冈村，工作组把麦种堆放在田里，结果，不但损失了麦种，而且腊水田被破坏了。吴官见说：“张同志要是长期留在这里，我们就有饭吃了，不需要每年春季背着黄口袋跑到勐腊讨粮！”千冈人则说：“你们这个张同志为什么这么好？”

在思茅和普洱，我也遭受了两次灾难。在思茅，在学习“九大”精神和北京“六厂二校”支左经验时，当中谈到军队对地方的“造反派”要“一碗水端平”，我认为云南端偏了，用简单的绝对化否定一派，肯定一派，造成如此严重的恶果，是云南人民的一种悲剧。结果被打成“四干校右倾翻案的头号人物”，受到解放军全副武装在我的床四周监视、看守。而我天生瞌睡大，倒在床上就睡着，天天如此，月月如此，年年如此，至今仍然如此。监管了一个礼拜后就搬走。说有问题的人是睡不着的，意思是说我张曙东没有问题，因此解除监管，撤走武装。由此可见，好睡也成了免除迫害的一种法宝。在普洱，1971年清查所谓反革命组织“5•16”，他们又搬出思茅的问题把我列入重点对象，限制人身自由。但是，没过多久，林彪事件发生后，我就彻底得到“解放”了。

事实上，我是本单位认为的好干部，1968年12月成立革命领导小组时，我是省级机关唯一一名由两派共同推荐进班子的群众代表。在十年“文革”内乱中，包括在思茅、普洱受到的两次迫害在内，都没有任何一个人骂过我一句，夺过我一指头。为什么呢？我认为对人对事要诚信公道。这是我人生道路的一条重要经验。

1972年的上半年，我被分到国防工办所属曙光机械厂政治部搞人事工作，临走前一些同志来看我，其中普洱县武装部的太科长说：“我告诉他们：留下来的不是有问题的干部，而是一批好干部，现在证明了。”

曙光机械厂是个总装厂，2000多名职工，1975年进行整顿，我被调到全厂的老大难单位运输科任党支部书记，我从自己做起，坚决制止公车私用现象，经过一年的整顿，变为全厂的先进单位，此后又调技术科任党支部书记。

1979年3月调省侨办政治处工作，是原省人事局老领导落实政策，恢复工作后，通过省革委直接调的，但到了侨办，让我调查一位副处长的“三种人”问题，经过一个月的详细调查，不存在“三种人”的问题，侨办党组很不满，重新组织调查，有五人参加，干了三年，没有突破我一个人调查一个月的内容，使机关的很多同志对我称赞不已，说：“张曙东太正派了。”

1984年7月，这是我人生之路的第三次大转折，经过反复要求，第一次由自己选择了最后的归宿——调省社科院从事云南的地方志编纂工作，并曾担任省志办公室党支部书记和社科院老干党支部组织委员。于是，又遇到了在侨办遇到的问题：叫我查一位同志的“三种人”问题，我查了不是“三种人”，又引起了有关领导对我不满。然而，这一切都无所谓，我主动要求调社科院，不是想当官，而是想从文，我不能投其所好，看领导人脸色行事。

经过24年的实践锻炼，我已由当年的政工干部变成了今天的研究人员。

我的第一篇文章《略谈云南华侨的历史起源》，发表后，受到全省侨务界的一致肯定。

我的第二篇文章《滇军血战中条山》，于1985年8月17日在《云南日报》上发表后，真叫做双手推出满轮月，一石击起千层浪，引起了抗日英烈们的亲属子女巨大的轰动。他们通过《云南日报》找到了我的单位和住址，纷纷来信来访，表示感谢。其中第12师师长寸性奇（云南腾冲人）的嗣子寸品德老先生，80多岁高龄，先是来信说：“台端想必与先父过从甚密，能写出当年如此真切的场景。”继后，不远千里来到我家里感谢。说没有我，老三军的抗日伟业将会永远埋没下去。军长唐淮源（云南江川人）的儿子唐伯华（高级工程师）从南京无线电厂来信说：“张先生能言人所不敢言，难能可贵！”第5集团军总司令曾万钟（云南大关人）在昆工、煤炭厅工作的教授、高工等多名子女一起登门致谢。说曾总司令临终时唯一不放心的就是为抗战而牺牲在中条山的云南健儿得不到社会的承认；因为第三军是当年的护国第二军，是具有光荣传统的一支云南部队，北伐战争中打败吴佩孚、孙传芳两大军阀，功勋卓著；抗日战争爆发，最先奔赴华北战场，旧关杀敌、晋南肉搏威震天下。守卫黄河北岸的抗日根据地——中条山近三年，先后打退侵华日军12次大规模军事进攻。第13次，侵华日军总结了历次失败的教训，调集了20万地面部队和400多架空军飞机及大批特种部队，从中条山的五条路口进攻，而守卫中条山的两个集团军和一个游击纵队，则被他调，只留下老三军等少数部队。因此，于1941年5月7日开战，至13日，师长战死1人，军长战死，所属宫秉藩第34师投降，导致了全军失败。曾总司令认为“老三军保持了国格、人格，打出了滇军的军威，也打出了中国的国威，虽败犹胜。”乃向最高总领导蒋介石提出“应在中条山为老三军立纪念碑”，得到采纳，准备抗战胜利后在立。可是，抗战胜利后，内战爆发了，新中国成立后，更是提都不敢提。1968年病故，曾总司令就带着这一遗憾和家人永别了。“现在，张老师在报上发表出来，我们的父亲在九泉之下瞑目了！”就在1985年，云南召开纪念抗战胜利40周年学术研讨会，我写了《云南抗战大事记略》和《驰骋华北战场的滇军健儿老三军》，被大会主持人称为“填补了云南的一大空白”。

来自社会上的感谢和赞誉，对我而言，固然是一种鼓舞。但是，工作并不顺利。在业务学习时，我说：要编好云南的地方志，应当首先学习云南的历史，结果遭到了围攻。他们说，编写地方志怎么会把历史搅在一起？我讲课涉及到云南的护国运动和抗日战争，他们召开会议扣我的大帽子，说我违反了四项基本原则。可是，地方志就是地方史，而且是全史，是通史，是实而不虚，述而不论的信史，指责我的人至今没有弄通。至于肯定抗战，更是史学工作者应有的史德。2005年胡锦涛总书记明确表示，这是全民族的抗战，当然也就不存在违背四项基本原则的问题。批评者们至今也没有弄通。总之，在人生的漫长道路上，各种各样的思想都会碰到。我的态度是避开，绕行，不必与其直面争论。正如庄子所说的：“盲者无以与乎文章之观，聋者无以与乎钟鼓之声”。别人不理解的问题，不必多费口舌；自己认为对的，不要轻易改变。这是我的切身感受。

我在指导多达16部省志分志的编写工作、涉及40多个单位，深深感觉到，不了解云南历史，来指导云南的修志工作，就像一个看不见光明的瞎子去领着别人走路一样，不仅使自己跌进坑里，而且还将别人拉进坑里。如我指导的云南《经济综合志》，是由省计委、省经委和省统计局三家合修的，按照省志办制定的《编纂条例》“横排纵述”，反映不出各个时期云南的经济状况，我提出“纵排纵述”的方案，即民国时期的云南经济、新中国成立后的云南经济，其中又分民国前期的云南经济、抗日时期的云南经济、内战时期的云南经济、恢复时期的云南经济、大跃进时期的云南经济、十年“文革”的云南经济、改革开放时期的云南经济等等，受到三个单位的一致赞同，认为这样编写才符合云南实际，也才能反映出云南各个历史时期的经济状况和地方特点。这样做，虽然违背了省志办的《编纂条例》，但是，出版以后，却获得了一等奖。

又如《电力志》、《机械志》、《农垦志》、《化工志》、《煤炭志》、《党派志》等，除了综合记述之外，我还请他们对所属各个企业作必要记述，这样既有其广度，也有其深度，更具有资治、教化、存史的价值，被他们称为名副其实的修志专家。

《中共云南省委志》，是一部极富权威性的重量级大志，160万字，我受聘担任特约编辑，我不仅完成了全志的统稿任务，而且还根据自己掌握的资料，对省纪委提供的“文化大革命”和省委党史研究室提供的“民主革命时期”的志稿，全部打乱重写，结果得到两大单位的充分肯定。他们说：改得好，我们完全同意。

我在完成上述任务的同时，还受聘担任《云南省志•大事记》的主编，于2004年正式出版，64万字，其中从战国时期庄蹻开滇到1985年的两千多年历史，全部是我执笔编写的。主编云南《大事记》资料选集上中下3册80万字，断限1949~1985年，由我执笔编写的有63万字。《省志•人物志》入传786人，其中由我执笔撰写者30余人，是为人物志提供稿件最多的。我写的人物传有两个特点：一是鲜为人知的历史人物，二是别人不愿写的历史人物。例如新疆总司令牛实，祖籍云南陆良，1912年应新疆省主席杨增新（云南蒙自人）的邀请入疆，1933年农历春节在反对民族分裂，维护祖国统一的斗争中遇害。杨增新前他5年，于1928年遇害。云南这两位捍卫祖国统一的爱国者都在新疆献身了。又如卢汉和平起义的重要联络员、血战台儿庄的战地服务团团长、实地拍摄滇军杀敌的惨烈悲壮场面而受到卢汉器重的宋一痕（云南晋宁人）以及曾任中共云南省委第一书记谢富治、云南省革命委员会主任谭辅仁等。我认为被埋没的人物应该发掘，出了问题的人物应该看他一生。

此外，在新编云南地方志中，我还为省委志写了《概述》和《云南剿匪》两部分，为《党派志》写了《中国国民党云南地方组织》，受聘担任《云南省志•乡镇企业志》副主编，负责全志的统稿，并制作了大量的数据表格。

在编写地方志的理论探讨和研究方面，先后发表了数十篇文章，其中有在《中国地方志》刊物发表的，有在云南地方志刊物发表的，也有在地州市县地方志刊物发表的，并有多篇获奖。

在历史、人物方面发表的文章更多，其中包括陆良爨氏大姓诸人传略、民国时期全国著名法学家张耀曾（云南大理人）、《云南的谢晋元——赵琛》（云南晋宁人）、陆海空三军参谋总长朱培德（云南安宁人）、抗日将领黄仙谷（云南昌宁人）等省志人物志出版前发表的人物传略及与人合写的《云南抗日战争史》滇军出征部分、辛亥革命昆明“重九”起义、护国运动、护法战争、东征、北伐等一系列文章和著作，250余万字。尚有未刊稿《唐继尧传》、《朱培德传》、《还我河山 洗雪国耻——中华民族伟大的八年抗战》约为150万字。

本人退休以前，国家的专业技术职称评定处于不正常状态，只评给副高，即副编审。但是，如果没有共产党的领导，没有新中国的建立，就没有今天的张曙东。想到这里，曾经为我铺路架桥，冲关排险的阮光照同志、陶于谌同志、沈洁同志、张登高同志、谢楚老师、吴子南老师又浮现在我的眼前。饮水思源，我是永远不会忘记他们的。

小学教育教学的成功探索者

——记特级教师邵荣林

邵荣林，1945年2月生，陆良县中枢镇人，中共党员，中学高级教师，云南省特级教师。1984年2月至1998年8月担任陆良县文化小学校长。在此期间，曾兼任过陆良县小学数学学会会长，陆良县优质课评委，曲靖地区电教优质课评委，曲靖地区小学教师高级职务评审委员会评委。

1962年8月邵荣林陆良一中高中毕业后到陆良文化小学任教，1984年获中师学历，2002年8月因患美尼尔氏综合症，眩晕耳鸣提前退休，在陆良文化小学工作40年。

60年代至80年代，他担任过小学、附设初中、附设高中的数学教学。工作中任劳任怨、勤勤恳恳，主动积极钻研教学大纲，熟悉教学大纲，不断地用教育科学武装自己的头脑，努力改进教学方法，课堂上做到让学生看、让学生想、让学生讲、让学生议、让学生练，充分发挥学生的主体作用，积极调动学生学数学的积极性。他常向同学们讲数学家张广厚、杨乐和全国数学竞赛优胜者的事迹，激励同学们要勤奋，懂得“勤能补拙”的道理。在课堂上常搞一些数学比赛：“看谁能以最快速度把这几道计算题做出来”、“看谁能多想几种方法解答这道应用题”。为了使学生弄明白数学概念，常以旧的知识引出新的内容，注意新旧知识联系，做到以旧引新过渡自然。练习设计常注意针对性、系统性、多样性、趣味性；做到有的、有序、有度、有变、有趣、有机、有效；体现编排有梯度，覆盖有广度，习题有深度。为了提高学生们的思维能力，常搞“一题多解”、“一题多变”、“一题多叙”、“一题多想”和“一字之差对比训练”。对差生不埋怨、不责怪、常鼓励、刮热风，真正做到一视同仁，让学生们在一种“宽松、融洽”的气氛中求知，使学生们学数学的兴趣不断高涨。学生兴趣来了，他又采用“让学生跳一跳，把果子摘下来”的做法，精选习题，不断提高他们的能力。由于做了这些工作，在几届的升学考试中所教班级的数学成绩突出。1978年在全县的数学统考中，两个班的数学成绩名列前茅；1979年1月被陆良县教育局指定在全县教育工作会议上交流教学经验；同年全县分到百分之二的教师晋升一级工资，他是文化小学唯一的一个。镇上组织教师听他的示范课，他又被评为陆良县“工业学大庆、农业学大寨”的积极分子，出席了陆良县“工业学大庆、农业学大寨”的先代会。1980年被中共曲靖地委、曲靖地区行政公署授予"曲靖地区模范教师"光荣称号。1981年被提拔为学校的副教导主任，主管全校的理科教学。

他1984年2月担任校长后，工作中常以"四会"（会做人、会用人、会容人、会育人）的标准严格要求自己，给教师做出表率。坚持"三抓"：以德育为首位，抓做人教育；以师德为重心，抓队伍建设；以教学为中心，抓质量提高。重视情感投资，采用"学、听、练、比、写"五条途径，富有成效地提高教师素质，教师成长较快。学校在各级领导关怀下，在全校教师努力下，教学秩序井然，教研气氛活跃，教师在"宽松、和谐、理解、向上"的气氛中尽职尽责工作，教学质量稳步上升，学校在各个领域各种学科中均取得了可喜的成绩。出现了"十个多"，即：地区级以上奖状获得多；在县以上讲台交流多；教师论文质量好、数量多；教师在市以上受表彰的人数多（先后有曾在文化小学工作时间长的六名教师被评为特级教师），各级优质课竞赛获奖教师多；要求进步要求入党的教师多；学校在中心学校举行的各种竞赛和统测中获第一最多；学生在参加市级以上各种竞赛获奖最多；师生"献爱心"捐款捐物在全县最多；陆良考入全国名牌大学的学生多数是文化小学毕业的学生。学校声誉越来越高，学生人数年年增加，从80年代2000多人到90年代增到4200多人。学校先后获得曲靖地区"文明单位"、"先进学校"、"德育先进学校"；云南省级"双拥先进单位"、"电化教育优质学校"、"省文明学校"、"省文明单位"、"省一级二等示范学校"；"全国红旗大队"、"全国模范职工之家"、"全国优秀家长学校"等荣誉称号。从1993年到1997年，《云南日报》、《云南经济日报》、《中小学德育》、《曲靖日报》等11家报刊17次报道过学校业绩。1997年第3期《云南省教材教学研究》还专题报道文化小学。社会各界称赞文化小学是出好教师、好学生、好经验的沃土，师生赞誉它是成长的家园。

他对学校管理有较好的研究和探索。所撰写的《坚持"三抓"，办好学校》、《当校长要"四会"》、《扎扎实实地抓好爱国主义教育》、《以3522模式推进素质教育的做法》等20余篇管理论文先后被省市刊物发表和奖励，其中《当校长要"四会"》被《国内外教育文摘》1990年第10期转载。任校长期间曾20余次在省、地、县有关会议上交流过学校德育、管理、教学、电教、体育、家教工作等经验，还曾多次为"陆良县校长培训班"、"师宗县校长培训班"和其他乡镇培训班做过专题讲座，成为市县有一定知名度的校长。退休后，2005年在县延安精神研究会负责人带领下还为师生做"如何抓好少年儿童做人教育"的专题讲座，深受欢迎。

任校长期间，在各级领导的关心支持下，为了补充县财政拨款的不足，为了改善办学条件，他四处奔波，不辞辛苦多次到机关团体、厂矿、基建处"化缘"获赞助60多万元，帮补学校建盖了学校大门楼，教师宿舍楼和一幢建筑面积达2520平方米有25个教室的教学楼；建起了学校电教室、德育展室、电脑室、各类活动室，使学校硬件建设有较大的改观。1998年12月学校经省市县评估验收顺利通过定为省的一级二等示范小学。

他在数学教学中颇有研究，所撰写的《数学教学"六字诀"》、《如何培养学生学数学的兴趣》、《小学数学课堂练习设计做到“十有”》、《课堂练习应重视“八个一”的训练》等20余篇关于小学数学教学的论文先后被省市刊物发表和奖励。曾多次为“陆良县数学教师骨干培训班”、“陆良县新教师上岗培训”做过专题讲座。1991年6月经地区教委推荐到山东济南学习“九义新教材”。同年8月在云南省举行的“九义教材培训会”上主讲《低年级数学教师应注意的问题》，并专门做了第四册教材分析。任校长时，曾多次参加地县组织的农村教学调研。在没任校长时，1999年至2001年连续三届县的优质课比赛中，都是他做专题总结，做专题讲座，对推动全县小学数学教学改革，提高全县小学数学教学质量起到了指导作用。

2002年5月他从昆明住院归来，病还未痊愈，不顾眩晕耳鸣，用了两个晚上为全校教师主讲了“我的十条建议”把他几十年的教学经验和对教育事业无比热爱的拳拳之心全部倾诉出来，在场的135名教师个个专心听讲，用心记录，感动无比。

关于家庭教育他也有所研究，他从1992年至2001年持之以恒地在文化小学举办“家庭教育研讨班”共10期，主讲家庭教育的意义、家庭教育的内容、家庭教育的方法，先后培训家长3000余人。1999年5月学校举办家教研讨班的经验还在武汉举行的全国社区教育会议上书面交流。2001年在全国百所“优秀家长学校”评选中，文化小学成为曲靖市唯一一家“全国优秀家长学校”。他还曾20余次在县、各乡镇有关家长培训会上主讲“家庭教育”。2005年被聘为云南省家庭教育讲师团成员。1992年撰写《家庭教育应做到“八忌”》被《中国圆梦》刊用。1995年撰写《提高家长素质，探索教子良方》，2006年撰写的《家庭教育中应克服“五重五轻”现象》等家庭教育理论征文分别获地、县一等奖。

邵荣林先后受省、市、县、镇表彰20余次，荣获过“陆良县优秀校长”、“曲靖地区先进教育工作者”、“曲靖地区模范教师”、“中国数学奥林匹克二级教练员”、“云南省优秀教师”、“云南省特级教师”等荣誉称号。1995年3月9日《曲靖日报》以《掏尽红心育桃李》为题报道了他的事迹。1997年曲靖地改市，他被光荣地选为曲靖市第一届人民代表大会代表。他的个人词条1995年收录于《全国中小学校长治校名言大典》，1997年收录于《中国当代名家名师传略》。

钱金龙简介

（云南弘顺达矿业公司总工程师）

钱金龙，男，1956年4月生，云南陆良县马街镇朱家堡人，中共党员，1982年2月毕业于成都地质学院三系放射性矿产地质与勘探专业，获学士学位。1983年2月被评为助理工程师，1987年2月评定为工程师，1997年8月评定为地质高级工程师，现为全国注册土木工程师。曾任核工业部铀矿地质局209地质大队第三分队技术负责人、中日铀矿资源联合调查队地质一班班长、云南省工程地质与水文地质专业委员会委员、云南省曲靖市水利电力勘测设计研究院地勘分院院长。现任云南弘顺达矿业有限公司总工程师、中国管理科学研究院终身研究员、中国未来研究学会会员、中国科学发展研究会高级研究员。长期从事地质与勘探工作。

1983~1984年，钱金龙负责核工业部铀矿地质局209地质大队第三分队勘察工作的布置及组织编写云南省梁河县、盈江县、腾冲县等地区地质勘察报告及图件整理。1984~1987年负责中日铀矿资源联合调查队地质一班的技术工作，并负责编写地质一班年度地质调查报告及图件整理。一班的地质调查工作及年度地质调查报告，年年得到日方专家的肯定和好评，钱金龙年年被评为先进工作者。1988年至今负责主持完成的新建或扩建中型水库工程地质勘察工作6件，中型电站工程2件，小型水利水电工程18件，审查或参与的大、中、小型水利水电工程38件，审查的一般房建工程66件，主持完成的高层建筑工程2件。其中一批骨干工程（如曲靖市水城水库、文山广南八宝水库、云贵响水电站，陆良麦子河水库、板桥河水库除险加固工程等）的勘察工作，为工程设计的优化提供了可靠的基础资料，并在审查过程中多次受到部、省及长委、珠委等有关专家的好评，曾多次被评为省、地先进工作者、优秀党员。目前，大部分工程都已建成投产，很好地发挥工程效益，造福于人民。

钱金龙在2000年1月被世界文化艺术研究中心及中国科技研究中心评定为国际优秀专家，在2000年8月由国家人事部专家服务中心把个人业绩编入中国专家大辞典第十集中，在2001年7月被中国水利水电管理学会环球杯精英大奖赛评委会评为“全国科研之星”荣誉称号，2006年8月被中国科学发展研究会评为中国科学发展创新杰出人物，曾作为特邀嘉宾参加了在北京人民大会堂举办的首届、二届中国科学家论坛。撰写的科技论文10余篇，其中《响水电站引水隧洞外水压力值折减系数的问题探讨》论文作为云南省入选的两篇论文之一，参加了在北京中国科技会堂举办的全国水利系统首届青年学术交流会上交流，并在学术交流会上得到有关专家的好评，被评为交流会优秀论文，出版在《水利科技的世纪曙光》一书中。《压水试验成果与岩芯及岩石有关指标的相关分析》论文被收入《中国建设科技文库》中，并由著名科学家、经济学家于光远任专业委员会主任的中国生产力学会科学技术成果生产力转化评价专家委员会进行了成果评价：该论文对压水试验检测成果、岩芯检测数量指标、岩石物理力学指标进行了大量的数理统计与回归分析，认为方法可行，值得在一定范围内推广应用，各种指标之间存在一定的相关关系。在一些中、小型水电勘察中，可靠少量的指标回归推算出较多的岩石指标，为工程勘察进行定性评价提供相对可靠的依据，经济效益将会达统计学显著水平。该论文2000年8月又荣获世界文化艺术研究中心国际优秀论文一等奖。《膨胀岩土的野外地质特征及其隧洞施工时应采取的主要措施》论文在云南水利学会举办的“面向二十一世纪的云南水利”学术交流会上荣获一等奖。

多年的地质勘察工作实践，钱金龙不仅加深了学校所学到的基础理论知识，同时也提高了专业理论水平和实际工作水平，而且积累了地质勘察的经验，并能够清楚地认识到：水利水电工程的水文地质有其独立的特性，主要表现在两个方面。其一是隐蔽性，即水利水电工程地质水文地质是基础以下埋在地下的工作；其二是多变性，即随着水利水电工程的建成投产，在其周围的工程地质水文地质条件将会发生新的变化，从而对工程产生新的影响。因此，工程地质水文地质勘察在对野外客观实际进行周密调查所取得全面资料后的分析、判断、推理以及预测的结论正确与否，在很大程度上往往起着工程成败的关键作用。随着工程项目地质难度的增大，许多难度较大的工程地质水文地质问题，必将是今后研究的重要内容。钱金龙从许多工程勘察的反复实践中，形成了扎实的工作作风，有高度的事业心和责任心，不仅巩固和深化了基础理论知识，而且也提高了业务技术水平和组织协调能力，拓展了知识结构面，积累了一些勘察科研和管理经验，能客观、公正、科学地对工程存在问题进行分析研究，并提出处理意见和建议，既不断地锻炼和提高了他解决问题的能力，同时也培养和带动了一批业务技术骨干，为水利水电建设事业作出了积极的贡献。

为科教兴农贡献才智

——记农业研究员殷世才

殷世才，1945年6月出生于陆良县马街镇良迪村，中共党员，云南农大植物保护专业本科毕业，1968年参加工作。中国植物病理学会会员、中国菌物学会会员、中国职业教育研究会成员。2000年12月被国家人事部、农业部评为全国农业技术推广研究员。

殷世才出生于祖祖辈辈没有一个识字的家庭，父母亲为了子女不像他们一样是文盲，不像他们一样在旧社会吃苦受难。因而在家庭极其困难的情况下，仍把几个子女送进学校读书，二儿世才是其中之一。他1959年朱家堡小学毕业后考入陆良一中42班（中学五年毕业称跃进班），1964年考入昆明农林学院（后更名为云南农业大学）。从中学到大学，在党的关怀和师生的帮助下，享受最高的助学金，完成学业走上了工作岗位。1968年7月毕业后到军垦农场，于1970年3月被部队留下正式参军。1973年7月复员到陆良县农业技术推广站（后更名为陆良县农业科学研究所，再后又更名为陆良县农业技术推广中心），1979~1980年先后调陆良县委党办、县科委工作，1980年8月调农业技术三结合中心主持全县农业技术培训（陆良县被列为全国29个省、市、自治区三结合试点县之一）。1982年调陆良县农业技术中学（后改名为陆良县职业高级中学）任教导主任，后任副校长（主持工作）；1985年调陆良县农业技术推广中心，1990年1月调陆良县农业广播电视学校任常务副校长（主持工作）；1998年任县农业局科教股股长，2005年退休。现任陆良县老科技工作者协会副会长。

工作虽然多次变动，但他干一行爱一行，特别是对所学专业兢兢业业、踏踏实实、能创造性地作出新成绩、新贡献，受到省内外专家、同行和广大农民群众的好评。

农业技术工作

他比较系统地钻研植物保护理论和技术知识，了解本专业国内外技术现状和发展趋势。对植物保护专业中的植物病理研究、诊断、流行、预测预报和综防原理有较深的造诣，曾多次参加全国性植物病理学和全国菌物学大会及西南地区植物病理学大会。

上世纪70年代初期、中期参与全县大面积农田化学除草工作，从水田化除扩大到旱地化学除草并主讲化学除草技术及相关农业技术，到1975年全县化学除草面积达到24万多亩；1975~1982年参与马铃薯环腐病综合防治技术探索，使马铃薯环腐病从1975年危害损失23.8%，到1982年降低到2.27%；1979~1981年，参与全县病虫害普查并执笔撰写全县病虫害普查总结，获曲靖行署集体奖；1986~1988年，主持全县农田大面积大规模灭鼠工作，累计灭鼠256.5万只，获曲靖行署科技进步奖；1986~1993年，参与推广稻瘟病系统防除技术承包，圆满完成任务，获省农业厅农业科技推广三等奖；1990~1997年在召夸镇主持、规划、实施并执笔总结山区玉米营养袋、营养钵定向育苗密植移栽配套技术推广，使召夸镇粮食生产在调整产业结构、粮播面积减少的情况下，仍然大幅度增产，获曲靖市星火奖。

1990年以后，主持"八五"期间云南省重点攻关课题——玉米大斑病和稻瘟病的发生规律及预测预报两个子课题和"九五"期间的论证、实施和推广，将多学科专业理论知识创造性地应用于实践，解决了重大疑难技术问题。经过8年努力，一是掌握了陆良稻瘟病发生流行规律，组建了陆良县稻瘟病穗瘟预测预报模型，使穗瘟预报提早了20~30天，闯出了从定性预报走向定量预报的新路。仅1993~1996年统计，陆良挽回稻谷1千多万公斤，纯增产值超过1.4千万元。近几年在滇中地区各市州扩大应用。1995年获曲靖行署科技进步二等奖；二是搞清了主要农业栽培措施与玉米大斑病的相关性，在国内外首次组建了两者关系的总回归模型和六套子模型，筛选出79套优化栽培方案，同时首次组建了8月份玉米大斑病高峰期预测预报模型。扩大到滇中、滇东北的楚雄州、昭通地区（市）、会泽县、昆明市等地区应用。仅1995~1997年3年统计，应用面积906.12万亩，节约打药用工916万个，减轻农民负担3202.72万元，挽回玉米1.745亿公斤，纯增产值高达2.99亿元，取得了极显著的经济、生态和社会效益。项目《玉米大斑病与优化栽培品种抗性和气象条件的相关研究》，由云南省科委主持鉴定达国内先进水平，检索查新结果为国内外首创，1998年获云南省政府科技进步三等奖，1996年阶段性成果获曲靖行署科技进步二等奖和云南省农业厅农业技术推广二等奖。

参与高产优质粳稻良种"陆育一号"选育，主要负责抗性鉴定和推广第一线的防病对策，重点解决新品种延长使用年限的疑难技术问题研究等工作，项目1997年获曲靖市科技进步二等奖。

参与《高稳农田建设，促综合配套开发》项目，执笔撰写了1985~1995年10年来全县农田建设成就，即掌握"三个原则"、采用"五个结合"、实现"五个转变"、达到"五个促进"。总结出陆良特色的综合配套开发"十大模式"，做到了22万亩省市列项农田建设时间长、规划大、标准高、效果好、效益长。改善了农业生产基本条件，实现综合效益，达到高产优质高效，闯出了持续发展的新路子，推动了全县农业生产、农村经济的全面发展。累计增产粮食6042.32万公斤，烤烟、蚕桑、油菜、水果、蔬菜和水产等大幅度增产，粮食经济净增总产值达17684.96万元，亩平均增152.20元，投入产出比为1：3.44，农民得益率1：5.95，使县级农田建设实施达省领先地位、国内先进水平。项目1999年获曲靖市星火一等奖，2000年获云南省政府科技进步三等奖。

农业教育工作

1980~1982年，殷世才主持全县农业技术培训工作，总结全县多年来的农业新技术，主编了《植物保护》等4门结合陆良实际的农业技术培训资料30多万字；主持农业技术中学期间，输送到云南农业大学、曲靖农业学校等大中专学校学生几十名，高中毕业培训1~2年后担任中学生物教师、小学教师近百名。他主持的农业教育，在推进农科教结合，全面实施科技兴农、教育兴农发展战略中有创新、有突破。坚持多学制、多学科、多专业、多层次办学，协调各部门，组织各乡镇联合办学。三年制中专从1990~1999年10年累计招生1836名，年均183名，超过全国标准40%，已毕业1352人，是云南省中专招生毕业最多的县之一；农函大培训10年累计14420人，无论规模、成效，在云南省都名列前茅；并闯出一年制“绿色证书”和农函大密切结合的新路子，使农函大学员达到“绿证”水平。在教学中严格学籍管理，加强教学辅导，科教兴农并重，学用结合密切，提高教学质量，使学员中涌现出一批全国、省、市、县、乡镇级学用结合先进典型。项目《培养农村实用技术人才，促进农村经济全面发展》，市科委主持鉴定达省领先水平。2000年获云南省政府科技进步三等奖，阶段性成果1993年获云南省农业厅农技推广二等奖。陆良农业广播电视学校受中央校、云南省农业厅、省校、曲靖市农业局、陆良县委、县政府表彰。殷世才个人也多次被省农业厅、市农业局和县委、县政府、县政协评为先进个人。1997年被曲靖市评为有突出贡献的优秀专业技术人才。

他撰写的论文《云南玉米大斑病的预测预报》、《主要农业措施控制玉米大斑病的优化方案》和《穗瘟测报模型研究和应用》等3篇入选《植物病害研究与防治》（中国农业出版社，1998年版）、《第二届海峡两岸菌物学学术研讨会论文专集》等，先后共7篇论文入选全国性学术会议论文并在西南地区、省级刊物发表论文29篇，共计36篇。其中《云南玉米大斑病的预测预报》等5篇论文获西南地区、省市级二等奖、优秀论文奖。

曲靖市农业局在推荐殷世才晋升全国农业技术推广研究员的意见中评价：“该同志理论水平高，业务素质强，具有崇高的马列主义信念和共产主义理想，以求真务实的态度为农业生产科研推广服务，工作成绩突出。”“确实为陆良县乃至云南省农业技术推广做了扎实有效的工作，为农业生产的发展做出的突出贡献，表现出个人扎实的专业技术水平，实属农业科技推广的主要技术骨干，农业科技研究人才。”

高碧燕简介

（昆明医学院第三附属医院副主任医师）

高碧燕，女，汉族，中国共产党党员，现任昆明医学院第三附属医院（云南省肿瘤医院、昆明医学院临床肿瘤学院）妇瘤科副主任医师，主要研究方向是宫颈癌、卵巢癌、外阴癌和宫体癌等妇科恶性肿瘤的手术、放疗和化疗。

高碧燕1966年10月28日出生于陆良县。

1973年9月~1981年7月，在陆良文化小学读小学和初中。

1981年9月~1984年7月，在陆良一中读高中。

1984年9月~1989年7月，昆明医学院临床医学系学习。

1988年7月加入中国共产党。

1989年7月~1993年7月，在云南磷肥厂职工医院妇产科工作，任党支部委员。

1993年7月调入昆明医学院第三附属医院妇瘤科工作。

1997年9月晋升主治医师，2004年7月晋升副主任医师。

2003年6月~2003年9月到西双版纳农垦总医院肿瘤科指导并开展妇科肿瘤诊治工作。在此期间针对当地的医疗设备和技术条件，对常见肿瘤的诊断治疗给予指导。尤其是对规范当地医院妇科肿瘤的诊疗方面起到了很好的促进作用。协助开展常见妇科肿瘤手术如全子宫切除术、卵巢肿瘤切除术、盆腔肿块切除术等。对妇科恶性肿瘤的化疗方案、剂量的调整给予规范。协助并指导开展宫颈癌、外阴癌的放射治疗。为当地医院妇科肿瘤的规范诊治作出了很大贡献。

2003年11月~2004年5月到复旦大学肿瘤医院妇瘤科进修，师从全国著名妇科肿瘤专家张志毅、李子庭、王华英教授学习卵巢癌、宫颈癌、外阴癌、宫体癌等手术、放射治疗和化疗。

多年来以第一作者在省级以上刊物发表论文9篇：1.《宫颈残端癌8例临床分析及文献复习》；2.《宫颈癌未控与复发原因分析及防治研究进展》；3.《提高晚期宫颈癌手术切除率的研究进展》；4.《卵巢癌腹膜后淋巴结转移临床研究进展》；5.《子宫颈癌前哨淋巴结研究进展》；6.《卵巢癌腹膜后淋巴结转移临床研究进展》；7.《宫颈癌根治术后并发症的预防和处理策略》；8.《血管内皮生长因子及受体与卵巢癌》；9.《思密达-金因肽混合液保留灌肠治疗急性放射性直肠炎》。

主持2005年云南省教育厅科学研究基金项目一项：ki–67、survivin与宫颈癌新辅助化疗敏感性的关系

参与申报：2007年云南省教育厅科学研究基金项目一项：ki–67、survivin与宫颈癌放化疗敏感性的关系

参编肿瘤学专业教材两部：1.《临床肿瘤外科学》；2.《临床肿瘤放射治疗学》。

做个出色的医生，是高碧燕人生的奋斗目标。她认为只要是个医生，就要尽到一个医生的责任，给病人治病，解除病人的痛苦，这是医生的天职。

妇科肿瘤是妇女常见多发病，近年来中国妇科肿瘤的发病率呈逐年上升趋势，仅宫颈癌的年新发病例就有约15万例，占全球该病发病总数的1／4；子宫内膜癌发病率仅次于宫颈癌，且出现年轻化趋势。每年有100万以上的妇女死于妇科肿瘤。与此庞大数字形成鲜明对比的是，在全国10万名妇产科医生中，具有妇科肿瘤医生资质的不足1000名，而医生人数的不足和分布不平衡是造成妇科肿瘤病人就医困难、盲目就医以及接受不规范诊治的主要原因。作为一名从医多年的妇科肿瘤专家，她深深感受到：为患者解除病痛是天职，培养妇科肿瘤专科医生是职责。

潘学坤简介

（云南省第一人民医院副主任医师）

潘学坤，男，1967年4月出生，中共党员，硕士学位，云南省第一人民医院急诊创伤外科副主任医师、副教授、行政副主任，国际休克联盟会员。

1989年毕业于第三军医大学医疗系，1997年7月获第三军医大学创伤外科硕士学位，1999年转业至云南省第一人民医院，2005年赴日本杏林大学医学院进修。从医20年，恪守“诚信做人，勤奋做事，为民服务，精益求精”的信条，擅长创伤外科、手外伤及腹部外科疾病的诊治，并在上述领域具有较高造诣，在国家级期刊及省级期刊发表学术论文20余篇，获军队科技进步二等奖一项，多次获昆明医学院优秀教师、医院先进个人及优秀共产党员称号。

艰苦创业绿荒山

——记全国造林绿化劳动模范王小苗

王小苗，1939年生，陆良县龙海山革命老区树搭棚村人。曾任大队民兵营长14年，1968年12月加入中国共产党。1980年，在建设中国特色社会主义的新长征中，王小苗立志改变过去经常带民兵去打靶的乱石荒山——花木山的面貌，为人民和子孙后代造福。经村党支部研究同意，王小苗带领共产党员王家云、王德应、王家德、王家寿和曾任村干部的王开和、王家启、王云芳到花木山安营扎寨，利用过去砖瓦厂遗留下的两间破房创办双箐口乡树搭棚村集体林场。

花木山海拔2200多米，方圆近万亩，历史上古木参天、山花烂漫的美景早已不存在。面对水土严重流失的乱石秃岭，王小苗带领四名党员和三名社干部住窝棚、睡草席，吃包谷面、烧芋头，顶烈日，冒严寒，周密规划，定点挖塘，每人一月挖烂两把锄头。到了大年三十晚上快吃年饭的时候，他们仍在山上挖塘，王家寿的老伴等找上山说：“狗还要过三天年，你们就不能回家吃餐年饭？”王小苗说：“我们挖塘的计划还没完成，哪有心肠回去过年，你们还是回去吧！”硬是用烧洋芋打发了春节。有一天王小苗感冒高烧不省人事，王家云、王家寿二人找手推车把他送到四十里外的县医院治疗，住了两天院，烧还没全退就又急着上山干活。到1984年，花木山可栽树的7400亩荒山全部绿化，栽上了320多万株华山松。

山变绿了，王小苗一伙的皮肤晒黑了，植树造林的经验也变得成熟了。从1985年至1995年，王小苗先后组织承包全县9个乡镇13.63万亩的荒山造林工程，每亩工程造林验收合格仅有10元的报酬。新的“长征”开始了，王小苗带领专业队风餐露宿在一个山头又一个山头，锄头挖烂一把又一把，鞋子踏破一双又一双，手上的老茧增厚一层又一层。1992年，王小苗14岁的儿子病重高烧不退，老伴要他带儿子看病去，王小苗说：“眼下正是造林紧要季节，几百人在山上栽树，我怎能离开呢？”老伴只好独自带着儿子到曲靖治病，三天后儿子不幸死亡，就埋在当地的一个山沟里。经过连续10年的艰苦奋战，王小苗专业队完成工程造林900多公顷（13.6万亩），经林业部门检查验收全部合格，王小苗被人们亲切地称为“大山的儿子”和“植树标兵”。

如今，王小苗等8位造林绿化先锋仍坚守在花木山林场的岗位上，平均年龄已达75.25岁，年龄最大的老党员王家云已83岁高龄，年龄最小的也69岁。花木山在他们的精心管护下，7400亩华山松已进入中龄期，27年来没发生过一次森林火灾。林木已高达10米左右，大的胸径达18厘米，现林木价值估计1400多万元，生态效益无法估量。1991年3月，全国绿化委员会、国家林业部、人事部授予王小苗“全国造林绿化劳动模范”称号，同年6月，中共云南省委授予“优秀共产党员”称号。中共曲靖地委、行署、陆良县委先后8次对王小苗的先进事迹进行过表彰。

1993年，曲靖地区林业局拨款3000元给王小苗等8位老人到昆明开开眼界，但他们把钱全部用在了造林上。24年来，除最初两三年集体每天评给10个工分外，再没有给过他们任何报酬，靠自力更生、艰苦奋斗的精神，贷款、自筹在花木山盖起了一幢248平方米的砖混结构小洋房及两排养殖小瓦房，1991年地委领导被他们无私奉献的精神所感动，支持过1万元。现在共有场房440平方米、桑园1.33公顷，年养蚕32张，养羊132只，鸡300只，种杜仲0.13公顷，实现粮食、蔬菜、肉食自给。年总收入5万多元，每人每月自发工资200元。

在开展保持共产党员先进性教育活动中，他的先进事迹还被录制为短片广为传播。当有人问他27年来坚持植树造林、管理林图的是什么？王小苗总是微笑着说：“过去革命前辈打下的江山，我们有责任把它守好、绿化、美化好。”

朱光及其古乐团

朱光，1927年5月生于云南省陆良县中枢镇盘江街。小学在陆良县盘江小学就读，初中在陆良一中就读，1946年至1948年，在陆良县高师班读书。

朱光自幼喜爱音乐艺术，读小学时就参加过学校举行的抗日救国文艺演出，曾参演过《海葬》、《松花江上》、《毕业歌》等抗日救亡歌曲、话剧。读初中、高中时，凡是学校举行的进步文艺晚会都少不了他，尤其是京胡演奏在学校和社会上已小有名气。

朱光于1950年3月在陆良县参加教育工作。在盘江小学任校长期间，曾联合组织文化、盘江两校教师，由王承骥、王承骏担任导演，利用业余时间，排演了《白毛女》、《血泪仇》等大型歌剧，并在陆良县城区及区乡巡回演出，反响强烈，得到领导和群众的好评。

在1950年春至1987年的38年教育生涯中，朱光无论是作为教师或是担任校长，所教的课程总是以音乐课为主教课。

1964年，为了加强陆良县滇剧团的乐队工作，朱光从学校调到县滇剧团担任主弦。不久，又选送到云南省滇剧院学习。在省滇剧院领导和老师的帮助指导下，经过一年的培训，他出色地完成了学习任务，较好地掌握了滇剧音乐的一般规律、演奏技巧、风格和特点。

朱光在省剧院学习结束回县后，在县领导及剧团的支持下，尝试移植和导排了《红灯记》、《智取威虎山》、《沙家浜》、《琼花》等大型现代剧目，并在滇剧唱腔音乐和伴奏音乐的改革上作了大胆尝试。演出后，在陆良县城引起轰动，获得良好评价。京剧琴师罗怀尧评价："滇剧音乐，这样改革下去，很有前途……"。遗憾的是刚有起色的陆良滇剧，因"文化大革命"而中断。剧团撤散后，朱光被迫回到小学教书。由于他酷爱音乐戏剧，在从事教育工作期间，所到的学校和地区，都以音乐、文艺出色而获得群众的赞誉。在大莫古、新村、德格、庄上等学校任教期间，经常组织师生业余文艺演出队到村寨巡回演出，有时还到邻县演出。这不仅活跃了农村文化生活，还密切了与邻县学校的友情。60年代普及"京剧样板戏"，在新村、大莫古，全镇教师集中开会学习时，由朱光一人执教，对数百名教师教唱样板戏，常常赢得热烈掌声和一致好评。在中枢镇任教时，曾多次组织师生及职工文艺演出队参加县的文艺调演，每次都荣获奖励。

朱光1987年退休后，又积极为陆良洞经音乐的新生及创建“洞经古乐团”、“爨地古乐团”作出了不懈的努力。

洞经音乐，是陆良历史文化的瑰宝。明清传入陆良，民国时期在陆良传播较广，1946年以后逐渐消失。1984年陆良县文化馆曾组织马街镇部分老人进行抢救，但由于年久失传，收效甚微，无力挽回。1987年朱光老师退休后，立志要为抢救早已失传的陆良珍贵历史文化遗产——洞经音乐，作出自己的贡献。

历经风雨，较有成效。抢救、挖掘工作开始就困难重重。一是经过一段时间查阅史志、县志，文化志等资料，一无所获；二是原参加过洞经音乐演奏的老前辈，95%的人都已过世，剩下的人虽还在世，多数已失去记忆力。在有关领导的支持下，朱光遍访原洞经乐坛剩余人员，在卢锡奎、卢锡金二位老先生的积极配合下，三人通力合作，共同回忆，由朱光执笔，历时三个多月，完成了陆良洞经音乐九大正曲基础资料的搜集、整理工作。

1990年冬，完成了洞经音乐的整理初稿。由陆良县文化局组织剧团和学校部分有演奏能力的人，在陆良大觉寺进行初演，并录音作资料存查。

1992年，县文化局成立了以周康林任组长，朱光、俞家华为成员的民族民间音乐领导小组。周、俞二人负责少数民族音乐集成，朱光全身心地继续洞经音乐的修改订正和文字概述工作。经过半年的修改、订正、整理完稿。1994年，在陆良县委宣传部部长赵鸿翔、副部长李晓林的热情支持下，印制了《洞经音乐曲谱》100本，为朱光老师在陆良政府宾馆、老年合唱团开展教学活动提供了方便。这是陆良洞经音乐获得新生的一个良好开端。

为了全面弘扬新生的“陆良洞经音乐”和建立书面档案资料。1997年4月，《陆良洞经音乐》以内部书刊形式在曲靖地区出版。为了进一步宣传陆良爨文化，促进县域旅游事业的发展，在洞经音乐的基础上发展为爨地古乐，并于2005年10月经曲靖市新闻出版局批准正式出版了《爨地古乐》书刊。

1995年元旦，在中枢镇阎芳桥办事处成立了初期的陆良洞经乐团（直属县文化馆），县委宣传部和文化部门的领导出席了乐团成立大会，并宣布朱光任乐团团长，举行了授牌仪式。从此，新生的陆良洞经乐团常年坚持训练和演出活动。

1998年，朱光因年事已高，身体欠佳，把乐团交给县文化馆馆长朱祖荫带领，由于种种原因，中断了两年，成员自动解散。由于陆良县委、县政府决定，要加大对彩色沙林的宣传力度，由周康林、朱祖荫等人召集少数能力较强的人到彩色沙林演出。之后，也未坚持下来。社会各界反映较多，希望朱光能再次出来，带领音乐爱好者继续发展洞经音乐。于是，由县文管所领导倡议，经县委副书记孙建国同意，于2001年在陆良大觉寺又重建洞经古乐团，朱光仍为乐团团长。同时，为便于宣传爨文化，把“陆良洞经古乐团”更名为“陆良爨地古乐团”。为保证爨地古乐团活动的稳定性，经过讨论并立简章确定，朱光为终身团长兼艺术总监。

古乐团初建阶段，条件非常艰苦。没有乐器，自己带；演练没有凳子，坐草凳；没有茶水，自己备；打扫卫生，没有扫帚向人借，没有灰铲用手捧；乐团没有固定的活动地点，频繁搬迁17次；乐团成员无报酬，活动经费严重不足。在朱光老先生的带领下，经过长期艰苦奋斗，克服了重重困难。在省地县领导无私援助下，古乐团渡过了难关，走出了困境。乐团成员也经历了从小到大，从不懂古乐到熟悉古乐的长期学习过程，培养了一批演奏古乐的人才。现乐团已发展为有正式成员54人，拥有全套古乐打击乐、弦乐、音响设备及服装道具、布景等，具有较大规模的演奏阵容。还为新生的“陆良洞经音乐”、“爨地古乐”，建立起了一套完整的档案资料，三次刊印了书面资料，先后三次摄制了录像资料，三次录制了录音资料，拍摄了300余张照片，记录了古乐团在各个历史阶段较有意义的活动情况，并制作了《爨地古乐十二曲》CD片。从而保证了陆良洞经音乐不会失传，也填补了陆良文化史上的空白。

爨地古乐团除在当地演出外，还多次应邀到昆明演出，并获得广泛赞誉，朱光老先生功不可没。

在彩色沙林演出，中外游客和港、澳、台同胞热情赞扬说：“陆良古乐团办得好”。在接待中央有关部门及省、市、县领导和兄弟单位、新闻媒体演奏时，得到热情鼓励和高度评价。他们认为，陆良的古乐团办得很好，既有当地古乐特色，又有京剧、花灯、黄梅戏、昆剧的韵味。还说，“爨文化的灵魂就表现在爨地古乐中”。如今，朱光已八十高龄，仍以一种锲而不舍的毅力、一丝不苟的工作作风和精益求精的精神，组织带领古乐团排练演出。省市领导称赞朱光老先生是：“古稀之年，壮志不已，精神可嘉，感人至深”。

笔耕不息的斗士

——记萧鹏的坎坷人生

萧鹏，笔名彭肃非，陆良县马街人，生于1927年2月，高中学历，中共党员，云南作协会员，职称副编审。萧鹏的格言集中有一条：“对人，莫以地位金钱分贵贱，而应以贡献大小多少验轻重。”还有一条：“为增加社会财富做奉献，为保卫国家利益尽义务，为帮助他人谋幸福尽责任，这应是最高的价值标准。”他的一生虽风雨坎坷，但他的人生观和价值观却越来越清晰。

成长过程

萧鹏出生在陆良中枢镇中纪办事处黑龙村，二三岁时过继马街同族门第，受到关爱教养，得以上学长进。在父亲的教育下，背得不少五七言诗和短联。1939年读六年级时，中共地下党员教师彭仁年、柏表、周金偕、程灿章、许佩碧（女）等宣传抗日救亡，讲朱德、毛泽东领导革命，受到影响。

1940年13岁时考取县城陆良中学初中第五班，因父亲好赌博而家境日下，第一年学费尚难维持。次年，陆良县教育局长兼陆中语文教师朱光华以门生失学，介绍萧到局里当“雇员”，用毛笔誊写表册（星期天和每日晚去加班，白天正常上课，算半工半读），一月给二升米食物金。他因面临失学而对衙门官员生怨，把表册中“士绅”誉为“土绅”（土豪劣绅）。那是存档文书，谁也不会过目。半年后被人发现传开，朱不能保，萧即失雇。他自料不能读完初中而赴昆明去读高中（陆中只办初中）。正当困惑时，1942年，陆中开办一个师范班，朱光华兼班导师，萧即转入读师范，1943年冬以考分第二名毕业。

1944年萧鹏分配在马街小学当教师。上年，在小学校内开办萃山中学，中共地下党员朱杰任中小学校长，党员教员有7名之多。萧较多地受到革命思想影响。1945年，小学校长为中共地下党员刘刚，中小学进步气氛很浓厚。萧作的《朝歌词》被谱唱，词中有4句为：“红日煌煌挂树梢，师生齐聚在今朝……要做时代的主人，奔上战斗的前哨。”他贴在宿舍门心的一诗步（唐）杜牧《泊秦淮》的“血泪连军染黄沙，遍地饥馑离乱家。教师难苦三升米，桃园处处凋落花。”当年端午诗人节，进步老教师尹兰冰主持中小学诗朗诵会，萧朗诵《诗说文字》，中有一段："而今当官人，改换新门第，装着黑心肝，玩弄文字戏。真假是非，不是真正的，慈悲是凶杀，邪恶称正义。贪赃爱讲廉，争权为谋利，黑手遮了天，完全无正义。"这两年，表现出他在党教育下的觉醒。

革命活动

1945年冬，萃山中学教师姜维国双手被火药严重烧伤而不能自理，萧把姜接到家里精心护理一月多好转，姜受感动，鼓励萧进城读高中，愿资助伙食费。由此，萧于1946年春考入陆中高二班，姜也转到高中当教师。

陆良完全中学名誉校长为中共秘密党员陆良县长熊从周，他接受了一批地下党员任教，如黄知廉（后改黄平）、董大成等，以黄为书记组成党支部。校中学运搞得紧凑热烈。开学不久酝酿成立学生自治会，萧被推举为候选人之一，经发表竞选演说后进行全体学生投票直选，结果萧得票最多当选。在党支部的领导下，自治会发出号召，反对进行军事训练，并赶走了教官；各班出壁报，宣传反独裁、要民主，反内战、要和平。五月端阳，董老师组织诗歌朗诵，萧鹏朗诵自作《呼唤龙公》的诗，最后四句为："而今举国杀气开，呼唤龙公快归来。云南人民反内战，救民急事莫徘徊。"萧的活动被三青团出漫画诬为共产党的一只狗，萧立即在漫画旁回答："我乐意看守学校的大门，守卫同学的利益，绝不让贼盗混进来进行偷窃！"

董大成老师进行重点对象培养教导，秘密组织六七人的一个读书会，传阅毛泽东的《论联合政府》、《新民主主义论》。同年6月，董拿出一大盒美空军用的牛肉罐头做餐，读书小组六七人在西华寺聚会，正式定名"星火社"，选宋其信为社长，萧鹏为组织委员，王承骥为宣传委员，还在董的监督下读誓词（董拟）宣誓（词文不记，与入党誓词略有不同）。接着在初中班组成"凤凰读书会"、"青锋读书会"。

国民党特务对熊从周已有监视。1976年7月14日，熊被地方反动派毒害致死，地下党策动公祭，把灵柩置于县府大堂，10余天，全县各乡镇人士频频悼唁。灵堂两边悬挂萧鹏以陆中学生自治会主席的名义自作自书有标点符号的一副挽联："满天乌云，锁住无限凄凉。啊！上帝何此不平，好人常死？遍地哀声，传来许多怨语：唉！世间如是公正，坏蛋偏生！"（同吃草乌燉鸡夜宴的有参议长闻歧山、中枢镇长罗吉昌等六七人均无恙）。公祭完，陆中党员撤走，萧被鸣枪和匿名人警告，回马街。1945年12月1日，昆明发生"一二·一"四烈士惨案，萧约着马街学校教师杨汝惠到昆明"西南联合大学"校内灵堂凭吊，观看了血衣和满校园声讨的墙报、标谏，返回在陆中和马街学校进行宣传。

1947年上半年，经朱杰几次谈话后，萧写了申请，由朱做介绍人，杨守笃当监誓人，萧宣誓加入中共党组织，从同年6月计算党龄。同年参加由中共云南省工委策动、陆良县党支部谋划、民主人士杨体元出面组织的"七·二四"马街武装起义。10月，萧、殷世耕随杨守笃到今曲靖东山和富源一带组织民兵自卫武装，成立中共陆良支部龙海山分支部，杨任支书，萧为组织委员，昆明派来一同志任宣传委员。1948年初，拉出张定国200余人的一支脱产武装，同年7月编为云南人民讨蒋自救军第一纵队第三支队，萧任中队指导员。1949年春安排在马街小学任教，做省里派来干部的接转和部队的物资弹药供应。任教期，组织师生揭露并捣毁马街及附近村寨10多家“孔孟道”佛堂，萧作歌词教学生唱：“让他们去掌天上的道盘，莫梦想来掌人类的命运，人类已经学会了斗争，用斗争去赢得自己的生存。”他还负责编小学进步语文课，至今老同学还能背诵一些顺口溜课文。同年农历端午节，敌军几个团部署进攻马街，中共陆良县委指示萧鹏、殷世耕、李明德带领马街小学部分师生和马街、小龙潭、良迪村武装民兵约80余人，组成一支武工队，萧任党支书、队长，李、殷为支委，后增杨汝惠。武工队连夜出发到陆良县牛头山区开展工作。至同年9月已建起牛头山区根据地，经向县委书记张庸汇报后获准建立牛头山区人民政府，开了代表会，指定萧任区主席，蔡育才任副主席。萧还任区委书记（后为宋其德）。区辖新华、芳华两乡，并与路南、宜良，马龙有联防联系。三支队、护乡一团多次到区补养。萧以生命向来布置任务的陈光奎作保证，他与吴发能共同带队护送省委书记郑伯克及四五名高级医师过境到路南圭山地区交给何现龙领导的二支队（6月改称中国人民解放军滇桂黔边区纵队二支队）。他出色地完成了党交给的艰巨任务。工作中，他勇挑重担，报名到距陆良县城很近的中、上、下坝第一线，一次在固古村赶在中央军的一个连的兵力拂晓偷袭前转移，有惊无险。

二十年改造

1951年，萧鹏“回避”陆良到弥勒县工作，先后任县秘书、县人武副部长，虹溪区委书记、县报总编辑。1956年，萧的一首新诗入选《诗刊》社编的《一九五六年诗选》。1975年，中国作家出版社出版他的诗集《爱佐与爱莎》，由云南作协秘书长王松介绍加入云南作家协会。他得了3800元稿费即卷入“资产阶级知识分子”的漩涡。1958年初整风运动中被划为“极右分子”开除公职劳动教养。往后二十年的非人生活，他乐观认为是“祸兮福兮所依”劳动改造炼了筋骨，思想改造炼了头脑，倒得了个双丰收。他除每天完成劳动定额外，晚上还挤空学习。1968年，见《云南日报》报道朱家璧是“叛徒特务”，他联想1948年4月当向导引朱家璧（时叫夏老板）率领的“一支人民军”到龙海山小寨，接着受命把朱写的一封小得如一粒蚕豆的信送往罗平找到两个“接头”后当面交中学教师刘清（中共云南省工委委员）。他坚信“叛徒特务”是对朱的诬陷，于是用数月的一点空余时间写了一组《血火史诗》的长诗，背景是朱家璧领导弥泸地区的反蒋武装斗争。诗于1969年4月被昆明大板桥园艺场（劳教所）五队王队长搜去，定罪为“反对无产阶级‘文化大革命’，为叛徒特务朱家璧树碑立传，是现行反革命。”5月27日被批斗、毒打、关禁闭，之后10多个月关在全部封闭的潮湿黑牢，因抗拒交代被五六次往死里打，被捆伤痕至今尚在。1970年3月宣布无罪解禁。

1976年1月8日，周恩来总理逝世，昆明市民不顾“三不准”，于9日下午在检阅台前广场（工人文化宫已毁）设悼念灵堂。10日星期六，萧从大板桥上昆明，陆良边纵老友曾范中之子曾会吉（昆六中教师）领他去看灵堂。萧深受感动，忘却公安禁令“只准规规矩矩不准乱说乱动”，不怕当“现行反革命”被抓被关被杀，他现作一首古体诗贴出，还创作一首200余行《悼念周总理》的朗诵诗，于11日晚假借东郊工人身份在广场一角用普通话当众朗诵，开头几句是：“风，萧萧，雪，飘飘，传来一个惊天的噩耗，敬爱的周总理走了，与我们永别了！”接连数遍，听众有解放军、警察及各界人民数百人，都被感动，寂静无声。当夜赶回农场六队，次日照常出工，天黑骑一辆旧单车再奔昆明朗诵，已能背熟，声音表情效果更好听众激动。13日晚第三次在广场登上一张方桌朗诵。2月春节，请准探亲假回陆良，在一中华莹老师家、马街李宗良家和马街公社都朗诵过。后来得知，马街公社某人向县公安局电告称：右派萧鹏公开搞反宣传。公安局派人到马街了解情况后未予追捕。萧在逆境中仍赤诚未变，难能可贵。

余热生辉

1979年2月，萧鹏获得平反改正，回弥勒县工作。1981年主编《弥勒县志》，1987年该志在云南率先出版，起了探索者的作用。期间参加中国地方志协会在武汉主办的中南、西南九省市方志研讨会和在安徽经泾县召开的全国县志主编座谈会，参加贵州邀请的民族志编写研讨会，参加省内30余县市志定稿审评会。1988年至1992年主编3卷《弥勒县情》和弥勒党史、军史、民国史各1卷，校注断句《弥勒州志》（乾隆版），受聘任红河州志副主编负责《红河州志•文化卷》编辑，协助统编《弥勒县可邑彝族村志》主审县内10余部乡、镇、局部门志（以上5年离休未离职）。

1988年离休。1992年后搞文艺创作，先后出版诗词《其间集》、《从心集》、《晚情集》（内部出版），文学传记《髯翁晚情》（内部）、《骏马雄风》——体元征途纪事（内部）、《弥勒人物春秋》（民族出版社），《弥勒沧桑1900～1949》（文史出版社），戏剧集《温泉情》（内部），儿歌集《小星亮晶晶》》（内部），楹联集《联情漫笔》（内部），格言集《警律诤言》（内部），少儿读物《德育三字经》（内部，曲靖市关工委编，红河州关工委再版），论文集《志论时言》（云南民族出版社）。以上共100余万字。为马街小学主编校史一本，为杨建有、谢楚等六七位同志出版著作写序。论文30余篇载于《中国地方志》、《中华魂》和省州刊物，格言100余条选于《中国共产党人格言宝典》等10余部大型专辑，诗词30余首入选北京编的七八部选集，个人简历入编60余部辞书。戏剧、论文各一获省二等奖。多次评为县优秀共产党员，一次州和省离休干部先进个人。个人捐资六千元、出面募资一万元为黑龙新村掘井安装自来水。至今82岁仍笔耕不息，他是奋斗不息的一生。

榜　样

——记全国劳动模范周福生、姜月珍、保慧

劳动创造了人类，劳动产生了智慧，劳动创造了社会。爨乡大地养育了陆良人，勤劳勇敢的陆良人民用自己的双手和智慧不断地谱写着新的历史篇章，为爨乡大地添光加彩。

在振兴中华，进行社会主义现代化建设的伟大事业中，涌现出了一批又一批英雄模范人物。他们中有的为陆良的水电事业而献身（例如众多水库建设、西桥炸滩、修路、筑桥、建电站），有的为抗灾抢险而牺牲（例如在南山水库抢险中牺牲的牛福堂），有的为教育等社会事业耗尽了心血而英年早逝，有的在生产一线平凡的岗位上创造了不平凡的业绩，成为各行各业学习的榜样和推进现代化建设的尖兵。在众多陆良人获省、市、县表彰的英雄模范中，全国劳动模范周福生、姜月珍、保慧脱颖而出，光彩夺目。

周福生，男，1942年生，陆良县三岔河镇棠梨村人，1981年加入中国共产党，上世纪70年代是棠梨大队的拖拉机驾驶员、农机站站长。在他从事农机驾驶的岁月里，热爱农机，热爱集体，勇于吃苦耐劳，刻苦钻研技术，创造了高效、优质、低耗、安全的优异成绩。从1973年至1979年的6月间，他驾驶的东方红75型拖拉机平均每年耕地6306自然亩，1979年达到9712自然亩，平均作业量达13629标准亩，标亩耗油0.63公斤，标亩成本0.51元，7年利润57336元，耕作质量和服务态度在全省名列前茅。他还对拖拉机改造创新使75马力的拖拉机达到83匹马力，发明了用4.0铁线当焊条焊接了大小农机、具及犁铧数百件，为集体节约资金1000多元。他的先进事迹受到了各级领导和广大群众的交口称赞，1980年农机部和省农机局组成技术组，对周福生驾驶的机车进行拆卸鉴定，各项技术指标均达到完好标准。为此，省农机局发文号召全省拖拉机手向周福生同志学习，接着全国农机战线都掀起了学习周福生的热潮。周福生是省、地县先后表彰的先进工作者，陆良县第四、第五次党代会代表，第七、第八届人大代表、人大常委会委员。1979年为陆良县劳动模范、云南省劳动模范，同年国务院授予周福生全国劳动模范光荣称号，陆良县第一个全国“五一”劳动奖章获得者。

姜月珍，女，1968年出生，初中文化，中共党员，1983年参加工作。在陆良丝绸厂数百名缫丝女工中，姜月珍凭着坚强的毅力和爱岗敬业的精神，刻苦钻研学习，勤学苦练，很快成为一名熟练的缫丝能手和排头兵，使陆良的白厂丝质量不断登上新的台阶，成为省优、部优、出口创汇优质产品。她爱厂如家，视其他女工为姐妹，团结一致，互帮互学，不断提高技能和水平，为陆良丝绸产业的发展壮大作出了杰出的贡献，年年受到厂部、公司的表彰和奖励，荣获先进工作者、质量信得过个人、优秀共产党员等称号，1989年10月1日，陆良县人民政府授予她劳动模范称号，1994年国务院授予她全国劳动模范光荣称号。

保慧，女，1956年生，高中文化，1976年参加工作，中共党员。1977年，20岁的保慧来到陆良食品公司从事香肠加工工作，次年春节前夕，她夜以继日忘我工作，由于疲劳过度，右手指不幸被无情的搅拌机全部卷去。在她痛不欲生的日子里，县工会、妇联、共青团的同志看望她，鼓励她，送《钢铁是怎样炼成的》等书籍给她阅读，之后她以保尔、张海迪等英雄为榜样，决心做一个身残志不残的人。她谢绝了公司领导安排的轻闲工作，主动提出到副食品柜台做一名普通的营业员，在平凡的岗位上一干就是20年。她废寝忘食不知多少个日日夜夜练习用左手写字、打算盘、拿物品，用汗水和毅力练就了熟练的左手写字打算盘，灵巧递送货物、找补零钱，她的柜台销售额年年增加，服务热情周到，顾客无不称道。她每天上午7点钟开门营业，晚上10点钟关门，日工作15个小时，1999年销售额达82万元，实现利润8.4万元。她因右手残疾常带一只白手套，洁白的手套配合左手搬运货物，20年销售的货物够近百台东风牌大卡车拉，换下磨烂的白手套近千只。她站柜台总是笑脸相迎，百问不烦，百拿不怨，耐心介绍商品性能。她关心下一代，经常为希望工程捐款捐物，连1995年“五一”劳动节县政府奖给她的300元现金也捐给了希望工程，还结对救助革命老区龙海山的失学儿童周玉生。小玉生读五年级时写信给她说：“保慧阿姨，您就像我的亲妈妈一样，我一定不辜负你的希望，好好读书。”她在岗是优秀营业员，在家是好妻子、好妈妈，在社会上是好公民，深得同事和广大人民群众的好评，先进门店、先进女职工、“三八”红旗手、优秀共产党员等荣誉称号一个接着一个获得，1995年被评为陆良县劳动模范，1996年被评为云南省劳动模范，1998年荣获全国“五一“劳动奖章，被授予全国劳动模范光荣称号，《春城晚报》刊登了她的事迹，陆良县滇剧团以她的事迹为原型编排了小品《优秀营业员》多次公演，启迪和教育着后人。

名门之后执教陆良一中

——记中国末代状元、经济特科第一名袁嘉谷孙女袁令晖等老师

新中国成立后陆良一中在党的领导下，得到了很好的发展。由于当时学校资立安、郑莉、谢楚、刘仁刚等一批忠诚于党、热爱人民、献身教育事业的优秀工作者十分重视教师队伍建设，不拘一格大胆选用教学人才，使一大批名人、大家、望族的后代先后来到了陆良一中，使陆良一中的教学水平和教学质量有了飞跃的发展，初中、高中的考试成绩常常跃居曲靖地区同类中学的前列，有时高考水平还跃居全地区第一名。

于1957年进入陆良一中，第一位国文教员后来我才知道她是中国最后一名、也是云南唯一的一名状元袁嘉谷先生的嫡孙女；之后是著名诗人、音乐人、报人华莹老师给我们教授国文。华莹先生笔名黎虹，在教学之余以饱满的热情写下了许多言情叙事的友情诗，还为陆良一中校歌谱曲，每当我们唱起“我们生活在龙海山下，我们学习在南盘江畔……”就不由自主地想起这位多才多艺的老师。在这一时期，我们还接受了物理老师俞雯琳、地理老师袁明红，她们本人都是国内的一些名牌大学的毕业生。这一时期还有一大批国内名牌大学毕业的有真才实学的有志之士从四面八方汇聚到陆良一中，如化学老师陈瑞获、物理老师李炽、数学老师姜立昌（陆良人）、语文老师吴子楠、李实、韦国良、夏权忠、外语老师党守庄、陈乃智、历史老师陈自金、生物老师王宝珩、音乐美术老师李文希、体育老师杨森及王平、戴秀莲老师等，都是一些学识渊博、才华横溢、热爱教育、奉献社会的卓越人才。在那特定的年代里，他们中有的人虽被错误戴上这样那样的政治帽子，但学校的领导却以过人的胆识、识珠的慧眼让他（她）们走上教学的讲台，使他（她）们得以展示自己的聪明才智，把自己的渊博知识传授给了我们这些山乡小镇来的知识饥渴的学生，在他（她）们的辛勤教育下，陆良一中培养出了一批又一批人才。

袁令晖老师1910年出生于云南省石屏县，从小受祖父袁嘉谷先生的教育治国思想熏陶，热爱教书育人的工作，自青年时代起就献身于教育事业。她1930~1932年曾任云南省立女子中学附一小和昆明市女子高小教师；1933年进入国立中央大学教育系学习深造，1937年毕业后回云南仍从事教育工作，曾先后在云南省立昆华女子中学和云南省立女子师范学校执教。1957年离开省城到陆良县第一中学任教，直至1977年病逝。

袁令晖老师对教育十分敬业。她在陆良一中给我们授国文课时已年近半百，但精神饱满，全身心投入教学之中。她对古典文学，特别是古典诗词颇有研究。她讲授毛

泽东诗词时，总是怀着崇敬的心情，面带微笑，声情并茂，手舞足蹈地讲解毛泽东诗词的写作背景、丰富的思想内涵，深入浅出地讲授毛泽东诗词的平仄与对仗、韵律与美感，高超的艺术性与深刻的思想和革命的现实主义与革命的浪漫主义的完美统一，给予学生很大的启发。

即使到她年龄偏大，学校照顾安排她到学校图书馆工作，仍然十分敬业，关注学生的课外阅读状况。每当她看到哪位学生的借书卡填写满满的，她就十分高兴，并表扬鼓励；当看到借书少的学生，特别是一个学期借书卡未填借书记载的，她心里就会难过，并常常给这些学生讲开卷有益，要多读书、读好书和“读书破万卷，下笔如有神”的道理。

五十多年过去了，敬爱的袁令晖老师也离开我们三十多年了，但每当我回忆起袁老师给我们讲解毛主席诗词《十六字令三首》时，我的眼前就浮现出当年袁老师那面带笑容，左手拿着课本，右手挥舞着，声情并茂地朗读“山，快马加鞭未下鞍，惊回首，离天三尺三”的动人情景……

（原陆良一中初34班学生王国亮撰写）

盛世年华的陆良老乡中秋国庆茶话会

“中秋的春城阳光灿烂，中秋的游子份外思乡。巍巍的龙海山啊，你可曾看到儿女浓浓的乡情？滔滔的南盘江啊，您可曾听到儿女的声声呼唤？……”这首饱含深情的诗是华莹老先生2006年9月23日在“庆国庆、迎中秋”，为陆良在昆同乡集会现场即兴而作。当满头银发的华莹老先生声情并茂地朗诵完毕，洋溢着节日热闹喜庆气氛的数百人，顿时掌声雷动，欢呼叫好。

这是盛世年华的盛会。这份快乐属于陆良人士。

每年在国庆、中秋两个佳节到来之际，不论来自何方从事何业的陆良在昆人士，大家团结在一起举行隆重热烈的盛大集会是值得骄傲的一件盛事。

陆良老乡茶话会源于上个世纪八九十年代，发起人是先后在云南省委办公厅、云南省政府办公厅工作的王国亮等同志。起初，规模范围很小，参与者只是部分陆良籍在昆明工作的副处以上领导，在繁忙之余，利用每年中秋佳节到来的前夕，相约相聚，联络感情，增进老乡间的了解和友谊。后来参加的人数逐渐增多。到一九九一年新任陆良县委书记王学智带领县的领导到昆明在云南师大礼堂（原昆明师范学院）召开了一次规模较大的陆良老乡春节茶话会。之后，县委县政府连续几年先后在昆明苏家村、云工专家楼召开过陆良在昆副处以上同志的座谈会；同时王国亮则利用每年省里召开人代会、政协会期间，邀请出席“两会”的陆良籍的省人大代表、省政协委员和陆良在昆部分厅处级干部相聚座谈，共叙友情，关爱陆良。新世纪以来，应陆良老乡的要求，陆良老乡座谈会逐步扩大并相对固定在每年的中秋节和国庆节前的一个周休日，也正式更名为陆良老乡中秋国庆茶话会。如今，茶话会的人气一年比一年旺，人数一年比一年多，开会一年比一年好。特别是每年把数百人、上千人的陆良老乡的特色照片、工作单位、职务和联络方式汇集成通信录，方便了联络，加深了了解，加强了团结，增进了友谊，深受陆良老乡的欢迎，也令外地人羡慕和赞扬。

老乡茶话会以爱党爱国爱乡爱社会主义为主旨，以团结携手，相互关心，相互帮助，共同进步为主题，始终保持着强大的活力，各级领导，各界人士对此给予积极评价并高度关注。特别是一些高层次的领导同志和社会知名人士关心支持茶话会的热情不减。成都军区原副司令员陈世军中将、副军级离休干部杨守笃、省政协副主席王学智、省公安厅常务副厅长朱建义、广西人大常委会副主任邵博文、武警云南总队原副政委师建明、省警卫局政委皇宏建、省食品药品监督局副局长陈洪、曲靖市人大原主任张朝林、曲靖市政协原副主席赵建成、曲靖市委有关领导许玉才、朱德光、张向前、王家德、云南师范大学原校长骆小所、云南农业大学校长朱有勇、省佛教协会副会长淳法大师、盘龙云海集团董事长焦家良、大地集团董事长郭学良、云南神农集团董事长何祖训、云南CY建安集团董事长袁和荣、总经理袁文周等，他们既是茶话会的倡导者、积极参与者，也是茶话会的有力推动者。陈世军将军在职时曾经放下手中繁忙的工作，从成都直飞昆明与大家团聚；省政协副主席王学智曾三次在北京出差赶回昆明直接从机场驱车抵达茶话会会场。有的领导出差在外，不能参会特地发来贺电贺信，向老乡问好，为茶话会祝福。茶话会组织、召集、主持人王国亮同志全身心投入，认真负责，一丝不苟，为茶话会的顺利召开付出了心血和努力。茶话会筹备组的工作人员姜硼昆、张洪波、宋贵生、资兴国、孟忠明、张冲生、梅毅全、胡爱民、郭谷全、张国权、王毅峰、亚红英、袁宗全、杨新书、王芬琼、杨丽、刘玲、杨彦灵、林勇跃、伏云昌、刘涛洪、梁德先、付小冲、资玉国、孙红文、栾飞、董小万、王陆英、孙红松、黄庆、吴爱国、马志强、方林、王见桃、王梦丽、王一衡、左永林、孟子文、王富荣、杨华生、李小勇、郭成林、保其坤、徐金华等同志都是公益事务的热心人，围绕办好每年的茶话会做了大量卓有成效的服务工作，保证了茶话会的圆满举行。

茶话会也得到了历届陆良县委、县人大、县人民政府和县政协领导的关心重视，每次集会四大班子领导工作再忙都要赶来与大家共叙乡情，向大家问好，介绍陆良经济社会发展情况。

陆良老乡中秋国庆茶话会是一个海纳百川的家园。茶话会这天，从早上天一亮就热闹开了。有从近处赶来的，有从远方赶来的，有从本省各地赶来的，也有从外省市赶来的。特邀嘉宾陆良一中的老师年纪大行动不便，茶话会组织者特意安排车子接到昆明。茶话会会场座无虚席，从满头银发的长者到刚参加工作的年轻人，从指挥千军万马的将军到工作在基层一线的员工，从事业有成的企业家到正在奋斗不止的有志者，大家坐在一起其乐融融共叙友情。在这里听到的乡音是那样亲切，感受到的问候是那样的温馨，常常会听到久违了的、唯陆良独有的方言让人开怀大笑，常常会有新面孔出现让人惊喜，常常会为无拘无束的谈笑风生令人开心。“我们都是家乡人，在外地工作生活很不容易，与大家有缘相识，有困难要互相帮助，有事找到你不要推辞，能点头的不要摇头，能帮一把的就抬抬手，拉一下。”集会组织者每次都情深意长地这样说。的确，有条件有能力的人士都这样做了，很多同志工作生活中遇到的困难和问题，不少是通过茶话会这个渠道认识了老乡得于帮助解决。

陆良老乡茶话会是一个承前启后的福地。集会举行至今，新人相续，人才辈出，为家庭为家乡为社会作出了积极贡献。有的同志从刚参加集会时的新人，成长为单位的骨干；有的同志从一般干部，成长为股科级干部；有的同志从股科级干部，成长为县处级领导干部；有的同志走上了十分重要的领导岗位。在商界，有的同志从白手起家的打工者，发展成为富甲一方的成功人士，有的同志正在努力做大做强自己的事业。

陆良老乡茶话会是一个继往开来的舞台。“天行健，君子以自强不息，地势坤，君子以厚德载物。”有理由相信，在祖国经济发展，社会稳定，人民安居乐业的大好形势下，陆良在昆人士组织举办的“国庆、中秋”茶话会，将更加广泛更加有力地把陆良老乡召唤在一起，凝聚在一起，团结在一起，在祖国繁荣昌盛的大家庭里，充分发挥聪明才智，奋发向上，继往开来，为实现中华民族的伟大复兴作出积极贡献。

陆良县级机关历届和现任领导名录

他们是陆良人民的公仆，也是陆良人民的领导，更是陆良人民的朋友和亲人，他们来自祖国各地，在不同的历史时期，为陆良人民的解放事业和社会主义建设事业，作出了和还在作着自己的努力和贡献！陆良大地如此繁荣，陆良人民能有今天的幸福安康，饱含着党和人民的关怀，也凝聚着他们奋斗的艰辛和付出的心血。无论是已离开陆良的他们，还是仍在陆良奋斗的他们虽然有些同志因工作繁忙及其他原因未为《陆良人才名录》写来个人革命生涯记录的专稿，但陆良人民永远忘不了他们在爨乡大地作出的卓越贡献！在这里我们用文字的符号把他们的名字铭刻在陆良人心间，让一代一代陆良人永远记住他们过去和今天为陆良人民的幸福生活所付的心血和作出的贡献！

陆良县历届县委书记名录

姓　名	职　务	任职时间
吴永康	县委负责人	1930.1 ~ 1930.7
许南波	县委书记	1948.2 ~ 1949.3
张　庸	县委书记	1949.3 ~ 1949.8
张　虹	县委书记	1949.8 ~ 1950.4
吕华民	县委书记	1950.4 ~ 1951.6
王　民	县委书记	1951.7 ~ 1952.9
李方英	县委书记	1953.4 ~ 1953.12
江　泉	县委书记	1953.12 ~ 1956.12
张　志	县委第一书记	1956.12 ~ 1957.12
陈盛年	县委第一书记	1957.12 ~ 1958.10
王兰亭	县委书记	1958.10 ~ 1964.2
邵　风	县委第一书记	1959.1 ~ 1959.4
张登高	县委第一书记	1964.3 ~ 1968.10
郭永祥	县委书记	1971.4 ~ 1975.11
李续台	县委书记	1975.11 ~ 1978.8
段举才	县委书记	1979.1 ~ 1983.11
谢　峰	县委书记	1983.11 ~ 1987
艾家茂	县委书记	1987 ~ 1990.7
王学智	县委书记	1990.8 ~ 1993.7
朱建义	县委书记	1993.8 ~ 1996.10
赵建成	县委书记	1996.10 ~ 1997.10
张登亮	县委书记	1997.11 ~ 2003.2
张向前	县委书记	2003.2 ~ 2006.6
尹耀春	县委书记	2006.6 ~

陆良县人民政府历届县长名录

姓名	职务	任职时间
朱杰	县长	1949.5～1949.8
张霞	县长	1949.8～1950.11
高鹏云	县长	1950.11～1951.4
1951.4～1952.6由吕华民、王民先后兼任		
童景明	县长	1952.6～1952.11
冯朴	县长	1952.12～1953.1
孔祥柱	县长	1953.4～1954.6
李鉴钊	县长	1954.6～1955.5
李子高	县长	1955.5～1963.11
王河清	县长	1963.11～1964.2
周荣先	县长	1964.3～1968.10
郭永祥	县革委会主任	1968.10～1975.11
李续台	县革委会主任	1975.11～1978.8
段举才	县革委会主任	1979.1～1980.12
张希纲	县长	1981.1～1983.11
柳竹林	县长	1983.11～1989.10
师建云	县长	1989.10～1992.10
赵建成	县长	1993.3～1996.8
张登亮	县长	1997.3～1997.12
杨万林	县长	1998.3～2001.12
张向前	县长	2001.12～2002.2
李学勇	县长	2002.2～2005.10
唐宝友	县长	2006.2～

陆良县人大历届主任名录

姓名	届别	任职时间
吕华民	1	1950.11～1951.5
王民	2	1951.6～1952.12
县级未设人大常委会		1954.6～1980.10

段荣世	8、9、10	1980.12～1990.3
魏汉通	11	1990.3～1993.3
太忠富	12、13	1993.3～2002.8
孙建国	14	2003.3～2008.1
赵鸿翔	15	2008.1～

陆良县政协历届主席名录

姓　名	届　别	任职时间
	1950～1983县级未设政协组织	
张登枢	1	1984.8～1987.4
王明显	2	1987.4～1990.3
杨福安	3	1990.3～1993.3
赵培建	4	1993.3～1998.3
高福堂	5	1998.3～2002.3
郑学荣	6	2002.3～2007.3
赵鸿翔	6	2007.3～2008.1
太云生	7	2008.1～

陆良县现任县委、县政府、县人大、县政协、两院领导班子名录

县　委

尹耀春	县委书记
唐宝友	县委副书记、县长
张光彦	县委副书记
段玉林	县委常委、常务副县长
刘德文	县委常委、政法委书记
陈志宏	县委常委、县委办主任
赵华芬	县委常委、副县长
杨永钧	县委常委、武装部政委
沈学龄	县委常委、纪委书记

岳石林	县委常委、宣传部长
王强平	县委常委、组织部部长

县人大

赵鸿翔	主任
潘云忠	副主任、总工会主席
陈建有	副主任
太树国	副主任
马惠莲	副主任

县政府

唐宝友	县长
段玉林	常务副县长
赵华芬	副县长
吴剑航	副县长
王德海	副县长
李红能	副县长
苏国林	副县长

县政协

太云生	主席
钱　宏	副主席
杨　勇	副主席
陈晓竹	副主席
高兴红	副主席

检法两院

孙跃周	检察长
刘兴荣	法院院长

陆良县决策咨询委员会组成人员名录

把陆良在外地工作和曾在陆良工作的部分有影响的同志聘为陆良县决策咨询委员会委员，组成为陆良县的经济发展和各项社会事业的发展出主意，想办法，献计献策的智囊团，这是中共陆良县委、县政府独具慧眼的一项重大举措，这是继云南省政府之后全省八州八市一百二十九个县（市、区）中的第一家，充分体现了陆良县领导的超前意识和敢为人先的精神。这些同志虽大都离开了陆良，但他们无时无刻不在关心着自己的故乡或第二故乡陆良的发展变化，作为决策咨询委员他们再次牵手同行，为陆良的发展贡献自己的智慧和力量，他们是陆良的人才，是陆良人民的骄傲，是陆良人才名录编撰的人物，但因时间紧迫等原因，部分同志未写有个人专稿，编委员特别将他们的名字编入书中，让一代又一代陆良人永远记住他们在这片热土上的奋斗和为生存在这片热土上的人民作出的不朽的贡献。

名誉主任

陈世俊　　原成都军区副司令员、中将
程映萱　　云南省人大副主任、省政府原副省长
王学智　　云南省政协副主席

主　任

王国亮　　云南省政府办公厅原副主任

副主任

张朝林　　曲靖市人大常委会原主任
郑学荣　　陆良县政协原主席
太忠富　　陆良县人大原主任

秘书长

高　杨　　中共陆良县政策研究室主任、农办主任

委　员

王　铮	中科院科技政策与管理科学研究所教授
李　禾	中科院地质科学研究所教授
李昂生	中科院软件研究所教授
保继刚	广东省广州市中山大学旅游学院院长
李　森	中共云南省委副秘书长
车志敏	云南省政协秘书长
刘绍忠	云南省经委主任
钟乔光	云南省侨联主席
朱建义	云南省公安厅常务副厅长、云南警官学院党委第一书记
王建华	云南省委办公厅副主任
童志云	云南省政府副秘书长、研究室主任
徐晓健	云南省委办公厅副巡视员
骆小所	云南师范大学原校长、省政协常委
朱有勇	云南农业大学校长
陈　洪	云南省药监局副局长
念娥美	云南省卫生厅副巡视员
皇宏建	云南省警卫局政委
计毅彪	云南省财政厅副厅长兼非税管理局局长
淳法大师	云南省政协委员、昆明园通寺主持、云南省佛教协会副会长
梅毅全	中共云南省委党校党委委员、秘书长
郭学明	云南省卫生厅机关党委专职副书记兼机关党委办公室主任
李金泽	云南省发改委地区经济发展处处长
张　波	云南省非税管理局副局长
李自华	云南亚广传媒公司总经理
俞德庆	云南冶金集团总公司总工程师
方　孔	中国新闻社云南分社副总编辑
王怀德	昆明有色冶金设计研究院副院长
李　红	云南煤化集团有限公司副总经理
李东华	云南省新华书店集团公司党委书记
俞瑞方	红云集团原副总裁
高体仁	云南省烟草专卖局副局长
他盛华	云天化集团公司总经理
焦家良	云南龙润集团公司董事局主席
何祖训	云南省神龙饲料有限公司董事长

郭学良	云南大地石业集团有限公司董事长
刘建民	广西自治区石油公司总经理
孙乔宝	云南省公路建设投资总公司副总经理
王吉生	云南省投资公司工会主席（副厅）
袁和荣	云南CY集团建安总公司董事长
赵伟文	云南省企业综合服务中心主任省政府研究室研究员
王石亮	云南云岭高速公路沿线设施开发有限公司董事长
苏一江	云南利鲁环境建设总公司董事长、云南省环保协会副会长
丁　敏	云南省烟草专卖局科技处原处长
孟忠明	云南省政府办公厅保卫处调研员
张登亮	昭通市委副书记
朱德光	曲靖市委常委、市委秘书长
许玉才	曲靖市委常委、宣威市委书记
罗志明	红河州委常委、州委组织部长
杨建有	曲靖地区原地委委员、公安局局长
王河清	曲靖地区原地委委员、政法委书记
王宝德	曲靖市政协副主席
赵建成	曲靖市政协原副主席
张向前	曲靖市委党校党委书记、常务副校长
何　敏	曲靖市委政策研究室主任
杨万林	曲靖市委政策研究室原主任
李绍昆	曲靖化工基地管委主任
赵鸿年	曲靖市政协副主席
陆兴富	曲靖市政协学习联络委主任
王乔富	曲靖日报社社长
李学勇	曲靖市招商局局长
太树海	曲靖市人大财经工委主任
冯学智	曲靖市扶贫办主任
李国强	曲靖市科学技术局局长
殷永坤	曲靖市建设局局长
袁建芳	曲靖市乡镇局原局长
许宝贵	曲靖市经委原书记
孟小富	曲靖市扶贫办原主任
孙进周	曲靖市委宣传部常务副部长
李新龙	曲靖市森林公安局局长
柴家平	曲靖市公安局副局长
余其能	曲靖市公安局政治部主任

朱　斌	曲靖市人行行长
谷　鸣	曲靖市国税局局长
杨荣生	曲靖市烟草公司总经理
黄木忠	曲靖卷烟厂厂长
夏开宝	曲靖市烟草公司副经理
太志华	中共滇东磷化工公司党委书记
张正华	曲靖市二院院长、党委书记
张小德	曲靖市第一人民医院院长
王明显	陆良县政协原主席
赵培建	陆良县政协原主席
高福堂	陆良县政协原主席

陆良县各部委办局和乡镇主要领导名录

他们就像浩瀚的宇宙星空中一颗颗小星星，虽然小仍闪灼着自己的光亮，他们汇集到陆良大地这片星空中相互辉映，仍然把陆良大地装点得靓丽无比。这次陆良人才名录虽未把他们列入编撰范围，但他们在祖国飞速发展的重要时期肩负着以科学发展观为指导促进陆良经济发展和构建和谐社会的重任，默默无闻地工作，发挥着不可替代的作用。常言道：十里挑一是人才，百里挑一是好人才，他们是千里挑一，万里挑一的好人才。小星星会不会长大，我们不得而知，但我们知道故乡的这些勤奋的基层干部在党和人民的培养下是会茁壮成长的！祝愿他们走得更远，飞得更高！因此，编辑部仍把他们的名字和这一特定时期的重要岗位作为历史长河中的瞬间定格在陆良人民的心间，让当代的陆良人看到他们，让未来的陆良人永远记住他们。

梁红伟	县委办公室副主任、督查室主任
高　杨	县委政策研究室主任、县委农村工作领导小组办公室主任
太自先	县委组织部副部长、老干局局长
张云焕	县委组织部副部长、人事局局长
陈子平	县委宣传部副部长、文明办主任
伏鸿翔	县委宣传部副部长、广播电视局局长
史庆国	县政法委副书记
张治祥	县政法委副书记
李　华	县政法委维稳办主任
戚国生	县政法委综治办主任
袁绍良	县政法委办公室主任
叶乔华	县政法委610办公室主任
朱红斌	县政法委政治部主任
潘红吉	县委统战部副部长、工商联党组书记
金　耀	县委党校常务副校长
张尧文	共青团陆良县委书记
陈芳芬	县妇联主席
赵　志	县机要局局长
韩自光	县记者站站长

钱永琼	县总工会常务副主席
朱华刚	县直机关党委书记
李树惠	县史志办主任
苏轼剑	县人大办公室主任
侯石寿	县人大财经委主任
李贵华	县人大农业委主任
伏振坤	县人大选联委主任
骆有才	县人大环保委主任
王宝才	县人大教工委主任
马林康	县人大法工委主任
骆德刚	县政府办公室主任
高海荣	县纪委副书记、县监察局局长
周冲明	县纪委副书记
卢春英	县纪委副书记
钱文忠	县政府办公室副主任、县政府接待处处长
赵文忠	县政府办公室副主任、法制办主任
苏国伦	县发展和改革局局长
栾红见	县统计局局长
杨　芬	县统计局书记
戚建华	国家统计局陆良调查队队长
李双才	县审计局局长
念明翔	县劳动和社会保障局局长
钱　毅	县劳动和社会保障局书记
王　冰	县档案局局长
方常焕	县扶贫办主任
陈红刚	县商务局局长
朱学林	县商务局书记
殷石林	县质量技术监督局局长
马惠英	县民宗局局长
陈昱光	县科技局书记
周　健	县科技局局长
段有康	县建设局局长
谢有生	县建设局党组书记
高玉生	县国土资源局局长
俞乔生	县旅游局党组书记
罗苑梅	县旅游局局长
念彩文	县民政局局长

彭平恒	县民政局党委书记
常学礼	县地震局局长
李农华	县老龄委主任
陈建生	县人防办主任
徐　波	县司法局局长
苏国林	县财政局局长（兼）
包爱丽	中国人民银行陆良县支行行长
郑定祥	县国税局局长
潘彦昆	县地税局局长
李　宁	县工商局局长
周　琳	县供销社主任
李国宁	县粮食局局长
太自良	县教育局局长
满明生	县文化局局长
董剑宏	县体育运动中心主任
栾晓生	县计生局局长
徐柱启	县卫生局局长
保崇林	县药监局局长
李明富	县经济局局长
陆昆德	县安监局局长
朱祥明	县交通局局长
李长林	县交通局党组书记
刘国俊	县工业园区办主任
钱长生	县邮政局局长
保谷元	县农业局局长
钱　伟	县农业局党组书记
○○○	县林业局局长
方文光	县水务局局长
王一璋	县畜牧兽医食品局局长
郭建才	县气象局局长
潘舜祥	县农机局局长
陈顺桥	县移民开发局局长
焦春秀	县保密局局长
王建学	县科协主席
张辉林	县侨联主席
张家云	县残联主席
钱坤寿	县文联主席

滕文武	县政协办公室主任
杨　云	县政协社会和法制群团委主任
张　云	县政协文史委主任
严梅焕	县政协提案委主任
杨绍双	县教科文卫委主任
李竹林	县政协学习联络委主任
刘正萍	县政协经济委主任
高明生	中枢镇党委书记（已调任富源县委常委、纪委书记）
太文华	中枢镇镇长
程国兴	中枢镇人大主席
朱国生	板桥镇党委书记
赵　辉	板桥镇镇长
卢定柱	板桥镇人大主席
程星鋐	三岔河镇党委书记
许光武	三岔河镇镇长
付贵生	三岔河镇人大主席
李江宏	马街镇党委书记
刘　强	马街镇镇长
朱华云	马街镇人大主席
刘加贵	活水乡党委书记
潘茂洋	活水乡乡长
他洪正	活水乡人大主席
朱斌红	龙海乡党委书记
徐　俊	龙海乡乡长
吴万国	龙海乡人大主席
周路昆	召夸镇党委书记
梁乔陆	召夸镇镇长
陈乔有	召夸镇人大主席
程万军	大莫古镇党委书记
平俊林	大莫古镇镇长
王建方	大莫古镇人大主席
张晓芬	小百户镇党委书记
陈春江	小百户镇镇长
俞建冲	小百户人大主席
皇甫运红	芳华镇党委书记
计永成	芳华镇镇长
蔡有生	芳华镇人大主席

卷四

在陆良过去漫长的岁月中，曾走过许多历史人物。他们无论是叱咤风云的将军，还是执着追求真理的战士，或是教书育人的人类灵魂工程师，或是在不同行业开拓进取的仁人志士，都在不同的时期与特殊的社会环境中，以爨乡人的艰苦奋斗精神，为自己所处的时代和社会做出过应有的贡献，留下深深的历史脚印。但随着岁月的流逝和历史风雨的冲刷，这些本来十分耀眼的脚印却逐渐模糊，甚至在人们的视线和记忆中消失。为此，我们特用永不消逝的文字将她收集整理，珍藏在一代一代陆良人的心中，在历史的天空中永远闪灼、放射光芒，让他们永远激励着后来人努力奋进，增添历史光彩。

为政以德的熊从周

熊从周（1878~1946）字心畬，玉溪人。参加过昆明“重九”起义、护国战争、北伐战争、广州起义。转入地方后历任国民党盐津、新平、番禺、临安、陆良（两任）县长，昆明市长。为政清廉，惩贪治腐，支持革命，重教育人，兴修水利，关心民间疾苦，人民誉他“熊青天”，新华社称他“民主县长”。

熊从周幼年读私塾，很刻苦，成为清末文生。父亲熊玉桂，清朝进士，为把他培养成才，特在本县大营镇开办一个中药铺让他行医，但他认为行医并不能救国，好医不如良相。于1911年离开家乡，投身革命，参加辛亥革命昆明“重九”起义，编入援川滇军李鸿祥第二梯团，开赴泸州作战。

1914年4月，出任盐津县长。在任5个月，因李鸿祥调任北京总统府顾问，而陪同前往。

1915年9月，袁世凯复辟称帝的“筹安会”成立，熊从周又同李鸿祥一起离京赴粤，参加广东的护国讨袁运动。

1916年6月6日，袁世凯于北京病故，护国讨袁运动胜利结束。熊从周复与李鸿祥一同离开广东北上，并担任京、沪、粤之间的联络工作。

1921年2月，驻川滇军在“川人治川”的形势下，被迫离川返滇，军长顾品珍取代唐继尧为云南省长兼总司令。熊从周与李鸿祥一同从北京返回云南供职。

1922年春，顾品珍战死滇东，唐继尧返滇复政之际，熊从周出任新平县长，未满半年，于同年7月奉命调省。新平人民念他“为政以德”，而立《去思碑》，写道：“去思碑之立，原以地方官在任职时为政以德，其去任时又为人民思其德政不忍没而立。今我公位任不满半载，奉令调省，立此碑以作纪念。”熊从周到省后得知他的同乡、护国元老李鸿祥已离滇入粤，便跟随其后，前往广东。

1925年出任广东省番禺县长，结识在驻粤滇军从事革命活动的云南同乡王德三。

1927年12月11日参加由中共广东省委书记张太雷发动的广州起义。张太雷在巷战中壮烈牺牲，起义失败。熊从周经香港、越南河内，返回云南。

1928年春，熊从周出任临安（今建水）县长，再次与已经回到云南的王德三在昆明莲花池英国花园墓地相会。久别重逢，进行了亲切地长谈。不久，由他的玉溪同乡唐用九介绍秘密加入中国共产党。他严格遵守纪律，保守秘密。对同是共产党员的孙子熊翔，在后来的长期合作共事中亦未透露。熊二任陆良县长兼陆良县中校长时，其孙熊翔任中学教员，感觉公公有秘密，就寝处有一抽屉经常是锁着的，有一次未锁，好奇地拉开一看，藏有毛泽东《新民主主义论》，与党组织传给自己阅读的同是一个版本。因为是祖父不让知道的，也就未过问。不久，祖父遇害身亡，直到19年后唐用九高龄时以书信形式于1963年11月24日告诉熊翔，才揭开谜底。

同年12月，即熊从周加入中国共产党后，第一次出任陆良县长。任期近两年，深受人民爱戴。他不仅惩治贪官污吏，兴办教育事业，开展农田水利建设，而且以县长的合法身份，暗地支持了共产党地下省工委在陆良组建红军暂编第三十八军和陆良1930年暴动。安排了共产党员吴永康（38军负责人）、王启瑞、赵光明（杨东明）、康建侯、徐文烈（“文革”前任总政副秘书长）、丁锡禄、李希白等到陆良工作。以城区、马街、三岔河、旧州、老鸦召等学校为据点，进行建党、建军和武装起义的准备。先后建立了中共陆良县特别支部和中心县委。争取退役军人方鹤鸣（县团防中队长），组建了200余人的武装队伍。同时在马街、三岔河、老鸦召组织了数百人武装。组成38军后，经省委批准，陆良暴动枪声于1930年7月3日晚首先在板桥打响，杀了公安分局长卢永庆、随之在旧州杀了团防分团首李兰亭，队伍连夜向县城挺进。曲靖县长段克昌闻讯，星夜派人上昆禀告省主席龙云，称：“共产党在陆良暴动，请主席发兵进剿。”龙云电询熊从周，熊沉着应付，随即复电：“事件系私人仇杀，限一星期办毕具报，不必兴师动众。”暴动失败后，熊派武装护送王启瑞、康建侯等主要领导人出境后才张榜悬赏缉拿。后有少数武装人员被当地团队抓捕送县，熊坐堂审问，尽力开脱，其中一个叫马小憨的，以证据不足给予释放。对杀害方鹤鸣的保董方懋图，以有控告、旁证抵质，虽然有“功”也要判陪杀，事先又安排执行官，号声一响首先打死他。事后则以“无名散匪假借共产党之名，行抢劫报仇之实”上报龙云，获龙云传令嘉奖，调任昆明市长。

熊从周任昆明市长期间，正遇国民党反共清党高潮，中共云南省工委遭破坏，大批共产党员被捕入狱。熊临危不惧，机智灵活地直接参与审理被捕共产党员和革命青年的案子，暗中销毁证据，宣布为嫌疑犯、误捕，一一释放。他没有直接参与审理的，仍通过各方面的友人关系进行营救。程杲、李希白等中共党员，都是熊从周通过秘密活动获释的。

熊从周离任陆良县长后，全县人民就一直希望他再回来。盼望14年之久的1944年春，在陆良旅省同乡会的恳切邀请下，由陆良籍人李鸿谟出面疏通省府关系，经省主席龙云同意，熊从周被第二次调任陆良县长。当时的陆良，政府官员贪污成性，恶贯满盈，乡保长横行霸道，人民深受其害，百姓不堪其苦。熊从周的到来，可叫做冬去春来，雨过天晴。在陆良人民的心中，不由得喊出：“熊青天又来了！”对熊县长来说，人民的厚望他深知，肩上的重担他明白，脚下有畏途他更清楚。在到任后第二天的会上，他是这样说的：“县官不能二任，我这次来恐怕回不去了。欢迎我的人固然很多，但恨我熊从周的人也必然不少。我既然来了，就做好死在陆良的准备。”听他讲话的人，散会后都说，县长讲这个话不吉利。果然，两年后他确实不幸在陆良遇害。

熊从周到任后的第一件事就是惩治贪官污吏。全县18个大乡长、1个镇长，被他惩治处理的达半数以上。获悉严重的贪污腐败现象后，他说要“剥猛棕”，“他们一不种田，又不经商，哪来的那么多钱财？”

“熊县长请客，梅科长坐监”，是流传在陆良民间的一个“剥猛棕”的真实故事。熊从周二任陆良县长，适逢抗日战争前线要钱、要粮，国民政府里竟有一伙贪官污吏乘机敲诈勒索，发国难财，中饱私囊，当时的县粮食科长就是其中一个。当官不久就建有豪宅，购置田地，暴发得很。一天，熊县长正在清理着乡下呈来的一摞联名诉讼梅科长的状纸，又来三个年轻人，说梅科长昨晚连夜偷运库粮私人出售，还有使用大秤小斗搞舞弊。熊县长掌握了大量证据以后，就“请”梅到衙门里做客，饭后喝着茶水，熊县长便开门见山拿出一份状纸从桌面的一边推过去，梅张口结舌矢口否认。熊县长说：“梅先生，不只是一张状纸，喏，还有各区百姓联名告的呢。从你的面子上考虑，应该在我这里讲清楚，如果到了大堂上就要按法度衡量了。”梅误以为有私了的意思，连连点头：“告状的事么……私了私了，这对你我都会有好处的。”熊听了这番又推又滑又拉的话，怒火中烧，把状纸收起，扳下面孔令政警把梅送候案室“住下”。候案室就是拘留所。梅家第一次请人说情送去的一千元花钱（银元）被熊安排人清点立账交新坝闸工程处使用，反而把梅投进大监。第二次又请人说情，弄清了熊县长就是要剥梅科长的猛棕，必须倾家荡产交出不义之财才能了结。熊从周把所收赃款全部用于建设新坝闸。

正人先正己。一名乡长莫名送他50万元旧币，被熊从周拒收后抓捕投监。一名不识时务的王姓绅士，面临乡镇长改选，听信亲朋唆使说他“过去就与‘熊官’相好，想当乡长就快去活动活动，为官不打送礼人。”王备了碗大一块风干黄亮的大烟，送给熊，被熊恨恨往地上一扔，痛骂道：“妈的×，你把我熊从周当作什么人！”边骂边吩咐政警把王送进拘留所，关了七天才放回家。

对清正廉洁者则不畏强暴支持关心、保护。任内他发现乡民口碑最好的是贞元乡乡长郑明新，遇上县里下去以办案为名敲诈勒索的，他还能为民排难，以致和豪门权贵结下冤仇。一天，郑明新进城，返回家路经阎芳桥时，被本村一富豪人家在陆良机场空军部队当官的儿子约人毒打。熊从周得知后，立即告到昆明空军第五路司令部，将其绳之以法，判刑坐牢。

第二件事，聘请一批学识水平较高的革命教师发展陆良教育事业。1945年，他自兼陆良县中校长，通过其孙子熊翔（共产党员）从昆明及其他地方请来大批学有所成的高水平地下党员教师，充实了陆良中学及马街、三岔河、板桥、旧州等中心小学，开办了陆良县中高师班和高中一、二班。不仅大大提高了教学质量，而且还在广大师生中灌输了革命思想。后来，高师班35名毕业生就有28人参加了革命，使陆良成为云南的革命老区之一。其中一位教师黄平，后来成为边纵第七支队司令员兼政委，开辟了滇西北大片革命根据地。熊县长为了提高全县的小学教学质量，于1945年举行全县小学教师统考，汰劣留优，深得民心。这次考全县第一名的是天宝寺小学创始人张镇枢老师，教学经验丰富，但学历不高，只读过一年的简师，而该校掌权人却是师范毕业，只考得20几名，因此心存忌妒不让张镇枢回天宝寺小学教书。熊从周得知后，不仅愤怒责问天宝小学负责人，而且把张镇枢提拔为教导主任。同时，还筹措拨款10万元给马街（萃山）、三岔河（紫溪）中学，支持两个革命据点。

第三件事，继续开展全县农田水利建设。坝区以治理洪涝水患为主，解决又涝又旱的问题。山区以修建蓄水工程为主，解决灌溉问题。通过西桥炸滩、开发中原泽外海——马房海，使三万多亩水淹地变成农田，1953年成为云南第一个国营机械农场，后来改建为陆良华侨农场。在南盘江干流上修建新坝大闸，根据季节变化和农业需要，关闸可使坝上两岸数万亩农田自流灌溉，开闸便可大量泄洪、排除内涝。在南区新庄大麦地修建水库，供马街镇上十寨灌溉农田。

熊公二任陆良县长，已年过六旬，民间多称他“熊老倌”了，他身处国民政府圈里，为政处事却与众不同。生活俭朴，烟酒不沾，常步行乡里体察民情。一天，他带一随行人员下乡，在双合村附近松林中歇息，不多时从小树丛中的小路上走过来两个妇女，边走边说边骂：“过去还听说熊县长是个清官，嗯，是他妈的大嘴狗，下乡来走走，还要我们凑鸡蛋、白米给他肿脖子，吃了白食要给他生痨子。”两人一见树下有人便住嘴了。熊县长已听得一清二楚，一阵震惊，和蔼地上前问路后就顺路同行，熊与她们讲了一些家常话，两妇女渐渐觉得这位外地老倌可亲可敬，慢慢放弃戒心，有说有笑的了。熊县长便开门见山地说：“要我们老百姓凑鸡蛋白米给哪个吃，真是凑给熊县长吃吗？”高个子农妇说：“是，是，是凑给熊县长吃，乡里通知各保甲，各保甲又通知我们各户，还说如不凑要加倍处罚。给他吃了生痨子，我才喜欢。”个小的那个农妇说：“你嘴莫松，熊县长知道了，怕撕你的嘴，关你的监，要你的命。”高个农妇说：“我不怕，撕嘴、坐牢，我都不怕，是清官的不会给我撕嘴、坐牢，是贪官，害了我个妇道人家的命，不损关系，明事理的人会骂他是谷雀肠子耗子心。老大爷你说格是？”熊县长一阵大笑，随即说道：“是是是，你说得有理。我想啊，就是当着熊县长的面这样问他骂他，他也不会撕你的嘴，关你的监，更不敢要你的命，你说得占理嘛！”

与两农妇分路后，熊县长和随从来到乡公所一看，乡保长们果然叫近村老百姓凑了鸡蛋、白米。吃晚饭时，他抬头一看，八个一桌，两桌半，除了他和随行，乡保长刚好18人，众人端起碗来寒暄，熊县长以不会喝酒，笑哈哈地答谢说：“今天是十八罗汉请观音罗，熊某我谢谢各位的款待，今后不准这样了。”饭后，熊县长把18人叫拢来说：“诸位，我有一件事相烦，大家都会知道三日后就是2月19日的观音圣诞日，熊某我意欲与大家共邀主人，共庆佳节，不知诸位意下如何？”众乡保长听说县长主持做观音会，少不了又有一番吃喝，异口同声答应了。接着，县长吩咐杀猪、宰羊和凑米的任务，由乡长和保长家自己拿，以示心诚，不准摊派给老百姓。还要请凑着蛋和米的老百姓参加共庆。地点定在石墙寺。乡长就是总负责人，要一件件落实。

29日这天，一切就绪了，熊县长亦按时前来。这天是骑着高头大马来的，一下马，18个乡保长便迎了上去，邀请来的上百人众，也围拢过来，那天路上相遇的两个小妇人也来了，看见那老倌原来就是熊县长，吓得扭头就跑。熊县长把她们叫到跟前，宽慰了一番，她们便破涕为笑。乡保长和来参加的民众却莫名其妙。饭前，熊县长作了一个简要说明："今天的客是由18名乡保长出钱请的，两名妇人就是我叫请来的观音，其他的么，也是我听了两位'观音'的话，叫请来的。"于是乡保长的心中已明白被熊在杀吃喝风上"剥猛棕"了。

熊县长在陆良，为民解忧，关心民间疾苦的事很多。他亲临现场查城门是其中一件。过去，陆良城是东南西北四道城门四条大街，四周城墙高耸，出进都得由城门通过。为保境安民，维护治安，四门每夜都有人关闭，次日又开启，让民众来往。管门的人叫警士，有警士房住守。那些年，老百姓为了谋生，老早就有人叫门进出。可守门的警士大都是一些官员的三亲六戚，往往是以混薪饷过日子，不按规定开关门的现象经常发生，警民关系十分紧张，常常发生冲突。百姓的骂声传进县衙门，熊县长拍桌子骂过管守卫的官员，当时起了作用，时间一长，又土基见水，返本还原。有一次，正值忙时腊月，天亮星刚出就已经有人赶马吆驴，到城门脚下等待进出。老百姓左个"警士"，右个"武爷"地呼唤，以致骂开了，太阳出了，南城门还在紧闭。这时，人群中走出一个穿对襟衣的老倌，有的人一眼就看出他是熊县长。他是早早就起床，今天是活动回来听人说南门还未开门，他气愤的来到这里，为百姓敲门。可是传来的还是警士的骂声，那警士从门缝里看清是熊县长，才哑了，拉开门，叭啦一声跪在地下求饶……从第二天起，四城门都按时开闭。

陆良一度食盐紧缺，民间闹盐荒，熊县长通过旅省同乡会组织货源创办平价公卖，盈利充做行政费用，减轻人民负担。还把数百吨抗日军粮的缴纳任务，全部分给富豪承担。

抗日盟军在陆良建有军用飞机场。美国驻军欺辱、甚至奸淫侮辱村妇，熊县长义愤填膺。一天，一个美国兵进城玩耍，和一群小孩逗闹，被遇上的翻译翻译给美国兵，美国兵怒目瞪眼地追打一小男孩，路人好言相劝不听，仍然出手打人，被几个年轻人冲上去揍了一顿，从地上爬起来又闹到县衙门里。熊县长弄清事情原委后亲自给美国兵说："民众积怨是盟军有凌辱华人妇女的行为，今日之事是一顽童不懂事，你打了小孩，路人打了你，双方都挨了打，共同吸取教训，以诫今后不再发生这种事情。"熊县长通过孙子熊翔翻译给美国兵听。美国兵听了仍乱嚷嚷，不服，要县政府严惩打他的人。好说歹说，美国兵勉强离了县府。过不久，喝得醉醺醺的，又来到县衙门，一进门就大声吼骂，还打了门警，熊县长很生气，把政警队的头和孙子叫到跟前，一一作了吩咐，二人各提一支手枪到衙门口解决问题。经多番劝说仍不生效，美国兵越闹越凶，又要扑来打人，熊翔便按公公的安排惩罚美国兵。政警队员和围观群众一拥而上把美国兵打倒在地，直喘粗气。熊在室内窗口看得清清楚楚。此刻，熊县长正向飞机场打电话，叫机场美军司令部派人来县府领走酒后闹事、行凶的美国兵。机场来车领人，熊县长和两名随从也一起坐车上机场。经谈判，美军负责人明确回答："保证今后不再发生美国兵调戏华人的事情，若有发生，地方政府可按中国法律予以制裁。"之后，驻陆良美军确实收敛了许多。老百姓都佩服熊县长事必躬亲，有胆有识，办事有理有节，有民族气节。

陆良距离昆明较近，他兼校长的陆良县中学，汇集了西南联大毕业的一批地下党员教师。抗战胜利后称民主堡垒的昆明有什么风，陆良就有什么浪。1945年昆明的“一二•一”运动，熊从周积极支持陆良中学声援。次年五月又秘密支持有明显革命倾向的杨体元继任县参议会副议长，以推动“东南两区”联合革命的进程。

陆良革命形势的发展，引起了国民党反动派的注意，军统特务向国民党省党部报告：“熊从周伙同其孙熊福来（即熊翔）窝藏共党分子，把持陆良中学，宣传赤化，笼络人心，搜集枪支，图谋不轨。”派出军警包围陆良县中时，熊已将地下党员全部安全转移。1946年7月继民盟中央执委李公朴在昆被害三天之后的7月14日，国民党陆良县党部设宴请士绅食三乌汤，致熊中毒，由特务戴维秋打针“抢救”致死。

同月下旬，陆良20个乡镇进城举行了隆重的追悼会。熊县长的灵柩升在大堂上，很多民众都想进去看一眼，进不去。县政府外的东门大街，挤得水泄不通。真是“满城尽带黄金甲，全县遍洒送别泪。”子民们为了永远记住这位秉公办事，为官清廉，为民造福，为民除害的“熊青天”，在他的墓前特别立了一块纪念碑。联曰：

汉代尚清明之官，而二千年之号称储良者，固不仅龚黄，而龚黄之名尤扬；

民国尚亲民之官，而百里侯之号称靖共者，固不仅熊公，而熊公之望尤隆。

熊从周去世两月之后，新华日报于1946年9月2日发表远思的署名文章《纪念陆良县长熊从周》写道：

“在解放区，你说民主县长，会一点不稀奇，因为那里就是民主县长。可是在大后方，在这块黑暗污浊的土地上，会有民主县长，那真是一件不可想象的事情。但是，在云南、在这个曾经有个时候较为开明的地方，笔者确曾看到过一位民主县长熊从周。”

敢为天下先的志士杨体元

杨体元（1888～1974）是一位少年有志，大器晚成，敢为天下先的一代豪杰。转眼之间，他已离开人世35年了。数十年来，他的陆良晚辈们，并没有因为享受了改革开放的胜利成果而把他忘却，相反，饮水思源，温故知新，对于他生前的革命壮举，则更加怀念。

在他生活的那个时代，即1888年到1974年的86年中，他经历了三个朝代，蒙受了无数次的天灾人祸，直到他临终时，对自己的信念，对自己的追求，对自己所做的一切，都很坦然、自豪，谓之“含笑的九泉翁”。他认为自己所做的一切，都是从爱护人民、关心人民、代表人民的呼声、体现人民的意愿出发的。而由于自己的坦率和真诚蒙受的不白之冤，应该由别人去检讨、反省和改正。他就是这样的一位心胸坦荡，光明正大的革命志士。

早在上个世纪20年代初期，那时他正是一名血气方刚，充满活力的青年，根据当时的传统习惯，是由父母来安排自己的前途和未来，而他却作出了与众不同的惊人举动，按照自己的意志和理想，离开家乡，走军事救国的道路，于民国元年即公元1912年考入云南陆军讲武堂丙班（学生班）深造。

1914年毕业后，杨公分配到滇军部队任见习排长。次年参加云南护国起义，胜利后，又于1917年参加护法战争。再后于1922年和1924年先后两次参加东征，讨伐叛变孙中山革命的广东首领陈炯明，并参加孙中山领导的第一次、第二次北伐与平息广州的商团之乱以及平息杨希闵（云南宾川人，驻粤滇军总司令）、刘震寰（广西人，驻粤桂军总司令）的叛乱，因功逐级升为副团长。

1926年，第三次北伐前夕，杨公认为这是军阀混战，而愤然离开部队，回到马街老家办学育人。

1927年，被政府招安匪首管绍英的旧部到马街一带抢劫烧杀，奸淫妇女，当地百姓深受其害。杨体元挺身而出，组织武装，将其镇压，其中为恶最烈，民愤最大者被枪毙了7人。为百姓除了一大公害，为地方灭了一帮恶徒，深受社会各界和人民群众的拥护与爱戴。

1928年底，中共秘密党员熊从周第一次出任陆良县长时，得知杨体元开明正大，聘为南区自治筹备处主任。杨公先后接纳了多名以教师身份到南区教书的共产党员。其中中共云南省委宣传部长张经辰，在其代理省工委书记期间还直接当校长。这些共产党员的到来，对开辟陆良南区的工作发挥了重要作用。

1930年7月，陆良组织了一次大规模的革命暴动。其中马街、三岔河、板桥的三支农民武装暴动队伍，计划分别从南门、东门、北门入城，城内由教育科长保维德（大坝口人）、督学张家宾（郭家圩人）二人率领师范学校全体师生内应，但由于三岔河的暴动队伍在行动中发生误会，因此导致暴动失败。杨公在组织马街暴动队伍中发挥了重要作用。失败后，他又全力资助离陆避难的共产党员和其他暴动人员，并筹集了路费护送他们出境。据起义总负责人、暴动成功后为红第38军军长的吴永康（云南会泽人）晚年撰文回忆："马街成立了一个混成旅，杨体元是混成旅的参谋，所以杨体元不仅是支持者，而且是参与者……"

1931年，陆良和昆明一样，由于1930年12月底中共云南省委被反动当局彻底破坏，出现了严重的白色恐怖。但是，杨体元敢冒风险，仍然聘请中共地下党员何子员（沾益人）、殷祖佑、刘樾（苑梅）等到马街小学任教，并支持他们与县教育科争夺马街街捐办学的斗争。

1935年春，县长张培金包赌收捐，中饱私囊。杨体元出于义愤，收缴张的10余包赌条，制止赌徒在马街摆赌抽头。张怀恨在心，派人到马街逮捕杨体元，并准备在解往县城途中加害于杨。杨体元洞察其奸，早已潜往昆明控告张培金的罪恶。而张借中国工农红军长征到达滇黔边境之机，又向省政府主席龙云密报杨体元是朱德的同学，与红军勾结，有赤化滇东的企图等等。因查无实据，被驳回。而杨体元却抓住张培金的包赌硬把柄，省里依据事实将张的县长职务撤了。

1937年，中华民族的八年抗战爆发了，杨体元放弃了在晋宁创办小煤矿的产业，移居昆明，利用大后方的民主空气，宣传抗日救国等爱国思想。当时陆良旅昆学生朱杰、刘刚、杨晓（同祖父的堂弟）等中共地下党员经常与他保持联系，并将中共中央的机关报《新华日报》和其他进步刊物如《群众杂志》等传递给他看。后来更将中共中央的抗日宣言、第18集团军的抗日通电、皖南事变通电等拿给他看，使他深受教育，他说："要是共产党能成功，中国人民就得救了。"

1939年，杨体元通过刘樾，聘请中共地下党员彭仁年、白青、许佩居（女）、皇甫立本及其他进步教师周呈楷、樊顺贤、程灿章、杨祖国等到马街学校教书，并由彭仁年担任校长，使马街成为宣传进步思想，宣传抗战救国，揭露贪官污吏、土豪劣绅的革命堡垒。

1942年，杨体元由昆明回到马街，发现陆良地方政府的武装大队长孙玉山先后派员到南区传案，被杨体元收缴10余起传票，并警告孙玉山不准再到南区传案，不准私设公堂。

1943年，杨体元在朱杰等人的建议下，在马街创办陆良第二所中学——萃山中学。萃山中学的创办，标志着陆良教育事业又登上了一个台阶。同年，全县遭受旱灾，粮食歉收，出现饥荒，杨体元亲自上省痛呈灾情，请予豁免全年田赋军粮，而得到省政府主席龙云的批准，免征一年。

1944年下半年，这是中华民族八年抗战的胜利前夜。侵华日军在最后失败的前夕，为了作疯狂的挣扎，在我国西南地区发动了一次猛烈进攻，占领广西的南宁和贵州的独山。中共地下党员朱杰等革命者，考虑到陆良地处滇东，紧靠黔、桂，为抗击日军的侵略，计划把马街中、小学师生和社会进步力量拉上龙海山区建立抗日游击根据地，得到杨体元的积极支持。因抗战胜利来得很快，这一计划尚未实施。不过，这一计划没有实现比实现更好。

1946年，对陆良人民而言，是一次人为的灾难，一位替老百姓说话的县长熊从周，被反动当局以安排吃草乌为名毒死，全县举哀。而接替熊县长的是云南三青团的头目杨玉生。他到任之后，便反其道而行之，以兼陆良中学校长为权柄将所有的进步教师全部辞退，并对留校教师及在校学生加强控制，施以反动教育，同时，利用土豪劣绅来打击与熊在政治上密切配合的进步势力代表杨体元。

1947年7月24日，对陆良人民而言，则是一个不平常的日子，反动县长杨玉生悍然调动地方武装和驻陆国军1000余人，进攻马街，围剿杨体元。而代表陆良人民革命意志的杨体元，在中共陆良地下党员的支持下，奋起反抗。

这一天，经过一日的激战，毙伤来犯之敌数十人，其中死数人，包括1名小队长；伤数十人，杨体元在炮楼上指挥，看到暴露在射击目标里的士兵往后撤，他给战士下令：不要把他们打死，他们都是老百姓的子弟。

战斗从24日凌晨开始，至当晚深夜结束，根据中共云南省工委的事前计划安排，转移到龙海山区，在全省开辟了第一个游击根据地。

杨体元为了驱散陆良的黑暗，争取人民的解放，不惜牺牲个人的一切，抛下妻室儿女和家庭田产，在中共陆良地下党员朱杰、杨晓、皇甫立本等的鼓励和支持下，继1930年之后，第二次率部走上武装斗争的革命道路。

云南省政府主席卢汉为了避免国民党中央驻滇部队26军的镇压，及时委派督察专员赵正岳带着卢汉亲笔信前往陆良南山区撒卜龙村劝杨体元解散武装，信中表示“杨公此举，符合正义，可以公平合理解决”。

杨体元则说：“既已上山，不再回头。造反就造反，赤化就赤化。”

中共云南省工委为了支持杨体元的革命武装斗争，加强陆良工作，于1947年8月下旬从昆明抽调共产党员杨守笃回陆良工作，9月下旬从宣威“六六分队”中抽调许南波（化名郭澜波）、谢敏（化名张开翼）等领导干部带领一批干部到陆良加强领导。后来许、谢二人分别担任中国人民解放军滇桂黔边区纵队第三支队政委、参谋长，而杨守笃则担任三支队副司令员（司令员黄锦雯未到职），代行司令员职权。

杨体元于同年11月中旬正式同中共陆良代表许南波、谢敏等在龙海根据地签订《雨谷协定》，其主要内容是：杨体元接受中国共产党的领导，中共上级组织派来的干部，杨体元负责保护其安全。陆良解放后，杨体元为陆良主要领导人之一；地区扩大后，杨体元仍为主要领导人之一。

1948年4月，朱家璧、祁山、何现龙、赵国徽等负责人，率领路南圭山、弥勒西山、泸西东山的三县革命武装部队进入龙海山区，并下山亲往马街与杨体元签订《马街协定》，其内容与《雨谷协定》相似，除重申杨体元接受中国共产党的领导外，要求杨体元在计划时间之内，在龙海山区和马街附近动员青年民兵，组成一个游击大队，参加朱家璧领导的主力部队。

同年5月，国民党中央驻滇部队26军向革命游击区域进行“围剿”。杨体元为粉碎26军的围剿，在中共陆良县委的领导下，由谢敏、朱杰、杨晓、皇甫立本、李钟猷等共产党员参与，动员了龙海山区、马街附近和南区部分民兵联防队及萃山中学、马街小学的师生600余人，组成3个游击大队，经圭山，进入弥勒西山，与朱家璧、祁山率领的主力会师。随即经弥勒西山、泸西东山、丘北舍德驻扎整编。中共云南省工委决定，将这支革命游击武装部队定名为“云南人民讨蒋自救军”第一纵队，下设三个支队，杨体元为第三支队支队长。

同年6月，云南省政府主席卢汉又派曲靖专员刘纯前往陆良马街“要杨体元解散部队，武装交还地方，到昆明就职。”被杨体元拒绝了。随后，于同年7月，26军旅长石补天派他的参谋长到马街诱降，也被杨体元严厉拒绝。于是石补天即率部第二次攻打马街。杨体元奋起反抗，与来犯之敌激战三天两夜后，率部转移龙海山区游击根据地。

同年9月，三支队奉中共云南省工委指示，北上接应沾益播乐中学于9月5日起义的全体革命师生以及前往宣威接应宝山中学的起义和前往会泽接应矿工的起义。这时，杨体元已年满花甲，且有病，遂将三支队交给杨守笃指挥。这一举动，在世的一些陆良老革命评论说：“体现了杨体元与共产党肝胆相照，风雨同舟的崇高精神。”当时的中共云南省工委的三委员之一——侯方岳在“七•二四”一次会议上也说：“预定在宣威发动的云南人民武装起义的第一战役却在陆良（马街起义）实现了……”

同年12月，卢汉再次派省政府顾问李鸿谟回陆良劝说杨体元到昆明任职，但无效果，只好返回省城复命。

1949年1月，卢汉派曲靖警察局局长周子高带着五县（陆良、罗平、师宗、路南、泸西）剿匪总指挥的委任状前往马街送杨体元，同样遭到拒绝，并复一亲笔信给卢汉，劝他在解放大军渡江之前率部起义。卢汉于1950年在他家里的宴会席上接受杨公的提问时回答说：“自己力量薄弱，不能过早发动起义。如果照你的意见办，那就得跟你上山跑路了……”

同年3月，朱家璧率部从越南河阳回国，来到陆良，应杨体元的邀请，第二次到马街。听取杨体元的汇报后表示：“如卢汉给一个师的装备，暂时跟他合作，装备到手后，‘剿匪’不‘剿匪’，‘剿’什么样的‘匪’，主权在我不在他。”意思是卢汉下的委任状，还是可以接受。但是，剿什么“匪”是由我们决定。

当时，人心所向，大势所趋，杨体元的武装革命，已成为不可阻挡的洪流，滚滚向前，26军驻陆良的577团团长袁祖恢，公然只身跑到马街，在杨体元家中住了两天，并对杨体元说：“目前，战局急转直下，共产党必然胜利，拟寻机起义。”杨体元便鼓励袁应势起义，争取主动。此事被其副团长李卓发觉，袁被撤职，李为团长，起义未成。

就在这时，中国人民解放军桂滇黔边区纵队在云南的革命游击区域建立县以上政权，杨体元为临时专员公署专员，即弥泸地区的专员公署专员。同年7月，由赵国徽接任专员职务，杨被改任专署参议。1949年12月9日，卢汉率部起义，通电全国，宣布云南和平解放。1950年2月20日，中国人民解放军二野四兵团进入昆明。同年3月，全面接管卢汉政权，杨体元这位陆良武装革命的先驱者，则留在马街，无人过问，后来是由李鸿谟征得卢汉的同意，才接到昆明，安排在省参事室工作，并担任省政协委员，工资定为国家行政13级。1957年为帮助共产党整风，在会上讲了陆良农民向外县逃荒的情况，被划成右派，工资降为18级。1966年开展的十年“文化大革命”，18级工资也没有了，每月只发给25元生活费。这不能不使人想到在这以前，他高度关心部下生活的一件往事。北伐时，别的部队欠饷，欠薪，逼得很多官兵闹饷，上山当土匪。他当时是副团长兼第二营营长，则把全营官兵视为自己的亲兄弟，不准克扣军饷，每月照数关饷，按时领薪，因此，在湖南洪江全军士兵上山抢劫闹饷事件中，他的第二营严守纪律，无一人闹饷。

可是，这位为人民的利益奔波一生，为革命的事业奋斗一生的功臣，胜利后反而遭受冷落，蒙受灾难。第一次，即1950年先是没有职务，蹲在家里，无人过问；第二次，即1957年帮助党整风，被划成右派；第三次，即1966年开展的“文化大革命”，被端了饭碗。而于1974年3月27日，在贫病交加之中，含冤去世，终年86岁。1981年在改革开放的阳光照耀下，才得到昭雪，他的骨灰也才从昆明筇竹寺迁回陆良五峰山，安葬在祖坟上，遂了他的家人、子孙、亲朋和陆良人民的心愿：落叶归根，忠魂还乡。

特别值得提及的是杨体元在身处逆境时仍以国事为重，教育子女好好做人，好好工作。还关心着在台湾的老同事爱国爱家，早日回归，实现祖国统一。遗嘱说：“尚望儿孙明大是，尤希台岛起归篷。”

以祖产资助革命的英烈牛家祜父子

牛家祜（1891~1930），其子牛小富（1912~1930）陆良县芳华镇双合村人。

牛家祜幼年时聪慧过人，好学勤奋，高等小学毕业后，考入省立第四师范学校深造，在校期间接触到进步书刊如《新青年》、《向导》等，受到很大影响。从师范毕业后，于1927年加入到张汝骥第十军任团长。当时的云南，由于胡若愚、龙云、张汝骥、李选廷等四镇守使争掌滇政，发生了“六一四”政变，牛家祜思前想后离开张汝骥部队，回到陆良县旧州小学当老师。该校是中共地下党员康建侯任校长，两人相见恨晚。牛家祜在康建侯的引导下，工作积极主动，于1930年参加革命暴动。在康建侯的带领下，组建的以陆良为根据地的中国工农红军暂编第38军，牛家祜、牛小富编入第2师第3团。但是，革命暴动失败了。据老辈人说：那时候地下党闹革命、打反动派，经费很困难。牛家祜为了支持革命，将自己祖籍的旱田（地点在小前所）卖的钱，全部拿去作为革命活动经费使用。在暴动的前夜，牛家祜、牛小富他们又带领、动员族人将祖籍老坟上（地点在小前所）的树木（多数是青松树）作价出售，卖的钱仍然全部作为革命斗争经费使用。

陆良暴动失败后，方鹤鸣、康建侯、马朝亮等人，指挥部队北撤到竹子山、磨盘山、滑泥坡等地，准备继续开展游击战争与国民党反动派周旋。然而形势风云突变，国民党磨刀霍霍，从邻县调动了反动军队（约3000人）合围暴动部队。由于敌我力量悬殊，在阿保村、滑泥坡的战斗中，队伍被反动军队打散，各自分别突围。牛家祜突围后，由滑泥坡经芳华、雍家嘴子，准备前往昆明联系组织，不幸到雍家嘴子有人告密，被反动派抓捕。牛小富突围后在宜良也被反动派抓捕，押送陆良县城，于1930年8月在陆良县城北门外被杀害。牛家祜就义时年仅39岁，牛小富就义时年仅18岁。

一个家庭为革命事业献出了父子两条宝贵的生命。家中，全靠一位封建社会的小脚女人（牛家祜的妻子）撑支，艰难扶养着双目失明的长女琼香（12岁）、年幼的儿子牛忠（10岁）、年幼的次女昭香（7岁）和一个还在吃奶的三女儿九香（1岁）。一个寡母带着四个嗷嗷待哺的幼儿，如何生活？真是叫天天不应，叫地地不灵。家里虽有祖籍留有栽种稻谷的水田及种包谷、洋芋、荞麦及杂粮的旱田，可是四个幼年的孩子没有劳动力，谁来耕种，艰难困苦可想而知。这个家就像一只小船，飘摇在茫茫的大海上，等待它的不知是什么命运？家庭陷入了极其贫困艰难的地步。当时村里的人都说：“这家人完了，完了……”

好在牛家祜这个不甘示弱的好妻子，精明强干，忍受着极大悲痛，坚强地毅然撑起了这个家，与四个幼小的儿女相依为命，辛苦度日。家里的农业耕种、收割、家务安排、孩子的管理教育等，都由这位可敬的母亲操办处理。春播、夏锄、秋收，农忙季节时，小脚女人就请同情她的人帮犁田、耙地、收割。这样一年又一年度过一个又一个的春夏秋冬，孩子们终于逐渐长大成人，有了劳动力，家境便慢慢好起来。可是在极“左”路线下，日子并不好过。特别是“文化大革命”期间，在个别人的煽动下，牛家祐烈士的儿媳妇计关吉又被迫害而死。“文化大革命”结束后，在党和人民政府的关怀下，牛家祐、牛小富终于在1988年6月24日经中华人民共和国民政部批准为革命烈士。陆良县人民政府发给费用树立了烈士墓碑，以示悼念、慰藉英灵。

热心教育文化的朱光华副县长

朱光华（1895~1983），陆良县城西门街人。曾任陆良县人民政府副县长、省政协委员。

1916年毕业于云南省农校，回陆良召夸撒卜龙教书。1919年，入云南省第一师范读书，毕业后留省师附小任教。1928年，经吴澄介绍加入中国共产党，并化名武长春进行革命活动，同年任陆良第一小学校长。1928年秋，中共云南省临委特派员杨立人到陆良与朱光华取得联系，接着从曲靖调吴永康、徐文烈到陆良。1930年，朱光华任陆良县督学。同年7月初，陆良暴动失败，反动派捕杀革命者，他亲自护送参加暴动的领导人之一徐文烈安全离开陆良。

1931年，创办陆良女子学校，朱兼任校长。1936~1944年，任陆良县文教科长，1936年秋，创办陆良县初级中学，朱兼任校长。1937年，中国进入全面抗战，陆中师生对侵华日军极为愤慨，朱光华在校务室门口大黑板上书写一诗："男儿立志出乡关，不杀日寇誓不还。埋骨何须桑梓地，人间到处有青山。"对全校师生鼓舞很大。他获悉胞弟朱光民在武汉会战中牺牲，挥笔写下"裹创杀敌"四字悬挂钟鼓楼上，表达陆良人民对抗日阵亡将士的哀悼和抗战到底的决心。1945~1949年，任陆良县财政科长和田赋管理处科长，兼陆良中学教员。期间，结交中共地下党教师刘国铦、董大成等。1950~1954年任陆良县人民政府文教科长，1954年调县文化馆工作，1957年至1969年任陆良县人民政府副县长、云南省政协委员。

朱光华关心地方文物，热心文史资料的搜集整理，1961年，寻找《祥光残石》，移于县文化馆保存。1962年，献出三帧《爨龙颜碑》拓片，其中朱拓稀有。1965年，他在坝岩上发现东晋石刻"爨龙骧碑"。

朱光华一生勤习北派书法，造诣较深，现有其作品藏于文馆所。朱光华为陆良文化教育事业作出了有益的贡献。

朱光华于1983年9月5日因病逝世，终年88岁。

陆良县政协副主席马建国代表陆良县人大和县委统战部在"朱光华同志追悼会"上致悼词，充分肯定了朱光华的功绩，说他"为陆良县文化教育事业和文物管理工作作出了有益的贡献"。出殡时，亲友、社会各界人士千人相送，一幅幅挽联表达了对朱县长的深切怀念和崇高的敬意，其中学生萧鹏的挽联说：

从教育呕心沥血诲人不负终生使命；

立文风重德行尚高节堪称一地楷模。

忠诚执著的革命者刘樾

刘樾（1897~1980），原名刘苑梅，字鹤仙，出生在陆良马街刘家村一个教员家庭。

刘樾自幼倔强，对封建教育很反感，步入青年时才读完小学。在曲靖师范学校读书，受到共产党员周子安革命思想的影响。在学生中做了卓有成效的革命活动。他是陆良入党最早的三个共产党员之一，以他为首组织领导了反对保守腐败的学校领导人的学生运动。最后遭反动政权武装镇压，将他开除出校。

之后，他遵照党的指示考入东陆大学预科就读。当时他的家庭已经拥有一定财产，哥哥和两个弟弟都是经商能手。家庭希望他读了大学能升官，光宗耀祖，成为富有家庭的保护神。但是，他背叛了商人家庭的期望，与东大同学、共产党员程杲（旧州人）在一起，在学生中开展了更广泛更深入的革命活动。刘程二人与省师学生共产党员殷祖佑以陆良作者学生会的名义出版了会刊《陆潮》，每期刊登几十篇文章，篇篇都是共产党的声音，引起了国民党反动派的警觉，《陆潮》只出版了三期，便被查封。但它在旅省学生中，在家乡的小学教师和大龄学生中，在简师学生中，起了不可低估的革命作用，为后来的陆良1930年武装起义做了积极的思想准备。刘樾虽然在昆明，却对陆良武装起义做了有益的辅助工作。

1929~1930年国民党反动派对云南地下党组织进行了疯狂的破坏，对地下党员进行无情和残酷的杀害，企图一网打尽，斩尽杀绝。时任中共昆明市委委员的刘樾也在白色恐怖的血雨腥风期间，于1930年3月被捕入狱，关押在模范监狱（在今昆明翠湖西岸承华浦）。敌人对他用尽酷刑，他坚贞不屈，咬定自己是生意人，没有向敌人泄露过自己和别人的党员身份，也没有暴露过任何组织和党的秘密。当时省工委中工业工委书记刘林元因被叛徒出卖，参加莫斯科红色工人国际会议回国时，从河口入境当即被反动派早已布置的军警逮捕，也关押在模范监狱。到1930年秋，云南地下党的领导同志王德三、刘平楷、李国柱、吴澄等被捕后，云南党组织已被完全破坏，一部分党员为革命献身，一部分被敌人关押，少数叛党投敌，其余各自星散，找不到党的组织。虽然如此，但有的同志仍然坚持革命斗争，有的同志一直隐蔽到1935年随红军长征。在关押期间，二刘常常乘敌放风的机会见面，他们商定谁先出狱，谁就到安宁找赵国徽同志，设法筹措路费到上海和外地去找党组织，要求中央派人来云南重建党组织。

孙渡曾是刘樾父亲刘绍程的学生，1931年刘绍程到昆明再三恳求孙渡救救他儿子。碍于情面，孙渡求得龙云许可，把刘樾保释出狱。刘樾出狱后很快就在安宁找到赵国徽，商量找党组织的事。当时赵只是个小学教师，哪有那么多钱做路费。刘樾只好回到家乡，而在家庭中他却失去应有的地位，兄弟们和家人都把他看做是个闹革命的书呆子，连生活费用都不管他。只有他父亲还把他看做是自己读书的儿子，于是就到他父亲当校长的马街小学当了一名教员，解决生活问题，至此他仍然没有丧失一个共产党员的本色，他从沾益请来共产党员何子贞到马街小学共同办学育人，在没有组织领导的条件下仍然传播革命思想，在教员和高年级学生中传阅《共产党宣言》和两个策略之类的书籍。油印革命小册子《农民四学经》在农民夜校中讲读，并做了许多社会改革的工作，宣传不裹小脚，首先要求学校的女生一律不缠足，还组织学生上街向群众宣传。这一数千年的陋习，在陆良受到了最早的挑战。他们在农村宣传婚姻自由，指出包办婚姻的危害。宣传破除迷信，要人民群众不要相信巫婆神汉骗人的鬼话。在革命低潮时期能如此，也是难能可贵的。何子贞在刘樾离开学校的时候回沾益去了，1935年参加红军长征。

刘樾在教书期间找党组织的信念并没有动摇，他利用刘老先生学而优则仕，他家要出个像样的读书人的观念，经过多次要求，父亲终于同意刘樾去上海读大学。这时刘樾已是三十七八岁的人了，早已过了上大学的年龄，上学只不过是为了找党组织而采取的办法。至此刘樾欣喜若狂，迅即取道越南途经香港到达上海。安定之后，立即按照刘林元交给他的联络暗号和地址去找人，终于见到了联系人并约定见面的时间和地点。可是，他第二次按时去接头，却踪影未见，大失所望。至此找党组织的希望石沉大海。他在上海六神无主，彷徨无望地度过了一个个日日夜夜。当时上海大厦大学的校长是陆良人，于是他便通过老乡关系，就读于大厦大学，真正成了个上学的老学生。他在大厦读书期间，结识了宣威老乡陈绍增，并给了陈很多进步影响。抗日战争爆发后，陈去了延安，在陕北学习后，分到晋察冀工作。1945年路通时陈回来云南，后来参加了游击战争。刘樾在上海期间还结识了翻译《中国历史教程》的刘惠之和夫人王浩兰，也结识了翻译《列宁战争论》的焦敏之。他接触的革命人士很多，但都没有找到组织关系。从此他与杨一波常常往来，而杨当时也失去了组织关系。

抗日战争打响后，大厦大学南迁贵阳。刘樾到贵阳后，又想起了他还有一个与贵州省党的领导人黄大陆的联系暗号，想试着去联系，后来才得知黄已被反动派杀害了。

不久，刘樾大厦大学毕业回到云南，政治上没有出路，又找不到职业，思想很苦闷。1938年夏，云南军队五十八军正要出征抗日，孙渡又是这支部队的军长。刘老先生再次向孙渡求情，刘樾总算在孙渡手下当了一名秘书，随军出征江西。他发现云南作家张天灵也在五十八军军部，有人私下说张天灵是共产党员，刘樾就找机会与张接近，可是也没有弄清张的政治面目。五十八军在江西、湖南与日军战斗，最后控制江西的高安、奉新、铜鼓等县。孙渡对刘樾的态度是既不使用也不驱赶。就这样浑浑噩噩过了三四年，他实在混不下去了，1942年离开孙渡回云南。这时刘林元已到延安去了，不仅找不到云南党组织，而且他又陷入了寻找职业的困境。几经周折，半年之后才在省训团找到了一个职员的职务。省训团本来是他极不愿去的地方，但迫于生计不得不去，这就是建国后他被划到敌人一边，不断受苦的根源。生计与革命如何统一，在当时的确是个太难太难解决的问题。这期间他接触的青年学生很多，他向学生们讲述中共云南党1930年以前的历史，讲述革命人物和事迹，也讲述革命道理，学生们受益匪浅。1944年焦敏之来昆以老朋友关系，把刘樾介绍到滇越铁路职工教育委员会做了一名秘书，主管人是个旧工会的老酒。他常常痛骂蒋政权的腐败，职员看新华日报他也不管。看来老酒似乎是蒋政权中较为难得的开明人士。由此，刘樾感到政治上轻松了许多，不再提心吊胆的做人。在这个会里任职的还有一个叫陈敬师的，据说是从“北影中国剧社”来的，自然应该是进步的。1946年9月焦敏之的内弟离开这个会，刘樾便约杨晓去当了一名雇员，主要是教工人夜校的高小课程。这期间杨晓与刘樾共同编写了一册“工人识字课本”，老酒看后觉得通不过国民党铁路特党部的检查而没有使用。1947年春节杨晓离开铁路职教会回家乡，这时陆良开明士绅杨体元与党棍陆良县长杨玉生的矛盾日渐激化，到当年7月演变为发起反对国民党反动统治的革命武装斗争。在战斗打响之前，陆良的许多反动分子在昆明纠合一起，在报端大造舆论攻击杨体元。这时以刘樾为首和在昆明的陆良进步青年一起在报纸上进行反击。刘樾的立场是明确的，直到反动分子们的叫嚣停止了才罢休。在杨体元接受党的领导，从事革命的过程中刘樾也是起了推动作用的。1948年冬刘樾到陆良马街找党，杨晓把他的意见和要求向地委领导同志反映，得到的答复是只要他是革命的在昆明一样能找到组织。

刘樾又失望地返回昆明。铁路职教会的陈敬师是共产党员，1949年发展了酒玉五、王朝凤入党，刘樾入革命外围组织“新联”。“九九整肃”前，王朝凤被捕入狱，陈、酒转移到新平县，都担任了玉溪地区的重要职务。刘樾转移到泸西边纵二支队。云南卢汉起义后，他们都返回昆明，陈敬师做了第一任昆明铁路局长，酒玉五是铁路公安处长，刘樾、王朝凤都在该处工作。1951年刘樾因与九十高龄的地主父亲“划不清界线”而被逐出铁路。据说陈、酒二人在数次运动中成了“阶级敌人”。酒死于狱中，十一届三中全会后陈、酒、刘都得到平反。

1952年刘樾找到省教育厅中教科长马堃，马把刘分到沾益县中学任教。1957年由于他复杂的历史，成了当然的“右派分子”，遣送回陆良原籍监督生产。这时他已是六十老翁，无力从事农业劳动，只好在烤烟房凑火，挣几个工分活命。生产队长安排不了他的适当活计的时候，他为了活命，只好去牵瞎子算命。一个20世纪30年代的革命者沦落到如此地步，说来也令人心寒。在这种情况下，刘樾并没有埋怨党，还利用不能从事体力劳动的岁月写了十几万字的有关党的历史材料，并交陆良县委会。1980年“右派”改正后不久，他就病故了，终年83岁。今天祖国欣欣向荣，人民生活幸福，他虽没有享受到革命的成果，但也会含笑九泉的。

（副厅级离休干部杨晓 撰文）

红三十八军第二师负责人方鹤鸣

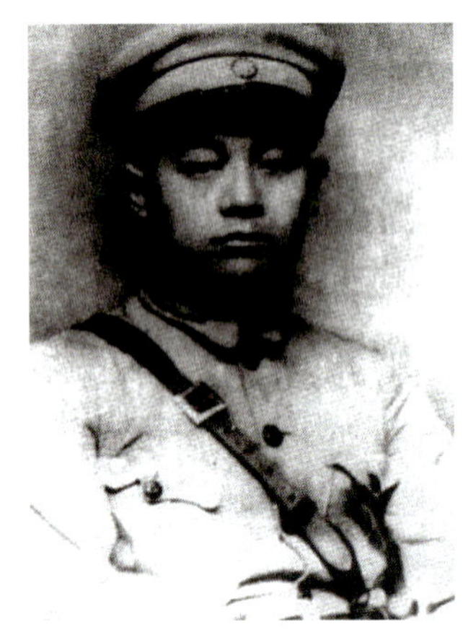

方鹤鸣（1899~1930），字九高，陆良板桥白鹤堡人。

方鹤鸣幼时正值社会动荡而弃学，青年时代投入滇军胡若愚部，后因作战勇敢，升任营长。1927年云南军中的主将四镇守使龙云、胡若愚、张汝骥、李选廷为争掌滇政，发生内战，胡若愚部被龙云击败，方随部退至川滇边境。尔后率领部分陆良籍士兵返乡。不久结识了中共党员程杲（程熙文，在东陆大学就读），并与陆良县长、中共秘密党员熊从周相识。1929年夏，方鹤鸣在白鹤堡多次与程杲和康建侯（时任旧州小学校长、中共党员）密谈，投奔革命。而后被县长熊从周委任为县团防大队中队长，并接受了县政府配给的枪支弹药等装备。当年7月初，擒获惯匪计明善等8人，押至惯匪杀人抛尸的场所石墙寺，让百姓诉其所犯罪行，将匪首计明善及其骨干高老三等3人处决。

1930年5月，方鹤鸣在陆良中心县委领导下，协助吴永康、康建侯积极从事陆良武装起义的准备工作，并担任暂编38军2师主要负责人，领受了军部颁发的军旗和印章。当年7月3日（即农历六月初八日）陆良举行革命暴动，由于三岔河方面的暴动队伍发生误会，未如期配合方鹤鸣部进攻陆良城，导致暴动失败，部队离散撤退。方率领的起义部队余部300多人在红石岩、滑泥坡一带山区转战30多天与前来“围剿”的邻县团防武装多次激战，因敌众我寡，部队被冲散。8月中旬，他率领少数贴身警卫人员在磨盘山的朱家田房休息时，被劣绅保董方懋图收买的方绍堂趁其不备，用硕石猛击头部而惨死，时年仅31岁。

1985年7月2日，国家民政部给方鹤鸣的家属颁发了革命烈士证明书，陆良县人民政府发给抚恤金。

陆良中心县委第一任书记吴永康

吴永康（1903~1981）又名吴建德，会泽县小乌龙村人。

1927年，一次会泽爱乡青年互助团在小乌龙小学召开农民大会，吴永康愤然走上讲台，拿起粉笔在黑板上写下了“不交租子”四个大字。高小毕业后，他以优异成绩考上省立曲靖第三师范学校。在曲靖求学时受当时革命大潮的影响和学校一些中共地下党员的教育帮助下，开始阅读马列书籍，树立革命思想。在家乡会泽积极响应和参加各项革命活动。民国十七年（1928年）初，经蒋开榜介绍加入中国共产党。

1928年上半年，吴永康在云南曲三师首先发展了同班同学刘苑梅、教师陈香圃入党，在省临委特派员杨立人的帮助下，与学校原有党员胡佩、解镇邦、丁锡禄等建立了曲三师中共支部，支部书记陈香圃。7月，支部组织领导学生“罢考”，吴永康积极发动同学参加这次学运，被校方以“废考”运动的“倡其首者”挂牌开除学籍。

1928年，中共云南省临委为贯彻中央“八七”紧急会议和“六大”精神，决定将工作重点转移到农村，组织农民武装暴动。陆良被列为省委开展工作的重点地区之一。同年12月，吴永康到陆良一小任教。1929年初，建立中共陆良特别支部，吴永康任特支书记，在陆良开展有组织的活动。1929年省工委书记王德三两次到陆良检查指导工作，帮助陆良特支制定了《陆良工作大纲》，并确定陆良要准备率先在云南组织武装暴动。1930年1月，吴永康代表中共陆良党组织出席在昆明召开的省临委扩大会议。会议正式选举建立了中共云南省委，吴永康当选为省委候补委员。会议在原特支的基础上，建立以吴永康为县委书记的中共陆良中心县委。

1930年6月，吴永康赴省汇报，要求迅速组织暴动。当时中共云南省委书记王德三外出，在昆主持工作的张经辰听取汇报后指示：暴动武装占领陆良县城后，急袭曲靖，由曲靖地下党组织接应。若龙云从滇南调军进攻，难于坚持，可向滇桂黔边境转移，与广西百色苏区联系，在滇桂黔边境建立根据地，开展游击武装斗争。吴永康回陆良后，传达了指示，中心县委作了认真研究部署，把近千人的武装暂编为红军第38军，所设临时建制有军直政治部、军直部队和3师1旅。暴动成功后由吴永康任军长，政委待省委指派。暴动时间定于1930年7月3日夜，暴动部队分两路进攻县城。

1930年7月3日夜，武装暴动按预定计划行动。白鹤堡、旧州一路迅速攻克板桥公安分局和旧州分团部，击毙分局长卢永庆和分团首李兰亭后向县城进军。三岔河方面弄错情报发生误会，暴动没有按预期目标完成。以致白鹤堡、旧州方面的方鹤鸣只能率部撤往竹子山区与敌对峙，终因敌众我寡，方鹤鸣等被敌杀害，暴动失败。

陆良暴动失败后，吴永康等在县长熊从周（中共地下党员）的掩护下经师宗转移到昆明，按省委安排活动。此后不久，由于陆良暴动失败对他精神上的沉重打击，紧接着父亲病逝，吴永康患了精神病，由妻子和儿子接回会泽家中医治疗养。

抗日战争胜利后，吴永康病情好转，于1946年春在会泽待补小学教书。因在学生中教唱《国际歌》和《告我青年们》，被调到印刷厂当勤杂工控制使用。中华人民共和国成立后，仍留厂工作，被厂里评为先进工作者，当选为城关镇人民代表。1962年退休回家后，又被生产队聘为会计。他大公无私，办事公道，受到群众的赞扬。

1981年，改革开放的春风刚刚吹到云岭高原，吹到会泽家乡之时，这位早期的共产党员、陆良革命暴动的领导者不幸离开人世。

东陆大学革命先驱程杲书记

程杲（1905~1934），原名楫昌，字熙文，陆良旧州人。书香世家，父亲程荫南以教书为业，家境小康。民国九年（1920年），程杲考取省立曲靖第三师范。1925年入东陆大学预科，1927年升入东大文学院本科，1930年毕业，获学士学位。

程杲从1927年开始就积极参加昆明地区中共云南地下党领导的革命活动，支持陆良、曲靖等地的革命斗争。1928年，加入中国共产党，担任中共东大支书。他对学生会、旅省同学会等不辞辛苦发表演说，并撰写文章传播真理，在陆良旅省同学会主办的会刊《陆潮》上，撰写了70多篇文章。

1927年底，中共云南省临工委为贯彻中央“八七”紧急会议精神和党的“六大”决议，决定将工作重点转移到农村，为开展农村武装斗争作准备。之后，陆良被列为省临委开展工作的五个重点县之一。省临委从1929年秋到1930年春，先后两批安排了14名党员骨干经程杲等推荐到陆良三岔河等校当教师，建立农村革命据点，建党、建军，准备发动陆良武装暴动。

1929年，省临委派驻陆良、曲靖的特派员杨立人撤离后，程杲除积极完成省临委安排的各项任务外，还担负了省临委在滇东地区的交通联络工作，经常夜以继日地在昆明秘密赶印宣传材料，密送陆良、曲靖等地，及时传达省临委指示。1930年春，陆良暴动前夕，为加强统战工作，程杲还多次回到旧州，与在旧州学校党的负责人康建侯共同做统战对象方鹤鸣的工作。1930年秋，方率部编入红军暂编第38军。1929~1930年间，曲靖省立第三师范掀起了两次学生运动，程杲以东大支书的身份，在昆明秘密接待了赴省请愿的学生代表赵国徽等，帮助他们出主意和研究对策，并发动东大学生和昆明各界大力声援曲靖请愿学生。

1930年3月，中共昆明市委委员刘苑梅被捕，程杲接任昆明市委委员。他不畏艰险，承担了与刘平楷为首的监狱内党组织的联系。1930年底，中共云南省委机关遭破坏后，全省各地党组织失去了与上级领导机关的组织联系，曲靖、陆良等地的一些地下党员赴昆找到程杲，都得到他的帮助和安排。

1931年初夏，程杲到南京考察，准备借这次外出之机，积极寻找组织关系，不料在火车南站被捕入狱。敌人软硬兼施，采取逼供、诱供等手段对程杲轮番审讯。他大义凛然，坚贞不屈，严守党的纪律。1931年底程杲在昆明市长熊从周的营救下出狱。

半年的狱中生活，使程杲的身心遭到极大的摧残，留下不治之症。

程杲出狱后，省民政厅厅长丁兆冠数次委派他到禄丰、禄劝当县长，他借口养病谢绝后，又要他到河口当督办，他以河口太热不适推辞了。经过一段时间的休养，熊从周安排程杲到翠湖公园当经理。

1932年，楚雄聘请程杲去楚雄中学，担任教务主任兼高、初中文史课教员。不久，校长孟立人因公赴省城，患病在昆治疗，委托他主持校中全部工作。楚中校址系龙泉书院旧址，建校初期校园一片荒凉，程杲利用课余带领师生到龙川江抬石、挑沙，铺筑由校门口到览秀亭的人行道，命名为“五一路”。师生们所种的树苗已挺立参天，枝叶繁茂。

1932年秋和1933年春，程杲发动楚中师生开展了两次“拉偶”运动，拉倒城内外各寺院中的偶像，破除迷信，宣传无神论。在教学过程中，程杲注意教育学生用历史唯物主义的观点认识社会、分析事物。他授课见解新颖，分析深刻，对学生启发很大。

程杲爱憎分明，嫉恶如仇。1934年春，楚雄县长周继福制造借口抓捕学生，程杲发动全校师生与之斗争，取得了胜利。初一班学生王开学中途丧父，无力上学，程杲给予帮助，使他不致中途退学。

1934年暑假，程杲旧病复发，返家治疗休养，于同年农历七月十四日逝世，时年29岁。

红三十八军第一师负责人康建侯

康建侯(1905—1942)，原名金耀曾，又名金显庭，曲靖三宝三百户营人。其父金维汉，清朝末年曾供职于曲靖教育界。康建侯周岁丧父，由母亲一手扶养成人。民国12年至民国15年(1923—1926)就读于昆明成德中学，受进步思想的影响，参加反帝、反军阀的进步活动。1926年夏，与云南早期的革命者赵琴仙、严英俊、毕昌杰、张绍楚等到广州，进入周恩来指示创办、王德三为班主任的大沙头政治训练班学习，聆听过周恩来、恽代英等中共领导人的教导，受到中国共产党的熏陶，在广州加入中国共产党，并受党组织的派遣到其兄金述之任团长的国民革命军第三军任连队党代表，参加北伐战争。1927年“四·一二”反革命政变后，国民革命军五路军总指挥兼江西省主席朱培德，以两面手法，将大批党代表“礼送出境”，康建侯乃于1928年初离开江西回到云南。1929年秋，中共云南省临委书记王德三视察陆良后，为加强武装斗争的准备工作，从昆明派康建侯到陆良旧州小学，以校长的身份为掩护，积极从事党的宣传统战工作。他走村串户，传达指示，布置工作，组织青年农民，办夜校读书识字，开展文娱活动，宣传党的主张，还自编歌谣，揭露贪官，教育群众。同时在陆良县长、中共秘密党员熊从周的掩护和支持下，同中共党员程杲(熙文)多次到板桥与方鹤鸣建立统战关系，争取了方鹤鸣投向革命。接着熊从周以陆良县政府的名义正式委任方鹤鸣为县团防大队的中队长，并令方部歼灭了“明团暗匪”、作恶多端的惯匪计明善，还借助方的武装力量与县团防大队长孙昆的武装力量抗衡。后来方部编入暂编第三十八军为第二师，参加1930年的陆良暴动。

1930年康建侯任中共陆良中心县委兵委成员、第一师负责人，协助吴永康制定陆良暴动计划，并与方鹤鸣亲自指挥西路部队捣毁板桥公安分局和旧州分团首的老巢，歼灭分局长卢永庆和分团首李兰亭部。

陆良暴动失败后，部队撤退离散，在熊从周的掩护下，康建侯经曲靖、昆明安全转移麻栗波、马关、西畴等地，以教育工作为掩护继续从事革命活动。

1937年国共合作抗日时，康建侯回到昆明，与其妻杨素瑛共同从事教育工作，先后在承华小学和桃源小学任校长。1941年2月，因病魔缠身，卧床不起，于7月病逝。昆明市教育界为他开了隆重的追悼会，《云南日报》副刊刊载若瑱(马仲民)撰写《敬悼金显庭》的文章。

东北民主同盟军第一军副军长郑祖志

郑祖志（1906~1989）是海城起义的重要领导人之一。在当时，可谓名震天下，声播四海。起义胜利后，升任东北民主同盟军第一军副军长，成为陆良人在东北战场职位最高的一位革命武装指挥官。

郑祖志出生在陆良县城南门街郑家大院中医世家。由于家庭的文化熏陶和父母的良好教育，他上小学时就能熟读《四书》、《五经》。小学毕业后，遵母命，随父学中医。由于勤奋刻苦，进步很快，深受父母及族中叔伯们的夸奖。

1923年被选送昆明市立医院开办的防疫训练班即种牛痘消毒班学习，以优异成绩结业还乡，在本县积极推广和普及接种牛痘、预防天花的新型医疗卫生工作。先城区，后农村，先坝区，后山区，为增强群众的防治意识，减少天花的疫情发生尽了最大努力。

经过三年的行医实践，郑祖志感受当医生，只能医治国民的疾病，不能医治国民的精神。而治国家之贫，人民之弱者，莫过于治疗精神之创。而医治精神的创伤，又必以军事为先，于是弃医从武，走军事救国的道路。

1926年与叔伯兄弟郑祖佑一同离家赴昆，报考军校。郑祖佑考入云南军医学校，另一堂弟郑祖惠（已从军）考入云南陆军讲武堂第19期将校班，他考入第19期学生班，成为陆良“一门出三将，三将出一门”的英武之家。经过两年的陶冶和深造，他已锻炼成为一名科班的中国军人。

1928年秋，他以优异成绩毕业，分到滇军第2旅第4团当排长。经过9年的实践锻炼和艰苦努力，由排长而连长，由连长而营长，逐步登上了中级指挥官的地位。

1937年“七七”事变的爆发，揭开了中华民族八年抗战的历史序幕。云南虽然遥居南天，远离内地，但是仍同内地一样，肩负起守土抗战之责，迅速组建出征部队，开赴前方，杀敌雪恨。郑祖志编入第一支出征部队60军183师541旅1081团第一营担任营长。从军长卢汉到师长高荫槐、旅长杨宏光、团长潘朔端，都是久经沙场的战将，极大地鼓舞着郑祖志的抗日决心。

10月5日，60军在巫家坝举行出征誓师大会，盛况空前，浩气冲天。《云南日报》以醒目标题报道：十万军民气吞三岛（日本别称），三迤健儿大显神威。会后，60军连夜出发，昆明各界特意举行提灯晚会欢送。郑祖志为1081团值班官，率领全团官兵代表60军答谢欢送民众。站满街头的人群，怀着依依惜别的深情，与1081团和全军抗日将士挥泪告别。此情此景，使郑祖志一生难忘。

部队由昆明出发，经贵州入湖南，徒步行军40余日，到达湖南常德集中待命。沿途受到滇、黔、湘三省的曲靖、平彝（今富源）、盘县、晴隆、安顺、贵阳、镇远、晃县、沅陵、常德等地人民的盛大欢迎和慰问。

11月底，奉命东开浙江，准备调往江苏，参加南京保卫战。可是，正当部队到达金华、兰溪、杭州、上饶、南昌一线集结待命之时，于12月13日。南京已被侵华日军攻陷。消息传来，如雷轰顶，使60军抗日将士受到极大的心理打击。因为南京是当时中国的首都，首都沦陷，意味着中国战败。

正当此时，从家乡云南传来了龙云、孙渡的声音。龙云说：日军只能占领南京，不能占领昆明，我滇军健儿和三迤父老有着反帝爱国的光荣传统，在敌人的面前是决不会屈服的。孙渡说："敌人是利用占领南京来造成我国抗日军民的恐慌。但是，我国有960多万平方公里的地域，一个小小的南京，只不过是我国广大地域的几百万分之一，决不会因为南京的失守就说明中国的失败。中国是不会失败的。中国军队能够利用广大地域，坚持长期抗战，尽其在我，必将取得最后胜利。而日本兵员有限，财力有限，我在长期抗战中，将其消耗殆尽，到那时，它只有无条件投降一条路。"于是，全军将士很快就从沉痛中振作起来，遵照命令，回驻武汉。临上前线之时，蒋介石面嘱卢汉："将部队整齐军容，从江汉码头过渡后，顺汉口繁华市区绕行一周，至江岸车站上火车。"卢汉遵命以从，使驻汉外国使节及侨商、记者为之大振，说：中国还有如此装备精良，威武雄壮的军队没有开往前线，现在去了，没有打不败的敌人。

1938年4月22日，这是一个非常难忘的日子，也是一个值得纪念的日子。这一天是60军奔赴战场，英勇杀敌的第一天。这一天，还在黎明之前，全军官兵就乘坐排成长龙的大批军车，源源不断地通过苏北重镇徐州，到达鲁南会战的中心台儿庄。在茫茫的夜色中，抢渡津杭大运河。全军渡过运河北岸时，东方才露出微茫的曙光。

183师是全军的先头部队，而郑祖志所在的1081团又是全师的先头部队。正当他们奔向60军的前沿阵地陈瓦房时，与侵华日军的先头部队遭遇了。而60军的尖兵营是1081团第2营，营长尹国华，云南路南（今石林）人，发现陈瓦房已被日军占领，及时率领侦察连在火海中将陈瓦房夺回。但是，很快就被日军大部队赶到，把他们包围起来。当时，郑祖志是1081团第一营营长，他同团长潘朔端一道，率部增援。不幸，前进到小庄附近，就遭到日军炮火的猛烈阻击。郑祖志冒着枪林弹雨英勇奋进，决心冲破日军封锁，解救尹营之困，而伤亡极大，不能如愿。团长潘朔端负重伤，副团长黄玉龙壮烈牺牲，全营只剩23人，不能再战，奉师部命令，迅速转移，脱离危险。尹营孤军奋战，从早至暮，浴血拼杀，全营官兵500余人，除陈明亮一人生还外，其余官兵，从营长到士兵，全部英勇牺牲。消息传出，人心为之震惊，山河为之落泪。

卢汉说："由于尹营坚决果敢地阻击敌军，赢得了全军备战的时间，在整个战斗中，起到了重大作用。"

《云南日报》以醒目的通栏大标题报道说："为国捐躯，尹营长精神不死；战死沙场，足了平生之愿；浩气长存，堪与日月争光！"

60军在尹营的英雄行动中，受到了极大鼓舞，经过27天的血战，打垮了侵华日军的两个王牌师团，即板坦第5师团和矶谷第10师团，而取得了重大胜利。郑祖志也因功升任副团长。

同年10月，郑祖志率部参加武汉保卫战。此时，他已调184师数月。60军担负奉新、排市阻击任务，使侵华日军第9师团"不能完成切断粤汉路计划，对保护武汉机关和部队的安全转移，作出了重要贡献。"

1939年2月，郑祖志率领550团参加南昌会战，在奉新、高安的战斗中，经过五天的奋力苦战，沉重地打击了来犯之敌的嚣张气焰，胜利地完成了本团的战斗任务。

1940年1月，郑祖志担任60军挺进敌后的挺进队长，与58军的挺进队密切配合，深入南昌西北万家埠一带，破坏侵华日军的大量有线通信设备和公路桥梁，造成了敌人的一片恐慌。为此，58军军长孙渡将军特以新闻通讯的形式撰写了一篇脍炙人口的文章《突起敌后的一支神军》，来赞颂郑祖志他们的战功。

同年9月，日本急于解决所谓"中国事件"即灭亡中国，悍然发动亚洲太平洋战争，企图把罪恶的战火烧到中国的西南，享有盛名的抗日劲旅60军奉命回防滇南。郑祖志正式升任184师550团上校团长。

1943年，郑祖志因功升任184师少将副师长。

1945年8月14日，日本裕仁天皇向全世界宣告无条件投降，中国的抗日军民一片欢腾。经过八年的浴血奋战，终于迎来了光辉的这一天。郑祖志感到自己参加抗日的愿望实现了，能以胜利者回敬家乡父老，更是喜不自禁。不久，即于9月，以60军184师少将副师长的身份与师长潘朔端入越受降。

接受日军投降，不是任何部队都有资格，而是抗日有功部队才能享受这一殊荣。云南对日作战部队有4个整军，即老三军、新三军、60军、58军。而最先奔赴华北战场的是老三军，还在"七七"事变爆发之前，他们就奉命北上。从甘肃的天水出发，行至河南的洛阳，才传来"七七"事变的消息。为了迎击侵华日军，他们日夜兼程，于8月份就抵达河北的保定，并在满城、望都、高碑店等战斗中重创敌军。此后转战山西，获得旧关杀敌、晋南肉搏的称誉。1941年5月，在守卫黄河北岸抗日根据地中条山的惨烈血战中，由于其他部队奉命他调，他们却誓与中条山共存亡，而遭到侵华日军九个师团、六个旅团和大批特种部队共计20余万兵力及400多架飞机的重点围攻，军长唐维源（云南江川人）、师长寸性奇（云南腾冲人）阵亡，数千官兵伤亡。奉命退守汉中地区休整，身处西北，远离战场没有参加受降。受降的三个军分别是60军入越受降，58军代表第九战区在南昌受降，新三军在九江受降，再次表现出滇居高原，民质强劲，以勤耕著称于国中，以善战闻名于四海的云岭精神。郑祖志和全省数百万守土抗战的军民一样，成为这种精神的发扬者与光大者。

郑祖志走完了自己人生道路前半段之后，于1946年4月24日，开始了人生道路后半段的征程。

这一天，他和潘朔端将军一同，乘坐美国移交中国使用的"自由号"轮，从越南海防起航，前往东北参加国共内战。

内战，对于全国亿万抗日军民来说，谁都不愿接受，而潘、郑两将军率领的184师，当然更不例外，他们在穿过台湾海峡时收听到美国之音的广播，得知东北已有一支强大的民主联军（即后来的第4野战军）在各地活动，便产生了起义的念头。到达辽宁葫芦岛登陆时，已经战云密布，硝烟四起。184师被指定驻守鞍山至营口一线。师部及魏瑛552团驻海域，张秉昌551团驻鞍山，杨朝纶550团守备大石桥的营口。

海城位于辽南腹地，是由沈阳、鞍山通往旅大、营口的水陆交通枢纽，战略地位十分重要。东北民主联军为夺取这一战略要地，在184师初到东北，立足未稳之时，即先声夺人，展开战略围攻。战斗从5月24日打响后，步步紧逼，于26日结束鞍山战斗，张秉昌551团大部被歼。民主联军第4纵队在副司令员韩先楚的指挥下，向海城进攻，至29日晚，潘、郑两将军便决定不打，准备起义，并由郑祖志将军以城防司令部的名义，向两名国军督战官少将高参及驻海城其他军、警、宪校级以上军官发出通知：立即到184师师部开紧急会议。上述人员到会后，郑祖志即令事先准备好的特务连小分队解除他们的武装，全部抓捕关押。潘、郑两师长于30日上午6时许，在与民主联军负责人取得联系后，率领师部及552团官兵共计2700余人，离开海城，开往解放区析木城。

民主联军第4纵队副司令员韩先楚将军特意设宴欢迎潘、郑两师长。同时提出：请立即给守备大石桥及营口的杨朝纶550团写信，叫他们放下武器，把阵地交给民主联军接管，率部前来析木城。经过两次修改，最后由郑祖志执笔，内容是：

朝纶弟鉴：

我们已与东北联军合作，望弟率部来归。

潘朔端 郑祖志
民国35年5月3日晚

但是，杨朝纶并没有来归。至6月2日，杨朝纶便接到国军发来的代理184师师长任命电，民主联军则以强大火力进行猛攻，使杨朝纶当了俘虏。

潘、郑两师长没有等待550团来归，即于5月31日发出184师起义宣言，并通电全国，开东北战场战术兵团起义之先河。

海城起义，受到中共中央和东北民主联军的热烈欢迎。八路军总司令朱德于6月6日发给潘、郑两师长的贺电说："见义勇为，振臂一呼，揭和平之义旗，张滇军之荣誉，全国人心无不为之振奋。"《解放日报》在同一天发表社论赞扬"海城的光荣起义"是"不可抗拒的力量。"

6月18日，起义部队在辽宁安东正式扩编为民主同盟军第一军，潘朔端将军荣任军长，郑祖志将军荣任副军长兼新一师师长，投入解放战争。

中华人民共和国成立后，郑祖志相继调任东北军政学校军事研究室副主任，第七步兵学校地形筑城系主任，齐齐哈尔市房管处处长，副市长，并任该市第二、三、四、五、六届政协副主席，第八、九、十届人大常委会副主任，第二、三、四、五、六、七届黑龙江省人大代表，全国第六、七届人大代表，民革中央委员及民革中央监察委员等职。

郑祖志在结束了自己20多年的军旅生涯之后，就一直在远离家乡一万多公里以外的祖国东北边疆齐齐哈尔度过了他的后半生。由于他乐于苦干，勤于工作，不知疲倦，不会休息，处处关心地方，事事想到人民，成为全市群众最尊敬、最爱戴的高尚长者。在十年“文革”的内乱中，他和千千万万的领导干部一样遭到了严重迫害，但是，他认为这是一场史无前例的大冤案，最终是会平反的。因此，对所有的灾难，来而应之，泰然处之。果然，郑祖志终于等到了这一天——1976年10月6日，“四人帮”被粉碎了！内乱的时代结束了！郑祖志和千千万万的领导干部一样得到了平反昭雪，重新走上了工作岗位。1989年7月9日，享年83岁高龄的郑祖志将军，因心脏病突发，抢救无效而离开了人世，受到齐齐哈尔市党政军各界的隆重追悼。留下三女两男，都各有其业，其中长女郑淑英，曾参加云南地下党和中国人民解放军战斗，任楚雄州计生委主任（离休）。次女郑昆英，贵州省农业厅工作（退休）。三女郑维英在东北工作。长子郑泽宇，在楚雄州技术监督局工作。次子郑泽恒，继承祖业，在陆良从事中医医疗工作。

从马伕到上校的郑祖惠副团长

郑祖惠（1906~1952），字绍武，出生于陆良县南门街一个中医世家。父亲郑家宝，字经田，继承祖传中医，毕生从事中医药事业，在陆良县城南门街开设寿生堂中医药铺。一生育四子二女，长子与次子均居城西西桥村从事农耕兼做中医。三子郑祖惠，四子郑祖佑则从事西医，郑祖佑为昆明市人民医院前身昆明市医院创始人——院长，新中国成立后为云南省防疫站站长、省政协委员、国家著名热带病学专家。

郑祖惠幼时就读私塾，4年后，由于家境拮据未能继续读书，只得跟随两位兄长在西桥村从事农耕，平时也跟随父亲拣药、制药。他从小喜欢读书写字，总是利用空闲时间从族兄弟、私塾同窗好友处借阅一些书籍自学。通过刻苦自学，为他以后从军奠定了一定的文化基础。后来，他经常为年轻时未能多读一点书，未能进入正规学校而深感遗憾。

在跟随两位兄长从事农耕的时日里，他最喜欢家里的一匹马，早晚都要拉出去遛上一趟。养马骑马成了他的爱好，一生与马结下不解之缘。

少年时代，他受堂兄郑斌之影响，很佩服堂兄青年时代便东渡日本，求学于军事学校。后来曾任护国起义军少将参军。从而萌发了想出去闯一闯的想法。大约在1923年前后，未征得父母的同意，便毅然只身赴昆明，经陆良县同乡王嗣初介绍进入了军队当兵。这是他一生重要的转折点。由于他善骑而做了一名马伕。

他吃苦耐劳，精于骑术，又有一定的文化基础，深受长官的赏识而提拔为特务长，负责中队的军需伙食内务勤杂。

1926年，云南省政府护卫大队领导人省主席龙云的二公子龙绳祖推荐郑祖惠考入云南陆军讲武堂第十九期将校班。同时，堂兄郑祖志也从家乡到昆明考入云南陆军讲武堂十九期学生班。

云南讲武堂，创建于1909年，至1928年结束，培养了一批20世纪具有现代思想的杰出军官，为辛亥革命和护国讨袁起义及护法战争、东征北伐，发挥了中坚作用。

在正规军事学校学习，他勤奋操练，成绩优秀。同时与进入讲武堂的堂兄郑祖志相处甚密，相互帮助鼓励。每逢假日休息，都相约到堂兄郑斌处相聚求教。郑斌对两个堂弟给予了许多教导。他们也经常与陆良同乡朱光华、表弟俞文侯在省师附小相聚。朱、俞都是中共早期秘密党员，给了他们不少进步思想的影响。

1928年秋，郑祖惠从讲武堂毕业。被龙绳祖要回省政府护卫大队骑兵中队担任中尉队长，负责省政府及省主席龙云警卫任务。不久，龙云扩建了护卫部队，龙绳祖仍是护卫部队领导人。为适应部门扩建的需要，龙绳祖安排郑祖惠到青海、甘肃一带选购军马。出发时郑祖惠持龙云信函及龙云送给两省领导人礼品，因此，得到两省政府的大力支持，军马选购十分顺利。经青海、甘肃、四川、贵州等省长途跋涉，将数百匹军马顺利赶回昆明。当龙云父子在五华山看到赶回的马匹体形高大、壮实，经数千里之遥，仍无倦意，龙氏父子甚为满意，从而也提高了郑祖惠在龙氏父子眼中的信任度。

龙云将护卫部队改建为护卫旅后，郑祖惠也被提升为二营营长。他和龙绳祖从担任五华山警卫任务以来一直相处甚好。1941年后，我国进入了抗日战争极为艰苦的年代，滇军大部开赴抗日前线抗敌。此时龙云也在扩编滇军，郑祖惠经龙云批准被送入国民党中央军校高等教育班受训。该校由蒋介石亲任校长，高教班则由陈诚主持。高教班学员大都为中央军及各地方军送去的高中级军官。经一年多的受训，郑以优秀成绩毕业。蒋介石为拉拢地方送去的军官，亲临毕业典礼，亲授签名照片、中正佩剑。在此期间郑祖惠结识了不少国民党高中级军官，他们都许以高职要他离开滇军，但都被他婉言谢绝。此时，部队已改编为陆军暂编第二十四师，龙绳祖任师长。其主要任务是维护抗日后方之安全，担任省政府护卫。郑祖惠归建后仍任第二团第二营长。1942年前后，国民党一美军高级顾问在龙绳祖陪同下到会泽县检阅了第二团官兵。郑所在二营尤为优秀，给予了高度评价。1943年，龙云为进一步巩固抗日大后方，决定修通昆明至昭通公路。修建任务交给了24师第二团。由于郑所在二营提前准备了工具及施工物资，工程提前开工、严格施工。二营还将施工所得报酬用于改善士兵伙食及其福利，极大地提高了士兵的热情，工程提前完成、质量优良，受到嘉奖。郑祖惠也被提升为副团长管理全团工作。

1944年中，郑祖惠从军20余年，第一次把家属作为随军家属带到会泽。他自己是从一个马伕一步步提上来的，深知士兵疾苦，虽然在军事训练、军纪方面要求甚严，但在生活上对士兵极为关心，经常深入连队，接近士兵，发动连队养猪种菜改善士兵生活。士兵偶有过失他也是循循善诱、谆谆教导。尤其按照龙云的要求，对士兵进行抗日救亡的教育，因而深得下级军官及士兵的拥戴。他经常对下级军官们讲：得民心者得天下，对外，要搞好军民关系，对内要搞好官兵关系。士兵不能与你心心相印，打起仗来你怎么指挥他。士兵讲：郑团长没有官架子，平易近人，有时下到连队则和士兵同时蹲在地上吃饭。在休假日，不少连排军官、士兵都成群结队到家中，尤其是二营四连陆良籍的士兵都去过他家里。士兵去的多时，大多站着或蹲在院子里。有的士兵就直接叫他郑三哥，由此可见他与士兵关系之一斑。

在会泽驻防期间，龙绳祖交代他必须保证抗日大后方之安宁，严防汉奸及日本间谍的破坏，加强军训，随时准备开赴抗日前线作战。并要求他不得参与党派活动，实质上是不参与国民党会泽县党部的活动，但要支持一切有利于抗日的民主活动。他和当地乡绅、民众邻里相处很好，军队扰民之事甚少。部队很少有逃兵，故得到当地群众送给他的一个“老耶稣”的绰号。当地还赠送他德政贺幛好几个。

平时他下营连都是骑马，只要一进城则从不骑行，都是下马牵行。从这一点“小事”可以看出他的为人和修养。

多年来，尤其是在抗日战争的艰苦年代，从省府骑兵护卫队到暂编24师，龙绳祖都是他的上司。龙绳祖对他十分了解。1945年中，龙师长电令他到昆明，龙的召见主要谈了经张副师长推荐（张副师长德旺是郑祖惠讲武堂十九期同班同学）在张副师长调任新职之后，经龙云同意由他任副师长。不料蒋介石亲临四川坐镇指挥，密令杜聿明（第五军）于10月3日凌晨突然包围省府所在地五华山及龙云公馆以及省属地方军警驻地。五华山护卫部队在龙绳祖指挥下奋起抵抗，郑祖惠所率二团远在会泽，接到龙师长电令，日夜兼程赶往昆明，行进至嵩明县境与国民党第五军遭遇，全团被包围，经短暂激烈交火，终在寡不敌众的情况下被缴械。五华山的抵抗也已停止。二团官兵奉第五军杜聿明之命令开赴武汉。部队途经曲靖时，经郑祖惠暗示，全团官兵一夜之间自行散去。当时在昆的师长龙绳祖不知去向（后在南京被捕）；副师长张德明以及包括郑祖惠在内的几个团长在云南先后被捕，省主席龙云被解职，以军事参议院院长之职押往重庆、南京软禁。在越南受降的六十军、九三军则被调往东北打内战。

郑祖惠被捕后关押于云南省警备司令部，即翠湖海心亭。亲友们异常焦虑，恐遭不测，经表弟俞文侯利用省参议员身份与昆明警备区司令霍揆彰之私交，同时郑祖惠也利用了他在成都中央军校将校班所认识的国民党高级将领的关系，经多方工作而未押往南京。龙云在重庆软禁，原滇军已开赴东北打内战，龙云已失去东山再起之势。郑祖惠被关押半年之后终于出狱。这是他人生的第二个转折。

国民党为处理原地方武装的大批军官，在昆明临时组建了一个叫十六军官总队的机构，负责集训遣送这些军官，郑祖惠被任命为一个中队的副中队长，中队长是原滇军的一个师长叫陇生文。以后郑祖惠被以退役为名资遣回乡。从而永远地脱离军队，解甲归田。

返乡后，郑祖惠无事可做，还经常为日后的生计而忧虑，上有老母、下有三个孩子需要读书。在此情况下只好重走男耕女织之路。利用退役时领到的安家费在城南买了五工水田，为夫人购置了一架木质土布织机，开始了庶民的生活。郑祖惠多次对亲属、对西桥村的乡亲讲：我在外做事二十余年，对家乡没有作过什么贡献而深感内疚。1947年春，他从外地买回松种千余斤，在西桥村乡亲的帮助下播种在西桥村老宅后面的山上，为家乡做了一点有益之事。所播松种，大部分茁壮成长，1949年都已长成2~4米高的幼林，远看一片郁郁葱葱，他和西桥乡亲都十分高兴。郑祖惠回乡数年中，目睹国民党之腐败，丧失民心而走向灭亡之过程。他多次称赞族兄郑祖志于1946年5月30日和潘朔端将军一道领导一八四师东北海城起义。在农村收种的季节里，他奔走于田间地头，许多乡亲都像看西洋镜一样看“郑团长种庄稼”。平时他多去书法家张子玉开的小书店谈论佛家经书、探讨书法之道，他对时局也非常关心，订阅了一份《正义报》，从报刊中了解国家形势。他多年受到龙云反蒋民主思想的影响，经常在亲友中抨击国民党反动政权的腐败。

1949年春，不知何人推荐，卢汉为扩建地方军的需要，他收到龙泽汇的一封要他赴昆信，后来他给族弟郑祖焕讲：是卢汉要他到一个军里担任旅长（师长），他提出几个团长由他推荐，但龙泽汇不同意，要由龙任命而未能达成共识。就在此时，陆良的孙崑正组建保安十一团，孙崑托人转告郑祖惠，请他出任孙的副团长。被郑祖惠婉言拒绝。他曾与亲友们讲：卢主席要我去当师长我都没去，怎么能和这种人混在一起。说来也怪，国民党26军军长余程万此时要26军驻陆良的石补天旅长去拜访郑祖惠，请他出山。石补天又转由577团团长袁祖恢带了一点礼品代石补天专访郑，这以前从未听说郑与余、石、袁有什么往来，这很自然也被婉言谢绝了。

1949年底，陆良解放，他十分高兴，积极参加了兄弟会，迎接中国人民解放军进军云南以及政府组织的很多活动。1950年2月16日，人民解放军四兵团进军云南，途经陆良，他在家里陪同五嫂（郑副军长祖志夫人）会见年前去探望郑祖志夫人的张冲、潘朔端两位将军。张、潘两位将军早就认识郑祖惠，谈话十分投机。张、潘两将军给了他许多鼓励，希望他参加新政权的建设工作，为人民服务。

1950年11月，陆良县各界人民代表第一届第一次会议召开，郑祖惠以特邀代表的身份参加会议，并被选为县人代会常委、副主席。1951年5月，第二次会议召开，继续被选为常委、副主席。

在此期间，他还担任了宜良专区陆良建（粮）仓委员会副主任（主任为县长高鹏云兼任）具体负责陆良建仓的多项组织施工，在建仓的一年里，他除了具体组织外，还奔波于专区、县政府以及各部门的协调。仅一年就建成了当时宜良地区最大的粮仓。

他还被选为陆良县出席云南省第一届各界人代会代表。

郑祖惠于1952年下半年去世，终年46岁。

严谨治学育人的牛筱灿校长

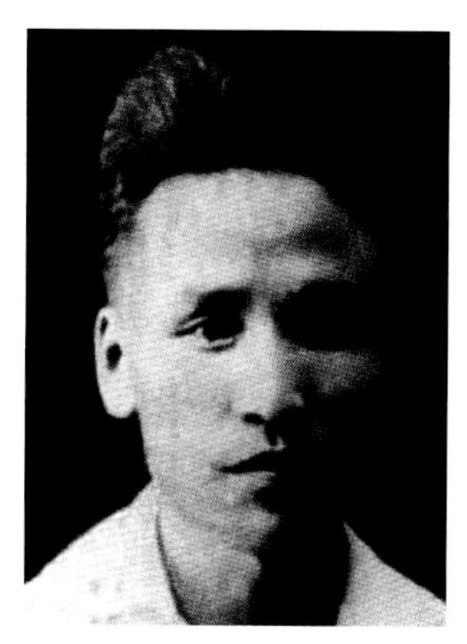

牛筱灿，1906年出生在陆良县芳华镇小黑山村。父亲牛星辉是清末赴日留学生，回国后担任陆良劝学所长（教育局前身）。牛筱灿自幼受进步思想、先进文化的教育熏陶，养成刚直、坚毅、勤俭、认真，自强不息的优良品质。

1913年至1923年随父在昆明就读于昆明农校附小，北京小学，省立第一中学，1927年考入东陆大学理科土木工程系，同年其父去世，家境日趋窘困，为能坚持学习，他晚上去校外做“家教”以添补生活学习费用，直至东陆大学毕业，并获硕士学位。他还积极参加学校体育活动，成为东陆大学足球、网球、乒乓球代表队主力队员，曾代表云南省多次出席全国性的比赛，并取得优异成绩。由于他吃苦耐劳，体魄健壮，人们赠予他“黑牛”称号。

1930年牛筱灿被东陆大学推荐到昆明市政府环城马路修建工程委员会担任技士，他工作出色，得到各方好评。继之被昆华工校聘为制图学教师，他还在晚上给学生辅导代数。由于数学功底扎实，教授得法、认真负责，学生成绩迅速提高，他博得“小代数家”美称。

1941年，云南正处于抗战的艰苦时期，随着形势的需要，省政府成立了审计处，牛筱灿被聘为技士，在此工作三年后，仍回昆工教授小代数、制图学。

陆良中学创办于1936年，由于种种原因，校长更替频繁，不利学生成长，地方政府和有识之士均认为要聘一位有办学经验，事业心强之人担任校长。经物色，最后决定聘请享有盛名的牛筱灿先生，并派县政府户籍室主任牛荣昌专程到昆明向牛筱灿转达家乡父老的殷切期望。牛筱灿欣然应诺，于1943年春回乡接任陆良县立中学校长。他身先士卒，团结全校教职员工共同办学，校园里到处是他的身影。早晨起床号响过，他便带领、督促学生上操场锻炼身体；晚自习，他穿梭各班、为学生释疑解难；下课后，他在体育场所，与师生一道开展体育活动；熄灯后，他还要在校里巡视一圈。他除担任校长繁重的行政工作外，还兼任两个班的数学课。教师因病、因事缺课，他主动代课，决不让学生荒废学业。他凭丰富的教学经验和谙练教材内容的简繁难易、循序渐进，对不同层次的学生有不同的要求，推行启发式教学，主张一题多解。他板书整齐、规范、从不潦草，批改作业认真负责、有批有改，有鼓励的眉批，有指导解题的旁批。星期六放学后回小黑山，星期日晚自习前，不论刮风下雨，酷暑严寒，他都按时到校。对家境贫寒学生特别关心体贴，尽可能免除学费、杂费，鼓励他们刻苦学习，增长知识，将来好为祖国效力，为父母增光。

牛校长非常重视师资队伍的选拔和配备，每到假期，他都要到昆明物色一批具有真才实学的人才到陆良中学任教。如西南联大等校的董大成、黄知廉、刘国鋕、梁维周、李循堂、王健邦、朱焕然、陈瑞芬、卢曼莹、何毓松、姜立昌、郑霖然等一大批优秀人才，都是由牛校长聘请来的。牛校长为加强学校的体育活动，提高师生的健康水平，按照当时的国际标准，在陆良中学开辟了篮、排球场、足球场，引导学生德、智、体、美全面发展。他对得混且混、旷课虚度、仗势欺人、仗财压人的学生，进行严肃的批评教育。他说："学生不能有贵贱贫富之分，城乡之分。要刻苦学习、积累知识，将来才能立足社会、为国家、为社会做出应有的贡献。"他引导学生追求真、善、美。他生活俭朴、衣着整洁、无烟酒嗜好、平等待人、正直为人，他意志坚定、体质健康，为师生们作出表率。他向往进步，支持中共地下党开展的武装斗争，暗中保护地下党在学校开展的革命活动。

新中国成立以后，中共陆良县委认为牛筱灿先生是一位高级知识分子，有丰富的治学经验，又是一位追求进步，支持革命的无党派民主人士，陆良中学校长仍然由他担任。

1953年春，全省教育战线教职员集中昆明开展思想改造运动，牛筱灿从陆良中学校长岗位上被调到泸西师范当数学老师，他对升降无意，始终一副正常的心态，很坦然。教授大代数很认真，教学质量高、效果好，深受学生欢迎、尊敬。

1960年，云南省县区划分改制，泸西县划归红河，牛筱灿由泸西师范调到罗平师范学校任教，仍然教授数学，深受学生欢迎和好评。罗平师范学校撤销后，牛筱灿又调曲靖卫生学校教授代数，同样以教学效果好、教学质量高而受到同学们的尊敬和爱戴。

1966年5月开始了十年内乱的"文化大革命"，牛筱灿被贬入"另册"，免去教师职务，降为工人，强令他去看守卫校大门，收发报刊，住在9平方米面积的收发室里。他身处逆境，仍然对祖国满怀希望。"文革"结束后，于1981年元旦，67岁高龄的牛筱灿的冤案得到了平反，名义得到了恢复，思想痛快，精神焕发，手提拐杖，脚穿球鞋，参加曲靖地区越野赛跑，坚持跑完全程，以较好成绩，获得优胜奖。《曲靖日报》特以七旬老人参加越野赛，写了一篇专题报到。不久，牛筱灿郑重向卫校领导表示逝世后，愿将遗体捐献给学校，作为教学解剖标本之用。

1983年4月7日下午，他自带球拍到地区邮电局打网球，后步行返回地区卫校。准备进食晚餐，只食了一小勺豆花，因心脏病突发，从木凳上倒地身亡，享年78岁。第二天发现时，遗体已无解剖价值，未能如愿。曲靖卫校组织了追悼仪式。在收拾牛筱灿遗物时，仅有一些伴随他多年的行李、衣物，有的还是在陆良中学用过的。看到这些遗物，真令人百感交集！

牛筱灿先生的遗体葬于陆良县芳华乡小黑山村山冈上，而今坟头绿草青青，似先生振臂高呼："知识就是力量！"

忆往昔，正是：

登临送目，
正故园晚秋，
天气初肃。
蜿蜒盘江似练，
翠峰如簇。
大成殿影残阳里，
望空屋，
先师犹在。
泽如时雨，
敏事慎言，
修身励行。

念往昔，
年少竞逐，
月牙桥上，
笑谈自若。
一生功过，
更与何人说？
今朝旧事随流水，
但寒烟、芳草凝绿。
至今后生，
时念师恩，
奠基人生。

恩师情深。牛筱灿先生离任陆良中学校长已有半个多世纪，离开人世，也有25年之久，可是他的治学精神和关心学生的良苦用心，仍然感动着他的莘莘学子。他们每逢同学集会，叙述友情的同时都会不约而同地赞誉这位德艺双馨的恩师。收录在《良师益友牛筱灿》一书中的这首题为《缅怀》的词，尚能表达这些古稀耄耋学生的共同心声。

老红军徐文烈少将

徐文烈（1909~1976）曾用名徐曾武、何坤，宣威板桥人。1929年在云南省立第三师范学校读书时参加进步学生运动。中共云南省临时工作委员会先后派吴永康、王启瑞、赵光明、康建侯、徐文烈、丁锡禄、李希白等到陆良工作，以城区、马街、三岔河、旧州等学校为据点，积极进行建党、建军等工作。1929年春至1930年，陆良党的组织有了发展，先后建立中共陆良特别支部和中心县委，徐文烈任委员。争取了退役军人方鹤鸣，县长熊从周以县政府名义，委任方鹤鸣为县团防中队长，配给了枪支弹药，组建了200余人的武装队伍，成为党组织所掌握的基本武装力量。同时，在三岔河、马街、老鸦召等地也相继组织了数百人武装。经请示省临委批准了暴动计划，组成暂编红38军。1930年7月3日晚，暴动枪声首先在板桥打响。由于暴动队伍缺乏经验，指挥失误，致使东路军未按时到达县城，先到达的西路部队只好转移，起义部队反遭击溃。徐文烈在朱光华的护送下安全出境。云南地下党遭破坏，失去组织关系。1935年5月在宣威参加红九军团长征，同年再次加入中国共产党。土地革命战争时期，任红九军团政治部宣传干事，红32军政治部宣传科科长、军政治部宣传部部长，军政治部破坏部部长，红二方面军政治部宣传科科长。抗日战争时期，任八路军120师河曲工作团主任，120师政治部宣传部副部长、部长，120师教导团政治委员，中国人民抗日军政大学第七分校政治委员，总校政治部副主任。

1946年他和李毅领导改造、整编了海城起义的滇军184师起义部队，带领30多名老红军、老干部促成该师起义部队组建了民主同盟第1军，并任政治委员。1948年辽沈战役中，他和王振乾领导改造、整编滇军60军长春起义部队，建制改编为中国人民解放军50军，任50军政委。1949年，他和张梓桢带领几百名原60军官兵，顺利改编了在四川起义的国民党20兵团和“国防部挺进军”2万官兵。1950年，曾泽生和徐文烈率领50军入朝作战。在抗美援朝战争中，因战功卓著，获朝鲜国旗勋章，1955年中央军委授予他少将军衔，获一级解放勋章、二级国旗勋章、二级独立自由勋章。1954年2月由朝鲜调回国后，协助刘伯承元帅开办南京军事学院。由于工作十分辛苦，以致积劳成疾，患脑血栓，一度偏瘫。病情稍有好转，又全身心投入工作。1959年12月调军委总政治部任副秘书长。1966年“文化大革命”中，被林彪反革命集团迫害，遣返原籍。后因病回北京治疗，1976年12月28日在北京含冤逝世，享年67岁。1979年3月15日军委总政治部发出《关于徐文烈同志历史问题复查结论的通知》，撤销了当年的错误决定，恢复其党籍、军籍、名誉，得以平反昭雪，4月10日在北京补开追悼会。

抗美援朝功臣朱光云

朱光云(1915~1991)，出生于陆良县马街镇朱家堡一贫苦农家。7岁时父母双亡，寄养于外婆家，一边佣作，一边请舅父帮助自学而考上黄埔军校昆明五分校，毕业于第十一期。抗日战争爆发后，朱光云随第60军出征，先后任排长、连长和营长，参加过著名的台儿庄战役。抗战胜利后，60军奉命由越南调东北参加内战。朱光云时任团长与中共地下党有着密切的联系。1948年10月17日，60军在军长曾泽生率领下在长春起义，为长春和平解放和辽沈战役胜利作出了贡献。起义后，于1949年1月成建制改编为中国人民解放军第50军，军长曾泽生、政委徐文烈，下辖三个师。朱光云原在182师编为148师，师长白肇学，政委陈一震。已是中共党员的朱光云任443团团长。50军先隶第四野战军建制，10月参加鄂西战役，11月奉命配合第二野战军进军四川。朱光云率443团参加了成都战役，为解放战争胜利作出了贡献，曾荣获胜利功勋章。

1950年9月，朱光云随50军奉命开往东北。同年10月25日，第50军加入中国人民志愿军，赴朝参加了抗美援朝第一、二、三、四次战役。在第三次战役中，全歼英国皇家重型坦克营，解放了汉城。1950年12月至1951年1月，50军在汉江两岸顽强抗击敌军51昼夜，沉重打击和消耗了敌人的有生力量，保证了志愿军主力的休整集结和粮弹补充，为准备战略反攻赢得了时间。朱光云指挥的443团同本师其他各团在三山(白云山、帽落山、修理山)战役中抗击敌九个师，电影《英雄儿女》下半部所反映的历史就是三山战役。1951年7月，50军担负西海岸的防御和抢修机场的任务。10~11月，50军又奉命执行渡海攻岛任务，在空军和炮兵支援下，先后攻占椴岛、炭岛、大和岛、小和岛和艾岛。朱光云团长战功卓著，喜报传遍全国，也传到家乡陆良。

1955年，50军从朝鲜回国，朱光云先后任师长、四川省军区副参谋长等职。1991年10月3日，朱光云病逝于成都，享年76岁。朱光云的军旅生涯可歌可泣，抗日战争和抗美援朝战争的功绩，成为弘扬爱国主义，随时准备抗击外敌入侵的好教材。

“志复神州千万里”的杨守沫

杨守沫（1917~1994）是一位20世纪30年代参加共产党的老党员。在他的革命生涯中，做出了许多鲜为人知的贡献。

他是杨守笃司令员的同胞兄长，出生在陆良马街。从小胸有大志，怀抱理想。小学毕业后，即赴昆明考入承德中学。毕业后留在昆明，自学苦读，昆明图书馆成为他的主要课堂，每天必到，看书读报，不知疲倦，学习极好。

正当此时，其叔父杨世俊受聘出任马街小学校长，便请他回家当该校老师。

1935年他离开陆良，到罗平简师附小任教。活达开朗，颇受欢迎。大约在当年的9月，中共中央派遣地下党员李浩然回云南重组省委，途经罗平，被该县警察局以可疑分子拘押，寻求营救。杨守沫闻讯，挺身而出，直接前往县政府，亲自找到县长金家寅（陆良金家村人，系亲戚关系），使李浩然获得了释放。

李浩然即吴懋德，获释后，十分感激，主动与杨守沫亲近长谈。数日之后，认为杨守沫思想进步，觉悟较高，便口头表示要发展杨守沫为中共党员。后因工作需要，杨守沫离开了罗平简师附小，到罗平板桥小学任教。

1937年秋，杨守沫受中共地下党员樊子诚的邀请，前往沾益县播乐中学任教，该校是滇东的一个革命摇篮。他一跨进学校大门，就积极投入抗日救亡宣传活动。

1938年秋，杨守沫迫切要求从军抗日，为国雪耻，给孙渡将军写了一封手信。孙将军看后很高兴，认为这是家乡青年爱国精神的体现，及时回复，请他来昆面谈。他到了昆明，受到58军首任军长孙渡将军的款待，接收入伍，全军定于1938年8月1日誓师出征，远在陆良家乡的父亲杨世勋带着次子杨守笃赶赴昆明送行，抵昆后，又将长女杨素仙、次女杨素馨召在一起，合影留念。杨守沫以出征御敌而同父亲、姐弟告别的心情，在相片的背面写下这样的话：

中原风云趋紧急，大好河山半已变色，为挽救中华民族之危局，余实不能再困守此“堪察加”之“自由囚牢”中，乃决然赴省，奔往前线，以遂素志。惟是我民族解放之路正长，前途之险阻尚多，海角天涯，固不知何年何月再能返还家乡，共叙天伦，纵是男儿气象，亦不免痛感别离之苦，是乃合家共摄一影，以为纪念。万里灵山藉此聊慰念交者之悉怀耳。设使他年归来，再睹此照，当不知又作何感想？……

1938年秋，守沫于昆明

这是民国27年，即1938年8月15日摄于昆明的珍贵照片，那时58军大部队已离开昆明半月了，杨守洙按照孙渡将军的安排，随补充团步行出征。他这长达近200字的留言，可谓字字情真，感人肺腑，读之，大有“风萧萧兮易水寒，壮士一去兮不复还”的悲壮之感。

1939年春，杨守洙参加了武汉外围崇阳之战后，化装成平民进入沦陷的武汉，准备找八路军办事处联系奔赴革命圣地——延安。结果碰见中学同学共产党员尹士聘。他作自我介绍之后，由尹士聘为他补办了入党手续。但是，八路军办事处党组织要他留在孙渡身边做党的地下工作。而孙渡将军在国共两党之间持中立态度，让杨守洙任中尉秘书，后调升第6兵团司令部中校军法官，经常与孙渡将军接近。孙渡将军知道他是共产党员，私下还曾同他探讨《资本论》。说：马克思主义是人类进步的伟大理想，但在中国实现为时尚早。

在此后的岁月里，杨守洙随58军转战浙赣湘鄂广大战场，抗击日军。1940年填过一首词：“水迢遥，山迤丽，大好河山，洒遍同胞泪。志复神州千万里，莫让春光，焦得游人醉。”这反映出他痛惜祖国大好河山的残破，表达了他恢复神州大地的决心。

抗战胜利后，孙渡将军率领的58军缩编为58师，留在关内；新3军全部缩编，不复存在。只有孙渡将军只身调到东北担任第6兵团司令，参加内战。但是，他没有指挥过战斗。杨守洙则于1946年返回昆明，与中共云南地下党成员张子斋取得联系后，又返回东北。

当时，中共中央领导人想争取孙渡将军起义，由中国人民解放军总司令朱德亲笔写了一封信交中共中央东北滇军工作委员会书记刘浩（云南罗平人），并由刘浩把信件交给杨守洙直接转交孙渡将军。孙渡将军由于自己没有部队，缺乏起义的条件，故未能按朱德总司令的意图办。1948年4月调任热河省主席，同年8月，热河解放，孙渡将军回西南，调任西南军政长官公署副军政长官。杨守洙仍留在东北任第6兵团司令部中共地下党支部第三任书记。他从本兵团军法处长孙一今那里得到一张锦州城防工事和兵力部署的绝密地图，立即冒着生命的危险交给地下党员送出城外交解放军攻城部队。攻城部队得到这份绝密地图，用重炮猛烈轰击敌方司令部，全歼守城蒋军。而潜入锦州城内活动的中共地下党员也被误伤。杨守洙却当了自己人的“俘虏”。这是著名的锦州战役杨守洙立下的特殊功劳。

1948年10月15日解放锦州，孤守长春的云南部队60军2.7万名官兵，在军长曾泽生（云南永善人）的率领下，宣布起义，归向人民。保留原来建制，而改番号为中国人民解放军第50军，杨守洙因功调升50军教导大队政治委员与团政委同级。

1949年，50军编入第四野战军序列，入关南下，解放四川。杨守洙随军以从，进抵成都。1950年初，50军奉调东北，于同年10月改编为中国人民志愿军第50军，军长曾泽生，政委徐文烈（云南宣威人，1930年在陆良发动革命暴动的领导人之一，老红军），杨守洙为50军政治部秘书处处长。1950年10月25日，全军入朝作战，先后参加了一、二、三、四次战役和渡海攻岛作战以及其他大小战斗95次，毙伤敌军14052人，俘敌442人，缴获各种枪支1975支，各种大炮37门，击落敌机3架、击伤14架，击毁敌坦克28辆、击伤50辆，击毁装甲车33辆，汽车38辆，牵引车10辆并缴获大量军用物资。由云南子弟为主体的50军，在朝鲜战场上成为一支英雄部队，杨守沫成为这英雄群体的一员。

朝鲜战争停战后，杨守沫作为中方遣俘解释代表，参加了板门店的谈判，同美、韩代表进行面对面的斗争。1958年回国，被留在东北，担任黑龙江省军区政治部秘书长。1964年转业到黑龙江省图书馆任党支部书记、副馆长。1966年开始的10年“文革”，蒙受不白之冤，受到迫害。但他能以共产党员的博大胸怀，正确理解和认识“我党历史上这段非常时期所发生的一切”。

杨守沫自1937年参加革命、1939年加入中国共产党以后，一直为党和人民埋头苦干。他经组织派遣在国民党的滇军中从事地下工作，对党、对革命事业无限忠诚。在敌军阵营里历经艰难险阻，苦战了10年，对于争取、分化、瓦解敌军及收集军事情报等方面，做了大量工作，建立了不少功勋。其中为锦州和义县的解放，为解放战争中三大战役之一的辽沈战役的胜利，更是作出了他应有的贡献。

10年“文革”结束后，强加给他的冤假错案得到了平反，他更加无怨无悔，以最大的热忱投入工作。这时，杨守沫已调东北烈士纪念馆担任党支部书记兼馆长，经过10年的努力，他为烈士纪念馆的恢复和烈士纪念事业的发展作出了突出贡献。为尽快拨乱反正，弘扬革命传统，开展爱国主义教育，他率领全馆职工，以最快的速度恢复了烈士事迹基本陈列。为深入广泛宣传烈士事迹，他不顾体弱多病，亲自带领烈士事迹宣传小分队到各地巡回展出。在日常工作中，他非常关心青年干部的成长，经常给他们以亲切诚恳的教导。

1982年7月，杨守沫响应中共中央关于实行干部“四化”的号召，主动申请离休，经批准，享受副厅级待遇。他离休后，仍然十分关心国家大事，关心烈士纪念馆的建设与发展，关心对青少年一代的培养、教育。

1994年农历正月二十三日，杨守沫这位老革命外出遇车祸，不幸去世，享年77岁。

杨守沫是一位有着丰富革命实践经验的老干部，是一位党性原则很强的共产党员。多年来，他在光荣的革命道路上，一直严于律己，宽以待人，廉洁奉公，不谋私利，保持和发扬了党的优良传统和作风。他的一生是革命的一生，奋斗的一生！

勤政廉洁的好县长李子高

李子高（1917~1996），出生于河北省邢台地区第五区百尺口村农家，优秀共产党员，曾任陆良县县长，后调云南省建工局任处长，以副厅级待遇离休。

追溯李子高同志的经历可以清晰地看到，在他一生中有多个“9”和“10”的历史。1939年加入中国共产党，在家乡历经10年浴血奋战；1949年随军南下，任陆良县副县长、县长10年。1996年病故，享年79岁。他入党后，相继担任河北省宁晋县抗日村长、党支部委员、纪昌庄区委宣传干部、第十区助理员。南下到云南，先后任宜良专署财政科审计股长、财检股长、陆良县财政科长、县财委会副主任。1955年至1965年任陆良县副县长、县长。1966年后调任云南省建工局四处党委书记革委会主任、工程局处长等职。1983年5月离职休养。

参加工作至新中国成立前10年，李子高面对残酷的对敌斗争，依靠党的领导，依靠群众，关心群众，宣传群众，积极带领群众参加抗日救亡和反蒋斗争。他奋力支援前线，为中国的抗日战争和解放战争作出了突出贡献，表现出高度的爱国主义精神和勇于牺牲的革命精神。

南下云南后，李子高服从组织调动，努力适应新的工作环境。刻苦学习业务，全身心地投入祖国建设事业。任陆良县副县长、县长10年中，密切联系群众，作风深入，艰苦朴素、坚持原则，工作踏实，与群众同甘共苦，清正廉洁，团结同志，忘我工作，为陆良的水利建设和农业基础建设等方面倾注了大量心血。

为解放全中国，他把高龄父亲、年轻妻子、幼小儿女留在家乡，秘密随军南下来到云南。开始几年不能书信往来。1957年，组织上通知他可以带家属来，此时父亲已故。他家距陆良县千里迢迢，相隔千山万水，他也没有时间回家去接，只好托上京开会的同志帮忙。他给家里的搬迁信写道：“家用品少带来，能送的送给亲人、乡亲，多带一些粮食优良品种籽种和手用的农具……”并一一开列名单。可见，他心中装着的已经是陆良人民的心愿了。

整整经过了十二天的长途跋涉，对父亲毫无记忆的儿子李英民和姐姐、妈妈终于来到陆良，离散八年之久的家团圆了。可是，他们能见面的时间也不多，李子高长期在乡下工作，领导人民群众，为农业建设艰苦奋斗。遇上防洪抢险，总是现场指挥，情急之下，他就高声号召：“共产党员跟我来！”在多少紧急关头他都是这样做的，一个个跟他跳进水中组成人墙，为打桩、垒土护堤创造条件，争取时间。一次夜间巡堤，他失足落水，强烈的风浪使他靠不了岸，幸亏被参加防洪的县银行的干部发现，并及时把携带在身边的绳子抛给他抓在手中，才得救上岸。

李子高的清正廉洁，更是让人永远怀念。对家属、子女严格要求，家属迁居陆良时，儿子刚读小学三年级、女儿读小学六年级。他把两个子女叫到跟前叮嘱，要好好学习，尊敬老师，团结同学，不能炫耀是谁的孩子。别人知道了，也不要认为有什么了不起。要和同学一样守纪律、爱劳动，争当模范学生，教育孩子要公私分明，写信不能用他的一张信笺纸、一个信封，做作业也不能用办公室发给有玻璃罩子煤油灯，而是买小煤油灯来用。值得欣慰的是儿女们无论在学校和走向社会参加工作，都是按照父亲的要求一一做到了。面对经济拮据的家境，妻子多次想通过他安排一份力所能及的工作，哪怕烧开水、扫地、扫厕所都行。他却一直不肯："安排了你，别人怎么办？我不能带那个头！"妻子因此当了一辈子"家属"。到了晚年，每当提起往事，妻子难免会感到委屈，没有退休费，看病、就医无保障。常常生气地说"过去打鬼子、打国民党，兵荒马乱，跟你担惊受怕，跟你熬，现在成了'无保户'"。面对妻子的埋怨，他总是那句话："对不起了！"三个子女都是凭自己的能力做着一般工作。大女儿李存英在安宁市政府办公室做保密工作，已退休；儿子李英民在云南建工机械厂做技术工作；小女儿在省建四公司做工程预决算。

1965年，李子高调到云南建工系统工作，在职18年离休。工作一如既往，兢兢业业，勤勤恳恳，爱护国家财产，廉洁奉公，深受工人们的好评。

梅花香自苦寒来的梅性诗

梅性诗（1918~2002），1918年3月6日出生于陆良县中枢镇南门小街一个书香世家。先祖曾在清朝乾隆年间考中进士，在福建、云南等地为官。在陆良县城古老的梅家大院大门楣上方，悬挂着大幅“文魁”字样的匾额。梅性诗是一位无党派民主人士，是爨乡一位传奇式历史性人物。1934年，16岁的梅性诗只身告别家乡，浪迹省城昆明谋生，寄住于北后街陆良会馆内。他先后做过学徒，当过稽查队员，担任过国民党云南省政府所在地五华山龙云任省主席时的警卫副官。解放战争时期，担任滇、桂、黔边区纵队副司令员朱家璧与云南省主席卢汉的特殊联络员。新中国成立后，被任命为宜良专员公署公安处副处长。1951年因情报不实，蒙冤被捕入狱，被判劳改达25年之久。直到党的十一届三中全会之后，推倒了一切不实之词，落实政策，恢复名誉，恢复副处（县）职级，享受离休干部待遇。梅性诗不论身在顺境还是身处逆境，都能冷静处世，正直为人，应用仅有的客观条件，为家乡，为民族做一些有利于社会发展的事情。

天道酬勤

梅性诗兄弟五人，他是长兄。16岁时因家境贫困，又为逃避“抓壮丁”，只身来到昆明寄居陆良会馆、准备报考军校。因年龄不够、身材矮小未被录取。每天只能到会馆附近的一家小煮品店中买一碗饵丝充饥，求掌勺师傅多给一点汤。出身清寒的师傅同情这个小兄弟困难境遇，随之加大饵丝分量，又外加清汤一碗。梅性诗担任了云南省政府警卫副官时，不忘这位好心的师傅，谢赠了一笔钱，帮助这位师傅自己开起了饭店。

到昆后，经同乡介绍，梅性诗先后进入电报局、卷烟厂当学徒工。他对人有礼貌、好学、诚实、办事敏捷，引起了同乡会长、时任龙云警务处长李鸿谟的关注，将其介绍到昆明市警察局稽查队当队员。梅性诗从此进入云南警务系统，40年代升为省政府主席龙云的警卫副官。梅性诗工作负责，交往、应酬得当，与龙家子女相处甚密，颇得李鸿谟、龙云信任。陆良曲靖乡亲来昆有事要处理，他总是竭尽全力去解决。

1945年10月3日，蒋介石驻昆中央军杜聿明之部戒严，包围五华山。龙云化装成病人，以去医院看病为掩护，从威远街龙氏官邸上五华山，梅性诗正在副官室值班。龙云在值班室给龚自知打电话："龚三哥，你问问杜聿明，他们要干什么？"天亮时，五华山四周枪炮声大作，中央军出动坦克向五华山进攻。警卫营长朱希贤指挥全营官兵抵抗。相持至10月5日上午10时，龙云被迫接受蒋介石的条件，辞去在滇本兼各职，到重庆担任军事参议院长。云南省主席由率领滇军到越南接受日军投降的卢汉将军担任，昆明市表面上恢复了平静。

1946年昆明各校学生发动了"反内战，要和平"的民主运动，国民党策划了暗杀民盟中央执委李公朴和西南联大教授闻一多的李闻惨案，震惊全国。为遮人耳目，缓和局势，国民党密令云南警备司令部导演了一场贼喊捉贼的把戏，以"李公朴被害案之非法组织图谋不轨嫌疑人犯"逮捕了梅性诗，关押在警备司令部所在的翠湖莲花禅寺监狱中，三个月三次审问，于春节前请保释放出狱。

1947年，梅性诗与故交何现龙（后来担任滇桂黔边区纵队第二支队司令员）等常在一起密谈时局：认为国民党已失去民心，节节败退；共产党深得人民支持，解放军节节胜利。向何现龙提出参加边纵去开展武装斗争。随后梅性诗与干姐梅玉芬、干姐夫杨体元取得联系，以做棉纱生意为掩护，为云南人民讨蒋自救军第三支队长杨体元部筹集资金，密购枪支弹药，棉布，为革命作贡献。

1948年4月，云南人民讨蒋自救军负责人朱家璧率队到达陆良马街，希望寻找机会与卢汉进行联系，由皇甫立本执笔，以朱家璧的名誉起草致卢汉省主席信件，交梅性诗带往昆明。就在这段时间，卢汉密告李（鸿谟）希尧，要想法与他们的领导取得联系，以为云南日后大局作准备。梅性诗来到李希尧家，一拍即合，以主席"请来的客人"为暗号，在翠湖东路卢汉官邸接见梅性诗，看了朱家璧信件。从此，梅性诗成了卢汉与朱家璧之间的特殊联络员。

1949年，卢汉与朱家璧派出的代表经过几次谈判后，先后三次运送给边纵数百支步枪，数十挺轻机枪，数十万发子弹和一笔经费，都是经梅性诗具体操办；并由杨体元的侄子化装成云南保安团驾驶员，到昆明海口五十三兵工厂提取枪支、弹药运到路南路美邑附近，由边纵三支队负责接应，卸完枪弹由许南波负责分发边纵各支队。

劳改岁月

梅性诗频繁往来昆明、陆良马街之间，引起了国民党情报系统的注意和监视。1949年初，由中央军驻陆良五七七团与陆良参议会议长孙崑策划了一次暗杀梅性诗的阴谋，乘梅性诗在东门街罗吉昌镇长家打牌散局回家路上，由孙崑所掌握的杀手实施。罗吉昌得到情报后，处于平时的友谊，乘梅性诗上厕所，罗将隐情先告诉梅性诗，要其马上出东门，连夜去马街游击区避祸。梅抽身到城东门，已有罗吉昌安排的人开城门，梅摸黑路经杨家河头，天亮后才走到马街杨体元家。

这时，卢汉已紧锣密鼓准备起义，梅性诗从马街杨体元家返回昆明住卢汉翠湖官邸，国民党西南行政长官张群突然从重庆抵达昆明，卢汉派车把梅性诗送到安宁温泉宾馆待命。1949年12月9日卢汉正式宣布云南和平起义。国民党令驻云南的两支中央军部队于12月16日进攻昆明。梅性诗陪同李希尧由白鱼口乘木船到昆阳登岸，去玉溪找边纵领导，请求边纵增援卢汉，钳制进攻昆明的中央军。此时解放大军也从贵阳、广西两线向昆明挺进，卢汉为减少昆明人民的战争伤亡，不得已从省政府的金库里提出大批银币，由李鸿谟出面散发给进攻昆明的第八军和二十六军，才使该二军于12月22日退兵。昆明保卫战结束。

新中国成立后，梅性诗被任命担任宜良专员公署公安处副处长并主持公安处工作。他携全家从昆明迁居宜良。梅性诗遵照地委指示，很快掌握整个宜良治安动态，并下乡参加减租退押，清匪反霸运动。

1951年宜良县在收缴枪枝运动中，从原匡远镇长王筱金家中挖出步枪四十多枝、轻机枪一挺，王筱金交代是新中国成立前经营马帮护马所需，从陆良县中枢镇罗吉昌那里购买的。地区领导怀疑可能与梅性诗有关。就在此期间，宜良地委领导得到一份情报，怀疑宜良专员公署存在一个以青帮分子、旧人员组成的反革命集团准备搞反革命暴动。地委通过部署，请求驻宜良大荒田炮兵第四团帮助执行逮捕令。梅性诗被捕入狱，随即进行抄家，经半年多审讯，判刑10年，押往富源县劳改。离开宜良路经长街时，恰遇其爱人王惠携子在街旁观看。梅性诗已被剥夺说话的权利，只能以泰然自若的眼光，告诉自己家人：“我是无罪之人”。

梅性诗的母亲张庞英是个深明大义的老人，从陆良来到宜良，对儿媳进行安慰，把4岁大的长孙梅志华（现任陆良县社队企业管理局局长）领回陆良抚养，以减轻儿媳的一点负担。梅性诗被武装押解富源县劳改队服刑，管教人员中有一批老同事，都了解梅性诗的为人，将他安排管理食堂。几个月后，管理改进，伙食改善，账目清楚，卫生清洁，上下都比较满意。

1960年底，梅性诗刑满释放回陆良定居，在中枢镇南门管理区参加副业生产，他建议利用旧电线为南门街各社员家拉通电线，用上电灯。他还建议办起零售商店，使社员工分值增加了一倍多。大家都比较满意，说：这位梅大哥办事实在。

1966年，“文化大革命”开始，在以“阶级斗争为纲”的指导思想下，梅性诗被县公安局收回富源劳改队。南门街管理区两百多群众到县公安局去评理：“这么好的人，你们又拿去劳改，不是说刑满释放回家了吗？”县公安局领导对大伙说：“是旧的历史问题，县局是执行上级通知。”

1978年党的十一届三中全会，否定了“阶级斗争为纲”的理论。1980年梅性诗再次被释放回昆明定居，他找到边纵的纵队副司令员朱家璧和在滇东从事地下党活动的解放战争的老领导朱杰、皇甫立本、许南波等同志写了证明。中共曲靖地委根据党的政策，根据历史事实，推倒了一切不实之词，恢复了梅性诗的处（县）级待遇。

经过25年特殊环境的磨炼，63岁的梅性诗，他的人生哲理、精神面貌得到了某种升华；辩证地看待矛盾的转换，礼貌地处理人际关系，兢兢业业地对待每项事业，珍惜来之不易的公民权利，希望在有生之年再能为民众做点有益的事。

夕阳晚霞

昆明市盘龙区小南办事处启文居委会较快地发现新落户的离休干部梅性诗是一位阅历丰富、视野宽阔、平易近人、办事练达的人才，经报请上级同意，于1982年聘请梅性诗为启文居委会主任委员。经过一番了解，居委会商量统一：以改革开放的精神，开创启文居委会工作的新局面。

启文居委会位于市中心区青年路与护国北路之间，常住人口645户，共2382人。这个居委会是1978年与护国北路居委会分设新组建的居委会，负责三条街、三道巷的居民工作，只有资金人民币7000元，外加一个开水服务站，简陋露天茶棚。居委会的一切开支全靠区政府拨款，比较困难。居委会以股份制形式，发动干部、群众入股集资，先后开办了“土杂门市”、“五金电器装配厂”、“五交化门市”、“文艺茶室”、“艺术摄影部”、“珠宝玉石加工厂”等服务性企业。到1989年实现销售额150万元，上缴税收、管理费97000元，实现利润133000元。因陋就简把露天茶棚改造成有200多个座位的茶室兼剧场，聘请业余文艺队来演出、讲评书，演花灯、滇剧，使离退休干部职工有一个较理想的娱乐场所。继之，又办起了“图书室”、“小卖部”，购置了一台彩色电视机，800多册图书和象棋、扑克、康乐球。暑假期间还举办了青少年夏令营。请公安干警给青少年讲法制课，对三个失足青年进行帮教，安置30多人就业，有的后来入了团当了先进工作者。启文居委会工作搞得生气勃勃，老少高兴。还实现了经费自给，是全市第一个不需要政府拨款的居委会，受到了办事处、区政府、市政府、省政府的表彰。

梅性诗主委1987年被选为盘龙区第九届人民代表、云南省群众文艺先进工作者，盘龙区治安积极分子，先进工作者，云南省老干局给他授予老有所为精英奖章，全国公安部授予二级金盾荣誉章。

梅性诗还特别注意家风教育，要求子女、孙辈尊老爱幼，与人为善，严于律己、宽以待人。

公安一级勋章荣获者朱杰老县长

朱杰（1920~1992），又名朱兰芳，陆良马街黄官营人，1936年考入陆良县初级中学（今陆良一中），1939年考入昆华师范学校33班读书，1939年5月加入中国共产党。

1938年9月，陆良中学借故开除学生段治中，朱杰等发动学生起来抵制，军警连夜到校抓人。朱杰、王秀波二人越墙出走，而亚辅宾等六人被抓。1942年秋，省工委派陆良籍党员朱杰回陆良工作。1944年他与地下党员一道，组织和领导了马街区的抗日救亡活动。1946年秋，省工委决定恢复重建陆良党组织，成立了由朱杰、刘刚、骆彪组成的中共陆良支部，朱杰任支部书记。

1947年10月，中共云南省工委派许南波等六人到陆良县组建中共陆良县特别支部。许南波任书记、朱杰任组织委员、杨守笃任宣传委员、谢敏任军事委员。1947年11月14日在龙海山彝族村寨雨古签订了《雨古协定》，朱杰是参与者之一。11月下旬，在马街成立陆良县解放委员会，主任委员为杨体元，副主任委员许南波，委员为朱杰、杨守笃、谢敏、皇甫立本，秘书为杨晓。同年12月通过合法选举，朱杰当选贞元乡乡长。

1948年2月，成立陆良县委，书记是许南波、委员是朱杰、杨守笃、谢敏。随后成立陆良中心县委，朱杰为组织委员兼马街党支部书记。4月在马街签订《马街协定》，朱杰是参与者之一。按照马街协定精神，杨守笃率陆良游击队编入主力游击队随朱家璧到滇东南开展游击战争，杨体元、朱杰、谢敏、皇甫立本仍在本地开辟游击区、组织游击队。5月28日，敌军577团进犯马街，杨体元、朱杰、谢敏、皇甫立本等率马街部分联防队员和中小学生共600余人向弥勒方向追赶主力部队，于5月30日在弥勒西山区与主力部队会合转战滇东南。6月上旬，在丘北舍得村整编，成立三支队，杨体元任支队长，辖八、九两个大队，朱杰、皇甫立本分别任九大队教导员和大队长。10月26日在罗平板桥整编，高怀、朱杰为三支队二大队大队长和教导员。1948年9月10日，滇东临时工委（三支队党委）在陆、师、罗三县交界的小发召村开会决定，从部队抽调政工干部百余人加强地方工作。朱杰、皇甫立本抽调到陆良南区开展工作。

1949年2月，朱杰整编南靖乡一支300余人的武装。同年6月，将庄上他从慈率领的武装整编为南区游击大队，对龙海山游击根据地的巩固和南区游击区的发展起到积极作用。1949年3月，在龙海山区革命根据地成立陆良县临时人民政府，朱杰任县长，张虹任副县长。

1949年8月底，朱杰调宜良专署任秘书主任（后任专署民政科长）。1951年4月至1966年6月，先后任省高级人民法院民庭副庭长、办公室主任和省人委办公厅秘书处长。“文化大革命”中曾到宜良羊街、罗平学习，劳动。1972年，任保山地区公安处处长、党委书记。1981年离休回陆良安度晚年，任陆良县党史征集组顾问组组长，审阅了《中共陆良地方党史资料》（新民主主义革命时期）、《熊从周在陆良》等书稿，撰写《杨体元与我们的统战关系简述》等回忆文章。1991年国家公安部授予朱杰一级勋章。

陆良中心县委委员刘刚烈士

刘刚（1919~1948）原名刘怀富，又名刘子毅，陆良马街刘家村人。

1938年秋，考入昆华工业学校。1939年加入中国共产党。1941年秋，昆工毕业后考入云大外语系专科班学习。1943年以后，刘刚按照党组织的指示先后在陆良的马街、三岔河和沾益的播乐中学等校，以外语教员和教导主任的公开身份为掩护，从事革命活动。

1946年秋，中共云南省工委指示恢复陆良党的组织活动，派联络员刘刚到三岔河紫溪中学教书，与骆彪、朱杰组成中共陆良党支部，朱杰任书记、刘刚任组织委员。

1947年1月，省工委通过刘刚向陆良党组织传达指示，支持杨体元反抗国民党反动派的武装镇压，交通员刘刚与省工委侯方岳单线联系。1947年10月，中共陆良县特别支部成立，刘刚负责东区和县城等敌占区的秘密工作。

1948年2月，省工委决定建立中共陆良县委，下设游击队、龙海山区、马街、三岔河4个党支部，刘刚担任三岔河党支部书记。1948年4月初，刘刚先后接应省工委派来的军事干部缪友三、包应龙和富有战斗经验的军事干部高怀到龙海山区，加强领导游击战争。是年7月上旬，根据省工委指示，组成中共陆良中心县委，刘刚任中心县委委员。7月23日，驻陆良县城的国民党577团，在整编26军193旅旅长石补天的亲自指挥下，再一次对马街发动进攻。激战三天两夜后，云南人民讨蒋自救军三支队九大队被迫于夜间向龙海山区转移。中共云南省工委联络员、陆良东区党支部书记刘刚被捕。敌人对刘刚进行残酷的拷打后，因无所获，刘刚被枪杀于马街广场。他面对敌人屠刀，昂首挺胸，视死如归，高呼“中国共产党万岁！”英勇就义，时年29岁。

焦裕禄式的县委书记张登高

张登高（1921~1971），陆良县龙海山区沙锅村人。

1947年秋，中共地下党在龙海山建立革命根据地，他积极参加革命武装斗争，任游击队长。1949年3月加入中国共产党，同时被选为龙海山区行政委员会主席。1950年8月，他被选为云南省首届农民协会代表，后又被选为陆良县农会主席。1952年10月后担任万清、三岔河区委书记。1956年7月开始，先后任过中共陆良县委委员、县检察院检察长。1957年7月担任县委副书记，1959年任书记处书记，并兼中原泽开河造田、西桥炸滩、兴修响水坝三大水利工程任总指挥。1964年任县委书记。

焦裕禄，县委书记的好榜样，20世纪60年代他出任河南省兰考县委书记，忍受着肝病带来的疼痛，把兰考的盐碱地改造过来，受到中央的表彰，但他也因肝癌，死于兰考。张登高以焦裕禄为榜样，深入基层，了解情况，从治水入手，专管水利多年，他与县委领导班子的同志一道制定了水利建设的宏伟规划：以南盘江为中心上堵（建干流中的响水坝水库），下泄（加深开炸西桥13公里长的石河床），中开发（在滞洪区中原泽等湖泽中开河排水建农田），四山长腾“结瓜”（在支流上修水库蓄水浇灌），在陆良坝子东西侧修建引水河道（实现东河、西河双发岔，满栽满插陆良坝）。

在抓水利建设初见成效之后，又组织领导架设曲靖至陆良的高压输电线，在坝区兴建了数十个电力排涝、灌溉站；制定和实施西水东调方案，将永清水库水东调灌溉农田；同时编制山区水利建设长期规划。随着水利条件的改善，电力碾米、磨面坊遍布坝区，机耕面积大幅度增长。为适应机械化生产的需要，领导修建了大批村庄、田间道路。在农业生产上，端正了以粮食为纲，全面发展的指导思想。注重抓典型、树样板，及时总结推广三岔河公社大沟大队以粮为纲、全面发展，以副养农，由穷到富的经验、推广了三岔河公社棠梨大队利用河堤栽桑养蚕的经验；板桥公社旧州大队在路旁植树和发展经济林木的经验。他还积极带领县级机关干部绿化被拆除砖石的城墙，到太平哨一带造林，提出了新建和扩建太平哨经济林木场，开发乱石滩栽桑养蚕等发展经济的有效措施。

1966年底，陆良的多种经营已初具规模，板鸭生产占全省出口量的一半以上，蚕桑生产成为全省的重要基地之一，由于坝区绿化和发展经济林木，促进了粮食生产的大发展。省委充分肯定陆良经验，指示云南日报社到陆良采访，总结张登高和陆良县委的先进事迹和经验。成文后因"文化大革命"开始受到冲击未能刊登。

张登高办事坚持实事求是，不贪功、不诿过，严格要求自己。陆良县委曾把群众口粮紧缺的实际问题当作思想问题处理，他在县委常委会上把茶花等村社员到他分管的三岔河片地区逃荒的问题作过反映，但未引起第一书记的重视，造成肿病死人。当毛主席批示后，上级党组织检查处理时，他多次痛哭流涕，反省自己。1960年秋季的一天，他沿着龙海山的一条羊肠小道下坝区，遇上一位老大妈边走边哭，甚惨，急忙追上问其原因，得知老大妈上山找野菜度日，小钉耙和篮子都被山区干部收走了。他深感不安，把从家里带着的干粮（炒面）全部送给老大妈。回城后又亲自打电话叫山区干部把收走的农具送还，老人激动不已。一次，他外出，母亲病了，县委安排小车接他母亲进城治疗，事后他付了月工资的几分之一给公家。60年代，交通不便，乡下缺医少药，有时路上遇着病人，他总是叫驾驶员把病人送往县医院治疗。在万清公社作调研时，得知一位哑巴社员难产，有生命危险。他立即叫小车驾驶员带上他拿给的就医钱，把产妇送往医院医治。而他的女儿在县医院生小孩，他却借一张手推车，自己去接回家。他由于多年积劳成疾，身患肺气肿、支气管炎、关节炎、全身麻木等多种疾病，"文化大革命"又使双手致残发抖，但到动员城市知青下乡时，他却把身边的3个儿女都安排下乡。他看到板桥公社党委提出他的女儿张正兰为党委领导班子候选人，拿起笔就划掉了。直到他去世后张正兰才先后当了县文化局党委书记、宣传部长、县委常委。

张登高在担任县委书记期间，上有八十老母，中有老伴，下有4个儿女，一个是盲女，3个在县城读书，全家人过着"半年野菜、半年粮"的生活。他没有多余衣服，到地委开会，都是头天洗衣服，在炉灶上烤干再穿着去，却从不向组织要补助。几年间，他走遍了全县的村村寨寨，帮助解决群众生产生活中的具体问题。却顾不得自家梁柱倾斜年久失修的住房。长辈们说要乘现在有条件修一下，他却说现在是搞农田建设，我不能带这个头，到大家都住上新房的时候，我才能修。

深入基层做调查研究是张登高的一贯工作作风，陆良村村寨寨都留下他的脚印，高到龙海山巅，低到万家河石板滩，远到只有7户人家的小树（束）口村。一年冬天，龙海山大雪封山，寒风刺骨，他与时任县委常委、公安局长的何清同志从大龙潭上山，沿途几乎没有行人，走20多里山路，快到龙海山最高的小寨村附近时才听到有羊的叫声，寻声而去碰上了一牧羊老倌，砍柴生火。老人的手已冻僵，使刀不灵活了，张登高便接过砍刀一边砍柴生火，一边作调查研究。天色已晚，才发现砍柴时，手表已震坏，表针脱开轴心，不会走了。于是便起身摸黑赶路。

"文化大革命"中，他受到冲击。他仍然对农村工作放不下心，为了避嫌，不让基层干部受牵连遭批斗影响工作，他便带几个馒头充饥，天刚亮就从后门出去，步行到水利工地现场和田间调查研究、指导工作，晚上赶回县城接受批判。

张登高生命的最后岁月，患有多种疾病，上车都很吃力了，常人能跨上的田埂，他却需要用手扶助提腿才能跨上，但仍然不停地工作。1971年2月21日，是他逝世的前两天，为落实永清河水库区内的搬迁工作，他踏勘了新发村一带的田地，把搬迁村的地界划定，第二天上午参加讨论中共陆良县委党代会的工作报告。下午，他排队买客运汽车票到板桥，转到乡下女儿家吃白龙须草药治疗风湿病，不幸中毒身亡。2月26日，在县城开追悼会，会场人山人海，30里送葬路上，数万人泣送灵车。沿途多次被群众要求停留，绕棺送行，甚至要求开棺，最后再看他一眼。

张登高同志的坟墓位于陆良龙海山西面的龙凤寺旧址。摆洋村有一位80多岁的老社员，一有空就上街、进城自编自唱道："张登高来张登高，你是全县人民的好领导。人民为了想念你，把你葬在龙海山的半中腰……"（在此，可俯瞰陆良五个乡镇）。百姓怀念他的方式多种多样：去坟上敬贡品者有之，去扫墓者有之，专程去哭坟者有之，留下钱在坟前建议为他修墓者有之。人民群众如此怀念他，是有缘故的。正像张登高生前说过的："群众手中有杆秤，一个干部有几斤几两，群众最清楚"。

抗美援朝勇士 白云英雄杨明

杨明（1924～1996），曾用名杨华学，海城起义的老战士，抗美援朝的英雄汉，白云山战斗的大功荣立者，陆良马街人。1982年3月在沈阳军区离休，享受正师级待遇。

杨明1933年进马街小学读书，1941年考入陆良中学深造。1944年初中毕业回家务农。1945年1月，即在抗战胜利前夕从军，编入23师军士队无线电班。同年8月抗战胜利后，于9月在第一方面军司令官卢汉将军的指挥下，入越南河内受降，在侵华日军面前显示了庄严的中国军人的威仪，为众多外国记者所敬仰。

河内受降结束后，杨明被编入60军184师，于1946年4月，奉命由越南海防登轮，运往东北，于5月30日，在师长潘朔端、副师长郑祖志的率领下，举行了震动大东北的海城起义。起义胜利后，改编为民主同盟军第一军，潘、郑二将军分任正副军长，投入东北的解放战争，杨明由辎重营士兵调升民主同盟军混成团3连文书。

此后历任排长、连指导员、营教导员等职。

1950年10月，杨明随部入朝参战，为中国人民志愿军第50军149师447团第2营教导员。他与营长孙德功密切配合，并肩战斗，多次打败来犯之敌，而使2营名声大振。

1951年1月下旬至2月上旬，在著名的白云山战斗中，敌我双方展开了激烈的争夺战，所守阵地三次失而复得。其中白云山阵地里的白云寺阵地被来犯之敌占领了。为了夺回这块阵地，孙、杨二领导争着带兵去夺回。杨明说："阵地上可以没有我，但不能没有你。"最后孙营长终于被杨明说服了，让杨明带领部队，乘来犯之敌立足未稳之时，从三个方面实施反冲击，经过一个半小时的英勇拼杀，胜利地从美军手中夺回了阵地。这是一次以寡敌众，以弱胜强的典型战例。阵地夺回后，经团、师逐级上报志愿军总部，孙、杨二位营领导同被记一等功。

担负白云山战斗任务的是447团，在团长的指挥下，经过11昼夜的殊死拼杀，顽强地坚守住整个白云山阵地，歼灭来犯之敌1400余人。为此，《人民日报》于战斗结束的第二天，即1951年2月10日在头版显著位置发表了他们的英勇事迹，并特别报道了孙营长和杨教导员两位营首长的战功。

孙、杨二老参加的白云山血战，由于意义深远，影响很大，志愿军总部特授予447团"白云山团"的光荣称号。

45年过去之后，于1996年，孙、杨二老从沈阳前往阜新看望2营5连连长穆家楣，久别重逢，分外激动。一见面就泪如雨下，泣不成声。穆老说：“白云山打得太惨了！”

然而，正是这场惨烈的血战，才换来了白云山战斗的胜利。因此，著名音乐家郑律成和著名作家刘伯羽特为此作了《歌唱白云山》这首歌——

高高的白云山，
矗立在朝鲜汉江南。
麦克阿瑟要从这儿进犯，
我们的英雄叫他停止在山前。
炮弹炸翻了土地，
我们说不准你侵犯！
大火烧红了山岩，
我们说不准你进前！
英雄昂立在山巅，
英雄的鲜血光辉灿烂。
中朝弟兄齐歌唱，
世界人民记心间。
汉江的流水滔滔，
永远流呀流不尽。
万恶的美帝国主义
胆战又心寒。
白云山，白云山，
高高的白云山，
让我们高唱着你的英名，
冲向前！

1953年，杨明作为开城谈判代表团解释团团员，参加了朝鲜停战谈判。1955年调50军149师任组织科、敌工科副科长。

1956年调长春第二政治干校学习。历时一年，结业后，于1957年调升50军150师组织科长、直政处副主任。1960年调升150师后勤部政委。1965年调沈阳市皇姑区武装部政委。1970年调沈阳军区警备区政治部副主任至离休。

杨明同志从军50余年，大部分时间从事人民军队发政治思想工作，对党和人民无限热爱、忠心耿耿，毛泽东思想和共产主义是他毕生的信仰和追求。

杨明同志把自己毕生的精力全部献给了中国人民的解放事业和建设事业。作为抗美援朝的一等功臣，他必将永远受到人民的尊敬和爱戴。

多才多艺笔耕一生的华莹老师

华莹（1925~2006），笔名黎虹，云南普洱县人，教师、作家、诗人、报人。长期从事文学创作及文化艺术活动。他是一位多产作家，作品多以呼唤人文精神为基调。在云南日报社当记者、编辑多年，在陆良一中当语文教师多年。在他的遗作中，有许多反映陆良的散文、诗歌、曲谱。还为陆良培育了一大批文学爱好者。

华莹在思茅师范学校读书期间，就主编《风铃》小报，在《云南青年》杂志发表处女诗作《忆昆明》。1944年参加佧佤山抗日游击队从事宣传工作，写过散文《烽火燃遍佧佤山》等作品。1946年至解放前夕，在昆明先后参加党的外围组织“新民主主义联盟”及昆明市地下文联，主要从事文艺创作及群众歌咏活动。写过小说《牺牲者》、《丰收》，诗歌《这哪里有春天》、散文《战斗圈内》及歌曲《营火燃烧在广场上》（与他人合作）、《野草谣》、《春天进行曲》、《新生舞曲》等大量鞭挞黑暗、呼唤光明的作品。新中国成立后在云南省文联筹委会担任《云南文艺》编辑和创作工作，写过《放鸭子的小孩》等获奖作品。1953年调云南日报担任文艺记者及编辑。1955年被内定为“胡风嫌疑分子”，于1958年下放到陆良华侨农场劳动。工余从事农场《丰收》小报编辑及农场文工队的创作与乐队指挥，写过《春风吹动满园春》、《把青春献给党》等获奖歌曲。1961年调陆良一中工作，一直担任高中语文教师。在陆一中任教的20多年里，华莹多次被评为“优秀教师”。他写的30多篇有关语文教学的文章，当时在曲靖地区广泛交流，有的还被《云南教育》刊用。1980年落实政策，华莹的不白之冤得到了平反，调回昆明，在《春城晚报》重做报人，并继续从事业余创作。以写散文为主，先后编辑出版了诗文集《寻梦的年华》、散文集《多雨的季节》、《黎虹散文》、《深秋的沉思》、《苔痕藓迹》、《感恩磨难》等。

追溯华莹的人生之旅使人产生无限的同情和敬佩，他虽历经狂风暴雨、坎坷人生，却始终不改真性真情，即便在饱经忧患、秋霜满头之后，他依然童心未泯，真情犹在。因此他的作品不乏崇高的主题和深沉的思想。他的文章恬淡而清新，平易而淳朴，这正如他的为人，虽历经沧桑却依然谦逊平和、慈爱宽厚、不骄不躁，总把光明、把真情、把真善美献给人们。华莹曾经说过：“我一生的经历中，留给我印象最深的，莫过于人性的美，它像一片绿洲，永远无声地紧紧贴在我心上，给我慰藉，给我希望，给我力量，也为我提供了源源不断的写作主题。”华莹虽然离开了我们，但他的精神还在，他的文章还在，他留给社会的遗产还在。

战斗英雄范学炳

范学炳（1926~2007），男，汉族，中共党员，离休干部。出生在宣威县海岱乡萨姑大沟边村普通农民家中。1960年后定居陆良城东门街四生产队。

范学炳小时在家放牛、放羊及外出做工。稍大后曾到师宗县高梁、路不肖、坡顶岩、纳建、坝林；罗平县的养马寨、大水井、大梨树、石梁子；平彝（今富源）县的民家村、舍达村、羊长营等地打短工与长工（帮人）。

1947年6月参加共产党领导的武装部队“六六分队”。10月“六六分队”分散转移，回家乡活动。1949年6月在沾益杨家坟参加中国人民解放军桂滇黔边区纵队永焜支队，编入三大队四小队。

8月1日，滇东北地委在宣威落水洞宣布：将永焜支队、宣威支队、沾益支队整编为“中国人民解放军滇桂黔边区纵队第六支队”。

1949年11、12月，先后参加攻打沾益九龙山、宣威松林战斗和宣威分水岭阻击战，并加入阻击战的“敢死队”。

1950年参加平彝（今富源）县付村、宣威淌塘等地剿匪战斗。立一等功一次，被云南军区（昆明军区的前身）评为战斗英雄，并加入了中国共产党。

1951年被曲靖军分区文化学校评选为甲等学习模范。之后又被送到云南军区连城小学学习毕业。

1952年调到曲靖军分区公安大队曲靖中队工作，历任小队长、中队长、排长等职务。

1955年转业到云南省农业厅勘查四队任指导员。

1956年6月党内审干时，被省土地利用局党支部错处。1957年5月31日经党组织复查，认为过去调查失实，对原结论予以否定。省人委直属农林水利机关党委批复：“原1956年11月20日的党委决定无效”。

1958年4月，他被省土地利用局随土地勘查队下放到曲靖专署农水局工作。

1960年精简下放时，曲靖专署又决定范学炳退职回家。本人认为自己不属中央规定的下放对象，不愿办理退职手续。1961年10月被强行办理退职，下放到陆良县中枢镇东门街第四生产队当社员，后任生产队长。

1969年被组织调到陆良县文化街小学任贫管委员会主任。在工作中成绩显著被县革委会评为“五好干部”。同年11月出席云南省活学活用毛主席著作思想积极分子代表大会。

1962年在东门街委会任党支部书记。

1983年7月在“四化”建设中，成绩显著被中共陆良县委评为“优秀共产党员”。

1990年落实政策，被收回原工作单位云南省农业厅离休。2007年3月病故。

范学炳同志一生忠于党，忠于人民，在艰难曲折的人生旅途中，不因遇挫而消极沉沦，始终保持共产党员、革命军人昂扬向上的奋斗精神，为党为人民的事业做出了贡献。他勤奋好学，诚实守信，作风民主，思想高尚，深受群众的拥护和称道。范学炳病故后，过去所属部队领导，对他作出负责的评价，以挽联形式写道：“铮铮铁骨担道义，耿耿丹心留人间”。他担任过贫管主任的学校职工送给他的挽联写道：“农民美德千秋在，英雄风范万古存”。

陆良人心目中的柳大胡子

柳县长，名柳竹林（1940~2001）云南会泽人。他小时聪颖过人，曾从二年级跳到四年级，又从四年级跳到六年级，成绩名列前茅。因农村缺乏有文化的人，在全国农业合作化的高潮中，小学毕业仅15岁的柳竹林当上了阿都大房村的初级合作社会计。1956年8月调任阿都乡文书，1958年5月调任迤车区文书，1960年加入中国共产党。随后曾任会泽县大桥公社党委副书记、会泽县团委副书记、金钟公社党委副书记、革委会副主任、曲靖团地委办公室主任、娜姑公社党委书记、革委会主任、乐业区区长、区委书记、会泽县委副书记、县长。1984年至1989年任陆良县委副书记、县长。2001年12月因病逝世，享年61岁。

因柳竹林虎背熊腰，浓眉大眼块头大，虽不蓄胡子但看得出有络腮胡茬，故不少陆良人称之为柳大胡子。他思维敏捷，性格刚烈，坦诚直率，经验丰富，求真务实，办事果断，为陆良经济社会发展作出了积极的贡献。

柳县长到陆良第一次下乡调查研究是和陆良小百户区的李区长等跋山涉水，步行到中坝、上坝、永清、双官堡、天花等五个村公所的20个村寨，每到一个村召开座谈会，不仅要有村社干部参加，而且还要有几个普通老百姓参加，既了解群众的生活疾苦，又提出经济发展的可行路子。例如到中坝了解情况后，他提出：中坝的米是陆良最好吃的米，可不可以深加工打出个品牌（比如中坝香米饵丝），再是要把众多一发田（一年只种一季稻谷）改为两发、三发，增加复种指数，增产增收；到了永清的团结村，针对回族群众比较贫困的实际，他提出"要多养母牛带小牛，生了小牛换菜牛，催肥菜牛投放市场，增加农民收入"。到了双官堡了解到该村的水稻三年两头风瘪（海拔高，常遭8月低温冷冻灾害）的实际，他提出："别的地方是旱（地）改水（田），你们这里应该水改旱，多种包谷少栽水稻"，随后又确定为科技扶贫联系点，使双官堡的群众很快解决了温饱问题；到了天花等村了解到山林很多，但群众年年铲草皮烧火土的老习惯严重破坏了植被，水、肥、土流失，树木生长环境一年不如一年，柳竹林提出："要坐山靠山，靠山养山，养山才能吃山"。要求立即封山育林，改掉烧火土的老习惯。到了小树口村看到成材林面积多，并且管护得很好，和干部群众座谈时高兴地说："现在到处都分自留山，你们这里集体管护得很好，可以不搞自留山"。在一个星期的步行调研中，柳竹林求真务实，不说空话套话的作风给基层干部群众留下了深刻的印象。他每到一地提出的发展思路在随后几年的实践中都收到了明显的效果。特别是双官堡村的水改旱和中坝上坝扩大复种指数，变一发为两发、三发（近些年大种四月洋芋），使群众获得了明显的经济效益。

在深入各乡镇调研的基础上，柳竹林提出了大搞基础设施建设（特别是水、电、路），大力发展乡镇企业，大力培植龙头企业带动产业发展的思路。在贯彻当时胡耀邦总书记提出的“增百致富”活动中，他强调要从实际出发，不搞花架子，始终把着力点放在粮、烟、桑、猪和乡镇企业等支柱产业的发展上。在板桥盘江红花塘缺口的抗洪抢险和次年龙海山区两个月不下雨的抗旱救灾中，他身先士卒，决策果断，措施得力，把灾害损失降到了最低限度；在建设打叶复烤厂的筹划中，他力排众议，敢担责任，促使大家最终统一了思想，建成了复烤厂。在县委、政府的坚强领导下，通过全县干部群众的共同努力，“要想富，先修路”，修路建桥在各乡镇掀起高潮，大跌水2.4万千瓦水电站及古宁大坝建成，11万伏变电站及其输电线路建成，打叶复烤厂建成（首先建在华侨农场），使陆良享有了商品粮基地县、生猪生产基地县、烤烟生产基地县（连续4年评为全国烤烟生产先进县）、蚕桑生产基地县、全国电气化试点实现县等美誉，乡镇企业发展也是全省的先进县，为陆良后续的经济社会发展打下了良好的基础。

回顾过去，看看现在，人们在赞扬党的改革开放政策好，赞扬陆良焦裕禄式的好县委书记张登高等一批好干部、好党员，赞扬各条战线、社会各界团结战斗无数可歌可泣的英雄业绩时，陆良老百姓没有忘记还有一个大胡子柳县长。

一九三〇年陆良革命暴动领导人名录

暴动是发生在中共“八七”会议之后，井冈山中央革命苏区建立时期。中共云南地下党省委，为贯彻执行中共“实行土地革命和武装起义”的方针，在云南进行的一次规模较大的武装斗争。中共云南地下党幼年时期的一次重要革命实践。

暴动由省委领导，暴动计划经省委批准。

当时的省委领导人员：

王德三（省委书记）

张经辰（省委宣传部长）

吴永康（被选为省委候补委员、陆良中心县委书记）

暴动武装编组（军事系列）：

中国工农红军第三十八军：

军负责人：吴永康

政　委：（待省派）

第一师负责人：康建侯（领导成员马朝亮）

第二师负责人：方鹤鸣（领导成员陈东社）

第三师负责人：朱绍庭（领导成员徐文烈）

混成旅负责人：殷祖佑（领导成员赵光明）

军政治部负责人：保其贞　骆　彪　高荣昌　保维德

武装暴动指挥机构：成立“兵委会”

兵委会成员三人：吴永康（负责人）　康建侯　方鹤鸣

南中磐石爨龙颜将军

爨龙颜，字仕德(386～446)，东晋时期建宁郡同乐县(今陆良县)人。据《爨龙颜碑》文说：爨龙颜的祖先世系源远流长，他是上古帝王少昊颛顼的远代裔孙。当夏朝盛世时，其祖先辅佐夏帝王施行五伦，教化人民，功绩卓著。春秋时期，其祖先世居于河东安邑(今山西省境内)，远祖斗谷于菟，字子文，事楚成王任职令尹为军、政首长，立下了不朽功勋。子文之子名班，改以班为姓。后来家遭厄运，离开河东迁于中原，家道又复振兴。东汉时期，其远祖班彪著《汉书》未成，旋即逝世。子固、女昭先后续成，称一家之书，为我国第一部断代史。汉朝末年，班氏食邑受封于爨地，故迁入南中，并以爨作为族人姓氏。三国时期，其远祖爨肃仕魏国任尚书仆射河南尹，官阶与九种高级官署长官同等。爨龙颜的祖先，自汉末迁入南中，定居九世，子孙繁衍，成为南中大姓之冠。

晋王朝自东晋南迁之后，疲于战乱频繁，对宁州的统治，鞭长莫及。虽任命刺史，多未到任，只“遥领”而已，南中大姓因而崛起。咸康五年(339年)，霍、孟二姓发生火并同归衰亡，爨氏独盛于宁州。爨龙颜的祖父任晋宁(今滇池地区)、建宁(今曲靖地区)二郡太守、龙骧将军、宁州刺史。其父任龙骧辅国将军，统领建宁、兴古，云南、永昌、牂牁、越嶲，朱堤、晋宁等八郡军事，建宁、晋宁二郡太守。死后追封宁州刺史、邛都县侯。

爨龙颜是三国时爨肃的玄孙，天资英俊，仪表雄伟，为乡里所称誉。宁州聘请他任管理文书的主簿，婉辞未就；又三次征召他任刺史的属官别驾从事使，也未就任；后来他按仕途入王朝中央尚书省供职，受到朝野的赞许。东晋义熙十年(414年)，爨龙颜年29岁，被举荐为秀才，受任郎中官职。不久又被选拔镇守西南边疆，升任南蛮府参军，代理建宁太守，回到家乡任职。任职期间与本州司马、长史相抵牾，又复到朝廷供职，被“左迁”为跟随皇帝车骑的散骑侍郎，后又被升任为龙骧将军、代理晋宁太守、袭封邛都县侯。刘宋元嘉九年(432年)。爨龙颜47岁，宁州东西二境发生战乱，既有民族纷争，又有阶级斗争，民族矛盾和阶级矛盾错综交织。爨龙颜率5000人前往征讨，平息了战乱纷争，进一步成为“南中磐石”而“人情归望”。刘宋王朝授其为“龙骧将军、护镇蛮校尉、宁州刺史”，因此，“独步南境”。稳定了宁州的社会秩序，促进了宁州经济、文化的发展。元嘉二十三年(446年)十二月上旬，因病逝世，享年61岁。爨龙颜按仕途任职，最后升任宁州刺史等职，一身三任，在中原王朝动乱的形势下，承奉王朝政令施行于宁州，维护统一，使宁州得到相对的安定，促进了经济、文化相应发展。这些业绩可补史书之所失载。

爨龙颜卒后12年，其子辚绍、辚暄、辚崇暨嗣孙等，于大明二年(458年)，建立墓碑，碑文由建宁人爨道庆作。“文体书法皆汉晋正传”，书法被誉为“神品第一”，名满海内外。

为桑梓创办新学的先驱牛星辉

牛灿南(1867～1927)，字星辉，云南陆良县芳华镇双合村人。清末废科举后，云南首批公费留日学生。学成回国后先在省城供职，民国初年曾为陆良县昆明同乡会成立的主要发起人之一。继后回县任劝学所所长，对陆良由旧学制改为新学制发挥了重要作用。以此同时，他是将“陆凉”改为“陆良”的倡导者。他创作祝贺都督唐继尧的寿联成为当时的名联，公开出版。

牛星辉兄弟四人他排行第三，幼年家境贫困，父亲靠盘田为生。因天灾歉收，上缴皇粮无着，父亲牛成儒被迫向村中管事求情，却被横行霸道的管事一脚将他从院子的石坎上踢倒在院子里，摔伤了腰脊骨，造成终身残疾成为驼背。这一脚，却把牛成儒踢醒，他痛定思痛，认识到自己与管事最大的不同之处，就在于管事读了几年书，有点文化，成了村中的富人，有权有势；自己没读过书，只能种田，穷，无权，无势。于是暗暗下定决心要让自己的儿子去上学读书，用知识来改变命运，从知识中寻找出路。主意定了，有一天就把四个儿子找在一起说：“老大、老二在家盘田，老三、老四去上学，要用功读书”。牛星辉从而得到了读书求学的机会，心中牢记父亲的话，勤奋刻苦学习，品学兼优。初级小学毕业后，在农村当了私塾先生，一边教书，一边攻读诗书礼义知识。随后投考省立高等学堂，成绩优异。于清光绪年间获得官费留学日本的机会。毕业后返回祖国，奉派回滇，受云南教育司委派到家乡陆良担任劝学所所长。

牛星辉经过留学深造，深深的认识到我国的教育没有日本的教育发展快。他在与人交往中，总是说要鼓励、引导、宣传、教导孩子们学习文化科学知识。牛星辉从国外回陆良后多次回家乡小黑山。第一次回家时，村里老老少少都到村边的彭家坟等候迎接，就如同过年一样喜气洋洋热闹非常，顺大潭边的路上送到他家门口。另有一次回家，在大潭埂边的大树下，男女老少，坐在他周围，他和颜悦色的说：“小孩子们一是要上学读书，将来科学发达了，乌龙遍地跑(指有火车)，人会飞上天(指坐飞机)，女孩不能缠足”。宣传读书学习文化科学知识的好处。同时说：“当然，读书不是为了当官发财，你们读了书是要为人民大众造福，为我们家乡造福。”牛星辉总是鼓励，教育人们学习文化科学知识建设祖国，热爱祖国。并强调指出：只有国家强盛了，民族才会兴旺发达。要热爱自己的国家，首先要热爱自己的家乡。接着，他对家乡眼前丰收在望的景色作了描述，引起了大家的一阵欢笑。

在牛星辉的宣传和影响下，小黑山当时八九岁的男孩子，几乎都去上学读书。就在这一年，牛星辉将两个侄儿，牛钧坤(十一岁)、牛协坤(八岁)带到昆明在自己身边读书学习。随后于1906年又将牛钧坤送去云南陆军小学堂，学习文化、军事知识。然后再投考武昌陆军预备学校攻读军事知识毕业，再投考保定陆军军官学校二步深造毕业(保定军校将帅录一书947页)后，逐步升任军长，不幸英年早逝。牛协坤，字和卿，保定陆军军官学校第六期骑兵科，于1919年3月毕业(保定军校将帅录一书第83页)后在贵州省供职，随后回云南在唐继尧的支持下，任骑兵大队长。

牛星辉正是处在云南各地开办新学的历史条件下，返回陆良担任勤学所长。民国二年(公元1913年)云南省决定，在全省各地设立师范学校。陆良县先后创办了新学初级小学堂及高级小学堂。为了适应新创建的新学校有足够的师资力量，牛星辉四处奔走延揽人才，得到各方有识之士的同情和支持，开办了师范讲习所以及师范短训班等。这是陆良新学发展的良好开端，也是陆良教育事业发展的重要一步。

牛星辉担任劝学所所长期间所做的另一件有意义的工作是倡导修改陆良县名。经调查认为，陆良并不是荒凉偏僻的空山野岭，更不是穷乡僻壤的不毛之地，陆凉的“凉”字，义薄，不雅，于是以鲜明的态度倡议：将“凉”字改为“良”字，经公议一致赞同，并报经省府批准，于公元1913年更名为陆良县。

两年后，牛星辉于1915年卸任陆良劝学所长职务，赴昆明担任陆良县昆明同乡会会长(地址昆明市原北后街)。不久，他推荐孙渡为同乡会长，牛星辉谢任后就立即搬到昆明市甬道街居住，不给继任者造成困难。民国6年(公元1917年)到省建设厅供职，同时在省农业学校兼任教师。民国十二年云南省都督唐继尧寿庆时，牛星辉率侄子牛协坤、子牛懋坤前去敬祝。祝联是：“世罕有殊勋十载，援黔桂粤川，为国为民，并普南洋华侨；天特生大德一身，得位禄名寿，如山如海，不愧东陆主人翁。(中国对联集成，云南曲靖卷490页)。于是牛星辉被安排在云南官印局供职。当时，唐继尧将牛星辉安排此职，显然是给他一个发财的机会。然而牛星辉为人厚道，深深懂得劳动人民群众的艰苦，有着良好的品格，并没有为金钱所动心。在任职期间，一尘不染两袖清风，除每月的月薪收入外，决不以权谋私捞取月薪之外的任何一分钱财，清政廉洁受到社会的一致称道，但对官僚的贪污腐败他则深恶痛绝。牛星辉老家的住房，一直是老土坯平房。日子过得很清贫，粗布长衫，洁身自好。有其父必有其子，儿子牛筱灿，东大毕业后曾任陆良县中校长，一生勤奋俭朴。

牛星辉于1927年，在昆明去世，享年60岁。他经过一生的奋斗，为国为民可谓竭尽心力，生动地表达了他对国家和人民的忠诚。

身在外地心怀家乡的岳树藩

岳树藩（1874~1950），字国屏，陆良县城南门外察院街人(今华春街)。岳树藩之父，字馨之，性醇谨不随世好，持家以勤俭为本，教子以义方是训。云南巡警学堂毕业，曾任广西直隶州(今红河州泸西县)区长，蒙自县警务长，元江县知事，南盘江上游水利总工程办事处委员，云南警察局长。记警务长一等金色章、二等警察章。民国十一年(1922年)，昆明市政公所成立，与警厅共署。省会警察厅裁撤后昆明市政公所内设警务课，六区警署改为昆明市第一、二、三、四区警察署及昆明市商埠第一、二区警察署，岳树藩任第三署署长。民国十八年(1929)7月11日下午2点30分，堆放在北门街江南会馆中的火药突然爆炸，造成了北至城墙、南达水晶宫、大小梅园巷、西抵海子边(翠湖东路)、东至螺峰街方圆数里的大片灾区。平政街、皇城角、靠近小东城角的节孝后巷、南海子边(翠湖南路)、一丘田、升平坡、桃源街等处也受到波及。造成死伤3000多人，毁屋303院近4000间的严重后果。警察三署署长岳树藩写给市(府)公安局的这一震惊中外的重大灾祸报告称，“昆明江南会馆火药爆发事件”之前，岳树藩接到火药在路上泼洒的报告，考虑到事情的严重性，派一批警员和夫役到街上洒水清扫。

民国二十一年(1932)，昆明市公安局改称省会公安局，并脱离昆明市政府，由省民政厅直辖，受省政府指挥监督。原各署巡长、巡警等名称，遵照部章，改为警长、警士、警士守望所。二十六年(公元1937年)元旦，省会公安局改称省会警察局，仍隶属省会民政厅，岳树藩任局长。

身在他乡，心怀家乡。昔日县城鼓楼上有“天光云影”四个辟窠大字，字乃嘉庆年间曲靖知府广东人宋湘*书写于曲靖魁星阁。岳树藩参照范仲淹《岳阳楼记》中的“上下天光”，以致联想到陆良城鼓楼上眺望到的一片波光云影。民国二十四年，他便从曲靖拓印制匾牌敬立鼓楼南面。

岳树藩之三子竞先，1950年任玉门县县长时，因土匪暴乱遇害。

---

*注释

宋湘(1757~1826)，字焕襄，号芷湾，嘉应州(今广东梅县)人。清代著名的诗人、书法家和教育家。嘉庆进士。宋湘历任翰林院编修、云南曲靖知府、湖北督粮道。为人直率，襟抱豪迈，诗书双绝，文采风流，世誉岭南才子。有《红杏山房诗抄》传世。

护国元老殷承瓛上将

殷承瓛（1877~1945），云南陆良人，近代政治家、军事家、曾任新军19镇参谋官、督练处总办、云南都督府总参谋长、滇军西征军司令、总统府经界局清丈处长、护国第一军总参谋长、川边镇守使等职，陆军上将军衔。他对云南乃至中国近代史产生过积极影响，为辛亥革命在全国的胜利作出过杰出贡献。

东渡扶桑

殷承瓛字叔桓，又名何仪青，法号太如，出生于云南陆良马街良迪村。据殷氏家谱记载，祖籍江苏，祖先是清朝官吏，因家族沦亡，只身仅携红袍一件逃至陆良南乡良迪村寄居。虽家道衰落，但仍以“读书明理”为祖训。

殷承瓛幼时，在马街“钟灵书院”读书，因家境贫寒，无力购置灯油，常借光苦读。贫寒并没有消磨他的意志，反而造就了他勤奋好学，坚忍不拔的性格。加之天资聪颖，过目不忘，又喜好诗文，深得先生赏识，学业进步很快，十六岁时便考中秀才，随后补廪膳生员。

20世纪初，清政府在全国推行“新政”，云南也和全国一样，兴办了云南高等学堂。1903年，殷承瓛考入云南高等学堂。同年，清政府在全国举行大考，选派优秀青年留学，殷承瓛因成绩优异入选，于次年被派往日本公费留学。从殷承瓛遗留文稿看，当时社会风气不开，赴日本留学非最佳出路，亲友劝瓛的父亲德轩“令子勿行”。然而德轩对亲友说“百闻不如一见，乘长风破万里浪，一大快事。”有亲戚讥笑，“送去一翰苑子矣”，德轩听后不以为然，仍坚决支持儿子出国留学。1904年，25岁的青年殷承瓛意气风发进入日本东京振武学校，学习初级军事知识，主学测量知识；1906年5月毕业后被分配到日本军队兵营实习。次年实习期满，经考试合格进入日本陆军士官学校，1908年12月，毕业于第六期，日本陆军士官学校要求极严格，殷承瓛每晨绝早即到操场练操，常默念孟子“天将降大任于斯人也，必先苦其心志，劳其筋骨……”以之为座右铭。在日本，他深受资本主义思想影响，树立起民主共和的坚定信念。

1905年，孙中山在日本建立了中国同盟会，云南则成立了同盟会云南支部，吕志伊作为支部长创办了《云南杂志》。

云南留学生加入同盟会者先后达100多人，殷承瓛积极参加同盟会，写了不少文章如《爱滇篇》、《云南少年歌》等发表在《云南杂志》上，抒发了作者的爱国、爱乡之情。在日本士官学校学习时，殷承瓛与士官学校第三期同学蔡锷志趣相投，过往甚密，结为志同道合的诤友，这为他们日后合作从事革命事业奠定了坚实的基础。同时殷承瓛还与第六期的同乡李根源、罗佩金、唐继尧、李鸿祥等很快了解和熟悉。

1908年12月，云南总督沈秉坤电调日本士官学校毕业的云南留学生回滇任职，殷承瓛应召回滇。同年，清政府组织全国留日毕业生考试，准备按成绩委任官职，殷承瓛列全国第六名，因成绩优异，加上云南新军急需军事人才，被任命为陆军第19镇参谋官兼云南督练处总办，之后不久升为参谋处总办。

重九起义

19镇成立后，新任云南总督李经羲受北洋军官的牵制，急于扶植自己的势力，希望殷承瓛推荐可靠人才，殷承瓛就推荐蔡锷。李经羲在广西任职时，蔡锷为其部下，十分信任，力邀蔡锷赴昆任职，其时蔡锷在广西正遭人排挤，于是立即赴昆。锷入滇之初，任命迟迟未下，殷承瓛遂邀锷住在殷府，两人是结拜兄弟又是同学，几乎形影不离，据殷承瓛遗文载，蔡锷“朝从瓛出，暮从瓛入。”一月后，桂林省议会电告滇议会，建议将蔡锷“迸逐不用”，殷亲赴咨议局周旋，据理力争。回到家后，详细叙述情况，蔡锷十分震惊和愤慨。殷母孟太夫人安慰道：“只需汝等对国家有所建树，则今日之毁，实则明日之誉。”蔡锷听后十分欣喜。此后“每见人以此语自慰”。1911年秋，蔡锷终被任命为云南新军19镇37协统。

1909年，云南陆军讲武堂成立，任用大批留日学生为讲武堂教官，教官中的革命党人有意识地向学生灌输革命思想，并派遣讲武堂学员分别进入19镇见习，借以联络运动全镇官兵，殷承瓛利用19镇总参谋处总办地位，常掩护官兵的革命活动，并将上层消息通报革命人士。据记载，1909年讲武堂丙班生共330名毕业后被派到19镇各营入伍3个月；其中100名学员包括朱德、朱培德即当时被称为讲武堂“模范”二朱在内的学员提前毕业到19镇任见习军官，使新军中的革命力量逐渐壮大。

在讨论提拔官员时，殷承瓛努力做对革命有利的安排，将大量同盟会会员提拔为中下级军官，他的革命活动遭到了清朝北洋派军官靳云鹏、钟麟同的怀疑，欲撤殷承瓛、罗佩金、韩凤楼，沈汪度等的职，由于蔡锷、魏家骅的大力帮助，才保住了军权。

1911年10月10日，辛亥武昌起义爆发，震动全国，武昌起义的枪声传到了云岭高原，使云南革命党人欣喜若狂，加紧了响应起义的准备，他们先后举行了五次秘密会议，殷承瓛参加了一、四次会议，是策划起义的核心人物之一。

1911年10月16日在武成路唐继尧家中召开的第一次会议上，参加会议的有唐继尧、刘存厚、殷承瓛、沈汪度、张子贞、黄毓成等。会议讨论了起义的方法，并认为首先要“联络革命之主要人才”并要求与会者举荐。“由于蔡锷入滇才8个月，行为隐蔽，公开场合对清廷从来不反对，在任何讲义中也从不注入革命思想，又是外省人，大家不是很了解他，殷承瓛竭力向大家介绍其人品、才能，还用人格为其担保，蔡锷遂被列为可与“共谋革命之人员”，得以进入起义的高层密谋圈。

10月25日，在第四次秘密会议上，殷承瓛等赴会人员“均不带随从，冒雨步入会场”，他主持会议并建议与会者歃血为盟，以示同心。亲笔写下“协力同心，恢复汉室。有渝此盟，天人共殛”十六个大字。书毕火化于酒中分饮之以结同心，宣誓愿同生死，共患难。28日召开了最后一次会议，商定起义时间是10月30日深夜12时，推蔡锷任总司令，后因机密泄露，起义提前爆发。10月30日夜9时北较场七十三标管带李鸿祥首先发起，迅速攻下北门，围攻军械库。此时，殷承瓛与蔡锷等正在总参谋处驻地，召集将领，制定详细攻击计划，会议未结束，突见城内大火冲天，枪声四起，蔡锷、殷承瓛旋即率部投入战斗。战斗十分激烈，管带唐继尧率部首先攻占督署府。因10月30日是农历初九，故云南响应武昌的起义称重九起义。当夜殷承瓛与蔡锷、唐继尧、雷飙、刘存厚共同商议并处理了善后事务。决定宣布独立，成立临时政府，慰劳军队，表彰功勋卓著人员。11月1日，在五华山成立大中华云南都督府，下设参议院、参谋部、军政部。殷承瓛任参谋部总长，主管军事上的一切计划，下设作战、谍察、编制、兵站、辎重弹药、炮兵材料、测地等七部，谢汝翼、张子贞、韩凤楼、李凤楼、顾品珍、刘法坤、李钟本分任部长，都督府实行了一系列改革，很快控制了云南全境。

殷承瓛作为具有民主革命思想的进步人士，参与了重九起义的策划、善后工作，是起义的核心人物之一，为辛亥革命在云南的胜利作出了重要贡献。

率兵援藏

英帝国主义早就对西藏垂涎三尺，武昌起义后，认为时机已到，勾结达赖企图分裂西藏。达赖在英国支持下公开背叛祖国，西藏办事大臣告事假，大统领钟颖求援电急如星火。电曰：“西藏因饷械不济兵心动摇，达赖嗾迫缴械出境诡谋自立，追逐班禅逃印，囚其左右，后藏江孜靖西一带官兵尽为凌逐饥流印度，拉萨被围，衙署被占，惨杀汉人，几无遗类，万望火速救援，保我疆土。”民国元年（1912）四五月间，滇都蔡锷连续电告北京政府和四川都督尹昌衡，希望“迅为筹处以救危机，云南愿出兵入藏平叛”。

中央决定派云南、四川出师解决西藏问题。战事急迫，事不待人。云南决定组织滇军西征，任命殷承瓛为司令，进藏平叛，四川由都督尹昌衡率兵进藏。1912年8月10日西征军由昆出发经大理抵丽江。兵分两路，左路郑开文率领，由维西攻盐津，右路姜梅龄率领，经中甸攻乡城。司令部设在丽江，以指挥全局，应付急情。

8月15日，郑开文和西藏叛军相遇，在溜筒江附近激战，打死打伤叛军一百余人，而我军无一人伤亡。郑开文部乘胜追击，攻克盐津。右路部队也进展顺利。西征军旗开得胜，势不可挡，作战勇猛，总司令殷承瓛，运筹帷幄，精于军事。当时藏区叛军内流传着“不怕四川尹都督，只怕云南殷将军”的民谣。殷率军到丽江时，颁发藏文告示，劝谕各寺喇嘛，申诉中华民国宗旨本系五族共和，希望全藏僧俗民众不参与叛乱。“全藏僧俗如真心共和，则我军所到之处，应代为刍袜。支应乌拉……仍分别照市给价，决不轻取一物，妄杀一人”。希望西藏“选举议员赴京参议政事，同享共和幸福。”滇军所到之处，深为藏民拥护，僧俗争相投诚。正当形势对我军极为有利时，川军借口滇军如前进可能与英军发生战斗，三次急电袁世凯，要求阻止滇军前进。袁世凯电令“殷司令勿轻进”，由尹昌衡专办此事。殷承瓛不得不撤兵回滇，军至丽江，他著文刻碑纪念阵亡将士，碑文现仍立于丽江黑龙潭公园。

云南援藏没有取得最后胜利，西藏问题始终没有得到彻底解决，留下后患。但殷承瓛率兵援藏，旗开得胜，挫败英帝国主义企图分裂西藏的野心，平定了达赖组织的叛乱，为维护祖国统一作出了积极努力。

护国起义

辛亥革命结束了中国二千多年的封建帝制，使民主共和思想深入人心。但袁世凯窃取了革命果实，迅速将中国引向独裁。为加强对云南的防范，袁世凯玩弄手段，调蔡锷上京任经界局督办，殷承瓛任副督办兼清丈处处长。由于蔡锷身兼数职，经界局的日常工作实际上由殷承瓛主持。经界局成立后，先确定了工作要点，为了借鉴外国经验，1915年2月，殷承瓛赴朝鲜及我国东三省进行调查，并根据调查情况制定了全国清丈土地的详细方案。在蔡锷的领导下，殷承瓛组织力量收集、整理和编译了中外经界三书，即《各国经界纪要》、《中国历代经界纪要》和《经界法规草案》，并已公开出版。在北京时，殷、蔡两人形影不离住在一起。据孙永安先生回忆，殷承瓛对我说过，袁世凯任蔡为经界局督办时，每天常看到蔡锷的愤懑情绪。殷还说：“袁世凯玩弄手段，将各省高级官员调到北京名为重用，实则羁縻”、“这些人每天吃喝玩乐，在一家外国人的住宅随便可以叫妓、赌博。”

袁世凯称帝野心暴露后，1915年8月15日蔡锷拉上殷承瓛从北京搭乘晚班车到天津，找到梁启超一同到汤觉顿住处，四人商量了一夜，决定由蔡锷、殷承瓛到云南联系旧部，发动反袁起义，这次会议称天津四人会议。过去我们只知天津四人会议有梁启超、蔡锷、汤觉顿，另外一人不得而知。梁启超在其文《护国之役回顾谈》中谈到“蔡公从北京搭晚车来天津，拉着我和我们另一位亲爱的朋友——这个人现在还在着，因他不愿意人家认识他，故我不说他的姓名，一同到汤公寓所”。“这人是一位师长，现已经出家做和尚，在南京跟着欧阳竟无先生学佛”。云南将领中参加过护国战争以后淡出政坛跟着欧阳竟无学佛的只有一人，这人就是殷承瓛。佚名在《续云南通志长编》中也佐证着殷承瓛1917年卸职归省“自是一意学道，初从欧阳竟无，研法相宗”。

为了麻痹袁世凯以便找机会逃离北京，殷、蔡常出入妓院，表现出对政治已心灰意冷，使其逐渐放松警惕，并设下圈套，借替蔡锷祝寿，大宴宾客，众人烂醉时，蔡锷摇摇晃晃站起推说“方便”，殷承瓛趁机说：蔡公醉了，我扶你出去。厕所窗外早已准备好梯子，汽车及接应人，他们逃出住宅，赶到小凤仙家，留片刻以掩人耳目，随即连夜乘火车到天津、上海赴日本。殷承瓛先抵日本找到石陶钧先生请其在蔡锷抵日时，“设法避去新闻记者与袁探的耳目”。蔡锷抵日时，石陶钧等人在码头迎接，蔡锷立即与石陶钧换了服装，蔡、殷雇小舟密赴横滨。石陶钧则携带蔡锷的行李，佯装就医，将蔡锷写给袁世凯的亲笔信多封从日本家中寄出。蔡锷安全返滇后，信件尚未寄完，当袁世凯得悉蔡锷抵昆时，不禁大吃一惊!

在香港码头，殷承瓛巧遇正准备离港赴京觐见袁世凯的刘云峰，急忙扯刘衣襟，殷、蔡两公劝其勿行，一同回到云南。

北京脱险后，殷承瓛偕蔡锷经天津、日本、香港、河内历经艰险，终于返滇。这段颇富传奇色彩的往事，殷承瓛先生生前曾告诉过长孙殷世勤和蔡锷军医长李丕章先生。

殷承瓛等人的返滇，鼓舞了正在酝酿起义的云南将士。

25日，云南通电全国，并按限定时间宣布起义，建立护国军政府，唐继尧公推为督都。下设三军，第一军总司令蔡锷，总参谋长殷承瓛分兵两路进兵四川叙州、泸州；第二军总司令李烈钧，出兵广西、广东；第三军总司令唐继尧自兼，留守昆明，策应一、二两军，拨一部分兵力给戴戡，开赴前线，入黔、湘，三军会师于武汉。殷承瓛系在重九起义后的参谋部总长指挥全军，因戴戡是学手工业的，大家“恐戴公缺少军事学识，以殷叔恒先生同行。”由三军拨给戴戡带领一部分兵力，进入贵阳后，1月27日贵州宣布独立和戴、殷滇军合编为滇黔护国军第三军，称右翼军。殷承瓛担负起指挥第三军的重任。右翼护国军的目的是由黔北攻綦江，占领重庆，綦江战场为护国第一军的主要战场之一。2月2日，右翼军分兵三路，进攻綦江，在距綦江十里处遭敌伏击，进攻受挫。蔡锷率第一军进四川，攻占叙府、纳溪，进攻泸州，与敌主力相遇，久攻泸州不下，前线告急。为钳制敌人向泸州集结，分散敌人兵力，蔡锷急令右翼军加紧攻綦江，然后西攻江津，截击援泸州之敌。2月27日，殷承瓛亲率华封歌一支队抵松坎，全力投入攻綦江的战斗。敌人为了打通增援泸州的通道，亦大量增兵綦江。敌我两军在綦江、江津之间的龙台寺遭遇，黔军两个排陷入重围，几乎全部牺牲。右翼军重新调集兵力集中于龙台寺一带，决心打破敌人綦江防线，切断敌人经江津向泸州的增援线。殷承瓛令熊其勋部发动全面进攻，攻下龙台寺、狮子山等战略要地。敌人亦疯狂反扑，夺回龙台寺；我军再次浴血奋战夺回龙台寺。阵地几经易手，战斗十分激烈。3月6日，护国军右翼诱敌深入，占据有利地形，在石南坪、二涂岩、坝口外等处大败敌军。3月13日，又大败敌人于石牛口、草坪亚。经长时间拉锯战，敌人亦大量增兵，坚守綦江、江津一带，綦江战场进入相持阶段。

第一军攻泸州时与敌主力张敬尧部相遇，激战27昼夜，张敬尧部伤亡很大，无力再战。我军也弹药耗尽，双方休战一星期，护国军退至大洲驿休整，此时强攻綦江，已无意义，右翼军从战略进攻转为战略防御。战事颇疏，殷承瓛常来大洲驿与蔡锷共商大计，停战期将满，蔡锷电告唐继尧要求补充兵员、弹械、粮饷，而唐却置之不理。护国军出发时士兵一人仅带百发子弹，这时已无子弹，面临困境，蔡锷表示，“云南不给子弹，我除自裁外无法可想。”殷承瓛不日与刘云峰、李曰垓两君同去电报室，与张敬尧商议延长停战期一个月，一个月满又延长一个月，川黔的战斗停止了。停战期间，蔡锷喉病加剧暂回永宁调养，责成“殷(承瓛)、罗(佩金)、顾(品珍)、赵(又新)处理一切。”

护国起义得到全国人民的支持，各省纷纷独立，袁世凯统治摇摇欲坠，四面楚歌。其心腹大将陈宧在各方面的催迫下，有意反袁，又恐兵力不足，决定在蔡锷给予援助的情况下，起兵反袁，蔡欲拨正面一梯团给陈宧。殷承瓛考虑正面兵力过单，建议暂缓拨济。蔡锷则认为：“正面兵力过单，停战期间似无可虑”故决定支援陈宧。陈宧宣布起义，断绝和袁世凯私人关系后，袁世凯被迫取消帝制，护国起义取得了最后胜利。

黎元洪依法任大总统后，为表彰护国起义的有功人员，任命殷承瓛为川边镇守使，授陆军上将军衔。为纪念护国起义，蔡锷亲撰护国岩记并铭，由殷承瓛书写，刻于永宁河的岩石上，以兹纪念。

善终一生

护国战争结束以后，西南军阀之间的混战连年不断，“一年三小仗，三年一大仗”，人民生活痛苦，尸横遍野，村市丘墟。这和殷承瓛长期追求的民主共和、富国强兵的理想形成了巨大的反差。因此，在西南各省护国将领纷纷参加军阀混战之时，殷承瓛头脑清醒，没有参战。

1917年殷承瓛心灰意冷，决定辞职归省，不久中央批准了他的辞呈，他即返回昆明，拒绝一切职务，出家修行，到西山华亭寺做了和尚，法号太如，从此在政治舞台上消失了。后因历史的纠葛等原因，西山实在不能久留，随即逃亡到了上海。

在上海，殷承瓛最初开黄包车行，后在上海笔墨大王胡开文的帮助下，开了间书屋，卖些笔墨纸张。

1932年，在江西瑞金红色政权任职的朱德，曾派人到上海和殷承瓛联系，希望殷承瓛到瑞金去。殷承瓛支持共产党领导的中国革命，然而他感到年事已高，身体不好，加上在上海这几年，又染上了吸鸦片烟的恶习，故未能成行。但朱德称殷承瓛为老师，自称门生，来人彬彬有礼的态度，令殷承瓛感慨万千。

1937年抗日战争全面爆发，上海被占后，沦陷区人民被迫生活在日寇的铁蹄下，殷承瓛实在无法忍受侵略者的统治，遂于1938年，历经艰辛，离沪返滇。

8年抗战时期，是殷承瓛一生最后的岁月，龙云对他较为尊重，聘其为参政院参事。李烈钧、李根源、刘云峰等到昆明时，曾去看望过殷承瓛。晚年的殷承瓛坚持晨练、练书法、静坐、练功、看书。他求道学法，对佛教的密宗、禅宗很有研究。正如《云南通志长篇·人物》所说殷承瓛退出政坛后，“自是遂一意学道，初从欧阳竟无研法相宗，继从班禅及洞行习密法，有闻辄悟，得无止妙义。”

1944年殷承瓛受了风寒，卧床不起，1945年在昆明家中安然辞世。

蒋介石曾派人送来了花圈和挽联，前来悼念的各界人士，亲朋好友络绎不绝。殷承瓛生前曾骑马到陆良看过风水，选中陆良召夸果河殷家山为墓地，根据其遗愿，家人将其葬在殷家山(眉毛山)。

1956年，全国人大常务委员会委员长朱德致电云南，要求将云南10位护国元老接到北京，其中就有殷承瓛将军。可惜多数护国元老已经作古，仅有李根源、李鸿祥、马幼伯、刘云峰4位健在。

殷承瓛十分珍惜古代留下来的金石文物，1911年其父亡，他回陆良奔丧，途经戛古(今陆良大莫古乡)时，发现祥光碑。当时村人正用这块碑砌墙，他见有“祥光”二字，非常珍贵，便出钱购回家中。后移三仁里，筑亭保护。

殷承瓛是个才子，喜欢读书、藏书，他一生藏书50万册左右，可惜书房曾遭火灾，烧毁部分图书，经整理剩30万册。其中有珍贵的古代名字帖、名画若干，1950年其长子殷渥群尊父遗教将所藏的30万册图书全部捐赠云南省图书馆。

综观其一生，殷承瓛参加组织领导过重九起义，率兵援藏和护国起义。这一系列的重大政治活动，于国于民有利，符合推翻帝制，建立共和的历史潮流，值得肯定。殷承瓛作为具有民主共和思想的革命者，用实际行动表明他顺应了时代要求，对辛亥革命作出了贡献，推动了历史的发展，值得后人纪念。黎元洪总统称他“护国精英”。“苟利国家死生以，不因祸福避趋之”，这是林则徐的名言，他以此为座右铭，常常喃喃念诵不已以自勉。1925年春，当着孙永安等五人，他再次书写此联，“与诸同志互相勉励”。他一生都在恪守着这条座右铭，这副对联保存至今，早已发黄并有斑斑血痕，给后人留下了深深的思索。

透过这斑斑血痕，我们看到的是一位一心为国为民，不惜个人安危的革命者。为了反对袁世凯复辟称帝，他不惜牺牲一切，历经艰难险阻，从北京逃回云南，与云南的革命者一道，共同领导了护国起义。这一页真实的历史，应当充分肯定评价并载入史册。

为维护祖国统一而壮烈牺牲的牛实将军

牛实（1880~1933）祖籍山东迁滇后先居陆良，后居会泽，军衔中将。

牛实将军，又称牛时将军，按照《现代汉语词典》的解释，“时”是“旧时指死去的帝王或尊长的名字”。而民国时期云南的大手笔、唐继尧时候的秘书长、云南代理省长、国民政府内务部长、云南剑川人周钟岳老前辈在《陆军中将前新疆伊犁镇守使国民革命军第五师师长焉耆行政长牛君墓表》一文中写道：

“君讳时，字正中。”正是周老前辈对牛时将军的敬重而以时称。接着写道：

“先世自鲁入滇，寄居陆良，再徙嵩明，数传至讳文珍者，因寻地葬亲，移居会泽。三世讳麟，四世张昌图，皆举科第”。是为科举世家，书香门第，而声播云岭，名震三迤。

清代咸丰（1851~1861）、同治（1862~1875）年间，新疆发生暴乱，进行民族分裂活动，破坏祖国的统一大业，两朝中央政府，都采取一致的方针，予以严厉镇压，并颁布当朝政令，明确规定：新疆、西藏，均属大清政府管辖区域，不得擅自更动。这是咸、同两位皇帝对维护祖国统一，反对民族分裂作出的历史贡献。

牛实将军的前辈，就在这个时期，家道中落，盛世顿衰。他的父亲牛元培，则满腹经纶，一身学问，知古今之盛事，明天下之至理，受聘到昆明讲学，携全家一同前往，并让牛实将军和他的兄长雨三，一同入学昆明。因此，现时代的陆良人，不论是当官的，还是当民的；也不论是从政的，还是从教的，问起牛实将军，都无人知道。幸好牛氏大姓的子孙们，没有忘记先祖们的过去，而在编写自己的族谱中找到了牛实将军，又托周钟岳老前辈之福，为牛实将军撰写了《墓表》，两相印证，才使牛实将军这位陆良的重要人物，在《爨乡骄子》中有了他的位置。而当今的陆良人也才能知道小黑山（双合办事处）还出着这样一位历史人物。

周钟岳老前辈在《墓表》的开头写道：“新疆为古西域地，自汉置都护咸棱所，暨亭障初开，历唐迄元，提封盖招。然土宇辽绝，叛服靡常，清圣祖、高宗，仍世挞伐，南回北准，悉隶版图，及咸、同间，缠回复叛，俄踞伊犁，左文襄西征，收复故土，建设行省，而新疆与腹地，遂同指臂之相联系。”

他说：“民国肇兴，各省底定，新疆都督实为晋滇杨公增新。公绥辑边圻，卓有谋略。又檄调牛君正中出关以参军事。君屡树勋绩，存总师干，遭遇事变，卒以身殉，此海内所同声叹息者也。”

意思是：辛亥革命的胜利，建立了民国，民国的建立，划定了各省的行政区域。出任新疆都督兼省政府主席的是云南蒙自人杨增新。他平息叛乱，辑拿首恶，卓有成效。又发文请调牛实将军西出边关，以参军事。牛实将军由上海到了新疆，没有辜负杨都督的期望，他以忠诚之心处理边乱，屡建功勋，而升为新疆省总司令。可是不幸，遭遇分裂武装的围攻，壮烈牺牲。惨案的发生，使全国为之同声叹息。

牛实将军还在很小的时候，就怀有远大的志向。长大以后，他目睹种种不平之事，慨然产生了投笔从戎之志，而进入云南陆军小学堂，立志走军事救国的道路。长者们议论说：此人生而有大志，学而有远谋，将来必定会做出惊天动地之事。

云南陆军小学堂，创办于1906年，学制两年，招收15~18岁的中等学历有志青年。每期招收100名。总共招收4期，于1911年昆明“重九”起义后停办，毕业一、二期，尚有三、四期，编入滇军干部大队。牛实将军是以优异成绩考入第一期的，毕业后，又考入湖北陆军中学，陆中毕业后，再进河北保定陆军军官学校。牛实将军是一直在一步一步地前进，一级一级地攀登。时逢1911年8月辛亥革命在武昌起义，牛实将军走出校门，奔向军营，成为孙中山国民革命的一员，担任汉阳战时总司令部参谋，不久，奉命前往上海筹备组织北伐军，升任威武军队长，率部开往辛亥革命的策源地——湖北武昌，分别驻守黄州（今黄岗）、汉皋（今汉江）。

1912年5月即民国元年，调任上海光复军步兵第一团第三营营长。同年12月，新疆都督兼布政使（省长）杨增新（云南蒙自人）知牛实将军智谋超群，才干出众，而亲致手书，特邀入疆，以为同平叛乱，共维统一之策。牛实将军接到杨增新的手书后，于12月中旬，从祖国的东方上海来到了祖国的西部迪化（今乌木鲁齐）担任新疆察罕通古后路总教练官。不久改任参谋，奉命前往伊犁平息叛乱与安抚边事。当时他陪同杨增新一道前往，采取坚决、果断的军事手段，平息叛乱，制止分裂；同时采取温和、关爱的怀柔政策，争取胁从，安抚边民，深受都督杨增新的赞赏。圆满完成任务后，升任镇边使署高等军事顾问。

1914年即民国三年，牛实将军任伊犁陆军混成旅步兵第一团团长。他整治哥老会，清剿土匪武装，成效甚著，而被称为功劳最大者。因为他看清了造成伊犁地区不安定的主要原因是哥老会和其他土匪武装，所以便着办对这两种社会势力加以分化瓦解，而由杨增新向中央政府奏准，奖给六等文虎章，实授陆军上校。

1915年云南发动讨袁护国起义，他心怀同情，但杨增新担心事坏，殃及百姓，没有参与，所以，牛实将军也就不能违令擅动。不过，他作为维护祖国统一，反对民族分裂的捍卫者，一直没有改变过自己的意志，也没有动摇过自己的决心，因而升任伊犁镇守使署参谋长。而伊犁从古到今一直是国内、国际最关心的敏感地区之一，他以过去的治乱之法，使得这块敏感地区趋于稳定。

1916年，俄国边民哈萨克人窜据新疆伊犁地区，造成严重的紧张形势。牛实将军奉命前往特克斯川与俄国政府外交官员进行谈判解决，使入境边民深感愧对中国，而返回俄国，促成两国边民之间的敦睦。在遍地积雪，冷风刺骨的严寒中，历经数月，经过艰苦的谈判与反复不断地协商安抚，遂使纠纷悉解，仇怨俱消，以自己的亲身感受，写成了《边防撮要》一书，为后来主疆要员提供了维护祖国统一，反对民族分裂的历史借鉴。当时受到参谋本部的嘉奖，并奉大总统之令，根据他处理俄属哈萨克人占据伊犁之事，处理得当，成绩卓著，特以重奖，授四等文虎章。随后他又到新疆各个关隘进行考察，遍访边境民情，测绘山川形势，为国家提供缓急之用，为政府提供安民之策。

1917年，俄国爆发“十月革命”，大批沙俄残余武装涌入新疆，告急文书一日数起；军事情报，密如飞雪。国民政府为了严防外敌侵入，蹂躏边民，调升牛实将军为霍尔多斯司令，指挥步、骑、炮等所有部队，以震慑寇仇，而保边邑。他受命之后，采取切实可行的方法步骤，很快就收到“关开节解，境用安谧”之效：中俄两国边民和睦相处，往来自如；他管辖的境内，安定团结，太平无虞。因此，中央又委牛实将军兼任伊、霍、绥三地禁烟提调。他对当地的百姓关怀备至，优待有加，深受爱戴，有“民不苛扰，而事就理”的称赞。不久，又接中央委任兼伊犁兵要地理调查主任，他为了更好地完成这一特殊任务，“遍历边区要隘，测绘详细地图，以为整边之用。”

1918年，牛实将军调任骑兵团第二团团长，并由中央政府实授陆军少将。此时，被推翻的沙俄旧政权残余武装，死灰复燃，占领新政权控制的萨玛尔地区，并“窥我边境”，对我国新疆构成了严重威胁。而牛实将军则从容以对，部署严密。先占领俄属萨玛尔地区的沙俄残余武装，被苏维埃革命武装打败后，则退据新疆伊犁地区。牛实将军指挥所部一一将其俘虏，放下武器，缴械投降，而避免了伊犁地区的骚乱之苦，消除了沙俄残余的窜据之患。中央下令，奖慰有加，使牛实将军名声大震。

1920年，牛实将军因功升任代理伊犁镇守使，数度平息叛乱，稳定大局，功劳更著。

1921年，牛实将军正式升任伊犁镇守使，进一步加强了地方的整顿，巩固了社会的治安秩序，出现了军民团结，相安无事的太平盛世。

1922年，苏俄武装部队侵入新疆塔城，将该地道尹杀害，全疆为之震骇。中央为抵御外虏，抗击侵略，将牛实将军提升为新疆总司令，率师往剿，随即数平，再次立功，万民共庆。即《续云南通志长编》所记：“挫其机牙，安其反侧，危局复定。”这是牛实将军在十余年的戎马生涯中，制服外敌，力挽危局时所显示出的惊人才能和卓越智慧，也是他担任军职以来登上的最高台阶——新疆省总司令。

古人有言：智者，激流涌退；愚者，末途恋栈。牛实将军是位智者，就在他收拾了入侵之敌，稳定了边疆大局之时，他向自己的云南同乡、不断支持他攀登军政高台的新疆省主席杨增新提交辞呈；同时向中央政府电请免职，以携家小，告老还乡。可是，新疆的父老兄弟死死挽留；而杨增新，尤其难于割舍；中央政府更认为，镇守西北边关，已无恰当人选，乃复电恳留，于是，只好继续工作。惟“频年戎马，以一身兼军事、外交，辗转毡裘潼酪之区，积劳致病，乞退未获，人民挽之尤殷。”在这盛情难辞之下，牛实将军不得不放弃思乡归里之心，留下不走。

1923年秋，牛实将军的兄长牛雨三从云南出发，前往远离万水千山的新疆探视，兄弟二人欢聚一堂，长达三年之久。这是牛实将军在人生的旅途中，能与自己的同胞兄弟在一起渡过的最幸福、最快乐的一段日子。

1925年春，云南遭受了一场百年不遇的霜冻灾害，陆良的村民们叫做“霜扎麦子”。全省受灾面积61个县，其中颗粒无收，完全灭产者达半数以上，包括滇东的陆良，滇西的大理在内，只有滇南地区，海拔较低，气温较高，受灾较轻。牛实将军远在祖国的大西北，得知此事，极为不安，为表示对家乡父老的一片关爱之心，他鬻粥赈救，解囊相助，将自己多年的积蓄全部捐赠给父母之邦，在云南成为居外供职的第一人。

1926年春，牛实将军之兄雨三返滇，他执手相送，“颇以尽瘁国事，恐不能生入玉门为言，其处境之难，报国之忠，可概见矣。”牛实将军已经预见到未来的道路将会艰险莫测，兄弟之间很可能就是最后一次分手，而自己也许回不了故乡云南，将会客死在茫茫无际的大西北！

这年冬，苏俄叛军再次勾结内地官兵，潜谋不轨，围攻伊犁镇守使署，炮火极为猛烈。牛实将军率领卫队与之搏敌，将其首领击毙，余众溃退，而使伊犁化险为夷，转危为安。因此，奉中央之令补授陆军中将，成为在孙渡将军之前陆良的第一位中将。

1927年，牛实将军在治理军队，保卫边防的同时，还特别关心地方建设，捐资7万两银元，开浚河道，兴修水利，灌溉数千亩良田，造福于边疆少数民族，而受到很高的称誉。

1928年7月7日，对新疆而言，7月7日则是全省人民大祸临头的一天。新疆省务厅长兼对外交涉局长即外交特派员樊耀南被邻国政府收买，将省政府主席杨增新杀害，自任主席，企图把伊犁等大片土地划给外国，来充当邻国在新疆的代理人。但是，天不容跳蚤长大，事发后的当天，民政厅长金树仁密电国民政府军事委员会委员长蒋介石，复电：就地正法，由金厅长代行新疆省主席。金树仁奉电而行，于次日将樊某镇压，全疆遂安。牛实将军对杨增新遇害极为震惊，因此，更加促使自己离疆南归的念头，“归志益切”。而正当此时，军事委员会则下令牛实将军兼任国民革命军第5师师长，镇守新疆。于是，责任难御，军令难违，只好继续干下去。

1930年，牛实将军认为自己不能再干，而力辞本兼各职，于1931年春获准，卸事欲归，伊犁地区的蒙旗王公及广大民众，恳留弗许，依依惜别，前来送行的政府官员和平民百姓，制匾联衣伞送别，并有感泣而在道路两旁啼哭者。到了迪化（今乌木鲁齐），省主席金树仁又把他留下，电请国民政府简任焉耆区行政长。于是，牛实将军再次被留在新疆，遂往就职。在由迪化到焉耆的途中，到处是蔓草丛生，荆棘盖地，来往的行人甚为艰苦。到达焉耆后，立刻派人筹积资金，动工修筑。后来，牛实将军倡修的那条道路，便成为从迪化到焉耆的坦途。当他视察蒙部时，得知挑动民族矛盾的是蒙军旅长，即以兵力除之，而使地方趋于安定。

1932年，焉耆这个多事之地，发生了缠回之变，又动荡不安。而最先制造事端的，是马仲英，缠回首应，使全疆为之震动，焉耆尤其岌岌可危。当时，牛实将军掌握的部队只有一旅，并驻防在百里之外的库尔勒。牛实将军飞檄往调，而旅长詹士奎则拥兵自重，抗命不从，而电请省政府增兵支援，又被电信部门的职员所压。但牛实将军仍从容亲率卫士与敌力战。惟众寡悬殊，弱不敌强，遂于1933年农历正月初三日壮烈牺牲。牛实将军战死后，叛乱武装大肆进行烧杀、虏掠，并将焉耆行政公署烧毁。

牛实将军的大夫人周氏、二夫人田氏及其长子舜宗、次子禹宗、侄子虞宗和长女佩芬等全家一起投火自焚，结果周夫人及长子舜宗、侄子禹宗获救，躲藏在民间医治。1934年秋，周夫人带着两个孩子沿途乞食而行，到达迪化。善后督办盛世才买了一口特别豪华的灵柩，将牛实将军的遗骸运到迪化设灵堂公祭，历时数周，结束后，周夫人与长子舜宗、倒子虞宗护送还滇安葬在会泽县。当时省政府秘书长周钟岳受请为牛实将军撰写《墓表》。

周钟岳老前辈在《墓表》的末尾写道：

自民国初元，边疆悬隔，时时有脱辐之虞。杨公坐镇西陲，腼和回汉，龙吐不惊，牛君佐之，用固吾圉。吴天不吊，杨公死于凶竖之手；而变乱相寻，君亦縻躯以继。驯至强邻窥伺，葱岭以东，且岌岌不可终日。《诗》曰：“人之云亡，邦国殄瘁。”斯则不徒为牛君悲悼而已。周夫人备尝险阻，携孤奉柩回籍，会泽同乡，将为治丧，属钟岳为文以表其墓。予谨纪其事实，并揭书新疆形势之危，以告国人之留心边事者。

少将参谋长张乃良

张乃良，陆良县中枢镇南门街人。清光绪年间留学日本，入东斌学校。受进步思想启迪，1905年在日本参加中国同盟会，追随孙中山先生革命。学成回国后，于1917年担任江苏省督军公署少将参谋长，尽瘁革命。

云南著名兽医细菌学专家俞其能主任

俞其能（1888~1975），出生在陆良县中枢镇西门街一个书香世家；为俞氏学仁支系第21代孙，俞性善之次子。

能初时入私塾，毕业后就读曲靖府高等小学堂，刻苦用功品学兼优，于1909年毕业。受聘在陆良县城小学堂教书。

1911年考入昆华第一中学，学习成绩名列前茅。

1914年昆华一中毕业，被选送赴日本留学，就读于东京帝国农科大学兽医细菌学专业。

1921年学业届满，留校实习。时年33岁。

1922年回国途经上海时，上海兽医学院蔡无异院长识其所长，礼聘该院教员，先生婉言谢绝，志愿回滇从事兽医事业，服务桑梓。由于当时云南内部纷争，兽医事业不被重视，而大失所望，再次出国。在日本东京血清厂从事微生物检验。积数年之经验，其技术日趋精深。

1931年日本军国主义发动震惊中外的“九一八”事变，侵占我国东北三省。先生义愤填膺，毅然决定回国，整装之际，血清厂以重金挽留，先生仍然拒绝。回到滇省后，先后担任昆华农校，云南军医学校，昆华医士学校，昆华师范学校等校细菌学教师。

1937年抗日战争爆发，先生失业，回到陆良县城，相继担任中、小学教员，以微薄薪金维持生计。

1950年，我省富民、武定等县耕牛大批死亡，时任省农林厅长的张天放派专人到陆良请先生前往诊治，经采血化验，确诊为耕牛锥虫病。由于诊断准确，措施得当，很快扑灭了疫情。

1951年，先生被云南省农林厅选用，安排在云南兽禽疾病防治研究所担任主任。

同年陆良首次发生猪喘气病，经先生诊断，提出有效防治措施，结果控制了疾病扩散，减少了农民群众的损失。

1952年，嵩明军马场为驻云南解放军部队饲养的大批军马患病，驻场军医多方诊治无效，请先生前往采血化验，确诊为细菌性感染，经对症下药，挽救了大批军马，部队给先生颁发了军功奖。

难能可贵的是在取得了医治成效时，先生从不自恃骄傲，而是视为大家合作成果，为同事所称誉。

先生在全省兽医界声望远播，名气大震，被云南省兽医防治所聘任化验室主任，（地点在昆明西站56号，系云南农业大学兽医院），为我省最高级别的兽医专家。

1953年3月云南省兽医防治所改制，分为兽医研究室（系今云南省畜牧兽医研究院前身）和兽医防疫大队（现为云南省检疫检验监督所和云南省疫病控制中心前身）两个单位。先生任兽医研究室主任。

1955年底至1956年初，我省种畜场奶牛发生一种无名高热性尿血性疾病，多名兽医诊治无果，后经先生采血样做显微镜检验，确诊为牛巴贝西焦虫病，而得到及时治愈。

先生精于兽医病菌学研究，五十年代，我省几起大的疫病扑灭，和疫情普查防治，皆有先生参与指导。先生是确诊云南有牲畜锥、焦虫病和炭疽病菌的第一人，为云南省最早的兽医细菌学专家。

1951年至1956年，先生兼任云南省农林厅兽医干部培训主任，在教学中理论联系实际，反复剖析，精心操作，多方示范，十分注意析解事物内外因果关系，以释疑解惑，为全省培训兽医和干部300余人，为发展云南畜牧事业奠定了基础。

1958年大跃进时期，对于开展的全民大炼钢铁的做法，先生提出了不同看法，他说："白天睡觉夜间苦战，不计成本，不讲效益，不讲科学。"得罪了当时党政领导，被劝退回家。

1962年因兽医治病防病急需，又恢复工作，继续担任兽医研究室主任。先生已七十四岁高龄，仍深入实际，积极工作。

1966年"文化大革命"期间，先生被戴上"反动技术权威"帽子，解除研究室主任职务，勒令做勤杂工作。

1970年再次恢复研究室主任职务，当时先生已八十二岁高龄，仍老当益壮，"不用扬鞭自奋蹄"，继续努力做好兽医细菌学的治病防疫工作。

1975年贫病交加，在昆明病逝，享年八十七岁。

一生致力于兽医事业的细菌学专家，光明正大谦虚谨慎，病逝于科学研究、治病、防疫的工作岗位上，令人们肃然起敬！

先生生有两子，据说在当冶炼工人，经多方寻找未果。

提供素材的俞浩（现任云南农业职业技术学院副院长）系俞其能先生的远房堂弟；俞鸿霞（现任农业厅计财处副处长）系俞先生的族孙女。

名中医王东君

王东君(1892～1972)，原名应镐，陆良县城南门外盘江街人。其父王圣昌，字睿生，博学多识，名列秀才前茅。光绪十九年(1893年)应乡试，曾获乡荐未中。赋性刚正，鄙弃阿谀。目力近视，却精于书法。继承家传儒医，擅长妇科，为县内名医之一。医德高尚，望重乡里，倍受尊敬。

王东君，少年时受其父教育，勤奋好学，学业日进，并随父从医，20余岁便掌握医术，协助其父从事医疗工作。20年代初期，其父视力日趋衰退，除在疑难病例上予以指导外，医疗工作由其承担。民国22年(1933年)，其父逝世后，不仅善继家传妇科之长，而且医学知识日益由博而精。审症求因，随症施治，拯救病患，名声日扬，继其父跻身于县内名医之列。1954年，加入联合诊所，1956年调入县卫生院中医科。在实践中注重学习现代医学知识，冲破传统儒医，力求中西结合，遇到疑难病例，主张经西医诊断后，综合分析，审症施治。如治疗急腹症，经西医确诊为肠梗阻后，施以大承气汤，疗效良好。对于流行性传染病，鉴于六经病法中之太阳症，其中有一汗而热遂退者，是人体抗病之趋势向外向表，毒害性物质从汗液中排除，而放散体温。以汗法治疗流行性热病，辛凉透表，亦可使细菌或病毒从肌表排除而获愈。50年代，陆良县内麻疹、猩红热、流行性感冒等病流行，其运用汗法施治，辛凉解表后，随症施治，效果显著。治疗常见外感病，主张扶正祛邪，多用补中益气汤加散药，使汗而不伤。妇科疾病，不论经；带、胎病，均具独到之长，深受群众信赖。对七情内伤之病，以说理劝导患者，使之思想开朗，心情舒畅，以杜致病诱因，而收事半功倍之效，颇受患者赞许。其立法用药，极其谨严药味不多，剂量不大，以对症为宜，其经验是往往以大剂取效；胃气不胜药力，反而欲速不达。

1958年，带徒学医。其讲授医学知识，深入浅出，使受教者易以知其要领。对三因、四诊之诊察，八纲、八法之应用，理法方药之原则，皆条理清晰，层次分明，务使学徒能运用中医学的系统理论基础知识，运用于临床实践。每日门诊，学徒相随实习，诊断病情，审症求因，运用方药，随症变通，既按原则又灵活运用，以作示范。对复诊病例，剖析施治方法以验证疗效，使学徒在实践中得到进步。常教导学徒，凡为医者，“治常易，治变难”。必须勤奋学习，求得精博知识，临床施治，自能运用自如，不仅善于治常，又能善于治变。从学者，受其言传身教，多能继其所长。

王东君行医，理明术精，深受人民欢迎。50年代中期，曾两次被当选为陆良县人民代表大会代表、陆良县人民委员会委员。60年代初期，其苦心孤诣，整理数十年所积医疗案例，不幸“文化大革命”到来，遭到批判，工作终止。1969年，年近八旬，被下放到马街区卫生所工作，每日诊断病例五六十号，工作时间常超8小时，身体健康日渐衰退。1972年6月，积劳成疾而逝，终年81岁。

“马”大医生张映才

张映才(1892～1972)，陆良县三岔河镇天宝寺办事处人，中兽医。幼年时，家庭以佃耕为业，其父常帮人赶马，弟兄5人皆身材魁梧，邻里俗称“大汉子”。其父及长兄赶马远出，相继丧命异乡，因此，家境清贫。他12岁时即帮亲戚家放牛马；年15岁时，身躯将近于成年人，被雇用赶马，承担5匹马的运输责任。凡钉蹄铁、抬驮子、日间做饭、夜间轮班守马，皆操作敏捷，日趋熟练而超越同帮的成年人，受到主人的器重。但遇到马匹患病时即束手无策，时欣逢其四叔祖知兽医，他勤求教导，其叔祖教以理、法、方、药及临床实践的基本知识，马无呕吐、忌用吐法，长途奔劳，易汗而多热症，除经多日雨淋，皆不用汗法、温法。1年之中须按季节施治，但又必须临症变适，不可固执不化。1月之中，喂一、二剂清热败毒药，预防生病。对于外伤疮、癀、肿症，以枚针刺破患处，敷以黄柏药膏，内服败毒药可获速愈。他铭记教导，实践中不断探索施治方法，遇到疑难病症或记忆不准确之处，每回家时，必反复求教，逐步加深认识，医技日益进步。同帮或邻帮的马匹患病，均请他医治。30年代初期，马帮日渐衰落，复鉴于父兄逝于他乡，遂在家种田，兼行兽医，继而以兽医为主业，医技精良，人们习称“马医生”。

1956年8月，陆良县开始设立“兽医联合诊所”，县兽医站动员他参加诊所，他慨然应允，将药物折价投入诊所。工作中，节假日不休息，牲畜有病随到随诊。他在医疗马匹疾病中，积数十年之经验，多用清热药，按季节分别施治。春季以甘寒养阴，兼治呛咳；长夏以苦寒燥湿，侧重清暑；秋末百草结子，清肝胃之热以杜目疾；寒冬水冷草枯，适当温补。尤擅治马匹的起卧症，他根据马匹患起卧症的原因，一是胃气滞塞不通，二是粪球排除被阻。施治时，气滞者通其气，粪球被阻者，施以润滑剂为主，攻下次之。但二者互为因果，辨证却难。他实践丰富，辨证准确，疗效良好。马匹的呼吸道病，当鼻流浓涕，呼吸困难时，以火针烙开喉管(俗称开喉)；或颚凹淋巴发炎，呛咳流浓涕时，则剔除其发炎之淋巴(俗称割槽结)。两种病症，都属于普通常病，他能施治敏捷精当，不伤及血管，易于痊愈，受畜主信赖。尤擅长治蹄病，看马匹跛行状态，即知其患病部位，以枚针刺破患处，流出清液，不伤血管而流血，能获速愈。他毕生施治，仔细审症，用药谨慎，深受畜主赞许，不仅县内马匹生病时，多牵来就医，邻县之马匹患病也多牵来求医。60年代初期，兽医诊所发展为兽医院，他开始带徒学医，因材施教，从学者多能善继其长。他在兽医院二十年如一日，坦率真诚，受人敬重。

1972年春病逝，享年81岁。

深受乡人称道的李鸿谟中将

李鸿谟(1894~1969)，字希尧，号中南，出生于云南省师宗、陆良、泸西三县接合的黎家坝(解放前属陆良县南靖乡，解放后划归师宗县葵山镇)。李与陆良结下深厚的乡情。

1912年，李鸿谟胸怀爱国之志赴昆就读省立中学，毕业后考入云南讲武堂，与朱德、龙云、卢汉、杨体元等同窗，开始了他的军旅生涯。讲武堂毕业后，参加云南护国起义入川作战，在滇军中历任尉校衔等军职。

1930年任第10路军总指挥部少将副官长、此间曾与国民政府驻滇外交特派员一道，多次代表云南省政府出使法属越南、英属缅甸等周边国家。

1932年奉调河口对汛督办兼河口党务指导委员。

1937年临危受命回昆担任滇黔绥靖公署交际处主任，并筹建全省最高警察机关，随即与云南军政要员陪同云南省主席龙云赴南京，出席有各省军政长官和中共代表出席的抗日国防会议。飞赴南京后又与朱德、叶剑英同住汤山。此间龙云与朱德建立了电报联系，并确定了密码。此后直至抗战胜利，李鸿谟与朱德再未见面，但他们却在两条路上为抗日救亡奋斗，情谊没有间断过。1956年朱德赴昆视察工作，在震庄宾馆下榻后，即约见并宴请了李鸿谟，邀请李一同观看了演出，直至朱德离昆。

1938年，抗战前线吃紧，李鸿谟又陪同龙云赴武汉与蒋介石会面。

抗日战争中李鸿谟授中将衔，任少将职，历任国民党云南省党部执行委员，云南省政府委员，辖云南全省的昆明军警督察处副处长等职，除担任滇黔绥靖公署警务处长交际处主任及云南省警务处长外，还任云南防空副司令、国民政府军事委员会委员长昆明行营警备司令部副司令等职。在这期间，李鸿谟全身心投入到全民族抗日救国的洪流中，尽到了自己应尽的历史责任，成为云南抗战时期的核心决策人物之一。

1941年李鸿谟奉命加强云南防空，兼任云南省防空副司令。在和飞虎队的并肩战斗中，双方建立了深厚的友谊。1992年飞虎队队员乔治和夫人马西屏及部分飞虎队员回到昆明，找到了李鸿谟的后裔，李家在红河餐厅接待了他们。马西屏女士回美国后，数次从西部洛杉矶飞赴康州，去看望97岁高龄的李鸿谟夫人。这是中美两国人民在反法西斯战争中建立的珍贵友谊，这感情深植在中美两国人民心中。

1945年抗战胜利后，龙云被迫调渝任军事参议院院长，李被安排为国民政府参政，1946年当选为国大代表，参加了制宪和行宪会议，并被派赴美考察警政，临走前把巡津街的老房子卖给陆良同乡会，将两个子女及秘书王子刚带到美国留学。李鸿谟在美国考察年余，所见所闻颇多，接受了大量的民主自由的观点。回国时购得20辆美制三轮摩托车，全部赠送给昆明警察。

抗战期间李将军一直将自己的私宅(昆明市北京路茶花公园内石房子)用作省府接待宾客之所，曾接待过国民政府的高官显宦及参加抗战的中外名将并且建立了私交，为后来支援边纵、营救进步学生及陆良灵台寺游击队员被俘事件等，带来了极大的方便。

1941年12月上旬，重庆《大公报》揭露了孔祥熙在香港撤退时，宁愿用他所掌握的飞机装运自己的抽水马桶和洋狗回重庆，而不愿接运滞留香港的中央有关人员和专家教授及知名人士。对此昆明爱国学生发起反孔游行，云南省政府主席龙云表示支持，亲自动员西南联大三校委梅贻琦、张伯苓、蒋梦麟(即原清华、北大、南开三校长)并由云南宪兵司令禄国藩和云南省警务处长李鸿谟同联大三校委，走到学生游行队伍的最前列。通过的街道，遍设警岗，50米一岗，两人隔街对站，防止特务和外来间谍捣乱。游行队伍按照规定路线游完后，安全返校。当时真是正气压倒一切，邪恶无处藏身。游行结束后，全市人民为之大振，通街贴满反孔标语。来往昆明重庆之间的中外旅客，看到昆明出现的新气象，盛赞这是全国最活跃的城市。记者们则说；“敢动孔院长尊颜，堪为民主堡垒”。于是昆明的民主堡垒之称，由此得名。而李鸿谟和龙主席、禄国潘及西南联大三校委以及所有参加游行的广大师生，应当称为民主堡垒的先驱者。

李鸿谟对自己的子女参加学生运动从不责问，还给他们很多实际支持。1945年，昆明发生“一二•一惨案”，白色恐怖笼罩着昆明。半年后又发生了“李、闻惨案”，形势非常紧张，西南联大的19位教授被迫到领事馆避难。李家在“联大”英专读书的长子李竞生，就用父亲的座车接送这些教授。“一二•一惨案”后，龙云的女儿龙国壁、李鸿谟的女儿李慧生、卫立煌的女儿卫道蕴都参加了出殡游行，这在南箐中学文集中都有记载。李鸿谟的养女何海珠，解放前多次参加学生运动、并加入了民青，后来又参了军，上个世纪90年代成为离休干部。李的亲侄女婿张鹏，是中国人民解放军滇桂黔边区纵队二支队司令员何现龙的参谋长，1938年上半年，在抗日战争中他参加过台儿庄战役，解放后在宜良军分区任职。

1948、1949两年之间，李鸿谟受云南省政府主席卢汉聘请，出任云南省政府顾问，直接与云南的革命游击武装联系，并受卢汉的指示暗中给边纵运送武器弹药，营救被抓的进步学生。

值得一提的是：李鸿谟将军出于乡情之念，约同国民党云南党部主任裴存潘（云南昭通人）去找警备司令何绍周，请求释放1948年3月7日在陆良灵台寺被俘押赴昆明待处决的31名游击队员。他说：这是一些没有文化，十分无知的农民，望何司令开恩，让他们回去，免受其父母、家小的痛苦之灾。结果全部被释放，还发给路费回家，挽救了31条性命。

云南和平起义的前夕，李鸿谟的私宅(石房子)成为当时政治中心人物的重要聚会场所，有关云南和平起义的一些重要决策就是在这里酝酿形成的。1949年12月9日，卢汉在云南宣布起义。当晚在云南省政府所在地五华山，李鸿谟与其他起义将领共同处理起义事务，并劝说中央军及军统驻滇负责人拥护起义。但是驻滇中央部队第8军和第26军不识时务，于12月16日调头围攻昆明，并动用飞机参战。昆明危在旦夕，起义部队奋起抵抗，但力量悬殊，难以阻挡。为求退兵之计保卫昆明，李鸿谟前往龙泽汇家做李弥将军及其它将领的思想工作；转而又忙着和其他起义官员、将领一起策划退兵之计。李鸿谟将军和庾恩锡在边纵成员梅性诗（50年代初任宜良专署公安副处长）的陪同下，冒着生命危险，由白鱼口乘木船到滇池南岸登陆奔赴滇南寻找边纵9支队司令员余卫民联系保卫昆明事宜。他同时又做劝退中央军停火后撤的工作，李将军根据卢主席指示不顾个人安危前往海源寺金库中提取银元交付给围攻昆明的26军军长余程万，促其最终撤退，胜利地保卫了昆明。

1950年中国人民解放军进驻昆明后，于3月24日成立军管会接管了云南政权。由于极“左”思潮的危害，李鸿谟未得到起义人员的待遇，却以官僚地主对待。一个为抗战出力，为支持革命出力，为卢汉起义出力，为保卫昆明出力的将军，反而在1955年肃反运动中被捕，数月后昆明市检察院给出了这样的结论：“历史虽有罪恶，但在我省和平起义中有立功表现，免予起诉”。李将军获释回家后，1957年在省政协政治学校学习中，又被他人所写发言稿牵连错划成右派，“文革”中被迫害致死。

1978年12月中共中央十一届三中全会以后，以邓小平为首的党中央拨乱反正，为全国冤假错案平反。李鸿谟也于1979年由中共云南省委统战部对他的“右派”问题予以改正、平反昭雪，并且在文件中明确了随卢汉起义的身份。

1979年，在美国定居多年经营房地产的长子李竞生回国探亲，骨肉得以团聚。李老夫人被接到了美国居住。怀着对祖国的深切感情，李竞生在上个世纪80年代为中国华东、云南、新疆受灾时，多次从美国组织救灾物资运送回国，因此曾一度被聘为我国民政部中国救灾委员会名誉理事长。1985年，昆明军区为李鸿谟将军颁发了起义人员证明书。李将军在美的女儿李慧生英年早逝。在国内的儿子李济生及李民生分别为新疆石油管理局和云南省地矿局的工程技术干部，已退休。最小的两位儿子，李和生及李定生分别担任了云南省、新疆自治区政协委员。李和生已移居美国，李定生是新疆具有国务院津贴的主任医生，已退休。2005年，中共中央、国务院、中央军委向已故的李鸿谟将军遗孀润海阔颁发了中国人民抗日战争胜利60周年纪念章。

李鸿谟是一位抗日爱国将领，也是一位优秀的外交官，更是一位忠厚诚恳，追求民主，关注家乡教育，乐善好施、仗义疏财的贤达。赠给陆良县中一整套《学生文库》和每名学生一部王云五版《四角号码字典》。在历次政治运动中李家从未受到来自家乡的牵连，在家乡人的口中听到的都是对李鸿谟将军的尊重和好评。由于篇幅所限不能记述，只是从一些文章中略摘两段以供参考。俞智英、段粗武、牛春先等三位老师在所写的《李鸿谟传略》中认为“以陆良在外的仕官而言，官职比李大的还有，再以财产来说：“比李富有的还不少，可为桑梓建树出力捐助和对贫困者之周济，能像李这样慷慨者就几乎没有”。

李孔武、李文旭等同志编写的《李氏族谱》中认为李鸿谟是“深受人民敬仰的爱国将领”。

《中共云南地方党史大事记》中是这样记载：“1944年秋，在陆良旅省同乡会理事长、龙云政府警务处长李鸿谟的力荐下，大革命时期的秘密党员熊从周于年初第二次出任陆良县长，熊从周到任后组织治理过多年危害人民的洪水灾害……”。

“云南河口—西部明珠”网站中黄日雄老先生所写《河口对汛督办简介》一文有这样的记述：

“从清末至民国末年，共四十一任督办。任期最长的(四到五年)有高向春和李鸿谟……历任督办中也有些胸怀一定抱负，立志为地方做些有益的事情，以尽父母官之责。如许德芬、王广龄、高振雄、李鸿谟、陈玉科等，他们对地方的建设和教育事业，都作过一些贡献，今尚为后人称道”。“去者因死而远，却虽远而近，历史会记住，百姓会记住。”

名隆东亚的博士卢锡荣厅长

卢锡荣（1895~1958），字晋侯，陆良县中枢镇真理街人。

幼时读私塾，16岁考取高等预科学校，结业后入英文专科学校，攻读英语。19岁留学美国哥伦比亚大学攻读政法专业，于民国8年（1919）取得哲学博士学位，后赴美、法、德等15国考察，著有《欧美十五国游记》。1922年回滇，乡人赞颂他："籍位南滇，官分北直；名隆东亚，才显西欧。"云南省省长唐继尧任命卢锡荣为省教育司参事兼昆明市建设委员会委员，1923年任东陆大学编辑部长，1924年任教育司参事兼东陆大学副校长，1928年任云南省教育厅厅长。因教育经费拮据，首倡教育经费独立，提出"划拨教育经费，并保障其独立"的议案呈报省政府，经省主席龙云批准实施。同年4月，他拟订了《县教育局长考试暂行条例》，规定县教育局长要经过考试合格者才录用，废除原有县长推荐的制度。他还破格在政法学校招收女生。同时拟订办法，由省教育厅选择几所国立大学，双方协议，凡考取该校的滇籍学生，教育厅按月给予助学金新滇币15元，以及汇费减半优待的建议，经龙云批准实施。又在中等以上学校开设图书室，修建体育场所，对华坪、易门两县教育局长侵蚀挪用学款学租案作严肃处理。

1929年底离开云南到重庆担任政法学院院长。

1933年，调中央内政部礼俗司任司长。1935年调任中央古物保管委员会委员兼云南旅沪同乡会监察委员会主任。1937年为邓川、彝良、华坪、宾川、石屏、宜良、罗茨等县及省教育会自由职业团体的国大代表候选人。1940年任正风文学院训导主任。1941年，奉命搜集整理第三军（滇军）抗日战史和军长唐淮源传记。第三军是云南护国起义的第二军，出师桂粤，1925年编为国民革命军第三军，参加第三次北伐战争，以英勇著称。1937年抗战爆发后，于同年10月从西北地区的甘肃天水，开赴华北战场的保定、望都。此后进入华北战场的山西旧关杀敌，晋南肉搏，威震敌胆。唐淮源为第三军第四任军长，奉命坚守中条山，于1941年5月，面对20万日军加400架飞机的猖狂进攻，为保持抗日军人的人格和中华民族的国格，在以寡敌众，以弱敌强的情况之下，壮烈牺牲。

1943年卢锡荣为国民党云南省执行委员会第一区候选人。同年5月为云南省旅沪同乡会理事长。6月在上海创办私立新中国法商学院，任院长。两年后，又创办复兴中学、新中国大学，任校长。

1950年，朱德总司令到沪视察工作，卢锡荣将所建大学移交国家管理，调至上海文物馆工作。1958年3月病逝。享年63岁。

抗日儒将孙渡

“还我河山，洗雪国耻”，这是孙渡将军出征抗日时留给家人的告别誓言，也是向全省人民表示的抗日决心。他是一位智勇兼资，文武双全的抗日名将，也是一位关爱部属，体恤民众的军中楷模。在云南，被称为小诸葛；在全国，被称为大儒将。出征时，他是全国100位军长之一；抗战中，他升为全国40位集团军总司令之一。在华东、中南广大战场，他指挥三迤健儿、云岭子弟58军、新3军全体抗日将士，同来犯的侵华日军血战到底，不但打出了滇军的军威，而且打出了中国的国威，令日军胆寒，使国人感奋。他出征抗战7年零半月，消灭日军10万之众，而自己伤亡不到8万，在40个集团军中，成为斩获最多，伤亡最小的集团军之一。他驰骋于大江南北，转战于湘鄂赣浙，曾经遇到过不少困难，面临过许多危险，但是，总以牺牲的精神，勇往直前；以必死的决心，夺取胜利，而使58军获得代表第9战区司令长官薛岳在南昌接受日军投降的殊荣（战功大的才能受降），新3军获得在九江接受日军投降的殊荣，他自己荣获国民政府军事委员会授予的最高奖章——青天白日勋章。今天，这位为中华民族的生存而战，为祖国独立自由而战的第1集团军总司令虽然远离我们40多年了，但是，对于了解他的家乡父老和本省、本国以及外国、外域的友好人士，依旧还在追忆他的过去，怀念他的往事：

孙渡（1895~1967），字志舟，陆良三岔河镇小新庄人。官至集团军总司令、省主席，中将。

1931年“九一八”事变爆发后，以省主席龙云为首的云南军政各界已从过去的亲蒋反共转向亲共抗日的道路。因为他们已预见到中日大战不可避免。打胜了，是全国的福气，打败了，是全国的灾难。为了打胜这场大战，免除这场灾难，便倾全滇的人力、物力和财力，进行抗战的准备。诸如购置新式武器、增加积谷储备、扩充部队，训练壮丁等等。孙渡将军是龙云的重要谋士之一。

1935~1936年，云南面临着一个地方政权能否存在的严重问题，即中国工农红军举行二万五千里长征，要路过云南；国民政府军事委员会领导人认为云贵两省军政首脑有贰心，要借围剿红军之机，消灭两省的地方武装。孙渡将军时任龙云第10路军总参谋长及行营主任兼第3纵队司令，对滇军负指挥全责。他权衡利弊，揣度轻重，在不妨碍抗战准备的前提之下，对红军路过云南采取“围而不堵，追而不击”的战略方针。围、追是执行中央命令，使之无借口可找；不堵、不击，是对红军网开一面，让他们尽快离开云南。结果，他的一计之出，而破中央的“双雕”之谋，既使红军胜利地渡过了金沙江，又保住了云南的地方武装，还使前来督战的蒋介石对龙云增加了信任感。而贵州省主席王家烈则缺乏孙渡将军的韬略与谋划，同红军硬打，最后导致“主席亡权，贵州亡省”。

龙云对自己没有成为贵州王家烈第二，十分感谢孙渡将军，特设家宴款待。龙云在高兴之中提问：你是孙志舟，我是龙志舟，你这个孙志舟为何意？孙渡将军回答：我是激流之舟，可以冲破惊涛骇浪，克服千难万险，到达平安的彼岸。敢问主席：你这个龙志舟又为何意？龙云说：我是大旱之云，云能生雨，可以普降甘露，营救众生。说罢，两人相对而笑。

1937年“七七”事变爆发后，云南组建的第一支抗日出征部队60军，首任军长本应由孙渡将军担任，但是，龙云不让孙渡将军出去，而把任务交给了表弟卢汉将军出去。第二支出征抗日部队58军，于1938年6月组建，龙云还想把孙渡将军留在自己身边出谋划策，而最后是由军事委员会委员长蒋介石点将，于6月6日正式宣布孙渡将军为58军首任军长。他临危受命，以不可动摇的意志和决心，率部出征。出征之前，孙渡将军针对当时社会上存在的“亡国论”、“速胜论”等不利于抗战的种种舆论，特于6月21日在昆明向中外记者发表谈话指出：中国既不会亡国，也不会速胜，“最后胜利应于长期抵抗中求之。”当记者问及如何治军时，回答说：“现时代之军队，须着重于政治训练，务使各个士兵，均能养成抗战必胜信念，然后以之摧敌，无敌不克。”《云南日报》介绍说：“孙军长年华虽逝（43岁），英雄不老，谈及抗战军事，则气态轩昂，神采焕发，厥见解之超越，有如其目光注射之深远。”孙渡将军在谈话中还特别强调：“在此长期抗战过程中，余以为一方面须将现有战斗能力设法保存下去，另一方面须将未来战斗能力，努力培养起来。夫如是，抗战日久，则吾国之抗战力日益强大之兵力，当疲弊之敌军，最后决战，必操胜算。”7月10日，陆良同乡会在云南大学至公堂欢送孙渡将军挥师出征，抗日杀敌，特赠军旗一面，上书“邦家之光”，“以表乡谊，用资策励”。而孙渡将军则把那面军旗视为珍宝爱护有加。

1938年8月1日，58军4万余众，在孙渡将军的率领下，从昆明出发，开赴抗日前线杀敌。第一仗是参加武汉外围崇阳之战，由于友邻部队缺乏配合，使58军蒙受重大损失。所属新编第11师被取消番号，代师长马奎撤职，孙渡将军记大过处分，新编第3军军长张冲被判刑。这一沉重的打击，对孙渡将军而言，可以说是晴天霹雳。然而，他不气馁，不灰心。失败的原因本来是友邻部队过早撤退，让刚刚参战的58军和刚到湖北才组建的新3军全部暴露在敌人面前，于卒不及防中受到重创。可是，孙渡将军则把全部责任承担下来，国民政府军事委员会考虑到孙渡将军过去的声望和功劳，恢复了新11师的番号。他说：失败是成功之母，为抗战而奋斗的军人，是不会被挫折压垮的。于是，在此后的战斗中，充分显示出58军和新3军的英雄本色。

1939年春，58军结束湖南醴陵的整训后，开往江西奉新战场杀敌。为鼓励士气，提高战力，孙渡将军总是穿着他的旧军服，一个人深入战壕，与士兵们谈心。同时，号召全军官兵要把驻地的老百姓当成自己的亲人，利用一切可以利用的时间，帮助群众解决吃饭问题、上学问题、道路交通问题、环境卫生问题等等。从而使广大民众把58军当成自己的子弟，形成了拥军爱民的良好风气。他在接受老百姓们送行时说：我们一定要把关心爱护父老乡亲的做法作为58军的传统发扬光大。在接受新闻记者采访时说道："军人唯有拿战利品来报答国人对58军的爱戴和拥护，拿自己的头颅来拯救祖国的战争灾难"。

孙渡将军率部离开奉新后，连续投入了三次长沙会战，即一、二、三次长沙保卫战，与友邻部队密切配合，三次都将侵华日军的大规模进攻打败，胜利地保卫了芙蓉国首府的这座英雄城市，而使参战部队军威大振。孙渡将军因此而于1942年10月16日升任第一集团军副总司令，指挥58军、新3军。

此外，孙渡将军还率部参加了著名的南昌会战、上高会战、常德会战、长衡会战。全国在八年抗战中，一共举行了22次大会战、孙渡将军则参加了其中的八次大会战，是云南出征部队参战最多的高级指挥官之一。

孙渡将军身为军人，却又具文人的风度。他在江西战场上，他爱民如亲，恨敌如仇，盛传一时，很多战地中外记者都争相采访。但是他不习惯在司令部里办公，而是同战士们在一起，实地指挥打仗，所以，他的部队伤亡很小，斩获颇多，不少记者只会跑指挥部，不敢到阵地上，因此，想要见到孙渡将军十分困难，想要采访，更是难上加难。其中的一位西班牙记者则例外，他敢到阵地上采访。在战壕里见到了孙渡将军。当记者自我介绍时说："我是来自西班牙"，孙渡将军便接过话题就讲西班牙的历史。讲完后记者十分感动，问："孙将军何时从西班牙回国的？对西班牙历史如数家珍，一定是在西班牙研究过多年！"孙渡将军则幽默地告诉说："很惭愧，我还没有出过国门。"后来记者在他的采访录中说道：我接触到的中国高级将领很多，但像孙渡将军这样有如此渊博的学识者则很少，堪称中国军队的大儒将。

孙渡将军为了打击日军，扬我国威，远在长沙会战之前，就对侵华日军在华东、中南战场的大本营——南昌进行敌后破坏，由60军和58军各抽一部分兵力，组成游击部队，深入南昌郊区，破坏交通桥梁，伏击后勤辎重，使之指挥中枢一度陷入瘫痪。据当时的不完全统计，破坏重要桥梁十数座，消灭日军数千人，并且还击毙了1名高级（少将）指挥官。孙渡将军在庆捷之余，挥毫疾书，写下了千古流芳的杰作《突袭敌后的一支神军》。

这里还有一小段插曲：孙老太爷去世后，地方中的阴阳先生们都争相为孙渡将军看坟相，念佛经。他们一致赞誉坟相好，福气大。孙渡将军不便直接反驳，乃以自己的体会说：坟相固然重要，但我想再补充3点：第一，要承认遗传基因，第二，要有一定的聪明才智，第三，要有自己的奋发精神。孙渡将军的这三点，实际上是说明一个人要创造人生辉煌必须具备的基本条件。孙渡将军在抗战胜利前为了粉碎侵华日军的扫荡，他以破釜沉舟的钢铁决心，亲率部队，冲入敌阵，展开反扫荡。经过三个多月的苦战，凯旋归来，脸上长满了胡须，消瘦得认不出来。但是，他胜利地回来了，全家都为之庆幸。

孙渡将军对下面的官兵关怀备至，爱护有加；对驻地的百姓，友爱可亲，慷慨相助，每次移师，都受到广大民众的洒泪送别。而有一次晚饭过后，出去散步，他的秘书发现一名勤务兵偷他的腰包，告诉他转回去抓，而孙渡将军则拉拉秘书的袖子，直出大门，向外走去。秘书不解其意，问道：军长为何不去抓住他？答道：人是有人格的，他这样做，必定有原因，过几天再问他。一礼拜后，孙渡将军不是以首长的口气，而是以兄长的态度温和地问道：最近你家里发生了什么事情？勤务兵顿时双膝下跪，请求饶恕，说：我的母亲去世，无钱送葬，冒犯军法，偷了军长的钱，以后我变牛变马都要赔还，请军长饶我一次！孙渡将军还没等对方说完，就弯下腰用双手把那个勤务兵扶起，告诉他：我们是一个战壕里的兄弟，怎么是偷呢？你的母亲就是我的母亲，我也有这分责任，如不够，我再拿点。帮助每一个战士解决家中疾苦，是每一个指挥官应当尽到的责任。不要说还的话，今后勇敢杀敌就行了。从此，那名战士便死心踏地跟着孙渡将军转战。

常德会战，大显滇军神威。1943年11月1日，侵华日军调集10万之众，对湖南的又一重镇常德发动进攻。他们从华容藕池口沙市间地区，分途南下，进攻常德。我守城部队与之激战7天，曾两度被其攻占。为了从侵华日军手中夺回这座靠近湘西的重要城市，中国军队调集了15个军的兵力，经过47天的血战，于同年12月17日胜利收复常德，打死打伤侵华日军23200余人。而在收复常德的战斗中，由孙渡将军指挥的第一集团军首先攻入常德。入城先锋第58军第10师，在师长侯振邦（云南宣威人）的率领下，犹如猛虎下山，扑向常德。侯师长站在俘获的日军坦克上庄严宣告：常德胜利回到中国人民的手中！并号召全城居民各安生业，勿信谣言。

收复常德，挫败敌锋，这是中国军队在中南战场取得的辉煌胜利之一，也是孙渡将军自指挥58军、新3军以来所获得的数十次辉煌胜利中最辉煌的一次。因此，当捷报传送到中央首脑手中之后，一片欢腾。而军事委员会委员长蒋介石则立刻特电致贺，说：这是滇军继台儿庄大捷、中条山杀敌之后的又一次取得的重大胜利。

此后，随着中国军队的全面反攻，侵华日军已走向灭亡的道路。

1945年8月14日夜，日本天皇裕仁向全世界宣告无条件投降。孙渡将军也和全国广大抗日军民一样，纵情欢呼，兴奋异常。他说：伟大的军事家们有一句共同的格言，叫做“会笑者，最后笑，而最后笑才是真笑。”现在是中华民族笑的时候了。

可是，笑声未落，就从云南传来了不幸的消息；孙渡将军的知己和至交、省主席龙云被解除在滇本兼各职，调任国民政府军事参议院院长。一些不平之士叹息说：日本亡国，云南亡省。同时，全国军队进行缩编：新3军撤销，58军缩为一师，番号58师。孙渡将军调任东北“剿匪”副总指挥。在他前面还有总指挥杜聿明、副总指挥郑洞国、范汉杰、梁华盛、陈铁。而且他是光杆司令，58师留在内地，没有到东北；新3军已不复存在。孙渡将军调往东北，目的虽然明确，还让他兼任第三兵团司令，不久改为第六兵团司令，辖93军、60军。此二军与孙渡将军无缘，他的根在58军。一位没有根的司令是没有办法指挥部队打仗的，因此，孙渡将军虽然充当副总指挥，但是，他在东北两年（1946~1948）时间，还没有指挥过一次战斗，而实际担任副总指挥只是一年，即1947年6月到1948年6月。就在1948年6月调任热河省政府主席，于同年11月热河省解放，他回到了重庆。担任西南军政长官公署副长官。1949年12月9日，与张群、李弥、余程万、龙泽汇、石补天等人乘坐专机回到昆明。这天是卢汉准备起义的日子，他没有参加，说："忠臣不事二主。"回到了翠湖东路7号他的家里。

他在告老还乡，解甲归田之前，蒋介石动员他到台湾，他婉辞道："我有家小，只有留下。"蒋介石念及抗日的战功，给他20两黄金回家养老，说："败局已定，留下备用。"他一两都不要，他想：在过去的日子里，没有给共产党过不去，恐怕会得到宽容。但是，他没有料到，在1951年的镇反运动中，在昆明被捕入狱。临走时他特意换上一套新服，告诉张夫人说："我们的生活到此结束，你可以自选生路。"

这里需要记述的是：孙渡将军另一位夫人唐芸赓，即唐继尧的四妹四姑太，早在蒙发爱情之时，她就发誓："非孙渡不嫁！"曾经不少人向她求婚，包括龙云在内，她都一概拒绝，一直等到1943年36岁，孙渡将军的原配夫人白岩李大管事女儿李小四去世后，她才从香港前往江西与孙渡将军成婚。四姑太十分贤惠，也很能干，一进门就成为孙家的大管家。半年后，孙渡将军又与七年前在丽江相上的张大老爷的女儿孙灿琪成亲。从此，唐、张二位夫人一直亲密无间，和睦共处，彼此以姐妹相称，互相关照。1946年她们一起回到昆明翠湖东路7号，凡是陆良人，无论认识与不认识，唐四姑太都要留在家里吃饭。张灿琪老人的大女儿张沛，面对笔者的采访，还带着非常怀念的心情说道："唐大妈很好，我是她带大的。小时候我只认得她是我妈妈。"张灿琪老人说："你们写孙渡，一定要写我的姐姐唐妈妈。太好了，我们永远忘不了她！"可惜，唐四姑太结婚太晚，与孙渡将军没有生育，后来与云大历史系名教授李德嘉生活，更无一男半女。唐四姑太生于1911年，卒于1994年终年83岁。

孙渡将军在长达10余年的战犯监狱里，一直吟诵着《三国演义》开头的那首词——《临江仙》度过的。词曰：

滚滚长江东逝水，
浪花淘尽英雄。
是非成败转头空。
青山依旧在，
几度夕阳红。

白发渔樵江渚上，
惯看秋月春风。
一壶浊酒喜相逢。
古今多少事，
都付笑谈中。

同在狱中的战犯们，对于孙渡将军每天早上吟诵的这首词，群起而攻之，指责他坚持反动立场，不愿改造自己。孙渡将军却问："国共两党的纷争是哪些年代？《三国演义》上的这首词又是什么时候产生的？难道数百年前的作者就能预见到今天的变化而专为我孙渡填这首词？问得无一人回答。

孙渡将军度过了狱中生活之后，于20世纪60年代前期获释，被选为云南省政协二、三届委员，1967年4月在昆明去世，终年72岁。留下一男二女。

这位抗日名将，度过了威武的前半生，之后永远地离开了自己的故乡，离开了故乡的亲人，驾鹤西去。

救人于屠刀之下的黄埔教官张德润

张德润（1896~1958），字雨田，陆良县南门街人，幼时就读私塾，为人敦厚勤学，深受老师垂青和同学爱戴。共和国成立后，1950年至1954年当选为陆良县各族各界人民代表大会代表。

其叔父张乃良，留学日本东斌学校学习军事，受进步思想启迪，1905年在日本参加同盟会，追随孙中山先生革命，曾任江苏省督府参谋长等职，尽瘁革命。张德润过继其叔父为子，自幼受其叔父进步思想熏陶，投笔从戎，考入云南陆军讲武堂十三期工兵科学习。在校期间，学习刻苦，品学兼优，并受到一些进步教官(同盟会员)革命思想的影响和教育。毕业后于1915年参加护国第二军李烈钧所属王伯苓部讨袁援黔飞桂至广州，先后任排连长等职，后曾参加靖国军投入护法战争。1924年6月调黄埔军校任学生队区队长。执教认真负责，能以孙中山先生“亲爱精诚，团结互助”的教诲，明辨是非，博得同僚及学生的好感。

1926年参加北伐战争，在国民革命军第一军薛岳师任少校工兵营长，每次战斗，为部队开路架桥，屡建功绩。北伐军克复宁沪后，升任驻宁独立筑城（工兵)大队中校大队长。

1934年回滇，在黄埔五分校十一期任少校工兵营长。虽军衔官职低了一级，但他毫不计较，仍然勤恳工作。

1936年，调江西庐山中央训练团将校班受训，毕业后仍回昆明在五分校任14、16、17、19等期学生总队中校副大队长及大队长等职。时值第二次国共合作，抗战军兴，抗日部队急需补充中下级军官。张怀着一颗赤诚之心，踏踏实实，以身作则，对学员严格要求，但关心爱护和谆谆教诲，从不体罚，为抗日部队培养了不少基层干部。笔者曾记得，一日凌晨早课，步科第六队师生连续三个多小时，练完了技术体操，又进行了紧张的武装训练，准备进食堂就餐，个别同学在队列中偶然小语。一位姓李的区队副看见后，以学生不遵守纪律为由，罚学生在大操场上全副武装“挟枪宽跳”。是时，恰逢天降大雨，又饥又渴的学生，在约500米长的泥泞中，身负全副武装的重量，挟着枪，艰难地并脚宽跳。来回气喘吁吁，汗水雨水浑身，直往下淌。当时，被张发现，立刻制止，命令学生回室卸装换衣就餐，并向区队副提出了严肃的批评。这是一。

其二，时值抗日艰苦阶段，日本侵略者的空军经常袭击昆明，狂轰滥炸，军民都生活在空袭之中。学校领取粮食给养或买菜，均利用空袭间隙才能办到。师生生活待遇微薄，所发伙食费仅能勉强糊口，物质极端缺乏。张对学生生活十分关心。经常过问、督促庶务人员按标准认真计划开支，堵住漏洞，还亲身检查饭菜，要求做到“熟”和“饱”，所以，虽然环境异常艰苦，病号却很少，使学生的身体健康。保证了教学任务的按期完成。

其三，约在1941年，中央军五十四军军长黄维到昆明拜访五分校主任唐继麟，恰遇张也在场。黄发现张佩带着上校军衔，又得知在五分校任大队长，觉得自己的老师，资历深，能力强，任这么低的职务，实在太委屈了。于是，挚诚地邀清张到五十四军任职，许以少将军衔，掌握带兵实权。张婉言谢绝回答："我在这里上至主任下至勤杂夫役相处甚宜？实难舍弃。为抗战培养人才这一工作，我还是很乐意的。"使黄不便再说。亲友们得知后埋怨张的固执，说"有这样好的机会可以升官发财，为什么放弃"。张风趣地说："我张雨田这一辈子也当不了大官、发不了大财。即是飞机空投一捆钞票到我床前，我也不敢要这意外之财。为抗日救国培养军事人才，我已心安理得了。"说得同事亲友哑口无言。

张拥护孙中山的三民主义，他说："三民主义中平均地权节制资本就是要做到耕者有其田，使人人有饭吃．有衣穿，但是没有执行。作为孙中山先生的忠实信徒，一个国民党员，我信仰三民主义。"他对蒋介石违背孙中山先生的遗教不满。对共产党、毛主席很敬佩，他说："毛泽东是个人材，比蒋有学问。"还说："三民主义和共产主义早期阶段的目标一致，我拥护三民主义，也拥护共产主义。"当时与张德润朝夕相处，一同共事的副大队长费炳的公开身份是国民党员，实际是共产党的重要人物。中共云南地下党组织遭破坏，第一任省临委书记死于国民党屠刀下之后，重新建立的临委省委书记就是由费炳担任。张德润对此虽然不很清楚，但是，费炳的共产党员身份，张早有察觉，他们之间相处甚谊，就像亲戚一样。为了保护费，面对国民党的一次次清党，张总是说"我们大队清一色亲戚，没有任何异党分子。后来，费虽然离开了省委工作岗位，却终于脱险，建国后当了省农业厅长。

1945年抗日战争胜利后，五分校与成都本校合并，张因平时不满国民党同室操戈和倒行逆施，被编余调十六军官总队。继之复员回家，两袖清风，德高望众。地方官绅们按张的资历，自然将他纳入绅士行列，可张仍然坚持其正直简朴的军人本色，是非分明，从不随身附合，更不同流合污，鱼肉乡里。

随着全国革命形势的发展，陆良县也组织和开展了游击斗争，大批知识青年踊跃投入革命，张的长子张恒柽受进步老师的影响，也参加了革命斗争。在国民党发动全面内战，妄图扑灭革命火种的情况下，陆良也成为国民党驻军勾结地霸武装镇压革命较残暴的地方之一。1949年冬初，国民党凶残的八十九军刘伯龙部由贵州调云南驻防，沿途在富源、沾益，曲靖等地血腥镇压革命者，大批屠杀革命人民，消息早已传到陆良。该部某团进入陆良县境，途经马金堡时就对陆良人民进行了一次枪杀。皂白不分，连孕妇也不能幸免，真是惨绝人寰。顿时，整个陆良在白色恐怖之下，阴风惨惨。刽子手刘伯龙大有将全县革命者及其家属杀绝灭尽之势。当时的张雨田想到自己儿子的事，尤其忧心忡忡。

该团到达陆良县城的当天晚上，在县政府召集地方官绅开会。在一个小会议室里，一张像乒乓球台一样的会议桌，团长吴汝舟独坐一端，杀气腾腾。他率领的政工主任和军需主任就坐一侧。另一侧就坐的是县长潘若、县参议长王玉屏，县城的镇长，四街的保长和其他绅士，张雨田以知名绅士的名誉被邀，由于他心事沉重，头戴一顶毡帽半遮颜面向会议室走去，一看已坐满了人。县长、议长看到后齐声召呼“大队长！”把他安在他们之间就坐。张的帽子依旧半遮颜面。会议从吴团长作自我介绍开始，他说：“我们是八十九军，军长叫刘伯龙，在江底一带，人们称他为“人屠夫”，我在他部下任职，自然，也就是‘小屠夫’了。听说，陆良县政府有人勾结共党，很多青年学生参加共党闹游击，县政府公然不闻不问。今后，我们要认真清查户口，首先，就清查县政府，凡投共通共者，一经查出，严惩不贷。”接着政工主任讲话，他介绍了沿途在富源，沾益、，曲靖等地屠杀革命人民的暴行，并说：“我们已经掌握，陆良投共，通共者甚多，可能要多杀一些。”军需主任向大家介绍了该团人数和马匹，筹派粮草，规定次日上午8时送到团部。县长、县参议长听了这番谈话后，吓得战战兢兢，眼看一场大屠杀即将来临。这时，县长颤抖着开始传烟，传到张面前时随口又叫了一声“大队长”。县长传烟，张自然立即起立迎接，帽檐下的颜面被吴团长瞟眼看出了，又结合刚才听到的两声“大队长”的呼唤，吴团长再仔细端详，出人意料地改换了口气，用很谦和的口语问道：“您家是不是曾在过军官五分校的张大队长？”张答：“本人正是张德润”。吴连忙起立，走向张，两脚一靠，恭敬地行了一个军礼，“啊！对不起老师，学生吴汝舟，贵州遵义人，五分校X期毕业。刚才不知老师驾临，说了一些很粗鲁的话，有失礼貌，请老师原谅。今后，还请老师像在学校一样多加指教，有不对之处，请老师按校规处罚。”顿时，会场气氛急转，紧张空气大大缓解，县长、参议长也变得理智起来，开始和吴团长商讨问题。张在一旁，不时地插话。曾数次表明说：“有些事情可以慢慢商量，不要过急”。吴团长都点头表示同意。

次日，吴团长带了两个警卫，亲自到南门街张的住所，拜访了老师和师母。同时，命令下属对城区的革命人民开始恐怖镇压。首先，逮捕了东门街做小手工艺的方保甲(其子方长富参加了游击斗争)。方全家吓得口张目呆，不知所措，谁能前往解救呢？幸得亲友提醒找到了张雨田。张毫不犹豫，挺身而出，亲自找到吴，提出保释，幸免了杀身之祸。保释时，方正被吊在横梁上。

紧接着，县长、参议长宴请吴等并邀张作陪，席间，吴扬言要严格清查户口，对参加共党游击队者，连同家属一起，格杀勿论。张大义凛然对吴说：“你有一千多条枪，要杀几个人非常容易，但这样做了，并不解决问题。目前是潮流所趋，青年学生幼稚无知，受共产党的宣传，背着父母跑出去闹游击。其家属，包括父母实在无法约束，真是无可奈何。只能以教育为宗旨，容许家属设法把各自的子女喊回来。靠杀来制止是不得人心的。箍紧必炸嘛，结果是逼上梁山，越逼越多。如果说，只要有子女跑出去的家属就要杀，那连我也要挨杀了，我儿子也是背着我偷偷地跑出去闹游击的。”吴听后连忙说；“哪里！哪里！学生怎敢冒犯老师，老师的高见学生一定遵从，今后还请老师多多指教。”张的一席义正词严谈话，使这位凶残的吴团长收敛了杀气，于是，陆良县幸免了一场大屠杀，挽救了不少革命者家属。张雨田为我县人民做了一件大好事。

随着革命形势的迅猛发展，没有过几天。“屠夫团”就撤离陆良了。

东陆大学才子俞荣宣

父亲俞荣宣（1901~1960），字崇哲，生于云南省陆良县一书香之家。自幼好学，为人正直，以第一名的优异成绩考入云南省最高学府东陆大学(后改为云南大学)政治经济系第一班。入学后深受名师袁丕右(清末状元袁嘉谷之子)器重，毕业名列榜首(学校勒毕业榜石碑立于校园）。

因品学兼优，毕业后经学校推荐、云南省督军唐继尧批准，公费选派华北诸省游学考察，至山西太原逢我们的三祖父俞国琛(清末举人，定居太原之文士学者)留其暂住，谈文论史，并受山西并州大学聘教文史年余。返滇后1930年，经时任云南省主席龙云秘书长袁丕右向龙云引荐，在省政府秘书处任科员、科长，抗日战争中期任省人事室主任。抗战胜利前夕为照顾家庭实际困难，更为将晚年余热献身故乡、兴办教育，培育国家复兴后的建设人才而辞官返乡。

在云南省政府工作期间，勤勤恳恳、尽职尽责、廉洁奉公，在掌管全省人事权期间，其家庭经济十分困难，子女失学失业，但父亲从未利用职权为家庭及子女谋过私利。反之，他最为关注的是子女的思想、道德及文化修养，除亲自辅导子女学习文化之外，还常对他们讲述岳飞、文天祥、郑成功以及黄花岗七十二烈士等等民族英雄的故事，并用中国古典诗文教我们爱国(如读《满江红》)、教我们坚定意志(如读《愚公移山》)、教我们为人(如读《陋室铭》)、教我们观察事物(如读《塞翁失马》)，使我们身心得以健康成长。父亲在繁重的工作中、在完成任务的前提下，还挤出时间接受昆明市女子一中特聘讲授文史课，通过讲课使学生了解祖国数千年文化历史、科学创造、民族气节等，树立爱国主义思想、坚定抗战必胜信念。也从讲课津贴中弥补家庭经济困难之万一。父亲的教学艺术、爱国热情深令学生敬佩。

1938年，抗日战争爆发的第二年，祖父在家乡病逝，父亲及时回乡奔丧，丧后接受弟弟意见，弟兄三人分家。在众多亲友参与公证的分家会上，父亲首先表态不能让子孙依赖祖业生活而不思进取，要发扬俞氏家族世代相传之“自强不息、勤恳创业”的家训。只要了祖房数间、水旱田地各一亩，其余家产田地、庄稼租佃等均分给两个弟弟。七口之家从此全靠工资、兼课收入，以及自耕两亩水旱田地来维持。在那连续不断的战争年代里，货币贬值、物价上涨、生活清贫可想而知，虽曾多年为官，却从未为家庭子女谋过私利，没有分文片瓦的积蓄，从来布衣长衫两袖清风。曾有一位亲戚当面指责："你是个好人，但好到无用的地步了，要是我有你的学位、职位，那可以在云南红过半个天来"。而他只是摇头而笑，不与其争论。但其他众多亲友则称赞道："你是个好人，两袖清风度一生、一身正气留子孙"。以言传身教育人，淡泊名利律己是父亲为人之根本，为官愿贫乃为廉。

在返乡办学期间，开始任县教育局长，为加强县立中学师资力量，在一九四六年底至一九四七年初，通过思想进步、在昆明女中任教亲戚杨守笃，聘请了有教学能力的进步青年高天鹏、陈静、戴德昌等六七人到陆中任教，杨守笃也到陆中任训导主任，教学质量迅速提高。校园内革命歌声不断，学生自治会组成、民主讲台、壁报等等出现，民主空气日趋浓厚，进步与反动的斗争也日趋激烈，陆中进步师生在杨守笃等的带领下，先后上龙海山打游击。父亲也因不愿与地方权贵和反动势力合流而遭受排挤，由县教育局长而县中校长、再而县中文史教员。尽管如此，他还是全心全意投入授课，足见其淡薄名利、志在育人，每逢他讲课时，慕名听课者来自四面八方，挤满教室内外，为满足听者，还在室外装了喇叭，可见知音之众，也说明父亲的学识和教学方式能动人心弦、招来知音。他在这段时间里，进入教室就精神饱满，全身心投入授课，而出了教室，在政治、经济双重重压下则难免气闷心烦，常叹道："我现在是'山重水复疑无路'了"。

然而，历史总是在前进的。一九四九年底，卢汉宣布云南和平起义，陆良响应，父亲积极参与。在欢迎解放大军南下的迎军活动中，他亲自作书迎军楹联，受到解放大军入滇，路经陆良的宋(任穷)陈(赓)首长赞赏。遗憾的是年代远久，楹联早已散失，内容也难以回忆。陆良县建立县人民政府，他自陆中教员受聘任县人民政府第一任秘书，解放后的一切新生事物，使父亲精神大为振奋，每逢县里大集会，他都带头并指挥高唱革命歌曲，经常自背背包雨伞与县直机关人员下乡支农，与农民同吃、同住、同劳动，还受聘任县直机关事业单位业余中学语文教师，白天工作，晚上教书，从不言累言苦，深受大众爱戴。五十年代，到昆明进西南革命大学学习期间，见到在昆明工作的长子，兴奋地说："解放前，我消极的认为'山重水复疑无路'了，但解放后的一切新事物使我眼前一亮，看到了'柳暗花明又一村'，减租退压、清匪反霸、土地改革等各项改革我都拥护，对我这个民主人士冲击不大，可以接受，可惜的是我那上万卷书籍被毁了，是无价之宝啊！"

父亲的晚年，在极左路线的"反右"、"大跃进"等等运动中遭受了不必要的冲击处理，走完了坎坎坷坷的人生道路，死于大饥荒的年代。父亲去世后，云南省博物馆曾派员到陆良向文教部门询访"俞荣萱老先生"，知道他已与世长辞后叹息道："俞老先生是我省古典文学的名家，省博物馆很需要他，太可惜了！"。

八十年代，祖国迎来了改革开放的春风，父亲虽已早逝，但得到了政府的平反。如他在天之灵能够得知、能够看到今日的中国之复兴，子孙后代安居乐业、各得其所，社会和谐共处、欣欣向荣，一定会含笑九泉！

（俞承尧 俞淑儒 俞季儒 俞承武供稿 俞智英整理）

爨乡书法艺术家张子玉

张子玉先生（1905~1953），字银汉，号樵，别号渔舟，又号龙海山人，云南陆良中枢镇人。祖籍江苏南京，明初祖辈随沐英将军入滇征战而在陆良定居。

先生于1905年6月23日出生在一书香之家。父亲张晋三是有名的洞经音乐传艺师，熟悉中国传统乐器、娴于吹、拉、弹、唱，又精于商务会计。母亲刘海常是织布能手，一生从事手工业织布，信奉佛教。

先生就读于私塾，毕业于新学，由于品学兼优，被陆良县劝学所（教育局前身）保送曲靖府云南第三师范学校读书，学制四年。学成回乡，县政府视为人才，聘任陆良第二中心小学（校址南城外关岳庙）校长。继而，又委任陆良县教育督学、主管全县教育。

先生潜心学习爨碑、魏碑、汉碑、王羲之、欧阳洵、褚遂良、颜真卿、张裕钊、黄庭坚、张旭等书法大师留下的中国书法艺术优秀作品，积数十年功夫，博采众家，自成一体，且有突出的个性。20世纪30年代曾在昆明、上海、香港挥毫泼墨，成为爨乡书法艺术的代表性人物。

融合的民族文化与融合的书法艺术

先生最初练习王羲之、赵孟頫字帖。小学时能写整齐、规范的大小楷，能画生动、形象的菊、兰、梅、竹，还能以竹箫吹奏洞经音乐，展现出他超群出众的艺术天赋。在曲靖云南第三师范学校读书时，被汉语语文教师指定为班上刻写誊印讲义的能手，而获得一定的报酬，以补学习生活之用。

1918年寒假回家、遵父命写了一副春联贴于堂门之上，父亲看了又看，在行的说：“灵秀有余、气势不够。”建议多读、多练习碑帖。父亲的提示，使先生如雷贯耳，更加下功夫练习爨碑、魏碑、汉碑、泰山碑、三希堂法帖等中国优秀书法作品，把北碑、南帖熔为一炉，形成一种融合性书体。1922年，先生在陆良县第二中心小学担任校长期间，向同事借得陆良明末清初名士汪延柏所著《紫溪传》，阅读并用钢笔抄录全书，其钢笔书法飘逸、舒展、大方，已显出融合性的书法艺术。

1924年，先生应陆良县大觉寺方丈之邀，身穿僧服、披袈裟，登坛为僧、尼、居士宣讲《金刚经》、《华严经》，并先后为大觉寺写横匾“大觉禅寺”、“大乘正觉”、“普度众生”、“涅槃佛地”，以方笔抄写了一部《金刚经》。

由于治学有方，1925年先生被陆良县政府委任陆良县教育督学，巡察各乡镇小学，着手沟通上下，解决小学教材供应和办学经费短缺等问题。

1927年，先生根据县政府示意，把县教育督学一职移交陆良县第一中心小学校长朱光华，到陆良县乡长训练班担任训导主任，协助县长主持训练班日常工作。先生在巡察普济寺乡时，乡长送上一小提篮银元，他心平气和地对乡长说：“这钱不是你的，也不是我的，你哪里拿来的送回哪里去。”这事一传十，十传百，都说张子玉勤政廉洁、不贪钱财。业余时间，先生练习了北魏郑文碑帖，清代书法家张裕钊书帖。根据“爨宝子碑”文“爨龙颜碑”文，根据爨氏统治南中数百年的历史记载，和先生曾在滇、川、黔、康边境所见所闻的民间传说，撰文并书写了长幅《爨乡春赋》：

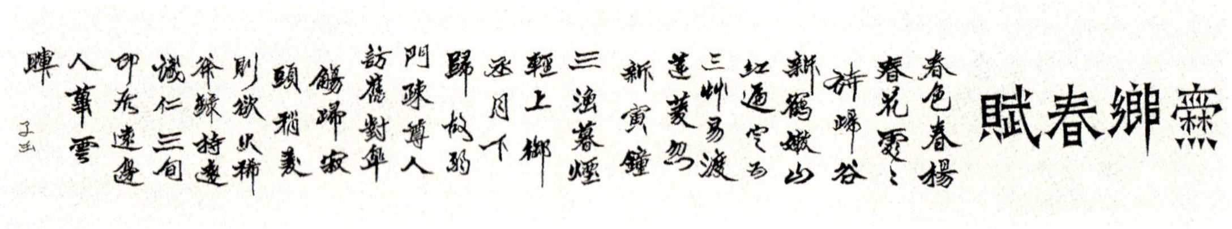

爨乡春赋*

春色、春扬、春花处处诗，归谷新鹤，嫩山红遍，定为三草，易渡莲菱，忽新寅钟，三渔暮轻上。

御丞月下归，故弱，门疏，尊人，访旧，对皋，觞归，寂头，稍菱，则欲，火稀，斧录，持远，识仁，三旬印后，远边人华云晖。

上赋是写爨乡风景地理，下赋则写爨氏的统治方略。标题四字书法艺术，如斧凿刀劈，方中有圆、隶楷结合、两背相张、楷意中融有隶意。正文七十六个字，一气呵成，有一泻千里之势。其自信、老道，气势磅礴，笔力透纸，令人想到一个书家心无旁骛、意气风发、挥毫走笔的气势，赞叹不已。

先生所走过的融合性书法之路，有其诗文为记：

笔墨生涯求身善，凌云挥毫劲笔端。
一摹二王及赵欧，更习篆隶碑魏爨。
用笔何如结构难，纵横聚散最相关。
意在笔前字居后，多练细研不一般。
六书八体生奥妙，书到瘦硬方具冠。
世人焉能知其故，墨锭细磨砚底穿。

---

*注释

御丞：中原王朝任命的地方“爨”氏官员。
门疏：敞开大门，接待来访。
对皋：对着近水的高山思索。
觞归：戒酒。
寂头：清醒头脑。
稍菱：改刺激性言、行。
火稀：制怒。
识仁：向学者、绅士求教。

以书法艺术服务桑梓

1927年夏天，先生完成了陆良县乡长训练班公务，离开家乡，到云南省交通厅任职。凭借省会城市丰富的文化资源，开阔了眼界，拓展了书法艺术社会实践的渠道。先生向同事借阅《名人墨蹟》、《泰山经石峪碑帖》、北宋名臣《文天祥书蹟》，以毛笔隐纸双钩而存，阅读，并以隶书抄存了清末民初康有为所著《广艺双舟揖》，在书写汉字的结构和运笔上进行深入研究和实践。应昆明市文庙街一家书画店的高薪聘请，先生利用业余时间到这家书画店挥毫泼墨。继之，又到上海、香港进行书艺交流，在书法艺术和经济方面获得了双收。

1928年秋，先生与好友计卜合资，在陆良县城南大街中段，开办“永和”书店，经售上海商务印书馆出版的小学教科书和笔、墨、纸、砚等。先生以书店为平台，为求字者书写禧联、寿联、春联。每年进入十月，求写春联者络绎不绝，陆良县城春联多数出自先生之手。先生用洒金红纸所写张姓中堂“百忍传家”和族联：“千秋金鉴名臣录，万选青钱学士家。”叙说张姓在历史上曾出过六十三名宰相，唐相张九龄总结历代兴亡的经验教训，被唐玄宗命为“千秋金鉴”，优秀文章出自书香之家。

百忍傳家
千秋金鑑名臣錄
萬選青錢學士家

1942年，应陆良县一位小学校长学习书法之求、先生为其书写样本：以圆笔抄写了文天祥的正气歌，以方笔抄写了纳兰性德悼亡词九则，以篆、隶抄写了几位历史书法家名言。

天地有正氣
雜然賦流形
下則爲河嶽

1943年应陆良县城一家富户老太爷祝寿之需，先生为其书写一点五平方米“寿”、“福”两个大字。先生铺好朱红纸后，一气呵成。这样的超水平发挥，先生自己也很满意，取字时，富家付了三十块大洋。有人问先生：乡下农民，送您一捆柴，您就书写一幅禧联，为何两个字，您就收三十块大洋？先生答之：“因人而异、济人之难”。

1947年，应地方名士申寿堂、杜锦芳建新居之需，先生为两家分别书写了中堂：“砚以静而寿，诗乃心之声”，和对联：“守古老家风，惟孝惟友；教后来创业，曰读曰耕”。“要把有时当无时，莫把无时当有时”。倡导诚信、节约美德，重视农业，重视教育。

陆良县中枢镇南大街郑萝楼老太爷八十大寿，陆军上将卢汉、陆军中将曾泽生、六十军三位师长送来一块请昆明书法名家吴绍璘先生所写的“寿考作人”的贺匾，因尺寸过大，郑家中堂门额不够悬挂，当时，缺少缩印技术。先生好友郑祖惠送来请先生仿写，先生轻车熟路、手到事成，毫不走样。这是两位书法家不见面的“以字会友”。

1948年，先生着手以方笔书法抄写佛教《华严经》，以隶书抄写道教《大洞经》，替父亲张晋三，母亲刘海常还愿而作。经三年多功夫，终于完成，共计八十六卷，也为祖国书法奉献出执着追求的书法艺术作品。

1949年云南和平解放，在创建新社会的过程中，先生的书法创作多了一项内容：以宋体为新建单位书写铭牌，如“陆良县人民政府”、“陆良县人民中学”等。

1950年，在陆良县工商联代表大会上，先生被选为秘书长。

1953年春节刚过完，陆良县中枢镇南门街农会大组长陈小白命先生随其到小百户乡算账收款，因衣服单薄，冒寒风来去而患感冒、无钱医治，酿成大叶性肺炎于同年4月23日病逝。其后事全由县工商联罗怀尧会长操办。出殡时，千余民众自发相送，一位爨乡杰出书法家因小恙而过早辞世，父老乡亲无不扼腕叹息。

先生一生喜爱菊花，“宁可抱香枝上老，不随黄叶舞秋风”，恰如其分反映了先生的高尚人品。

《张子玉墨蹟》正式出版

先生墨蹟流传于民间，随着历史的沧桑巨变，收藏保存下来的已非常有限。

公元1978年12月党的十一届三中全会以后，云南省发出建设民族文化大省的号召，张子玉先生后裔张延祺、张延良、张延光、张延箴在陆良县人民政府支持和在友人、乡亲的帮助下，将流散于民间的张子玉墨蹟收集、整理、编辑，经云南教育出版社出版，陆良县人民政府县长赵建成写了序言，陆良县旅美知名人士李竟生（爱国将领李鸿谟长子）写了序二。云南旅港同乡会，云南省工商联合会，昆明市台资企业协会，昆明市新知图书城分别写了贺词。云南教育出版社把《张子玉墨蹟》出版信息、照片、简介通过互联网推向“谷歌”、“人民”、中文“雅虎”等六十多个网站。《张子玉墨蹟》正式出版，受到各地图书馆、学校、教师、书法爱好者的欢迎和喜爱，分别来电、来函、来人索取。海峡两岸两个故宫博物馆分别以民间书法家优秀作品加于收藏。云南日报、云南文艺评论、昆明日报、春城晚报、都市时报分别发表了报道、评论、专题文章。

抗日空军勇士杨世杰将军

杨世杰，字秉杰（1910~1992）享年83岁。他是清花翎游击副将加总兵衔，援越抗法战争有功将领授封“振威将军”之荣誉称号杨秉仁之孙，清参将加副将衔都司守备六品荫生杨兆吉之二子，他曾就读陆良马街小学、昆华初中、昆明双塔高中，南京中央大学，中央航空学校。八年抗战中，他先当飞行员，因屡战有功逐步提升为分队长、中队长、飞行科长、参谋大学教授。到台湾后任空军总司令部人事业务处长、署长、厅长、少将联队长，空军参谋大学副校长。58岁退役赴美国休养，定居台湾省台北市。

将门之子杨世杰，27岁进入空军当飞行员，抗日战争8年他参战了7年，漫长的空战岁月使他练就了一身高超的飞行本领和空中战术，为取得我国抗日战争的胜利立下了赫赫战功。

投入杭州笕桥航校保卫战。1939年8月14日，日军为了炸毁我国重要的一所培养空军飞行员的摇篮——杭州笕桥航校，派出了木更津飞行大队27架轰炸机，9架战斗机护航。我方空军总部得到情报后立即命令驻防航校的高志航将军带机起飞拦截来敌，高将军指挥的12架战斗机马上起飞，其果断地命令我9架战机，9对9盯住日9架护航机。当敌我9架战斗机进入战斗状态时，以杨世杰为首编队的3架战机直追敌27架轰炸机，敌机在忙乱中毫无目标地投弹，转身奔命。此刻，敌护航机见势不妙也跟着轰炸机逃走了。我拦截机打退来犯敌机后奉命返航，完成了保卫航校的光荣任务。当天晚上，航校召开庆祝会，国民党军委和空军司令部发来嘉奖电令，对作战有功人员进行了嘉奖，并将8月14日这天定为“空军节”。杨世杰在此战斗中起了骨干作用，除受到空军司令部的奖励外，由分队长晋升为飞行中队长。

轰炸日军侵华“长门”。在空战中，日军两架受伤敌机迫降在南京故宫机场，审讯敌机飞行员得知：日军于数日前派出“长门”号航空母舰停泊在我东海洋面上，以作海上空军基地，日后对我沿海城市进行攻击和破坏。空军总部得知此情报后，立即召开南京空军指战员会议，要求大家立即组织力量，坚决炸掉这艘母舰！要尽快将被俘日战机修好，尔后由我军飞行员驾驶该机并装满烈性炸药连机冲入敌母舰机房，毁灭性地将此母舰整个炸毁。

第二天，军委和空军总部召开会议组织敢死人员报名。杨世杰的同期学员宋宝玉抢先举手报名，愿为炸毁母舰献身！指挥官说，还要两位飞行员驾机护航。杨世杰马上举起手来，大声地说：我愿护航！接着另一位飞行员站起来大声地说：我也愿意护航！此刻整个会场骚动起来，以后举手的再也没有机会选中了。中央军委最高指挥官把三个人叫到跟前一一地和他们握手并鼓励他们坚决地完成这个任务。

次日拂晓，空军总部的全体官兵到机场为三勇士壮行，送行者怀着沉重的心情以期待的目光送走呼啸的战机。

三架战机飞向东海上空。

宋宝玉架着装满烈性炸药被俘日军战机向日航空母舰作出“返航”飞势。杨世杰和另一位战友架着中国战机向日机佯装追击，只听见机枪子弹向前面扫射，不见“返航”日机作出任何反应。日母舰发现“返航”日战机，立即起飞两架战机迎接。此刻，杨世杰战机盯住了迎面来机，一排机枪子弹打中了日战机，另一日军战机被我军另一架护航战机牵制住。机智的宋宝玉视死如归地向着日母舰冲去。顷刻间只听到“轰”的一声巨响，宋宝玉的飞机消失在烟雾中，日航母在不断的爆炸声中向海底深处沉没。杨世杰和另一位战友带着胜利的消息返航，飞机着陆时，欢呼的人群将两架战鹰围得水泄不通。

杨世杰在此护航战斗中表现得英勇顽强，为宋宝玉完成轰炸任务荣立战功，受到军委表扬和奖励，并提升为飞行大队长。

以上两次空战事迹突出，早已载入史册，抗战八年身经百次战斗，为我国史学家提供丰富切实资料编入文库大典。

经过7年的战斗洗礼，他显示出自己高超的才华，1944年调航校深造，毕业后历任空军高级参谋学校教授，高级司令部参谋，科长、副处长。

1949年随校迁往台湾，尔后任空军司令部人事业务处副处长、处长、署长、厅长。

20世纪50年代任空军联络兵部队少将联络队长。60年代任空军高级参谋大学副校长，为培养高级指挥官继续作出贡献。

到台湾后，他时刻关心祖国的统一，由于国民党长时期执行分裂政策，他料定在他有生之年祖国统一大业实无指望，因此多次提出退役申请，直到1969年3月，即他58岁时获准退役，从此卸下了军政诸职过上了不问政治的庶民生活，寻求实现回大陆探亲的愿望。

1977年，他从美国洛杉矶试探性地按照老地名给云南陆良马街钟灵镇寄了一封信，交杨守沫，杨守志、杨守笃收，试探性地了解家人情况并由此得到一个通讯地址。几经周折，后由俞承尧之子从日本去了回信，告诉了彩玉、智仁、守沫、守笃的情况和地址，从此中断了近30年书信往来的关系重新有了新的联系方式了。

自从1977年和大陆亲人搭上关系后，经过近十年的书信往来，于1988年终于回到了大陆，见到多年分别的亲人，回到了出生的故乡，他很有感慨地说：“啊！我终于回来了！”

杨世杰回故乡后，受到了省市县三级政府领导的接待，游览了祖国的风景名胜，亲眼看到了社会主义新中国的发展变化，和亲友们欢聚一堂共叙往事，畅谈未来，享受天伦之乐。得知了侄辈在新中国军政界有高级干部和中级干部，在各自的岗位上成绩显著，生活富裕，思想都跟得上形势。看到这些，他感慨地说：“国家的富强，经济的发展，人民生活水平的提高，共产党各级领导干部为人民服务的精神，这一切比我预想的好得多了。以前亲友的通信，一般回国观光探亲的反映，都不详尽，我回来亲自到了现实场景，新旧对比，面貌确实发生了巨大的变化……”这席话，想不到是他最后给亲朋留下的遗言。

80高龄的他，回国后没有忘记祖先，他徒步到了祖宗的墓前亲手培土扫墓俯首三跪，以示没有忘掉父母养育之恩，并留下资金，修建祖先坟墓。

他没有忘记曾启蒙教育过他的母校马街小学，他亲临学校游览追忆这童年的“摇篮”。主动和师生合影留念。

他操着熟悉的乡音和马街的父老乡亲们说：“我要回国来定居，落叶归根嘛，家乡的山山水水都是亲的，在美国居住，生活方式不同，风土人情有异，我并不安然……”

一生对国家对人民英勇献身、廉洁奉公、是非分明、一身正气、爱国爱家、关心祖国统一大业、生活简朴、爱护关心他人、为国家为民族尽忠、为亲戚家族尽责的杨世杰，因病医治无效于1993年12月27日在台北与世长辞，享年83岁。遗骨安放在台北。他的回国定居的愿望十分遗憾地落空，他的人格、事迹、名字却世代相传。

为民诤言的省参议员俞文侯

俞文侯（1911~1984），陆良县城西门街人。幼时家境贫寒，五岁丧父，靠母亲织布及出家南嶽庙修行的姑母、娘娘扶养。1930年毕业于陆良县师范学校，积极参加当地反对国民党黑暗统治的学生运动。中共地下党云南省委书记王德三赴陆良调查，发展组织，俞文侯被吸收为中共秘密党员。由于反动派对云南地下党的血腥镇压和全面破坏，俞文侯被迫离开陆良，到昆明参加教育界工作。向社会各界募集资金，筹建了昆明大观小学，并担任第一任校长，继后又任东昇小学校长，市教育局督学，并赴黑井县任教（今属大姚县）。1941年受金龙章之聘，进入中国第一座水电站云南石龙坝电站耀龙电灯公司任营业课长。他在耀龙供职期间被陆良地方推选为云南省参议会参议员，并被代表们推选为云南人民企业公司董事会董事，抗战胜利后又被云南省政府主席卢汉聘为省政府顾问。

在任省参议员期间，和其他进步议员一起，团结在副议长杨青田、议员马曜（均为中共地下党员）周围，曾多次在省参议会上提出为陆良县减轻负担，制止陆良机场驻军殴打、欺压机场附近农民行为的重要议案。如把当地农民在陆良城街上买的军服，诬为偷盗驻军的军服，进行捆绑吊打。

俞文侯在参议会上并抵制国民党驻云南部队要补缺、扩军的征兵命令。尤其是要在自己的家乡陆良县征兵一个团、一千多人的命令，这使俞文侯甚为关注。他多次去找警备司令霍揆彰要求不要再在陆良征兵。因为抗战八年，云南四大穷州之一的陆良青壮年被征入伍甚多。加之在陆良修建飞机场、整修南盘江、第八军等部队长期驻扎陆良，百姓负担十分沉重。他还采取缓兵之计，联系了陆良县政府兵役科长郑毅夫到昆，每天都到师管区“坐牢”，把自己当人质达三个月之久。最后与参议会其他进步议员一道，共同抵制才未征成。同时与其他议员一道提出了反对金元券入滇，反对国民党溃逃时把云南五三兵工厂及黄金白银运往台湾，反对加重苛捐杂税，要求撤销特务机关，支持学生爱国运动等多项议案，成为全国第一个反蒋的参议会，遭到了蒋介石政府的不满，下令关闭云南省参议会，并追捕进步议员，俞文侯也被列入追捕的黑名单中。此外，俞文侯还协助陆良驻昆同乡会会长李鸿谟，为陆良的经济发展做了大量工作。1946年春，陆良出现盐荒，他配合李鸿谟调入大批平价盐解决了城乡人民食盐短缺的燃眉之急。

随着国内革命形势的迅猛发展，中国人民解放军渡江南下，云南地下党日趋活跃，中国人民解放军滇桂黔边区纵队日益发展壮大，俞文侯和其他进步参议员一起，秘密劝说及支持配合省主席卢汉举行和平起义，俞文侯系卢汉当政时的政府顾问，云南和平起义前，俞曾被卢汉单独邀请到翠湖东路卢公馆询问对时局的看法。因为昆明刚经历了“七•一五”、“九•九整肃”，俞先不敢随意在省主席面前发表看法，在确认卢汉是善意征求各方面看法之后，便将众所周知的对形势的看法说出。卢汉进一步提出：云南应该如何应对这种形势？俞文侯大胆提出：潘（朔端）师长一到东北就起义了，曾（泽生）军长也相继起义了。老主席（指龙云）在香港也发表了讲话催促云南起义，这是百姓的愿望。城府很深的卢汉听后十分平静。俞文侯向卢汉告辞时，卢汉特别交待，今天的谈话不要向任何人谈起。

云南终于得到和平解放。解放后由于种种原因，俞文侯遭到了不公正的待遇，直至1984年，根据中共中央、中共云南省委、昆明市委的有关政策，才得以落实为国民党起义投诚人员。数月后，俞文侯即因病逝世，享年73岁。

1949年以前陆良籍出国留学名录

云南选送优秀学子出国留学深造，是从清代光绪二十八年即公元1902年开始的。在全国出洋留学的浪潮推动下，地处祖国西南边疆的云南，也急起直追，在短短数年之内，就相继选送数百名优秀子弟到日本、欧美等多国留学。而陆良虽为全省四大穷州之一，但是，以教育救国素不后人。据有关史料记载，当时全县还没有10万人的陆良，却有13名出国留学的胸怀大志者，他们是：

卢锡荣：陆良县中枢镇真理街人。（已有人物专题介绍）。

牛星辉：陆良县芳华区双合村人（本书已有专文介绍）。

赵管候：陆良县中枢镇赵家菜园人。清光绪年间留学日本，入政法大学攻读法律。学成回国后相继担任国民政府讨论会会长、四川省泸关监督。

李素翘：陆良县三岔河镇清河办事处人。清光绪年间留学日本，攻读文科。学成回国后，一直担任小岩寺小学（今三岔河小学）校长。

张乃良：陆良县中枢镇南门街人。清光绪年间留学日本，入东斌学校深造。学成回国后，担任江苏省督军公署少将参谋长。

殷承瓛：陆良县马街镇良迪村人（本书已有专文介绍）。

俞建休：陆良人留学日本，详细地址不明。

俞丕休：陆良人留学日本，详细地址不明。

陈洪畴：陆良县中枢镇真理街人。民国时期留学日本，入青山农科大学，攻读制茶专业。

郑　斌：陆良县中枢镇南门街人。民国时期留学日本，入东斌学校，攻读军事。学成回国后任阿泰第二营少校营长。

俞其能：陆良县中枢镇西门街人。民国时期留学日本，入帝国农科大学，攻读兽医细菌学专业。

袁家谟：陆良大莫古人。民国时期留学日本，入士官学校，攻读军事。准备学成回国后，以军事来救治贫弱的中国。不幸，16岁赴日本留学，18岁就在日本病故。后人念及此事，真有唐朝诗人杜甫之叹：“出师未捷身先死，常使英雄泪沾襟。”

殷　超：陆良县马街镇良迪村人。民国时期留学日本。

以上13位跨海求学，渡洋深造者，不论他们后来的发展如何，但在当时，可称得上是陆良的精英。

黄埔军校陆良籍同学录

黄埔军校创办于1924年，即第一次国共合作期间，同年1月24日成立筹委会，孙中山任命蒋介石为筹委会委员长。5月3日，孙中山指定蒋介石为黄埔军校校长。6月16日，黄埔军校补行开学典礼。孙中山在开学典礼上致词说：“独一无二的希望，就是创造革命军来挽救中国的危亡。”校本部建在广州黄埔岛上，故名黄埔军校。继后在云南开办黄埔军校昆明第五分校。该分校是继云南陆军讲武学校之后的一所重要军事学校。黄埔军校的创办，为夺取北伐战争、抗日战争的胜利培育了大批训练有素的军事人材。校本部开办了21期，第五分校只开办到第19期，另外开办了军官队3期，学习科目除一般军事知识外，还有化学，炮兵、辎重等军事学科。据不完全统计，陆良籍考入黄埔本校和分校的有85人，仅第17期陆良籍的就有17人。这些毕业的军事人材，有的成为校级军警官，并培养出了一定的高级将领，有的则为保卫国家领土，为民族解放，为维护国家统一做出了贡献，战死沙场，为国捐躯。

姓 名	出生年	身份、期属	永久通讯录*
张德润	1898	本校、五分校教官	县城南门街德茂祥
王自民	1891	本校第六期学生队附	县城北门街本宅
王晓候	1896	本校第七期技术教官	县城西门街
保维纲		五分校上校政治教官	三岔河镇摆洋河村
程举翼	1901	本校第五期	县城南小街
李新芳	1912	本校第十期炮科	三岔河镇大垢甸
朱光民	1914	本校第十一期	县城南大街
朱朝相	1914	五分校十一期	曲靖地区商业局
闻世贤		五分校十一期炮科	板桥镇马军堡
程子灿	1915	本校第十四期	马街镇庄上
邵光连	1916	五分校十四期炮科	县城西门小街
张吉鸿		五分校十四期	县城南门街
张世绩	1917	五分校十四期	县城南门街283号
张德崇		五分校十四期	县城南门街176号
潘源濂		五分校十四期	陆良县电力公司供电所
俞星灿	1916	五分校十四期	台湾省台北县中和市
俞绥休		五分校十四期	县城南门街

俞志纪		五分校十四期	县城西门街
李树贤		五分校十四期	县城南门外
钱世新		五分校十四期	板桥镇河西堡
陈吉元		五分校十四期	板桥汤家堡
朱宗培		本校第十五期	县城西门小街湾腰柳树
高月龙		本校第十六期	第三区海晏乡
钱自得		五分校十六期	三岔河镇三岔河二社
唐　俊		五分校十六期	大莫古镇德格唐家村
高成峰		五分校十六期	县城西门街51号
王炳建		五分校十六期	县城东门外大泼树村
亚辅宾		五分校十六期	板桥镇大桥五社
保春景	1919	五分校十六期	三岔河镇摆洋办事处
魏文才		五分校十六期	小百户镇孙家庄村
王剑奇		五分校十六期	三岔河镇杨家坝二社
程择林		六分校十六期	县城开发区春蕾街38号
杨应礼		五分校十六期	马街镇
郭思义		五分校十六期	板桥镇鱼塘村
吴秉元	1918	本校第十七期	板桥镇古城
朱宗舜		五分校十七期	县城北大街47号
刘世祜		五分校十七期	县城北门街3号
俞纶休		五分校十七期	县城中枢镇隍庙街四社
俞其性		五分校十七期	县城西门街
牛春先	1920	五分校十七期	板桥镇左里堡村
闻炎明		五分校十七期	板桥镇马军堡村
俞景增		五分校十七期	县城南门大街19号
梅育楠	1922	五分校十七期	县城中枢镇西门村20号
王福成		五分校十七期	板桥镇板桥街
王启夏		五分校十七期	三岔河镇黄家圩八社
刘文举	1914	五分校十七期	中枢镇阎芳桥倪家坡子
邵棠林		五分校十七期	县城西门小街
王吉华		五分校十七期	县城西门街
俞嗣贤		五分校十七期	县城南门小街
殷祖铭		五分校十七期	马街镇良迪村
马　祝		五分校十七期	大莫古镇
梅祖寿		五分校十八期	县城西门街
张镇启	1916	五分校十八期	三岔河镇天宝办事外四社
梅国荣	1920	五分校十八期	县城西华路北巷21号

金　珍		五分校十八期	大莫古镇阿油铺村三队
俞智英	1922	五分校十八期	县城开发区教师新村北巷54号
伏荣富	1924	五分校十八期	三岔河镇三岔子办事处
资志明		五分校十八期	县城北门外国税局宿舍
陈时要		五分校十八期	中枢镇盘新办事外二社
俞镇国	1922	辎重学校十八期	县城内西门街65号
保荣轩	1923	五分校十八期	三岔河镇摆洋办事处四社
黄崇良		五分校十八期	县城西门小街54号
伏鸿熏		五分校十八期	马街镇汤官箐办事处
李世芳		军官队二期	三岔河镇刘良一社
沈泽坤		军官队二期	县城南门外盘江街346号
罗祖训	1922	军官队四期	中枢镇爨乡路139号
程兴然	1913	军官队四期	昆明市人民东路102号
李文耀		军官队	三岔河镇万清七社
杨慎忠	1922	五三补训班	马街镇腾飞路85号
骆福昌	1921	化学兵学校十九期	昆明市西山区
周永芳		五分校十九期	昆明市文林街地藏寺巷2号
李佐堂		五分校十九期	县城南门外
高寿轩	1922	五分校十九期	三岔河镇太家头村委会
伏家富	1925	五分校十九期	三岔河镇摆洋八社
袁宗仁		五分校十九期	县城北门东小街42号附5号
保云轩	1925	五分校十九期	三岔河镇摆洋办事处三社
王之屏	1922	五分校十九期	三岔河镇杨家坝村委会
梁志芳	1922	五分校十九期	三岔河镇刘良小垢甸村
邵国政		五分校十九期	三岔河镇天宝一队
王宪忠		五分校十九期	大莫古镇波莫村公所
朱光培	1923	本校第二十期	马街镇育英乡
朱培宗	1925	本校第二十一期	台湾省桃园县中坜市
张吉灏	1925	本校第二十一期	县城西大街
朱开学	1925	本校第二十一期	昆阳磷矿退休办公室
邢德华	1927	本校第二十一期	县城南门外小洋沟

*注释

“永久通讯”（家庭住址）一栏，有的是在校时所填，有的是20世纪80年代后入云南省黄埔军校同学会时填写，因此前后称谓不一。云南省黄埔军校同学会陆良联络组特邀联络员　黄埔二代邵毅民收集收录。

后记

为了展现在各行各业工作的陆良人和曾在陆良工作的各级领导（或各界人士）的风采，鼓励、引导陆良的当代人和后人，坚持理想信念，高举时代革命旗帜，传承中华民族精神，坚持科学发展观，为更好地建设家乡、建设祖国、构建社会主义和谐社会的目标而勤奋学习，艰苦创业，拼搏进取，为人民、为家乡、为祖国、为社会做出积极贡献，应广大陆良乡亲的要求，在陈世俊、王学智等领导的支持鼓励下，主编王国亮同志带领编辑部的一批热心家乡事业的人士，精心策划、周密组织，认真编撰出版了《爨乡骄子•陆良人才名录》第一辑。

出版《爨乡骄子•陆良人才名录》酝酿始于2007年春节，同年9月15日在陆良老乡中秋国庆茶话会上通报编撰工作计划和发出约稿通知书至2009年4月底截稿历时二年多。经过艰苦细致地工作，共征集修改编辑稿件225篇，个人专稿、简历、综合文稿和编录人才名录名单（含附录名单）共计五百余人，时间跨度两个世纪，涵盖了近百年来陆良籍和在陆良工作过的各界较有影响的人物。

《爨乡骄子•陆良人才名录》共分：序言、目录、正文、后记等部分。正文又分为四卷：卷一、卷二、卷三为文稿征集时健在的，作为人物简介、人才名录专集；卷四为文稿征集前已谢世的前辈，作为历史人物传记（少数综合篇章如有健在人物和谢世前辈的，则随健在人物入卷排序）。卷一至卷三共收录182篇（190多人）人才人物简介文稿和三个综合篇章，共登录介绍人物人才名录名单274人（含部分专稿介绍等重复登录人物）。上述人物人才中有人民解放军大军区副司令员中将一位，副省级领导二位，副军职离休干部一位；正厅级干部二十二位、副厅级干部三十六位；未写文稿的副省级一位，正副厅级干部八位；著名企业家十位；正副县处级干部七十八位；副高以上科技人才和英雄、劳模、名人四十多位。在这几百位人才中，有数十位先后担任过中共中央候补委员和党代会代表、全国人大代表、全国政协委员，云南省党代会代表、省人大代表、省政协委员和荣获过全国劳模、省劳模、国务院及云南省政府有特殊贡献津贴奖。卷四共收录了三十七篇人物传记介绍了四十多人，另有二篇综合文稿分别介绍了陆良的第一代出国留学人员和国难当头、投笔从戎的黄埔军校和云南讲武堂里的陆良学子八十多位。在120多位前辈中被新中国和民国政府分别正式授予少将、中将、上将共七位，任命为省主席一位、担任过副军长的二位，还有十多位省级、厅级地方官员和数十位革命烈士、爱国抗日的英烈、抗美援朝战场上的英雄功臣及社会各界的知名人士。在二千多平方公里的大地上，百年间成长起来这么多人才人物，这对于地处祖国边疆经济欠发达的云南省的县级区域来讲也是不多见的。

为征集上述文稿，主编王国亮带领编辑部的相关人员十多次分别到陆良、曲靖，又分别到楚雄、昆明深入一些老同志的家中和一些企业家的公司、工地现场走访、收集核实相关材料，还与分散在思茅、红河、保山、德宏、大理、丽江、昭通和北京、重庆、四川、广西、贵州、陕西、山东等地的陆良老乡联系沟通，文稿修改中编辑部的同志又征求了民国时期陆军上将殷承瓛先生的孙女、中将孙渡先生的夫人和许多先辈的后代亲属的意见，以便把过去的一些历史事件表述得与当时的事实更接近更真实些。

在征稿工作基本完成和编辑计划拟定后，主编王国亮同志带领编辑部相关同志于2008年11月26日专程到陆良向县里就编辑出版《爨乡骄子•陆良人才名录》一书作了专题汇报，陆良县委主要领导同志代表陆良县四套班子领导听取了汇报后，对编委会为陆良人民做这么一件有意义的事表示感谢，对编委会就该书的编排计划等工作表示赞成，对编辑出版《爨乡骄子•陆良人才名录》一书的整个工作表示全力支持。2009年4月2日在昆明云南农业大学专家楼由陆良人才名录编委会顾问兼主任、云南省政协副主席王学智主持召开了陆良人才名录编委会全体会议。编委会顾问、中国人民解放军成都军区原副司令员、全国政协委员陈世俊中将从成都专程赶赴昆明出席会议并作了重要讲话，就编辑出版《爨乡骄子•陆良人才名录》的目的意义、指导思想、政治原则、科学编排等重要问题提出了明确的要求；编委会常务副主任、主编，陆良县决策咨询委员会主任、云南省政府办公厅原副主任王国亮就征稿、编辑、筹资等工作作了全面汇报，副主编、云南科技出版社原社长杨新书就编辑中的具体问题作了说明，编委会常务副主任、中新社云南分社副总编方孔宣读了提交会议审议的《序言》、《后记》送审稿；编委会认真进行了讨论和审议。编委会副主任：曲靖市人大常委会原主任张朝林，云南省政协常委、云南师范大学原校长骆小所，中共十七大代表、云南农业大学校长朱有勇，全国政协委员、龙润集团董事局主席焦家良的代表，云南省政协委员、云南大地石业集团董事长郭学良，云南省政协委员、云南神农集团董事长何祖训等参会同志都发了言，讲了很好的意见；编委会副主任、中共陆良县委书记尹耀春发言时代表陆良县委、县人大、县政府、县政协和全县六十三万各族人民表示全力支持编好《爨乡骄子•陆良人才名录》一书；因公务未能出席会议的编委会顾问、广西自治区人大常委会副主任兼秘书长邵博文，编委会副主任、云南省公安厅常务副厅长兼云南省警官学院党委第一书记朱建义分别来电来信祝贺编委会全体会议的召开，并表示支持和执行会议作出的决定；最后，王学智主任综合大家的意见作了总结讲话，充分肯定前段的工作，原则同意编辑部的工作计划安排和送审的序言和后记，对编审工作中需要进一步完善的地方作出了明确的指示，对后期工作提出了要求，作出了部署。会后编辑部于5月11日将书稿小样专函送达陆良县史志办审核，县史志办认真审核并提出了很好的修改意见，于6月2日反馈编辑部，编辑部又召开了专题会议吸纳了县史志办的合理建议，对相关部分作了修编。

本书收录编辑的原则是：一是入编范围是行政副县处级以上和专业职务副高以上和部分有影响的企业负责人与英模和社会知名人士，入编以自愿为原则；二是撰写内容要求实事求是；三是政治上与党和国家的方针政策、法律法规相一致；四是文稿叙事讲人以利促进人们团结、社会和谐为前提；五是文稿编辑顺序为：卷一至卷三为健在的人才名录，均以姓氏笔划为序；卷四为谢世的历史人物，分为两大类，各类均以出生年月日先后为序。由于工作繁忙和征稿时间所限等原因，有部分陆良籍和在陆良工作过的副县处级或副高职称以上人员未能写来专稿，编辑部特请陆良县有关部门提供了相关人才名录名单作为群星灿烂的组成部分编入卷三；同时登载的还有部分目前尚不属此书征集范围但在本书出版时仍在陆良担负重要工作并具发展前途的部分人才名单，旨在以告后人不要忘记这些曾为陆良的革命和建设事业做出过贡献的人们。

本书征文时曾考虑统一为第三人称编辑成书，但实收文稿中部分第一人称文稿情深意笃，改用第三人称难予言情达意，故本辑文稿从实际出发以第三人称为主辅之第一人称并用。

本集人才名录经多方协商最终确定以陆良人才名录编辑委员会、陆良县决策咨询委员会和中国新闻社云南分社共同编辑，由云南科技出版社出版。中国新闻社于1952年10月1日由中国新闻界和侨界知名人士发起并经中共中央批准成立的以对外新闻报道为主的国家级通讯社，以台港澳同胞、海外华侨华人和与之有联系的外国人为主要服务对象的国际性通讯社和世界华文媒体信息总汇。中新社目前在中国内地及香港、澳门地区已设有28个分社，在台湾派有驻点记者。在东京、曼谷、吉隆坡、纽约、华盛顿、洛杉矶、温哥华、伦敦、巴黎、悉尼、莫斯科设有11个分社或记者站。在北京、纽约、香港设立发稿中心。中新社建有多渠道、多层次、多功能的新闻信息发布体系，编辑出版《中国新闻周刊》、《中国新闻》报，《世界华文传媒年鉴》等报刊，在世界华文传媒中有着广泛的影响。

《爨乡骄子·陆良人才名录》将作为陆良这一特定地域的人才名录汇入历史的长河，为经得起历史风雨的冲刷，编辑部斟酌再三，确定序言以编委会署名。

本集文稿出版除入编当代健在人物各自尽责出一定数额的费用外，大部分出版经费均由龙润集团董事局主席焦家良、云南大地石业集团公司董事长郭学良、云南神农集团公司董事长何祖训、云南CY集团建安总公司董事长袁和荣和总经理袁文周、云南博林建筑公司董事长袁自桥、云南宏丰集团董事长孙树宏、云南利鲁环境建设总公司董事长、总经理苏一江、云南庞展工程公司董事长朱昆良等同志赞助，借此致谢！

本书的编撰出版得到了陆良县委、人大、政府、政协及相关部门和社会各界的支持，这里一并表示谢意。

永恒的东西是最重要的，我们深知《爨乡骄子·陆良人才名录》将永存于陆良的历史长河中，我们竭尽全力编辑此书本想使之更完善一些，但限于编辑人员的水平和阅历，难免存在许多不尽人意的地方，诚请陆良人民鉴谅。任何文集或史料都是时代的产物，《爨乡骄子·陆良人才名录》也必将深深地打上时代的烙印，我们无法预见它是否符合未来人们的鉴赏需求，但我们可以坦诚地告诉未来的人们：《爨乡骄子·陆良人才名录》载入的人和事是真实的！

我们深信，江山代有人才出，长江后浪推前浪，青出于蓝胜于蓝。春风吹拂，人才辈出，今天的陆良人出版了第一辑陆良人才名录，今后定将有更多陆良的有志人士，编撰更好的陆良人才名录随之而出，人们期待着。